JN418393

E/C/O/N/O/M/I/C/S

경제학

강남호 저

대학에서 경제학을 가르치면서 경제학을 학습하는 이유에 대해 질문하곤 한다. 혹시나 했던 질문은 역시 대부분 그렇고 그런 답변들이다. 우리나라의 학생들은 학교에서 학습하는 교육과정을 대체로 시험점수, 평점, 자격증이나 졸업증서, 그리고 취업을 하기 위한 수단으로 이해하는 경우가 많은 것 같다. 나에게서 경제학을 수강하는 학생들도 여기에서 크게 벗어나지는 않는 것 같다. 학습하는 목적이 너무나 교육의 본질을 벗어나고 있다는 우려를 접을 수 없다. 대학에서 경제학 학습과정을 통해 얻을 수 있는 본질적 학습목적은 여러분이 살고 있는 세상에서 일어나는 중요한 경제현상들을 이해하는 능력, 앞으로 어떤 경제현상들이 발생할 것인지를 예측하는 능력, 그리고 어떤 경제문제들이 발생한다면 그 문제들을 해결할 수 있는 해법을 찾아내는 능력을 갖게 된다는데 있다. 여러분이 인간으로써 생존해 가는 모든 과정은 경제적 과정을 벗어날 수 없으며 어떤 것들을 선택해야 하는 의사결정의 과정을 벗어날 수 없다. 여러분이 집안살림을 꾸려가는 가장이나 가정주부이거나 어떤 기업의 경영자, 사원이거나 또는 자영업을 하는 사업가이거나 정부의 관료나 지방의 공무원이거나 또는 국회의원이나 지방의회의 의원이거나 모두 경제적 선택이나 정책적 의사결정을 하지 않을 수 없다. 경제학은 효율과 공평을 나침반으로 삼아 합리적 선택의 방향을 안내하는 지도와 같다. 경제학의 다양한 분석원리들은 정부의 정책이나 사회현상들을 분석하고 그 의미를 해석하는 능력까지 부여한다. 합리적인 개인으로 구성된 효율과 공평을 달성한 사회에 도전하는 개혁과 혁신의 안내서이다. 개인의 자유와 인권을 지키고 정의로운 사회를 지향하는 과학과 철학의 융합이랄까?

이 책은 학부과정에서 경제학을 교양으로 또는 전공이나 부전공으로 학습하는 학생들을 위한 경제학입문서이다. 경제학을 보다 쉽고, 흥미롭게 설명하기 위해 노력하였다. 무엇보다도 학습자가 학습한 경제원리들을 현실에 적용할 수 있도록 도움을 주는데 힘을 모았다. 아쉬움이 있다면 강의교재로 쓰여진 책이여서 자세한 설명이나

예들은 강의자의 능력을 빌려야 할 것 같다. 양해를 구한다.

이 책의 특징을 굳이 요약한다면 다음과 같다.

하나, 본인의 강의형식과 우리 학생들의 특성을 감안하여 효율적이고 효과적인 강의교재가 되도록 내용을 선별하고 목차를 구성하였다.

둘, 기존의 교재들은 목차체계와 논리구성이 복잡하다. 본서는 목차체계를 간결하게 구성하고 논리체계도 가능한 한 명료하게 축약하였다. 기존의 편, 장, 절 중심의 목차에서 마당, 마디 중심의 목차체계로 새로움을 도모했다.

셋, 강의자의 입장에서 보다 자세하고 풍부한 사례들은 강의시간에 제공될 수 있도록 여지를 남겨두었다.

넷, 너무 세세한 설명으로 일관하다보면 전체적인 맥락을 놓치게 되고 전체적인 맥락을 강조하다보면 미묘한 부분들을 놓칠 수 있다. 강의자가 빠지기 쉬운 전체적인 뼈대와 부분적인 인테리어 사이에서 발생하는 딜레마이다. 이 책은 전체적인 이론적 체계성과 부분적인 이론의 정밀성이 조화를 이루도록 수준과 분량을 조절하였다.

한권의 책이 나오기까지에는 힘겨운 과정을 거치게 마련이다. 기존의 책들에 묻혀 그동안의 노력이 쓸모없는 낭비가 되지 않기를 바란다. 항상 새로운 도전과 시도에 대한 두려움은 새로운 기회와 학습의 장으로 보상받는다고 믿는다. 이 책으로 인해 보다 활력 있는 강의실이 될 수 있다면 더할 나위 없겠다.

무엇보다도 고 김재일 교수님 영전에 감사를 드린다. 또한 이 책이 나오기까지 도움을 주신 모든 분들께 진심을 모아 고마움을 전하고 싶다.

2016년 2월

원광대 신용벌에서
강 남 호 쓰다.

PART 01 미시경제학 Microeconomics

PART 02 거시경제학 Macroeconomics

제 1 부

미시경제학

Microeconomics

ECONOMICS

ECONOMICS

마당 1

경제와 경제학 맛보기

로빈슨 크루소가 무인도에서 살아남기 위해서는 경제해야 한다. 에덴 동산의 아담과 이브 역시 생존을 위해 경제해야 한다. 모든 생명체는 살아남기 위해 생산하고 소비하는 굴렁쇠 같은 경제의 순환을 벗어날 수 없다. 생산과 소비를 잘 관리하면 가정과 국가가 풍요로워진다. 생산과 소비가 잘 관리되면 세상을 평온하게 다스릴 수 있고 백성을 행복하게 이끌 수 있다[1]. 생산과 소비를 이끄는 마차는 인간의 욕망이다. 인간의 욕망은 원시인이 필요한 물품들에서 현대인이 원하는 다양하고 문명화된 물품들을 잉태시켰다. 그리고 마술처럼 욕망은 현실로 이루어졌다. 인간의 욕망을 현실화하는 과정에는 생산이 모든 것을 주도하고 있다. 생산은 주어진 자원(자연, 노동, 자본, 경영 등)을 절묘하게 조합함으로써 사람들이 원하는 모든 것들을 탄생시키고 있다.[2] 생산과 소비를 잘 관리함으로써 더 많은 생산이 가능해지는 저축→투자→자본축적이라는 또 하나의 보조 굴렁쇠가 경제발전을 견인하고 있다. 그런데 현실은 로빈슨 크루소처럼 혼자서 경제를 해결하는 하는 것이 아니라 지구상의 모든 사람들이 함께 경제해야 하는 사회구조를 공유하고 있다. 필요한 것들을 필요한 만큼 생산할 뿐만 아니라 공평하게 모든 사람들에게 나눠야하는 나눔의 경제가 중요한 역할을 하고 있다. 생산에 기여한 모든 사람들에게 어떤 기준과 체계에 의해 생산물을 나눌 것인지, 지구상의 모든 사람들이 어떻게 생산과 소비를 함께할 것인지, 이런 모든 것

1) 경제(economy)는 가계를 꾸려 가는 사람이라는 그리스어에서 왔다. 경세제민(經世濟民)은 '세상을 다스리고 백성을 구제한다.'는 중국의 고전에서 왔다.

2) 생산을 변화시키는 원동력은 바로 과학 기술이며 자본축적과정이다.

들이 경제에 해당한다. 경제의 핵심은 생산과 소비이며 자원배분과 소득분배이다. 또한 교환과 협력 그리고 모든 경제행위에 질서를 부여하는 제도까지 포함한다.

1 마디 경제와 경제학

1. 경제란 무엇인가?

경제란 무엇인가? 한마디로 경제란 인간의 생존과정이다. 우리는 경제생활 없이는 단 하루도 행복해 질 수 없다. 경제활동은 우리가 살아가는 삶 자체이고 생존을 위한 필수요건이다. 인류의 역사는 경제활동의 역사이다. 경제발전의 역사이고 생산과 소비과정의 역사이다. 어떻게 만들어 내고 어떻게 소비하였는가의 스펙트럼이다. 경제란 바로 생산과 소비가 그 핵심을 이룬다. 생산하지 않았는데 소비할 수 없지 않은가? 잘산다는 것은 무엇인가? 곧 생산수준과 소비수준이 상대적으로 높다는 말이다. 부자란 생산력이 높고 소비의 질이 높다는 것의 반영이고 선진국이란 생산능력이 높고 소비수준이 높은 나라들을 일컫는 말이다. 국민소득이 높다는 것은 그 나라의 생산능력이 높다는 것이다. GNP(gross national product)란 그 나라 국민들이 1년 동안 생산한 최종생산물 모두를 화폐가치로 환산한 개념이다[3]. 또한, 국민소득은 3면 등가의 원칙이 작동하는데 총생산=총소득=총지출이 모두 일치함을 뜻한다. 다시 말하면 어떤 나라의 총생산과 그 나라 국민 모두의 총소득과 그 나라 국민 모두의 총지출 수준은 동일하다는 것이다. 총생산이 총소득이고 총소득이 총지출인 것이다.

경제란 무엇인가?를 다시 정리한다면 "만들어내고 사용하는 것", 즉 **생산행위**(production)와 **소비행위**(consumption)라 정의할 수 있다[4].

경제현상에 있어 생산행위와 소비행위가 결정되는 과정에서 자원이 배분되고 소득이 분배되는 중요한 두 가지 의사결정들이 이루어진다. 무엇을 얼마나 생산할 것인가?를 결정하고 그 생산물을 생산하기 위해 투입되는 생산요소를 선택하는 과정에서 **자원배분**(allocation)과 관련된 의사결정들이 이루어진다. 생산된 생산물들을 누가 사용할 것인가를 결정하는 과정에서는 **소득분배**(distribution)[5]와 관련된 의사결정들

---

3) 세계화돼가는 경제에서는 GDP(gross domestic product), 국내 총생산이란 개념을 많이 사용한다. 1년 동안 국내에서 생산된 총생산물의 가치를 화폐가치로 환산한 개념이다.

4) 시장경제분석의 가장 기본이 되는 미시경제학에서는 수요와 공급이론, 거시경제학에서는 총수요와 총공급이론도 여기서 출발한다. 또한 생산과 소비를 결정하는 경제주체인 생산자와 소비자의 경제적 선택이 시장경제를 형성하는 요체가 된다.

이 이루어진다. 또한 현대 경제사회는 로빈슨 쿠루소와 같은 자급자족경제가 아닌 경제사회를 형성하고 있기 때문에 교환과 교역, 분업과 전문화가 중요한 역할을 수행한다.

보탬 1 경제현상은 자유거래에 참여하는 수많은 사람들의 상호작용의 결과물이다.

경제현상을 가장 쉽고 간단하게 표현한다면 "하루하루 살아가는 과정이다."라고 표현할 수 있을 것이다. 우리가 살아가는 과정에서 가장 중요한 경제행위는 '만들어 내고 사용하는 것'이다. 여러분이 오늘 하루를 편안하게 지내기 위해 필요한 것들은 너무도 많다. 필요한 것들을 일일이 열거할 수 없을 정도로 다양한 종류의 상품들을 소비해야 한다. 그런데 우리는 우리가 소비하는 것들을 우리가 직접 만들지 않는다. 만들 능력도 없으며 직접 만들 필요도 없다. 직접 만들지 않은 것들을 모두 버린다면 우리는 아마도 벌거벗은 원숭이(naked ape)에 불과 할 것이다. 생각해 보라! 도대체 화장지의 원료인 펄프는 어느 나라의 원시림에서 어떤 사람들의 손에 잘리어 수많은 세월 넓은 대양을 건너고 어떤 곳에서 어떤 생산 공정을 거쳐 화장지로 변신한 다음 단번에 파악할 수 없을 정도의 복잡한 유통과정을 거쳐 오늘 여러분의 화장실에서 변기통으로 사라져 버리는 것일까? 여러분은 여러분이 사용하는 화장지의 복잡한 생산과정과 유통구조에 대해 조사하거나 학습할 필요가 없다. 그저 필요한 것을 시장에서 구매하면 그만이다. 하지만 이러한 경제현상에서 중요한 점은 수많은 사람들의 상호관계에 의해 여러분은 오늘 하루를 살아간다는 것이다. 여러분의 경제생활은 세계의 수많은 사람들이 만들어 낸 상호작용의 결과물이다. 따라서 우리는 경제현상을 이해하기 위해 세계 곳곳에 있는 서로 다른 사람들과 서로 다른 기업, 그리고 서로 다른 나라들이 마치 그물망처럼 얽킨 복잡한 경제관계에 주목해야 한다.

또한 어떤 국민경제를 전체적으로 접근한다 하더라도 저축과 투자에 의해 생산과 소비가 결정된다. 생산과 소비는 총공급과 총수요로 정리되며 물가수준과 국민소득수준을 결정한다. 결국 생산과 소비가 이루어지는 과정에서 경제성장, 경제안정, 개인의 경제적 자유, 경제규칙이나 제도, 삶의 질 등과 같은 경제현상들이 표출될 뿐만이 아니라 그 속성들을 내포하게 된다.

5) 경제학에서 어떤 경제상태의 변화가 개선인지, 아니면 개악인지를 판단하는 중요한 두 가지 잣대, 즉 효율성(efficiency)은 자원배분을 평가하는데 기준이 되는 잣대이고, 공평성(equity)은 소득분배를 평가하는데 기준이 되는 잣대이다.

한편, 현실의 생산과 소비과정은 자원배분과정이며 이것이 경제적 선택의 문제를 야기한다. 모든 경제행위는 선택행위이며 선택의 과정에서 반드시 경제문제가 발생한다. '무엇을 얼마나' '어떻게' 그리고 '누구를 위하여'[6]를 발생시킨다. 왜냐하면 인간의 욕구는 무한한데 자원은 한정돼 있기 때문이다. 이를 **희소성의 원칙**(law of scarcity)이라 한다. 모든 경제문제는 여기서 출발한다. 모든 선택은 대가를 치러야 한다. "공짜 점심은 없는 법이다"(There is no such thing as a free lunch). 현실경제는 무엇인가를 선택하는 동시에 반드시 다른 무엇인가를 포기해야만 하는 상황에 직면해 있다. 여기서 어떤 선택의 결과로 발생하는 다른 선택기회에 대한 포기비용을 기회비용(opportunity cost)이라 한다[7]. 따라서 현실경제에서는 어떤 경제적 선택이든 기회비용이 발생한다. 경제현상을 이해하는데 기본적으로 희소성의 원칙, 기회비용, 그리고 최선의 선택이 무엇인지를 판단하는 기준, "**효율성**과 **공평성**"에 대해 학습해야 한다. 더불어 또 한 가지 주목해야할 점은 현대적 시장경제는 희소성에서 출발하여 상호의존성에서 그 가치가 형성된다는 점이다.

2. 경제학이란 무엇인가?

경제학은 **선택과학**(choice science)이며 모든 사회현상을 이해하는데 도움을 준다. "경제현상을 연구하는 학문이 경제학이다."라는 말은 가장 전통적이고 가장 용이한 경제학(economics)에 대한 개념정의이다. 여기서 경제현상이 경제의 핵심이고, 경제이론이 경제학의 본류이다. 경제현상을 대상으로 과학적인 이론체계를 구축하는 과정이 경제학의 성립과정일 것이다. 따라서 경제학이 경제현상을 연구하는 학문이라면 생산과 소비, 그리고 **자원배분**과 **소득분배**에 관한 의사결정과 시장, 교환과 교역, 화폐, 금융, 외환 그리고 분업, 전문화에 관련된 학문이라고 정의될 수 있다. 또한 어떤 국민경제를 전체적으로 접근한다 하더라도 결국 생산과 소비가 이루어지는 과정에서 **경제성장**, **경제안정**, **개인의 경제적 자유**, **경제규칙이나 제도**, **삶의 질** 등과 같은 경제현상들이 표출될 뿐만이 아니라 그 속성들을 갖추게 된다. 따라서 경제학은 경제성장, 경제안정, 개인의 경제적 자유, 경제규칙이나 제도, 삶의 질 등과 관련된 경제현상이나 경제문제들을 다루는 학문이라 정의할 수 있다.

경제학은 희소성, 기회비용, 그리고 최선의 선택이라는 개념들로 짜여 진 사회과학

---

6) 국민경제 3대 문제이다. 무엇을 얼마나, 어떻게는 효율성과 관련된 문제이고 누구를 위하여는 공평성과 관련된 문제이다.

7) 자원이 무한하게 존재하거나 인간의 욕구가 완벽하게 통제된다면 선택의 문제는 발생하지 않을 것이다. 따라서 경제학의 출발은 인간욕구의 무한성이 전제되고 경제적 자원의 희소성이라는 제한적 현실상황에서 출발한다.

의 가장 중요한 영역에 자리하고 있다. 따라서 경제학은 한마디로 선택과학이며 사회현상에서 발생하는 모든 선택문제에 폭넓게 적용될 수 있다. 경제학의 이런 학문적 특성 때문에 전통적으로 경제현상이 아닌 사회현상으로 분류되어왔던 자녀, 교육, 범죄와 처벌, 스포츠, 예술, 성차별 같은 사회문제들을 이해하고 해결하는 데에도 경제학적 분석기법들이 적용되고 있는 것이다[8].

2 마디 경제학을 학습하는 이유

우리나라의 학생들은 학교에서 학습하는 교육과정을 대체로 시험점수, 평점, 자격증이나 졸업증서, 학위증서를 얻기 위한 수단으로 이해하는 경우가 많은 것 같다. 나에게서 경제학을 수강하는 학생들도 여기에서 크게 벗어나지는 않는 것 같다. 학습하는 목적이 너무나 교육의 본질을 벗어나고 있다는 점을 염려하지 않을 수 없다. 경제학은 과학이며 여러분이 경제학 학습과정을 통해서 얻을 수 있는 본질은 경제학을 이해함으로써 여러분이 살고 있는 세상에서 일어나는 모든 경제적 현상들을 이해하고 앞으로 어떤 현상들이 발생할 것인지를 예측할 수 있는 능력을 갖게 된다는 것이다. 여러분이 인간으로써 생존해 가는 모든 과정은 경제적 과정을 벗어날 수 없으며 어떤 것들을 선택해야 하는 의사결정의 과정을 벗어날 수 없다. 여러분이 집안 살림을 꾸려가는 가장이나 가정주부이거나 어떤 기업의 경영자, 사원이거나 또는 자영업을 하는 사업가이거나 정부의 관료나 지방의 공무원이거나 또는 국회의원이나 지방의회의 의원이거나 모두 **경제적 선택**이나 **정책적 의사결정**을 하지 않을 수 없다. 이미 앞에서 언급했듯이 경제학은 효율과 공평을 잣대로 하는 합리적 선택이 무엇인지를 판별해 주는 푯대이고 길잡이라는 사실이다. 한마디로 여러분이 경제학을 학습하는 이유는 경제학은 여러분이 추구하는 목적을 달성하는데 어떤 선택적 수단들이 가장 합리적이고 효율적인지를 밝혀주는 지침서이기 때문이다. 예를 든다면 어떻게 하면 부자가 될 수 있는지, 어떻게 하면 이윤을 많이 남기는 기업을 만들 수 있는지, 어떻게 하면 지역을 발전시킬 수 있는지, 어떻게 하면 풍요로운 국가를 만들 수 있는지를 경제학에서 그 해법을 찾을 수 있다. 경제학을 통해서 여러분이 경제현상을 정확하게 예측할 수 있는 능력을 갖게 된다면 여러분이 원하는 만큼의 부자가 되는 것은 식은 죽 먹기라는 속담에 어울릴 것이다. 금값이, 땅값이, 석유가격이, 달러의 가치

8) 경제학이 경제문제 뿐만이 아니라 사회문제까지 그 영역을 넓혀가는 이 같은 추세를 인접학문에서는 경제학의 제국주의라는 용어로 비판하기도 한다.

가, 주식의 가격이 오를 것인지 내릴 것인지를 예측할 수 있다면 어느 누가 억만장자의 꿈을 헛되고 황당하다고 타박하겠는가? 만약 경제학이 잘 학습된 경제주체들로 구성된 사회나 국가가 존재한다면, 그렇지 않은 사회나 국가보다도 모든 경제적인 선택들이 합리적이고 추구하는 목적들은 보다 효율적으로 달성될 수 있을 것이다.

보탬 2 국민경제교육이 중요하다.

경제교육의 중요성을 강조한 세계적인 경제학자들의 표현을 소개한다. 우리는 정부의 정책이나 그 외 경제와 관련된 갖가지 개인적 결정과 판단에서 자유로울 수 없다. 경제지식 없이는 투표를 제대로 할 수도, 일간신문을 제대로 읽을 수도 없다. 경제생활을 지배하는 힘들이 어떤 것인가를 모르고서 어떻게 우리와 우리의 자녀들이 살아갈 미래를 설계할 수 있겠는가? - 토드 부크홀츠의 「죽은 경제학자의 살아있는 아이디어(New Ideas from Dead Economists)」에서 ------- 경제학자들도 과학적인 객관성을 가지고 경제문제를 연구한다. 경제학자들이 경제현상을 연구하는 것은 물리학자들이 물질을 연구하고, 생물학자들이 생명체를 연구하는 것과 다르지 않다. 경제학자들도 먼저 이론을 만들고, 자료를 수집하고, 이 자료를 분석하여 그 이론이 맞는지를 검증한다. 경제학을 처음 접하는 사람들에게는 경제학이 과학이라는 말이 다소 생소하게 들릴지 모르겠다. 물론 경제학자들이 시험관이나 망원경을 가지고 연구하는 것은 아니다. 그러나 과학의 핵심은 이 세상이 어떻게 되어 있는지에 대한 엄정한 관찰과 검증, 즉 과학적 방법론(scientific method)이다. 이런 방법론은 지구 중력에 대한 연구나 생명체의 진화에 관한 연구, 나라 경제에 대한 연구 등에 모두 적용된다. 아인슈타인의 말대로 "과학이란 일상의 생각을 정밀하게 가다듬은 것에 불과하다." - 그레고리 맨큐, 김경환 외역, 「맨큐의 경제학(Principles of Economics)」에서 - 다음으로는 선진국들이 국민들의 경제교육의 중요성을 어떻게 인식하고 있고, 올바른 국민들의 경제교육을 위해 어떤 정책들을 추진하고 있는지 소개한다. 미국, 일본, 프랑스 등 선진 각국에서는 경제 지력이 국가 경쟁력의 기본이라는 전제 아래 경제 이해력 강화 활동에 많은 노력을 기울이고 있다. 미국은 국가경제교육위원회(NCEE: national council on economic education)를 설치하고 경제교육을 체계적으로 지원한다. 미국의 경제교육위원회는 경제교육목표를 '기본적인 경제 개념을 이해해 합리적 의사결정 능력을 기르고 책임 있는 시민으로 성장하도록 돕는 것'으로 정의하고 있다. 일본의 경우에도 일본경제교육센터와 경제교육연구협의회 등에서 의욕적인 경제교육사업을 펼치고 있다. 프랑스도 최근 정부 산하에 '경제문화확산위원회를 출범시키고 경제이론계

몽운동에 나서고 있다. 이밖에도 영국, 핀란드, 노르웨이 등 북유럽 선진국들도 국민들의 경제이해도를 높이기 위해 다양한 정책을 펴고 있다. 보스하트 미국 애틀랜틱대 교수는 경제교육과 관련한 재미있는 보고서를 발표했다. 적어도 한 과목 이상 경제학을 수강했던 학생들의 졸업 후 생산성과 소득이 그렇지 못한 학생들에 비해 훨씬 높다는 것이다. 재테크 지식이 아니라 경제적 사고 능력. 합리성과 사고력이 이런 차별적 성과를 내는 밑거름이 된다는 것이 그의 분석이다. 미국의 경제학자 크리스 패럴은 경제는 윤리와 정치의 현대적인 언어다.'라고 말하고 있다.

3 마디 경제인과 합리적 선택

경제학은 "희소한 자원을 활용하여 인간의 무한한 욕구를 충족시킬 수 있는 최선의 선택을 구하려는 학문이다."라고 정의하였다. 대부분의 경제학자들은 **최선의 선택**을 구하려는 자는 경제인이며, 경제인은 합리적인 이기주의자로 간주하고 있다. 앞에서도 언급했듯이 모든 경제현상은 인간에 의해 이루어지는 생산행위와 소비행위의 결과물이라 하였다. 생산과 소비를 결정하는 과정에서 희소한 자원을 어떻게 활용하는 것이 최선인지를 결정해야 하는 선택의 문제에 직면하게 된다. 경제주체인 소비자와 생산자가 의사결정을 하는 것이다. 그들의 의사결정이 최선의 선택이 될 수 있으려면 그들은 합리성을 갖춘 경제인이어야 한다. 최선의 선택을 위해서는 의사결정을 하는 경제주체가 우선 합리적인 사고를 갖추어야 한다는 것은 필수적이다. 합리적이지 못하다면 최선의 선택이 무엇인지를 인지할 수 없을 뿐만 아니라 어떤 선택의 기준에 일관성을 상실하게 될 것이다. 하지만 여기서 합리성이 모든 것의 최선의 결과를 보장한다는 것도 아니며, 합리적인 수단에 의한 목적의 달성에 관심을 갖고 있을 뿐 목적의 합리성까지 관심을 갖고 있는 것은 아니다. 경제학을 연구하는 대부분의 경제학자들은 모든 경제행위의 주체인 **경제인**(economicus)을 **합리적 이기주의자**(rational egoist)로 전제하고 있다. 개개인이 모두 합리적인 것은 아니나 전체적으로 평균적으로 보면 합리적이라 볼 수 있다. **합리성**(rationality)이란 개념을 정의하는 데에도 난해함이 존재하지만 가장 간결하게 설명한다면 어떤 경제적 선택을 함에 있어 이익(편익, 효용)과 손실(비용)을 계산할 수 있을 뿐만 아니라 이익보다 손실이 더 발생하는 선택은 결코 하지 않는다는 개념이다.

보탬 3 기회비용(opportunity cost)이란 장부상의 비용과 어떻게 다른가?

어떤 월 100만원의 급여를 받는 사람이 직장을 그만 두고 작은 음식점을 차릴 것인지 박봉이지만 현재의 직장을 계속 다닐 것인지를 선택하려고 한다 하자. 이 사람이 작은 음식점을 차리는 경우의 수입과 지출을 계산해 보니, 가계월세가 20만원, 종업원인건비가 50만원, 재료비가 100만원, 시설비가 100만원으로 총비용이 270만원이고, 한 달에 벌어들일 수 있는 총수입은 300만원으로 계산되었다 하자. 이런 경우, 단순하게 장부상에 나타난 수입과 지출을 기준으로 선택한다면 수익이 +30만원이므로 직장을 그만두고 음식점을 선택하는 것이 합리적이라고 생각할 수 있다. 이런 기준으로 계산되는 비용의 개념을 우리는 명시적 또는 회계학적 비용이라고 한다. 하지만 경제학적인 비용의 개념인 기회비용으로 계산하면 장부상에 나타나 있지 않는 암묵적 비용, 귀속비용이라는 개념까지 기회비용에 포함되므로 총비용은 음식점을 선택하여 잃어버리게 된 월급 100만원도 귀속임금이라는 장부상에는 나타나지 않는 암묵적 비용으로 합산되어 총비용은 270만원이 아닌 370만원이 된다. 따라서 기회비용의 개념으로 보면 총수입 300만원, 총비용 370만원이므로 수익은 -70만원이 된다. 따라서 기회비용까지 감안 한 합리적 선택은 월급 100만원의 현재의 직장을 고수하는 일이라는 것을 알 수 있다. 따라서 우리가 경제학적인 잣대로 선택의 기준을 결정하는 것이 올바른 파단이라는 근거를 기회비용이라는 개념을 통하여 이해할 수 있는 것이다. 또한 여기서 유의해야 할 것은 이익과 손실을 합리적으로 계산하는데 있어 기회비용과 매몰비용에 대한 이해가 필요하다. 자원의 희소성과 기회비용 그리고 선택에 대해서는 이미 앞에서 언급하였지만 기회비용은 경제적 모든 선택에 있어서 합리적인 선택을 하는 잣대가 된다는 것을 여기서 다시 한 번 강조하려고 한다. 경제학적 지식이 없는 사람들은 이익과 손실은 회계장부를 보면 쉽게 판단할 수 있는 일이라고 생각할 수 있겠으나 으나 경제학적 기준에서는 이것은 합리적인 판단이 될 수 없다. 어떤 선택을 위해 지불한 비용과 포기한 비용이 함께 계산된 개념이 기회비용이며 이것에 의해서만 이익과 손실을 합리적으로 판단할 수 있다.

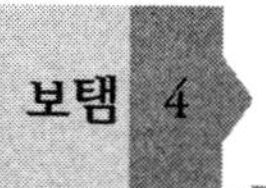

보탬 4 선택의 기준으로 왜 매몰비용(sunk cost)[9)]은 무시하고 한계비용(marginal cost)[10)]을 기준으로 삼아야 하는가?

어떤 수준 높은 오페라 애호가가 100만원의 입장료를 지불하고 오페라를 감상하고 있다 하자. 그런데 불행하게도 이 사람의 음악적 수준에서 지금 감상하는 오페라는 너무 수준이 낮아 감상하는 것 자체가 지루하고 힘겨운 상황이라 하자. 이런 상황이라면 오페라 애호가는 중대한 결정을 내려야 한다. 오페라 감상을 계속할 것인지?, 아니면 중도 포기하고 다른 일을 선택할 것인지를 결정하여야 한다. 100만원이나 지출하고 입장한 오페라가 이 모양이니 감상을 중도 포기한다하여 입장료를 돌려받을 수 있는 것도 아니 여서 100만원의 입장료에 집착하며 지루하고 역겨운 오페라 감상을 계속한다면 이 사람의 선택은 합리적이라 할 수 있을까? 경제학적인 기준으로 판단한다면 이 사람의 선택은 비합리적인 선택에 해당한다. 오페라를 계속 감상하는 행위는 이미 지불한 입장료 100만원에 계속 감상하면서 느끼는 짜증비용에다가 다른 일을 할 수 없는 기회비용까지 추가적으로 지불하고 있기 때문이다. 경제학적 기준으로 보면 이미 지불된 100만원은 매몰비용이라 할 수 있다. 오페라를 계속감상하든 아니면 중간에 포기하든, 어떤 선택을 하든 관계없이 변하지 않는 고정된 비용이다. 따라서 이런 비용은 어떤 선택에서 판단기준으로 적합하지 않다는 것이다. 왜냐하면 선택은 변하는데 매몰비용은 항상 그대로이기 때문이다. 이 같은 이유 때문에 경제학에서는 어떤 선택에 따라 달라지는 비용, 즉 한계비용을 경제적 선택의 판단기준으로 삼고 있다. 이 같은 상황에서 오페라를 계속 감상하는 것은 추가비용을 지불하는 것이고, 오페라 감상을 포기한 뒤 차라리 다른 일을 선택할 수 있다는 것은 오히려 고통비용과 기회비용을 줄이는 것, 그리고 새로운 선택을 통해 오히려 한계비용보다는 한계편익을 높일 수 있는 선택이 가능해진다. 어떤 선택의 결과에 따라 달라지는 비용, 즉 한계비용이라는 잣대를 기준으로 합리적 선택이 가능하다는 이론체계가 경제학적 관점이다. 이 사람이 합리적인 선택능력을 가진 사람이라면 이미 지불되고 회수할 수 없는 입장료 100만원에 지루한 감상에 따른 고통비용과 새로운 선택을 포기해야 하는 기회비용까지 추가로 지불하려 하지는 않을 것이다. 매몰비용인 입장료 100만은 새로운 선택에 대한 판단기준이 될 수 없으므로 무시되어야 한다. 또한 이미 지불된 비용은 어떤 선택을 하는데 잘못된 기준을 제공할 수도 있는데 이러한 비용을 매몰비용이라 한다. 매몰비용이란 이미 지출된 비용이기 때문에 어떤 경제적 선택을

9) 매몰비용이란 마치 배가 침몰하듯이 비용이 한번 투여되면 회수할 수 없는 비용을 말한다.

10) 한계비용이란 생산을 추가하기 위해 추가로 투입되는 비용을 말한다. 비용의 변화율이며 총비용함수를 미분한 개념이다.

하든 그렇지 않든 변하지 않는 비용이다. 한 번 투입되면 회수할 수 없는 특성을 가진다. 어떤 선택을 하고 난 다음에 그 다음의 선택이 어떻게 변하든지 기 투입된 비용은 변하지 않는다. 따라서 이런 비용의 경우에는 어떤 선택에 대한 이익과 손실을 판단하는데 어떤 의미도 제시할 수 없게 된다. 이 같은 문제를 해결하기 위해 경제학에서는 선택을 위한 판단기준으로 한계비용을 주로 사용한다. 한계비용이란 어떤 선택의 변화가 비용의 변화를 가져오는 비용개념이다. 지금까지의 설명을 정리하면 최선의 선택을 도출하기 위해서는 선택을 하려는 경제주체가 합리성을 갖추었다는 전제를 하여야 하고 합리적인 판단이란 이익과 손실을 비교하는 일이며 이익과 손실을 비교하는데 있어서는 기회비용이라는 개념과 한계비용이라는 개념을 이해하고 활용해야 한다.

보탬 5 경제학에 나타나는 합리적 인간

성냥팔이 소녀에게 동정심을 베푸는 소설속의 주인공이나 놀부전에 등장하는 흥부의 게으름과 제비에 대한 동정심으로 인해 로또 복권과 같은 대박으로 부자가 될 수 있다는 이런 감성적이고 비계산적인 인간은 경제학에서는 존재할 수 없다. 경제학에 상정된 경제인은 합리적 이기주의자로 설정되었기 때문이다. 경제학에 등장하는 경제행위의 주체 경제인은 이익과 손실을 계산할 수 있는 능력이 있으며 의사결정과정은 이익과 손실을 계산한 후 동정심이나 감성에 흔들리지 않고 손실보다는 이익을 선택하는 그런 인간이여야 한다. 그런 합리적인 인간들이 경제주체로 등장하는 경우, 경제학자들은 수학적인 논리체계로 그들의 행위를 설명할 수 있는 합리성과 논리성을 확보하게 된다. 이런 합리적 경제인의 전제하에서 기존 대부분의 경제모형들이 설정되었고 이론으로 검증되는데 성공할 수 있었다. 따라서 이런 수학적인 도구들로 가득한 경제모형들이 정밀성을 더해가면서 경제학은 사회과학이지만 비로소 과학적인 학문의 면모를 구축하게 된다. 이렇게 되자 경제학자들은 경쟁적으로 보다 고도화되고 복잡화된 수학적 모형들을 발전시켰고, 이를 통해 우리들은 물리학자들이 밝혀놓은 물리이론들로 우주를 이해하고 우주로 나아가듯이, 경제현상을 이해하고 미래의 경제세계를 읽어내는 능력을 갖게 되었다. 또한 경제현상에 대한 보다 과학적인 이해와 예측이 가능해짐으로써 현실적인 경제문제를 해결하고 보다 안정적이면서 미래지향적으로 성장해 가는 경제기상도를 추정하고 조정하는 능력까지도 갖게 되었다.

4 마디 균형과 최적화

합리성은 **최선의 선택**을 위한 전제조건이라고 하였다. 경제인은 합리적인 인간이며 개별적으로 모두가 합리적이 아니더라도 평균적으로는 시장이라는 의사결정기구를 거쳐 합리적 집단으로 귀결된다. 합리성을 바탕으로 하는 경제행위들은 자신들의 목적을 달성하기 위한 최선의 선택을 도출하게 된다. 자원의 희소성이 전제된 상황에서 **편익은 극대화**(maximization)되고, **비용은 극소화**(minimization)될 수 있다면, 경제는 최선의 상태에 이르게 될 것이다. 시장경제가 전체적으로 최선의 상태에 도달하는 조건들은 차후에 후생경제학에서 보다 깊이 있게 다루어질 것이다. 후생경제학 제1법칙과 후생경제학 제2법칙을 충족하여야 한다. 하지만 여기서는 **최적화**(optimization)라는 용어를 이해하기 위한 최선의 상태로 정의하자. 최적화란 예산제약 하에서 가장 효율적인 자원배분의 상태를 의미한다. 가장 적은 비용으로 가장 많은 편익을 창출한 '경제법칙이 실현된 상태'를 말하는 것이다. 경제주체들의 경제적 선택을 설명하기 위해서는 최적화란 개념이 중요하다. 소비자는 자신의 소비행위를 통해 최적화를 달성하려 하고, 생산자 역시 자신의 생산 행위를 통해 최적화를 달성하려 할 것이다. 소비자행동이론과 생산자행동이론에서 자세히 다루어지겠지만, 이런 상태를 **소비자균형**, **생산자균형**이라 표현한다. 소비자균형과 생산자균형이 동시에 달성된다면 이것은 곧 시장균형이 될 것이다. 시장의 두 주인공인 소비자와 생산자가 동시에 최선의 상태에 도달해 있다는 개념이다. 이것이 시장의 수요·공급균형이론의 핵심이다. 시장이 균형에 도달하게 되면 가장 최적한 가격수준과 가장 최적한 수·급량이 결정되게 된다. 가격이 자원배분의 조절기능을 담당한다면 가장 최적한 가격수준이 가장 최적한 수·급량을 조절함으로써 소비자는 효용의 극대화를, 생산자는 이윤의 극대화를 동시에 달성함으로써 이루게 되는 최선의 경제적 상태가 실현될 것이다. 몇 가지 조건들이 필요하겠지만 이와 같은 시장균형은 곧 최적화를 의미하고 시장균형분석이란 곧 최적화분석이라 할 수 있을 것이다. 경제학 전반에서 **균형분석**은 가장 널리 사용되는 기본적인 분석 틀이며 기본적인 분석개념이다[11]. 보다 나아가면 균형이 존재하는지, 균형이 유일한 것인지 아니면 여러 개의 균형이 존재하는 것인지에 대해 분석하

---

11) 수요곡선과 공급곡선이 서로 교차하는 것을 가장 일반적인 균형의 상태라고 할 수 있을 것이다. 이 상태는 수요자와 공급자가 모두 최적화를 달성한 상태이고 그렇기 때문에 어떤 변화가 발생하지 않으면 그 상태가 유지되려는 힘을 갖는 상태이기도 하다.

고, 균형이 깨어졌을 때 균형으로 다시 돌아가려는 힘이 작동하는지, 그렇지 않으면 순환하거나 발산하는지 등의 문제가 균형의 안전성이란 개념으로 다루어진다.

5 마디 경제이론과 검증

경제학은 과학이며 이론이다. 경제학이 과학이 되기 위해서는 과학적 방법론이 중요하며 경제이론의 과학적 적합성이 담보되어야 한다. 앞에서 이미 다루었듯이 경제학은 물리학 못지않게 복잡한 수학모형들로 가득하다. 아무리 복잡한 수학적 모형들일지라도 현실속의 모든 경제변수들을 담아내기에는 턱없이 부족하다. 경제모형들은 모든 것을 설명하려는 것이 아니라 평균적으로 설명하려는 것이다. 대수의 법칙을 따르는 것이다. 따라서 경제이론이 생명력을 가지려면 경제현상을 평균적으로 설명하고 예측할 수 있어야 한다. 경제이론은 가정에서 모형이 설정되고 검증으로 이론이 태어난다. 경제이론이란 무엇인가를 쉽게 설명하자면 축소지도와 비유될 수 있다. 지도란 많은 것들을 축소하거나 생략하는 과정이다. 그려지는 것들 보다 생략되는 것들이 더 많아지는 것이 지도의 특징이다. 하지만 지도는 우리에게 유용하다. 우리가 가고자하는 길을 목적지까지 잘 안내할 수 있다. 이런 원리가 경제이론에 적용되어 있다. 경제이론이란 수많은 변수들을 생략하고 비로소 태어 난 축소지도와 같은 것이다. 별로 중요하지 않은 변수들을 골라내고 중요한 핵심변수만을 찾아내는 과정이 바로 모형을 설정하는 과정이라 할 수 있다. 따라서 경제이론이란 현실경제의 모든 것들을 반영할 수도, 현실의 모든 경제현상들을 설명할 수도 없는 것이다. 이를 정리하면 경제이론이란 현실경제를 **단순화**하고 **추상화**하는 과정이다. 이를 통해 현실경제의 규칙성을 발견해 내고 논리체계로 엮어내는 것이다. 경제이론은 가정에서 출발한다. 현실의 모든 변수들을 한꺼번에 다 고려할 수 없기 때문에 다른 조건이 일정하다면(ceteris paribus)이라는 가정(assumption)을 부여한다. 가정을 설정하고 인과관계가 성립되면 논리체계로써 가설(hypothesis)이 구축된다. 이 가설은 명제(proposition)들로 구성되어 있고 우리는 이것을 모형(model)이라고 한다[12]. 가설이나 모형은 적합성을

12) 대체로 변수간의 관계를 함수식이나 방정식으로 표현한다. 여기에는 외생변수와 내생변수가 있다. 외생변수는 모형외부에서 결정되는 변수이며, 내생변수는 모형내부에서 결정된다. 변수간의 관계는 상관관계와 인과관계가 있다. 상관관계는 독립변수와 종속변수가 인과관계로 규정된 것은 아니지만 변수 간에 일정한 규칙성을 가진 변화가 이루어지고 있다는 것을 의미한다. 한발 더 나아가 인과관계란 변수 간에 상관관계가 존재할 뿐만 아니라 독립변수가 원인이라면 종속변수는 결과로써 작동하는 안정된 변수관계를 의미하는 것이다.

확보해야 한다. 적합한 경제모형이라면 ① **적절한 가정**, ② **논리적 일관성**, ③ **이론화 과정의 타당성**, ④ **일반성**, ⑤ **예측의 정확성** 등의 요건을 충족하여야 한다. 가설이 이론이 되는 마지막 과정은 이와 같은 충족요건들에 대한 검증이다. 즉, 가설이나 모형이 이론으로써 성립하려면 현실을 설명할 수 있는 지, 그리고 미래를 예측할 수 있는 지에 대한 통계적 검증(test)을 통과하여야 한다. 이 같은 검증과정은 현실에서 모은 통계자료를 바탕으로 이루어진다. 하지만 아무리 엄밀한 검증과정을 거쳐 탄생한 이론이더라도 논리적 오류의 가능성은 항상 남아있게 된다.[13] 따라서 이론이란 절대 불변의 진리일 수 없고 현실의 모든 경제문제를 해결할 수 있는 모든 해법을 보장할 수 없다. 이론이란 불완전한 대수의 법칙이며 계속 새로운 패러다임으로 거듭나는 진화과정의 결과물이다.

보탬 6 이론을 이해하는데 용어의 개념을 이해하는 것은 중요하다.

경제학을 학습하는 첫 걸음은 경제이론을 설명하는 용어(terminology)에 대한 이해이다. 우리가 사용하는 언어는 다의성을 가지고 있다. 다의적인 언어로 일관되고 논리적인 추론을 전개한다는 것은 매우 어려운 일이다. 때문에 과학적 방법론에는 수학적 기호나 화학적 기호들이 등장한다. 수학적 기호들은 일의적이다. 명료하게 단 한가지의 의미를 부여한다. 여러분들이 학습할 경제학 교과서는 불행하게도 ① 서술적 표현, ② 수리적 표현, ③ 기하학적 표현들로 가득하다. 수식을 이해하고, 그래프를 이해한 다음, 그것을 서술적으로 잘 표현해 낼 수 있는 능력을 갖는 것은 경제학을 효과적으로 학습하는 첩경이다. 어떤 학문분야이든 관계없이 가장 먼저 학습해야 하는 첫 관문은 그 분야에서 주로 사용되는 용어에 대한 정확한 개념의 정의이다. 그럼 이쯤에서 경제이론을 학습하는 과정에서 용어를 정확하게 이해하는 일이 얼마나 중요한가에 대해 '인간(사람)'이란 용어를 예로 들어 학습해 보자. 인간(사람)이라는 용어는 똑같은 단어임에도 불구하고 학문적 영역에 따라 상당히 다른 의미로 정의되며 사용되고 있다는 것을 알 수 있다. ① 인문학에서의 인간은 감성적이고 철학적인 인간을 의미한다. 뜨거운 인간애가 넘치는 돈키호테형 인간으로 정의할 수 있을 것이다. ② 경제학에서의 인간은 합리적 이기주의자(rational egoist)로 정의되는데, 이익과 손실만을 정확하게 계산하는 스크루지형 인간으로 정의될 수 있을 것이다. ③ 법학에서의 인간은 권리와 의무의 주체

13) 가설검증과 관련하여 제1형의 오판과 제2형의 오판이 존재하며 이는 서로 대립적이다. 제1형의 오판은 실제로는 맞는데 틀린 것으로 판단하는 경우를 말하며, 제2형의 오판은 실제로는 틀렸는데 맞는 것으로 판단하는 경우를 말한다.

를 의미한다. 권리와 의무관계를 설정하는 법적 인격체로서의 인간으로 정의될 수 있을 것이다. ④ 자연과학에서의 인간은 생물학적 인간을 의미한다. 자연속의 일부인 생명체로서의 벌거벗은 원숭이(naked ape)에 부합하는 인간으로 정의될 수 있을 것이다. ⑤ 사회학에서의 인간은 이성과 합리적인 인간관인 호모 사피엔스(Homo Sapiens)와 비이성적이고 불합리한 광기의 인간관인 호모 데멘스(Homo Demens)라는 상반된 인간에 대한 정의가 대비되는 동시에 공존하고 있는 셈이다. 에드가 모랭이나 미셸 푸코는 인간이 동물과 다른 본질적 특성을 이성과 합리성에서 찾는 전통적인 인간관에 반기를 들고, 인간이 다른 동물과 구별되는 본질적 특성을 비이성, 불합리, 광기에서 찾으려한다. ⑥ 파스칼은 "키메라...새로운 것... 혼돈...모순의 주체..., 경이로움이다! 만사의 심판자인 동시에 보잘것없는 지렁이다. 진실의 보유자인 동시에 불확실성과 실수의 소굴이다. 우주의 명예인 동시에 쓰레기다."라고 인간을 정의한 바 있다. ⑦ 최근에 주목받고 있는 행동경제학은 휴리스틱(heuristic)[14]이라는 개념으로 인간의 합리적인 경제적 선택보다는 비합리적인 경제적 선택에 주목하고 있다. 현실적으로 시간이나 정보가 충분하지 않은 상황에서 사람들은 보편적으로 체계적이거나 합리적인 분석을 통한 종합적인 판단에 대해 인지적 부담을 느끼게 된다는 점을 부각시킨다. 또한, 합리적 판단을 위해 정보수집과 분석에 최선을 다하기 보다는 경험이나 감정 같은 요소들에 지배당하는 어림짐작으로 신속한 의사결정에 쉽사리 경도되는 인간의 성향에 주목하고 있다.

보탬 7 경제이론은 사회과학이다.

이론은 과학을 의미한다. 경제이론은 사회과학으로 분류된다. 전통적으로 과학이라는 용어는 자연과학을 의미해왔다. 대부분의 사회과학은 인간연구가 자연과학 연구에 흡수 될 수 있다고 가정되었다. 그것은 인간의 본질이 자연의 본질과 다르지 않다고 여겨졌기 때문이다. 사회과학이 과학으로서 널리 받아들여지지 않은 본래 원인은 아마도 이런 유형의 가정에서 비롯된 듯하다. 하지만 인간은 다른 자연을 지배하는 물리법칙의 단순한 종속물이 아니라는 관점에서 사회과학은 독립된 과학으로서 성립될 수 있다. 자연과학은 축적의 학문이다. 위대한 아이작 뉴튼 조차도 보지 못했던 새로운 과학적 사실을 그 이후에 태어났다는 이유만으로 웬만한 물리학 지식이 있는 사람이라면 이해할 수 있다. 자연과학은 전세대로부터

14) 휴리스틱에는 가용성 휴리스틱, 대표성 휴리스틱, 기준점 및 조정, 감정 휴리스틱 등이 있다.

축적된 지식을 기반으로 발전하기 때문에, 위대한 뉴튼보다 늦게 태어났다는 이유만으로 뉴튼이 깨닫지 못했던 새로운 과학적 사실을 볼 수 있는 것이다. 자연에 대한 과학적 이해는 순환하는 것이 아니며 퇴보하지도 않는다. 과학적 논리가 인간의 변덕에 의해 좌우되는 일도 일어나지 않는다. 이런 이유로 자연과학은 누적적이고 진보적인 성격을 가진다. 어떠한 독재자나 의회도 자연법칙을 무효로 만들 수는 없는 일이다. 하지만, 이 같은 자연과학이 축적의 학문이라는 주장에 대해 토마스 쿤은 "과학은 불연속적이고 혁명적이다."라고 비판한다. 즉 과학자가 자연을 이해하기 위해 사용하는 새로운 패러다임은 과거의 패러다임을 근본적으로 부정하는데서 출발한다는 것이다. "상대성이론은 뉴튼 이론이 구축한 이론적 틀 속에 새로운 지식을 덧붙인 것이 아니라 뉴튼 이론 전체를 근본적으로 부정하는 것이다."라고 주장한다. －토마스 s.쿤의 「과학혁명의 구조(The structure of Scientific Revolutions)」에서－ 따라서 사회과학인 경제학 역시 학문적 패러다임의 영역에서 자유로울 수 없다. 경제학 역시 기존의 패러다임은 비판받고 그 빛을 잃게 될 것이다. 대신 새로운 패러다임이 그 자리를 차지하게 될 것이다. 항상 경제학은 새롭게 태어나게 마련이고 그가 새 시대를 맞게 될 것이다.

6 마디 경제학의 흐름과 위대한 경제학자

경제이론은 위대한 경제학자들의 시대적 사명의식의 산물이다. 산업혁명이후 자본주의 경제가 발전하면서 복잡한 경제문제들이 발생해 왔고 치명적인 경제문제들은 자본주의 경제체제의 존립을 위협해 왔다. 자본주의 경제체제의 태동에서 자본주의 경제체제의 위기, 그리고 위기의 극복과 자본주의 경제체제의 변화와 발전에는 위대한 경제학자들의 신념과 열정 그리고 아이디어와 새로운 이론적 패러다임이 강력하게 작동한다.

1. 경제학의 흐름

경제학은 중상주의, 중농주의를 거쳐 **고전파경제학**에 이르러 하나의 학문으로서의 체계성을 가지게 된다. 애덤 스미스의 국부론을 근간으로 하는 고전파경제학은 시장경제 중심의 경제이론이다. 한편, 시장경제 즉, 자본주의 경제가 독점자본주의에 이르러 노동자들의 처참할 정도의 생활상과 제국주의 중심의 식민자본 수탈을 목도한 칼 마르크스에 의해 통제경제의 이론체계가 탄생하게 된다. 그것이 **자본론**이다. 공산당선언과 자본론을 이념적 근간으로 한 통제경제체제인 공산주의 내지는 사회주의 체제가 등장하게 된다. 인류역사상 최초로 피지배계급에 의한 혁명에 의해 공산주의 국가가 탄생한 것이다. 이것이 1917년 러시아에서 발생한 볼세비키혁명이다. 순항하던 독점자본주의 경제는 그 모순을 극복하지 못하고 불황의 늪에 빠지게 된다. 이것이 1929-33년간 발생한 세계대공황이며, 자본주의 경제의 모순을 극복하기 위해 **케인스 경제학**이 등장하게 된다. 이념적으로는 수정자본주의, 즉 복지국가를 지향하게 된다. 정부가 시장실패를 미세 조정함으로써 경제문제를 해결하고 경제발전을 주도한다는 것이다. 복지국가는 다시 일하지 않는 사회의 늪에 빠지게 되고 또 한 번 자본주의의 위기를 맞이하게 된다. 이것이 1970년대에 나타나는 인플레이션과 디플레이션의 복합증세인 스태그플레이션 현상이다. 이를 해결하기 위한 반동으로써 다시 시장중심주의가 경제학을 지배하게 되는데 이것을 **케인즈혁명에 대한 반혁명**이라고도 한다. 하이예크를 중심으로 하는 시카코학파 중심의 새로운 **시장원리주의 경제학**이다. 통화주의경제학, 공급중시경제학, 합리적 기대가설로 분류되는 새로운 주류 경제학의 흐름이 형성된 것이다. 1980년대에 접어들면서 복지국가에서 발생하는 비효율, 일하지 않는 사회(no work society)를 극복하기 위한 반동으로 미국과 영국을 중심으로 신자유주의가 실천되었는데 이를 레이거노믹스와 대처리즘이라 한다. 개인의 자유, 시장가격에 의한 자원배분, 세계화된 경쟁, 이윤지상주의를 바탕으로 시장기능의 효율성을 극대화하려는 시장원리주의이다. 신자유주의는 1991년 구소련을 붕괴시켰을 뿐만 아니라 동구권의 사회주의 국가는 물론 사회주의를 경험한 저개발국가들까지도 변화시키는 막강한 힘을 발휘하고 있다. 하지만 신자유주의는 극단적인 경쟁과 승자독식의 분배구조를 강화시킴으로써 양극화현상을 심화시키고 있다. 2011년 9월 17일에는 미국의 맨해튼의 월가에서 99% 대 1%에 대한 규탄시위가 발생하기도 하였다. 또한 **신자유주의**에 대한 파상적 비판은 2008년에는 글로벌금융위기와 그 이후 어려워지는 유럽의 재정위기의 심각성으로부터 자유롭지 못한 상황이다. 신자유주의의 패권에 대한 위기인 셈이다. 이와 같은 새로운 세계적인 경제위기 상황은 새로운 경제적 대안을 요청하고 있다. 신자유주의의 위기를 극복할 수 있는 새로운 아이디어와 이론적 패러다임이 필요하다. 시장실패와 정부실패를 동시에 조정해 낼 수 있는 융합된 새로운 경제체제의 출현을 기대하지 않을 수 없다[15]. 1776년 **애덤 스미**

15) 더 타임즈의 경제분야 총괄에디터인 아나톨 칼레츠키(Anatole Kaletsky)는 자본주의 4.0을 제안하고 있다. 자본주의 4.0이란 시장의 인센티브와 공적부문의 정치적 과정이 조화를 이루는 소위 적응형 혼합경제를 말한다. 자본주의1.0(애덤 스미스의 자유방임주의), 자본주의 2.0(케인즈의 수정자

스의 국부론에서 비롯된 주류경제학의 발달은 1936년 **존 메이나드 케인스의 일반이론**에 이르러 경제이론의 양대산맥을 완성한 셈이다[16]. 국부론은 시장경제의 성공원리를 제시했다면 일반이론은 시장경제가 실패하는 경우, 시장경제를 수정하고 보완하여 성공으로 이끄는 길을 제시하고 있다. 주류 경제학의 흐름을 크게 살펴보면 **시장경제의 성공**(작은 정부), **시장경제의 실패**(큰 정부), **시장경제의 성공**(작은 정부)이라고 요약할 수 있다. 애덤 스미스를 중심으로 한 고전학파 경제학자들은 시장경제의 성공이라는 패러다임 속에서 경제이론을 발전시키고 있으며 케인즈를 비롯한 신고전파 종합이라는 경제학자들은 시장의 실패라는 패러다임 속에서 시장과 정부의 조화를 도모하고 있다. 1970년대 이후 스태그플레이션이라는 경제적 합병증세는 하이예크를 중심으로 한 신자유주의(시장의 성공)패러다임을 강조하고 있다[17]. 비주류경제학으로는 카알 마르크스의 자본론을 중심으로 한 시장경제체제의 대안으로써 사회주의경제이론이 발전해 왔다. 알프레드 마샬은 경제학을 체계적인 논리로 짜여진 과학과 정신이 조화를 이룬 인류의 물질적 건강을 위한 냉철한 이성과 뜨거운 인간애의 결과물로 여겼다. 하지만 영국의 극작가이자 소설가, 비평가인 쇼(G.B. Shaw)와 사상가이며 역사가인 칼라일(T. Carlyle)은 경제학을 우울한 과학(dismal science)으로 치부하였다. 알프레드 마샬의 경우에는 실용적 쓰임새 보다는 복잡한 수학만으로 점철된 경제학의 흐름과 과학적 이론의 적합성보다는 감정적 과격주의라는 경제학의 비과학성과 비현실성을 중재하려 노력한 위대한 경제학자이다. 경제학이라는 학문세계와 현실경제를 연결하는 가장 든든한 고리는 정치라 할 수 있다. **공공선택학파**의 출현이다. 제임스 뷰케넌을 중심으로 한 베블렌과 존 케네스 갈브레이드, 조지 스티글러, 케네스 애로 등이 공공선택이론의 지평을 열었다.

본주의), 자본주의 3.0(시장원리주의인 신자유주의)로 구분할 수 있다. 2008년 글로벌 금융위기 이후 규모는 작지만 강력한 정부의 역할이 필요하다는 주장이다.

16) 국부론(An inquary into the nature and causes of the wealth of nations), 일반이론(The general theory of employment, interest and money)

17) 밀턴 프리드먼을 중심으로 한 통화주의(monetarism)와 루카스(Lucas critique)를 비롯한 합리적 기대가설(rational expectation hypothesis)도 시장원리주의에 해당한다.

보탬 8 케인즈는 경제이론의 막강한 파급력과 경제학자의 요건에 대해 강조하고 있다.

"경제학자 및 정치철학자의 관념의 힘은 옳고 그름을 떠나 일반적으로 이해되는 것보다 훨씬 강력한 것이다. 세계는 그 관념들이 움직여나간다. 어떠한 지적 영향도 받지 않는다고 믿고 있는 실질적 인간조차도 사실은 이미 죽은 어느 경제학자의 노예이기 일쑤다. ....좋은 일에 이용되든 아니면 나쁜 일에 이용되든 궁극적으로 위험한 것은 기득권의 문제가 아니라 관념의 문제이다."라고 케인스는 경제이론의 막강한 파급력에 대해 표현한 바 있다. 또한 그는 경제학자가 갖춰야 할 복합적인 요건에 대해 강조한 바 있다. "그는 수학자인 동시에 정치가이며 철학자이어야 한다. ....그는 기호들만으로 이해한 것들을 평이한 말로써 설명해야 한다. 특수한 경우들을 일반적인 시각에서 고찰할 수 있어야 하며, 추상과 구상을 동일한 사고의 지평위에서 다룰 수 있어야 한다. 과거의 경험아래 미래를 목표로 현재를 연구해야하고, 인간의 본성이나 사회규범 중 미세한 일부라 할지라도 관심의 대상에서 빠뜨려서는 안 된다. 무엇보다도 그는 공평무사함과 과단성을 겸비해야만 한다. 예술가처럼 초연하고 청렴하면서도 가끔씩 정치가처럼 치열하게 세속적이어야 한다."

2. 위대한 경제학자와 경제학의 역사

① 애덤 스미스와 고전파 경제학

애덤 스미스의 경제학은 **시장주의 경제학**이고 **공급측면경제학**이다. 17-18세기 유럽을 지배한 경제사상은 중상주의(mercantilism)를 바탕으로 한 중금주의 사상이었다. 국가가 모든 생산과 수출을 주도하고 외국으로부터의 수입은 최소화하여 국내에 금과 은을 많이 축적하는 것이 국가를 부유하게 만들 수 있다는 믿음이다. 애덤스미스는 국부론에서 국부의 원천은 그 나라가 축적한 금과 은이 아니라 그 나라가 필요한 것들을 생산할 수 있는 생산능력임을 밝히고 있다. 또한 생산능력이 극대화되기 위해서는 국가가 적극적으로 개입하고 통제하는 것 보다는 **개인의 자유**와 **재산권**을 근간으로 자유로운 경제활동과 국가 간의 자유무역체제가 보장되어야 함을 역설하고 있다. 또한 생산되는 것은 완전분배되고 소비됨으로써 시장은 항상 균형을 이룬다는 Say's Law를 신봉하고 있다. 시장경제는 이기심과 시장기구(시장가격, 이윤, 경쟁)가 조화롭게 작동하여 **개인의 사적이익**이 **사회의 공적이익**을 극대화하는데 기여할 수 있다는 **보이지 않는 손**(invisible hand)의 섭리를 작동시킨다. 또한 무엇을 얼마나 생

산할 것인지를 생산자가 주도적으로 결정하는 것이 아니라 소비자가 주도적으로 결정하는 **소비자주권**을 실현하는 장점을 가진다. 1980년대 이후 도래한 시장원리주의는 바로 애덤 스미스 사상의 재림과 부활을 의미한다. 신고전파의 거장 앨프레드 마셜은 케인스, 피구, 로빈슨의 스승이자 한계효용이론을 가장 폭넓게 적용한 위대한 경제학자이다. 애덤 스미스의 노동가치설과 한계효용이론을 접목시켜 경제학의 가장 기본적인 분석 틀인 수요·공급모형을 완성하였다. 또한 가치가 생산과 공급에서만 창출되는 것이 아니라 수요에서도 창출된다는 것을 입증하였고 자본가들은 위험감수(risk taking)와 기다림(waiting)의 대가로 이윤을 얻게 되는 것이고 이것은 노동가치보다 더 크다는 것을 강조함으로써 노동가치설을 비판하였다. 슘페터의 경우에도 이윤은 상상력, 독창성, 경영능력에 대한 대가라고 정의하고 있으며. 칼알 마르크스조차도 "인격은 창조적 노동 없인 발전할 수 없다. 노동은 자연과 인간 인간과 인간의 관계를 설정하는 과정이다."라고 주장한 바 있다.

② keynes의 경제학

제1차 세계대전(1914-18)이후 세계경제는 황금기(golden era)를 맞이한다. 째즈, 찰스턴, 전화, 컨베이어벨트, 새로운 음악과 춤, 새로운 의사소통수단과 생산기술 들이 경제에 활력을 불어넣어 경제적 호황을 누리게 된다. 1929년 10월 25일 금요일 뉴욕증권시장의 폭락으로 시작된 경제 불황은 전 세계를 경제공황의 공포로 몰아넣는다. 하루 만에 주가는 약 40% 폭락하였고 수십 명의 투자자가 뉴욕의 허드슨 강에 뛰어드는 검은 금요일의 저주가 세계대공황의 시작이었다. 실업률은 30%대에 육박하였고 미국의 경우 5,000여개 은행이 파산하였으며 그 여파로 900만 명의 예금통장이 하루아침에 쓸모없는 종이쪽지가 되어 버렸다. 영국수상 처칠은 세계대공황의 처참함을 30년 전쟁에 비유할 만큼 치명적이었다. 이런 상황은 시장경제의 폐해가 자유민주주의조차도 위협할 수 있는 자본주의의 함정이었다. **시장의 실패**(market failure)인 것이다. 세계 지성을 대표하던 케인스는 자유민주주의에 대한 위기의식을 가지고 그 해법을 제시하기 위해 1936년 일반이론을 출간하게 된다. 시장의 실패는 **유효수요의 부족**, 즉 정부가 부족한 유효수요를 재정지출을 통해 창출해야한다는 **수요측면 경제학**이 태동하는 것이다. 케인즈 경제학은 자유주의가 아닌 정부의 개입주의, 공급측면이 아닌 수요측면, 화폐베일관이 아닌 화폐와 실물의 상호작용관으로 요약할 수 있다. 1929-33년간 세계대공항의 발생 원인으로는 유효수요의 부족인데 정부의 경제정책조차도 유효수요를 압박하는 오류를 범했다는 점이 더욱 아쉬운 대목이다. 케인즈 경제학이 이미 존재했었더라면 아마도 이런 정책적 실수는 저지르지 않았을 것이다. 제1차 세계대전 이후 미국의 경우 무기재고가 증대하고 전선에서 돌아온 군인실업자들은 소비를 줄이고 부채를 갚으려는 상황에다가 전쟁으로 멈추었던 유럽의 공장들이 재가동됨으로써 투자조차도 위축되는 총수요가 심각하게 부족한 상황이었다. 이런 상황에서 정부의 정책조차도 유효수요를 부양하기는커녕 오히려 연방준비은행이 금융긴축정책을 강화해가는 어이없는 실책을 범하게 됨으로써 상황은 걷잡을 수 없는 위기국면으로 진입하게 된다. 케인스는 이런 문제의 맥을 정확하게 진단하고 처방하는 거시경제 이론체계를 제시하게 된다. 케인스는 균형재정이 옳다고 믿고 있는 정치인들에게 적자재정이라는 정책수단을 동원하여 세계경제를 불황의 늪에서 구할 수 있다고 설득하게 된다. 케인스는 정치인들에게 "**경제가 회복되도록 기다리는 동안에 우리는 모두 죽고 말 것이다.**" 루스벨트 대통령에게는 뉴욕타임지를 통해 공개서한을 발표하게 된다. "**제발, 정부지출을 늘리십시오, 그렇게 해야 미국이 살고 세계가 살게 됩니다.**"라고 말이다. 1933년 테네시 강 공사를 시작으로 뉴딜정책이 시행되었고 세계경제는 공황의 늪에서 빠져나오기 시작한다. 실업자들을 모이게 하여 삽을 나눠주고 땅을 파게 한 다음 그 다음 모은 실업자들에게 팠던 땅을 다시 메우게 하는 어처구니없는 방식으로도 유효수요를 창출하기 위해 안간힘을 다했다. 케인스경제학은 주류경제학의 중심이 되었고 하버드대학은 케인스경제학을 전파하는 전도사가 되었다. 1930년대 중반부터 케인스이론은 대부분의 나라에서 채택되었다. 1960년대 케네디행정부와 존슨 행정부는 "**이제 우리는 모두 케인스주의자다.**"라고 선언하게 되고 1960년대 말까지 케인스경제학은 경제문제에 대한 해법으로 활용되어 왔다. 케인스경제학의 특징을 정리하면 **불황의 경제학**, **유효수요의 경제학**, 온정적 개입주의 경제학, 적자재정의 경제학으로 요약할 수 있다.

③ Keynes & Hayek

하이에크는 프리드먼과 함께 시카고학파의 중심이다. **신자유주의**, 즉 시장원리주의의 전도사이다. 재미있는 것은 하이에크는 케인스와 함께 영국의 캠브리지 대학에서 공부한 케인스의 가장 비판적인 벗이라는 점이다. 하이에크의 경제학은 케인스의 유명세 때문에 1970년대 후반까지 빛을 보지 못하다가 스테그플레이션이 세계경제를 옥죄기 시작하면서 전 세계 경제에 막대한 영향력을 행사하게 된다. 스태그플레에션이란 정부가 정부지출을 늘려도 경기는 살아나지 않고 오히려 물가만 지속적으로 올라가는 경제적 합병증세를 말한다. 이를 해결하기 위한 대안으로서 복지국가를 지향하던 선진국들은 다시 **시장의 유인**과 **경쟁원리**를 강화하게 된다. 이것이 신자유주의이고 그 내용은 **계획**, **소유**, **규제**를 정부가 축소하고 시장원리에 맡기는 것이다. 미국에서는 레이거노믹스, 영국에서는 대처리즘으로 나타나게 된다. 또한 하이에크의 시장원리주의는 자본주의 경제 뿐만 아니라 사회주의 경제에도 많은 영향을 미치

게 된다. 구소련과 중국을 비롯한 동구권의 경제관료들이 하이에크의 저서를 탐독하고 비밀토론회를 가지는 등 시장원리주의를 학습하게 됨으로써 **개방**과 **개혁**이라는 이름으로 시장경제체제를 주도적으로 받아들이게 되는 것이다. 하이에크는 두 가지 예측을 하고 있는데 하나는 **세계대공황을 예측**한 것이고 다른 하나는 **사회주의 경제체제는 반드시 망한다**는 것이었다. 하이에크의 두 가지 예측은 정확하게 적중하였고 하이에크의 시장예찬론 또한 전 세계에 영향을 미치고 있다. 그는 경제가 발전하기 위해서는 개인이 가지고 있는 능력과 소질을 극대화할 수 있는 제도가 필요한데 이것이 바로 시장이라고 주장하는 것이다. 시장이란 **개인의 자유**와 **사적 재산권의 보장**이 그 축을 이룬다. 시장가격의 자원배분기능과 경쟁의 원리가 시장기능을 강화시킨다. 이것을 바탕으로 개인의 이익이 극대화되는 동시에 공적 이익도 극대화될 수 있다. 애덤 스미스의 보이지 않는 손의 섭리가 작동하는 것이다. 중국을 변화와 번영의 길로 인도한 등소평도 경제사상적으로는 하이예크의 제자라 할 수 있다. 등소평이 하이에크를 중국으로 초청하여 간곡하게 부탁하였다. **"어떻게 하면 중국의 식량문제를 해결할 수 있습니까?"** 하이에크의 대답은 **"시장에 맡기십시오."** 간단명료하였다. 농부들에게 소유권을 인정하라는 것이다. 그것이 어렵다면 임대제로 전환하여 농부들에게 이윤동기를 부여하라는 의미이다. 중국은 빠른 속도로 변화하고 있다.

보탬 9 시장은 인류역사의 최대 발명품

인류역사 상 많은 경제체제가 대립하면서 흥망성쇠를 거듭해 왔다. 원시 공유제, 고대 노예제, 중세 봉건제, 자본주의, 사회주의, 특히 20세기 이후 자본주의 경제체제와 사회주의의 경제체제는 치열한 대결구도로 진입하였고, 그 과정은 전쟁을 불사할 만큼 냉혹한 긴장상태를 유지시켰다. 그런데 미국을 중심으로 하는 자본주의 질서와 구소련을 중심으로 하는 사회주의 질서가 양극체제를 구축하면서도, 경제체제의 내용적으로는 정부중심의 경제 질서로 수렴해가는 유사성을 가지게 된다. 이런 이유로 1970년대 말까지는 복지국가 내지는 수정자본주의가 시장원리주의 경제학자들의 목소리를 압도하는 현상이 유지되는 것이다. 하지만 1970년대의 자본주의 경제는 소위 복지국가가 경제위기를 심화시키면서 거대한 정부개입의 실패를 인정하게 된다. 이런 상황에서 신자유주의는 새로운 경제적 패러다임으로 주목받게 된다. 1980년대에 접어들면서 미국과 영국을 중심으로 복지국가라는 개입주의의 가면을 벗어 던지고 새로운 자유방임주의라는 기치를 내세우며 새로운 자본주의에 대한 열망이 그 빛을 얻게 되고, 그 활력은 자본주의를 회생시키는데 성공하게 된다. 새로운 자유방임주의의가 빛을 발하는 새로운 시대를 맞이하게 된 것이다. 어떤 경제학자는 시장경제의 위대한 힘을 다음과 같이 표현하고 있다. "자유방임시장 체제는 한 이기적 인간이 아침에 일어나 창밖의 세상을 바라본 후, 천연자원으로부터 자신이 원하는 것 대신 남들이 원하는 것을 생산하게끔 유도한다. 그것도 자신이 팔고 싶은 양만큼이 아니라 남들이 사고 싶어 하는 양만큼, 자신이 꿈꾸는 가격이 아니라 남들이 인정하는 가격에. 시장은 저절로 생겨나지 않았더라면 인류역사 상 최대의 발명품"으로 꼽혔을 것이 분명하다. 또 다른 자유방임주의의 전도사인, 통화주의학파로 잘 알려진 시카고대학의 프리드먼 교수의 일화를 소개한다. 시카고대학에서 강의하면서 프리드먼은 학생들의 귀가 닳도록 정부의 예산축소를 주장했다. 졸고 있는 학생에게 기습질문, 자, 이 경우 가장 효율적인 해결책은 뭐지?, "정부예산축소(Cut the government spending)"라고 답할 정도로 프리드먼도 하이예크와 함께 지독한 시장원리주의자이다.

④ **칼 마르크스(1883년 사망)와 사회주의**

칼 마르크스는 다윈과 프로이트에 비견될 만큼 20세기 역사를 변화시킨 강력한 문장과 선동적 문체를 뽐내는 비운의 사상가였다. 그는 1848년 공산당 선언문에서 "**프롤레타리아들이여, 단결하라! 그대들이 잃을 것은 오로지 억압의 쇠사슬뿐이다.**"라고 역설했다. 칼 마르크스는 Bonn 대학, 베를린 대학, 예나대학에서 학위를 취득하였으나 그는 방탕함이나 강압적이고 충동적이며 열정에 가득 찬 생활로 일관하였다. 그가 근무했던 라인신문의 한 동료는 칼 마르크스를 강압적이고 충동적이며 열정적이고 한없는 자신감에 차 있으나, 대단히 성실하고 학식이 깊고 활동적이며 변증법에도 통달한 사람으로 평가하고 있다. 그의 생은 경제적으로 비참함과 가정적으로 비극적인 종말을 맞는 어처구니없는 파노라마였다. 의사의 치료를 받을 수 없을 만큼 경제적으로 궁핍하여 6자녀 중 3명을 폐렴, 결핵, 기관지염 등으로 잃게 되는 불운을 경험한다. 하지만 그의 사상체계는 보다 나은 세상을 꿈꾸는 수많은 혁명가들을 매료시킨다. 독일에서의 **변증법적 철학체계**, 프랑스에서의 **유토피아적 이상세계관**, 그리고 영국에서의 **경제학적 자본주의 비판론**이 융합되어 혁명론이 완성된다. 그의 사상체계는 **유물사관**과 **변증법적 혁명론**으로 가득하다. 체제유지를 위한 법, 문화, 종교, 도덕, 가치관 등 **상부구조**(Super Structure)는 **하부구조**(경제구조)에 의해 좌우된다. 물질적 생활능력은 사회적, 정치적, 지적 생활 형태를 좌우한다. 의식이 생활을 결정하는 것이 아니라 생활이 의식을 결정하는 것이다. 따라서 의식구조의 개혁에 의해서는 사회개혁은 불가능하며 오로지 사회구조의 혁명적 변혁에 의해서만 세상

은 변화될 수 있다고 주장한다. 그의 묘비에 새겨진 문구처럼 그는 오로지 세상을 바꾸는 것이 중요하고 세상을 바꾸기 위해서는 의식구조가 아닌 **사회구조의 개혁**만이 유일한 길임을 강조한다. 그는 능력에 따라 일하고 능력에 따라 분배한다는 자본주의 원칙을 배척하고 **능력에 따라 일하되 분배만은 필요에 따라** 이루어지는 이상적인 경제관을 사회주의에 장착시킨다. 일은 능력 있는 자가 하고 그 생산물은 필요한 자에게 배분한다는 도덕적 분배의 원칙을 사회주의의 기본원칙으로 설정한 것이다. 이런 원칙이 사회적으로 작동하려면 모든 구성원이 도덕적으로 충만한 이타 주의적 경제활동을 실천하여야 한다. 하지만 그의 사상은 현실 속에서 이기적인 인간을 **도덕적 인간**으로 바꾸는데 실패했으며 역사적으로 공유사회가 사유사회보다 효율적으로 작동시킬 수 있는 동인을 구축하는데 실패하게 된다. 마르크스의 유물사관은 지나치게 유물론적인 원인만을 고집스럽게 추구함으로써 관념론적 원인을 전적으로 무시하였다. 사회현상에 미치는 관념의 강력한 힘을 지나치게 무시하였고 **도덕적 인간관**에 집착한 나머지 이윤동기에서 비롯되는 상상력, 독창성, 경영능력과 같은 인적자본을 경시하였다. 모든 가치창조는 노동에 의해서만 가능한 것으로 고착화하였다. **잉여가치설과 노동착취설**이 가치체계를 지배한다. **독점자본주의의 모순에서 칼 마르크스는 빛을 발했지만 사회주의의 실험의 실패에서 그는 시들어가고 있다**. 칼 마르크스의 자본론은 도덕적 인간관의 오류, 인적 자본의 가치창조능력에 대한 무지, 노동자들의 소득수준 및 소비수준 향상에 대한 폄하, 서비스산업의 창출로 인한 새로운 일자리 창출에 대한 예측의 오류에서 자유롭지 못하다.

보탬 10 이기적인 인간관

리처드 도킨스는 이기적인 유전자에서 주장한다. 생물학적으로도 모든 생명체는 이기적인 존재이며, 이는 이기적인 유전인자에 의해서 비롯된다. 개인들이 이기적이지 않은 마음으로 공동의 이익을 위해 서로 협력하는 사회를 만들어야 한다면, 이는 생물학적 본성에 의존해서는 도움이 되지 않는다는 주장이 있다. 생명체의 본성이 이타주의라는 견해는 "집단선택론"에 속하고, 이기주의라는 견해는 "개체선택론"에 속한다. －개체가 포식자에게서 도망칠 때 자신과 같은 종의 경쟁개체들을 앞지르기 위해서 달리기 도구를 사용한다는 점이다. 함께 등산하던 두 사람이 곰을 만났다. 한 사람은 얼른 달아나기 시작했는데, 다른 사람은 멈춰서서 러닝화를 신었다. "미쳤어? 러닝화를 신어도 불곰보다 빨리 달릴 순 없다고.", "물론 그렇지. 하지만 너보다 빨리 달릴 순 있어." 이와 같은 러닝화와 곰에 관한 이

솝우화급 농담은 아주 옳은 이야기다. 치타가 한 무리의 가젤을 쫓기 시작했을 때, 가젤에게 중요한 것은 치타를 앞질러 달리는 게 아니라 제 무리의 느린 가젤들을 앞질러 달리는 것이다.－리처드 도킨스의 「지상 최대의 쇼(The greatest Show on Earth」에서－누구나 자기 자신만을 위해 산다. 그리고 그렇게 살기를 원한다. 사회생활은 이런 사실을 통해 방해받기보다 더욱 활기찬 모습을 갖게 된다. 개인은 오직 사회를 통해서만 자신의 생활을 더욱 높은 단계로 완성시킬 수 있기 때문이다. 이것이 바로 이기주의가 근본적인 사회법칙이란 학설에 포함된 진정한 의미이다. －알렉산더 H 샨드의 「자유시장의 도덕성(Free Market Morality)」에서－브로드는 이타주의조차도 자기상관식 이타주의(self-referential altruism)로 정의한다. 동물사냥, 식물채집, 원시적인 농경의 성공에는 우연히 크게 작용하기 때문에. 어느 날 운 좋게 큰 수확을 올린 사람은 이웃에게 나누어 줄 필요가 있다. 그러니까 불가피하게 맞이할 운 나쁜 날을 대비하는 현명한 방법은 관대하게 베푸는 것이다. 인류학자 리차드 굴드는 "위험부담이 크면 클수록, 나눔의 폭도 커진다. 호혜성은 소규모 사회의 은행인 셈이다."라고 표현한 바 있다.

보탬 11 행동경제학

미국의 시사주간지 뉴스위크지는 "최근 부각되고 있는 이론의 공통점은 인간은 비이성적인 존재이고 시장이 늘 효율적이지는 않다는 점을 전제로 하며, 다른 학문의 이론을 빌려 경제현상을 설명하고 있다는 공통점이 있다."는 기사를 내고 있다. 지난 30여 년 동안 경제 정책을 좌지우지했던 시카고학파의 경제이론은 시장 구성원이 항상 합리적인 결정을 내린다는 가설에 기초하고 있다. 하지만 비이성적 행동에 따른 결과의 결정판인 금융위기를 통해 경제학은 실제 경제현상을 설명할 수 없다는 한계에 부닥쳐있다. 매사추세츠공대의 경제학자 앤드루 루가 2004년 발표한 '적응하는 시장가설(adaptive-market hypothesis)'은 경제학에 생물학의 이론을 접목해 금융위기를 설명한다. 이 가설은 금융시장을 헤지펀드, 투자은행 등 별개의 '종'들이 혼재하며 이윤이라는 '천연자원'을 두고 경쟁하는 거대한 '생태계'로 이해한다. 각기 다른 종은 서로 적응하지만 금융위기와 같은 갑작스런 돌연변이가 발생할 수 있기 때문에, 정책 입안자들은 구성원을 구분하고 상황에 따라 종별로 다른 전략을 세워야 한다고 주장한다. 이와 같은 부류의 행동경제학이 주류경제학으로써 주목받고 있다. 그들은 합리적 소비자라는 개념 전체에 의문을 가진다. 행동경제학은 사람들이 합리적으로 행동하는 것처럼 보이지 않는 상황에서 출발한

다. 리처드 탈러와 캐스 선스타인은 그들의 저서 「넛지(Nudge)」에서 정통경제학이 합리적 이기주의자를 전제하고 시장의 성공이론을 수학적으로 증명해 왔다. 하지만 요즈음 행동경제학이라는 경제학의 돌연변이는 인간의 합리성과 시장의 완전함에 이의를 제기하고 있다. "인간의 뇌는 다소 복잡하게 작용한다. 우리가 일부 과업들은 적절하게 수행하는 반면, 다른 과업들에 대해서는 무지한 이유는 무엇인가, 베토벤은 청각을 잃고도 놀랍도록 훌륭한 교향곡 9번을 작곡했다. 그러나 그가 종종 집 열쇠를 어디에 두었는지 잊어버렸다고 해도 그리 놀라는 사람은 없을 것이다. 어떻게 한 사람이 그토록 똑똑한 동시에 그토록 멍청할 수 있는가?"....... "우리가 사는 세상에 이콘들만 존재한다면 사회를 설계하는 데 아무런 고민의 여지가 없을 것이다. 어떻게 선택 설계를 하던 가장 합리적인 결론이 도출될 테니 말이다. 그런데 너와 나 모두 대개는 이콘이 아닌 인간이다. 따라서 우리의 선택을 좀 더 똑똑한 방향으로 이끌기 위해 바람직한 선택 설계를 해야 한다."고 주장하고 있다. 최근 미 정부 정책 입안 과정에서도 대안적 이론을 주장하는 경제학자의 목소리가 커지고 있다. 노벨 경제학상 수상자로 오래 전부터 시장의 비효율성을 주장해 온 조지프 스티글리츠나 행동경제학의 대부로 주택시장 붕괴를 예견했던 로버트 쉴러 등이 대표적이다.

7 마디 미시경제학과 거시경제학

미시경제학과 거시경제학은 경제학을 떠받치는 두 개의 기둥과 같다. **미시경제학**은 경제라는 숲이 있다면 그 숲속에 들어가 숲을 이루고 있는 개별 주체들을 바라보는 관점이라 할 수 있으며, **거시경제학**은 숲을 한 눈에 볼 수 있도록 숲을 벗어나 숲 전체의 움직임을 관찰하는 관점이라 할 수 있다. 어느 한 나라의 국민경제를 예로 든다면 미시경제학은 국민경제를 구성하고 있는 **경제주체**, 즉 가계, 기업, 정부라는 개별 경제주체들이 경제문제에 대해 어떻게 의사결정하고 행동하는지를 이론체계로 밝히려는 관점인데 반하여 거시경제학은 국민경제 전체를 경제주체를 중심으로 분석하는 것이 아니라 **경제량**을 중심으로 제변수들 간의 관계를 밝히려는 관점이다.

1. 수요·공급이론과 총수요·총공급이론

미시경제학과 거시경제학에서 자주 사용되는 그래프를 예로 들어 설명하면 <그림 1-1>에서 보는 바와 같이 그래프의 횡축의 경우, **미시경제학에서는 개별 시장의 수요·공급량**이 표시되는 반면, 거시경제학에서는 한 국가 전체의 총생산 즉, 국민소득(한나라 국민에 의해 생산된 총생산물의 가치를 화폐가치로 환산한 것)으로 표시된다. 또한 그래프의 종축에는 미시경제학에서는 한 재화의 시장가격이 표시되는데 비하여 거시경제학에서는 모든 상품의 가격을 집계한 물가로 표시된다. 미시경제학에서는 개별시장의 수요와 공급을 나타내는데 비하여 **거시경제학에서는 국민경제전체의 총수요와 총공급**을 나타낸다.

〈그림 1-1〉 수요·공급곡선과 총수요·총공급곡선

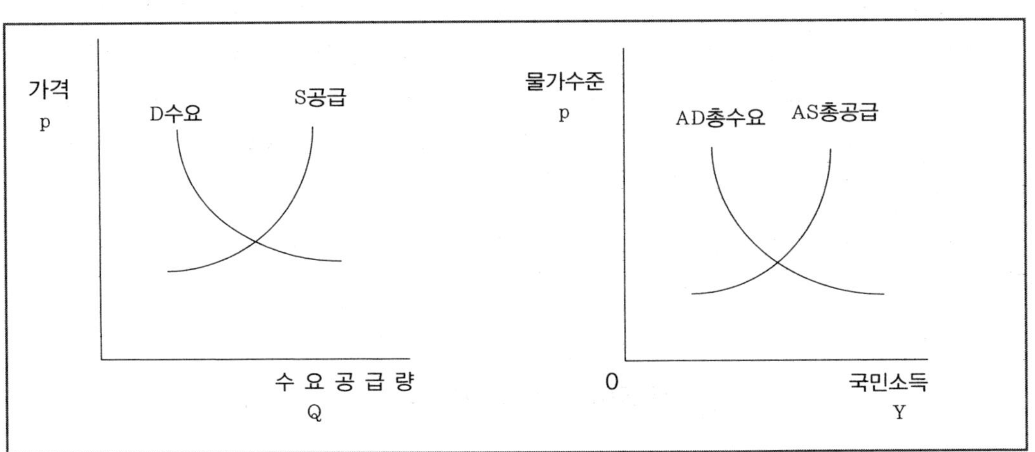

미시경제학은 **아담 스미스의 고전파 경제학**을 그 뿌리로 삼아 발전하였고, 거시경제학은 **케인즈 경제학**을 토대로 삼아 발전하였기 때문에 경제이론이 탄생한 시대적 상황과 아이디어, 그리고 사상적 배경이 서로 다르다는 점을 이해하여야 한다. 고전파 경제학은 전통적으로 자유주의 사상을 바탕으로 하는 **시장주의**가, 거시경제학은 개입주의 사상을 바탕으로 하는 **지성주의**가 그 근간을 이루고 있다. 미시경제학은 **자유주의 사상**을 바탕으로 하는 시장주의논리를 구성하는 시장중심의 이론체계인데 비하여 거시경제학은 개입주의를 바탕으로 하는 정부의 경제 관료들에 의한 **미세조정**(fine turning)에 의해서 시장의 실패를 조정할 수 있다는 정부개입의 이론체계에서 출발하였다. 시장이 모든 경제문제를 해결할 수 있다는 고전파적 믿음을 1920-30년대의 세계대공황이 무너뜨렸다. 소위 유효수요의 부족이라는 시장불균형, 즉, 공급과

잉, 대량실업이 고전파 경제학을 침몰시켰다. 침몰된 고전파 경제학을 대신 할 수 있는 웅장하고 역동적인 새로운 경제이론체계로서 케인즈의 거시경제학이 등장하게 되는 것이다. 경제적 지식과 경제정책에 대한 노하우와 경험으로 무장한 경제관료들이 시장에 적극적으로 개입하여 총수요를 조절함으로써 당면한 실업문제, 경제공황을 타개할 수 있다는 혁명적 이론체계가 거시경제학의 태동이다. 오늘날에는 **케인즈 혁명에 대한 반혁명**이라는 이름으로 **통화주의학파, 합리적 기대가설학파**가 내세우는 **거시경제학의 시장주의화**가 진행되고 있다는 관점을 포함하여 미시경제학과 거시경제학을 이해하여야 할 것이다.

2. 자유주의와 개입주의란 무엇인가?

자유주의란 모든 경제적 의사결정은 시장에 참여하는 개인들에 의해 결정되고, 그 결정들이 총체적으로 가장 합리적인 경제적 결정으로 통합되어 모든 경제문제를 가장 최적하게 해결할 수 있을 것이라는 믿음에서 출발한다. 예를 들어 설명하면 시장에서 구걸하는 거지라 할지라도 돈 1만원이 생긴다면 어떻게 사용하는 것이 자신의 욕구충족을 극대화 할 수 있는 지는 노벨 경제학상을 수상한 위대한 경제학자보다도 또는 경제전문가인 기재부장관보다도 더욱 합리적인 선택을 할 수 있다는 가능성이 전제되는 것이다. 경제전문가라 할지라도 경제이론에 일자무식한 거지가 무엇을 먹고 싶어 하는 지 거지보다 더 잘 알 수는 없는 일일 것이다. 이런 차원에서 자유주의란 모든 경제적 선택을 시장에 참여하는 모든 개인이 자유롭게 선택할 때만이 가장 최적한 경제적 선택을 이룰 수 있다고 보는 관점이다. 반면에 개입주의란 자유주의적 시장원리가 세계대공황사태를 야기한 것은 시장의 실패이며, 이는 시장에 참여하는 자들의 자유로운 경제적 선택의 결과가 이런 병폐의 원인으로 파악하는 관점이다. 따라서 경제적 지식과 경제적 경험이 풍부한 전문가나 관료에 의해서 시장에 참여하는 자들의 경제적 선택이 조정되어야 한다고 보는 관점이다. 시장이냐 정부냐 ? 자유냐 간섭이냐?라는 논점들과는 무관하지 않은 개념들이다.

3. 미시경제학과 거시경제학이 분리된 또 하나의 이유

미시경제학과 거시경제학으로 이론체계가 분리되는 경우, **종합의 오류**(fallcy of composition)라 일컫는 논리적 모순을 극복할 수도 있다. 부분의 논리로 전체의 문제를 접근하는 경우, 모순이 발생할 수 있는데 미시경제학은 부분의 관점에서 경제현상을 이론화하고, 거시경제학은 전체의 관점에서 경제현상을 이론화하였다. 미시경제학과 거시경제학의 논리체계를 달리함으로써 **부분의 논리**와 **전체의 논리**가 서로 **모순**을 일으키는 **논리적 함정**을 피할 수 있게 되었다. 부분의 논리와 전체의 논리가 충돌한다는 것은 무엇을 말하는가?, 사회현상에서는 어떤 부분에서 발생하는 원리가 전체에는 그대로 적용할 수 없는 경우가 존재하곤 한다. 예를 든다면 어떤 농부가 가뭄을 극복하기 위해 지하수를 개발하는 등의 노력으로 많은 농부들이 배추농사에 실패했음에도 불구하고 풍작을 이루었다 하자. 그는 많은 소득증대를 이룰 수 있을 것이다. 왜냐하면 배추가격이 금값이 되어 있으리라는 것은 삼척동자도 알 수 있는 일이지 않는가?, 그런데 그 다음해에는 비가 아주 적절히 내려 모든 농부들이 배추농사를 풍작으로 만들 수 있었다 하자. 어떤 한 농부의 풍작처럼 전체농부의 소득증대가 기대될 수 있겠는가?, 아마도 농부들의 시름이 하늘을 찌를 성 싶지 않은가?, 왜냐하면 배추 값은 작년에 비하여 금값이 아닌 똥값으로 폭락해 있을 것이기 때문이다. 위대한 경제학자 Marshall은 이 같은 현상을 **숲의 이론**으로 설명한 바 있다. 부분의 논리, 즉 숲 속에 존재하는 것들을 하나씩 합성하여 숲 전체의 모습을 유추할 수 없고 숲 전체의 모습은 전체의 논리, 즉 그 숲 속을 벗어나 한눈에 숲 전체를 바라볼 수 있어야만 숲의 모습을 제대로 유추할 수 있다는 설명이다. 위대한 경제학자 케인즈도 이 같은 현상을 **영화관이야기**, 저축의 역설이라는 개념으로 설명한 바 있다. 영화를 관람하는 사람 중에 한사람이 일어서면 그 사람은 시야가 확 트이게 되어 영화를 보다 잘 감상할 수 있지만, 모두 일어서서 영화를 감상한다면 아무도 확 트인 시야를 확보할 없게 되는 현상을 일컬어 영화관이야기라 하고, 어떤 국민경제가 불황에 처해 있는 상황에서 국민 하나하나가 저축을 증가시키면 국민전체의 저축은 증가하는 것이 아니라 오히려 감소시키는 결과를 초래하게 된다. 이 같은 현상을 **저축의 역설** (thrift's paradox)[18]이라 한다. 이 같은 현상이 나타나는 이유는 개인의 저축 증대는 개인의 소비를 감소시킨다. 개인의 소비 감소는 그렇지 않아도 재고가 쌓여있는 경제를 더욱 위축시킨다. 소비가 줄어 생산이 줄고 생산이 줄어 개인의 소득수준이 낮아진다. 개인이 높인 저축률로 인한 저축액의 증대가 경기위축으로 인한 소득의 감소로 인한 저축액의 축소를 상쇄시키지 못하기 때문에 이런 경우, 한 나라의 저축을 증가시키기 위해서는 역설적으로 개인의 소비를 증대시켜야 한다. 즉 개인의 저축률을 줄여야 한다는 역설적 현상이 발생한다. 이처럼 사회현상에서 부분의 결과를 전

---

18) 개인의 저축률이 90%이고, 소득액은 1만원이라면 저축액은 9천원이 된다. 개인의 저축률이 10%이지만 소득액이 10만원이라면 저축액은 1만원이 된다. 국민경제 전체의 저축액의 크기는 개인의 저축률보다는 개인의 소득액의 크기가 결정한다. 따라서 저축함수는 S=f(Y)와 같이 국민소득의 증가함수이다. 총저축이 증가하려면 개인의 저축보다는 개인의 소비가 증가해야 한다. 개인소비의 증가가 국민소득을 증대시킨다. 경제가 불경기인 상황에서는 이런 이유로 '저축이 아닌 소비'가 미덕이 된다.

체의 결과에 적용하는 데에는 함정이 존재할 수 있다. 따라서 미시경제학은 부분의 관점에서 경제현상을 이론화하고, 거시경제학은 전체의 관점에서 경제현상을 이론화하여 부분적 논리체계를 전체에 적용할 때 나타날 수 있는 종합의 논리적 모순을 극복하고 있는 것이다.

마당 2 경제문제와 경제체제

무인도의 로빈슨 크루소나 에덴동산의 아담과 이브에게도 생존과 행복을 위해 직면하는 경제문제는 항상 발생한다. 현실세계란 곳에서는 어느 누구도 자신이 원하는 모든 것을 가질 수 없다. 설령 간절히 원하던 것을 갖게 되었다하더라도 그것으로 만족할 줄 모르는 존재가 인간이다. 욕망과 욕구충족, 그리고 새로운 욕망의 분출, 즉 욕망의 굴렁쇠가 인류의 역사적 과정이라 할 수 있을 것이다. 인간의 욕망은 다람쥐의 쳇바퀴처럼 돌고 도는데 그것을 채워줄 자원은 항상 부족하다. 인간은 자신들의 욕망을 억제하거나 아니면 욕망을 채울 수 있는 제한된 자원을 극대화해야 한다. 그런데 인류의 역사는 인간의 욕망을 억제하는 길을 선택하기 보다는 주어진 자원들을 가장 효율적으로 개발하고 조합하여 생산한 다음, 그 결과물을 가장 공평하게 나눌 수 있는 방법을 고민해 왔다. 부족함에서 경제문제가 발생한다면, 그 부족함을 해결하기 위한 고뇌에서 경제체제가 출현한다. 경제문제의 본질은 부족함이고 그것을 해결할 수 있는 길은 생산과 분배에 있다. 가장 효율적으로 생산하고 가장 공평하게 나누는 것이다. 원시공동사회, 고대노예사회, 중세봉건사회, 그리고 자본주의와 공산주의 내지는 사회주의 사회는 생산과 분배에 대한 역사적 결과물이다. 보다 효율적이고 보다 공평한 사회를 꿈꾸고 도전하며 실험해 왔던 것이다. 유토피아에서 무릉도원에 이르기 까지 잘 먹고 잘사는 사회에 대한 이상향은 존재해왔지만 역사 속에서는 시장과 정부로 귀결되고 있다. 경제문제를 해결하는 방식이 경제체제라면 시장과 정부가 경제체제의 두 주인공으로 등극한 것이다. 자본주의가 시장중심의 경제체제라면 사회주의 내지는 공산주의는 정부중심의 경제체제인 것이다. 또한 시장이란 효율적 생산의 중심이라면 정부는 공평한 분배의 중심이라 특징지을 수 있을 것이다. 지난 100여년 긴 여정에서 시장과 정부는 그 기능과 역할에 대해 격렬하게 경쟁해 왔다. 어느 한 영역도 완전한 승리를 거둘 순 없었다. 두 진영의 존재에 대한 필요성에는 동의를 구하는데 모두 성공하였고. 1980년대 이후 시장은 정부에 대해 판정승을 거두게 된다. 이 승리를 바탕으로 신자유주의라는 이름의 시장원리주의가 자본주의 진영이든, 사회주의 진영이든 경계를 넘나들며 세계 곳곳의 경제체제에 영향력을 행사하고 있다. 하지만 세계경제는 불황과 위기라는 파고 속을 항해하는 배에 비유될 수 있다. 위기는 계속되고 극복을 위한 도전도 멈추지 않는다. 위기를 헤쳐 나갈 도구로써 시장과 정부는 필수품이다. 다만 그 크기와 역할에 대한 치열한 논쟁이 남아있을 뿐이다. 어떤 이는 '자유 없는 평등은 맹목이고, 평등 없는 자유는 허무라 하지 않았던가, 자본주의의 단점은 모두가 축복을 고루고루 나누어 가지지 못한다는데 있고, 사회주의의 단점은 빈곤을 모두가 고루고루 나누어가진다는데 있다.'는 영국의 윈스턴 처칠경의 독설도 새겨 볼 만하다. 두 번째 마당에서는 ① 경제문제란 무엇인가?, ② 경제문제를 해결하는 방식, ③ 자본주의와 공산주의 내지는 사회주의, ④ 공산주의가 시장경제원리를 받아들이는 이유 등을 설명하고 있다.

1 마디 경제문제와 경제체제

경제문제란 인간의 욕구에 비해 경제적 자원이 희소하다는데서 비롯된다. 자원이 부족하므로 꼭 필요한 것을 선별하여야 하고, 비용은 최소화하고 생산은 극대화하는 생산방법을 모색하여야 한다. 또한 부족한 것을 공평하게 나누는 방법을 찾아야 한다. 부족함에서 비롯되는 경제문제는 첫째, **무엇을, 얼마나 생산할 것인가?** 둘째, **어떻게 생산할 것인가?** 셋째, **누구를 위하여 생산할 것인가?**로 정리될 수 있다. 이 같은 3가지 경제문제는 희소성에 직면하는 모든 국민경제에서 발생하는 가장 기본적인 경제문제들이다[1]. 무엇을 얼마나 만들 것인가에 대한 경제문제는 우리가 필요로 하는 것들에 대한 우선순위에 관한 경제문제이며, 어떻게 만들 것인가에 대한 경제문제는 가장 효율적인 생산방법에 관한 경제문제이다. 이 두 가지 경제문제는 생산과 소비과정에서 어떤 경제적 선택들이 가장 효율적인 자원배분을 달성할 수 있는지와

1) 가장 이상적인 경제체제는 ① 자원배분이 효율적이어야 하고, ② 소득분배가 공평하여야 하며, ③ 실업이나 인플레이션이 발생하지 않도록 균형이 안정되어야 하며, ④ 경제가 지속적으로 성장할 수 있어야 하고, ⑤ 경제성장이 삶의 질을 개선하여야 한다.

관련된 문제들이며, 누구를 위하여 생산할 것인가?에 대한 경제문제는 가장 필요한 것들을, 가장 효율적인 방법으로 생산하여 그 생산물들이 가장 공평하게 분배되는 것과 관련된 경제문제이다.

그렇다면 경제체제란 무엇인가? **경제체제**란 경제사회에서 발생하는 **경제문제들을 해결하는 방식이나 체계**를 말한다. 역사적으로는 원시공산사회, 고대노예사회, 중세봉건사회, 자본주의사회, 공산주의사회, 혼합경제체제인 복지국가에 이르기까지 경제체제가 다양하게 변화해 왔다. 경제체제가 다르다는 것은 경제문제에 대한 해결방식이 서로 다르다는 것을 의미한다. 고대노예사회를 예로 들면, 무엇을 얼마나 생산할 것인가?는 노예의 소유자가 결정한다. 실제로 생산물을 생산하기 위해 노동력을 제공하는 자들은 노예들이다. 그런데도 불구하고 노예들은 생산물의 분배와 아무 관계가 없다. 모든 경제문제에 대한 의사결정들이 노예주인에 의해 행사되는 경제체제를 고대노예사회라 한다.

그렇다면 지난 반세기 동안 현실세계를 주도했던 자본주의 경제체제와 공산주의 경제체제가 서로 다른 점은 어떤 것들일까? 자본주의 경제체제는 위에서 언급한 3대 경제문제들을 시장에 참여하는 모든 경제주체들에 의해 해결하는 시스템이고, **공산주의 경제체제**는 정부 **관료들의 계획**, **통제**, **조정**에 의해 모든 경제문제들이 해결되는 특징을 지닌다. **자본주의 경제체제**는 **소비자주권**, **자유경쟁의 원리**, **이윤의 인정**에 바탕 한 효율적인 자원배분에 초점이 맞춰져있고, 공산주의 경제체제는 이윤을 불인정하는 도덕적 보상체제, 정부 관료에 의한 생산물의 선택과 분배를 바탕으로 하는 공평한 소득분배에 초점이 맞춰져 있다. 따라서 자본주의는 공평한 소득분배에 취약하며, 공산주의는 효율적인 자원배분에 취약하다. 경제문제를 해결하기 위해서는 효율적인 자원배분과 공평한 소득분배를 모두 달성해야 하므로 서로 다른 두 경제체제는 결국 서로의 취약성을 보완하기 위해서 서로의 강점들을 받아들이는 길을 선택하게 되었다. 자본주의 국가들은 1929-33년간의 세계대공황이후 시장원리만으로 해결할 수 없는 경제문제를 정부의 조정과 개입에 의해 해결하려는 수정자본주의 내지는 복지국가라는 개념들을 받아들였다. 공산주의 국가들은 1970년대 이후 특히 구소련과 중국이 중심이 되어 **개방**과 **개혁**이라는 기치아래 효율성 증대를 위한 시장가격체계, 사유재산제도, 그리고 자유경쟁의 원리들을 거침없이 받아들이고 있다. 사실상 전 세계의 모든 공산권국가들이 시장가격체제를 적극적으로 도입하고 있으며, 1980년대 이래 자본주의 경제체제를 근간으로 삼고 있는 서방세계에서 조차도 신자유주의라는 **시장원리주의**가 **세계화**라는 기치 아래 전 세계를 휩쓸고 있다.

1. 애덤 스미스와 칼 마르크스의 경제체제관

경제학이나 경제체제에 대해 조금이라도 관심을 기울인 사람이라면 애덤 스미스와 칼 마르크스를 기억하고 있을 것이다. 애덤 스미스가 자본주의 경제의 원리에 대한 바이블 즉, 국부론을 집필하였다면 칼 마르크스는 공산주의 경제의 원리에 대한 바이블 즉, 자본론을 집필하였다. 애덤 스미스가 시장경제체제의 원리와 시장의 성공을 묘사했다면 칼 마르크스는 시장경제체제의 모순과 몰락을 역설하고 있다.[2] 또한 통제경제(commend economy)체제가 인류역사의 종착역일거라고 굳게 믿고 있었다. 이 위대한 두 사상가의 다른 점은 인간에 대한 믿음의 차이에서 비롯됐다. 칼 마르크스는 **인간의 탐욕과 이기심은 본성이 아니라 계급사회**에서 기인한 것이다. 그러므로 **혁명적 사회변혁(정의로운 사회)을 통해 인간을 개조**할 수 있다고 믿었다. 반면 애덤 스미스는 인간이란 원래 이기적이고 개인의 이익을 추구하는 것은 인간의 기본적 권리이다. 따라서 인간의 본성을 고치려하기 보다는 이를 수용하는 경제체제가 가장 효과적이라는 사상을 받아들였다. 애덤 스미스는 개인의 이기심과 시장의 보이지 않는 손의 조화로운 작용에 의해 현실적 경제문제들을 가장 효율적으로 해결할 수 있다는 신념을 가진 사상가라면, 칼 마르크스는 **개인의 도덕성과 정부의 보이는 손에 의해서 경제문제를** 가장 공평하게 해결할 수 있다는 신념으로 무장한 사상가이다. 칼 마르크스는 역사는 소유양식에서 비롯되는 계급투쟁의 역사이고, 가장 이상적인 경제체제는 소유의 개념을 타파하고 오로지 공산사회이념으로 통제되는 무산계급의 사회, 소위 공산주의사회가 될 것으로 생각하였다. 가진 자와 가지지 못한 자가 없는 사회, 모든 생산수단을 공동 소유하고, 공동생산하며, 공동분배하는 경제체제이기 때문에 계급이 발생하지 않으며, 개개인 모두가 공동의 행복을 위해서 최선을 다하는 유토피아적 경제체제가 성립할 것으로 생각하였다. 그는 사적유물론이라는 역사관을 통하여 변증법으로 역사의 변동을 발전으로 이해하였으며, 역사발전은 혁명이라는 변증법적 법칙에 의해 이루어진다고 생각하였다.[3] 변증법에 대한 이해를 돕기 위해 비유한다면 한 톨의 씨앗이 땅에 떨어져 썩을 경우에는 새로운 싹들이 돋아나지만 썩지 아니하면 그대로 있듯이 어떤 존재가 부정될 때 더 발전적인 새로운 존재가 태어날 수 있다는 논리체계를 말한다. 따라서 칼 마르크스에 따르면 자본주의가 혁명으로 부정될 때만이 새롭고 더욱 발전적인 공산주의라는 경제체제가 나타날 수 있다는 것이다. 하지만 20세기의 반세기라는 기간과 전 세계 인구의 약 ⅓에 해당하는 사

---

2) 계급갈등, 인간소외, 기득권과 향락주의, 실업과 상대적 빈곤, 제국주의 등등

3) 프랑스에서 발전한 점진적 개혁에 의한 이상사회론을 공상적 사회주의라 비판하고 ① 양의 질화 법칙, ② 대립물 상호 삼투의 법칙, ③ 부정의 부정 법칙 등으로 자본주의 경제체제가 노동자 계급에 의한 혁명으로 보다 발전적인 과학적 사회주의로 역사적 발전을 이루게 된다는 주장이다.

람들이 역사적 실험을 통해 공산주의 경제체제를 경험하였다. 결과적으로 칼 마르크스의 혁명론에 입각한 경제사회발전법칙과 공산사회에 적합한 도덕적 인간들에 의해 이루어지는 유토피아적 공산사회는 어느 곳에서도 완성될 수 없었다. 칼 마르크스가 지적한 자본주의의 내적 모순들이 드러났음에도 불구하고 자본주의 경제체제는 가장 현실적인 경제체제로 살아남아 있다. 애덤 스미스가 간파한 개인의 이기심, 자유로운 선택, 그리고 자유경쟁에 의해 작동하는 시장경제의 원리들이 보다 현실적이고 효율적인 경제를 만들어 가는 핵심적인 결정요소라는 주장이 증명된 셈이다.

2. 시장경제체제와 보이지 않는 손

경제문제들을 시장에서 해결하는 시스템을 시장경제체제, 정부 관료들의 계획에 의해 해결하는 시스템을 계획경제체제라고 정의하였다. 우리가 살고 있는 대다수 현실적인 경제체제들은 시장경제체제를 중심으로 경제문제들을 해결하되, 정부의 관료들에 의해 미세한 개입과 조정이 이루어지는 혼합경제(mixed economy)체제로써의 특징을 가진다. 앞에서 설명된 경제체제에서 언급했듯이 기존의 사회주의 국가들조차도 시장경제체제에 의해 경제문제들이 해결될 수 있도록 체제를 개편하고 있고, 복지국가(welfare state)를 지향했던 서구 자본주의 국가들도 1980년대 이후 신자유주의라는 이념 아래 시장경제체제가 더욱 강력하게 작동할 수 있도록 제도개혁을 추진하고 있다[4]. 그렇다면 시장경제체제가 모든 경제문제들을 완벽하게 해결하는 해결사인가? 확실한 대답은 그렇지 않다는 것이다. 그럼에도 불구하고 시장경제체제가 전 세계적으로, 역사적으로, 현실적으로 주목받을 수 있는 이유가 어디에 있는 것일까?, 또한 시장경제체제가 어떤 경제원리, 어떠한 순환과정으로 작동하여 경제문제들을 효율적으로 해결할 수 있는지?, 그 핵심내용들을 정리해 보자.

시장원리가 경제체제로서 작동하기 위해서는 합리적인 의사결정 능력을 지닌 소비자와 생산자라는 경제주체가 존재하고, **시장가격**, **자유선택**, **자유경쟁**, **혁신**, **이윤과 파산** 등으로 작동하는 자유경쟁시장이 성립하여야 하며, 각각의 경제주체들이 자유선택과 경쟁의 원리에 따라 자신의 이익을 위해 최선을 다하는 것이 미덕으로 여겨져야 한다. 또한 시장에 참여하는 모든 경제주체들이 자신의 이익을 도모하는 과정에서 다른 경제주체들의 이익을 증진시킬 수 있도록 **보이지 않는 손의 섭리**가 작동하여야 한다. 이 같은 요소들이 상호 작용하여 시장에서의 모든 의사결정들을 이끌어 내고 그 결과로 인해 생산과 소비에 이르는 경제의 순환과정을 완결하게 된다.

4) 제도개혁의 방향은 가능한 한 작은 정부를 지향하고, 공기업을 민영화하며, 기업합병의 가속화, 무역 및 자본거래의 자유화로 요약될 수 있다.

한편의 드라마 같은 경제순환 과정에서 시장에 참여하는 모든 개별 연기자들이 자기 자신의 명성만을 생각하며 최고의 연기를 선보이고 있지만은 결과적으로는 경쟁관계에 있는 다른 연기자나 상대역을 맡고 있는 다른 연기자들의 명성에 기여하고, 거기다가 연출되는 전체 드라마의 작품성을 제고시키는데 크게 기여하고 있다는 것과 비유될 수 있다. "시장가격기구"라는 이 같은 감동적인 드라마의 연출자는 과연 누구일까? 시장경제이론의 원조, 아담 스미스는 그의 명저 국부론에서 "보이지 않는 손"이라는 이름으로 시장가격기구라는 드라마를 이론화·체계화하고 있다. 보이지 않는 손, 이것의 조화 속에서 **개인의 이익**이 **사회전체의 이익**으로 통합될 뿐만 아니라 자유주의라는 드라마의 분위기가 인간의 창조정신과 잠재능력을 최대한 발휘하게 하는 뛰어난 유인기구임을 역사가 증명하고 있는 셈이다.

보탬 1 보이지 않는 손

아담 스미스는 국부론에서 시장경제를 가장 효율적으로 조율하는 마법의 손, 신의 섭리와 같은 보이지 않는 손의 원리를 다음과 같이 설명하고 있다. 인간은 항상 다른 사람으로부터 도움을 받아야 한다. 다른 사람으로부터 도움이 그들의 호의에 의존한다면 그것은 헛된 일에 불과하다. 다른 사람들의 이기심을 자신에게 이익이 되는 방향으로 유도할 수 있으며, 자신이 원하는 것을 제공하는 것이 다른 사람들에게도 이익이 된다는 사실을 보여줄 수 있다면, 그 사람은 보다 유리한 입장에 서게 될 것이다. 우리가 오늘 저녁을 풍성하게 먹을 수 있는 이유는 푸줏간 주인, 양조장 주인, 빵 굽는 사람들의 호의 때문이 아니라 그들이 자신들의 이익을 얻기 위해 일하고 있기 때문이다. 시장에 참여하는 모든 개인들은 공적 이익을 증진시킬 의도를 가지고 있는 것도 아니며, 그들이 얼마나 공적 이익을 증진시키고 있는 지도 모른다. 하지만 그들은 자신들의 이익을 추구하는 과정에서 자신들이 의도하지 않은 공적 이익을 증진시키고 있다. 그들은 자신들이 공적 이익을 증진시키려는 의도를 가지고 경제활동을 하는 경우보다도 자신들의 사적 이익만을 추구하는 과정에서 공적 이익을 더욱 효과적으로 증진시키는 경우가 많다. 붕어빵을 만드는 아주머니가 붕어빵을 맛있게 먹는 여러분을 위해서 붕어빵을 만들고 있는 것이 아니다. 붕어빵을 만들어 팔아 아줌마의 생계를 유지하려는 의도에서 여러분은 붕어빵 맛을 즐길 수 있다는 것이다. 또한 반대로 여러분이 붕어빵을 붕어빵 값을 지불하면서 굳이 붕어빵을 사먹는 이유는 붕어빵 아줌마의 생계를 걱정하여 이루어지는 것이 아니라는 것이다. 풀빵이나 잉어빵, 아니면 아저씨가 만들어 파는 붕어빵보다 아줌마의 붕어빵이 값도 싸고 맛이 있어 여러분을 만족스

럽게 하기 때문이다. 그렇다면 자유로운 선택과 경쟁이 이루어지는 시장구조에서는 붕어빵 아줌마는 여러분을 위해서가 아니라 자기 자신을 위해서 여러분들이 원하는 붕어빵 맛을 내야하고 경쟁관계에 있는 다른 붕어빵 아저씨나 아줌마들보다 값싸게 만들어야 한다는 것이다. 여러분은 자신을 위해서 맛있고 값싼 붕어빵을 선택할 것이고 붕어빵 아줌마는 자신을 위해 맛있고 값싼 붕어빵을 만들기 위해 최선을 다할 것이다. 이런 과정을 거쳐 여러분과 붕어빵 아줌마는 자신의 이익을 증진시키면서도 상대의 이익을 증진시키는데 기여하고 있다. 그러나 여러분과 붕어빵 아줌마는 상대방의 이익을 증진시킬 목적으로 경제적 선택을 행한 것이 아니다. 그런데도 불구하고 시장에서는 맛있고 값싼 붕어빵이 여러분을 즐겁게 할 뿐만 아니라 붕어빵 아줌마의 휘파람 소리가 끊이지 않는다는 사실이다. 또한 보이지 않는 손의 섭리는 붕어빵 시장에서 맛없고 값비싼 붕어빵 아줌마나 아저씨들을 퇴출시킴으로써 쓸모없는 자원의 낭비를 원천봉쇄하는 데에도 기여하고 있다. 붕어빵 아줌마가 붕어빵을 만들어 부자가 된다는 것은 그 만큼이나 여러분들이 맛있고 값싼 붕어빵으로 인해 행복해진다는 것을 의미한다. 보이지 않는 손이 작동하는 시장경제에서는 개인적으로 부를 축적하는 것이 사회적 부에 기여한다는 것이고 하여 부자가 존경받아야 하는 논거를 제공하는 것이기도 하다. 어느 누구인들 어떤 조직인들 이처럼 놀랍고 조화로운 마법의 손기술을 흉내 낼 수 있는 힘과 능력을 보여줄 수 있단 말인가?

시장경제체제가 경제문제들을 해결하는 과정을 설명하기 위해 <그림 2-1>과 같은 시장경제체제에서의 경제순환모형을 마련하였다. 시장경제체제가 국민경제 기본 3대 문제를 해결하는 과정을 경제순환모형을 이용하여 설명해 보자.

첫째, 무엇을, 얼마나 생산할 것인가?라는 경제문제는 A, B구간에서 선택되어진다. 생산의 주체인 기업은 무엇을, 얼마나 생산할 것인가?를 A, B구간에서 결정하여야 한다. 하지만 이 같은 의사결정 과정에서 소비의 주체인 가계가 무엇을, 얼마나 원하는지를 알 수 없다면 최적한 결정을 내릴 수 없을 것이다. 가계는 생산물시장에서 자신의 욕구를 만족시키려는 의도를 가지고 생산물을 선택하게 되는 데, 여러 가지 생산물 중에서 질은 만족스럽고 가격은 가장 저렴한 상품들을 고르고 **자신의 효용을 극대화**시킬 수 있는 수량만큼 여러 가지 상품을 배합하여 구매하게 된다. 이런 과정을 살펴보면 가계는 자신이 원하는 선호가 무엇인지를 생산물시장에서 표출하게 되고 그 표현방식은 **돈 투표**라는 형식으로 나타나게 된다. 즉, 돈으로 가격을 지불하고 상품을 구매할 수 있기 때문에 어떤 상품에 대한 소비자들의 선호는 소위 돈 투표라

〈그림 2-1〉 시장경제체제에서의 경제순환모형

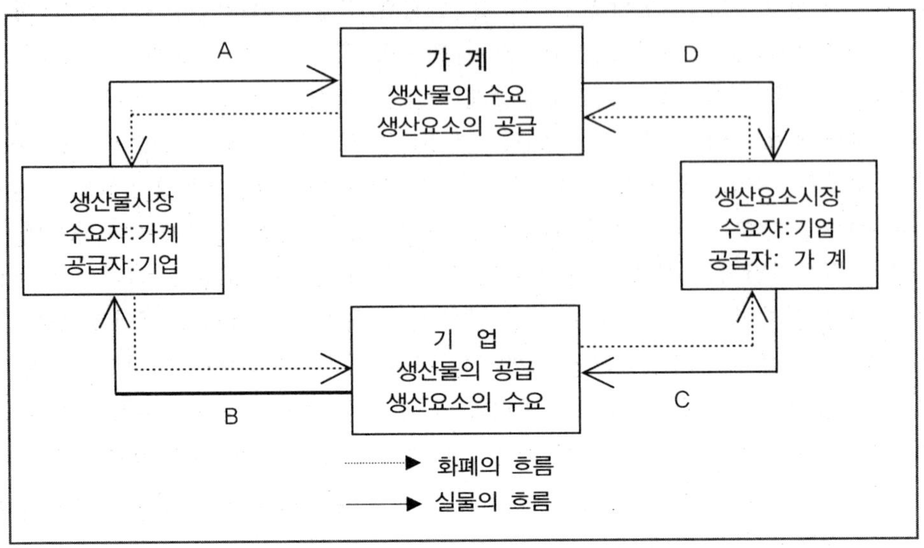

는 형식으로 나타내게 된다. 시장에서 이루어지는 이 같은 돈 투표는 시장이 그 결과를 순간순간 개표하여 다른 상품에 대한 그 상품의 상대가격으로 발표하게 된다. 소비자들의 돈 투표 결과가 시장가격으로 나타나는 것이다. 소비자들이 선호하여 돈 투표가 몰리는 생산물의 시장가격은 오르게 되고, 그렇지 않은 생산물의 시장가격은 내려가게 될 것이다. 기업의 입장에서는 **시장가격이라는 신호체계**를 이용하여 소비자들이 무엇을 원하는지, 얼마나 원하는지에 대한 정보를 취득할 수 있고, 그것을 바탕으로 무엇을, 얼마나 만들 것인지를 결정할 수 있다. 또한 소비자들이 원하는 것을, 원하는 만큼 만든다 하더라도 경쟁이 존재하는 한, 다른 생산자 보다 질은 좋고 값은 싸게 만들어야 한다. 그래야 자신의 이윤을 극대화할 수 있기 때문이다. 여기에서 주목할 점은 생산자들이 소비자들의 선호와 다른 경쟁기업에 관해 주목하는 본질적인 이유는 소비자들이 원하는 것을 값싸고 질 좋게 공급하기 위해서 라기 보다는 **생산자들의 이윤을 극대화**하기 위한 필연적인 노력일 뿐이라는 점이다. 시장은 A, B 구간에서 생산자와 소비자 모두를 만족시키는 생산물에 대한 자원배분을 조화롭게 이루어낼 수 있다. 또한 생산물시장은 소비자들에게 자유로운 선택의 기회를 제공하고 경제생활에서 조차도 **소비자주권**이라는 민주주의의 원리를 보장해 줄 수 있다.[5]
둘째, 어떻게 생산할 것인가?라는 경제문제는 B, C구간에서 선택되어 진다. 기업은

5) 생산자주권이라는 개념도 존재한다. 오늘날의 생산자들은 소비자들 보다 정보의 우위를 점할 수 있어 먼저 상품의 개발을 이루어 놓고 광고·선전에 의해 소비자들을 유혹하기도 한다. 이 같은 현상을 J.K. Galbraith는 의존효과(dependent effect)라 말하고 있다.

소비자들이 원하는 상품을 다른 기업들 보다 경쟁적으로 질은 우수하고 값은 저렴하게 생산하여야 한다. 왜냐하면 소비자들이 원하지 않는 상품을 생산하거나 다른 경쟁기업 보다 저질이면서 값비싼 제품을 생산한다면, 그 기업은 소비자들로부터 버림받게 되고, **파산과 퇴출**의 길을 가게 되기 때문이다[6]. 따라서 기업은 C구간에서 가장 효율적인 생산공정과 생산기술을 도입하여야 하고, 생산요소들을 가장 효율적으로 배합하여야 하며, 가장 생산성 있는 생산요소들을 고용하여야 한다. 셋째, 누구를 위하여 생산할 것인가?라는 경제문제는 C, D구간에서 선택되어진다. 기업은 생산과정에서 필요한 생산요소들을 **생산요소시장**에서 마치 생산물 시장에서 소비자가 생산물에 돈 투표하듯이 자신들의 목적을 달성하려는 의도를 가지고 선택하게 된다. 가계는 자신들이 생산물시장에서 돈 투표에 사용하게 될 소득을 벌어들이기 위해 생산요소시장에 노동력, 자본, 토지, 경영력 등의 생산요소들을 공급하게 된다. 기업은 다른 경쟁기업보다 값싸고 질 좋은 제품을 생산하기 위해서는 **질 좋고 값싼 생산요소를 고용하고, 가장 효율적으로 결합**하여야 한다. 이 같은 과정에서 생산요소를 공급하는 가계는 생산요소시장에서 기업이 어떤 생산성을 갖춘 생산요소를, 얼마나 공급받기를 원하는지 정보를 확보할 수 있다. 또한 생산요소시장에서도 경쟁적 구조가 유지됨으로 가계는 보다 생산적이고 기업이 원하는 생산요소를 공급하려 노력하게 된다. 물론 가계가 기업을 위해 가계가 공급하는 생산요소들을 효율화하고 기업의 수요에 맞도록 개발하려 노력하는 것은 아니며, 경쟁관계에 있는 다른 생산요소 공급자 보다 더 높은 소득을 획득하기 위해 최선을 다하고 있을 뿐이다. 따라서 C, D구간에서는 **소득수준이 높은 가계와 그렇지 않은 가계가** 결정되는 것이며, **소득수준에 따라 생산된 생산물을 소비할 수 있는 소비수준**이 결정되는 것이다. **시장기구는 경제순환과정**을 통하여 생산에 보다 더 효율적으로 기여한 경제주체가 그렇지 못한 경제주체 보다 더 많은 생산물의 소비를 허용할 가능성이 높다는 것을 보여주고 있다. 경제순환모형은 시장기구가 생산의 주체인 기업이나 소비의 주체인 가계가 모든 자원들을 효율적으로 이용할 수 있도록 **당근과 채찍이라는 유인기능**을 동원하여 철저하게 조율하고 있다는 것도 보여주고 있다. 또한 경제순환모형은 생산주체나 소비주체가 오케스트라의 수많은 악기들처럼 독특한 음색들을 뽐내고 있으면서도 지휘자의 지휘아래 조화로운 하모니를 이룰 수 있는 것처럼 각 양 각 색의 욕구와 선택이 표출되면서도 결과적으로는 **보이지 않는 손의 현란한 조율과 섭리**에 따라 사회적 후생의 증대로 연결될 수 있음을 보여주고 있다.

---

6) 시장은 경쟁을 통해서 효율적인 생산자에게는 이윤으로 보상하고 비효율적인 생산자에게는 파산으로 처벌한다.

3. 사회주의 계획경제 국가들이 시장경제를 받아들이는 이유

2차 세계대전 이후 사회주의 계획경제권 국가들이나 자본주의 시장경제권 국가나 구별 없이 모두 활력 있는 경제성장의 시대를 맞이한다. 양진영이 모두 경제적인 자신감을 바탕으로 제국주의 전쟁으로 규정할 수 있는 2차 세계대전이 종결됨으로써 세계질서의 판도는 제국주의 국가 대 식민지 국가의 판도에서 구소련을 중심으로 하는 사회주의 국가 대 미국을 중심으로 하는 자본주의 국가의 대결구도로 재편되게 된다. 1980년대 접어들면서 팽팽했던 자본주의 대 사회주의라는 체제경쟁구도가 무너지고 새로운 질서 긴장완화시대가 도래하게 된다. 소위 **경제전쟁의 시대**라 일컬을 수 있는 **신자유주의를 기반으로 하는 세계화의 물결이 세계질서의 패권**을 장악한 미국의 주도로 전 세계의 경제질서를 규정하고 있다. 이처럼 이데올로기 대결체제에서 시장경제를 신봉하는 미국중심의 세계질서가 성립하게 된 이유는 무엇일까 ?, 왜 사회주의를 신봉하던 구소련이나 중국을 비롯한 동유럽 국가들이 개방과 개혁을 부르짖으며, 시장경제체제를 도입하고 사유재산제도를 인정하려 하는 것일까? 이는 사회주의 국가들의 경제사정이 이념경쟁을 지속할 수 있을 만큼 여유롭지 못하게 추락하고 있었다는데서 그 이유를 발견할 수 있다. 사회주의 경제체제가 자본주의 시장경제체제에 비하여 효율성 측면에서 심각한 기능장애를 일으키게 되어 더 이상 계획경제체제에 의존하여 서방권과 군사적 대결구도를 유지할 수 없게 되었다는 것이다. 계획경제체제가 시장경제체제에 비하여 어떤 측면에서 취약성을 심각하게 드러내게 되었는지, 따라서 구 공산권 국가들이 자신들의 사회주의 경제체제에 시장경제체제의 어떤 기능들을 접목시키려 노력하고 있는지, 그 핵심 내용들을 정리해 보자.

① 시장가격기구를 받아들이고 있다.

계획경제시스템에서는 자원배분을 결정하는 매개변수로 **시장가격** 대신 **계산가격**이라는 파라미터를 사용한다. 계산가격이란 정부의 관료들이 생산되는 생산품들의 우선순위를 평가하여 그 상품에 부여하는 인위적으로 추산된 가격체계를 의미한다. 시장가격이란 시장에서 소비자와 생산자가 자신들의 선호관계를 돈 투표로 표출하고 시장기구가 그 결과를 집계해서 시장균형가격으로 나타내는 매개변수이다. 따라서 시장가격은 두 가지의 중요한 기능을 수행할 수 있다. 첫째, **신호기능**이다. 소비자들이 무엇을, 얼마나 필요로 하는 지를 정보비용을 전혀 들이지 않고 생산자에게 정확하게 전달하는 기능을 말한다. 따라서 시장가격체계 하에서는 그 나라에 무엇이 얼마나 필요한지를 조사할 필요도 없거니와 조사하지 않아도 **시장가격에 함축된 신호**에 의해서 생산자가 소비자의 선호에 관한 정보를 보다 정확하게 전달받을 수 있

다. 하지만 시장가격이 존재하지 않는 계획경제체제하에서는 정부 관료가 그 나라에 무엇이, 얼마나 필요한지를 조사하여야 하고, 생산과 분배 또한 관료가 계산하는 계산가격에 의해 이루어지게 된다. 이같이 정부 관료에 의해 자원배분이 결정되는 시스템에서는 우선 소비자가 다양하게 무엇을 얼마나 원하는 지를 정확하게 파악하기 어려우며, 설령 그런 가능성이 있다 하더라도 정확한 정보를 파악하려면 엄청난 규모의 **조사비용**이 투입되어야 한다. 또한 조사에 의한 정보의 파악은 조사대상자들의 프라이버시를 침해할 우려가 있을 뿐만 아니라 개인의 프라이버시와 관련된 질문인 경우에는 정확한 답변을 기대하기도 어려울 것이다. 따라서 구 공산권 국가들에서 공통적으로 나타났던 경제문제 중의 하나가 소비자가 필요로 하는 **생필품들의 품귀** 현상이었다. 소비자들이 선호하지 않는 제품들이 그것도 조잡하게 생산되어 창고에서 먼지를 뒤집어쓰고 있고, 맥주 한 병을 구매하기 위해서는 30분 이상씩이나 줄을 서서 기다려야 하는 어처구니없는 광경들이 일상생활의 모습이 되어 버렸다. 자원과 시간이 모두 낭비되고 있었던 것이다.

둘째, 시장가격은 **자율적인 배분기능**을 수행한다. 부족한 자원은 상대적인 시장가격이 상승하여 반드시 필요로 하는 사람들만이 사용할 수 있도록 조율하는 것이다. 별로 필요성이 높지 않은 사람들이 높은 가격을 지불하면서 그 자원을 낭비하지는 않을 것이기 때문이다. 다른 측면에서 시장가격의 배분기능을 해석해 보면 소비자들에게 풍부한 자원에 비해 희소한 자원은 아껴 쓰고 절약하라는 신호를 보냄으로써 자원의 낭비를 제어하는 기능을 수행한다. 예를 들어 석유가격이 가스가격 보다 상대적으로 오르게 되면, 소비자들은 석유의 소비를 상대적으로 가격이 싸진 가스소비로 대체하게 되고, 결국 석유의 소비량은 감소하게 될 것이다. 따라서 석유자원은 상대가격의 변화에 의해 희소자원으로써 소비수준이 자동적으로 조정 받게 된다. 따라서 시장가격은 시장에 참여하는 경제주체들에게 풍부한 자원은 좀 더 소비할 여유가 있다는 것을, 반면에 희소한 자원은 좀 더 아껴 쓸 필요가 있다는 것을, **신호처럼 전달하고 유인하는 기능**을 수행하게 된다. 만약 정부가 시장에 개입하여 함부로 시장가격을 통제·조정하는 경우, 경제주체들에게 부족한 자원은 오히려 마구 소비해버리게 하고, 여유가 있는 자원은 절약하게 하는 **자원배분의 왜곡**을 조장할 수 있다. 구 공산권국가들은 이 같은 시장가격체계가 작동할 수 없었기 때문에 복합적인 자원배분의 비효율현상으로 골머리를 앓아 왔던 것이다. 다양한 소비자들의 욕구를 충족시키지 못하는 생산과 분배, 쓸모없는 것들을 만들어 창고에 처박아 놓는 자원의 낭비, 생필품의 부족으로 인해 줄을 서서 기다리는 시간의 낭비, 상대가격의 왜곡으로 인한 자원배분의 비효율성 등, 이 같은 부작용들을 한꺼번에 해결하기 위해 구 공산권 국가들은 시장가격체제를 적극적으로 받아드리고 있는 것이다.

보탬 2 계획경제하에서는 화장지 생산이 어떻게 결정될까?

시장경제체제하에서는 화장지 생산은 시장에서 결정된다. 소비자주권이 작동하여 소비자들이 선택하는 다양한 빛깔과 다양한 향기가 배어 있는 질 좋고 값싼 화장지들이 소비자들이 필요로 할 때 신속하게 공급된다. 그렇다면 시장가격이 존재하지 않는 계획경제하에서는 화장지가 어떻게 공급될 수 있을까? 계획경제하에서는 시장가격이 존재하지 않으므로 소비자들이 어떤 화장지를, 얼마나 필요로 하는지 전달하는 매체가 존재하지 않는다. 따라서 정부의 관료들이 조사와 계산에 의해 화장지 생산을 결정해야 한다. 1년 동안 사용될 화장지의 생산량을 추산하는 경우, 인구 × 365일 × 하루에 화장실에 가는 평균횟수 × 한 번에 사용하는 화장지 길이 × a(설사 날 확률) = ? 이런 식의 추산과정을 거치게 되고, 평등을 강조한 나머지 다양한 화장지 보다는 단순한 종류의 화장지를 대량생산하는 방식을 취하게 된다.

보탬 3 노동자가 개밥을 먹게 된 이유

구소련에서 실제로 발생했던 개그수준의 자원배분의 왜곡사례이다. 공산주의 경제체제는 노동자가 주인이므로 노동자들은 우선 빵을 배불리 먹을 수 있어야 한다. 따라서 관료들은 계산가격을 산정하는 과정에서 사료가격보다 빵 가격을 보다 낮은 가격으로 설정하게 된다. 노동자들은 가축들에 비해 배불리 빵 먹는 사회가 만들어졌을까?, 아니다. 일부 노동자들은 빵 대신 오히려 사료를 먹어야 하는 상황에 직면하게 된다. 정부 관료가 빵과 사료의 상대가격을 의도적으로 왜곡시켜 발생한 자원배분의 왜곡현상이다. 노동자는 1,000원짜리 점심을 먹는데 가축은 3,000원짜리 점심을 먹는다. 언뜻 생각해도 좀 이상하지 않은가?, 노동자들은 3,000원짜리 사료 대신 1,000원짜리 빵으로 가축들의 점심식사를 대체시키려하지 않겠는가?, 그래서 발생한 해프닝이었다. 결과적으로 빵을 사료로 대체시킨 만큼 노동자들이 먹을 수 있는 빵은 그만큼 부족해질 수밖에 없지 않겠는가?, 따라서 빵이 부족한 지역의 노동자들은 빵 대신 동물들의 사료를 먹으면서 3,000원짜리 식사라고 위안을 삼아야 하는 계산가격의 아니러니 라고나 할까?

② 사유재산제도를 받아들이고 있다.

공산주의 경제체제의 기본 틀은 개인의 소유권을 인정하지 않고 공동생산과 공동

분배라는 공유의 개념에서 출발한다. 사적 소유권은 가진 자와 가지지 못한 자로 계급의 구조화를 배태시킴으로써 계급투쟁의 단초를 제공하는 것으로 비판의 대상이었다. 즉 생산수단을 공동으로 소유하여 계급의 발생을 원천적으로 봉쇄하려는 공산사회의 기본적인 이데올로기에 해당한다. 자본주의가 사유재산을 인정함으로써 "능력에 따라 일하고 능력에 따라 분배한다."는 응능주의적 분배원리로 작동한다면, 반면에 공산주의는 사유재산을 부정함으로써 "능력에 따라 일하고 필요에 따라 분배한다."는 도덕주의적 분배원리로 작동하게 된다. **열심히 일하는 자에게는 더 많은 이윤으로 보상하고, 게으른 자에게는 파산이라는 채찍으로 깨어나게 만드는 유인구조가 응능적 분배원리**이다. 도덕적 분배원리란 능력 있는 자는 최선을 다해 일해고, 그 결과물은 능력이 있든 없든, 그가 설령 게으른 자일지라도 그 생산물을 필요로 하는 자에게 나누어주는 원리이다. 여기에서 **도덕적 해이(moral hazard)**가 발생한다. 도덕적 분배원리가 인간적이며 이상적임에도 불구하고 역사적으로는 응능적 분배원리가 도덕적 분배원리 보다 효율적인 제도적 장치임이 증명되었다. 다시 말해 이윤동기가 부여되지 않는 다면 인간은 역동적으로 경제활동을 하지 않는다는 **애덤 스미스의 인간관**이 승리한 것이다. 중국의 경우, 공산화과정에서 농민들의 사적 재산권을 박탈하여 농지를 강제로 수용하고 인민공사라는 공동생산, 공동소비체제를 구축하였으나, 그 후 식량생산은 급감하였고 수 천만 명에 달하는 사람들이 식량부족으로 아사하는 결과를 초래하였다. 1979년 등소평은 하이예크를 중국에 초청하여 식량부족에 대한 해법을 권고 받게 된다. 그것이 바로 "농민들에게 땅을 돌려주세요"라는 등소평의 질문에 대한 하이예크의 답이었다. 등소평은 농민들에게 임대제라는 방식으로 일종의 사유재산권을 인정하게 되고, 2년 후 식량생산은 무려 25%나 증가하게 된다. 구소련의 경우에도 1에이커 미만의 사유지를 인정해 왔는데, 전체경작면적에서 사유지는 1%비중이었지만, 생산량은 전체농작물의 25%나 차지함으로써 결과적으로 **공유지 생산성에 대한 사유지 생산성이 무려 33배나 높은 현상**을 경험하게 된다. 따라서 모든 공산권 국가들이 **개인의 사유재산권을 보장**하고 **이윤은 인정**함으로써 **효율성을 개선하는 유인장치**를 마련하고 있는 것이다. 한마디로 소유권은 기술혁신을 유인하여 인류의 물질문명을 생산성 혁신으로 승화시킨 인류역사상 가장 중요한 창작물이라 할 수 있을 것이다. 1993년 노벨경제학상을 수상한 더글라스 노스(Douglass North)는 인류최대의 발명품을 과학기술이 아니라 **소유권제도의 정착**이라고 주장하고 있다. 소유권이 보장됨으로써 많은 것들이 발명될 수 있었다는 것이다. 만약 소유권제도가 확립되지 않았다면 농업혁명조차도 불가능했을 것이다. 소유권은 자신의 생산품을 절도 및 약탈로부터 지킬 수 있는 훌륭한 성과이다. 따라서 안심하고 연구개발하고 투자하는 생산활동에 전념할 수 있다. 농업사회에서는 **토지에 대한 소유권**,

산업사회에서는 **자본에 대한 소유권**, 지식정보화사회에서는 **지식에 대한 소유권**(특허권, 저작권, 상표권, 영업에 관한 비밀 등)이 중요한 이유이다. 소유권제도가 잘 발달한 나라들은 오늘날 대부분 선진국이 되었으나 그렇지 못한 나라들은 아직도 빈곤에 허덕이고 있다. 소유권은 다른 한편으로 인간의 자유를 보장하고 신장시키는 중요한 제도적 장치로서 작동한다. 소유권은 첫째, 배타적권리이고, 둘째, 구상권을 가지며, 셋째, 처분권을 행사할 수 있기 때문이다. 개인의 권리는 소유권의 범위 내에서 최대한 행사될 수 있다. 따라서 소유권이 발달한 나라에서는 개인의 경제적 자유도 보장된다. **소유권과 개인의 경제적 자유는 그 나라의 풍요와 상관관계를 갖는다**. 미국의 경우에도 1776년은 제도적 측면에서 중요한 의미를 가진다. 1776년 미국은 두 가지를 미국의 중요제도로 받아들인다. 그것은 **애덤스미스의 국부론**과 **미국의 독립선언문**이다. 애덤 스미스의 국부론은 개인의 경제적 자유를 의미하고 미국의 독립선언문은 개인의 정치적 자유주의를 의미한다. 미국은 사적 재산권을 보장하고 개인의 자유로운 경제활동을 장려하는 시장경제적 법치주의를 선택한 것이다. 개인의 이윤동기에 의해 혁신과 창조적 도전을 유인하는 한편, 법치주의에 의해 개인의 이익이 사회적 이익으로 귀결될 수 있는 보이지 않는 손의 원리를 융합하는데 성공한 것이다.

보탬 4 순찰차보다 레커차나 엠블란스가 더 빠른 이유

이윤을 인정하는 경우와 그렇지 않는 경우 어떻게 다른 결과를 가져올 수 있는지? 자동차 사고가 발생한 현장의 상황을 예로 들어보자. 자동차 사고가 발생하면 가장 먼저 경찰관이 현장에 출동하여 사고수습에 들어가는 것이 가장 효율적이라 생각한다. 왜냐하면 법적으로 사고수습, 그리고 교통정리가 이루어진 다음, 환자수송과 사고차량 견인이 이루어질 수 있기 때문이다. 따라서 자동차 사고 현장에는 경찰관이 가장 먼저 도착해야 사고수습이 가장 원활하게 이루어질 수 있을 것이다. 하지만 현실은 그렇지 않다는 것을 우리는 흔히 목격하게 된다. 사고현장에 가장 먼저 도착하는 것은 순찰차 보다 구급차이거나 견인차인 경우가 비일비재하다. 왜 이런 현상들이 반복되는지 정리해 보자. 여기서 순찰차는 공유자원이고 구급차나 견인차는 사적자원이다. 사적 자원인 구급차나 견인차는 사고현장에 2등 도착하면 아무런 이윤을 보상 받을 수 없다. 다시 말하면 구급차나 견인차가 사고현장에 늦게 도착한다면 구급차나 견인차의 관련자들은 또는 그들의 가족들은 굶어야한다. 반면에 순찰차는 경쟁자가 있는 것도 아니거니와 조금 늦는다 해서 해

고되거나 급여가 제한되는 상황이 발생하지 않는다는 것이다. 공산주의 경제체제는 경제주체 모두가 순찰차처럼 공유자산에 해당하며 자신의 이익을 위해 최선을 다해야 할 유인을 가질 수 없다. 물론 도덕적으로는 최선을 다하는 것이 옳은 일일지 모르겠으나, 현실적 대부분의 사람들은 자신에게 발생하게 될 이익에 유인되어 보다 적극적인 동기부여를 받게 된다는 것이다. 또한 자기 자신을 위해 사고현장에 가장 빠르게 도착한 구급차나 견인차가 사고를 당한 타인들에게 손해를 주는 것이 아니라 그들에게도 내가 받는 만큼 이익을 주고 있다는 점에 주목해야 한다. 소유권과 이윤동기가 없는 공산주의 경제체제는 이와 같은 유인동기나 보상체계에 문제를 안고 있었던 것이다. 이타주의가 공동선을 달성한다는 이상보다는 이기주의가 오히려 공동선에 기여한다는 애덤 스미스의 보이지 않는 손의 섭리를 받아들이고 있는 셈이다.

③ **경쟁체제를 구축하고 있다.**

공산권 국가들이 국내시장을 개방하고 있다. 시장을 개방한다는 것은 치열한 세계경쟁을 받아들이겠다는 것을 의미한다. 세계에서 가장 값싸고 질 좋은 상품을 국내의 소비자들이 선택할 수 있는 기회를 제공하고 세계에서 가장 뛰어난 생산기술과 효율적인 자본을 국내기업들이 도입할 수 있는 기회를 제공하려 한다. 전통적으로 공산주의 국가들은 칼 마르크스의 반제국주의 노선을 견지하기 위해 가능한 한 **자급자족경제**(Autarky)를 구축하고자 노력해 왔다. 즉, 칼 마르크스가 예언한 자본주의 경제체제의 모순 중 2가지가 적중했다. 하나는 주기적인 공황설이고, 다른 하나는 제국주의 전쟁설이다. 제국주의란 자본주의 경제가 발전하면 할수록 자본축적이 증대되어 생산능력이 폭증하게 된다. 이런 상황에서 경제가 안정되려면 소비수준도 폭증하여야 한다. 그렇지 못하는 경우, 경제공황이 발생할 수 있다. 창고마다 재고가 가득하지만 길거리에는 현대판 장발장이 득실거린다. 유효수요 능력이 빈약한 실업자들이 넘쳐나게 된다. 소위 **풍요속의 빈곤**(poverty midist plenty)경제가 연출되는 것이다. 이런 악순환을 타개하기 위해서는 자본주의 국가들은 새로운 시장을 개척해야 된다는 논리가 성립한다. 그것이 바로 **제국주의**이다. **식민지국가를 만들어 새로운 수요를 창출해 내고 값싼 원료를 공급받는다.** 제국주의가 팽배한 세계경제질서는 결국 세계전쟁으로 치달을 것이라는 칼 마르크스의 예언은 적중하였다. 한편, 마르크스는 제국주의적 모순을 피해가기 위해서는 국민경제를 **자급자족경제체제**, 즉, **수입대체산업구조**, **폐쇄경제체제**를 구축할 것을 이념화했던 것이다. 따라서 구 공산권 국가들은 자유무역체제가 아닌 반자유무역주의 체제를 지향함으로써 자유무역의 이익으로부터 멀어지는 길을 채택하는 오류를 범한다. 하지만 오랜 역사적 실험은 자유무역체제야 말로 선진국이든, 후진국이든 관계없이 교역 당사국들이 모두 거래이익을 얻을 수 있다는 것이 검증된 상태이다. 여러 가지 이견을 가지고 있는 세계적인 주류 경제학자들까지도 **자유무역이 국내 소비자들의 후생을 증진시킬 뿐만 아니라 교역 당사국들의 경제발전에 생산적으로 기여한다**는 학설에 동의하고 있다.

보탬 4 주유소 이야기

1980년대 이전 까지만 해도 우리나라의 주유소들은 거리제한에 묶여 있었다. 새로운 주유소가 문을 열려면 관계당국이 허용하는 일정한 거리범위를 벗어나야만 했다. 주유시장에 새로운 경쟁기업의 진입을 정부가 규제했던 것이다. 1980년대 접어들면서 세계화현상이 가속되고 정부의 정책이 친시장주의로 전환하면서 주유시장에도 경쟁의 봄이 찾아들었다. 경쟁의 주입은 독점으로 안주하던 기존의 주유소들에게 태풍 급의 변화를 일으키게 된다. 경쟁이 제한된 상황에서는 주유소 경영자조차도 고객들에게 보다 나은 서비스를 위해 고민하거나 노력해야 할 유인이 존재하지 않았으므로 주유소의 서비스는 항상 퉁명스럽고 주인행세로 일관하였다. 하지만 경쟁의 유입은 짧은 기간에도 획기적인 변화를 유발하였다. 주유소 경영자들은 소비자들의 시선과 마음을 얻기 위한 독특한 이벤트들을 경쟁적으로 연출하였을 뿐만 아니라 치어걸들의 댄스 서비스는 물론 세차, 일간지, 생수, 휴지 및 상품의 쿠펀 등을 제공하는 다양한 선물공세까지 경쟁우위를 확보하기 위해 마다하지 않았다. 이에 더하여 주유소 서비스 제공자들은 고객들에게 고객의 가족들보다 더 간절한 목소리로 조심운전을 부탁하는 마음 감동 서비스까지 무료로 제공하게 되었다. 경쟁은 공급자들에게 가장 질 좋은 서비스를 마련하고, 동시에 소비자에게 가장 저렴한 비용을 부담시킬 수 있는 가장 효과적인 채찍으로 작동하고 있는 것이다.

4. 자유거래가 주는 이익

자유거래가 주는 이익은 개인의 경우뿐만 아니라 국민경제 전체에도 막대한 영향을 미친다. 개인의 경제자유도와 개인의 소득수준은 밀접한 관계가 있는 것으로 나타나고 있다. **개인의 경제자유도가 높은 나라일수록 국민들의 소득수준이 상대적으로 높게** 나타난다. 또한 강력한 관료주의가 개인의 자유거래에 개입하거나 개인의 자유거래를 규제하는 경우, 경제발전의 장애요인으로 작동한다는 사실이 역사적으로

검증되었다. 미국과 약 2,000마일의 국경을 공유하고 있는 캐나다는 미국과 생활수준이 비슷하지만 반면에 똑같이 미국과 약 2,000마일의 국경을 공유하고 있는 멕시코는 생활수준이 미국과 비교했을 때 절반수준에 불과하다. 멕시코는 전통적으로 강력한 관료주의가 개인의 경제적 자유를 제한해 온 남미국가중의 하나이다. 멕시코 정부는 여러 차례 개인의 사유재산을 몰수하는 등 개인의 경제적 자유거래를 제한해 왔다. 이런 면에서는 남미국가들이 공통점을 갖고 있다. 미국이나 캐나다와 같은 북미 국가들과 다른 점이다. 분명한 것은 개인의 경제적 자유를 제한하는 것은 경제발전에 장애가 된다는 점이다. 역설이지만, 개인의 자유로운 경제적 거래야말로 국민경제를 발전시킬 수 있는 촉매제로써 작동하고 있음이 분명하다. 국가의 경우에도 마찬가지 원리가 적용되고 있다. **자유무역주의를 채택한 국가들은 고도의 경제성장을 이룩한 반면에 마르크시즘이나 종속이론에 영향 받아 수입대체경제를 채택한 국가들은 빈곤으로부터 벗어나지 못하고 있다**. 예를 든다면 일본, 한국, 대만, 홍콩, 싱가포르 등등은 비교우위를 내세울 만한 아무런 자원도 없는 나라인데도 불구하고 경제성장의 신화를 만들어낸 선진내지는 신흥국가들이다. 하지만 인도를 비롯한 제3세계 국가들, 중남미를 비롯한 중동국가들, 특히 사회주의 혁명으로 얼룩진 아프리카 국가들은 아직도 저개발국가 수준에서 벗어나지 못하고 있다. 좀 더 구체적으로 하루의 생계를 유지하는데 2달러 미만의 생활수준인 빈곤 국가들은 대부분 사회주의 경제체제를 경험한 국가들이다. 현재 세계인구의 약 23%는 하루 1달러 미만으로 생활하고 있다. 약 40%가 2달러 미만으로 하루를 연명하고 있는데 그런 국가 중 약 87%가 사회주의 경제체제를 경험한 국가들이다. 그럼 여기서 자유거래가 경제발전에 기여하는 요인들을 정리해 보자. 첫째 **자유거래는 자원배분에서 가장 높은 가치가 있는 곳에 자원의 사용을 배분**하게 한다. 둘째, **자유거래는 특화를 통해 생산성을 극대화한다. 셋째, 자유거래는 협업이나 분업을 촉진**시킨다. 먼저 자유거래는 어떤 자원을 가장 가치 있는 곳에 배분하는 기능을 수행한다. 예를 들어 여기 우유 1통이 있다하자. 어떤 소비자는 우유로 마사지를 하려하고, 어떤 소비자는 모유가 부족하여 아가에게 우유를 먹이려 한다. 그런데 우유는 1통으로 한정돼 있다. 우유는 어떤 곳에 사용되어져야 하는가?, 똑 같은 우유이지만 우유가 어떻게 사용되는가에 따라 그 우유의 가치는 달라진다. 자유거래는 자원을 가장 가치 있는 곳에 배정하는 놀라운 능력을 발휘한다. 가장 높은 가격을 제시한다는 것은 자원의 가치를 가장 높게 평가한다는 것을 함축한다. 비슷한 예로 여기 물 1병이 있다하자. 이 물을 어떤 산 정상으로 가져가면 물의 가격은 상승할 것이다. 물의 가격이 상승하면 사람들은 보다 많은 물을 산 정상으로 가져 갈 것이다. 자유거래가 이루어지면 이처럼 부족한 물을 공급하도록 유인이 작동한다. 따라서 **자유거래는 부족한 자원을 더 많이 공급하게 하는 능력을**

발휘한다. 다음으로 자유거래가 만들어내는 특화이익이 무엇인지 예를 들어 설명해 보자. 보다 간결한 설명을 위해 농부 한명과 목축업자 한명이 있는 단순한 경제를 상정해 보자.

① 생산가능곡선의 도출

농부와 목축업자 모두는 1년에 농사일과 가축을 돌보는데 400시간을 투입하고 있다고 한자. 농부는 고기 1kg을 생산하는데 20시간, 쌀 1kg을 생산하는데 10시간을 투입하고 목축업자는 고기 1kg을 생산하는데 1시간을, 쌀 1kg을 생산하는데 8시간을 투입한다 하자. 목축업자가 농부에 비해 쌀과 고기 생산 모두에서 절대우위를 가지고 있다. 그런데도 목축업자와 농부가 특화와 교환을 통해 어떤 이익들을 얻을 수 있는지 살펴보자. 1년 동안 400시간을 투자하여 농부는 고기 20kg, 쌀 40kg을 생산 소비하고 있고 목축업자는 소고기 400kg, 쌀 50kg을 생산·소비하고 있다할 수 있을 것이다. <그림 2-2>는 농부와 목축업자가 직면한 쌀과 고기에 대한 생산가능곡선이다.

〈그림 2-2〉 생산가능곡선

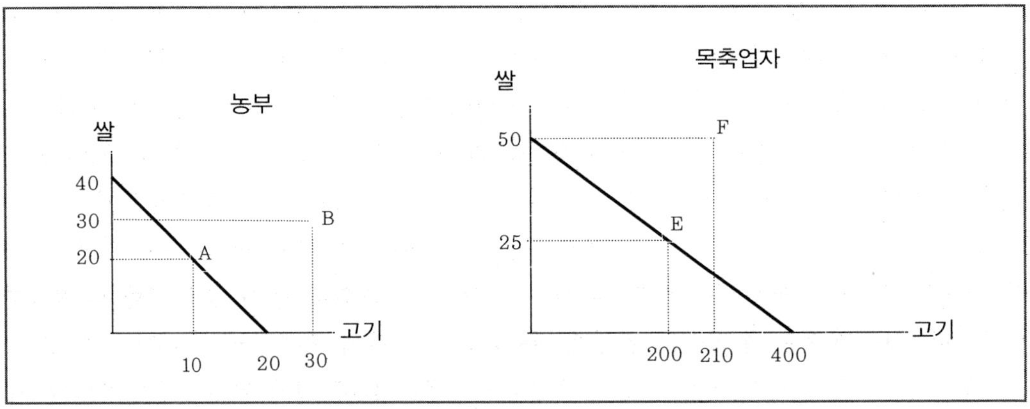

② 쌀과 고기 생산의 기회비용

〈표 2-1〉 생산에 들어가는 노동시간

	쌀(1kg)	고기(1kg)
농부	10시간	20시간
목축업	8시간	1시간

<표 2-1>에는 농부와 목축업자의 쌀과 고기 생산에 들어가는 각각의 노동투입시간

이 나타나있다. 이를 바탕으로 농부와 목축업자의 생산에 들어가는 노동시간을 비교하면 목축업자가 쌀과 고기를 생산하는데 모두 생산적이라는 것을 알 수 있다. 이 같은 상황에서도 **농부와 목축업자는 기회비용을 비교하여 자신에게 가장 유리한 상품에 특화하여 생산하고 서로 거래하면 농부와 목축업자 모두에게 유리하다는 것**을 알 수 있다.

〈표 2-2〉 쌀과 고기 생산의 기회비용

	쌀	고기
농부	1/2	2
목축업	8	1/8

<표 2-2>에서는 농부와 목축업자의 쌀과 고기 생산에 대한 기회비용을 <표 2-1>은 노동투입시간을 기준으로 나타내고 있다. 농부의 경우, <표 2-1>에 나타난 바와 같이 쌀과 고기 생산에 대한 쌀의 기회비용과 고기의 기회비용을 비교하면 쌀의 기회비용이 비교우위에 있다는 것을 알 수 있고 목축업자의 경우, 쌀과 고기 생산에 대한 기회비용을 비교하면 고기의 기회비용이 비교우위에 있다는 것을 알 수 있다. 농부의 경우, **쌀 생산에 드는 기회비용은 1/2인데,** 비해 고기생산에 드는 기회비용은 2이므로 **농부는 기회비용이 낮은 쌀 생산에 특화해야** 한다. 반면 목축업자의 경우에는 쌀 생산에 드는 기회비용은 8인데 비해 **고기생산에 드는 기회비용은 1/8이므로 목축업자는 기회비용이 낮은 고기생산에 특화**해야 한다.

③ 특화와 거래 후 이익

농부는 쌀 생산에만 특화한다면 1년에 40kg를 생산하고 목축업자는 쌀20kg과 고기 240kg를 특화·생산하여 고기 30kg을 쌀 10kg을 교환한 다음 소비한다면 농부는 쌀 30kg과 고기 30kg, 목축업자 쌀 50kg과 210kg을 소비할 수 있게 된다. <그림 2-2>에서 **농부의 특화와 거래 후 소비가능점이 생산가능곡선 상의 A점에서 B점**으로, 목축업자의 경우, **목축업자의 소비가능점이 생산가능곡선 상의 E점에서 F점**으로 이동하게 된다. 농부와 목축업자 모두 특화이전의 소비수준보다 쌀과 고기 모두에서 더 많은 량을 소비할 수 있게 된다.

특화생산 후 거래이익은 <표 2-3>에 정리 된 것처럼 농부와 목축업자 모두에게 발생하게 된다. **농부는 특화 후 거래이전에 비해 쌀 10kg과 고기 20kg을, 목축업자는 쌀 25kg과 고기 10kg을 특화 후 거래이익**으로 얻고 있는 것이다. 이 같은 원리를 확

대적용하면 **국가와 국가 간에도 자유무역의 이익이** 발생한다는 것을 설명할 수 있다. 국가와 국가 간에도 서로의 비교우위 생산품에 특화하고 자유무역을 통해 거래한다면 자유무역 당사국 모두에게 거래이익을 발생시킨다. 이런 이유 때문에 경험적으로도 자유무역주의를 선택한 나라들이 자급자족경제를 고수한 나라에 비해 보다 높은 경제성장의 결과를 맛 볼 수 있었던 것이다.

〈표 2-3〉 특화생산 후 거래이익

거래이전소비	쌀	고기	거래이후소비	쌀	고기
농부	20kg	10kg	농부	**30kg**	**30kg**
목축업	25kg	200kg	목축업	**50kg**	**210kg**

보탬 5 연예인의 섹시한 배꼽과 김치 담그기

섹시한 배꼽으로 행사장에서 인기가 많은 어떤 여가수가 있다 하자. 그 여가수는 노래뿐만이 아니라 김치 담그기에도 일품인 솜씨를 자랑한다 하자. 그녀는 김치 담그는 실력이 어떤 파출부 아줌마보다도 우월하다. 이런 경우, 섹시한 배꼽의 여가수는 김치를 담가야 하나 아니면 행사장에서 춤과 노래로 팬들에게 기쁨을 제공해야 하나?, 좀 더 구체적으로 여가수가 행사장에 2시간 출연하여 3,000만원의 출연료를 받을 수 있고, 파출부 아줌마는 2시간 김치담그기로 3만원을 받을 수 있다 하자. 물론 김치의 맛은 여가수가 더 잘 낼 수 있는 상황이라 가정하자. 이런 상황에서 여가수는 김치도 담그고 노래도 불러야 하나?, 아니면 노래만 부르고 김치 담그기는 파출부 아줌마에게 맡겨야 하나?, 답은 간단하다. 여가수는 노래 부르는 일에 특화하고, 파출부 아줌마는 김치 담그기에 특화해야 한다. 왜냐하면 김치 담그기에 대한 기회비용을 계산한다면 파출부아줌마의 기회비용이 비교가 안 될 만큼 낮은 수준이기 때문이다. 여가수의 김치 담그기에 대한 기회비용은 3,000만원이고, 노래 부르기에 대한 기회비용은 3만원에 불과하다. 파출부 아줌마의 경우, 김치 담그기에 대한 기회비용은 낮잠 자기라면 낮잠 자기에 대한 기회비용은 3만원이다. 따라서 파출부 아줌마는 기회비용이 낮은 김치 담그기에 특화할 수 있다. 결과적으로 여가수가 파출부아줌마보다 김치를 더 빠르고 맛있게 잘 담근다 할지라도 여가수는 행사장 출연에 비교우위가, 파출부는 김치 담그기에 비교우위가 있다는 것을 알 수 있다. 두 사람이 서로 특화생산하고 거래한다고 가정한다면 여가수는 파출부아줌마에게 김치 담그기에 대한 거래를 3만원에서 3,000만원 범

위 안에서 행할 수 있으며, 이같이 거래가 이루어진다면, 두 사람 모두에게 엄청난 이득이 발생한다는 사실도 알 수 있을 것이다. 만약 여가수가 파출부아줌마에게 1,000만원에 김치 담그기를 제의한다면 파출부 아줌마에게는 무려 997만원의 이득이 발생할 것이고, 여가수에게도 무려 2,000만원의 이득이 발생한다는 사실을 발견할 수 있다.

보탬 6 영국의 붉은 깃발 법과 규제의 저주

개인의 자유로운 경제적 선택을 방해하는 것은 대체로 정부의 개입이거나 규제, 그리고 불법적인 권력남용(정경유착)으로 정리할 수 있다. 개인의 자유로운 선택의 자유(free to choose)를 제한함으로써 발생한 폐해의 사례를 소개한다. 자동차 산업은 영국에서 최초로 태동했고 발전했다. 그런데 정부가 붉은 깃발법으로 자동차 산업을 규제한 결과 자동차산업은 영국에서 쇠락해 간다. 정치적인 이유로 경제적 선택의 자유를 제한하는 경우, 개인의 경제적 선택의 자유는 왜곡되고 국민경제 전체에 비효율이라는 이름으로 부정적인 대가를 치르게 한다. 영국에서 자동차가 최초로 개발되었던 시대적 상황에서는 마차가 대표적인 운송수단이었다. 그 당시 정치인들에게는 자동차산업 관련자들보다 마차산업 관련자들이 정치적인 이익으로 평가되었을 것이다. 보다 많은 표가 마차산업 관련자들에게서 얻어질 수 있으며 그들의 로비능력이 더 뛰어났던 것이다. 결국 정치인들은 정치적인 이유로 경제관련 규제법을 통과시키게 된다. 바로 자동차의 속도를 제한하는 붉은 깃발법이다. 자동차의 시내에서의 주행속도를 2마일(시속 약 3.2km)로 제한했을 뿐만 아니라 자동차가 운행될 때마다 마차가 선행하여 붉은 깃발을 흔들면서 자동차가 지나간다는 경보를 알리게 하는 자동차산업 규제법이다. 보행자의 평균시속이 약 4마일(시속 4km)인 점을 감안한다면 보행자보다 더 느리게 달리는 자동차를 누가 이용한단 말인가?, 어처구니없는 규제로 인해 영국에서의 자동차산업은 저주를 맛보게 된다. 독일의 경우에는 영국에서 규제로 인해 자동차산업이 축복의 대상이 될 수 있었다. 독일의 경우, 자동차산업에서 영국보다 후발국이었음에도 불구하고, 벤츠, BMW, 폭스바겐, 아우디, 포르쉐, 람보르기니 등의 명품상표로 인지도가 높은 자동차 강국으로 부상할 수 있는 반사이익을 누리게 된다.

보탬 7 경제학의 10대 기본원리[7)]

경제학을 지배하는 10대 기본원리를 요약하였다. 첫 번째로 경제주체들의 경제적 선택을 지배하는 의사결정에 관한 4가지 기본원리이다. ① 모든 선택에는 대가가 있다, ② 선택의 대가는 기회비용이다, ③ 합리적 판단은 한계적으로 이루어진다, ④ 사람들은 경제적 유인에 반응한다. 둘째로 경제주체 간에 서로 작용하는 3가지 기본원리이다. ⑤ 자유거래는 모든 사람을 이롭게 한다. ⑥ 일반적으로 시장이 경제활동을 조직하는 좋은 수단이다. ⑦ 경우에 따라 정부가 시장성과를 개선시킬 수 있다. 세 번째로 국민경제에 적용되는 3가지 기본원리이다. ⑧ 한 나라의 생활수준은 그 나라의 생산능력에 달려있다. ⑨ 통화량이 지나치게 증가하면 물가는 상승한다. ⑩ 단기적으로 인플레이션과 실업사이에는 상충관계가 존재한다.

---

7) 맨큐의 경제학 제4판에서 인용

3 마당 수요·공급이론

세 째 마당에서 학습하게 될 수요·공급이론은 경제이론에서 가장 중요한 바탕이론에 해당한다. 수요·공급이론의 중요성을 지나치게 강조한 나머지 어떤 경제학자는 "앵무새조차도 경제이론을 학습할 수 있다. 왜냐하면 수요·공급만 읍조리면 경제이론의 핵심을 설하는 것이니까"라고 표현한 바 있다. 우리가 쉽게 언급하는 시장경제란 무엇일까?, 가장 쉽고 재미있게 표현한다면 시장이라는 제목의 한편의 마당극과 같다. 이 마당극에는 소비자와 생산자라는 두 주연배우가 출연하고 그들의 활동무대는 시장이며, 그들의 연출시나리오는 생산활동과 소비활동이다. 생산활동과 소비활동과정에서 교환과 자원배분, 소득분배와 같은 흥미로운 경제이야기가 펼쳐진다. 이 마당극의 클라이맥스는 소비자와 생산자가 모두 만족한 상태에 도달하는 균형 장면이고, 효용극대화와 이윤극대화가 함께 하모니를 이룬다. 이런 상태가 시장전체에 파급되면 이것이 일반균형이고 몇 가지 조건만 충족된다면 사회후생은 극에 달한다. 덧붙이면 소비자라는 주인공의 연출분은 '수요'가 되는 것이고, 생산자라는 주인공의 연출분은 '공급'이 되는 것이다. 무대인 시장의 경우에도, 생산물시장이라는 무대와 생산요소시장이라는 무대로 나뉘는데 생산물시장에서는 소비자(가계)가 '수요'를, 생산자(기업)가 '공급을 연출하고, 생산요소시장에서는 소비자가 '공급'을, 생산자가 '수요'를 연출하게 된다. 또한 생산물시장이나 생산요소시장의 경우에도 시장구조에 따라 완전경쟁시장, 독점시장, 과점시장, 독점적 경쟁시장으로 구분된다. 시장구조가 달라지면 두 주인공의 행동양식도 달라진다. 수요·공급이론은 시장경제를 연출하는 두 주인공, 즉 경제주체의 모든 경제행위의 규칙성을 이론이라는 틀에 함축한 결과물이다. 따라서 수요·공급분석을 통해서 우리는 시장경제를 이해하고, 문제를 해결하며, 미래를 예측할 수 있다. 이를 위해서는 첫째, 수요·공급이론, 둘째, 소비자이론, 셋째, 생산자이론, 넷째, 시장이론을 학습해야 한다. 여기서는 수요·공급이론에 대해 학습할 것이다. ① 수요함수와 공급함수, ② 수요와 공급의 탄력성, ③ 시장균형, ④ 수요·공급이론의 응용에 대해 자세하게 학습할 것이다.

1. 시장수요란?

여러분은 이미 수요함수에 의해 수요곡선이 그려진다는 것쯤은 알고 있으리라 믿는다. 그렇다면 개별수요함수를 그래프로 그리면 개별수요곡선이 되고 시장수요함수를 그래프로 그리면 시장수요곡선이 된다. 시장수요함수를 정의하고 시장수요곡선을 도출해 보자. 시장수요함수란 개별수요함수를 합한 것을 의미한다. 시장에는 수많은 소비자가 참여하고 있기 때문에 시장수요를 파악하려면 시장수요함수를 먼저 도출해야 한다.

개별수요함수 Q = 5 - P이고, 동일수요함수를 가지고 있는 시장의 수요자가 2인이라면, 시장수요함수는 Q = 10 - 2P가 된다. 또한 개별수요함수 Q = 5 - P 이고, 동일수요함수를 가지고 있는 시장의 수요자가 100인이라면, 시장수요함수는 Q = 500 - 100P가 된다. 개별수요함수를 Q에 관하여 정리한 다음 개별수요함수들을 더하면 시장수요함수가 된다. 이를 수식으로 정리하면 $Q_T(Px) = \sum_{i=1}^{n} Q^i(Px)$가 된다.

사적재의 경우, 개별수요를 수평으로 합하여 시장수요를 도출하지만 공공재의 경우에는 개별수요를 수직으로 합하여 시장수요를 도출한다. 사적재와 공공재를 구분하는 경합성과 비경합성이라는 재화의 특성에 따라 수평이나 수직으로 합하게 된다. 사적재의 특징인 경합성이 무엇인지 설명해 보자. A라는 사람이 컵라면을 먹는다면 그 컵라면은 그 사람이 먹어 없어졌기 때문에 B라는 사람은 그 컵라면을 먹을 수 없다. B라는 사람이 구태여 그 컵라면을 먹으려한다면 A와 그 컵라면을 놓고 경합하거나 아니면 B가 먹을 다른 컵라면을 추가 생산하여야 한다. 이 같은 특징을 경합성(rivalry), 경합성이 크면 사적재라 하고, 결과적으로 여러 사람의 컵라면에 대한 시장

수요는 컵라면의 추가 생산과 수요량의 증가를 의미한다. 따라서 컵라면의 시장수요는 수평축이 수요량을 나타내므로 수평으로 합한다고 정의하는 것이다. 한편, 공공재(public goods)의 경우에는 수평으로 합할 수 없고 수직으로 합해야 한다. 공공재에는 사적재와는 다른 비경합성이 나타나기 때문이다. 비경합성은 A라는 사람이 사용하고 있는 재화를 B라는 사람이 사용하기 위해 경합할 필요가 없다는 것을 의미한다. 즉 A와 B가 공동으로 사용할 수 있는 성질을 함축한다. 따라서 공공재란 소비자의 수가 늘어난다 하더라도 추가로 생산할 필요가 없는 재화이다. 공공재의 경우에는 소비자들이 추가로 증가한다 해도 재화를 추가 생산할 이유가 없는 것이다. 따라서 생산량이 변하지 않는다는 것을 의미하므로 수평축은 일정하고 수직축으로 합하게 된다. 이것은 공동소비하는 공공재의 소비자들이 각각 다르게 효용을 느낀다는 것을 의미한다. 공공재에 대한 더 자세한 내용한 재정학 공공재이론을 참고하기 바란다.

소비자의 개별수요가 독립적으로 형성된다면 개별수요곡선을 수평으로 합하여 시장수요곡선을 도출할 수 있다. 시장수요곡선을 도출하는 과정은 <그림 3-1>과 같다.

〈그림 3-1〉 시장수요곡선의 도출

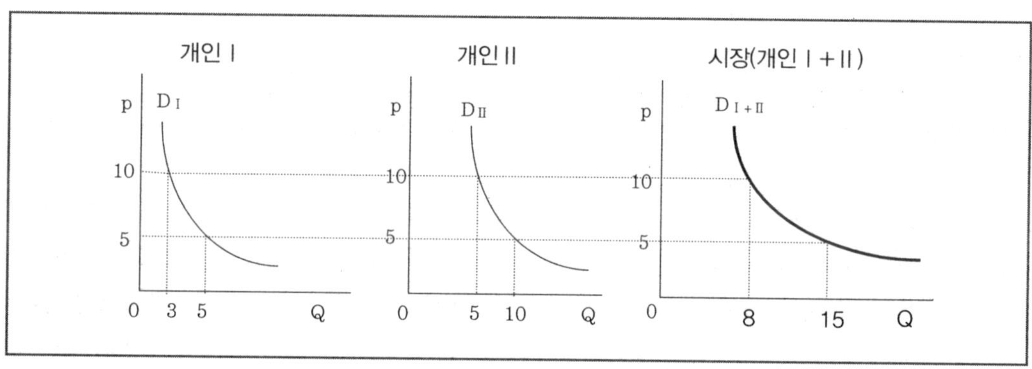

시장가격 5원에서 개인Ⅰ의 수요량은 5이고 개인Ⅱ의 수요량은 10이다. 따라서 시장수요량은 15가 된다. 또한 시장가격 10원에서 개인Ⅰ의 수요량은 3이고 개인Ⅱ의 수요량은 5이다. 따라서 시장수요량은 8이 된다.

다음으로 시장수요곡선이 도출되는 과정에서 개별수요곡선들을 수평으로 합하여 시장수요곡선을 도출하려면 개별수요가 서로 독립적이어야 한다는 조건이 충족되어야 한다. 물론 앞의 내용에서 개별수요함수를 시장수요함수로 전환하는 과정에서도 개별수요함수들은 서로 독립적이어야 한다. 어떤 개별소비자의 수요가 다른 소비자의 수요에 영향을 미쳐서는 안 된다는 것을 의미한다. 왜냐하면 서로 다른 소비자에게 의존적이라면 다른 소비자의 수요함수가 어떤가에 따라 또 다른 소비자의 소비함수가 연속적으로 바뀌게 되기 때문이다.

개별수요가 비독립적인 경우는 ① 편승효과(bandwagon effect)는 다른 사람들의 수요의 증가에 의해 수요를 증가시키게 되는 현상, 즉 유행 같은 현상을 말한다. ② 스납효과(snob effect)는 다른 사람들의 수요증가에 의해 수요를 감소시키게 되는 현상을 말한다. ③ 베블렌효과(Veblen effect)는 다른 사람들에 비해 돋보이고 싶어 하는 욕구에서 비롯되는 현상, 즉 값이 비싸면 비쌀수록 더욱 많이 소비하려는 현상을 말한다.

〈그림 3-2〉 개별수요가 비독립적인 경우의 수요곡선

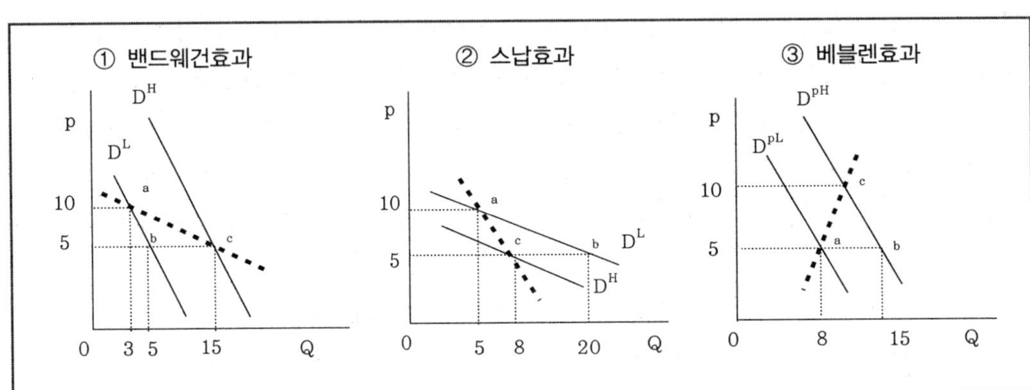

D^H는 다른 사람들의 수요가 많을 때의 수요곡선
D^L는 다른 사람들의 수요가 적을 때의 수요곡선
D^{pH}는 가격이 높을 때의 수요곡선
D^{pL}는 가격이 낮을 때의 수요곡선

<그림 3-2> ① 에서는 밴드웨건효과와 같은 다른 사람의 수요에 영향을 받아 더 많은 수요를 하게 되는 경우이므로 점선 a-c와 같은 본래의 수요곡선 보다 탄력적인 수요곡선으로 변하게 된다. 따라서 가격이 10에서 5로 떨어지는 경우 밴드웨건 효과에 따른 수요량의 증가는 b-c(10)로 나타난다. ② 스납효과가 나타나는 경우에는 점선 a-c처럼 비탄력적인 수요곡선으로 변하게 되고 스납효과에 따른 수요량의 감소는 b-c(12)로 나타난다. ③ 베블렌효과가 나타나는 경우에는 점선 a-c처럼 우상향하는 수요곡선으로 변하게 된다. 가격이 10에서 5로 하락하는 경우, 본래의 수요곡선을 따라 15로 수요량이 증가해야 하는데 수요곡선이 좌측으로 이동하고 수요량이 8로 줄어들게 든다. 따라서 베블렌효과에 따른 수요량의 감소는 b-a(7)로 나타나게 된다.

보탬 1 비기능적 수요란 무엇인가?

라이벤스타인은 전통적인 소비자이론에서 벗어나는 개인들의 수요행태를 비기

능적 수요로 지칭하였다. 비기능적 수요는 ① 밴드웨건효과(bandwagon effect), ② 스납효과(snob effect), ③ 베블렌효과(Veblen effect)로 설명할 수 있다. ① 밴드웨건효과(bandwagon effect)는 유행과 같은 소비행위로 비유될 수 있다. 유행은 마치 친구를 따라 강남에 가는 행위에 비유될 수 있다. 미국의 서부개척시대에 황금을 찾아 너도 나도 할 것 없이 많은 사람들이 밴드웨건을 몰고 서부로 향했던 것처럼, 다른 사람들의 재화소비가 증가하면 이에 편승하여 개별소비자의 재화소비가 추가적으로 증가하는 효과를 의미한다. 개별소비자의 소비행위가 다른 소비자의 소비행위를 흉내 내거나 모방하려는 심리로 이해될 수 있다. ② 스납효과(snob effect)는 별종의 소비행위로 설명할 수 있다. 다른 사람들의 재화소비량이 증가하면 개별소비자는 다른 사람들과 다르다는 것을 보여주기 위해 그 재화의 소비량을 오히려 감소시키는 효과를 의미한다. 마치 청개구리처럼 엉뚱한 행위에 비유될 수 있다. 개별소비자의 소비행위를 다른 소비자의 소비행위와 철저하게 차별화하려는 심리로 이해될 수 있다. ③ 베블렌효과(Veblen effect)는 과시소비행위에 비유될 수 있다. 재화가격이 상승할 때 개별소비자는 그 재화의 소비를 증대시키는 효과이다. 개별소비자의 소비행위를 통해서 다른 소비자보다 값비싼 재화를 소비할 능력을 과시하기 위한, 우월감 표출의 심리에서 이해될 수 있다. 덧붙여서 듀젠베리(James Dusenberry)의 전시효과(demonstration effect)와 벡커(Gary Becker)의 내재(in-good)라는 개념도 있다. 전시효과는 사람들의 소비지출이 자신의 소득 수준만으로 정해지는 것이 아니며, 주위 사람들의 소비행태에도 영향을 받아서 나타나는 소비행위이다. 내재는 어떤 상품들의 경우(사람들이 유행으로 찾는 식당, 특정한 디자인의 의상, 유행하는 영화 등)에는 전적으로는 아니지만, 다른 사람들이 그 상품을 사용한다는 이유만으로 그 상품의 가격이 오르는데도 불구하고 소비자들에 의해 소비되는 상품을 말한다. 이런 상품의 수요곡선은 우하향하다가 군중효과(the crowd effect)가 나타나는 구간에서는 제한적으로 우상향하게 된다.

2. 수요량의 변화

가격이 상승하면 수요량은 감소하고, 가격이 하락하면 수요량은 증가한다. 이 같은 현상을 **수요의 법칙**(Law of Demand)이라 한다[1]. 재화의 가격이 하락하면 그 수요량이 증대하는 이유로는 첫째, 소비자가 그 재화에 지출할 수 있는 화폐액은 동일한데, 그 재화의 가격이 하락한 결과 소비자의 구매력이 증가함으로써 소비자의 실질소득

1) 기펜재를 제외한 대부분의 재화에 적용되는 법칙이다.

이 증가한 것과 같은 효과가 나타난다. 이를 **소득효과**(income effect)라 한다. 소비자는 소득이 증가하는 경우, 정상재라면 그 재화를 더 소비하게 되는 효과이다. 둘째, 다른 대체재의 가격은 변하지 않는 상황에서 본 재화의 가격이 하락한다면, 본 재화의 상대가격이 대체재에 비해 저렴하게 된다. 그렇다면 소비자는 다른 대체재를 구매하던 예산을 본 재화로 대체 구매하게 되는 효과를 말한다. 따라서 상대가격이 하락하는 효과로 인해 소비자는 본 재화를 더 많이 소비하게 되는 효과를 **대체효과**라 한다[2]. 어떤 재화의 가격이 하락하는 경우, 다른 재화의 가격이 일정하다는 가정은 여전히 유효하다. 이와 같은 **소득효과 + 대체효과 = 가격효과**가 나타나게 되어 수요량이 증가하는 것이다. 가격이 상승하면 정반대의 소득효과와 대체효과가 발생하여 수요량은 감소하게 된다. 따라서 수요곡선은 우하향하는 곡선으로 나타나게 되는 것이다.

수요량의 변화를 보다 쉽게 이해하기 위해 아래 <그림 3-3>를 살펴보자. <그림 3-3>에서 보는 바와 같이 수요량의 변화란 수요곡선상의 점의 이동을 말한다. 따라서 <그림 3-3>에서 A점에서 B점으로의 이동은 **수요량의 변화**이다. 이는 가격이 변함에 따라 수요량이 변하는 것을 의미한다. 수요량은 가격이 오르면 감소하고 가격이 내리면 증가하는 수요법칙을 보여주고 있다. 가격이 변할 때 수요량이 얼마나 변하는가?, 이를 정확하게 계산하기 위해서는 수요의 가격탄력성을 이해하면 된다. 다음에 학습하게 되겠지만 가격변화에 대한 수요량의 변화의 크기를 측정하는 개념이 수요의 가격탄력성이다.

〈그림 3-3〉 수요량의 변화 〈그림 3-4〉 수요의 변화

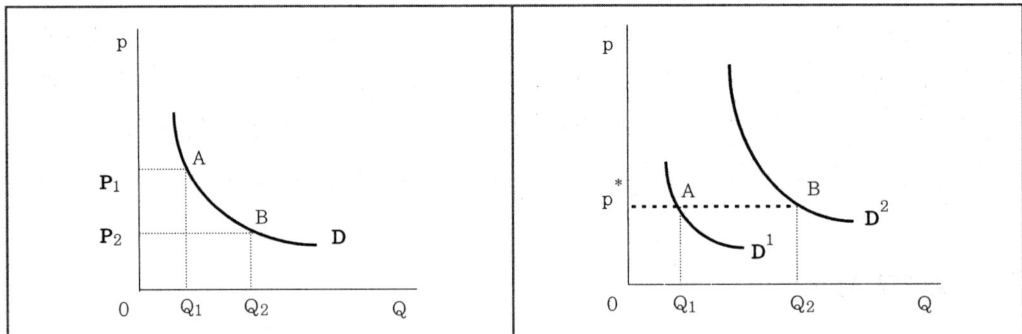

3. 수요의 변화

수요량의 변화와 수요의 변화는 그 경제적 의미가 다르기 때문에 구분된다. 수요

2) 상대가격의 하락은 그 재화에 대한 용도의 폭을 확대하기도 한다.

량의 변화는 가격이 변할 때 수요량이 변하는 것을 나타내는 개념이며, 가격변수와 수요량변수간의 관계를 의미한다. **수요의 변화**는 동일가격수준에서 수요량의 변화를 나타내는 개념이며, 가격변수는 불변이고 다른 변수가 변할 때 수요량이 변화하는, 즉 다른 변수와 수요량간의 관계를 의미한다. <그림 3-4>에서 보는 바와 같이 수요곡선 D_1의 A점에서 D_2의 B점으로 수요곡선자체가 이동한 상태를 수요의 변화라 한다. 가격 P는 일정한데 수요량 Q는 Q_1에서 Q_2로 증가한 상태를 말한다. 수요량의 변화가 수요곡선상의 점의 이동이라면, 수요의 변화는 수요곡선 자체가 이동하는 것을 말한다. 따라서 수요의 변화는 동일한 수요함수내에서 변수와 변화이고 수요의 변화란 수요함수 자체가 달라졌다는 것을 의미한다. 정리해 보면 수요의 변화에 영향을 주는 가격이 아닌 다른 변수들로는 1) 소비자소득의 변화, 2) 타재화 가격의 변화(대체재나 보완재), 3) 소비자들의 기호 및 선호의 변화, 4) 인구의 변화, 5) 소비자들의 소득분포의 변화, 6) 소비자들의 미래에 대한 예측 등으로 요약할 수 있다. 수요곡선의 이동에 따른 수요량의 변화의 크기를 탄력성이라는 개념으로 계산할 수 있는데, 수요의 소득탄력성과 수요의 대체탄력성이라는 수식으로 계산할 수 있다.

4. 시장공급이란?

공급곡선의 경우에도 수요곡선의 경우처럼 공급함수에 의해 도출된다. 공급법칙은 재화의 가격이 상승하면 공급량은 증가하고 재화의 가격이 하락하면 공급량은 감소한다. 즉, 공급함수는 가격의 정함수이다. 수식으로 표현하면 Q= f(P)이고 기울기가 양의 값을 가진다. 또한 개별 공급곡선을 수평으로 합하여 시장공급곡선을 도출할 수 있다. 개별 공급함수가 독립적이라면, 그 개별공급함수들을 Q로 정리하여 합하면 시장공급함수가 된다. 이를 그래프로 나타내면 개별공급함수에 의해 개별공급곡선을 도출한 다음 모든 개별공급함수들을 수평으로 합함으로써 시장공급곡선을 도출할 수 있다. 아래 <그림 3-5>에서는 개별공급곡선의 도출과 개별공급곡선을 수평으로 합하는 과정을 보여주고 있다. **시장공급곡선은 $S_{I}+S_{II}$의** 형태로 도출된다는 것을 알 수 있다[3].

아래의 <그림 3-5>에서 보는 것처럼 시장가격 5원에서 개인Ⅰ의 공급량은 3이고 개인Ⅱ의 공급량은 5이다. 따라서 시장공급량은 8이 된다. 또한 시장가격 10원에서 개인Ⅰ의 공급량은 5이고 개인Ⅱ의 공급량은 10이다. 따라서 시장공급량은 15가 된다.

3) 개별수요를 합하여 시장수요를 산출하는 원리와 동일하다.

〈그림 3-5〉 시장공급곡선의 도출

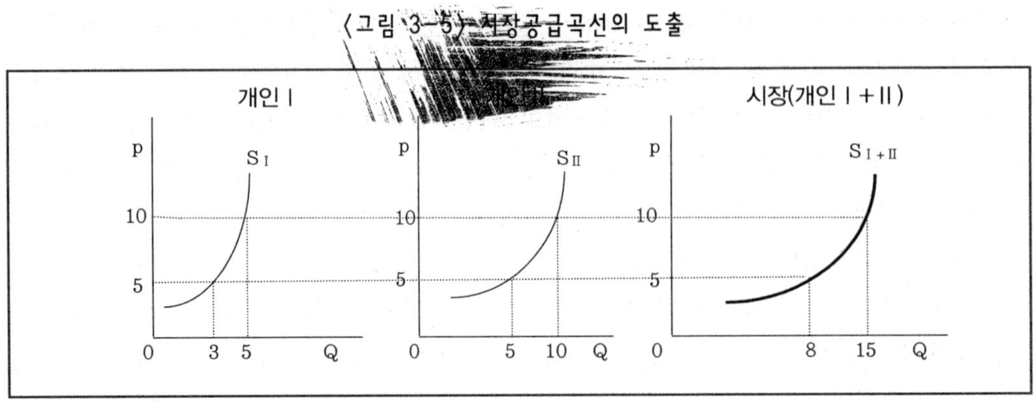

5. 공급량과 공급의 변화

공급량의 변화란 가격변화에 따른 공급량간의 변화를 나타낸다. 즉 가격이 상승하면 공급량은 증가하고, 가격이 하락하면 공급량은 감소하게 되는 가격과 공급량간의 함수관계이다[4]. 이를 그래프로 나타내면 <그림 3-6>에서 보는 바와 같이 공급곡선상의 점 A(P_1, Q_1)에서 점 B(P_2, Q_2)로 점의 이동현상을 의미한다. 이와 같은 가격변동에 따른 공급량변화에 대한 크기를 측정할 수 있는데, 이를 탄력성이라 한다.

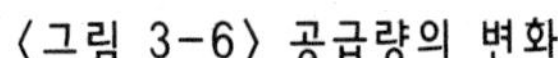

〈그림 3-6〉 공급량의 변화 〈그림 3-7〉 공급의 변화

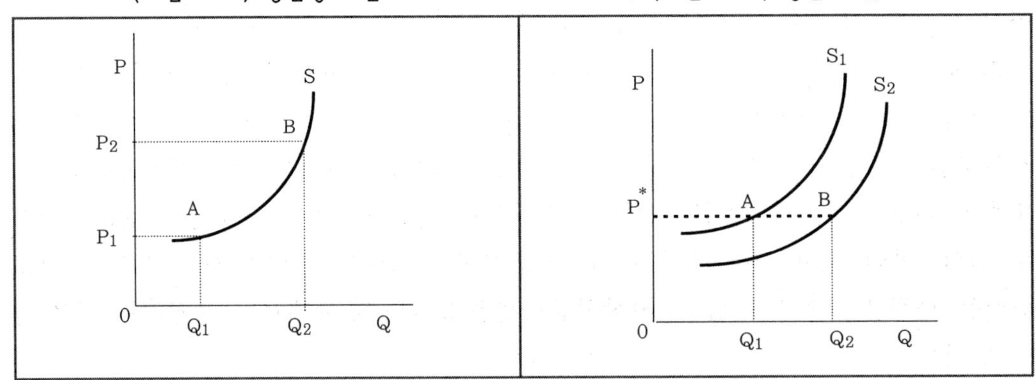

공급의 변화란 가격이 불변인데도, 공급량은 변하는 경우를 말한다. 가격은 일정수준을 유지하고 있음에도 불구하고, 공급량은 변화하는 것이다. <그림 3-7>에서 점 A에서 점 B로의 이동을 공급의 변화라 한다. 가격은 P^*으로 동일한 수준인데도 공급

4) 공급의 법칙이라 하고, 이를 그림으로 그리면 우상향하는 기울기를 가진 공급곡선으로 나타난다.

량은 Q_1에서 Q_2로 변하고 있는 상태이다. 이것은 공급곡선 자체가 S_1에서 S_2로 우측 이동한 것이며 공급함수 자체가 변화했음을 의미한다. 공급의 변화, 즉 공급곡선을 이동시키는 주요요인을 정리하면 ① 타재가격의 변화(대체재나 보완재), ② 생산요소 가격의 변동, ③ 기술수준의 발달, ④ 기업목표의 변화, ⑤ 경기에 대한 전망 등이 있다[5]. 대체재가격이 오르면, 대체재의 공급이 증가하므로 당해 재화의 공급곡선은 좌측으로 이동한다. 보완재가격이 오르는 경우, 보완재공급이 증가하므로 당해 재화의 공급곡선은 우측으로 이동한다. 생산요소의 가격이 오르면, 당해 재화의 생산비용이 증가하게 되므로 공급곡선은 좌측으로 이동한다. 기술수준이 발달하게 되면, 생산성이 증가하여 당해 재화의 생산비용이 감소하게 되므로 공급곡선은 우측으로 이동한다.

2 마디 수요·공급의 탄력성

1. 탄력성이란 ?

수요·공급분석에서 탄력성(elasticity) 개념은 유용하다. 탄력성을 활용하여 가격이나 다른 변수가 변할 때 수·급량이 얼마나 변하는지를 정확하게 계산할 수 있다. 수요와 공급의 탄력성(elasticity)은 수요량과 공급량을 변화시키는 어떤 요인이 변할 때 수요량과 공급량이 변하는 비율을 측정하는 개념이다. 수요·공급함수는 가격변화에 대한 수·급량의 관계로 정의되므로 수요와 공급탄력성은 주로 가격변동에 따른 수·급량의 변동을 측정하는 수요·공급의 가격탄력성 개념이다. 수요의 탄력성에서는 수요의 가격탄력성 개념이외에도 소득이 변할 때와 다른 재화(보완재나 대체재)의 가격이 변할 때의 탄력성개념이 활용되고 있다[6]. 탄력성 개념은 변수와 변수간의 변화율을 정확하게 측정할 수 있는 도구이다. 따라서 탄력성을 활용하면 유익한 경제변수들의 특징을 파악할 수 있고 , 이를 분석도구로 삼아 다양한 의사결정에 활용할 수 있다. 탄력성을 측정하는 방식은 비율의 개념($\partial q/\partial p$)으로 되어있으며, 가격변화에 대한 수요·공급량의 변화의 크기를 변화비율로 측정하기 때문에 양을 측정하는 측정단위에서 비롯되는 변화량 크기에 대한 혼란을 배제시킬 수 있다.

예를 들어보면 1,000g에서 1,200g으로 증가한 것은 200g이 증가한 것이고 1kg에서 1.2kg으로 증가한 것은 0.2kg이 증가한 것이므로 단위에 따른 변화의 계수 크기가 서

---

5) 이 변수들은 공급량에 영향을 주는 그 재화의 가격 이외의 변수들에 해당한다.

6) 수요의 소득탄력성과 수요의 교차탄력성을 말한다.

로 다를 수 있으나 변화비율로 계산하면 모두 20%증가한 것으로 어떤 단위로 측정하든 변화비율은 동일한 값을 갖는다.

2. 수요의 가격탄력성

수요의 가격탄력성은 수요량을 변화시키는 독립변수(가격)의 변화율이 0에[7] 가까워지면 점탄력성(point elasticity)이라 하고, 독립변수의 변화율이 커지면 호(arc elasticity)탄력성이라 한다. 여기서는 점탄력성의 개념을 주로 학습하고자 한다[8].

호탄력성의 측정공식은 $\frac{\Delta Q/(Q_1+Q_2/2)}{\Delta P/(P_1+P_2/2)}=\frac{\Delta Q(P_1+P_2)}{\Delta P(Q_1+Q_2)}$로 정리할 수 있다. 변화하는 두 점(시작점과 끝점)의 평균값을 취하여 두 점 간의 어느 점을 변화의 시작점으로 삼든 간에 관계없이 동일한 값으로 측정될 수 있도록 정리된 공식이다.

① 수요의 가격탄력성의 측정

점탄력성을 측정하는 수요의 가격탄력성 산식은 아래와 같다. 이것은 수요량의 변화율을 가격변화율로 나눈 값이다.

$$|\varepsilon_d| \text{ (수요의 가격탄력성)} = -\frac{\Delta Q/Q}{\Delta P/P} = -\frac{\Delta Q}{\Delta P}\cdot\frac{P}{Q}$$ [9]

수요의 가격탄력성은 <그림 3-8>에서 보는 것처럼 수요곡선상의 점의 위치에 따라 달라진다. 수요곡선을 따라 좌측으로 상향할수록 커진다는 것을 알 수 있다. 원리를 이해하기 위해 위의 공식에 적용하여 $\varepsilon_p=1$인 점의 수요의 가격탄력성을 <그림 3-8>의 수요곡선을 이용하여 기하학적으로 설명해 보자.

〈그림 3-8〉 수요의 가격탄력성

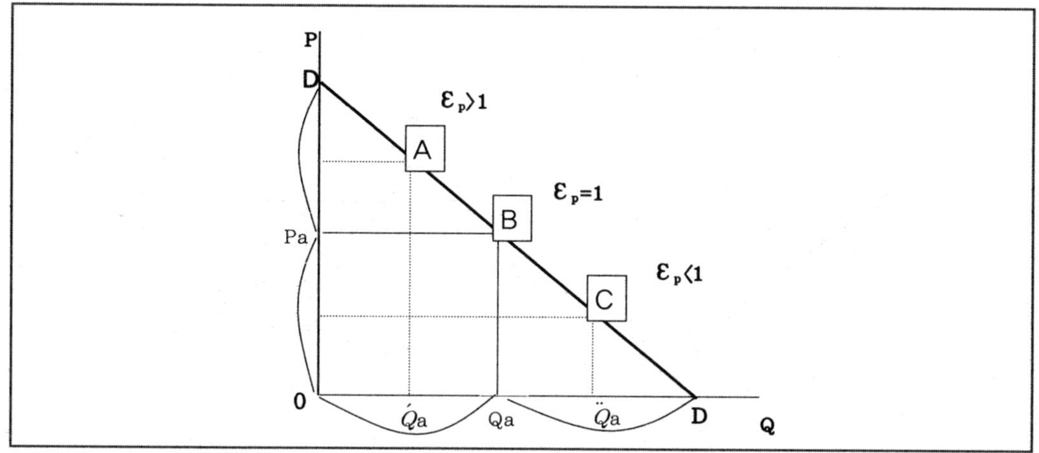

<그림 3-8>에서 기하학적으로 수요곡선상의 점 A, B, C의 탄력성은 결국 P/Q의 크기로 측정 된다. 따라서, B점의 탄력성은 $\frac{QaD}{0Qa}$ 으로 나타낼 수 있으며 Q축에서 $0Q_a$의 길이와 Q_aD의 길이가 같으므로 수요의 가격탄력성($\varepsilon_d = 1$)은 1이고, A점의 탄력성도 동일한 탄력성 측정 공식 $\frac{\acute{Q}_aD}{0\acute{Q_a}}$이 적용되므로 Q축에서 $\acute{Q_a}D$의 길이가 $0\acute{Q}_a$의 길이보다 큰 값을 가지므로 수요의 가격탄력성($\varepsilon_d > 1$)은 1보다 크고, C점의 탄력성도 동일한 탄력성 측정 공식 $\frac{\ddot{Q}_aD}{0\ddot{Q_a}}$이 적용되므로 $\acute{Q_a}D$의 길이가 $0\acute{Q}_a$의 길이보다 작으므로 수요의 가격탄력성은($\varepsilon_d < 1$) 1보다 작다.

② **수요곡선의 형태와 탄력성**

수요곡선이 직선이 아닌 비선형인 경우에는 <그림 3-9>에서 보는 바와 같이 그 곡선에 접선을 그어 탄력성을 측정할 수 있다. 접선 A점에서의 수요의 가격탄력성이 곡선 A점에서의 수요의 가격탄력성과 같다. 위에서 살펴본 바와 같이 우하향하는 직선의 형태를 가진 수요곡선의 가격탄력성은 점의 위치에 따라 그 크기가 모두 변한다는 것을 알 수 있다. 하지만 몇 가지 특이한 형태의 수요곡선은 수요곡선상의 모든 점에서 수요의 가격탄력성이 동일하다. 그래프로 나타내면 아래의 <그림 3-10>과 같다. 직각쌍곡선은 모든 점에서 수요의 가격 탄력성이 1이고, 수직선인 경우에는 모든 점에서 수요의 가격탄력성이 0이며, 수평선인 경우에는 모든 점에서 수요의 가격탄력성이 ∞ 이다.

〈그림 3-9〉 곡선의 탄력성 측정　　〈그림 3-10〉 특이한 수요곡선과 탄력성

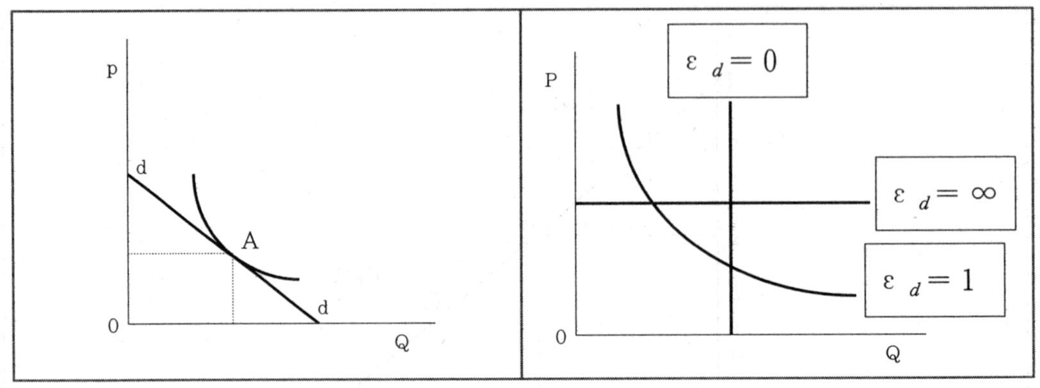

직각쌍곡선의 경우 $P=A/Q$, $d_P/dQ=A/Q_2$,
$d_q/d_p \cdot p/q$에 대입하면 $A/Q_2 \cdot p/q$
$q \cdot p/A$인데 $p=a/q$이므로 1이 된다.

③ 수요의 가격탄력성의 결정요인

수요의 가격탄력성은 재화에 따라 다를 수 있다. 수요의 가격탄력성이 다르다는 것은 그 재화의 특성이 서로 다르다는 것을 나타낸다. 예를 든다면 마약이나 담배와 같은 중독성이 강한 재화의 경우에는 수요의 가격탄력성이 아주 작은 특성을 가진다. 수요량의 변화가 가격변화에 별로 영향을 받지 않기 때문이다. 하지만 보석과 같은 사치품은 수요의 가격탄력성이 매우 큰 재화이다. 수요량이 가격변화에 매우 민감하게 변하기 때문이다. 수요의 가격탄력성은 어떤 요인들에 의해 결정되는 것일까? 수요의 가격탄력성의 크기를 결정하는 요인들을 정리하면 다음과 같다. 첫째, 대체재의 존재여부가 수요의 가격탄력성을 결정한다. 대체재가 존재하면 수요의 가격탄력성은 커진다. 그 재화의 가격이 오른다면 그 재화에 대한 수요가 가격이 변하지 않은 대체재로 이동할 수 있기 때문이다. 둘째, 재화의 용도나 성질은 수요의 가격탄력성을 결정한다. 사치재인 경우에는 수요의 가격 탄력성이 커지고, 필수재인 경우에는 수요의 가격탄력성은 작아진다. 가격이 변동할 때 필수재의 경우에는 수요량의 변화가 크지 않을 것이며, 사치재의 경우에는 변화가 크게 일어나기 때문이다. 셋째, 재화의 가격이 소득에서 차지하는 비중은 수요의 가격탄력성을 결정한다. 그 재화의 가격이 소득에서 차지하는 비중이 높으면 탄력성은 커지고, 그렇지 않으면 작아진다. 소득에서 차지하는 비중이 작은 재화의 경우에는 그 재화의 가격변동이 그 재화의 수요량변동에 작은 영향을 미치지 때문이다. 넷째, 소비자가 가격변화에 따른 적응기

간도 수요의 가격탄력성을 결정한다. 가격변화에 적응하는 기간이 길어지면 수요의 가격탄력성은 커지고, 그렇지 않은 경우에는 작아진다. 가격변화에 적응할 수 있는 기간이 길어지면, 소비자는 단기적으로는 쉽게 바꿀 수 없는 소비습관을 바꿀 수 있기 때문이다. 따라서 단기에는 가격변화에 소비량을 바꿀 수 없지만 장기에는 소비습관이 바뀔 수 있으므로 소비량도 변할 수 있게 된다.

④ 수요의 가격탄력성과 가계의 총지출과의 관계

수요의 가격탄력성은 기업의 총수입(가계의 총지출)과 밀접한 관계를 가진다[10]. 기업의 총수입(가계의 총지출) = 가격 × 수요량으로 산정된다. 가격의 변화의 크기와 수요량변화의 크기는 기업의 총수입(가계의 총지출)을 결정하는 중요한 변수가 된다. 따라서 가격변동에 대한 수요량의 변화비율을 나타내는 수요의 가격탄력성은 소비자의 총지출(기업의 총수입)의 변화를 계측하는 하나의 지표로 활용될 수 있다. <그림 3-11>에서 보는 바와 같이 $\varepsilon_d = 1$인 점에는 가격이 변화한 만큼의 비율로 수요량이 변하기 때문에 가격변동이 가계의 총지출에 영향을 미치지 못한다. $\varepsilon_d > 1$ 인 구간에서는 가격이 상승하면 수요량의 감소비율이 가격상승비보다 크기 때문에 가계의 총지출은 감소한다[11]. $\varepsilon_d < 1$ 인 구간에서는 가격이 상승하면, 수요량의 감소비율이 가격상승비보다 작기 때문에 가계의 총지출은 오히려 증가하고 있다[12]. 이와 같은 수요의 가격탄력성과 가계의 총지출(기업의 총수입)과의 관계는 여러 가지 측면에서 활용될 수 있다. 생산·판매하고 있는 제품에 대한 수요의 가격탄력성을 정확히 알고 있다면, 기업은 가격을 조절하는 여러 가지 마케팅 전략을 통하여 수입을 극대화할 수 있는 것이다[13].

---

10) 소비자의 총지출은 기업의 입장에서는 총수입이다.

11) 가격이 하락하는 경우 가계의 총지출이 증가현상도 동일한 원리에 의해서 발생한다.

12) 가격이 하락하는 경우 가계의 총지출이 감소하는 현상도 동일한 원리에 의해서 발생한다.

13) 탄력성이 1인점에서는 가계의 총지출이 극대화 된다. 이는 기업에서는 총수입의 극대화점이며, 한계비용이 0인 산업의 경우에는 이점이 바로 이윤극대화점이 된다. 이점을 꾸르노점(cournot point)이라 한다.

〈그림 3-11〉 수요의 가격탄력성과 가계의 총지출과의 관계

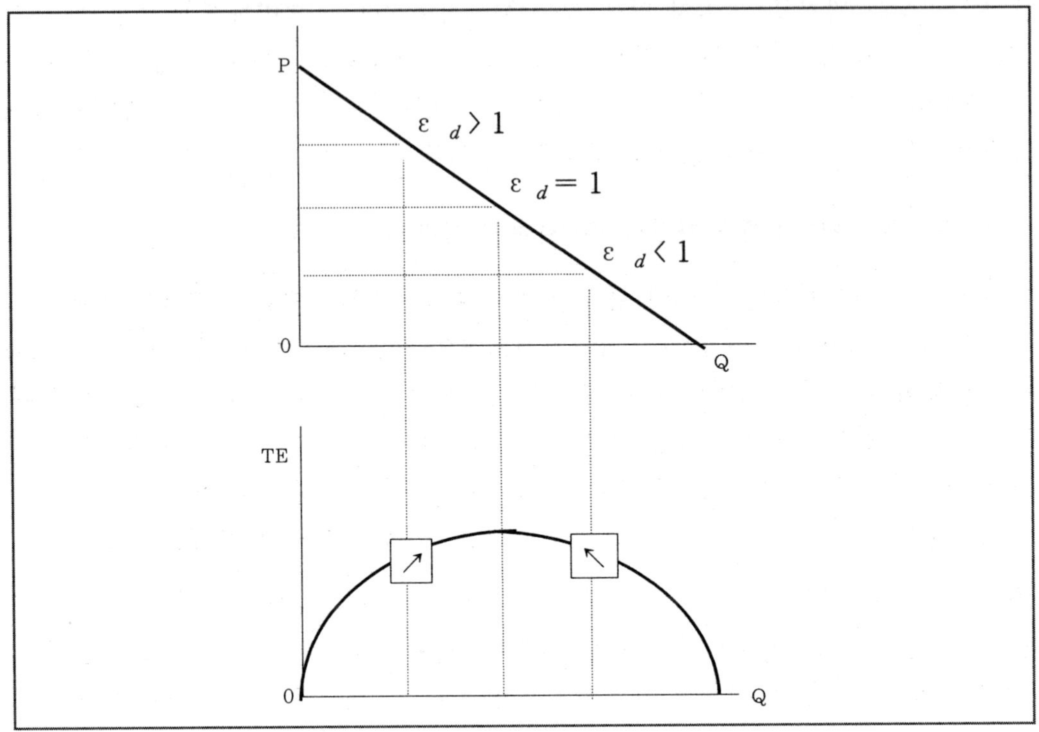

보탬 2 영화관의 조조할인은 왜 가능한가?

우리는 일상생활에서 매일 가격할인 전단지를 마주한다. 영화관 조조할인, 청소년 할인, 백화점 고객 감사 대세일, 효(경노)세일까지 기업의 마케팅 전략에는 효사상 까지 등장한다. 하지만 이런 할인 마케팅은 어디까지나 기업의 수입을 증대시키기 위한 전략적 수단에 불과하다. 이론적으로는 가격차별에 해당하고 기본원리는 수요의 가격탄력성에 기반하고 있다. 기업은 자신의 고객에 대한 수요의 가격탄력성이 서로 다른 시장으로 분리할 수 있는 경우, 가격차별화전략으로 수입을 극대화할 수 있다. 수요의 가격탄력성과 기업의 총수입(가계의 총지출)과의 관계에서 학습한 것처럼 수요의 가격탄력성이 1보다 크다면 가격을 할인하여 기업의 수입을 증대시킬 수 있다. 영화관의 경우, 오전과 저녁시간을 구분해 보면 수요의 가격탄력성이 매우 다르게 나타난다. 따라서 수요의 가격탄력성이 탄력적인 오전 시간대에는 가격할인이 영화관 수입에 도움이 된다. 조조할인이 가능한 것이다. 성인과 청소년을 구분하면 청소년은 성인에 비해 주머니 사정이 좋지 않으므로

수요의 가격탄력성이 크게 나타난다. 청소년할인이 가능한 것이다. 노인들의 경우에도 일반인에 비해 시간적 여유는 있는 반면 소득은 넉넉지 않으므로 수요의 가격탄력성이 크다. 노인들에 대한 가격할인이 가능한 것이다. 미국시장과 국내시장에 대한 수요의 가격탄력성이 다르다면 이런 경우에도 가격차별은 성립될 수 있다. 자동차시장의 경우, 미국시장이 국내시장에 비해 더 개방적이므로 수요의 가격탄력성이 국내시장보다 크다. 따라서 미국시장에서 자동차의 가격할인이 가능해 지는 것이다. 반대로 수요의 가격탄력성이 1보다 작다면 기업은 가격을 인상하는 전략이 기업의 수입을 극대화하는데 유리하다. 예를 든다면 심야택시는 보통시간대 보다 수요의 가격탄력성이 작아지므로 가격에 할증요금을 부과할 수 있다. 또한, 대학의 등록금 같은 경우에도 대학교육에 대한 수요의 등록금탄력성이 1보다 작으므로 대학당국은 등록금인상을 통해 대학의 재정수입을 증대시킬 수 있는 것이다.

보탬 3 농산물 가격을 인상하면 농민들의 소득은 증대하는가?

어떤 정책당국자가 농민들의 소득증대를 위해 농산물가격을 인상하는 정책을 펴는 경우, 농민들의 소득은 증대할 것인가? 정답은 농산물에 대한 수요의 가격탄력성에 달려있다. 농산물에 대한 수요의 가격탄력성이 1이라고 한다면 이런 정책은 농민들의 소득증대에 아무런 도움을 주지 못한다. 왜냐하면 농산물가격이 오른 비율만큼 농산물 판매가 줄기 때문이다. 그런데다 쓸데없는 가격인상에 따른 거래비용만 증가하게 된다. 만약 농산물에 대한 수요의 가격탄력성이 1보다 큰 경우라면 이런 정책은 오히려 농민들의 소득을 감소시키는 정책이 되고 만다. 가격이 오른 비율보다 농산물판매비율이 더 크게 줄어들기 때문이다. 농민들의 소득에 기여하기 위해서는 농산물가격을 인상할 것인가? 아닌가의 문제가 아니고 농산물에 대한 소비자들의 수요의 가격탄력성의 크기가 얼마인가를 먼저 파악해야 한다. 노동자들의 임금정책과 관련해서도 같은 원리가 작동한다. 최적임금제나 비정규직보호법 같은 제도의 경우에도 임금인상이 비숙련노동자들의 소득에 반드시 기여하는 결과를 보장할 수 없다. 기업의 입장에서 비용을 증가시키는 정책에 대해서는 노동에 대한 수요를 줄이려 할 것이기 때문이다. 중요한 것은 기업의 노동에 대한 수요의 임금탄력성이다. 1보다 작은 경우에만 이와 같은 노동자에 대한 보호정책은 그 효과를 기대할 수 있다. 미국에서 사치세의 경우에도 좋은 사례로 응용할 수 있다. 노동조합에서 사치세를 강력히 요구하여 의회에서 어렵게 사치세를 도입하였는데, 그 결과는 사치세 도입으로 사치재(요트, 고급모피, 보석, 자가용비행기 등등)수요가 급감하였고 따라서 노동자들의 일자리가 급격하게 줄어들게 된다. 따라서 노동조합은 사치세를 폐기해 줄 것을 강력히 요청하게 되고 이런 과정에서 사치재도입으로 인한 노동자들의 소득의 증대가 아닌 불필요한 사회적 비용의 증대현상만을 발견하게 된다. 사치재의 수요의 가격탄력성은 일반적으로 탄력적인 것으로 알려져 있다. 그런데도 불구하고 노동조합은 사치세로 인한 사치재의 가격인상이 사치재에 대한 수요를 급격하게 줄일 것이고 그로인한 일자리가 급격하게 줄어들 것이라는 점을 예측하지 못하는 오류를 범했던 것이다. 따라서 어떤 정책의 수립과정이나 이해관계가 얽혀있는 집단 간의 이익과 손실의 문제를 분석하는 과정에서도 수요의 가격탄력성은 유용한 분석도구가 된다.

3. 소득탄력성과 교차탄력성

수요의 가격탄력성은 수요곡선상의 점의 이동과 관련한 것이었다[14]. 그런데 수요의 소득탄력성(income elasticity of demand)은 수요함수에서 독립변수인 소득수준이 변할 때 수요량의 변화를 측정하는 개념이며, 수요의 교차탄력성(cross elasticity of demand)은 수요함수에서 독립변수인 타재화의 가격이 변할 때 수요량의 변화를 측정하는 개념이다. 또한 수요의 소득탄력성과 교차탄력성의 값은 수요의 가격탄력성과는 달리 절대값을 취하지 않는다.[15]

수요의 소득탄력성의 측정산식은 $\varepsilon_I = \frac{\Delta Q/Q}{\Delta I/I}$ 이다. $\varepsilon_I > 0$ 이면 정상재이고, $\varepsilon_I < 0$ 이면 열등재이다.[16]

수요의 교차탄력성의 측정산식은 $\varepsilon_{XY} = \frac{\Delta Q_x/Q_x}{\Delta P_Y/P_Y}$ 이다. $\varepsilon xy = 0$이면 X재와 Y재와의 관계는 독립재이며, $\varepsilon xy > 0$ 이면 X재와 Y재의 관계는 대체재이고, $\varepsilon xy < 0$ 이면 X재와 Y재의 관계가 보완재이다[17].

---

14) 가격이외의 독립변수들은 불변임을 전제한 개념이다.

15) 0, 음의 값, 양의 값이 서로 다른 중요한 의미의 차이를 나타내기 때문이다.

16) 소득이 증대할 때 수요가 감소하는 재화는 열등재이며, 소득이 증대할 때 수요가 증대하는 재화는 정상재, 우등재, 보통재이다.

17) 교차탄력성이 0이라는 것은 Y재의 가격변동이 X재의 수요변동에 전혀 영향을 미치지 못한다는 의미이고, 0보다 크다면 Y재의 가격변동이 X재의 수요변동에 동일한 방향으로 영향을 미친다는 의미이며, 0보다 작다면 Y재의 가격변동이 X재의 수요변동에 반대방향으로 영향을 미친다는 의미이다. 또한 절대 값의 크기는 그 정도의 척도이다.

보탬 4 수요의 소득탄력성과 수요의 대체탄력성은 무엇에 유용한가?

수요의 소득탄력성도 어떤 정책수립이나 어떤 재화의 미래소비를 예측하는 데 유용하게 적용될 수 있다. 수요의 소득탄력성이 얼마인지를 알고 있고, 미래의 국민소득을 추정할 수 있다면 그 재화의 미래소비를 예측할 수 있는 것이다. 자동차를 예로 들어 보면 자동차의 수요의 소득탄력성이 2이고 10년 후의 국민소득증가율이 5%라고 한다면 10년 후의 자동차에 대한 수요증가율은 10%가 될 것이고, 이에 따른 도로 및 주차장에 대한 수요까지 예측가능하게 된다. 따라서 자동차에 대한 수요의 소득탄력성을 정확하게 측정할 수 있다면 이를 바탕으로 실효성 있는 자동차전용도로 및 주차장에 대한 중·장기계획을 수립할 수 있을 뿐만 아니라 자동차관련 정책에 대한 타당성을 분석하는 데에도 유용하게 활용될 수 있다. 다음으로는 수요의 대체탄력성을 응용하는 사례를 들어보자. 만약 정책당국이 석유에 대한 소비를 줄이기 위한 방책으로 대체재인 연탄소비를 증대시키려한다 하자. 그런데 연탄가격에 대한 석유 수요의 대체탄력성은 2로 측정되었다하자. 그렇다면 정책당국은 10%의 석유소비를 줄이기 위해 연탄가격은 얼마나 인하해야 하나?, 연탄가격을 1%변화시킬 때 석유수요량이 2%변화한다는 개념이 석유수요의 연탄가격에 대한 대체탄력성이므로 석유소비를 10%변화시키려면 연탄가격은 5%만 변화시키면 된다는 것을 계산할 수 있다. 이처럼 수요의 소득탄력성이나 수요의 대체탄력성의 경우에도 어떤 경제상태를 분석하거나 예측하는데 유용하게 활용되고 있다.

4. 공급의 가격탄력성

공급의 탄력성(elasticity of supply)이란 공급량을 변화시키는 어떤 요인이 변할 때 공급량이 변하는 크기를 측정하는 개념이다. 공급의 탄력성의 경우에도 수요의 탄력성 원리가 그대로 적용된다. 공급의 탄력성을 계산하는 산식은 공급함수에서 모든 독립변수의 변화에 따른 종속변수의 변화비율을 측정하는 산식으로 구성된다. 여기서는 수요·공급분석에 가장 유용한 공급의 가격탄력성을 중점적으로 학습하기로 한다. 또한 수요의 가격탄력성에서처럼 호탄력성 개념으로도 측정할 수 있겠지만 여기서는 점탄력성 개념을 중심으로 학습해 보자[18].

공급의 가격탄력성 측정산식은 $\varepsilon_s = \frac{\Delta Q/Q}{\Delta P/P} = \frac{\Delta Q}{\Delta P} \cdot \frac{P}{Q}$ 이다. <그림 3-12>를

18) 수요의 가격탄력성에 관한 내용을 참조

이용하여 공급의 가격탄력성을 기하학적으로 측정한다면, $\frac{\triangle Q}{\triangle P}$는 공급곡선의 기울기의 역수이므로 선분 $\frac{AB}{BC}$와 같고, $\frac{P}{Q}$는 선분 $\frac{BC}{OB}$와 같다. 따라서 공급의 가격탄력성은 수식을 그래프에 대입하고 정리하면 $\varepsilon s = \frac{\triangle Q/Q}{\triangle P/P} = \frac{\triangle Q}{\triangle P} \cdot \frac{P}{Q} = \frac{AB}{BC} \cdot \frac{BC}{OB} = \frac{AB}{OB}$가 성립한다. 기하학적으로 공급의 가격탄력성은 $\frac{\overline{AB}}{OB}$의 비율이 되는 것이다. <그림 3-12>의 3가지 그래프를 모두 정리하면, 원점을 지나는 직선인 공급곡선은 $\overline{AB} = \overline{OB}$이므로 모두 공급의 가격탄력성이 $\epsilon_s = 1$로 나타나는 것이고, 수직축을 자르는 직선인 공급곡선은 $\overline{AB} > \overline{OB}$ 이므로 모두 $\varepsilon_s > 1$ 것으로 나타나며, 수평축을 자르는 직선인 공급곡선은 $\overline{AB} < \overline{OB}$ 이므로 모두 $\varepsilon_s < 1$것으로 나타난다.

〈그림 3-12〉 공급의 가격탄력성

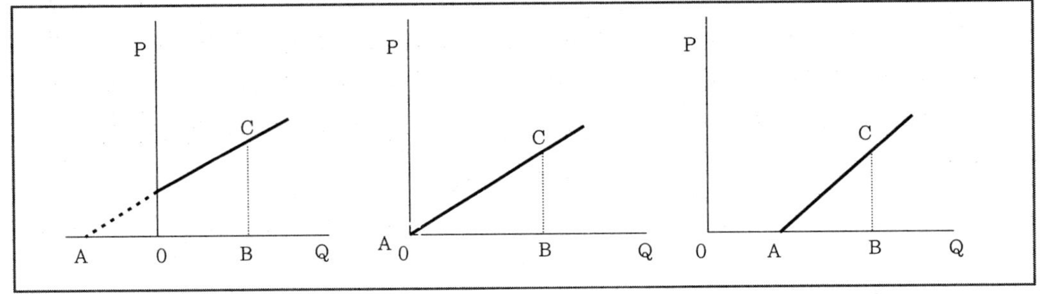

수직축을 자르는 모든 공급곡선의 가격탄력성은 1보다 크게 나타나면서 공급곡선상의 점의 위치에 따라 공급의 가격탄력성이 달라진다. 점이 우측으로 이동할수록, 다시 말하면 Q가 커질수록 공급의 가격탄력성은 1을 향해 작아져간다. 반면에 수직축을 자르는 모든 공급곡선은 가격탄력성이 1보다 작게 나타나면서 공급곡선상의 점의 위치에 따라 공급의 가격탄력성이 달라진다. 점이 우측으로 이동 할수록, 다시 말하면 Q의 값이 커질수록 공급의 가격탄력성은 1을 향해 커지게 된다. 공급곡선이 수직축을 자르거나 수평축을 자르는 경우에는 공급곡선상 모든 점에서 공급의 가격탄력성은 달라진다. 하지만 특이한 공급곡선, 즉 공급곡선이 원점을 지나거나 수직선이거나 수평선인 경우에는 공급곡선상의 모든 점에서 공급의 가격탄력성은 일정한 값을 가진다. 기하학적으로 설명하면 <그림 3-13>에서 보는 바와 같이 원점을 통과하

는 모든 공급곡선[19]은 공급의 가격탄력성 $\varepsilon_s = 1$이고, <그림 3-14>에서 보는 바와 같이 수평선인 공급곡선은 공급의 가격탄력성 $\varepsilon_s = \infty$이며, 수직선인 공급곡선은 공급의 가격탄력성 $\varepsilon_s = 0$이다. 원리는 앞에서 설명한 산식과 동일하다.

〈그림 3-13〉 $\varepsilon_s = 1$인 경우　　〈그림 3-14〉 $\varepsilon_s = \infty$　$\varepsilon_s = 0$인 경우

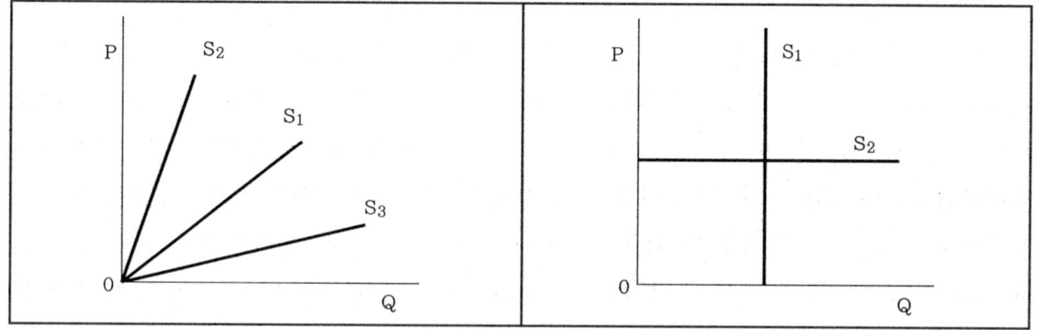

1. 시장균형이란 ?

시장균형은 시장에서 성립되는 수요곡선과 공급곡선의 교차점을 말한다. 시장에서 주어진 가격을 수요자와 공급자가 받아들이면서 수요량과 공급량이 일치되는 조건을 의미한다. <그림 3-15> E점을 수요·공급에 의한 **시장균형**이라 한다. 시장에서 소비자와 공급자가 동일한 시장가격하에서 시장수·급량에 합의한 상태를 말한다. 가격측면에서도 수요자와 공급자가 모두 만족하는 가격이라는 것을 의미하고 수량측면에서도 수요자에게 필요한 량과 공급자가 공급한 량이 일치함으로써 **모자람(shotage)**이나 **과잉공급(surplus)**이 전혀 존재하지 않는 **최적의 상태**를 의미한다. 시장경제에서 경제주체들[20]은 시장에서 경제행위를 하는, 생산자인 기업과 소비자인 가계만이 존재한다. 생산자의 경제행위는 시장공급곡선[21]으로 나타나고, 소비자의 경제행위는

19) 선형함수인 직선을 말한다.
20) 가계, 기업, 정부, 외국
21) 시장공급함수이다.

시장수요곡선[22])으로 나타난다. 즉 우하향하는 수요곡선과 우상향하는 공급곡선이 시장에서 도출되며[23]), 시장수요곡선과 시장공급곡선이 만나게 되면 시장균형이 성립한다[24]). 요약정리하면 수요자와 공급자가 자유로운 거래를 통해서 시장균형에 이르게 되는데, 시장균형은 수요자와 공급자가 모두 만족하는 최적의 상태에서 성립한다. 따라서 시장균형은 시장에 참여하는 모든 경제주체들이 만족하는 최적의 조건을 충족한 상태인 것이다. 따라서 시장균형은 그 상태가 계속 지속되려는 힘이 작동하게 된다. 또한 그 상태가 무너진다하더라도 다시 최적의 상태로 복귀하려는 힘이 작동하는 상태를 말한다. 시장균형이 무너지는 경우, 시장가격은 탄력적으로 조정기능을 발휘하게 되고, 시장가격은 수·급량을 적절하게 조정함으로써 시장을 다시 균형상태로 되돌리려 매개변수의 역할을 수행한다. 시장은 시장가격이 균형가격보다 높게 되면 **초과공급**(excess supply)을 발생시켜 시장가격은 하락하게 된다. 또한 시장가격이 균형가격보다 낮게 되면 **초과수요**(excess demand)를 발생시켜 시장가격은 상승하게 된다. 결과적으로 시장가격이 탄력적으로 수·급량을 조정함으로써 시장은 다시 균형을 회복하게 된다.

〈그림 3-15〉 수요·공급에 의한 시장균형

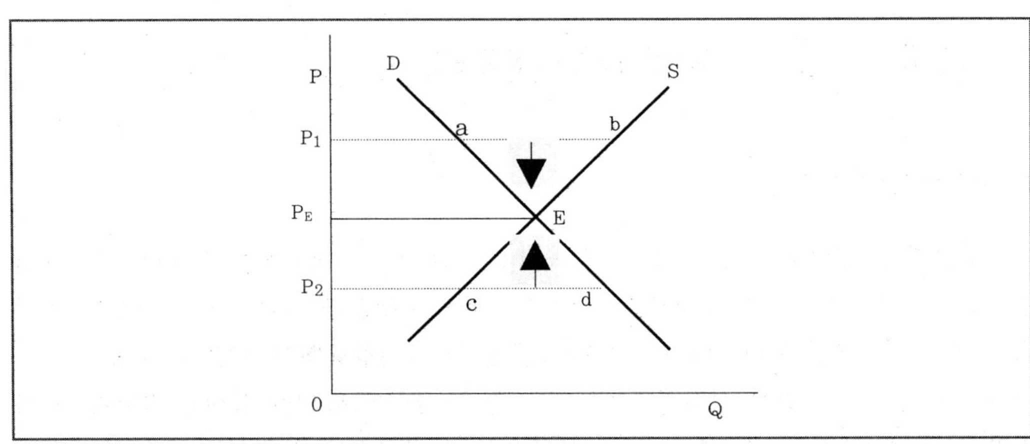

이런 과정을 그래프로 나타내면 <그림 3-15>와 같다. 시장균형은 <그림 3-15>에서

22) 시장수요함수이다.

23) 정상재와 완전경쟁시장을 전제한다.

24) 시장균형분석에는 부분균형분석(partial equilibrium analysis)와 일반균형분석(general equilibrium analysis)이 있다. 여기서는 부분균형분석을 전제한다. 부분균형분석은 하나의 시장이 독립적으로 존재한다고 가정하는 분석방법이고, 일반균형분석은 서로 다른 여러 개의 시장이 상호연관관계에 있음을 전제하는 분석방법이다.

보는 바와 같이 만약 시장가격이 시장균형가격 P_E 수준보다 높은 P_1 수준에서 결정된다면 선분 $\overline{ab}$ 만큼의 초과공급(excess supply)이 발생할 것이다. 공급량이 수요량을 초과하게 되면 시장가격은 하락하게 되어, 균형가격을 향해 수렴해 간다. 반대로 만약 시장가격이 시장균형가격 P_E 수준 보다 낮은 P_2 수준에서 결정된다면 선분 $\overline{cd}$ 만큼의 초과수요(excess demand)가 발생하게 된다. 수요량이 공급량을 초과하게 되면 시장가격은 상승하게 되고 균형가격을 향해 수렴해 간다. 다음으로 수요곡선이 이동하거나 공급곡선이 이동하게 되면 시장균형점이 바뀌게 된다. 수요곡선이든 공급곡선이든 우측으로 이동하면 시장균형가격은 낮아질 것이고 좌측으로 이동하면 시장균형가격은 높아질 것이다. 수·급량의 경우에도 우측으로 이동하면 균형수·급량은 증가하게 되고, 좌측으로 이동하면 감소하게 된다. 이와 같은 시장균형의 변화는 <그림 3-16>과 <그림 3-17>에 나타나있다. 수요가 증대하여 수요곡선이 우측으로 이동하게 되면 균형가격과 균형수·급량은 모두 증가하게 되고, 그 역이면 균형가격과 균형수·급량은 모두 감소한다. 공급이 증대하여 공급곡선이 우측으로 이동하면 균형가격은 하락하고 균형수·급량은 증가하며, 그 역이면 균형가격은 상승하고 균형수·급량은 감소한다. 또한 수요곡선이나 공급곡선의 기울기가 변하는 경우에도 시장균형은 변할 수 있다.

〈그림 3-16〉 수요곡선이 이동하는 경우

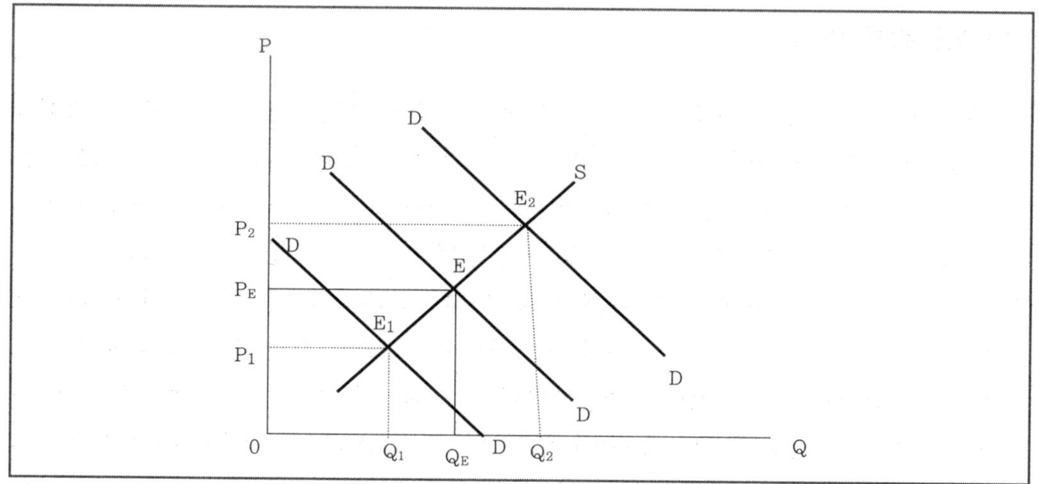

<그림 3-16>에서 보는 바와 같이 수요곡선이 우측으로 이동하면 균형점 E는 균형점 E_2로 이동하게 된다. 따라서 균형가격 P는 P_2로 상승하게 되고 균형수·급량 Q는 Q_2로 증가하게 된다. 수요곡선이 좌측으로 이동하면 균형점 E는 E_1으로 이동하게 된

다. 따라서 균형가격 P는 P_1으로 하락하게 되고 균형수·량 Q는 Q_1으로 감소하게 된다. <그림 3-17>에서 보는 바와 같이 공급곡선이 우측으로 이동하면 균형점 E는 균형점 E_2로 이동하게 된다. 따라서 균형가격 P는 P_2로 하락하게 되고 균형수·급량 Q는 Q_2로 증가하게 된다. 공급곡선이 좌측으로 이동하면 균형점 E는 E_1으로 이동하게 된다. 따라서 균형가격 P는 P_1으로 상승하게 되고 균형수·량 Q는 Q_1으로 감소하게 된다.

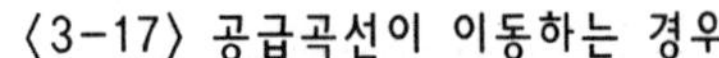
〈3-17〉 공급곡선이 이동하는 경우

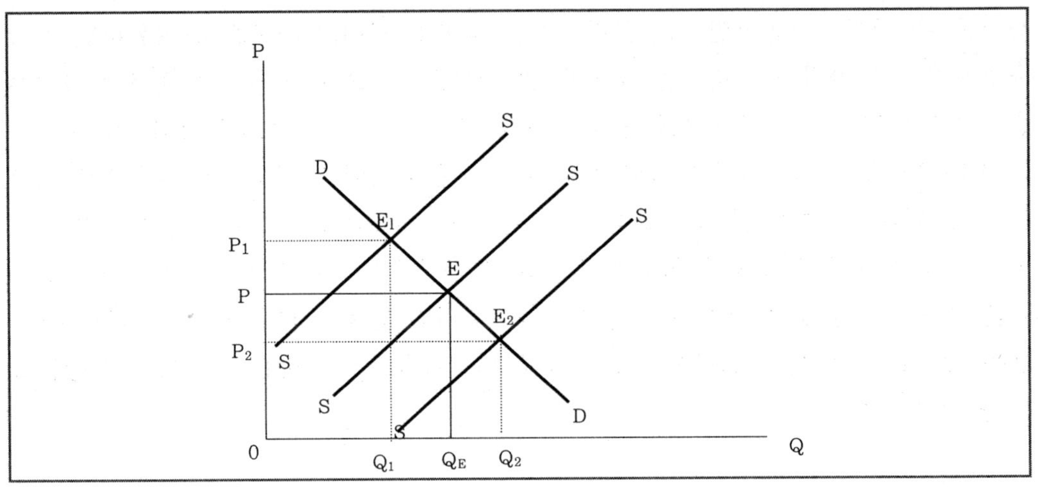

2. 시장균형의 존재

시장균형은 시장에서 수요·공급의 상호작용에 의해 자연스럽게 도달하는 경제활동의 결과물이다. 시장균형이론과 시장균형분석은 애덤 스미스의 시장관을 신봉하는 고전파적 패러다임에서는 경제이론의 핵심이고 요체이다. 모든 경제주체의 최적화가 시장균형에 의해 달성될 수 있다는 믿음을 바탕에 깔고 있기 때문이다. 이와 같은 믿음이 성립하려면 시장균형은 존재해야하고 또한 그 존재가 유일해야 한다. 따라서 우리는 시장균형이 존재할 수 있는지, 시장균형은 유일한 것인지, 그렇다면 유일한 균형의 성립조건은 무엇인지에 대해 학습해야 한다. 하지만 균형은 존재하지 않을 수도 있으며, 여러 개의 균형이 동시에 존재할 수도 있을 뿐만 아니라 시장균형이 깨어지는 경우 다시는 균형으로 되돌아갈 수 없는 불안전한 균형의 상태도 이해해야 한다.[25) 시장균형이 존재할 수 없는 경우는 <그림 3-18>과 같다. a) 공급비용이 수요효용 보다 엄청나게 높은 경우[26)]이거나 b) 공급이 거의 무한하여 수요가 선택적[27)]으

25) 균형의 안정성은 다음에서 설명한다.

로 이루어질 필요가 없는 경우에는 시장균형은 존재 할 수 없다.

〈그림 3-18〉 균형이 존재하지 않는 수요와 공급

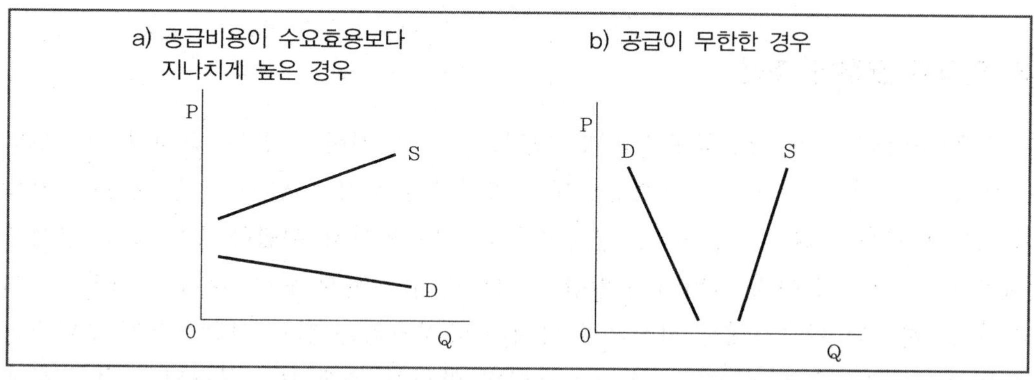

a)의 경우에는 공급된다 해도 수요가 이루어지지 않는 상태이며, b)의 경우에는 가격을 지불하지 않고 수요가 충분히 실현되는 상태이므로 수요·공급에 의한 시장균형은 존재할 수 없다. <그림 3-19>에서는 균형은 존재하되 여러 개의 균형이 동시에 존재하는 경우를 보여주고 있다.

〈그림 3-19〉 여러 개의 시장균형이 존재하는 경우

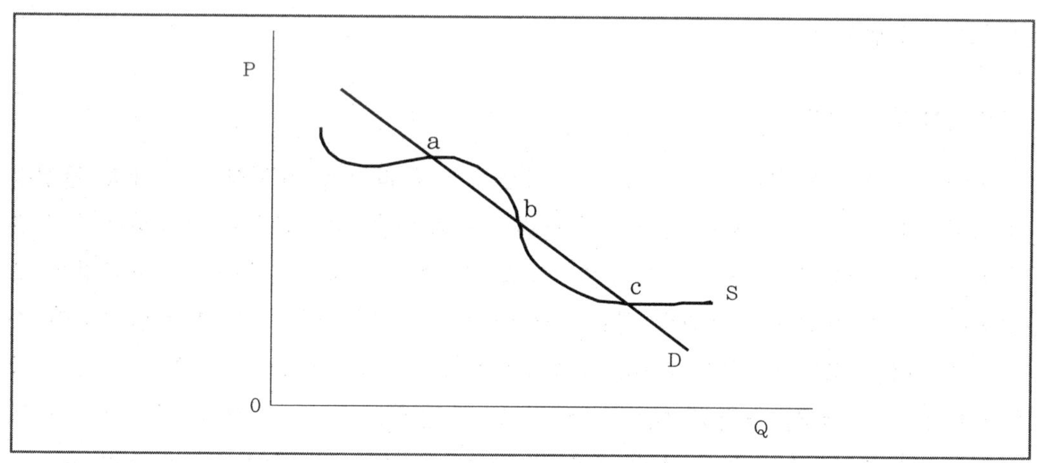

위의 그림에서 보는 바와 같이 a, b, c의 3개의 균형이 동시에 존재할 수 있다. 여

26) 수요자가 얻을 수 있는 만족도 보다 공급비용이 너무 높은 경우이다.

27) 수요의 대가를 지불하지 않을 정도로 공급이 충분한 경우인데, 예를 들면 자유재(free goods)의 경우이다.

러 개의 균형이 동시에 존재하기 위해서는 수요곡선이나 공급곡선이 직선이 아닌 곡선이거나, 수요·공급곡선 모두가 곡선인 경우이다[28]. 시장균형이 동시에 여러 개 존재하게 되면, 시장에서의 최적한 자원배분 상태가 무엇인지 판단하기 어려워진다.

3. 안정적 균형의 조건

수요·공급에 의한 시장균형은 어떤 교란요인이 발생하는 경우, 균형상태로 부터 벗어날 수 있다. 시장균형이 균형상태에서 벗어나면 첫째, 이탈된 시장균형은 이탈된 상태에서 계속 **순환**하거나, 둘째, 균형상태로 다시 돌아가 **수렴**하거나, 셋째, 균형상태로 부터 더욱 멀어져 가버리는 **발산**의 상태를 유지하게 된다. 따라서 시장균형에 대한 또 하나의 학습과제는 시장균형 상태가 유지되려는 힘과 시장균형이 무너지는 경우, 다시 균형을 회복하려는 힘, 즉 **균형의 안정성 문제**이다. 균형의 안정성 문제의 핵심은 시장균형이 깨어졌을 때 균형을 향해 다시 수렴하려는 경향이 존재하는지, 아니면 그런 경향이 존재하지 않는지를 판단하는 기준에 관한 이론이다. 다시 균형으로 회복되려는 경향이 내재하는 경우, 그런 상태를 안정적이라 하고, 균형으로 회복되려는 경향이 내재하지 않는 경우를 불안정적이라 정의한다. 시장균형의 안정성을 분석하는 데에는 **정태적 안정성**[29]과 **동태적 안정성**, 두 가지 분석방법이 존재한다. 정태적 안정성은 시간을 고려하지 않고 운동의 방향만을 분석하는 방법이며, 동태적 안정성은 시간을 고려하여 운동의 방향과 운동의 과정(time path)을 동시에 분석하는 방법이다.

① 정태적 안정성

운동의 방향만을 고려하는 정태적 안정성에는 **왈라스적 안정성**과 **마샬적 안정성**이 있다. 왈라스적 안정성은 가격을 독립변수로 수량을 종속변수로 규정하는 분석방법이다. 다시 말하면 균형이 깨어졌을 때 조정변수로 가격이 작동하여 수·급량을 조정하는 접근방법이다[30]. 균형수·급량이 깨어져 초과공급이 발생하면 독립변수인 가격은 하락하는 방향으로 변동하며, 가격이 하락했으므로 수요는 증가하고 공급은 감소하게 된다. 따라서 초과공급된 수량은 균형수량으로 다시 조정과정을 거치게 된다[31]. <그림 3-20>에서 보는 바와 같이 수량을 종속변수로 하여 초과수요곡선(공급

28) 비선형 수요함수, 공급함수를 의미한다.

29) 왈라스적 안정성(Walrasian stability)과 마샬적 안정성(Marshallian stability)이 있다.

30) 왈라스적 조정과정(Walrasian adjustment process)이라고도 한다.

31) 그 반대의 경우도 같은 논리가 적용된다.

부족량을 의미)을 도출할 수 있다. **초과수요(ED)=D(P) - S(P)** 이므로 $\overline{ab}$ 만큼의 초과공급을 초과수요로 나타내면 - $\overline{ab}$ 가 되고, $\overline{cd}$ 만큼의 초과수요가 발생한다. <그림 3-20> ED곡선은 균형가격보다 높은 구간에서는 선분 ab만큼의 **음의 초과수요**를 발생시켜 가격을 하락하게 하고, 반대로 균형가격보다 낮은 구간에서는 선분 cd 만큼의 **양의 초과수요**를 발생시켜 가격을 상승시킨다. 따라서 다시 균형상태로 수렴하게 된다. ED곡선이 우하향하면 왈라스적 균형의 안정성이 내재하는 것이다.

〈그림 3-20〉 초과수요곡선과 왈라스적 안정성

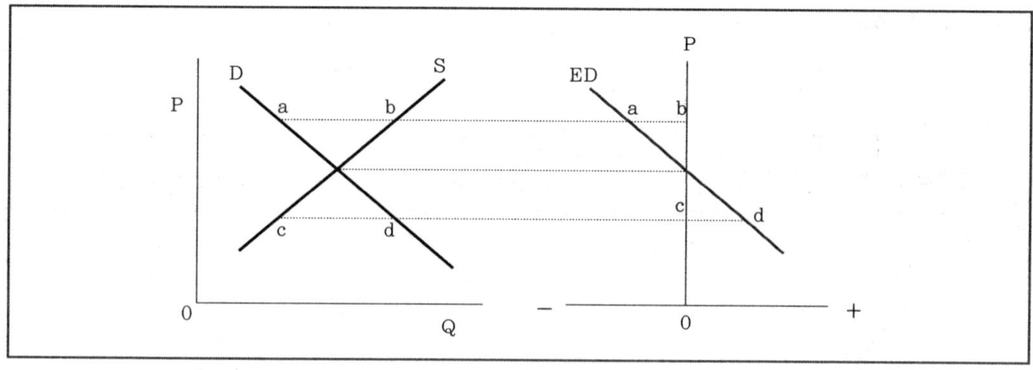

<그림 3-21>의 경우에는 ED곡선이 우하향함으로 왈라스적 안정성이 내재하는 시장균형이라 할 수 있고, <그림 3-22>의 경우에는 ED곡선이 우상향함으로 왈라스적 안정성이 내재하지 않는 시장균형으로 판단할 수 있다. ED곡선(초과수요곡선)의 기울기가 양의 값을 가진다는 것은 초과수요가 발생해 있음에도 불구하고 초과수요가 더욱 증가하고 있는 상태를 말한다.

〈그림 3-21〉 안정적인 경우　　〈그림 3-22〉 불안정적인 경우

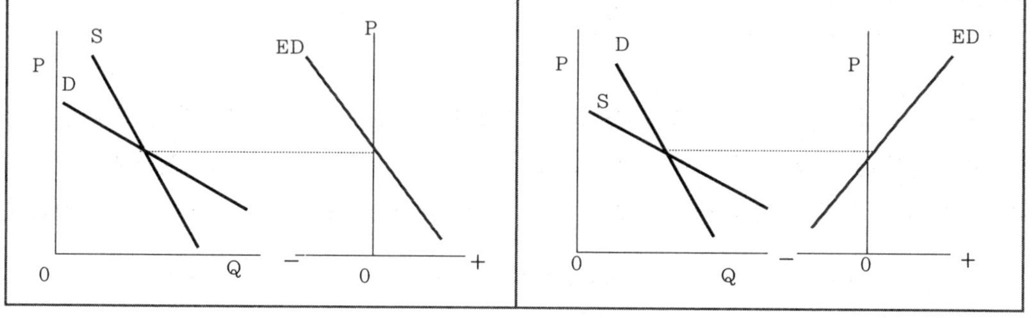

이와 반대로 **마샬적 안정성**은 **수량을 독립변수**로 **가격을 종속변수**로 규정하는 분석방법이다[32]. 다시 말하면 균형이 깨어졌을 때 조정변수로 수량이 작동하여 가격을 조정하는 접근방법이다. 균형가격이 깨어져 초과공급가격이 형성되면 독립변수인 수량은 감소하는 방향으로 변동하며, 공급량이 감소하였으므로 수요가격은 높아지고 공급가격은 낮아져 또다시 균형가격을 회복하게 된다[33]. 마샬적 안정성을 설명하기 위해 초과수요가격(공급가격보다 높은 가격)을 **EDP = D(P) - S(P)**로 규정하고, $\overline{ab}$ 만큼의 초과수요가격이 존재하므로 초과수요가격은 양의 값을 가지고, $\overline{cd}$ 만큼의 초과공급가격을 초과수요가격으로 변환하면 $-\overline{cd}$ 가 된다. 따라서 <그림 3-23>과 같이 우하향하는 EDP(초과수요가격곡선)곡선을 도출할 수 있다.

〈그림 3-23〉 초과수요가격곡선의 도출 / 〈그림 3-24〉 안정적인 경우 / 〈그림 3-25〉 불안정적인 경우

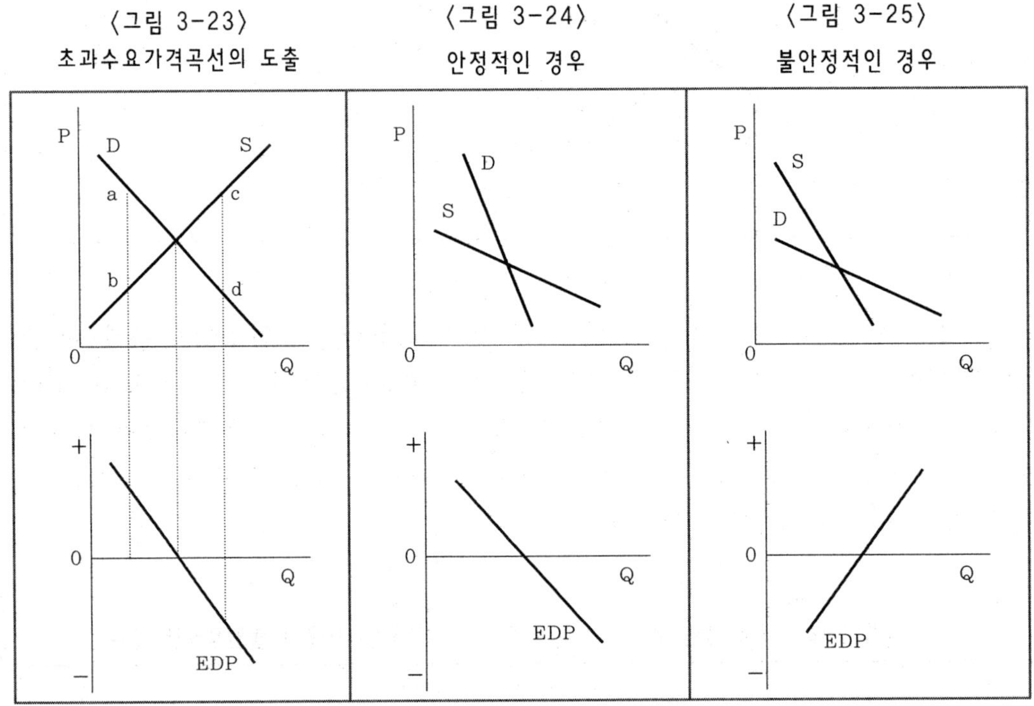

마샬의 안정조건[34]은 <그림 3-23>과 <그림 3-24>에서 보는 바와 같이 초과수요가격(공급가격보다 높은 가격)이 양의 값을 가지면 공급량은 증대하고, 초과수요가격이 음의 값을 가지면 공급량은 감소하게 된다. 이것을 **EDP곡선으로 나타내면 우하향하**

32) 우리가 일반적으로 사용하는 가격/수량의 좌표는 마샬적으로 규정되어 있는 것이다.

33) 그 반대의 경우에도 동일한 논리가 적용된다.

34) 가격이나 수요량의 변화에 비해 공급량의 변화가 매우 느리다는 점이 중요하다.

는 곡선이 된다. 따라서 EDP곡선(초과수요가격곡선)이 우하향하는 시장균형의 경우에는 균형의 안정성이 내재하는 것이고, EDP곡선이 우상향하는 시장균형의 경우에는 균형의 불안정성이 내재하는 것으로 판단할 수 있다. 즉 **초과수요가격곡선의 기울기가 음이면 마샬적 균형의 안정성이 있고, 초과수요가격곡선의 기울기가 양이면 마샬적 균형의 안정성은 존재하지** 않는다. 초과수요가격이 양이면 수요가격이 공급가격 보다 높으므로 공급량을 증대시키고, 초과수요가격이 음이면 수요가격이 공급가격 보다 낮으므로 공급량을 감소시키게 된다. 따라서 초과수요가격곡선이 우하향하면 균형을 향해 수량이 조정됨으로써, 가격도 균형가격으로 회귀하게 된다. <그림 3-24>의 경우에는 EDP곡선이 우하향하는 시장균형이므로 마샬적 안정성이 내재하는 균형으로 판단할 수 있고 <그림 3-25>의 경우에는 EDP(초과수요가격)곡선이 우상향하는 시장균형이므로 마샬적 안정성이 내재하지 않는 것으로 판단할 수 있다. <그림 3-20>과 <그림 3-23>의 경우에는 ED곡선과 EDP곡선이 모두 우하향함으로 왈라스적으로나 마샬적으로 모두 안정적이지만 <그림 3-22>의 경우에는 ED곡선은 우하향, EDP곡선은 우상향함으로 왈라스적으로는 안정적이지만 마샬적으로는 불안정적이고, <그림 3-24>의 경우에는 EDP곡선은 우하향, ED곡선은 우상향함으로 마샬적으로는 안정적이지만 왈라스적으로는 불안정적이다.

② 동태적 안정성

동태적 안정성(dynamic stability)은 시간을 고려하여 **운동의 방향**과 **운동의 과정**을 분석하는 개념이다[35]. 시간을 고려할 때 우리는 일반적으로 공급량의 변동은 수요량과 가격의 변동보다 많은 시간을 필요로 한다[36]. 따라서 시간을 고려할 때 공급은 수요보다 비탄력적이고, 가격이 수요량과 공급량에 영향을 미치는 시점이 서로 다를 수 있다. **시간의 개념**을 반영한 이 같은 균형의 안정성 분석을 **거미집모형**(cob-web theorem)이라 한다[37].

<그림 3-26>에서 가격의 동태적 균형조정과정이 거미집과정임을 보여주고 있다. 2015년의 고추생산량이 Q_1이라 할 때 Q_1의 생산량이 모두 판매될 수 있는 가격은 P_1이였다. 2015년 고추생산량을 결정할 때 영향을 주는 가격은 P_1이고 따라서 2015년에는 Q_{s1}고추가 공급된다. P_1 가격은 균형가격보다 높은 수준이므로 초과공급이 발생한

35) 시간을 고려함에 있어 연속적(continuous)으로 고려하는 방식과 불연속적(discrete)으로 고려하는 방식이 있다. 여기서는 주로 불연속적 개념인 기간(period)을 고려한다.

36) 생산기간이 필요하기 때문이다.

37) 가격이 균형가격을 향해 조정되어가는 과정이 마치 거미집처럼 그려졌다 하여 붙여진 이름이다(cob-web process).

것이다. 따라서 Q_{s1}의 고추를 소비하려는 수요자가격은 P_1에서 하락하여 P_2가 되며, 2016년의 고추생산량을 결정할 때 영향을 주는 가격은 P_2가 된다. 2016년의 고추생산량은 감소하여 Q_{s2}가 공급된다. P_2 가격은 균형가격보다 낮은 수준이므로 초과수요가 발생한다. 따라서 고추가격은 P_2 수준에서 P_3 수준으로 상승한다.

〈그림 3-26〉 동태적 안정성과 거미집과정[38]

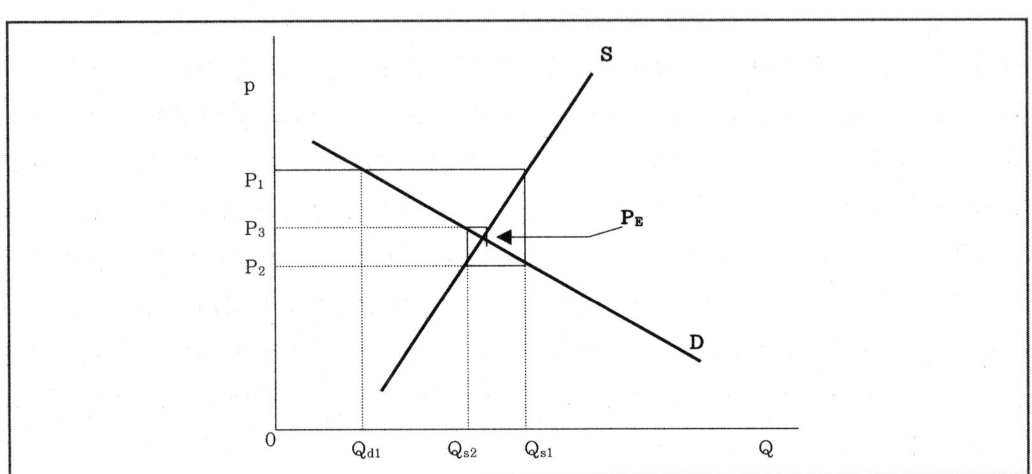

2016년 Q_{s2}의 고추생산량을 소비하는 수요자가격은 P_3가 되며, 이와 같은 조정과정을 거쳐 결국 고추가격은 균형가격인 P_E로 수렴해 간다. 이와 같은 조정과정을 곡선으로 나타내면 P_1, P_2, P_3, P_E에 이르는 거미집모양의 그래프가 그려진다. 따라서 이런 균형분석을 거미집정리라 한다. 또한, 이와 같은 거미집과정을 통하여 시장이 동태적인 안정성을 확보하려면 일정한 균형의 안정조건이 충족되어야 한다[39]. **거미집과정을 통한 안정조건은 공급의 가격탄력성이 수요의 가격탄력성 보다 작아야 한다**는 조건을 충족하여야 한다. 이 조건을 그래프로 나타내면 공급곡선의 기울기가 수요곡선의 기울기보다 커야 한다는 것을 의미한다[40]. 따라서 수요곡선이 공급곡선 보다 완만하게 그려지는 경우에만 거미집과정을 통하여 가격은 균형가격으로 수렴하게 되며, 공급곡선이 수요곡선보다 완만하게 그려지면 오히려 가격은 균형으로 부터 더욱 멀어져가는 균형의 발산이 나타나게 된다. <그림 3-27>의 a) 그림은 공급곡선의 기울기가 수요곡선의 기울기보다 크게 그려진 경우이다. 따라서 시장균형이 동태적으로 안정성을 내재하고 있다는 것을 알 수 있다. <그림 3-27>의 b) 그림은 공급곡선의

38) 고추시장의 예를 들어 설명하고 있다.
39) 수학적인 정밀한 논증은 차분방정식(difference equation)으로 가능하다.
40) 절대값을 기준으로 한다.

기울기가 수요곡선의 기울기보다 완만하게 그려진 경우이다. 따라서 시장균형이 동태적으로 불안정성을 갖고 있다는 것을 알 수 있다.

〈그림 3-27〉 동태적으로 안정적인 경우와 불안정적인 경우

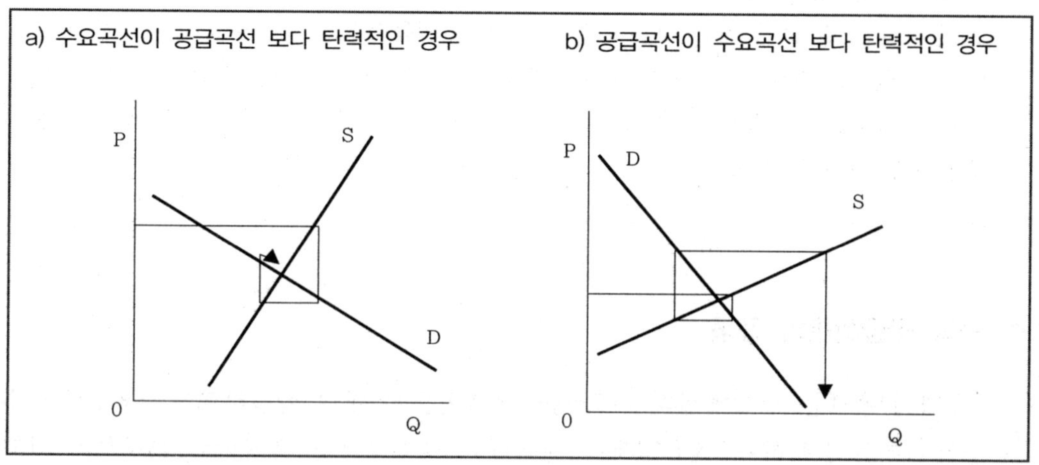

보탬 5 농산물 가격파동은 왜 나타나는가?

동태적 분석의 경우에는 시간의 개념이 도입된다. 수요는 변화하는 시간이 공급에 비해 매우 짧게 나타난다. 수요란 소비자가 어떤 상품을 구매하고자 하는 의도를 말하기 때문이다. 하지만 공급의 경우에는 공급자의 의도가 변하는 것이 아니라 실제로 상품이 생산되어야 한다. 따라서 생산기간이 필요해지는 것이고 이런 이유로 일반적으로 수요보다는 공급이 비탄력적이라 할 수 있다. 농산물의 경우에는 공산물의 경우보다 생산기간이 길다. 배추가 부족하다고 배추씨앗을 뿌려놓고 밤을 새워 부채질한다고 해서 그 다음날 배추가 시장에 공급될 수 없지 않겠는가, 따라서 대부분의 농산물은 생산기간이 길어지고 그 생산물을 결정하는 시점은 생산된 시점보다 훨씬 전기에 이루어진다. 금년의 배추농사는 작년의 배추가격에 의해 결정되는 현상이 나타나게 된다. 작년에 배추가격이 높았다면 금년에는 배추공급이 과도하게 늘어날 가능성이 매우 높다. 왜냐하면 농부들은 작년의 배추가격에 의해 금년의 배추농사를 결정하기 때문이다. 이런 원리가 지배한다면 작년에 배추가격이 높은 경우 대부분의 농가들은 금년에는 대부분의 농지에 채소농사로 결정하게 되고, 금년의 배추가격은 공급과잉으로 폭락해 똥값에 가까워질 것이다. 반대로 작년의 배추가격이 폭락했다면 금년의 배추농사는 과소생산되고 배추가격은

금값이 될 것이다. 따라서 배추농사는 과잉생산과 과소생산을 주기적으로 반복하게 되고, 배추가격도 똥값과 금값사이에서 주기적인 파동을 형성하게 된다. 덧붙여서 농산물의 경우에는 공산품에 비해 수요측면에서도 비탄력적인 특징을 가지고 있다. 농산물은 공산품처럼 가격이 폭락했다고 해서 한꺼번에 소비를 큰 폭으로 증대시킬 수 없기 때문이다. 이런 이유로 농산물의 경우, 조금만 과잉생산되어도 일시적으로 수요가 큰 폭으로 증가하지 않기 때문에 가격은 폭락하게 되고, 조금만 과소생산되어도 일시적으로 수요가 큰 폭으로 감소하지 않기 때문에 가격은 폭등하게 되는 것이다.

4. 수요·공급이론의 응용

지금까지 우리는 시장에서의 수요·공급균형이론에 대해 학습하였다. 여기서는 수요·공급이론을 응용하여 현실경제를 분석하고 경제정책을 대안으로 설정하며 어떤 경제정책이 보다 효율적인지, 정책의 효과를 분석하는 데 수요·공급분석을 응용해 보자. 시장경제란 수요와 공급에 의해 성립하고 수요와 공급에 의해 자원배분을 실현한다[41]. 다시 말해서 수요와 공급에 의해 시장균형이 달성되고, 시장균형은 균형가격과 균형수·급량을 결정해 준다. 또한 시장균형은 자원을 최적하게 배분시키며, 이런 상태에서 소비자와 생산자는 동시에 만족한 경제상태에 도달하게 된다. 즉, 소비자잉여와 생산자잉여가 극대화되는 것이다[42]. 하지만 시장은 최적한 자원배분에 실패할 수 있다. 시장은 공공재를 충분히 공급할 수 없으며, 외부성이 존재한다면 시장은 자원을 과대 또는 과소공급할 수 있다. 또한, 시장에서 형성된 균형가격이라 할지라도 현실의 가치기준을 적용하는 경우, 바람직하지 못한 가격수준의 상태에 놓여있을 수 있다. 따라서 정부는 시장을 조정하기 위해 직접규제나 간접규제라는 수단을 사용하여 시장에 개입할 수 있으며, 우리는 수요·공급이론으로 정부의 개입으로 나타나는 직접규제나 간접규제의 경제적 효과들을 분석할 수 있다. 또한 정부가 세금을 부과하는 경우, 조세의 전가(tax shift)와 귀착(tax incidence)에 대해서도 분석할 수 있다.

41) 시장조건이 수요·공급의 역할에 영향을 미치지만 여기서의 시장은 완전경쟁시장을 전제한다.

42) 소비자가 느끼는 만족도가 지불하는 가격보다 높은 상태이고, 생산자가 받는 가격이 생산자가 투입한 비용보다 높은 상태이며, 이들이 모두 극대화된 상태를 의미한다.

① 직접규제의 효과

시장의 균형이 바람직하지 못한 상태에 있을 때 정부는 권력을 동원하여 시장의 힘을 조정하려 한다[43]. 정부가 시장의 균형가격을 인위적으로 조정하는 방법인데 최고가격을 설정하여 규제하는 방법과 최저가격을 설정하여 규제하는 방법이 있다. 정부가 직접규제라는 수단으로 시장가격을 조정하는 경우 그 경제적 효과가 어떻게 나타나는지 <그림 3-28>에 잘 나타나 있다. <그림 3-28>의 a) 그림은 쌀시장에서의 **가격상한제**(price ceiling)를 설명하고 있다. a) 그림에 나타난 바와 같이 쌀시장에서의 균형가격은 P_e이고 실제로 이 가격은 1가마에 100만원이라 하자[44]. 쌀 한 가마에 100만원이라면 현실경제에서는 심각한 상황이 전개될 것이다. 이때 정부는 쌀 가격을 직접통제해서 문제를 해결하려 할 것이다[45]. 따라서 정부는 P_c에 해당하는 쌀 1가마당 10만원을 상한가격으로 설정하고 이 가격수준을 상회하는 모든 거래를 통제한다고 하자. 쌀시장에 이런 상한가격(최고가격)에 의해 거래가 통제된다면 쌀의 수·급량은 Q_s-Q_d 만큼의 초과수요(공급부족)가 발생하게 된다. 정부의 가격규제로 인해 시장에서는 심각한 공급부족사태가 발생한 것이다. 정부는 부족한 쌀을 여러 가지 배분방법을 동원하여 나누려하겠지만[46] **암시장**(black market)과 같은 부작용이 발생할 수 있다. 수요자는 쌀의 충분한 소비를 위해서 기꺼이 P_d 수준의 가격을 지불하려 할 것이고, 이에 공급자가 대응하려 한다면 쌀은 오히려 암시장에서 활발하게 거래가 이루어질 것이다. 시장원리를 이용하여 해결하는 방법은 수요곡선을 Q_s 수준으로 이동시키는 방법, 즉 쌀에 대한 수요를 줄이는 방법, 쌀의 대체제인 보리로 쌀의 수요를 이동시키는 방법을 활용할 수 있다. 또한 공급곡선을 Q_d 수준으로 이동시키는 방법, 즉 쌀을 외국으로부터 수입하는 방법을 활용할 수 있다.

가격하한제(price floor)는 <그림 3-29>의 b)에 나타나 있다. 예를 들어 노동시장에서의 가격하한제로 설명해 보자. 경제현실에서의 노동시장의 균형가격인 임금수준 P_e는 월급여로 10만원이라 하자. 이런 상황이라면 노동자들의 삶은 처참할 것이다. 따라서 정부는 노동자들의 최저생계비 유지를 위한 가격하한제, 즉 최저임금을 설정하고 공권력을 동원하여 최저임금보다 낮은 급여수급을 규제하게 될 것이다[47]. 따라

43) 이것이 정책이다.

44) 전쟁, 천재지변 등의 비상사태 발생시를 상정할 수 있다.

45) 가격통제가 아닌 수요의 축소정책이나 공급의 확대정책을 통하여 해결할 수도 있다.

46) 공급자 위주의 의사결정이 이루어지며, 선착순, 정실, 끼워팔기, 중앙정부의 배급(쿠폰제) 등의 배분방식이 발생할 수 있다.

47) 농산물의 과잉공급시 농산물가격의 폭락을 막기 위해서나 또는 산업 간의 과당경쟁을 방지하여 특정산업을 보호하기 위한 수단으로 사용할 수도 있다.

서 정책당국은 P_F 가격수준에 해당하는 월 150만원의 하한가격을 설정하고 이 가격보다 낮은 수준에서 거래되는 모든 고용행위를 통제하는 방식이다. 정부가 이 같은 최저가격제를 동원하여 노동시장에 개입하는 경우, Q_d-Q_s에 해당하는 초과공급이 발생하게 된다. 즉, **비자발적 실업이 발생**하는 것이다. 임금은 시장가격보다 높아졌으므로 일하고자하는 노동공급은 증가할 것이고 반면에 기업의 입장에서는 노동고용에 대한 비용이 증가했으므로 노동수요는 감소하기 때문이다. 가격상한제와 마찬가지로 가격하한제에서도 암시장과 같은 부작용이 발생할 수 있을 것이다. 왜냐하면 노동 공급자가 실업자가 되지 않기 위해서는 노동수요자가 제시하는 노동수요인 Q_d 수준에서 임금인 P_s 수준의 임금으로 기꺼이 노동을 제공하려 할 것이기 때문이다. 이런 규제의 부작용을 해소하기 위해서는 직접규제보다는 시장의 원리를 활용하여 수요와 공급을 조정하는 정책이 더 효과적이라 할 수 있다. 노동의 공급곡선을 Q_d 수준으로 이동시키거나 아니면 노동의 수요곡선을 Q_s 수준으로 이동시키는 방법이다. 노동공급을 Q_d 수준으로 감소시키는 방법으로는 노동을 해외에 수출하는 정책이 있을 수 있고, 노동의 수요를 Q_s 수준으로 증가시키는 방법으로는 기업들의 투자를 유인하는 정책이 있을 수 있을 것이다.

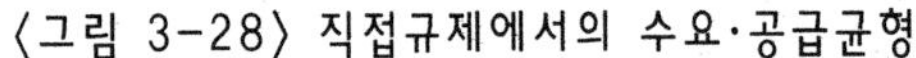
〈그림 3-28〉 직접규제에서의 수요·공급균형

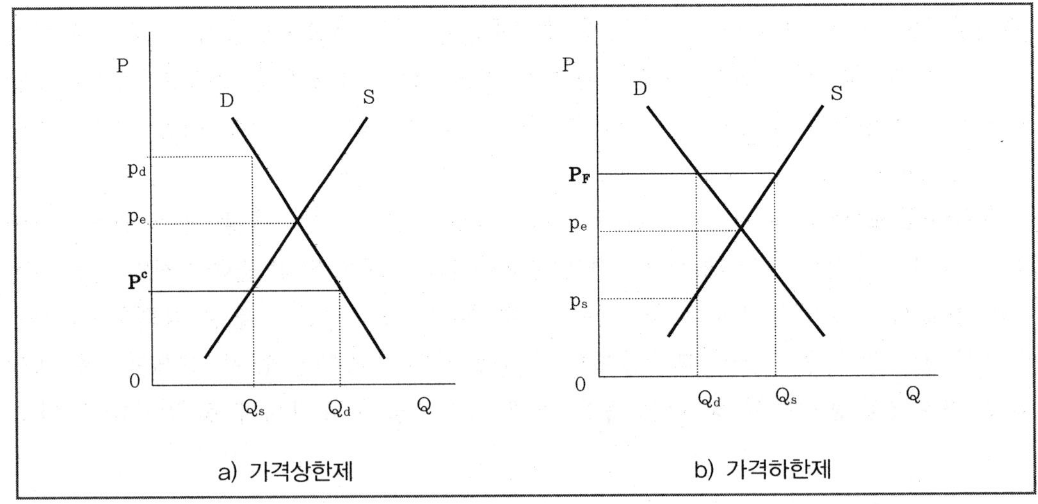

② **간접규제의 효과**

우리는 혼합경제(mixed economy)체제에서 살고 있다. 따라서 현실경제에는 공공부문이 반드시 존재하며48), 공공부문(public sector)이 존재하기 위해서는 공공재정(public

finance)은 필수적이다. 공적부문에서의 수입과 지출은 정부의 의도와는 관계없이 시장경제에 어떤 형태로든 영향을 미치게 된다. 따라서 정부의 직접규제가 아닌 **정부의 경제행위**에 의해서도 시장경제에 영향을 미치는 **정책적 효과**를 거둘 수 있다. 따라서 정부는 직접규제가 아닌 이와 같은 간접규제 방식으로 정책목표를 달성할 수 있게 되는데, 정책수단으로는 정부의 수입과정에서 발생하는 **조세정책**을 활용할 수 있고, 정부의 지출과정에서 발생하는 **보조금**이나 **이전지출 정책**을 활용할 수 있을 것이다. 여기서는 간접규제방식인 조세정책이 수요자와 공급자에게 어떤 영향을 미치는지 수요·공급분석을 활용하여 살펴보고자 한다[49]. 설명의 편의를 위하여 정부가 공급자에게 물품세를 부과하였다 하자. 물품세의 부과는 시장에 어떤 영향을 미치고 조세부담은 수요자와 공급자간에 어떻게 배분되는지 분석해 보자. 종량세인 물품세가 부과되면 <그림 3-29>에서 보는 바와 같이 공급곡선은 S에서 S_t로 좌상향 이동하게 된다. 기업의 입장에서는 종량세 부과가 비용의 증가이기 때문이다. 따라서 시장에서는 변화가 일어나는데 물품세부과로 인한 시장균형이 E에서 E_t로 변하게 된다. 시장가격은 P_E에서 P_d수준으로 상승하게 되고 균형수·급량은 Q_E에서 Q_t수준으로 감소하게 된다. **물품세의 부과**는 **시장균형가격을 상승**시켰고 **균형수·급량을 감소**시켰다. 따라서 삼각형 E_t, E, E_s만큼의 사회적 후생의 손실을 발생시킨다. 이런 현상을 **초과부담**(excess burden)이라 하는데 시장실패 부문에서 보다 자세히 설명하게 될 것이다.

〈그림 3-29〉 물품세 부과와 수요·공급균형

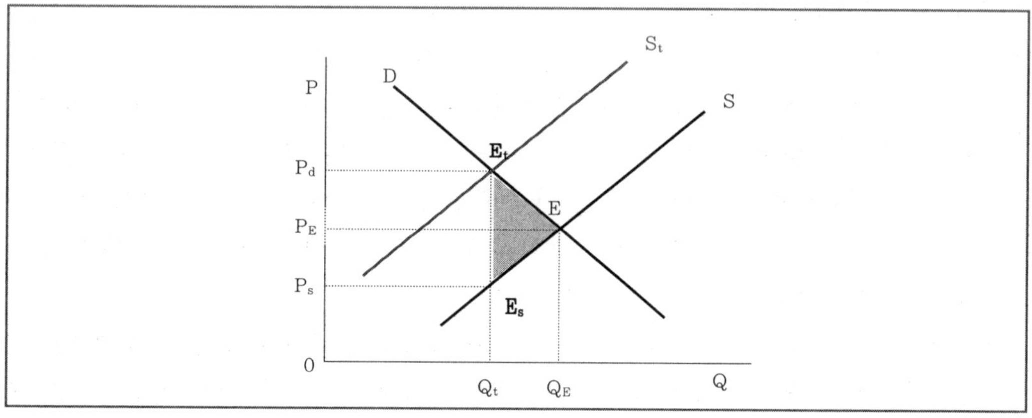

종량세가 $t(E_s\text{-}E_t = P_d\text{-}P_s)$만큼 공급자에게 부과된다면[50] 공급자는 t만큼의 가격을

48) 반드시 공공수입과 지출이 존재한다. 이는 시장경제에 간접적으로 영향을 준다.

49) 물품세(excise tax)에는 부과되는 방식에 따라 종량세(per unit tax, specific tax)와 종가세(ad valorem tax)가 있다.

인상하려 할 것이고, 수요자는 인상된 가격에 따라 수요량을 줄이려 할 것이다. 일단 공급자에게 납세의무가 있는 것으로 전제하였으므로 공급곡선이 S에서 St로 상향이동하게 된다[51]. 여기서 t만큼의 종량세 부과로 인한 시장가격의 변화를 살펴보면 <그림 3-29>에서 보는 바와 같이 t= (P_s-P_d)만큼의 가격상승이 아닌 P_E-P_d만큼의 가격상승에 불과하다는 것을 알 수 있다. 여기서 우리는 수요·공급분석을 이용하여 조세부과에 따른 **조세의 전가** 및 **조세부담의 귀착**을 분석할 수 있다. t=(P_s-P_d)만큼의 물품세가 공급자에게 부과되었는데, 공급자가 모두 부담하지 않는 경우, 조세의 전가와 조세부담의 귀착문제가 발생하게 된다. 우선 공급자가 물품세를 모두 부담한다면 소비자는 조세를 부담할 필요가 없기 때문에 시장가격은 전혀 상승하지 않게 된다. 하지만 <그림 3-29>에 나타난 바와 같이 물품세 부과로 인해 시장가격이 상승했으므로 조세의 전가가 소비자에게로 가격의 상승분 **P_E-P_d만큼** 발생한 것이다. 따라서 **t=(P_s-P_d)만큼의 물품세 부과는 소비자에게로 P_E-P_d만큼 조세의 전가가 이루어졌으며, 나머지 P_s-P_E만큼은 생산자가 부담하게 된다는 것**을 분석할 수 있게 된다. 이것을 조세부담의 귀착이라 한다. 이와 같이 세금이 부과되었을 때 새로운 균형가격의 결정과 새로운 균형수·급량의 결정은 시장의 힘에 의해서 좌우되며, 이는 수요자와 공급자가 부담하게 될 조세의 귀착의 크기를 결정하게 된다. <그림 3-29>에서 소비자는 P_E-P_d만큼의 조세를 부담하고[52] 공급자는 P_s-P_E만큼의 조세를 부담하게 되는데, 이때 P_E-P_d의 길이는 수요의 가격탄력성이 작을수록 그리고 공급의 가격탄력성이 클수록 길어지며, P_s-P_E의 길이는 수요의 가격탄력성이 클수록 그리고 공급의 가격탄력성이 작을수록 길어진다. 정리하면 수요의 가격탄력성이 클수록 수요자의 조세부담이 작아지고, 공급의 가격탄력성이 클수록 공급자의 조세부담이 작아진다. 즉, 수요·공급의 가격탄력성이 클수록 조세부담이 작아진다는 것을 알 수 있다. <그림 3-30>에서는 공급곡선이 수평(공급의 가격탄력성=∞)인 경우, <그림 3-31>에서는 수요곡선이 수평(수요의 가격탄력성=∞)인 경우를 나타내고 있다. <그림 3-30>에서 보는 바와 같이 공급곡선이 수평이면 시장가격은 부과되는 물품세 t=(P_s-P_d)만큼 상승하게 된다. 즉, 조세를 모두 소비자에게 전가하게 된다.

<그림 3-31>의 경우에는 수요곡선이 수평이므로 조세부과로 인한 시장가격은 전혀 상승하지 않고 있다. 즉, 물품세 t=(P_s-P_d)를 공급자가 모두 부담하게 된다. 덧붙여

50) 납세의무자가 공급자인가 아니면 수요자인가에 따라 공급곡선이나 수요곡선이 이동하게 된다.

51) 수요자에게 납세의무가 있다면 수요곡선이 좌측이동할 것이며, 이 분석의 결과는 공급곡선이 좌측이동한 것과 동일하다.

52) 소비자부담의 크기가 곧 가격상승의 크기이다. 따라서 수요곡선이 수평이면 가격은 상승하지 않으며, 소비자는 전혀 조세를 부담하지 않는다.

서 조세가 부과되면 수요곡선이나 공급곡선이 수평이더라도 모두 균형수·급량은 감소한다는 것을 알 수 있다. 다음으로 <그림 3-32>에서는 공급곡선이 수직(공급의 가격탄력성=0)인 경우, <그림 3-33>에서는 수요곡선이 수직(수요의 가격탄력성=0)인 경우를 나타내고 있다. <그림 3-33>에서 보는 바와 같이 공급곡선이 수직인 경우에는 균형가격이나 균형수·급량이 전혀 변하지 않는다. 따라서 생산자에게 부과되는 물품세를 모두 생산자가 부담한다는 것을 의미한다. <그림 3-33>에서 보는 바와 같이 수요곡선이 수직인 경우에는 물품세를 $t=(P_s-P_d)$만큼 과세 한 후 시장균형가격이 $P_E-P_t=t$만큼 상승하였다는 것을 알 수 있다. 이는 물품세 $t=(P_s-P_d)$만큼을 소비자가 모두 부담한다는 것을 의미한다. 또한 수요곡선이나 공급곡선이 수직인 경우에는 모두 과세전과 비교했을 때 균형수·급량에는 변동이 없다는 것을 알 수 있다.

〈그림 3-30〉 공급곡선이 수평인 경우

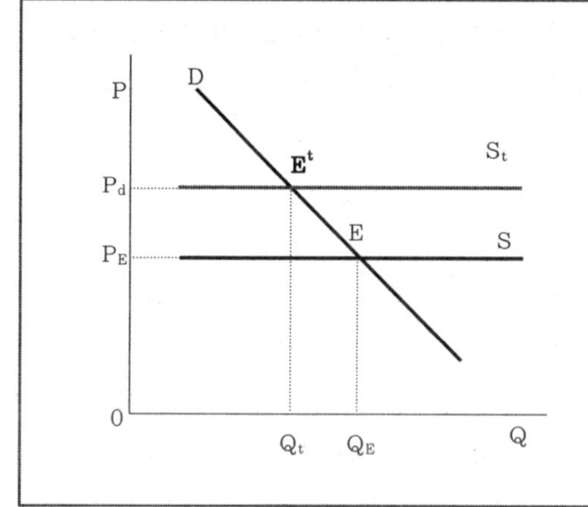

〈그림 3-31〉 수요곡선이 수평인 경우

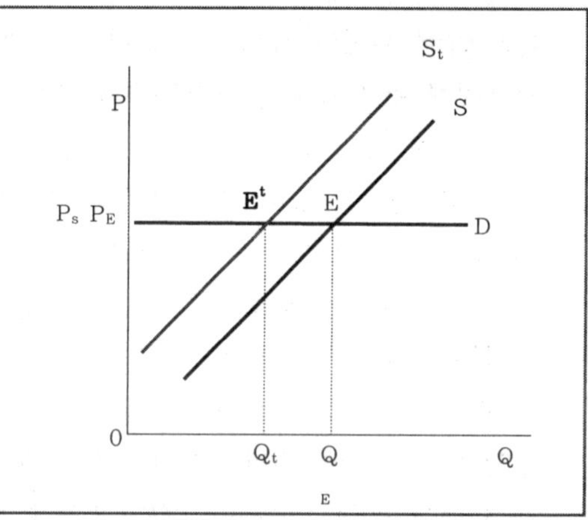

〈그림 3-32〉 공급곡선이 수직인 경우

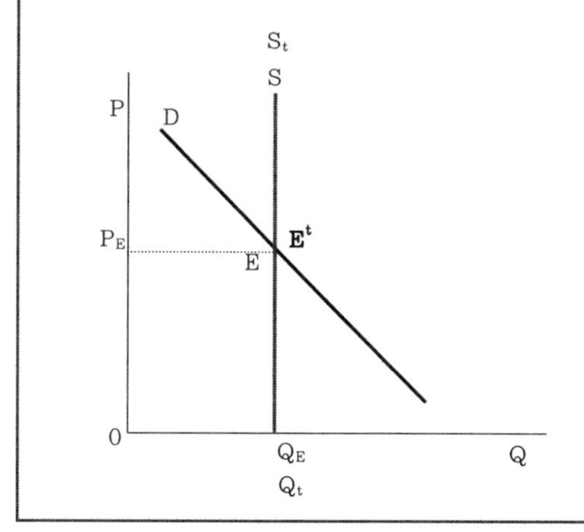

〈그림 3-33〉수요곡선이 수직인 경우

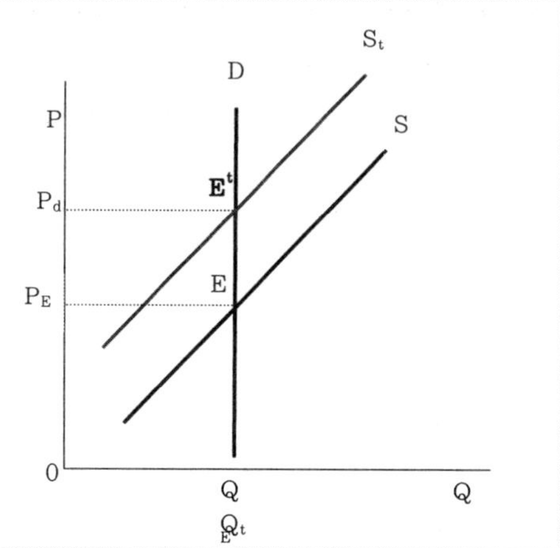

보탬 6 담배값 인상은 흡연율을 얼마나 줄일 수 있는가?

정부는 지속적으로 담배 가격을 인상하는 정책을 펴고 있다. 정부의 담배값 인상의 주된 목적은 국민들의 건강을 담보하기 위해서란다. 담배값을 인상하면 흡연율이 줄어들고 흡연율이 줄어들면 그만큼 흡연으로 인한 국민들의 건강에 대한 위험을 줄일 수 있다는 논리이다. 하지만 흡연가들의 생각은 일반적으로 다른 것 같다. 담배 값 인상은 정부의 재정수입만을 증대시킬 뿐 국민들의 건강에는 별 영향을 미치지 못한다고 주장한다. 왜냐하면 담배 값 인상으로 흡연율이 크게 영향을 받지 않는다고 믿고 있기 때문이다. 이 논쟁에서 중요한 요점은 바로 담배에 대한 수요의 가격탄력성의 크기이다. 담배에 대한 수요의 가격탄력성이 크다면 정부의 정책은 효과적일 것이다. 하지만 담배에 대한 수요의 가격탄력성이 크지 않다면 담배 값 인상은 정부의 재정수입을 증대시키는데 기여할 뿐이다(적어도 수요의 가격탄력성이 1보다 크다면 탄력적이라 하고 1보다 작다면 비탄력적이라 한다.). 이런 논쟁의 결말은 우리나라 흡연자들의 담배에 대한 수요의 가격탄력성이 정확하게 측정된다면 간단하게 확정될 것이다. 하지만 상식적으로 담배는 중독성이 강하여 비탄력적일 가능성이 높다고 여겨진다. 특히 성인들의 경우에는 더욱 그렇다고 할 수 있다. 청소년들의 경우에는 성인들보다 소득이 작기 때문에 담배에 대한 수요의 가격탄력성이 보다 클 것으로 추정된다. 따라서 담배가격을 지속적으로 인상하는 정책은 청소년들의 흡연율을 감소시키는데 성인들의 경우보다는 효과적일 것으로 해석될 수 있다. 이런 원리는 여러 가지 정부의 정책에 대한 효과를 분석하는데 유용하게 적용될 수 있다. 담배 값을 인상하는 정책을 수립하고 추진하기 이전에 우리나라에서의 담배에 대한 수요의 가격탄력성이 얼마인지, 따라서 담배 값을 몇 %인상하면 흡연율 몇%를 줄일 수 있는 것인지를 과학적으로 분석해야 하지 않겠는가?

넷째 마당에서 학습하게 될 소비자이론은 다음 마당에서 학습하게 될 생산자이론과 함께 수요·공급이론을 이해하는 바탕이론이다. 우하향하는 수요곡선과 우상향하는 공급곡선이 어떻게 도출되는 지를 밝혀준다. 시장경제에서 출연하는 두 주인공, 즉 수요자와 공급자 중에서 소비행위를 연출하는 시나리오는 소비자행동 모형에 해당한다. 주류경제학에 등장하는 소비자는 합리적 이기주의자로 묘사된다. 그는 자신의 행복을 위해 소비행위를 연출하며, 그의 꿈은 자신의 한정된 주머닛돈을 가장 만족스런 장바구니를 위해 어떤 상품들과 최상의 조합을 찾아내는 일이다. 쓸 수 있는 돈은 한정되어있지만 그 돈의 범위 내에서 가장 행복한 하루를 연출해내는 것이 소비자 행동의 극치인 것이다. 우리가 셋째 마당에서 학습한 수요곡선은 합리적인 소비자가 제약된 소득의 범위 내에서 효용을 극대화시킬 수 있는 소비자의 최적선택을 반영하고 있다. 소비자의 꿈이 현실로 이루어진 상태가 바로 수요곡선으로 도출된 상태이다. 소비자이론을 통해서 우리는 소비자가 가장 행복해지는 경제적 선택의 조건들을 찾을 수 있고 경제현실을 이해하고 분석하는데 응용할 수 있다. 정부가 소비자와 관련된 정책을 수립하거나 정책효과를 분석하는 데에도 소비자이론은 매우 유용하다. 정리하면 소비자이론이란 합리적인 소비자가 시장에서 주어진 객관적조건[1]과 자신의 주관적인 선호체계에 의하여 만족도를 극대화시킬 수 있는 선택행위를 모형화한 것이라 정의할 수 있다. 이번 마당에서는 ① 한계효용이론, ② 무차별곡선이론, ③ 현시선호이론, ④ 소비자이론의 응용, ⑤ 불확실성하에서의 소비자이론에 대해 학습해 보자.

1) 한정된 소득을 말하며, 이것이 희소성의 조건이고 제약조건이다.

1 마디 소비자이론 들어가기

1. 소비자이론 엿보기

소비자행동을 설명하는 소비자이론에는 ① 한계효용이론(marginal utility theory), ② 무차별곡선이론(indifference theory), ③ 현시선호이론(reveled preference theory)이 있고, 불확실성하에서의 소비자이론으로 ④ 기대효용이론(expected utility theory)이 있다. 앞의 세 가지 이론들은 주관적인 만족도를 어떻게 객관화하고 이를 통한 선호체계[2]의 구축에 있어 차별성을 가지고 있다. 또한 이론이 정립된 시대 순으로 기존 이론의 한계를 극복하려는 노력들이 모형에 반영돼 있다. 첫째, 한계효용이론은 소비자의 **주관적 만족도를 기수적**으로 측정할 수 있는 선호체계를 가정한다. 둘째, 무차별곡선이론은 **주관적 만족도를 서수적**으로 측정할 수 있는 선호체계를 가정한다.[3] 무차별곡선이론에서는 주관적 만족도의 기수적 측정 가능성을 부정할 뿐만 아니라 기수적 효용은 경제분석에 있어 중요한 의미를 가지지 못한다고 주장한다. 셋째, 현시선호이론은 기수적이든, 서수적이든 주관적 만족도에 대한 측정가능성을 부정하고 소비자가 **실제시장에서 현시하는 선호체계**를 가정한다. 하지만 세 이론의 경우, 가정은 서로 다르게 출발하지만 **소비자의 균형조건**에서 **모두 우하향하는 수요곡선**을 도출함으로써 동일한 결론에 이르게 된다.

2. 선호체계와 효용함수

소비자는 소비행위를 통해 만족을 느낄 수 있기 때문에 소비행위를 한다. 자신이 필요한 것들을 주어진 소득의 범위 내에서 가장 만족도가 높은 조합으로 선택하기 위해 고심한다. 음식점에 가면 무엇을 먹을 것인지, 백화점에 가면 무엇을 구매할 것인지, 마트에 가면 장바구니에 어떤 것들을 채울 것인지, 여러 번 마음을 바꿔가며 선택의 과정을 거치게 된다. 어떤 선택이 후회 없을 것인지, 즉 가장 최선의 선택이 무엇인지를 결정하는 것이 그리 쉬운 일은 아닌 것 같다. 여기서는 소비자의 최선의 선택을 위한 이론적 조건들에 대해 학습해 보자. 우선 소비행위를 이해하고 분석하기 위해서는 소비행위를 통한 소비자의 만족을 무엇으로 정의할 것이지, 그리고 소

2) 소비자의 소비행위에 있어 선호되는 순위관계의 총칭

3) 현대경제학에서 사용하는 대부분의 선호체계는 서수적 효용개념을 전제하고 있다.

비자의 만족도를 측정하고 비교할 할 수 있는 척도가 무엇인지 학습해야 한다. 또한 소비자의 어떤 상품조합이 더 만족스러운지를 비교할 수 있는 **선호체계**가 필요하고 이를 바탕으로 **소비자의 함수가 모형화**되는 과정을 이해해야 한다. 선호체계란 소비자의 여러 가지 선택적 소비행위들에 있어 선호관계에 대한 질서체계이다. 이러한 **소비자의 선호체계를 좀 더 구체적이고 조직적으로 개념화하는 과정을 거치면 효용함수**가 만들어 진다. 그런 다음 효용함수를 이용하여 소비자의 소비행위를 설명하고 분석할 수 있는 소비자행동이론이 모형화되는 것이다. 따라서 소비자의 주관적 만족도를 선호체계화하고 이것을 바탕으로 효용함수를 도출하기 위해서 필요한 공리(axiom)[4]들을 정리하면 다음과 같다.

첫째 공리는 완비성(completeness)이다. A 와 B 소비선택 중에서 어느 것이 더욱 선호된다거나 둘 다 선호의 차이가 없다는 판단을 내릴 수 있어야 한다. 항상 선호의 판단이 가능하여야 함을 의미한다.

둘째 공리는 이행성(transitivity)이다. A와 B 그리고 C의 소비선택 중에서 A가 B 보다 선호되고 B가 C 보다 선호된다면, A는 마땅히 C 보다 선호되어야 한다. 선호관계에 있어 일관성이 유지되어야 한다.

셋째 공리는 연속성(continuity)이다. A와 B 그리고 C의 소비선택행위가 있다하고 소비자의 소비대상물은 X, Y, Z 세 가지 상품으로 구성되었다하자. A(X는 10개, Y는 5개 Z는 3개), B(X는 9개, Y는 10개, Z는 5개), C(X는 8개, Y는 10개, Z는 6개) 라 하자. 여기서 A는 B보다 선호되고, B는 C보다 선호되어서는 아니 됨을 의미한다. 이는 사전편찬법적 선호관계를 부정하고 효용함수의 연속성을 유지하여야 함을 말한다. 선호관계가 하나의 상품에 의해 단층을 형성하지 않아야 한다.

넷째 공리는 강단조성(strong monotonicity)이다. A와 B 그리고 C의 소비선택행위가 있다하자. 소비자의 소비대상물은 X, Y, Z 세 가지 상품으로 구성되어 있다. A(X는 10개, Y는 5개 Z는 3개), B(X는 10개, Y는 6개, Z는 4개), C(X는 11개, Y는 7개, Z는 5개)라 하자. 여기서 A보다는 B가 B보다는 C가 더욱 선호되어야 한다. 더욱 많은 량의 소비가 더욱 높은 효용을 가져다주고, 더욱 선호되어야 한다는 것을 의미한다[5].

---

4) 이론체계에서 가장 기본이 되는 가정들을 말한다.

5) 무차별곡선이론에서 보다 우측에 있는 무차별곡선이 소비자의 만족수준을 더욱 높게 나타나는 원인이 된다.

2 마디 한계효용이론

1. 총효용과 한계효용

한계효용이론은 첫째로 **기수적(cardinal) 선호체계**에 의하여 소비자의 만족도를 측정할 수 있다는 것을 가정한다. 소비자가 재화를 소비할 때 얻는 그 만족도를 몸무게나 키를 측정하듯이 절대적인 수로 나타낼 수 있음을 말하는 것이다. 따라서 재화소비량과 소비자의 만족도간에는 일정한 상관관계가 존재하고 이를 효용함수로 개념화 할 수 있게 된다.

총효용함수는 $U = U(X), U = (X, Y)$로 표현된다.

〈그림 4-1〉 총효용과 한계효용

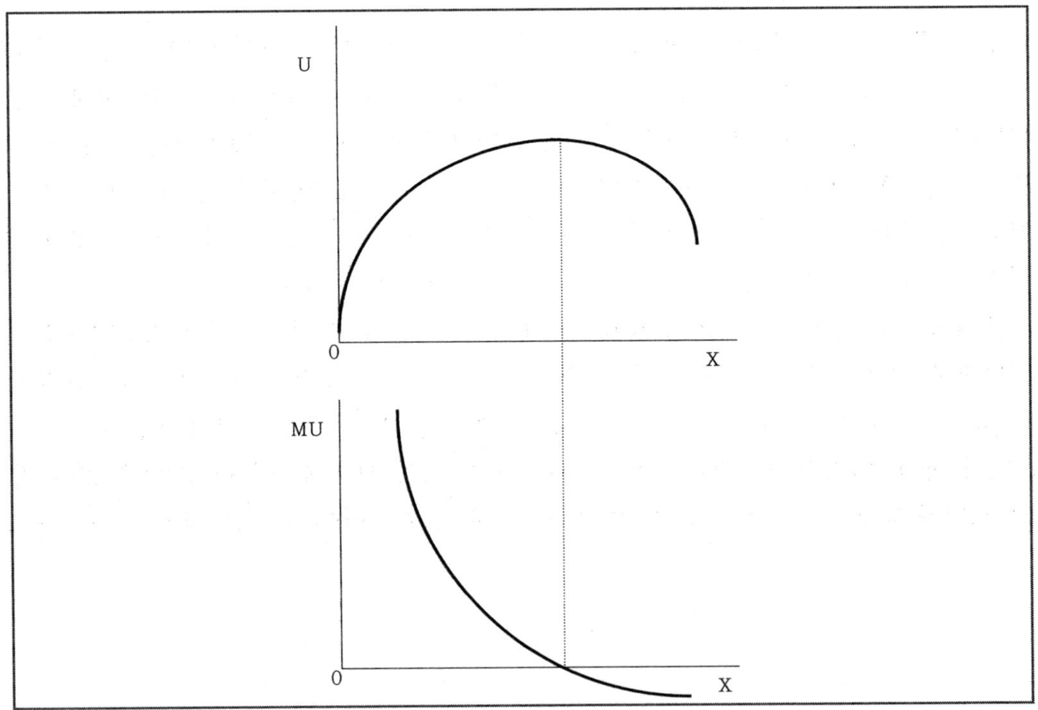

한계효용이론은 둘째로 **한계효용은 체감한다**고 가정하고 있다. 소비자가 어떤 재화의 소비량을 증가시켜 갈 때 **총효용은 증대**하지만 증가하는 단위당 **재화의 효용의**

증가분(한계효용)은 체감함을 의미한다. 요약하면 한계효용(MU)은 효용함수의 미분값이며, 총효용(TU)의 변화율이다. 이를 수식과 그래프로 나타내면 다음과 같다.

X재의 한계효용은 MUx $= \frac{\Delta U}{\Delta X}$ 로 표현된다. 총효용(TU)과 한계효용(MU)의 관계를 그래프로 나타내면 <그림 4-1>과 같다.

<그림 4-1>에서 보는 바와 같이 한계효용(MU)이 0이 될 때까지 총효용(TU)은 증가하고 있다. 하지만 총효용곡선의 기울기는 감소하고 있으며, 한계효용곡선의 기울기도 음(-)의 값을 가진다. 이는 총효용의 증가비율이 감소함을 의미하고, 한계효용이 체감함을 의미한다. 이를 **한계효용체감의 법칙**(law of diminishing marginal utility)이라 한다.

2. 소비자균형

소비자는 소비행위를 통하여 만족을 얻을 수 있다. 그러나 소비자가 원하는 만큼의 소비행위를 가능케 하는 소비자의 소득은 제약되어 있다. 따라서 소비자는 소비행위를 함에 있어 **자신의 효용[6]을 극대화**시킬 수 있는 **어떤 상품배합**을 선택하게 된다. 제약된 소득으로 어떤 재화[7]를 얼마만큼 소비할 것인가를 결정하여야 한다. 설명의 편의를 위하여 X재와 Y재만이 존재하는 경제에서 소비자는 주어진 소득으로 X재 몇 개와 Y재 몇 개를 배합하여 자신의 장바구니를 채워야하는가?라는 소비자효용의 극대화를 위한 선택의 문제에 직면하게 된다. 이에 대한 해답은 바로 소비자균형조건에 있다.

① 소비자균형조건

소비자가 자신이 원하는 만큼의 모든 재화를 소비할 수 있다면 소비자선택의 문제는 존재하지 않는다. 소비자는 자신의 소비행위에 있어 주어진 소득과 주어진 가격에 의하여 소비행위가 제약된다. 다시 말하면 소비자의 **소비행위가능경계**가 존재하며, 소비자는 이 경계를 안에 있는 조합의 범위 내에서만 선택이 가능하다. 즉, 소비가능경계를 벗어난 소비행위는 실현 불가능하다. 따라서 소비자균형은 다음 두 가지 조건을 충족하여야 한다. 첫째 소비자는 주어진 소득과 가격하에서 소비행위를 선택하여야 한다. 이를 수식으로 표현하면 Px · X + Py · Y = I가 되고 그래프로 나타내면 <그림 4-2>와 같다. <그림 4-2>에서 AB로 나타난 소비가능경계[8]는 소득 I와 X.Y

6) 효용은 만족도의 구체화된 용어이다.

7) 재화와 서비스를 총칭하는 의미로 사용한다.

재의 가격 P_x. P_y에 의하여 도출되었다. A(I/P_y)점은 소득 I로 Y재만을 최대한 구매할 수 있는 경계이고, B(I/P_x)점은 소득 I로 X재만을 최대한 구매할 수 있는 경계이다. AB선의 기울기는 P_x/P_y가 된다. 따라서 소비자는 **AB소비가능경계선상**과 **선내에서** 소비행위가 가능하다.

〈그림 4-2〉 소비자의 제약과 소비가능경계

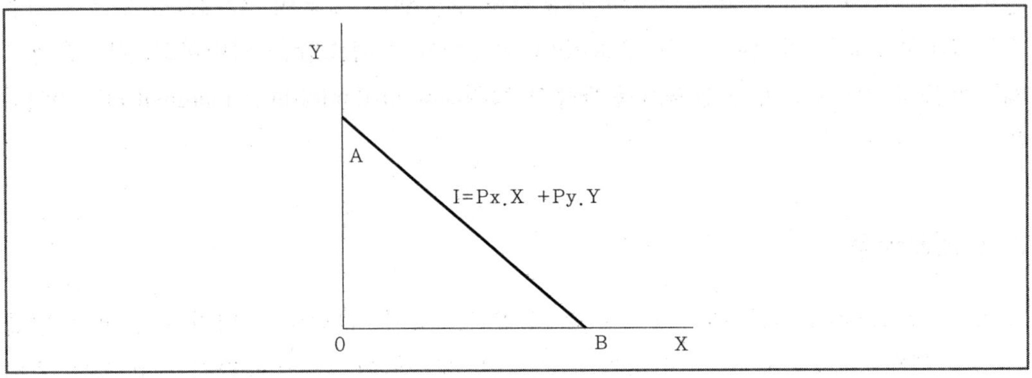

Y

A

I=Px.X +Py.Y

0 B X

둘째 소비자의 효용극대화조건이다. 이는 주어진 소득과 가격 하에서 X재와 Y재를 얼마만큼 배합하여 소비하는 것이 효용을 극대화 할 수 있는가의 문제이다. 소비자의 총효용을 극대화하기 위해서는 X재와 Y재의 1원당 한계효용이 균등하도록 소비하여야 한다. 이를 가중된 **한계효용균등의 법칙**(law of equality of weighted marginal utility)이라 한다. 이를 수식으로 나타내면 $\frac{MUx}{Px} = \frac{MUy}{Py}$ 가 된다.

② 수요곡선의 도출

위의 소비자균형조건에서 X재의 수요는 Ⓐ X재화의 가격, Ⓑ Y재화의 가격, Ⓒ 소비자의 소득, Ⓓ 소비자의 X재에 대한 선호체계에 의해서 결정된다. 또한 수요함수는 다음과 같은 두 가지 특징이 있다. 첫째 **영차동차함수**라는 점이다. 이는 독립변수들이 일정한 비율로 변할 경우 수요는 변하지 않음을 의미한다. 예를 든다면 소비자가 1,000원의 소득으로 100원의 X재를 10개 구매할 수 있었는데, 소득은 2,000원으로 증가하였고, X재의 가격도 200원으로 증가하였다면 소비자의 소비량은 여전히 10개가 유지한다는 것을 의미한다. 둘째, **수요량과 그 재화의 가격관계는 역의 관계**에 있다는 점이다(위의 X재의 수요량 = I/P_x). 따라서 다른 조건은 일정하고 그 재화의 가

8) 이는 예산선 또는 가격선이라고도 한다.

격만이 변하는 경우 소비자는 소비자의 효용을 극대화하기 위하여 **한계효용균등**의 법칙을 따라 행동하게 된다.

만약 X재의 가격만이 하락한다면 $\frac{MUx}{Px} > \frac{MUy}{Py}$ 가 되어 X재의 수요를 증대시키게 된다. 이에 따라 <그림 4-3>과 같은 수요곡선이 유도된다. 왜냐하면 수식의 좌변은 X재에 대한 1원당 한계효용, 그리고 우변은 Y재에 대한 1원당 한계효용을 나타내며, 좌변과 우변이 같아질 때 소비자의 효용은 극대화에 이르게 된다. 그런데 다른 변수는 불변이고 X재 가격만이 하락하였으므로 좌변이 우변보다 더 커지게 된다. 소비자는 자신의 효용을 극대화시키기 위해서는 좌변과 우변을 다시 같게 만들어야 하므로 좌변이 작아지는 선택을 해야만 하는 상황이다. 소비자가 좌변을 보다 작아지게 하려면 X를 더 구매하면 된다. 한계효용체감의 법칙이 작용하기 때문이다. X재를 더 구매하면 한계효용이 작아지므로 Y재의 한계효용(MU_y)은 불변이지만 X재의 한계효용(MU_x)은 작아지게 된다. 따라서 좌변과 우변을 다시 같게 만들 수 있고 가중된 한계효용균등의 조건을 달성할 수 있게 된다. 이를 그래프로 나타내면 <그림 4-3>과 같다.

〈그림 4-3〉 한계효용곡선과 수요곡선의 유도

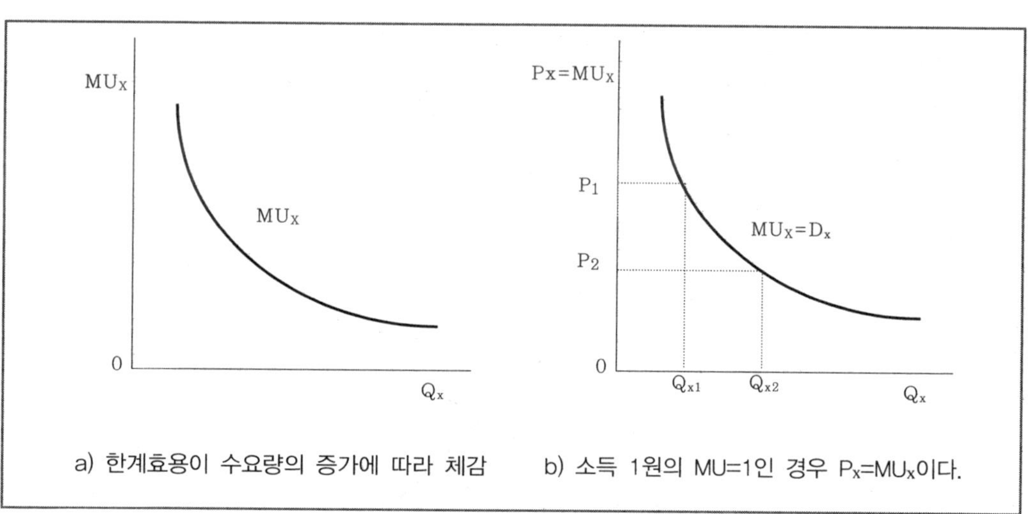

a) 한계효용이 수요량의 증가에 따라 체감　　b) 소득 1원의 MU=1인 경우 $P_x=MU_x$이다.

<그림 4-3>의 a)에서는 수요량이 증가함에 따라 한계효용이 체감하는 한계효용곡선이 그려져 있다. <그림 4-3>의 b)에서는 가격이 P_1에서 P_2로 하락하면 $\frac{MUx}{Px} > \frac{MUy}{Py}$ 가 되어 $\frac{MUx}{Px} = \frac{MUy}{Py}$ 를 충족시키기 위해서는 MU_x를 감소시켜야 하므로 Q_{x1}에서 Q_{x2}로 수요량이 증가하게 된다. 따라서 우하향하는 수요곡선

이 도출된다. 여기서 소득의 한계효용이 m이고 X재만을 구입한다면 P_x와 MU_x 그리고 D_x의 관계는 다음과 같이 정리된다. $\frac{Mx}{Px} \geq m$ 이여야 한다. 왜냐하면 X재의 1원당 한계효용보다 소득 1원당 한계효용이 적거나 적어도 동일할 때 소비자는 구매결정을 하기 때문이다. 따라서 $Px=\frac{1}{m}MU_x$ 이고, m=1일 경우 $P_x=MU_x$가 성립된다. 결국 m=1이라고 가정하면, $D_x=P_x=MU_x$가 성립하게 된다.

③ 수요곡선의 의미

수요곡선은 $\frac{1}{m}MU_x$, 즉 m=1인 경우 MU_x에 의해서 결정된다. 수요곡선은 한계효용의 크기를 나타내며, 수요곡선이하의 면적은 한계효용의 합인 총효용을 나타낸다. 이를 수식으로 나타내면 $\frac{1}{m}\int_0^{Qx} PxdQx$ 로 표현된다. 이를 그래프로 나타내면 <그림 4-4>와 같다. 소비자가 P_1가격에서 Q_1만큼 소비하는 경우, 소비자의 한계효용은 수요곡선 D-D와 같고, 소비자의 총효용은 한계효용 모두를 합한 사각형의 면적 $0P_1dQ_1$과 삼각형의 면적 DP_1d을 합한 것을 의미한다.

〈그림 4-4〉 수요곡선의 의미

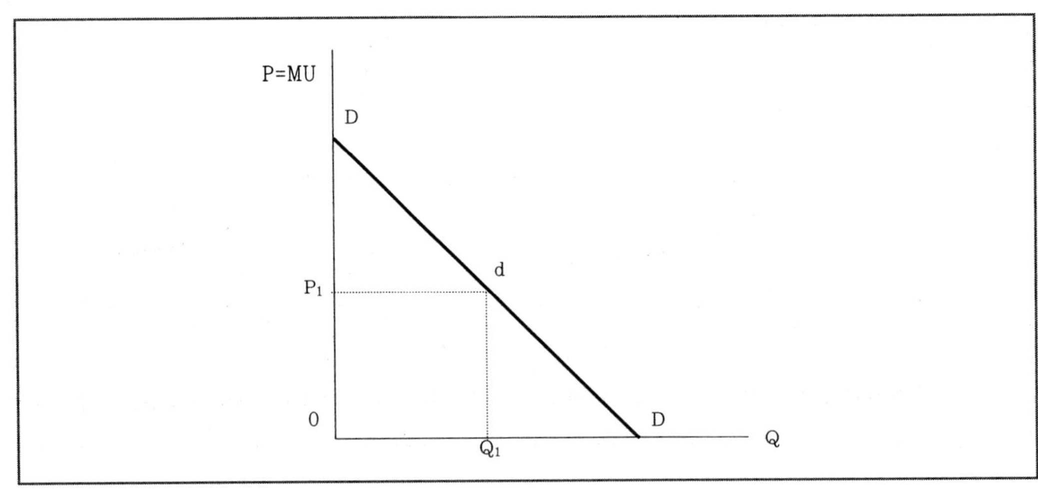

$\frac{1}{m}\int_0^{Qx} PxdQx$ 에서 m=1인 경우 개별소비자의 총효용은 $\int_0^{Qx} PxdQx$ 이 되며, <그림 4-4>의 수요곡선이 시장수요곡선을 도출한 것이라면 $D0dQ_1$의 면적은 사

회적 총편익을 의미한다.

3. 한계효용이론의 응용

① 가치의 역설

시장에서 거래되는 모든 상품에는 가격이 부여된다. 각각의 상품에는 서로 다른 가격이 부여된다. 거래되는 상품의 가격은 무엇 때문에 서로 다른 것일까?, 대부분의 사람들은 그 상품에는 가치가 있기 때문에 그 만큼의 가격이 부여된다고 생각하기 쉽다. 그리고 경제학자들 사이에서도 이 문제는 **가치논쟁**이라는 이슈로 치열하게 다루어진 바 있다. 가치논쟁의 종결은 한계이론이 등장하면서 해결의 단초가 마련되게 된다. 그 것이 알프레드 마샬의 **수요·공급에 의한 시장가격결정론**이다. 시장균형가격이란 사실상 소비자의 **주관적 가치**(MU)와 생산자의 **객관적 가치**(MC)가 일치되는 합의된 가치의 반영이다. 가치의 역설을 이해하기 위해서는 먼저 **총효용**(TU)은 **사용가치**(use value)이고, **한계효용**(MU)은 **교환가치**(exchange value)를 의미하며 시장가격은 곧 교환가치, 즉 한계효용이 그 크기를 결정한다. 그런데 한계효용이론 이전의 고전파경제학에서는 사용가치가 곧 가격이라고 생각하였다. 따라서 사용가치가 매우 높은 물이나 공기의 가격이 거의 0에 가까운 이유를 설명하지 못하였다. 이 같은 현상을 우리는 **교환가치와 사용가치간의 괴리**[9] 또는 **가치의 역설**(paradox of value)이라 한다. 한편, 한계효용이론에서 한계효용의 크기는 욕망의 강도에 비례하고 존재량의 크기에는 반비례한다는 것을 알 수 있었다. 또한 사용가치는 총효용(TU)의 크기가 커질수록 커져가는 속성을 가지고 있지만 교환가치는 한계효용(MU)의 크기가 그 크기를 결정하고 한계효용은 존재량이 증가할수록 작아지는 특성을 가진다. 요약하면 **한계효용은 존재량과 역의 관계이고 한계효용은 곧 교환가치이고 가격의 크기를 결정함으로 교환가치나 가격의 크기는 존재량이 많은 재화일수록 작아지게 된다**.

<그림 4-5>에서 물의 총효용은 D_w0Q_wE의 면적이고 다이아몬드의 총효용은 $Dd0Q_dE$의 면적이다. 물의 총효용의 면적인 D_w0Q_wE의 크기가 다이아몬드의 면적인 $Dd0Q_dE$의 크기보다 넓다는 것을 나타내고 있는데, 이것은 총효용의 크기가 결정하는 물의 사용가치가 다이아몬드의 사용가치보다 높다는 것을 의미한다. 그런데 물의 시장가격은 P_w수준이고 다이아몬드의 시장가격은 P_d수준이므로 교환가치는 물보다 다이아몬드가 더 높다는 것도 확인할 수 있다. 이를 수식으로 나타내면 다음과 같다.

---

9) 물이나 공기는 사용가치가 높고 가격은 낮으나, 금이나 다이아몬드는 사용가치에서는 물이나 공기보다 낮으나 가격은 물이나 공기보다 높은 현상을 말한다.

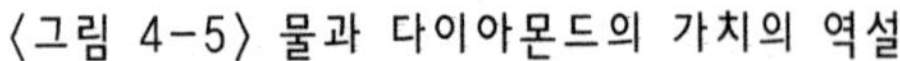
〈그림 4-5〉 물과 다이아몬드의 가치의 역설

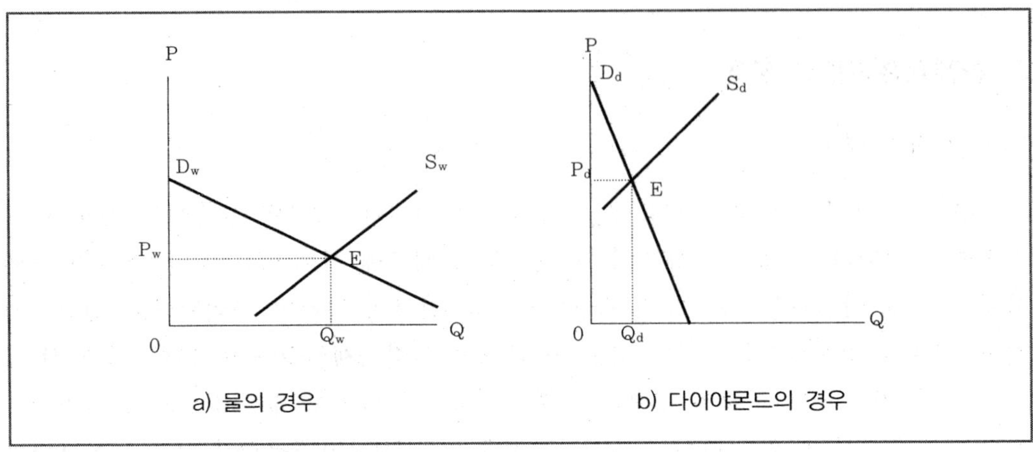

$\frac{MUd}{Pd} = \frac{MUw}{Pw} = m$ -----(소비자균형조건) d: 다이아몬드, w: 물, m: 화폐의 한계효용

$$Pd = \frac{1}{m} MUd$$
$$Pw = \frac{1}{m} MUw$$

위의 수식에서 보는 바와 같이 P_d와 P_w는 모두 한계효용의 크기에 의해 결정되고 있다는 것을 알 수 있다. 공급측면을 감안한다 하더라도 가격은 사용가치와 관계없이 교환가치인 한계효용의 크기에 의해 결정된다는 논리를 확인할 수 있다. 결론적으로 사용가치와 교환가치의 괴리 현상을 총효용과 한계효용의 개념을 이용하여 명쾌하게 설명할 수 있는 것이다.

② **소비자 잉여**

소비자나 생산자는 시장교환을 통하여 일반적으로 교환이익을 얻고 있다. 소비자는 교환을 통하여 자신이 지불한 총지출 이상의 만족(총효용)을 얻고 있으며, 생산자는 자신이 투입한 생산비 이상의 총수입을 얻고 있다[10]. 소비자가 얻는 총효용의 잉여를 **소비자잉여**(consumer's surplus)라 하고, 생산자가 얻는 총수입의 잉여를 **생산자잉여**(producer's surplus)라 한다. 여기서는 <그림 4-6>을 이용하여 소비자잉여만을 설명하기로 한다. 단 화폐의 한계효용이 체감하지 않음을 가정하고 있다[11]. 이를 **마샬**

10) 시장이론에서 설명하겠지만 완전경쟁시장은 소비자잉여와 생산자잉여를 극대화시켜준다.

11) 소득의 한계효용이 체감하는 경우의 소비자잉여는 무차별곡선이론에서 다룬다.

의 소비자잉여라고도 한다. 마샬의 소비자잉여를 쉽게 이해하기 위해 첫째 소비자의 소득에 대한 한계효용은 일정하다. 둘째 가격이 하락할 때 소득효과는 0이라고[12] 가정한다.

〈그림 4-6〉 마샬의 소비자 잉여

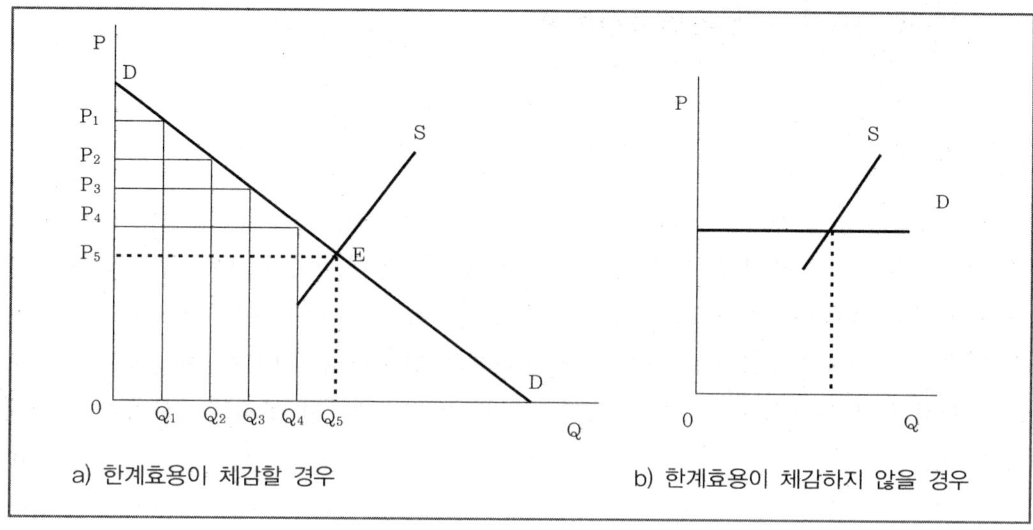

a) 한계효용이 체감할 경우 b) 한계효용이 체감하지 않을 경우

<그림 4-6>의 a)에서 삼각형 DP_5E가 소비자잉여이다. 소비자가 만약 5단위의 상품을 수요하는 경우 한계효용은 DD곡선을 따라 E점까지 체감하게 된다. 소비자가 지불하게 되는 시장가격은 수요와 공급이 만나는 E점에서 결정된다. 여기서 E점은 P5점이며 P_5점은 재화 5단위인 Q_5의 한계효용과 동일하다. 즉 시장가격은 마지막 단위인 재화 5단위인 Q_5의 한계효용수준인 P_5에서 결정된다. 따라서 소비자가 5단위의 상품을 수요함에 있어 얻을 수 있는 총효용은 Q_1에서 Q_5까지의 한계효용의 합, 즉 <그림 4-6>의 $0DEQ_5$의 면적에 해당한다. 그런데 소비자가 실제 지불하는 화폐액은 Q_1에서 Q_5까지의 가격수준을 합한 사각형 $0P_5EQ_5$의 면적과 같다. 따라서 소비자는 사각형 $0P_5EQ_5$의 면적만큼의 화폐를 지불하고 $0DEQ_5$의 면적만큼의 총효용을 얻게 되는 것이다. 요약하면 소비자잉여는 $0DEQ_5$ - $0P_5EQ_5$가 된다. 이는 $\sum_{i=1}^{5} Pi - 5P_5$ 로 표현된다. 만약 시장가격이 Q_1은 P_1에서 Q_5는 P_5까지 한계효용만큼 차별화된다면 소비자잉여는 존재할 수 없다. 독점시장이론 가격차별에서 자세히 설명할 것이다. <그

12) 소득효과가 0이 아닌 경우 보상수요곡선을 이용한 소비자잉여를 계산해야 한다. 보상수요곡선도 무차별곡선이 론에서 소개한다.

림 4-6>의 b)는 소비자잉여가 존재하지 않는 경우를 그래프로 나타내고 있다. 수요곡선이 만약 수평일 경우에는 소비자잉여는 존재할 수 없다. 다시 말해 한계효용이 체감하지 않는 경우에는 소비자잉여는 발생할 수 없다는 것을 알 수 있다.

3 마디 무차별곡선이론

1. 들어가기

앞에서 학습한 한계효용이론은 소비자가 소비행위를 통해 느낄 수 있는 주관적 만족도를 기수적으로 측정할 수 있다는 가정에서 출발한다. 즉, 우리의 키나 체중을 자나 체중계로 측정하듯이 만족도를 측정할 수 있다고 가정한 것이다. 그러나 현실적으로 우리가 사과 1개를 먹으면서 나는 100만큼 만족하다. 이렇게 주관적인 만족도를 정확하게 기수적으로 측정하는 것은 불가능하다. 따라서 무차별곡선이론은 한계효용이론의 가정, 즉 효용의 기수적 측정 가능성을 비판하고 새롭게 만들어진 소비자모형이라 할 수 있다. 무차별곡선이론은 '사과 1개를 먹으면서 나는 100만큼 행복하다'하고 효용을 기수적으로는 측정할 수 없지만, '사과가 감이나 배보다 더 맛있다. 나는 사과를 더 좋아한다'. 이 처럼 서수적으로는 만족도를 측정할 수 있다는 것을 가정하고 출발한 이론이다.

1 마디 2. 선호체계와 효용함수에서 우리는 이미 **완비성**, **이행성**, **연속성**, **강단조성** 등의 효용함수를 도출하기 위한 공리들에 대해 학습한 바 있다. 이와 같은 네 가지 공리들은 모두 무차별곡선이론의 기본가정을 구성하고 있으며 여기에 **볼록성**(convexity)개념을 기본가정으로 추가해서 이해해야한다. 볼록성이란 무차별곡선이 원점을 향해 볼록한 성질을 가지고 있음을 의미하며, 이것은 소비자가 선택행위 과정에서 한 가지 상품으로 집중된 상품 조합보다는 여러 가지 상품으로 분산된 상품 조합을 더욱 선호한다는 것을 의미한다. 수학적으로는 볼록결합(convex combination)이라는 개념으로 설명할 수 있다. 우리는 무차별곡선이론을 학습하기 위해 첫째 무차별곡선에 대해 이해해야 하고, 둘째 예산선에 대해 이해해야 한다. 먼저 소비자의 주관적 만족도에 대한 서수적 선호체계를 반영하여 만들어진 효용함수에 의해서 그려진 그래프가 **무차별곡선**(indifference curve)이다. 소비자가 선택하는 상품묶음들의 조합과 소비자들의 만족도 간의 상관관계를 나타내고 있는 것이다. 다음으로 소비자는 현실적으로 제약되어 있는데, 그것은 소비자의 소득, 그리고 구매하고자 하는 상

품의 가격이다. 따라서 예산제약하에서 소비자가 선택 가능한 상품조합을 나타내고 있는 선택 가능한 집합, 즉 **예산선**(budget line)을 이해해야 한다. 따라서 **무차별곡선**과 **예산선**이 접하는 조건을 이해하고 그 조건에서 **소비자의 균형**이 성립하며, 그 균형점은 소비자의 최적선택조건을 함축하고 있다. 또한 소비자균형조건을 바탕으로 무차별 곡선이론에 의한 수요곡선의 도출이 가능해 진다.

2. 무차별곡선

무차별곡선은 효용함수 U=f(X·Y)에 의해 그려진 그래프이다. 효용수준을 나타내는 U축은 생략돼 있다. 2차원 공간에서 나타낼 수 없기 때문이다. 따라서 무차별곡선은 마치 지도에 나타난 등고선과 같다고 이해하면 된다.

① 무차별곡선의 기본성격

소비자에게 동일한 수준의 만족을 가져다주는 모든 상품조합들을 나타내 주는 곡선을 무차별곡선이라 한다. 무차별곡선을 도식화하는데 있어 소비자가 선택할 수 있는 상품은 X재와 Y재만이 존재하며, 소비자의 효용함수는 제1상한에 나타나는 것만으로 제한한다. 이와 같은 무차별곡선은 다음과 같은 기본적인 성질을 가진다. 첫째, 제1상한에 점으로 표현되는 모든 X재와 Y재의 상품조합들은 선호관계가 질서를 유지한다. 이는 앞의 기본가정에서 완비성에 해당한다. 둘째, 두 무차별곡선은 서로 교차할 수 없다. 이는 앞의 기본가정에서 이행성에 해당한다.

〈그림 4-7〉 무차별곡선의 성질(2)

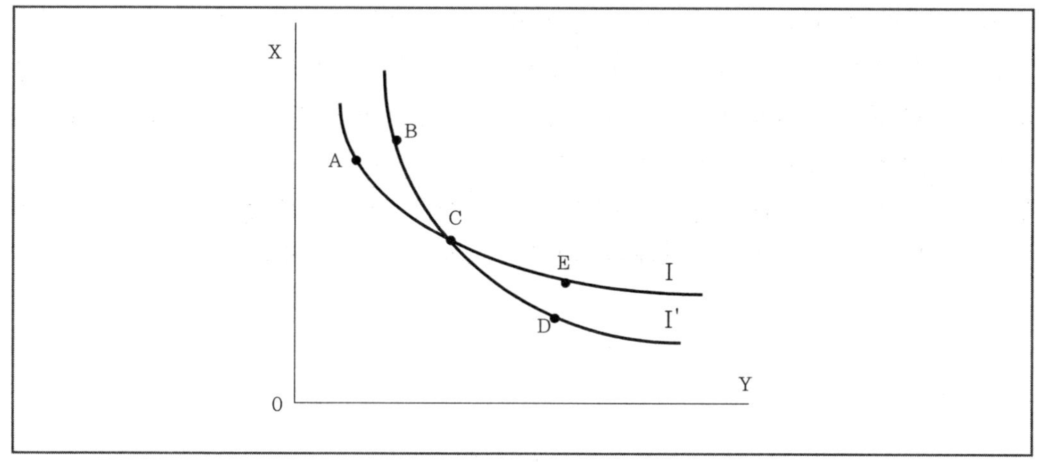

<그림 4-7>에서 무차별곡선 I와 I'가 교차하고 있다. 이런 경우에 무차별곡선의 성질상 점 B, C, D 의 소비자의 효용수준은 동일하고, 점 A, C, E 의 소비자의 효용수준도 동일하여야 한다. 그런데 <그림 4-7>의 점 A의 효용수준은 점 B의 효용수준 보다 높고, 점 E의 효용수준은 점 D의 효용수준 보다 높게 나타나 있다. 왜냐하면 무차별곡선은 원점에서 멀어질수록 높은 효용수준을 나타내기 때문이다. 그런데 <그림 4-7>의 점 A와 점 E의 효용수준은 동일한 것으로 정의되므로 논리의 일관성을 유지하려면 점D의 효용수준이 점 E의 효용수준 보다 높아야 한다는 논리를 충족해야 한다. 따라서 <그림 4-7>과 같은 교차하는 무차별곡선의 경우에는 이행성이라는 논리적 일관성을 충족할 수 없다. 따라서 이행성이라는 기본공리를 충족한다면 서로 다른 무차별곡선이더라도 교차하는 무차별곡선은 존립할 수 없다. 셋째로 사전편찬법적 선호체계를 부정하여, 선호관계가 하나의 상품에 의해 단층을 형성하지 아니하여야 한다. 즉 제 1 상한의 무수한 점들은 동일한 효용수준으로 표시될 수 있다. 선호체계에 연속성이 존재하지 않는다면 무차별곡선은 존재할 수 없다. 예를 든다면 어느 한 상품이 선호의 우선순위를 절대적으로 결정할 수 없다는 것을 의미한다. 사전을 편찬할 때 가, 나, 다 순으로 편찬하듯이 첫 글자에 'ㄱ'이 들어있다면 두 번째 또는 세 번째 글자에 'ㄱ'이 많이 들어 있어도 첫 글자에 'ㄱ'이 들어있고 두 번째, 세 번째 글자에 'ㄱ'이 전혀 없는 글자가 가장 앞쪽에 들어가게 되는 원리를 사전편찬법적 선호체계라 한다. 넷째, 무차별곡선은 원점에서 멀어질수록 소비자의 보다 높은 만족수준을 나타낸다. 이는 기본가정에서 강단조성에 해당한다. 즉 소비자의 욕망은 완전히 충족되지 않는 것을 의미하며, 만족의 포화점(satiation point)이 존재하지 않는 것을 말한다. 또한 더 많이 소비하면 더욱 행복해진다는 'The more, The better'라는 욕구충족의 양식을 내포하고 있다. <그림 4-8>의 a)에 표현된 무차별곡선의 경우에는 X재와 Y재의 소비가 모두 증가하는데도 불구하고 동일한 효용수준에 머물러있다는 것을 알 수 있고, <그림 4-8>의 b)에 표현된 무차별곡선의 경우에는 S점(포화점)을 향해 효용수준이 높아져가고 있다는 것을 알 수 있다. B점 영역에서는 X재와 Y재의 소비가 감소하는 경우, 오히려 효용수준이 증가한다는 것을 알 수 있다. 따라서 <그림 4-8>의 a)와 b)로 나타 낸 무차별곡선의 경우에는 원점에서 멀어질수록 효용수준이 높아진다는 강단조성을 충족하지 못하는 무차별곡선의 예시이다.

〈그림 4-8〉 무차별곡선의 성질(4)

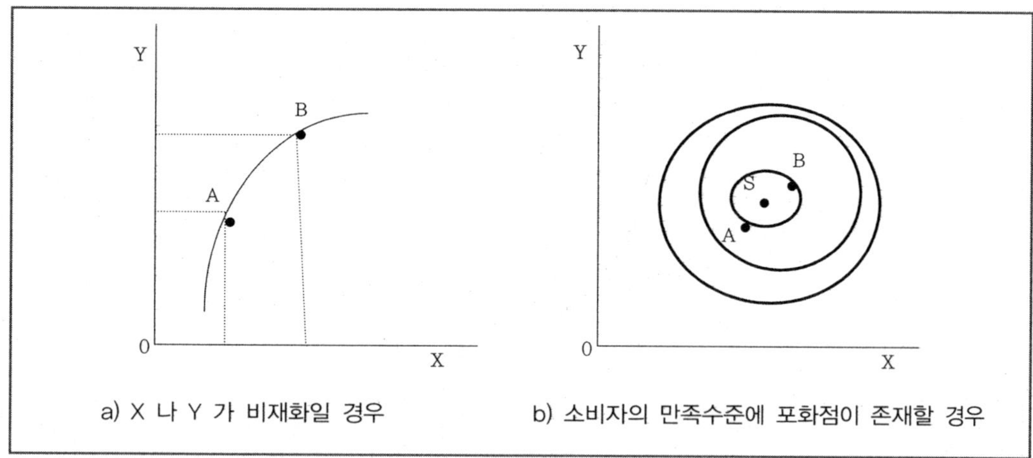

a) X 나 Y 가 비재화일 경우 b) 소비자의 만족수준에 포화점이 존재할 경우

<그림 4-8>의 a)에서 A점 보다 B점은 X재나 Y재 모두 더 많이 소비하면서 만족수준은 동일함을 의미한다[13]. 따라서 X 나 Y 중 하나는 비재화인 경우 우상향하는 무차별곡선이 그려진다. 그림 b)에서는 S점이 만족포화점이다. 점 B의 소비량이 점 A의 소비량보다 X재와 Y재 모두 더욱 소비되고 있음에도 불구하고 점 A와 점 B의 만족수준이 동일하다[14]. 이는 S점을 지나쳐 소비하는 것은 소비자의 만족포화점을 넘는 소비이므로 점 S를 초과하는 점 B의 만족은 점 S에서의 만족보다 오히려 감소하게 되었다. 따라서 비재화가 존재하는 경우와 소비자 만족의 포화점이 존재하는 경우는 강단조성을 충족하지 못한다. 다섯째, 무차별곡선은 우하향하면서 원점을 향하여 볼록하다. 이를 수학적으로 **볼록성**(convexity)이라 한다. **무차별곡선이 우하향한다는 것은 X재와 Y재간의 한계대체율이 음의 관계에 있다는 것을 의미하고, 원점을 향하여 볼록하다는 것은 한계대체율의 절대값이 작아져 간다**는 것을 의미한다, 이것은 무차별곡선의 기울기가 작아지기 때문이며, 소비자는 두 재화의 고른 배합을 극단적인 배합보다 더욱 선호한다는 경제적 의미를 나타내고 있다.

<그림 4-9>에서 보는 바와 같이 무차별곡선 I위의 점 A, B, C는 우하향하고 있으며, 점 A, B, C의 기울기는 감소하고 있다. 이것은 X재의 소비가 증가해감에 따라 Y재로 나타낸 X재의 한계대체율이 체감한다는 것을 의미한다[15].

---

13) 두 점은 동일 무차별곡선 위에 존재하기 때문이다.

14) 두 점은 동일 무차별곡선상에 존재하기 때문이다.

15) 효용함수가 정규강준오목함수(regular strictly quasi-concave function)로 가정된다.

〈그림 4-9〉 무차별곡선의 성질(5)

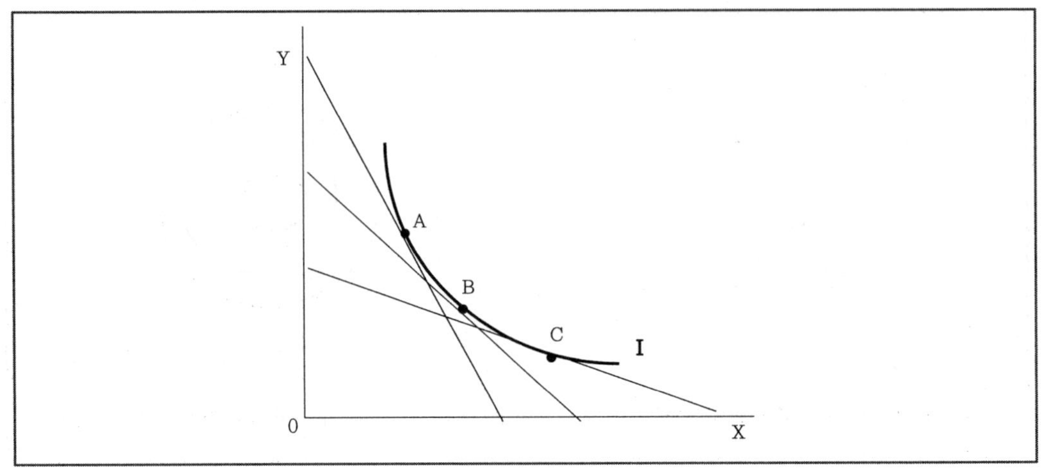

② **한계대체율체감의 법칙**

한계대체율이란 X재와 Y재간의 **주관적 교환비률**을 말한다. 이것을 그래프로 나타내면 <그림 4-9>에서 보았던 무차별곡선 I의 기울기인 A점, B점, C에 대한 접선의 기울기이다. Y재로 나타낸 X재의 한계대체율을 수식으로 나타내면 다음과 같다. 무차별곡선은 효용함수에 의해 그려진다. 효용함수의 일반형은 U=f(X·Y)로 나타낸다. MRS(marginal rate of substitution)X,Y $= -\dfrac{\Delta Y}{\Delta X}$로 표현된다[16]. 또한 무차별곡선상의 모든 점의 효용수준은 동일함으로 <그림 3-9>에서 A점에서 B점으로의 이동은 $MU_x \cdot \Delta x + MUy \cdot \Delta y = \Delta U = 0$로 나타낼 수 있다[17]. 이 수식을 정리하면 MRS X,Y $= -\dfrac{\Delta Y}{\Delta X} = \dfrac{MUx}{MUy}$ 이 된다. 따라서 X, Y재의 한계대체율이란 X, Y재의 한계효용비와 역의 관계에 있다는 것을 알 수 있다.

<그림 4-10>의 점 A, B, C 의 이동은 소비자가 X재의 소비를 2, 4, 7로 증가시키고 있다는 것을 나타낸 그래프이다. 점A에서 점C로 이동해감에 따라 접선의 기울기 $-(\dfrac{\Delta Y}{\Delta X})$의 절대값이 작아져 간다는 것을 알 수 있다. 무차별곡선의 형태가 원점을 향하여 볼록하기 때문에 무차별곡선의 기울기는 체감하고 있는 것이다. 무차별곡선이 볼록성을 가진다면 이 같은 한계대체율체감의 법칙(law of diminishing marginal

---

16) X재 1 단위를 증대시킬 경우 이전 효용과 동일한 수준을 유지하기 위해 포기해야 하는 Y재의 수량이다.

17) 연속미분이 가능함을 전제한다.

utility)이 작동한다. 이것을 위에서 정리했던 수식 $MRS_{X,\ Y} = -\dfrac{\Delta Y}{\Delta X} = \dfrac{MUx}{MUy}$ 에 적용하면 X재의 소비를 증대시킬 때 X재의 한계효용은 감소해 가고, Y재의 한계효용은 증가해 간다는 것도 이해할 수 있다18).

〈그림 4-10〉 무차별곡선과 한계대체율

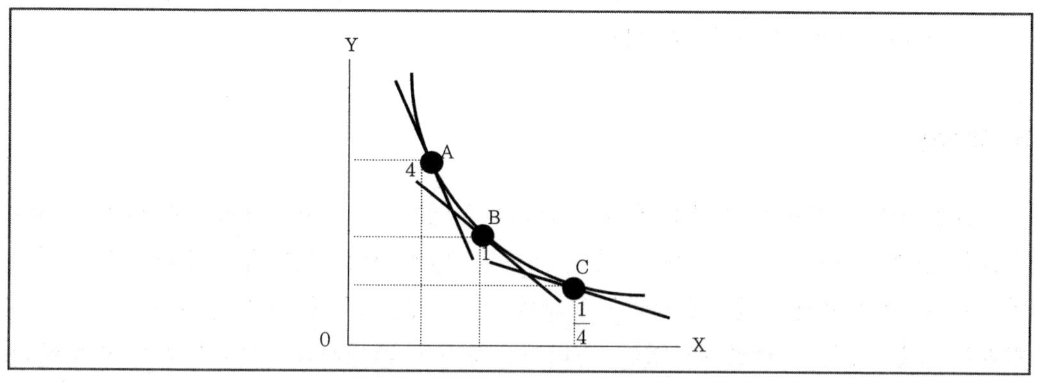

③ 특수한 무차별곡선

우하향하고 원점을 향해 볼록성을 보이는 보편적인 무차별곡선은 두 재화가 모두 정상재이고, 두 재화의 관계는 독립재인 경우이다. 앞의 <그림 4-8>의 a)에서는 두 재화 중 어느 하나가 비재화인 경우이다. 아래 <그림 4-11>에서는 두 재화의 관계가 완전대체재인 경우와 완전보완재인 경우의 무차별곡선을 보여준다.

〈그림 4-11〉 특수한 무차별곡선

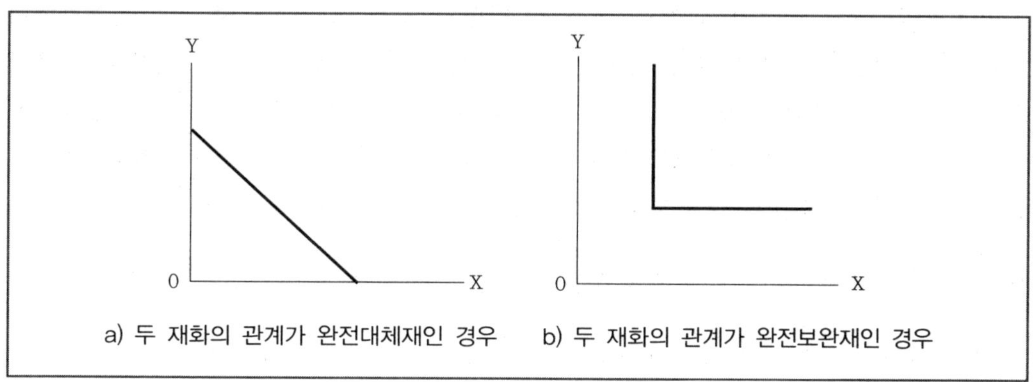

a) 두 재화의 관계가 완전대체재인 경우　b) 두 재화의 관계가 완전보완재인 경우

18) 한 상품의 소비량의 변화가 다른 상품의 한계효용에 영향을 미치지 않는다는 점을 전제한다.

두 재화의 관계가 완전대체재인 경우에는 <그림 4-11>의 a)에서 보는 바와 같이 무차별곡선이 직선으로 나타난다. 이것은 볼록성의 기본가정을 위배하는 것이며, 한계대체율이 무차별곡선 상의 모든 점에서 일정함을 의미한다. 효용함수는 U = x + y로 표현될 수 있다. 두 재화의 관계가 완전보완재인 경우에는 <그림 4-11>의 b)에서 보는 바와 같이 무차별곡선이 L자형으로 나타난다. 이것도 역시 볼록성의 기본가정을 위배하는 것이며, 무차별곡선 상의 모든 점에서 한계대체율은 0이 된다. 효용함수는 U = min(x, y)로 표현될 수 있다.

3. 예산선

무차별곡선은 현실적인 예산제약을 고려하지 않고 소비자가 가질 수 있는 상품조합들의 선호체계를 서수적으로 나타낸 것이다. 만약 현실적인 예산제약이 없다면 소비자는 가장 우측에 있는 무차별곡선상의 어느 상품조합을 선택할 것이다. 자신이 원하는 모든 것을 선택할 수 있는 소비가능경계가 존재하지 않는 상황을 의미한다. 하지만 현실경제에는 소비자의 소득과 상품의 가격에 의해서 주어지는 제약이 존재하며 이에 따른 소비자의 소비가능경계가 주어진다. 소비자는 자신의 선호체계에 의한 효용함수, 즉 **무차별곡선상의 어떤 상품조합을 선택**하겠지만, 그 **선택의 범위가 소비가능경계, 즉 예산선**을 벗어날 수 없다. 따라서 소비자의 만족을 극대화시키는 효용극대화조건과 소비자균형점은 무차별곡선과 예산선에 의해 설명될 수 있다.

① 예산선의 기본성격

예산선(budget line)은 가격선(price line)이라고도 한다. 소비자가 일정한 소득을 가지고 주어진 가격 하에서 구매할 수 있는 상품의 모든 배합들이 예산선의 경계안에 나타나있다. 예산선 위의 모든 점들은 소비자가 주어진 소득을 모두 사용하여 구매할 수 있는 상품배합에 대한 선택점들로 나타난다. 따라서 예산선은 소비가능경계선의 의미도 가지고 있으며, X재와 Y재만이 존재하는 경우 두 재화의 가격비와 소비자의 소득수준이 예산선을 결정하게 된다. 예산선은 $Px \cdot X + Py \cdot Y = I$ 로 표현되는 함수에 의해 그려진다. 이 수식을 Y에 대하여 정리하면 $Y = -\frac{Px}{Py} + \frac{I}{Py}$ 가 된다. 따라서 X재와 Y재의 상대가격비($-\frac{Px}{Py}$)는 예산선의 기울기를 결정하고, 소비자의 소득수준(I)은 예산선의 Y축 절편을 결정한다. 따라서 **예산선은 재화의 상대가격비가 변하거나 소비자의 실질소득수준이 변하는 경우 변하게** 된다.

〈그림 4-12〉 예산선의 기본성질

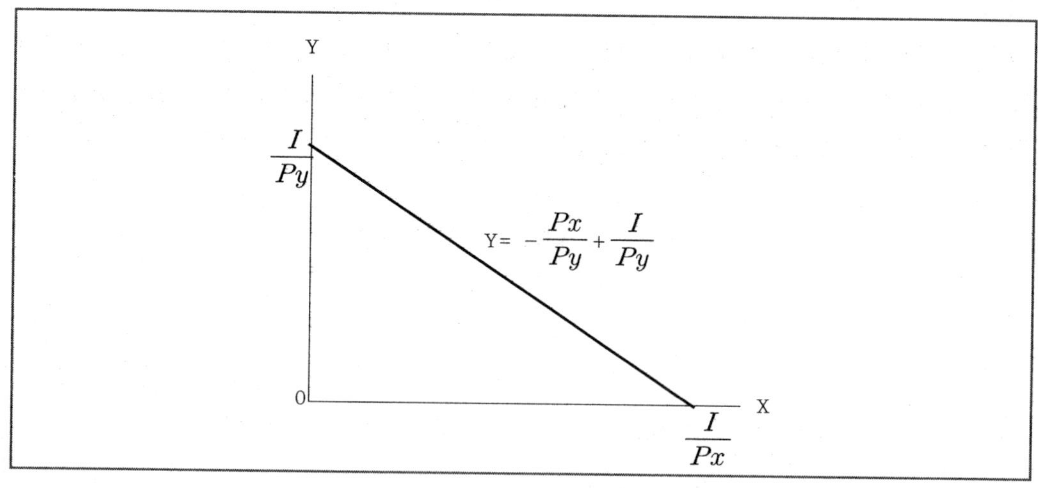

예산선의 첫 번째 특징은 <그림 4-12>에서 보는 바와 같이 두 재화의 상대가격비($\frac{Px}{Py}$)에 해당하는 기울기가 음(-)의 기울기를 가진다는 점이다. 예산선의 기울기가 음(-)이라는 것은 하나의 상품을 더 소비하기 위해서는 반드시 다른 상품의 소비를 포기해야 한다는 **기회비용의 개념**을 반영하고 있다. 또한 재화에 대한 효용이 아닌 가격 비에 의하여 기회비용을 나타내고 있으므로 **예산선의 기울기는 객관적 교환비률**을 의미하는 것이다. 둘째, 예산선을 우하향하는 직선으로 나타낸 것은 X재와 Y재의 상대가격비가 일정하다는 것을 의미한다[19]. 또한 예산선이 연속적인 선분으로 나타난다는 것은 상품의 조합을 구성함에 있어 조밀한 가분성을 내포하고 있는 것이다. 셋째, 예산선 상의 모든 점들은 소비자가 소득을 모두 사용한 경우에 소비자가 선택할 수 있는 상품의 조합점들이며, 예산선 이내의 모든 점들은 소비자가 소득을 일부를 남겨두고 소비자가 선택할 수 있는 상품의 조합점들이다[20]. 예산선을 벗어난 상품의 모든 조합점들은 소비자의 주어진 소득으로는 구매할 수 없는(소득이 부족해서) 소비불가능한 조합점들에 해당한다. 예산선을 벗어난 영역은 효용수준이 높다하더라도 현실적으로 실현될 수 없는 소비불가능한 영역을 의미한다.

② **예산선의 변동**

예산선은 $Y=-\frac{Px}{Py}+\frac{I}{Py}$ 함수식에 의해 도출되었다. 따라서 상대가격비

19) 곡선일 수도 있다.

20) 이는 예산집합(budget set) 또는 기회집합(opportunity set)이라고도 한다.

($\frac{Px}{Py}$)가 변하거나 실질소득수준($\frac{I}{Py}$)이 변하는 경우, 예산선은 변동하게 된다. 앞에서도 언급하였지만 실질소득수준과 상대가격비가 변하는 경우 예산선은 변동한다. 첫째, 두 재화의 가격이 일정하고 소득이 증가하게 되면 예산선은 우측으로 평행이동하며, 소득이 감소하면 좌측으로 평행이동하게 된다.

〈그림 4-13〉 실질소득의 변동과 예산선

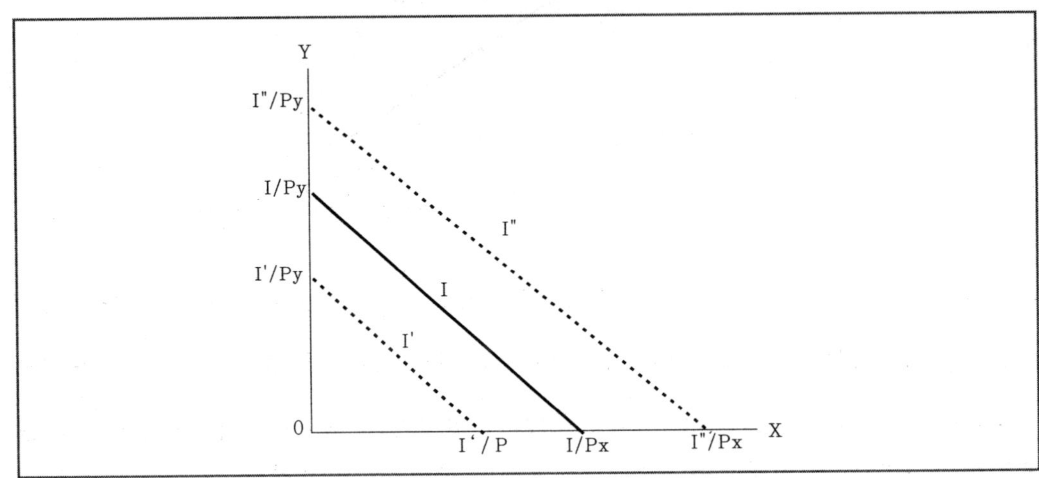

<그림 4-13>에서 보는 바와 같이 소득수준이 I일 때의 예산선 I에서 소득수준이 I"로 증대하면 예산선은 I"로 우측이동하고 I'로 감소하면 예산선은 I'로 좌측이동한다. P_x와 P_y는 일정한 상황에서 I가 증가하면 Y축의 절편 I/P_y가 커지므로 우측 I''/P_y로 이동하고 X축의 절편 I/P_x 역시 커지므로 우측 I''/P_x로 이동하게 된다. 또한 P_x와 P_y가 일정한 상황에서 I가 감소하면 Y축의 절편 I/P_y은 좌측 I'/P_y로 이동하고, X축의 절편 I/P_x는 좌측 I'/P_x로 이동하게 된다.

둘째, 소비자의 소득수준은 일정하고 두 재화의 가격비가 변하는 경우 예산선은 기울기가 변하게 된다. 소비자의 소득수준과 Y재의 가격은 일정하고 X재의 가격만이 변하는 경우 예산선은 <그림 4-14>의 점선으로 나타낸 예산선과 같이 기울기가 변하게 된다. <그림 4-14>에서 소득수준 I와 Y재의 가격 P_y는 일정하므로 Y축의 절편 I/P_y는 변하지 않는다. 하지만 X재의 가격이 하락하면 I/P_x''가 되어 예산선의 X축 절편은 우측으로 이동하고, X재의 가격이 상승하면 I/P_x'가 되어 예산선의 X축 절편은 좌측으로 이동한다. 요약하면 <그림 4-14>에 나타난 바와 같이 최초의 예산선 P_x에서 X재의 가격이 P_x''로 하락하면 예산선은 P_x''로 변동하게 되고, X재의 가격이 P_x'로 상승하면 예산선은 P_x'로 변동하게 된다.

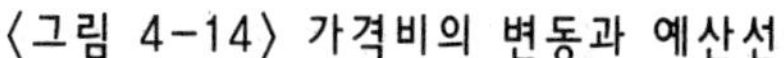

〈그림 4-14〉 가격비의 변동과 예산선

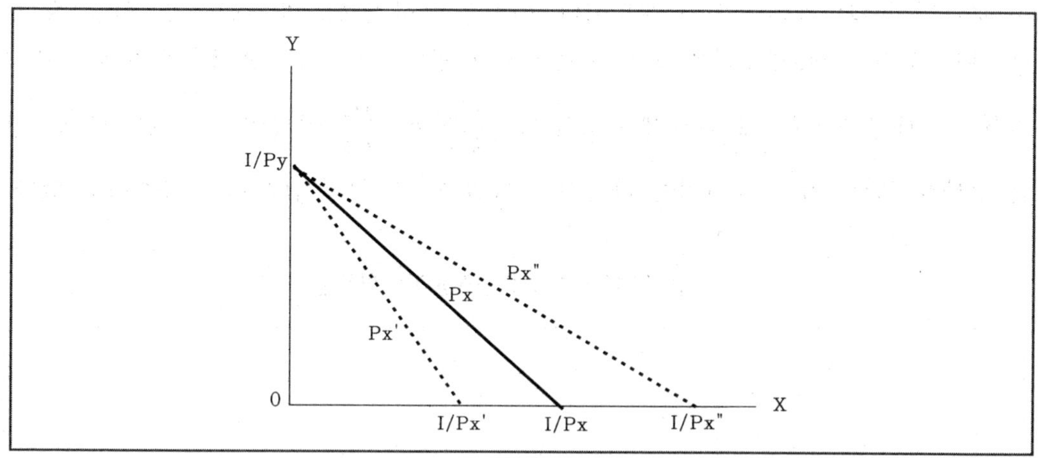

4. 소비자균형

합리적인 소비자는 소비행위를 통하여 자신의 만족을 극대화하려 한다. 한계효용이론에서 가중된 한계효용균등의 법칙이 충족될 때 소비자의 효용은 극대화된다. 소비자가 이와 같은 소비자의 최적선택조건을 충족시켰다면 이런 상태를 소비자균형이라 한다. 무차별곡선이론에서는 소비자가 만족을 극대화하는 최적조건을 무차별곡선과 예산선이 접하는 조건, 즉 무차별곡선의 기울기($-\frac{\Delta Y}{\Delta X}$)와 예산선의 기울기($-\frac{Px}{Py}$)가 서로 같아지는 조건이다. 이와 같은 조건이 충족될 때 소비자의 효용은 극대화되는 것이며, 이런 상태를 소비자균형조건이라 한다. 덧붙이면 소비자의 주관적 교환비율(무차별곡선의 기울기)과 객관적 교환비율(예산선의 기울기)이 일치할 때 효용은 극대화된다.

① 소비자 균형조건

소비자는 가장 우측에 있는 무차별곡선상의 상품조합을 선택하여 소비하고자 할 것이다. 원점에서 먼 무차별곡선일수록 높은 효용수준을 나타내기 때문이다. 하지만 현실적으로 소비자가 소비가능한 선택은 예산선 상의 상품조합들로 제약된다. 따라서 소비자의 최적선택은 예산선과 접하는 무차별곡선상의 한 점이 될 것이다. 이는 소비자의 주관적 교환비율과 객관적 교환비율이 일치함을 의미한다. 또한 효용함수가 극대화조건들을 충족하였음을 의미한다. <그림 4-15>에서 E점은 소비자균형점이며, 소비자의 효용을 극대화시킨 점이다. 예산선과 접하는 점 중에서 가장 우측에 있는 무차별곡선과 접하고 있기 때문이다. 이점은 수학적으로 효용함수가 극대값을 갖는 제1계조건과 제2계조건을 동시에 충족하고 있다. 소비자의 효용함수가 예산제약하에서 극대값을 갖는 제1계조건을 구하면, $\frac{Ux}{Uy} = \frac{Px}{Py}$ 이 된다[21]. 또한 제2계조건은 유테헤시안의 값이 양이여야 하는데 무차별곡선의 볼록성이 이를 충족하고 있다.

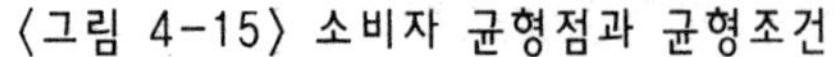
〈그림 4-15〉 소비자 균형점과 균형조건

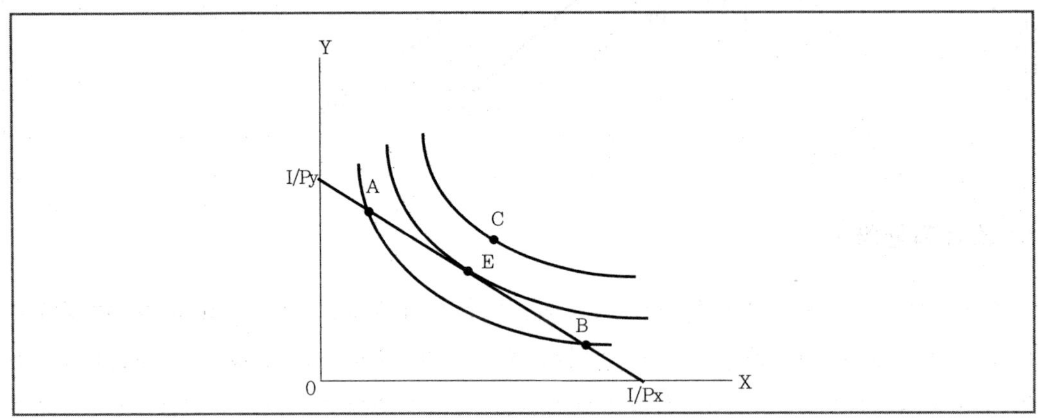

즉 $\frac{d^{2y}}{dx^2} > 0$ 이 성립한다. <그림 4-15>의 점 A에서는 주관적 교환비율 $\frac{\Delta Y}{\Delta X} = \frac{MUx}{MUy}$ 이 객관적 교환비율 $\frac{Px}{Py}$ 보다 크다. 따라서 합리적인 소비자는 X재를 더 소비하여 주관적 교환비율을 감소시킬 것이다. 점 B에서는 주관적 교환비율 $\frac{\Delta Y}{\Delta X} = \frac{MUx}{MUy}$ 이 객관적 교환비율 $\frac{Px}{Py}$ 보다 작다. 따라서 합리적인 소비자는 Y재를 더 소비하여 주관적 교환비율을 증가시킬 것이다. <그림 4-15>의 E점에서는 효용극대화조건 $\frac{MUx}{MUy} = \frac{Px}{Py}$ 을 충족하게 된다[22]. 또한 조건식의 양변에 $\frac{MUy}{Px}$ 를 곱하여 주면 $\frac{MUx}{Px} = \frac{MUy}{Py}$ 이 성립한다[23]. 따라서 무차별곡선이론에서의 소

21) 라그랑지함수(Lagrangean function)를 이용하며, 코너해(corner solution)가 아닌 내부해(interior solution)가 존재할 것을 가정함.

22) 효용함수의 극대화 제1계조건을 충족한다.

23) 한계효용균등식과 동일하다.

비자균형조건에서 $\frac{\Delta Y}{\Delta X} = \frac{Px}{Py} = \frac{Mx}{My}$ 수식이 성립하며, $\frac{MUx}{Px} = \frac{MUy}{Py}$ 가 성립함을 유도할 수 있다. 결국 한계효용이론에서의 소비자균형조건과 무차별곡선이론에서의 소비자균형조건이 일치함을 알 수 있다.

② 소비자균형의 변동

소비자균형점은 소비자의 효용극대화점이다. 그런데 소비자균형점도 변동할 수 있다. 소비자균형점은 무차별곡선이나 소비자의 예산선이 변하게 되면 변동하게 된다. 무차별곡선이 변하는 것은 소비자의 선호체계가 변하는 것을 의미하며, 즉, 효용함수가 달라진다는 것을 의미한다. 예산선이 변하는 것은 소비자의 실질소득이나 재화의 상대가격비가 변하는 것을 의미한다. 효용함수가 변하기 위해서는 소비자의 선호체계가 바뀌는 것을 의미하므로 설명의 편의를 위해 변하지 않는 것으로 가정하자. 어떤 사람의 효용함수가 변한다는 것은 예를 들어 개고기를 싫어하는 사람이 갑자기 개고기를 좋아하는 사람으로 바뀌는 상황에 견줄 수 있다. 문화적 요소인 소비자의 선호체계보다는 현실경제에서는 소비자가 경제적으로 직면하는 실질소득의 변동이나 상대가격비의 변동과 같은 소비자의 제약요건이 수시로 변화하고 있는 것이다. 따라서 무차별지도는 주어져 있는 것으로 가정하고 예산선 만이 변동하는 상황에서 소비자균형의 변동에 대해 학습해 보기로 한다. 첫째, 두 재화의 가격은 일정하고, 소득이 변하는 경우 가격선은 좌우로 평행이동한다. 가격선이 이동하면 새로운 균형점이 성립하고 이들을 연결하여 **소득소비곡선**(income-consumption curve)이라 한다.

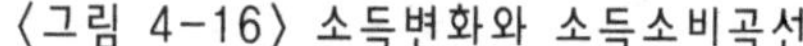
〈그림 4-16〉 소득변화와 소득소비곡선

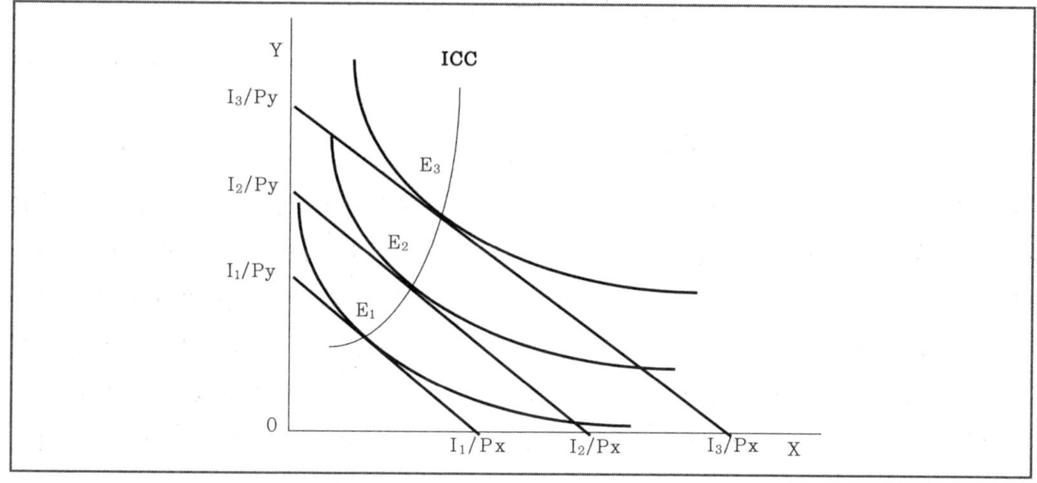

<그림 4-16>을 보면 X재와 Y재의 가격은 일정하고 소득수준이 I_1, I_2, I_3로 증대해 감에 따라 가격선은 우측으로 평행이동하고 소비자균형점은 E_1, E_2, E_3로 변동한다. 이들을 연결하면 ICC(소득소비곡선)곡선이 된다. 이렇게 우상향하는 ICC곡선은 X재와 Y재가 모두 정상재임을 나타내고 X재와 Y재는 0 보다 큰 소득탄력성을 가진다[24]. 소득이 증가할 때 X재와 Y재 모두 수요가 증가했기 때문이다. 만약 ICC곡선이 횡축을 향해 강하게 휘어진다면 소득이 증가하는 경우, Y재의 수요는 증가하지만 X재의 수요는 감소하게 된다. 이런 경우에는 Y재는 정상재이지만 X재는 열등재라는 것을 알 수 있다. 반대로 ICC곡선이 수평축을 향해 강하게 휘어진다면 X재는 정상재이고 Y재는 열등재라는 사실을 알 수 있을 것이다. 둘째, 소득과 한 재화의 가격은 일정하고 다른 재화의 가격이 변화하면 가격선의 기울기가 변하게 된다. 이에 따라 새로운 소비자균형점이 성립하고 이들을 연결하여 **가격소비곡선**(price-consumption curve)이라 한다. 즉, PCC곡선을 도출할 수 있게 된다.

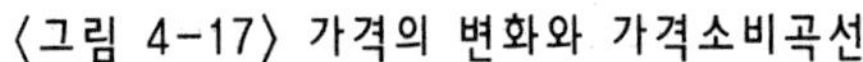
〈그림 4-17〉 가격의 변화와 가격소비곡선

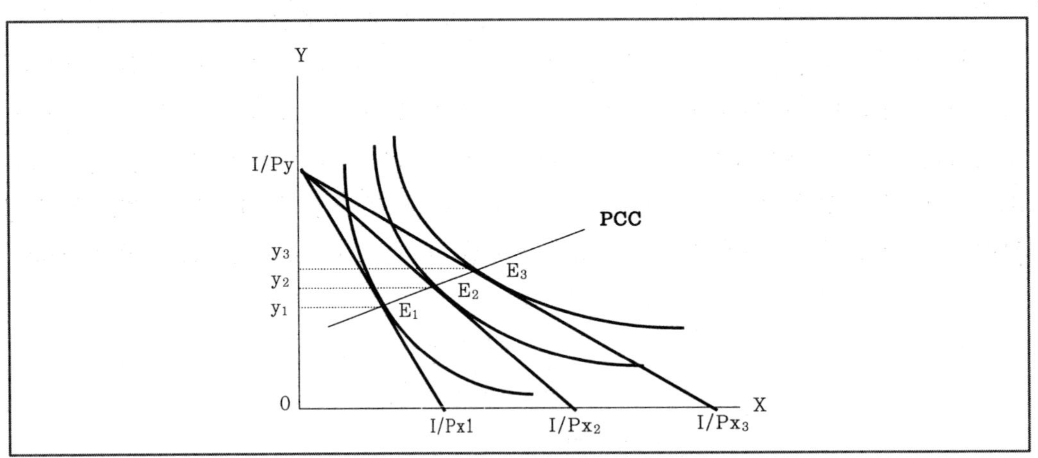

<그림 4-17>에서 소득과 Y재의 가격은 일정하고 X재의 가격이 P_{x1}, P_{x2}, P_{x3}로 하락함에 따라 가격선은 X축을 따라 완만해져가고 소비자균형점은 E_1, E_2, E_3로 변동한다. 이들을 연결하면 PCC(가격소비곡선)곡선이 도출된다. 여기서 PCC곡선은 형태에 따라 X재의 가격이 하락할 때 X재에 대한 소비지출의 크기를 알 수 있다. Y축의 I/P_y는 소득을 전부 Y재의 구입에 지출하는 것을 의미한다. 최초의 소비자 균형점 E_1에서 소비자는 소득을 Y재에 y_1만큼 지출하고 나머지 y_1-I/P_y 만큼을 X재에 지출했다. X재의 가격이 하락해서 E_2, E_3의 새로운 균형점으로 이동해 갈 때 Y재에 대한 지출

24) 이에 따라 엥겔곡선도 도출할 수 있다. 엥겔곡선이 직선이면 소득탄력성은 1이다.

은 y_2, y_3로 증대해 가고 X재에 대한 지출은 y_2-I/P_y, y_3-I/P_y로 감소해 가고 있다. 따라서 우상향하는 PCC곡선은 X재의 가격탄력성이 1보다 작은 경우이고, 우하향하는 PCC곡선은 X재의 가격탄력성이 1보다 큰 경우이다. 또한 PCC곡선이 수평인 경우에는 X재의 가격탄력성이 1이라는 것을 알 수 있다.

③ 가격효과

어떤 재화의 상대가격이 변화하면 소비자균형점은 달라진다. 예산선의 기울기가 변화하기 때문이다. 예를 들어 어떤 재화의 상대가격이 하락한다면 기펜재가 아닌 경우에는 수요량은 증가한다[25]. 가격이 변할 때 수요량이 변하는 현상을 **가격효과**(price effect)라 한다. **가격효과**는 **대체효과**와 **소득효과**로 구성된다. 가격이 하락할 때 수요량이 증가하는 이유는 첫째 가격이 하락해서 물건 값이 싸졌으므로 화폐소득은 동일하지만 실질구매력($\frac{M}{P}$)이 증가하기 때문이며, 둘째 다른 재화에 비하여 가격이 하락한 재화가 상대적으로 싸졌기 때문이다. 요약하면 가격하락으로 그 재화에 대한 실질구매력이 증대한 효과를 소득효과(income effect)라 하고, 상대가격비가 낮아진 효과를 대체효과(substitution effect)라 한다. 그리고 소득효과 대체효과를 합한 것을 가격효과라 한다.

〈그림 4-18〉 소득효과와 대체효과

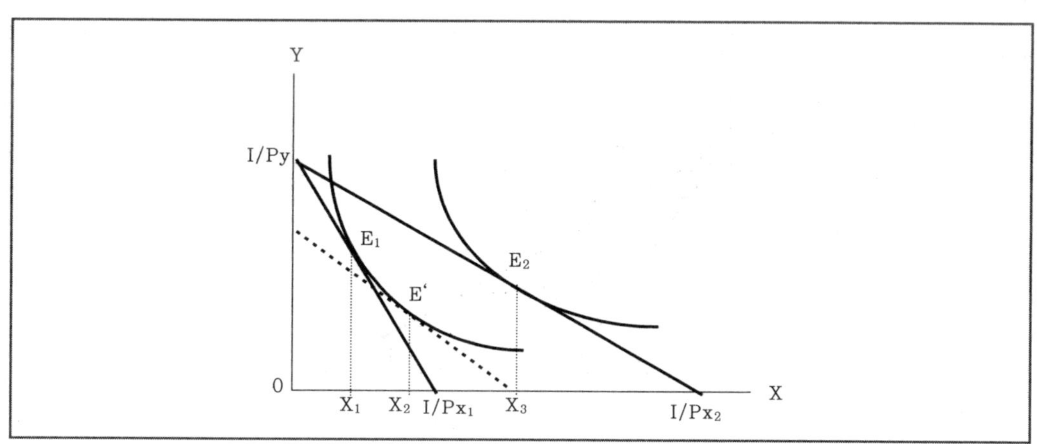

<그림 4-18>에서 다른 조건(소득이나 Y재의 가격)은 일정하고 X재의 가격이 P_{x1}-P_{x2}로 하락함에 따라 소비자균형점은 E_1-E_2로 이동하였다. 이것은 X재의 가격하락

25) 기펜재는 가격이 하락하면 수요량이 감소하는 재화이다.

으로 인하여 X재의 수요량이 X_1-X_2로 증가하였음을 보여주고 있다. 이와 같은 가격 변화에 따른 수요량의 변화를 가격효과(price effect)라 한다. 앞에서도 설명한 바 있지만 가격효과는 소득효과(income effect)와 대체효과(substitution effect)의 결과물이다. <그림 4-18>에서 E_1-E'로의 소비자균형점의 이동은 동일 무차별곡선상의 점의 이동이다. 동일 무차별곡선상에서 예산선의 기울기만 작아진 것이다. 이것은 소비자의 효용수준이 동일한 수준에서 X재의 수요량이 증가했다는 것을 의미한다. 따라서 X_1-X_2의 수요량증가는 예산선의 기울기 변화 때문에 발생한 것이므로 소득의 변화(예산선의 이동)와는 아무관계가 없다는 것을 알 수 있다. 단순히 X재의 가격하락이 Y재의 가격보다 상대적으로 싸졌기 때문에 수요량이 증가한 크기를 나타낸다. 요약하면 **소비자균형점 E_1-E' 변동**으로 인한 **수요량의 증가(X_1-X_2)현상**은 **대체효과**로 발생한 결과이다. 다음으로 <그림 4-18>에서 소비자균형점 E'-E_2로의 이동은 무차별곡선도 우측으로 이동했을 뿐만 아니라 예산선이 수평으로 이동해서 나타난 결과이다. 예산선이 수평으로 우측 이동하였다는 것은 실질소득이 증가하였다는 것을 의미한다. 따라서 **소비자균형점 E'-E_2**로의 이동은 X재 가격하락으로 인한 **소비자의 실질소득증가현상**에 의해 발생한 X재에 대한 **수요량 증가(X_2-X_3)현상**이다. 따라서 소비자균형점 E'-E_2 변동으로 인한 **수요량 증가(X_2-X_3)현상**은 **소득효과**로 발생한 결과이다.

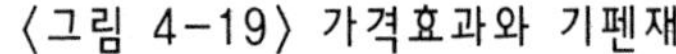
〈그림 4-19〉 가격효과와 기펜재

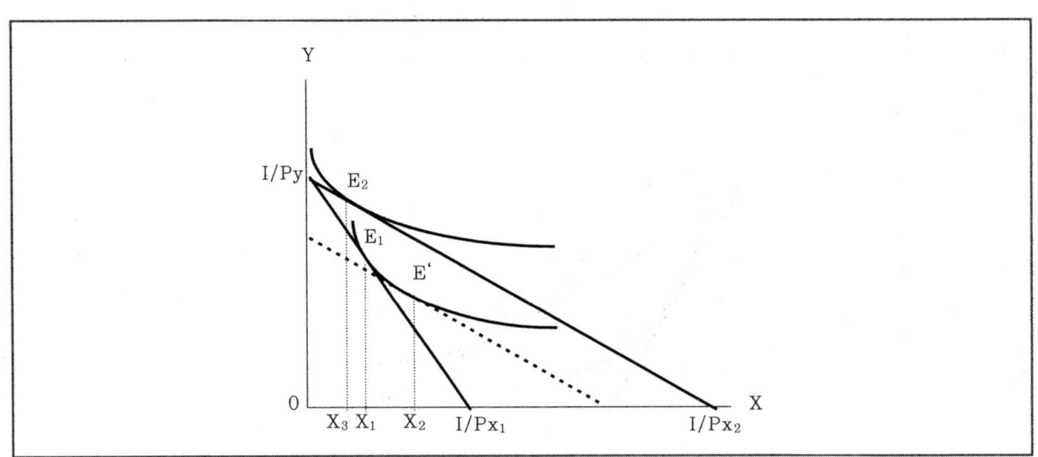

<그림 4-19>에서 X재의 가격이 하락할 때 소비자균형점은 E_1에서 E_2로 변동하여 X재의 수요량은 X_1-X_3로 오히려 감소하고 있다. 이런 경우에는 X재의 가격이 하락했는데 X재의 수요량은 감소하고 있다. X재는 기펜재인 것이다. X재의 가격이 하락했을 때 가격효과가 수요량을 줄이는 방향으로 나타난 것이다. 보다 자세히 설명하자

면 기펜재의 경우에도 대체효과(예산선의 기울기 변화)는 X_1-X_2만큼의 X재 수요량을 증가시키고 있지만 소득효과(예산선의 이동)는 X_2-X_3만큼의 X재 수요량을 감소시키고 있는 것이다. 따라서 **소득효과(-)**가 **대체효과(+)**를 상쇄하고도 **X_1-X_3만큼 X재에 대한 수요량**을 감소시키고 있는 것이다. 요약하면 정상재의 경우에는 그 재화의 가격이 하락할 때 대체효과나 소득효과가 모두 수요량을 증대시키는 방향으로 나타나므로 가격효과는 수요량을 소득효과와 대체효과를 합한 만큼 증가시킨다. 열등재의 경우에는 대체효과는 수요량을 증대시키고, 소득효과는 수요량을 감소시키므로 가격효과는 대체효과로 인한 수요량의 증가분에서 소득효과로 인한 수요량의 감소분을 차감한 나머지만큼 수요량을 증가시킨다. 따라서 열등재와 기펜재의 차이는 가격효과에서 발생한다. 즉, **소득효과(-)의 절대값**이 **대체효과(+)의 절대값보다 크게 나타나는 재화가 기펜재인 것이다**. 열등재의 경우에도 소득효과는 음(-)으로 나타나지만 대체효과(+)보다는 작게 되어 가격효과는 양(+), 즉 수요량을 증대시키게 된다. 기펜재(Giffen goods)는 소득효과가 음(-), 즉 소득이 증가할 때 수요량이 감소하는 재화이기 때문에 열등재에 속한다. 하지만 기펜재는 가격이 하락하는 경우 수요량이 감소하는 수요의 법칙에서 벗어난 특이한 재화이다.

④ 수요곡선의 도출

수요곡선은 수요함수에 의해 그려진 그래프이다. 수요함수는 가격변화에 따른 수요량의 변화를 함수로 나타낸 것이다. D=f(P) 그런데 무차별곡선이론에서 우리는 가격이 변하는 경우, 수요량이 변하는 원리에 대해 학습하였다. 따라서 가격이 변할 때 수요량이 변하는 수요곡선을 무차별곡선이론을 이용하여 도출할 수 있는 것이다.

<그림 4-20>에서 X재의 가격이 P_{x1}, P_{x2}, P_{x3}로 감소해 갈 때 소비자균형점은 E_1, E_2, E_3로 변동해 간다. 따라서 X재의 수요량은 X_1, X_2, X_3로 증가하고 있다. 이와 같은 그림을 P_x축과 X축으로 하는 좌표로 옮겨 그리면 D-D와 같은 수요곡선이 도출된다. 결국 수요곡선(demand curve)은 무차별곡선으로 주어지는 소비자의 선호체계와 예산선으로 주어지는 소비자의 제약조건하에서 소비자가 효용을 극대화시키려는 과정에서 도출된다. 이를 수식으로 나타내면 $X=d(P_x;\ P_y,\ I)$와 같다[26].

26) 소득수준과 두 재화의 가격이 일정비율로 변한다면 수요함수는 일정하다. 따라서 수요함수는 영차동차함수이다.

〈그림 4-20〉 수요곡선의 도출

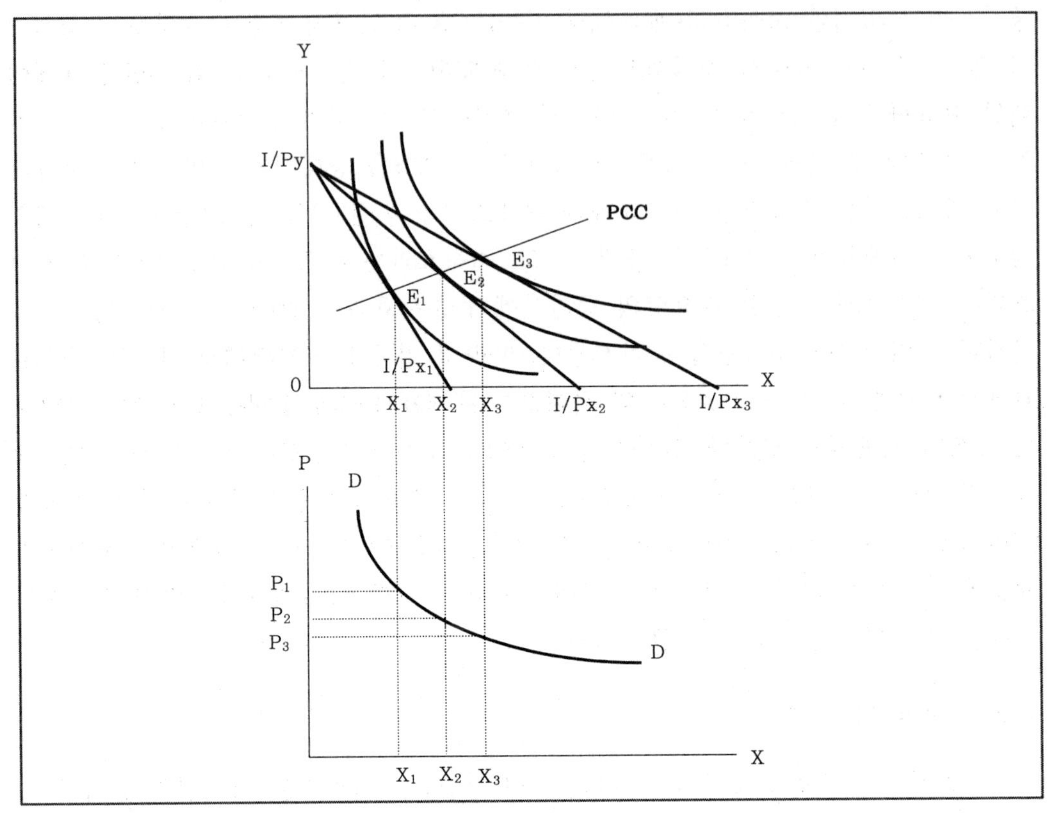

5. 무차별곡선이론의 응용

무차별곡선이론을 응용하여 보상수요곡선을 도출하고 소비자잉여가 무엇인지 학습해 보자. 지금까지 학습한 수요곡선은 마샬적(Marshallian) 수요곡선이라 한다. 어떤 재화의 가격이 하락하는 경우, 소득효과와 대체효과의 합, 즉 가격효과에 의해 수요량은 증가한다. 그런데 가격효과 모두를 그대로 반영하여 도출한 수요곡선을 마샬의 수요곡선이라 하고, 가격이 변할 때 소득효과를 제외시키고 대체효과만을 반영하여 도출한 수요곡선을 보상수요곡선(compensated demand curve)이라 한다. 다음으로 소비자잉여(consumer's surplus)에 관해서는 이미 한계효용이론에서 학습한 바 있지만, 무차별곡선이론을 응용하는 경우 소득의 한계효용이 체감하는 현상까지 고려한 소비자잉여개념을 이해할 수 있다.

① 보상수요곡선의 도출

가격이 변화하여 수요량이 변했을 때 소득효과를 제외하고 대체효과만을 고려하

는 수요곡선을 **보상수요곡선**이라 하며, 이를 **힉스적(Hicksian)수요곡선**이라고도 한다[27].

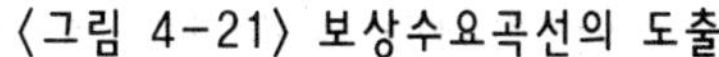

〈그림 4-21〉 보상수요곡선의 도출

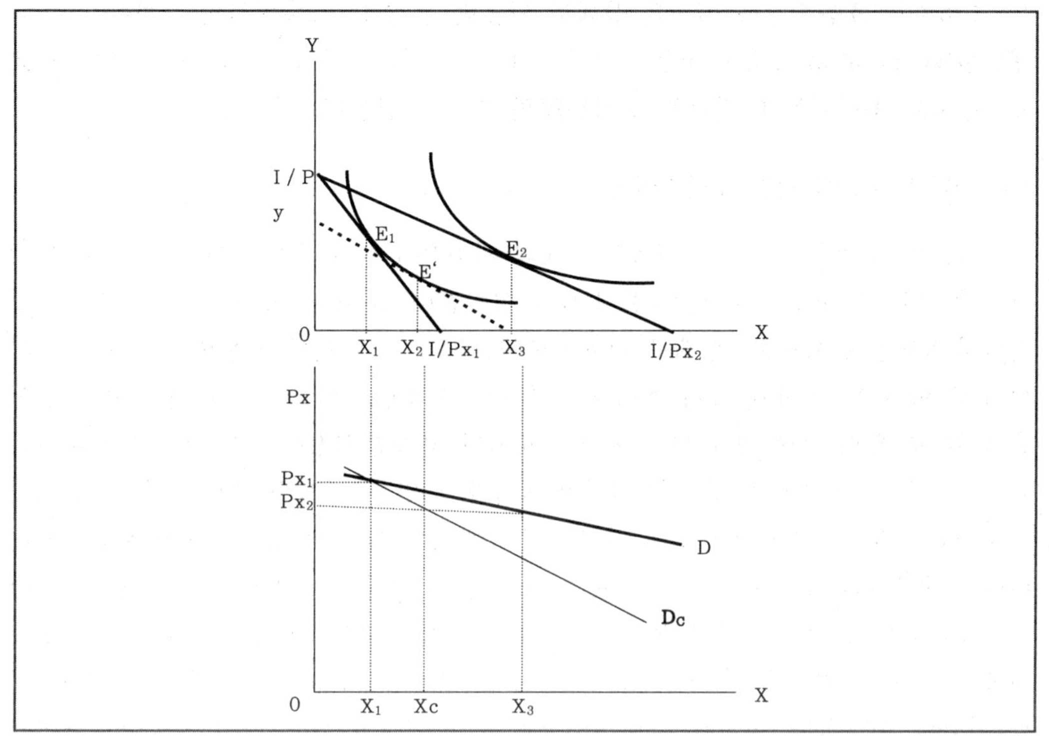

<그림 4-21>에서 수요곡선(마샬적(Marshallian) D는 X재의 가격이 P_{x1}-P_{x2}로 하락할 때 나타난 대체효과 X_1-X_2와 소득효과 X_2-X_3를 합한 가격효과 X_1-X_3를 모두 반영하고 있다. 보상수요곡선(힉스적(Hicksian) Dc는 X_2-X_3까지의 소득효과를 제외하고 X_1-X_2까지 만을 반영하고 있다. **보상수요곡선은 가격하락에 따른 순수한 상대가격비의 변화에 의한 수요량의 변화만을 반영하고** 있다. <그림 4-21>의 보상수요곡선(Dc)의 기울기가 보통수요곡선(D)의 기울기보다 크다는 것을 알 수 있다. X재가 만약 열등재라면 보상수요곡선의 기울기가 보통수요곡선의 기울기보다 완만하게 그려질 것이다. 왜냐하면 열등재의 경우에는 소득효과가 수요량을 오히려 감소시키는 음(-)의 효과가 작용하기 때문이다. 대체효과로 증가한 수요량의 일부를 음(-)효과로 나타난 소득효과가 상쇄시키고 대체효과보다 적은 량의 수요량만 증가하게 된다. 한편, 보상

27) 보통수요곡선을 마샬적(Marshallian)수요곡선이라고도 한다.

수요곡선의 도출은 보상변화와 관계된 개념이다. 후생변화를 평가하는 척도로써 보상변화(compansating variation)와 대등변화(equivalent variation)가 사용되고 있다. 경제정책 등으로 인한 경제상태의 변화를 사회적 후생의 잣대로 측정하는데 유용하다. **보상변화**(compansating variation)란 가격이 하락하여 소비자효용수준이 증가했을 경우, **소비자의 효용수준을 이전의 상태로 되돌릴 수 있는 소득변화의 크기**를 말한다. **대등변화**(equivalent variation)란 원래의 효용수준에서 가격하락으로 인해 **증가된 효용수준으로 옮아가는데 필요한 소득변화의 크기**를 말한다.

② 무차별곡선에 의한 소비자잉여

소비자의 소득은 I_o로 주어져있고 X재의 가격은 P_E수준이라 하자. <그림 4-22>에 나타난 바와 같이 소비자균형점은 E에서 성립한다. 소비자균형점에서 소비자는 X_E만큼의 X재를 수요하고, 실제로 화폐지불액은 A-E(I_F-P_E)만큼 지불한다. 그런데 <그림 4-22>에 나타난 바와 같이 소비자는 기꺼이 A-B만큼의 소득을 지불할 용의가 있음을 알 수 있다. 소득에 대한 무차별곡선 I_1에 의하면 B점이나 I_F 점이나 소비자의 효용수준은 동일하다. 이것은 소비자가 X재를 X_E만큼 구매하는데 I_F 전소득중에서 A-B만큼을 지불하고 나머지 B-X_E만큼을 소유하거나 다른 재화를 구매하는데 사용하더라도 소비자의 효용수준은 I_F 수준과 동등하다. 따라서 소비자는 B-E만큼의 잉여를 얻게 되는 것이다. X재를 X_E만큼 구매하는 소비자가 A-B만큼의 소득을 기꺼이 지불할 의도가 있음에도 불구하고 소비자가 실제로 지불한 소득액(화폐지불액)은 A-E만큼에 해당한다. 참고로 소비자잉여를 수식으로 표현하면 소비자잉여= 소비자가 기꺼이 지불하고자 하는 의도액 - 실제 지불한 화폐액으로 정의된다.

〈그림 4-22〉 무차별곡선에 의한 소비자잉여

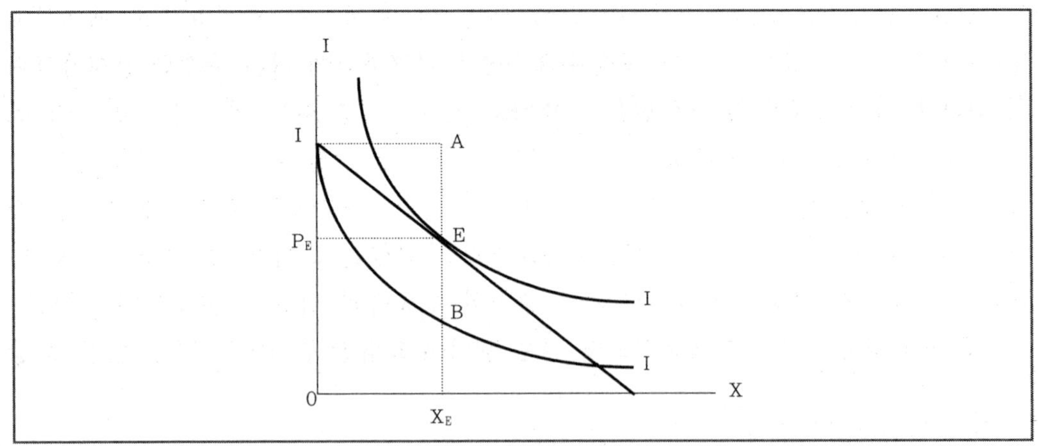

<그림 4-22>를 보면 소비자가 X재를 전혀 소비하지 않고 소득을 전액소유하고 있는 경우 소비자는 소득에 대한 무차별곡선 I_1상의 I_F 점 수준의 효용을 느끼고 있다는 것을 알 수 있다. 그런데 소비자가 E점에서 X_E만큼의 X재를 소비하는 경우 소비자는 무차별곡선 I_0상의 E점 수준에서 효용을 느끼고 있는 것이다. 따라서 I_F점과 B점은 동일한 무차별곡선상에 있는 점이므로 소비자는 X재를 X_E만큼 소비할 때 B-E만큼 효용을 공짜로 얻고 있는 셈이다. 한계효용이론에 의한 소비자잉여의 개념과 무차별곡선이론에서의 소비자잉여에 대한 개념의 차이는 <그림 4-22>에서 보는 것처럼 소비자의 소득에 대한 한계효용이 체감하고 있다는 것을 가정하고 소비자잉여를 설명하고 있다는 점이다.

4 마디 현시선호이론

1. 들어가기

소비자이론으로 우리는 이미 한계효용이론과 무차별곡선이론에 대해 학습하였다. 이제 현시선호이론에 대해 학습할 차례이다. 그런데 한계효용이론은 효용의 기수적 측정을 가정하고, 무차별곡선이론은 효용의 기수적 측정 가능성을 비판하고 효용의 서수적 측정 가능성을 바탕으로 모형화되는 이론의 발전과정을 거치게 된다. 다시 말하면 무차별곡선이론은 주관적 만족도의 기수적 측정가능이라는 가정을 보다 완화시키는데 성공한 소비자이론에 해당한다. 하지만 무차별곡선이론에서 조차도 주관적 만족도를 서수적으로 측정하기 위해서는 여러 가지 조건을 충족해야 한다. 만약 가정의 타당성에 의문이 제기된다면 무차별곡선이론은 이론으로 성립되기 어려운 상태에 직면한다. 사무엘슨(P.A.Samuelson)은 주관적 만족도의 측정과 관련한 애매모호한 가정들을 배제시키고 객관적인 소비자의 행동에 근거한 이론체계로써 현시선호이론(theory of revealed preference)을 모형화하였다. 현시선호이론은 소비자가 시장에서 실제로 선호하는 구체적인 구매행위를 근거로 하여 주어진 제약조건하에서 소비자의 효용을 극대화시키는 선택원리들을 다루고 있다. 즉 구체적으로 관찰이 가능한 소득, 가격, 수량에 관한 소비자의 선호된 선택을 근거로 모형의 객관화를 시도하였다. 이와 같은 노력에도 불구하고 현시선호이론에 대한 정밀한 연구가 진전되면서 기존의 효용이론에 의한 소비자균형조건이나 수요곡선의 도출에 대한 결론에는 큰 차이점이 없다는 것을 확인하게 되었다. 따라서 현시선호이론은 한계효용이론이나 무차별곡선이론과 전혀 다른 새로운 소비자이론체계가 아니라 기존의 소비자이론들과 보완적인 소비자이론으로 활용되고 있다.

2. 기본가정

현시선호이론의 선호관계에는 직접현시선호관계와 간접현시선호관계가 있다. 두 가지 선호관계를 바탕으로 현시선호이론에서 기본공리로 작동하는 약공리와 강공리가 성립하게 된다. 이 같은 공리들은 소비자의 현시선호행위가 일관성(consistency)을 유지한다는 가정에 해당한다. 첫째 직접현시선호관계란 동일한 예산집합 내에서 상품조합 간에 현시선호 되는 선호관계를 말한다. 동일한 예산집합내라는 것은 <그림 4-23>의 a)에서 AB 예산선 범위의 영역 즉, △OAB를 말한다. 일정한 소득과 일정한 가격벡터 $P_1=(P_{x1},\ P_{y1})$이 주어졌을 때 소비자가 선택가능한 모든 상품묶음을 말한다.

〈그림 4-23〉 현시선호관계

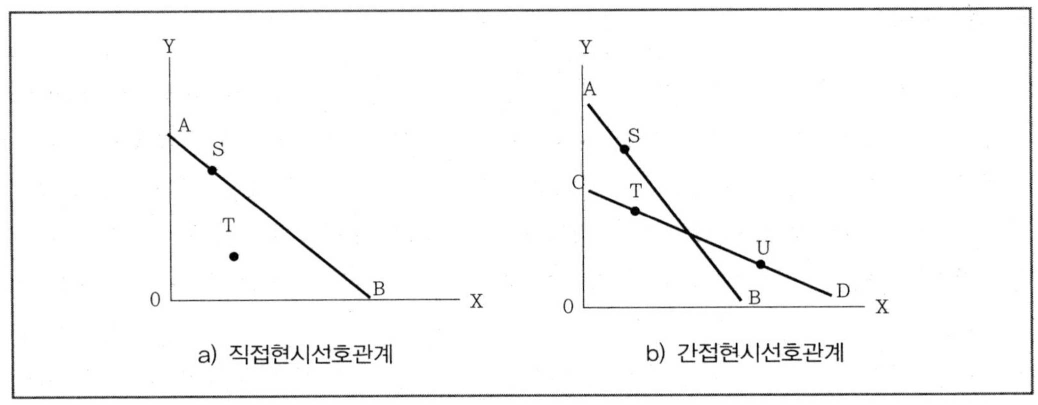

<그림 4-23>의 a)에 나타난 바와 같이 △OAB안에 있는 모든 상품묶음 중에서 만약 어떤 소비자가 $S=(X_1,\ Y_1)$상품묶음을 구입하는 것이 관찰되었다면 그 소비자는 S 상품묶음을 $T=(X_2,\ Y_2)$상품묶음보다 선호한다고 할 수 있다. 이것은 소비자가 △OAB안의 상품묶음 중에서 S를 현시선호 한다는 것을 의미한다. △OAB안의 상품묶음들 간의 현시선호관계를 파악할 때 이를 직접현시선호관계라 규정한다. 여기서 현시선호이론은 약공리(weak axiom)를 채택하게 된다. 즉 어떤 소비자에게 S상품묶음이 T상품묶음보다 선호되었다면 어떠한 경우에도 T상품묶음이 S상품묶음보다 선호될 수 없다는 공리이다. 둘째 간접현시선호관계는 서로 다른 예산집합에서 현시선호된 선호관계에 대한 일관성을 말한다. <그림 4-23>의 b)에서 AB예산선은 가격벡터

P_1=(P_{x1}, P_{y1})가 주어졌을 때의 소비자의 예산집합을 나타내 준다. CD예산선은 가격벡터 P2=(P_{x2}, P_{y2})가 주어졌을 때의 소비자의 예산집합을 나타내 준다. 여기에서 어떤 소비자는 AB예산집합내에서는 S를 T보다 선호하고 CD예산집합내에서는 T를 U보다 선호한다. <그림 4-23의 b)에서 T가 U보다 선호된다면 T는 △ OAB내에 있는 상품묶음이므로 S보다 덜 선호됨을 알 수 있다. 이와 같은 선호관계를 간접현시선호관계라 한다. 여기서 현시선호이론은 기본가정의 하나로 강공리(strong axiom)를 채택한다. 어떤 소비자가 S상품묶음을 T상품묶음보다 선호하고, T상품묶음을 U상품묶음보다 선호한다면 어떠한 경우에도 U상품묶음이 S상품묶음보다 선호될 수 없다는 공리이다.

3. 수요곡선의 도출

<그림 4-24>에서 X재의 가격이 하락했다면 예산선 AB는 AC가 될 것이다. X재의 가격이 하락하기 이전 소비자균형점은 E점이었다. 이것은 소비자가 △ OAB 영역에서 E점을 현시선호 하였다는 것을 의미한다. X재와 Y재가 정상재일 때 가격이 하락하면 수요량이 증가한다. 이는 대체효과와 소득효과 때문이다. 예산선 A'B'는 X재의 가격하락으로 인한 소득증가효과를 상쇄하고 상대가격비만을 고려한 예산선이다. 여기에서 우리는 예산선 AB와 예산선 A'B'와의 변화관계를 이용하여 대체효과만을 고려한 소비자의 선호관계를 파악할 수 있다. X재의 가격이 하락했을 때 소비자는 E점 보다 나은 조합점을 선호할 것이므로 약공리에 의해 EB'선상의 어떤 점을 선호할 것이다.

〈그림 4-24〉 수요곡선의 도출

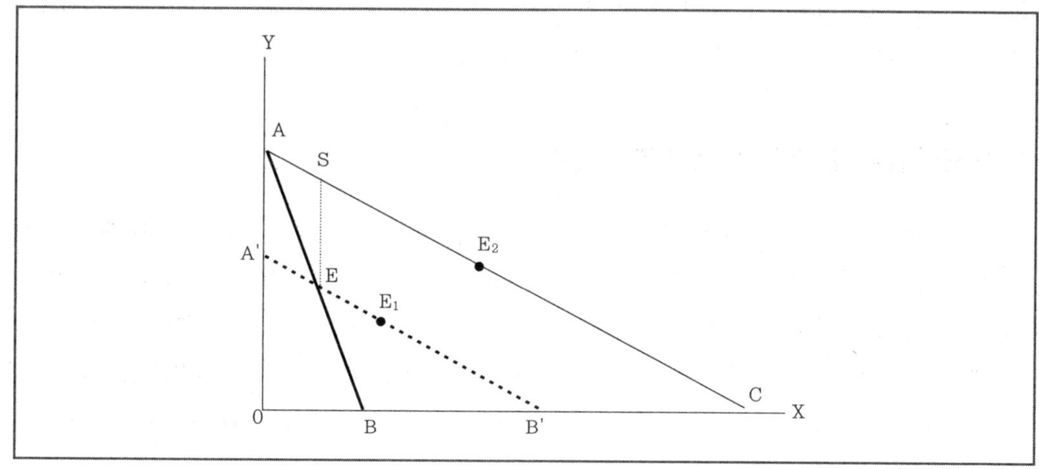

그런데 AC예산선의 경우에는 A'B'예산선을 우측으로 평행이동시킨 것과 같다. AC예산선과 A'B'예산선의 변동관계를 활용하여 소득효과를 고려한 선호관계를 파악할 수 있다. X재와 Y재는 정상재이므로 소득이 증가할 때 모두 수요량이 증가한다. ES선이 E균형점에서의 X재의 수요량을 나타내기 때문에 X재의 가격이 하락하는 경우 소비자는 SC선상의 어떤 점을 선호하게 될 것이다. X재의 가격하락으로 인하여 발생하는 수요량의 증가는 대체효과와 소득효과를 합한 가격효과만큼 나타나게 될 것이다. 따라서 소비자는 X재의 가격이 하락할 때 <그림 4-24>에 나타난 바와 같이 **E, E_1, E_2에 이르는 소비자균형점을 현시선호**하게 될 것이다. 이것은 X재 가격이 하락할 때 X재의 수요량이 증가한다는 것을 보여주고 있다. 이와 같이 현시선호이론의 경우에도 소비자의 현시선호에 의해 우하향하는 수요곡선을 도출하고 있는 것이다.

5 마디 소비자이론의 응용

소비자이론은 소비자의 합리적인 선택에 관한 분석모형이다. 소비자이론에서는 주관적인 효용함수와 객관적인 예산제약에 관한 이론체계이다. 소비자이론을 응용하면 소비자의 다른 선택(노동공급)의 문제들을 분석할 수 있고, 정부의 정책에 대한 효과를 분석할 수 있다. 여기서는 소비자이론을 응용한 세 가지 사례들에 대하여 학습해 보자. 첫째 노동시장에서 노동공급자인 가계가 직면한 여가와 소득 간의 선택조합에 관한 문제, 둘째 저소득층의 후생증대를 위한 정부의 사회복지정책수단으로써 현금보조, 가격보조, 현물보조간의 경제적 효과분석, 셋째 조세부과방식에 따른 담세자의 후생감소 차이에 대한 비교분석에 대해 학습해 보자.

1. 노동공급자의 소득과 여가간의 선택

소비자는 생산물시장에서 생산된 재화에 대한 수요자로써 선택의 문제에 직면하지만 생산요소시장에서는 노동이라는 생산요소공급자로써 선택의 문제에 직면한다. 노동공급자에게 주어지는 시간(노동시간+여가시간)은 일정하다. 그리고 노동의 가격은 임금이고, 여가의 가격은 즐거움이다. 노동공급자는 소비자가 주어진 소득제약하에서 X재와 Y재간의 상품조합을 선택하듯이 주어진 시간제약하에서 소득(노동시간×임금)과 여가간의 상품조합을 선택해야 한다.

〈그림 4-25〉 노동공급자의 노동시간 결정

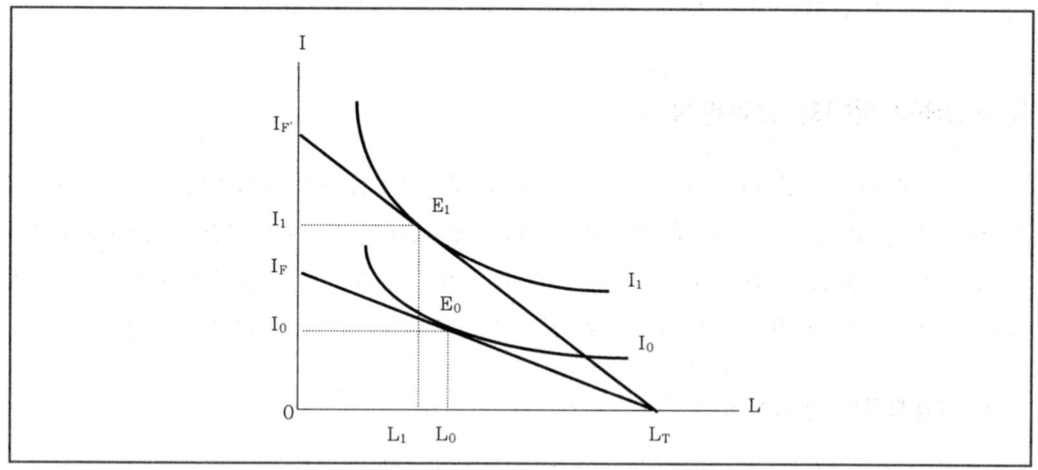

<그림 4-25>의 그래프는 수평축은 여가시간을, 수직축은 근로소득(임금×노동시간)을 나타낸다. I=노동시간×임금이고, L_T=노동시간(0) + 여가시간(모두)로 표시된다. 최초의 예산선(I_F-L_T)는 I_F는 노동시간(모두), 여가시간(0)인 점이며, L_T는 노동시간(0), 여간시간(모두)인 점이다. 최초의 노동공급자의 의사결정점 E_0는 여가시간(0-L_0)과 노동시간(L_0-L_T)을 선택했다는 것이고 노동시간을 소득으로 표시하면 I_0=W_0(임금)×L_0-L_T(노동시간)이 된다. 그런데 만약 임금이 W_0 수준에서 W_1 수준으로 상승하게 되면 예산선(I_F-L_T)은 예산선($I_{F'}$-L_T)로 바뀌게 된다. 따라서 노동공급자는 새로운 균형점(의사결정점) E_1을 선택하게 된다. 이것은 노동공급자는 임금이 상승하는 경우 노동공급자는 여가시간을 L_0-L_1만큼 줄이고 소득(노동시간)을 I_0-I_1(W_1 × L_1L_0)만큼 증가시킨다는 것을 의미한다. 무차별곡선이론에서 재화의 가격이 하락하는 경우, 가격효과(소득효과+대체효과)에 의해 그 재화에 대한 수요량은 증가한다. 즉, 소비자는 재화의 수요량을 증대시킨다. <그림 4-25>에서도 같은 원리가 작동한다. 임금이 상승하는 경우, 소득효과와 대체효과가 나타나고 그 결과로써 노동시간이 증가하게 된다. 소득효과란 임금이 상승하면 노동자는 노동보다는 여가를 더 선호하는 효과를 말하고, 대체효과란 임금이 상승하는 경우 여가보다 노동을 더 선택하는 효과를 말한다. <그림 4-25>에서와 같이 임금이 상승하는 경우 균형점 E에서 새로운 균형점 E_1으로 이동한다는 것은 소득효과보다 대체효과[28]가 크게 나타났다는 것을 의미한다. 이런 경우 노동공급곡선은 우상향하는 형태로 도출된다. 노동공급곡선은 우상향하다가 후방으

28) 소득효과란 임금상승으로 인한 소득증가가 노동보다는 여가를 선호하게 하는 효과를 말하며, 대체효과란 임금상승이 여가시간을 노동시간으로 대체하도록 유인하는 효과를 말한다.

로 굴절하는 형태를 띠게 되는데 후방으로 굴절하는 이유는 소득효과가 대체효과보다 큰 경우 임금이 상승해도 노동시간은 감소하기 때문이다.

2. 사회복지정책의 효과분석

정부는 사회복지정책을 통하여 저소득층의 후생을 증대시키려한다. 사회복지정책의 대표적인 수단으로는 첫째 현금보조(cash transfer), 둘째 현물보조(in-kind transfer), 셋째 가격보조(price subsidy)등이 있다. 우리는 여기서 무차별곡선이론을 이용하여 각각의 정책수단의 효율성을 비교할 수 있고 정책목표에 대한 효과를 비교할 수 있다.

① 현금보조와 현물보조

<그림 4-26>에서는 무차별곡선이론을 이용하여 현금보조와 현물보조를 비교하고 있다. 최초의 소비자균형점은 E점이다. 소비자는 X재보다는 Y재가 더 많은 상품조합을 선택하고 있다. 먼저 현물보조에 대해 살펴보자. 이런 경우 X재는 생필품이여서 X재로 현물보조를 A-E_1만큼 지급했다 하자. 이때 최초의 AB예산선은 AE_1D의 형태로 변하게 된다. 새로운 예산선 AE_1D의 특징은 X재의 최대수요가능량은 0-D로 증대하였지만 Y재의 수요량은 최초의 수요가능량 0-A를 그대로 유지하고 있다는 점이다. 정부가 X재를 현물로 보조했기 때문이다. 새로운 소비자균형점은 E_1으로 표현돼 있다. 새로운 예산선 AE_1D는 최초의 예산선 AB보다 적어도 X재를 A-E_1만큼[29] 더 소비할 수 있다는 것을 의미한다. 나타난다하더라도 다 원점으로부터 멀어질 수 없다. 다음으로 현금보조에 대해 살펴보자. 정부가 X재를 A-E_1만큼 구매할 수 있는 현금을 보조하게 되면 예산선은 우측으로 수평이동하여 AB에서 CD로 바뀌게 된다. 이것은 소득이 증대한 것과 똑같은 효과가 나타난다. 새로운 소비자균형점은 새로운 예산선 CD선상의 어디서든 성립할 수 있다. 만약 새로운 균형점이 Ec가 성립되었다면 Ec는 E1보다 효용수준이 더 높다는 것을 알 수 있다. 따라서 현금보조방식은 현물보조방식보다 저소득층의 후생증대에 보다 효율적인 수단임을 알 수 있다. 또한 현금보조방식은 소비자의 예산집합영역이 현물보조방식보다 △ACE_1만큼 넓게 나타나 있고, 이는 소비자의 선택폭이 그 만큼 넓다는 것을 의미한다[30]. 하지만 정책의 목적이 저소득층에게 생필품인 X재를 더 소비하도록 보조하는 것이라면 현물보조에서의 균형점 E_1과 현금보조에서의 균형점 E_c에서 알 수 있듯이 현물보조가 더 효과적이다.

29) Y재를 동일하게 0-A만큼씩 선택할 수 있으면서

30) X재를 Y재 보다 현저하게 선호하는 저소득자에게는 현금보조방식이나 현물보조방식이나 후생의 차이가 없다.

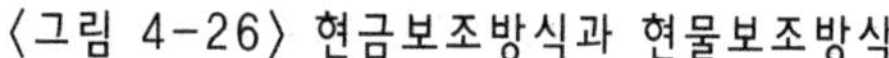

〈그림 4-26〉 현금보조방식과 현물보조방식

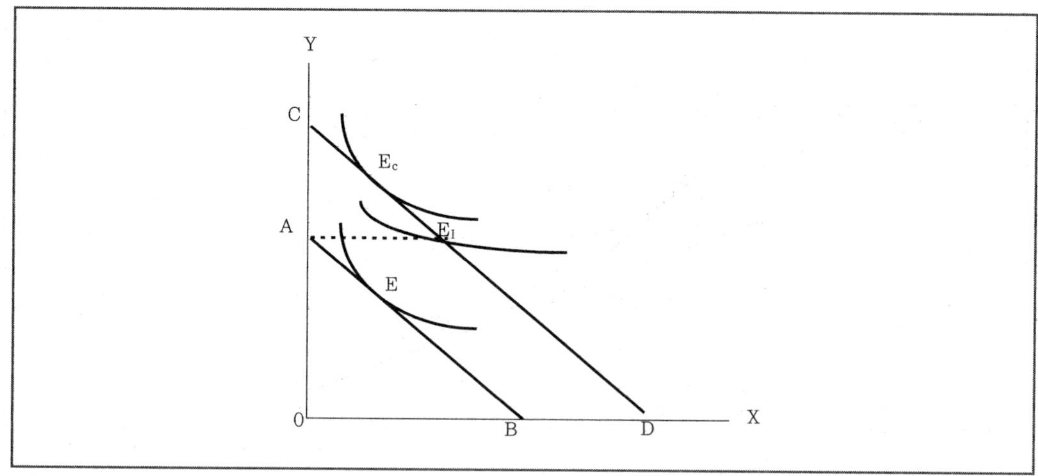

② **현금보조와 가격보조**

<그림 4-27>에서는 현금보조와 가격보조의 차이를 비교하고 있다. 정부가 보조정책을 시행하기 이전의 소비자균형점은 E점이다. X재가 생필품이여서 정부가 X재에 대한 가격보조정책을 취하여는 경우 소비자는 X재를 구매할 때 점선 P-E_P만큼의 X재를 추가로 구입할 수 있는 가격을 할인받는다 하자. 이때 예산선 A-B는 예산선 A-B'로 변하게 되고, 소비자균형점은 E점에서 E_P점으로 이동하게 된다. 한편 X재를 점선 P-E_P만큼 추가로 구입할 수 있는 현금을 보조하는 경우 소득이 증대한 것과 동일하고, 최초의 예산선 A-B는 우측으로 평행이동하여 예산선 C-D가 된다. 소비자균형점은 E점에서 E_c점으로 이동하게 된다. 따라서 현금보조방식은 가격보조방식 보다 저소득자들의 후생증대에는 효율적으로 기여한다는 것을 알 수 있다. E_c점의 무차별곡선이 E_p점의 무차별곡선보다 원점으로부터 더 우측에 있기 때문이다. 가격보조방식이 현금보조방식에 비해 비효율적인 이유는 X재에 대한 정부의 가격보조로 상대가격비($\frac{Px}{Py}$)를 인위적으로 교란하게 되여 나타나는 현상이다.

현물지급방식은 저소득자에게 특정한 상품에 대한 수요를 강제한다는 점(현금지급방식에 비해 자유로운 선택의 폭이 좁아진다.)과 가격보조방식은 상대가격을 교란한다는 점으로 인해 현급지급방식에 비하여 효율성은 떨어진다. 하지만 정책목표가 저소득자에게 정책수단을 동원하여 단지 X재(쌀)의 소비만을 증대시키는 것이라면 현물지급방식이나 가격보조방식은 현금지급방식에 비해 보다 효과적임을 알 수 있다. <그림 4-27>에서 보는 바와 같이 현금지급방식은 X재의 소비수준이 Q_c에서 결정되지만 가격보조방식은 Q_p에서 결정된다는 것을 알 수 있다.

〈그림 4-27〉 현금보조방식과 가격보조방식

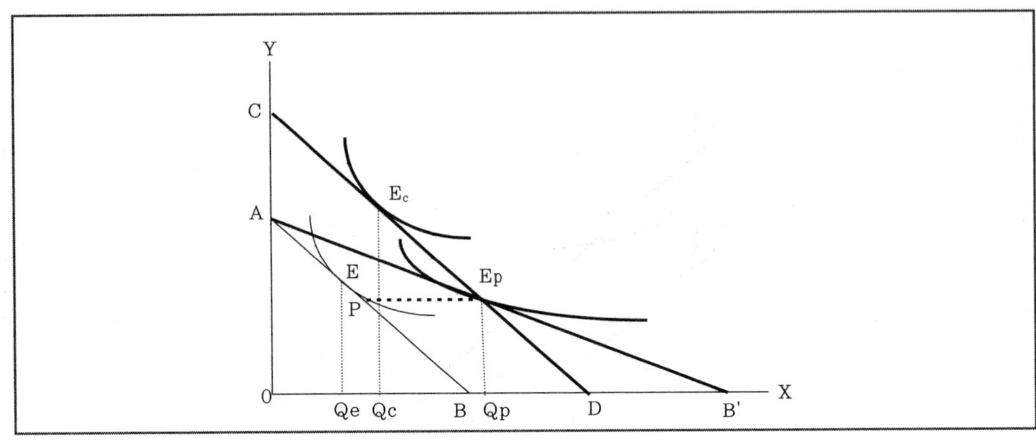

③ 조세와 소비자의 후생

정부가 세금을 부과하면 조세부담으로 인해 담세자의 후생은 감소하게 된다. 정부가 어떤 세금을 부과하느냐에 따라 담세자의 후생감소가 다르게 나타날 수 있다. <그림 4-28>에서는 소득과세와 소비과세의 후생감소효과의 차이를 나타내고 있다. 조세부과전의 소비자가 직면하는 예산선은 A-B이고, 소비자 균형점은 E점이라 하자. F-G만큼의 소비세가 부과되는 경우 예산선은 A-B'로 회전하게 되고 새로운 소비자균형점 Ec가 성립하게 된다. 따라서 소비과세는 소비자의 후생수준을 E점에서 E_c점까지 감소시킨다는 것을 알 수 있다. 또한 소비자는 X재를 X_1만큼 소비함에 있어 소비과세이전에는 A-F만큼의 소득을 지불하였던 것에 비하여 소비과세이후에는 A-G만큼의 소득을 지불하고 있다는 것을 알 수 있다. 소비자는 소비과세로 인하여 F-G만큼의 추가소득을 희생시키고 있는 셈이다. <그림 4-28>에서 소득과세가 F-G만큼 이루어지는 경우 과세이전의 예산선 A-B는 좌측으로 수평이동하여 예산선 C-D가 될 것이다. 소비자균형점은 E점에서 E_I점으로 이동하게 된다. 따라서 F-G만큼의 소득과세는 소비자의 후생수준을 E점에서 E_I점만큼 감소시킨다는 것을 알 수 있다. 따라서 **소비세과세가 소득과세보다 소비자의 후생수준을 E_I점에서 E_c점만큼 더욱 희생시키는 과세**라는 것을 알 수 있다.

〈그림 4-28〉 조세와 소비자의 후생

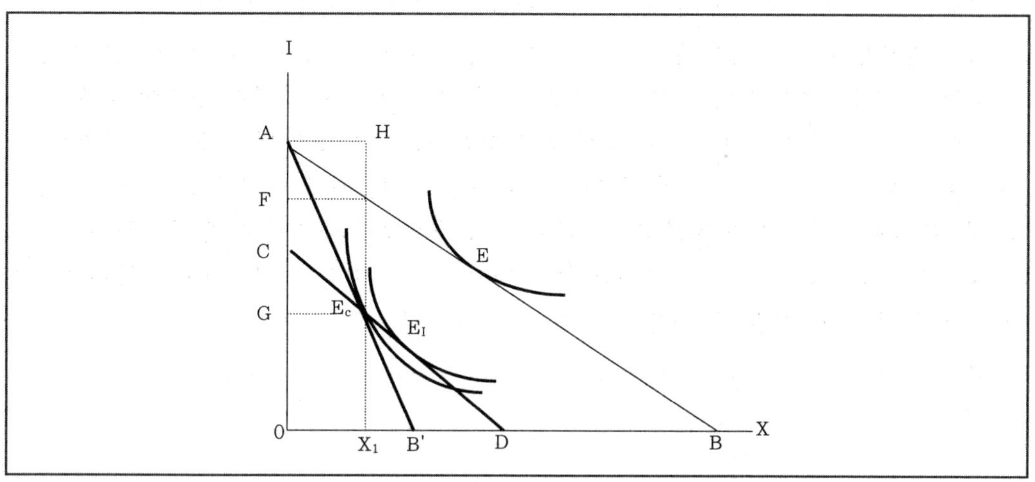

보탬 1 효용함수는 문화적 요소를 반영한다.

소비자이론에서는 효용함수가 중요하다. 효용함수는 장바구니에 담겨있는 물품조합에 대한 소비자 개인의 주관적 선호도에 의해 결정된다. 똑 같은 음식물일지라도 선호도에서는 개인 간의 격차가 존재한다. 더구나 문화나 역사가 다른 국가나 인종 또는 민족 간에는 동일한 음식물에 대하여도 선호도간 절벽이 존재하고 있다. 우리는 농경문화이고 농경문화에서는 개나 돼지는 청소동물이었으며 부족한 단백질을 보충해주는 경제적인 동물로 인식돼 왔다. 똥개나 똥돼지 문화가 여기에 해당한다. 인간이 먹고 남긴 찌꺼기나 배설물을 처리해 주는 유익한 동물로써 인간과의 먹이 경쟁관계를 해소하는 문화적 산물이었다. 따라서 우리민족에게는 돼지는 풍요를 상징하는 복돼지로 인식되었고 식용개의 경우에는 보신탕이나 개소주라는 원기회복의 주원료로 사용돼 왔다. 하지만 수렵문화인 서구의 경우에는 이와는 전혀 다르게 인식돼 왔다. 개는 사냥을 할 때 동업자이자, 자신을 보호해주는 보디가드이며, 생산성을 높이는 자본재로써 매우 유용한 존재였다. 개에게는 가족이며 친구이고 동료로써의 의미가 부여된다. 따라서 그들은 개를 식용으로 여기는 것을 혐오하고 비문명적 행위로 치부한다. 한편, 인도의 경우에는 농경문화이고 소는 오늘날 트랙터와 같은 자본재였다. 뿐만 아니라 인간과 먹이경쟁관계에 있지 않은 청소동물이며 부족한 단백질을 보충해주는 우유를 공급해준다. 인도에서는 소는 특히 새로운 자본재를 재생산하는 암소의 경우에는 잡아먹어서는 아니 될 금기사항에 해당한다. 덧붙여서 중동에서는 돼지는 혐오동물이고 인도의 경우와는 전혀 다르게 금기의 대상에 포함된다. 사막지대인 중동지역에서는 물과 그늘이 필요한 돼지의 사육에는 많은 비용이 든다. 뿐만 아니라 돼지는 곡식을 먹는 인간과 먹이경쟁관계를 형성하고 달구지나 쟁기를 끌지도 못하며 생존에 매우 유용한 우유나 가죽도 제공하지 못한다. 비용은 높고 편익은 낮은 동물인 것이다. 따라서 돼지고기는 금기이며 돼지는 혐오동물로 취급된다. 정리하면 효용함수는 선호관계에서 출발하며 문화적 요소들은 선호관계에서 배제될 수 없다. 따라서 효용함수 U=f(X·Y)는 문화적 함수관계인 셈이다. 다음 마당에서는 기술적 함수관계인 생산함수(Q=f(L·K)에 대해 학습하게 될 것이다.

6 마디 불확실성하에서의 소비자이론

지금까지 학습한 소비자이론은 불확실성이나 위험이 없는 경제상황에서 소비자의 최적선택을 설명하는 이론이었다. 그런데 우리는 현실경제에서 불확실한 상황에 직면하는 경우가 빈번하다. 복권이라는 던지, 여러 가지 게임, 보험의 가입, 자산의 구성에 이르기까지 불확실한 상황에서의 선택문제가 제기된다. 여기서는 불확실한 상황에서 소비자는 어떤 원리에 의해 선택을 결정하게 되는지에 대해 학습해 보자.

1. 기대치란 무엇인가?

기대치란 불확실한 상황에서 확률적으로 얻을 수 있는 값을 말한다. 특정한 결과가 발생할 확률에 그 결과가 나왔을 때 지불되는 상금을 곱한 것을 모든 결과에 대해 합한 값을 의미한다. 예를 들어 복권을 구매했을 때 복권이 당첨될 확률에 당첨금을 곱하고 당첨되지 않았을 때 그 결과를 합하면 기댓값을 구할 수 있다. 복권에 당첨될 확률이 $\frac{1}{10}$이고 당첨금은 100만원이라 하자. 당첨금의 기대치(expected value)는 다음의 수식으로 구할 수 있다.

당첨금의 기대치=$\frac{1}{10}\times$100만원 + $\frac{9}{10}\times$0원 =10만원

기대치를 이용하여 우리는 불확실한 상황에서 벌어지는 게임의 결과에 대해 공정한 게임인지 불공정한 게임인지를 판정할 수 있다. 위의 예에서 복권의 구매가격이

만약 10만원이라면 공정한 게임이고 복권의 구매가격이 10만원보다 높다면 불공정 게임이 되는 것이다. 게임에 거는 비용이 기대치와 동일하면 공정한 게임이고 그 보다 높으면 불공정한 게임이 되는 것이다.

2. 기대효용이란?

불확실한 상황에서 소비자가 어떤 선택을 할 때 그의 어떤 선택에 대한 결과를 확률적으로 예측한 다음 기대치를 구할 수 있다. 그런데 위의 예에서 기대치가 10만원이고 복권가격은 20만원이라면 그 복권을 사는 것은 불합리한 선택이 될 것이다. 실제로 사람들은 복권을 구매하는데 그들은 기대치에 의존하지 않고 조건부 상품을 선택한다는 것을 알 수 있다. 기대효용이론은 이런 현상을 설명할 수 있는 이론이다. 선택에 영향을 미치는 결정적 요인은 기대소득이 아니라 소비자의 위험에 대한 태도라는 것이다. 그 사람의 위험에 대한 태도가 바로 기대효용의 크기를 결정한다는 것이다. 위험을 기피하는(risk averse) 사람의 경우 기대치가 높더라도 위험상품을 선택하지 않을 수 있고 위험을 선호하는(risk loving) 사람의 경우 기대치가 낮더라도 위험상품을 선택할 수 있게 되는 이유이다. 그렇다면 위험에 중립적(risk neutral)인 사람의 경우에는 기대치가 크다면 위험상품을 선택하고 기대치가 작다면 위험상품을 회피하게 될 것이다. 기대효용이론의 핵심은 이와 같이 기대치에 의해 조건부상품에 대한 선택이 결정되는 것이 아니라 그 사람의 기대효용에 의해 결정된다는 원리이다.

3. 기대효용이론

기대효용이론에 관해서는 폰 노이먼(J. von Neumann)-모겐스턴(O. Morgenstern)의 이론을 중심으로 학습해 보자. 기대효용이론(expected utility theory)에서는 불확실성하에서의 소비자의 선택기준은 기대소득이 아니라 기대효용이라는 가정에서 출발한다. 우리는 기대효용을 다음과 같은 수식으로 구할 수 있다.

기대효용E[U(20)] = 당첨될 확률(2/10) 효용(100) + 당첨 안될 확률(8/10) 효용(0)

① 상공간과 소비자의 선호체계

위험성이 내포되어 있는 상품묶음들의 선호관계를 나타내기 위해서 먼저 상공간의 정의가 필요하다. <그림 4-29>에서 소비자의 선택의 대상을 확실한 시장에서처럼 상품묶음으로 표시하였으나 그 상품묶음들이 위험성이 내포될 수 있도록 상공간에 확률분포를 나타내었다. 예를 들어 A점은 X재 X_1과 Y재 Y_1만큼이 나올 확률 (p)=1/3

이고, B점은 X재 X_2와 Y재 Y_2만큼이 나올 확률 (1-p)=2/3를 의미한다. 확률분포가 주어진 상공간은 마치 수많은 추첨권(lottery ticket)으로 구성된 공간으로 생각할 수 있다. L이라는 추첨권이 있다하자. 이 추첨권이 당첨되었을 때의 상(B점)과 당첨되지 않았을 때의 상(A점)을 포함하고, 당첨될 확률(p)과 당첨되지 않을 확률(1-p)을 포함한다. 이것을 수식으로 나타내면 L [B(p), A(1-p)]가 된다. 만약 A점과 B점으로 표시된 상이 달라진다면, 확률이 달라지고 이에 따라 무수히 많은 추첨권으로 다시 표현된다. <그림 4-29>의 상공간은 이와 같은 무수히 많은 추첨권으로 구성되며, 여기에 대한 소비자의 선호관계가 주어져 있다고 가정한다.

〈그림 4-29〉 상공간과 소비자의 선호체계

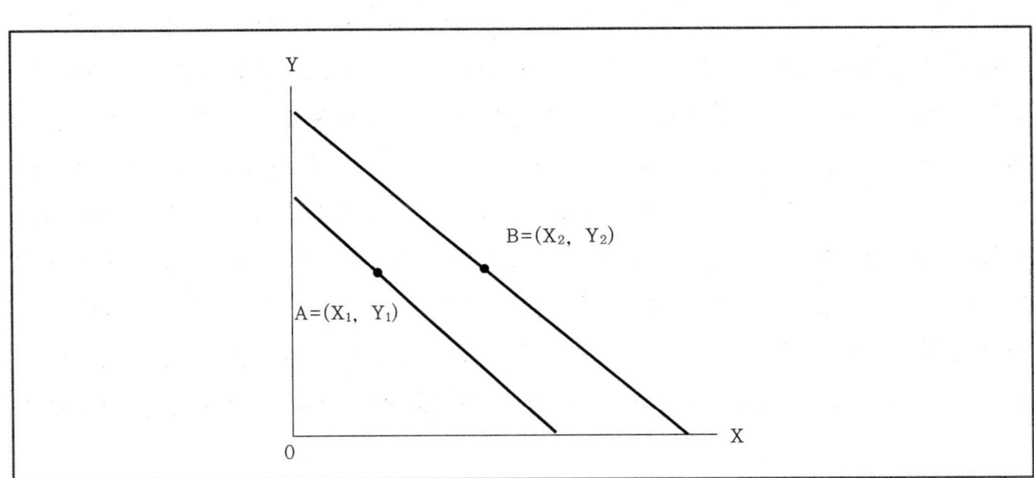

폰노이먼과 모겐스턴은 확률분포가 주어진 상공간에 대한 소비자의 선호관계는 기대효용함수로 표현될 수 있으며, 이를 위해서는 다음의 기본가정이 충족되어야 함을 논증하였다.

② 선호체계의 기본 가정

선호관계를 기대효용함수(expected utility function)로 표현하기 위해서는 상공간에 대한 소비자의 선호관계가 다음의 기본가정들을 충족하여야 한다. 첫째, 완전성과 이행성이다. 먼저 완전성은 상공간에 속하는 L_1 과 L_2 에 관하여 소비자의 선호가 항상 표시되어야 함을 말한다. 무엇을 더 선호한다든지 덜 선호한다든지 아니면 무차별하다든지 등의 선호가 표시되어야 한다. 이행성은 $L_1 > L_2$ 이고 $L_2 > L_3$이면 반드시 $L_1 > L_3$ 이여야 함을 말한다. 둘째, 연속성이다. 두 개의 상품이 있는데 하나는 불확실성을

내포한 추첨권이고, 하나는 확실한 상품묶음이라 하자. 이를 $L_1[A(p), B(1-p)]$와 상품묶음 C로 표현할 수 있다. 여기서 만약 p=1 이라면 $L_1>C$이고 p=0 라면 $L_1<C$ 이다. 이때 $L_1 \cong C$ 하게 하는 $0<p<1$ 가 존재한다. 이는 A>C>B 일 때 $C \cong L_1[A(p), B(1-p)]$ 하게 하는 $0<p<1$ 이 존재하여야 한다. 셋째, 독립성이다. A와 B로 상을 주는 L_1과 L_2가 있다하자. 당첨될 확률 p는 L_1과 L_2가 동일하다. 이럴 경우 소비자는 $L_1 \cong L_2$ 성립해야 한다. 넷째, 부등확률성이다. $L_1[A(p_1), B(1-p_1)]$ 과 $L_2[A(p_2), B(1-p_2)]$ 가 있고, L_1과 L_2의 상은 동일하다. 그런데 $P_1>P_2$이면 $L_1>L_2$이여야 한다. 다섯째, 복합성이다. L_1과 L_2가 있다. L_1은 상으로 A를 받고, L_2는 당첨되면 또 다른 추첨권을 받는다 하자. 그런데 최종적으로는 L_2의 상도 A이며 L_1과 L_2가 A를 얻을 확률은 동일하다면 $L_1 \cong L_2$ 성립해야 한다. 위의 기본가정들이 충족될 때 L에 대한 기대효용을 수식으로 나타내면 다음과 같다.

$$U(L) = p\, U(A) + (1-p)\, U(B)$$

〈그림 4-30〉 소득의 효용함수와 기대효용

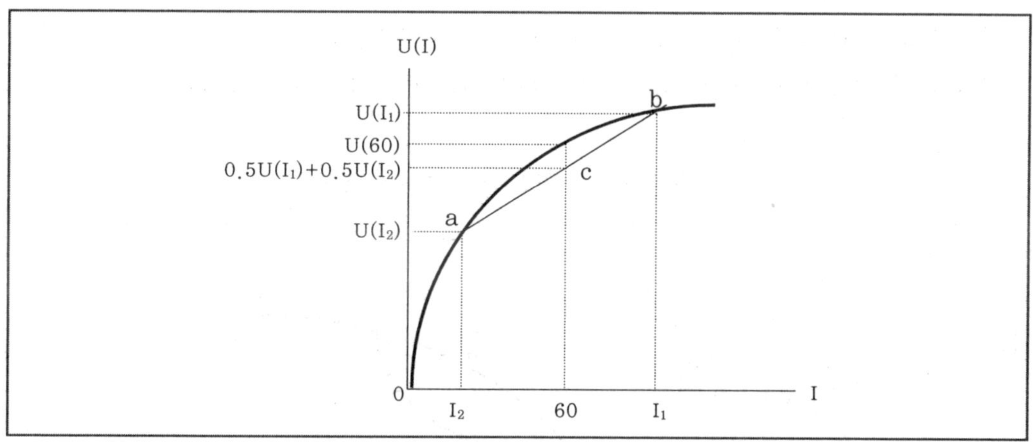

복권의 당첨금을 화폐액으로 표시하는 경우 소비자가 $L[I_1(p), I_2(1-p)]$ 복권을 구매했다 하자. 복권에 대한 소비자의 기대효용은 $U(L) = pU(I_1) + (1-p)U(I_2)$가 된다. <그림 4-30>에서 수평축은 소득을 나타내고, 수직축은 소득에 대한 소비자의 효용을 나타낸다. 포물선은 소비자의 소득에 대한 총효용곡선이며, 아래를 향해 오목한 것은 소득의 한계효용이 체감함을 의미한다. L의 기대효용은 $pU(I_1) + (1-p)U(I_2)$이므로 p=1이면 $U(L)= U(I_1)$이고 <그림 4-30>의 b점이며 p=0이면 $U(L)= U(I_2)$이고 a점이 된다. $0<p<1$면 $pU(I_1) + (1-p)U(I_2)$이고 <그림 4-30>의 a-b선상의 어느 한 점이 될 것이다. 만약 p=0.5라면 <그림 4-30>의 a-b선상의 중간점인 c점이 된다. $U(I_1)=100$이고, $U(I_2)=20$

이라면 L의 기대효용은 P=1이면 100이 되고, P=0이면 20이 되며, P=0.5이면 60이 된다는 것을 알 수 있다.

4. 소비자의 태도와 조건부상품의 선택

<그림 4-30>에서 소득효용함수와 기대효용에 대해 살펴보았다. 불확실성하에서 소비자는 기대소득보다는 기대효용에 의해 선택행위를 결정하므로 소비자의 위험성에 대한 태도에 따라 조건부상품[31]에 대한 소비자의 선택은 다르게 나타난다. 소비자의 위험에 대한 ① 위험기피적인(risk averse)태도, ② 위험선호적인(risk loving)태도, ③ 위험중립적인(risk neutral)태도에 따른 소비자들의 선택원리에 대해 학습해 보자.

① 위험기피적인 태도

<그림 4-31>은 다음과 같은 조건하에서 도출된 소득효용곡선이다.

소비자에게 주어진 추첨권은 $L[I_1(p), I_2(1-p)]$이라 하자.

I_1 = 100만원이고 I_2 = 20만원이며, 당첨될 확률 p = 0.5이다.

추첨권의 기대소득 $E(L) = p\ I_1 + (1-p)\ I_2$ = 60만원이다.

추첨권의 기대효용 $U(L) = p\ U(I_1) + (1-p)\ U(I_2)$로 나타낼 수 있다.

〈그림 4-31〉 위험기피적 태도와 선택

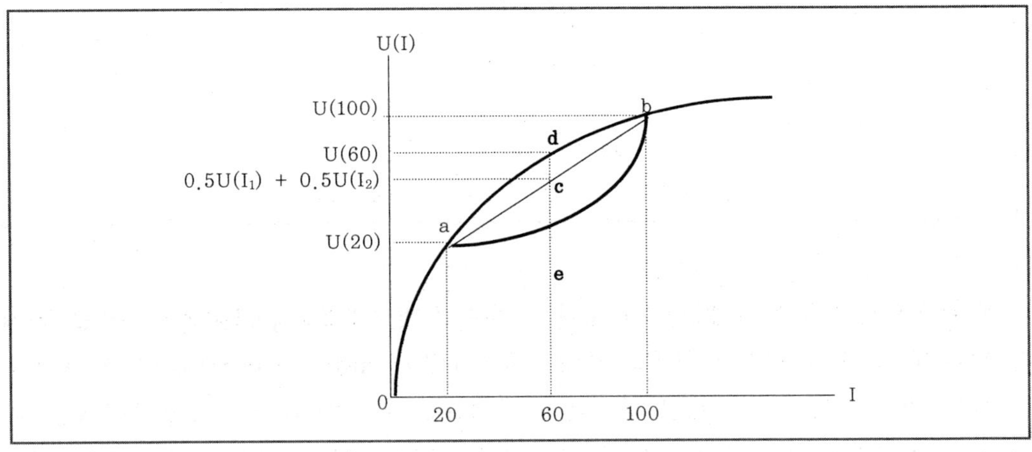

위험기피적 태도를 가진 소비자의 경우 60만원의 현금과 추첨권(기대소득이 60만원) L[32]을 선택하게 하였을 때 소비자는 현금을 선택하게 될 것이다. <그림 4-31>에

31) 추첨권과 동일시하자.

서 소비자의 기대효용은 c점이되고, 소비자의 소득에 대한 효용은 d점이 된다. 소비자의 소득에 대한 효용이 기대효용 보다 높게 나타나 있다. 이런 현상은 소비자의 소득효용곡선이 위험기피자의 경우 원점을 향해 오목하기 때문이다. <그림 4-31>은 기대소득과 기대효용을 비교하여 소비자가 선택행위를 결정하는 원리를 보여주고 있다. 위험을 기피하는 태도를 가진 소비자는 공정한 게임이라 하더라도 조건부상품을 선택하지 않는다는 것을 알 수 있다[33].

② 위험선호적인 태도

<그림 4-32>는 <그림 4-31>과 동일한 조건하에서 도출되었다. 서로 다른 점이라면 <그림 4-31>은 소득효용곡선이 오목성을 가지고 있고 <그림 4-32>는 볼록성을 가지고 있다는 점이다. 소득효용곡선의 형태에는 소비자의 위험에 대한 태도가 반영되어 있다. <그림 4-32>는 소비자의 위험에 대한 태도가 위험선호적이라는 것이 반영된 소득효용곡선이다. 소비자에게 60만원의 현금과 추첨권 L(기대소득 60만원)를 선택하게 하였을 때 소비자는 추첨권 L을 선택하게 될 것이다. <그림 4-32>에서 소비자의 기대효용은 c점이 되고, 소비자의 소득에 대한 효용은 e점이 된다. 소비자의 추첨권에 대한 기대효용이 소비자의 소득에 대한 효용 보다 높게 나타나 있기 때문이다. <그림 4-31>에서 c점과 e점, 그리고 d점과 c점을 한 번에 비교할 수 있다.

〈그림 4-32〉 위험선호적인 태도와 선택

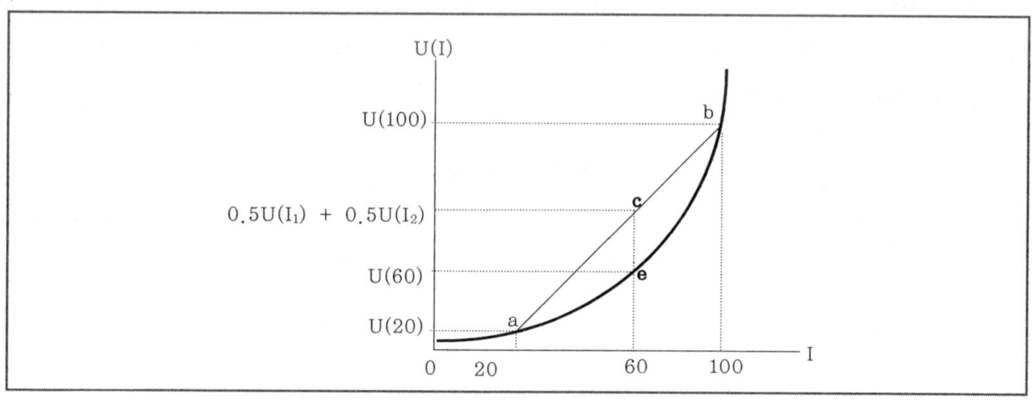

③ 위험중립적인 태도

위험중립적인 태도를 가지는 소비자의 경우 소득효용곡선은 <그림 4-32>의 a-b선

32) 추첨권의 기대소득과 추첨권의 값이 동일한 경우 공정한 게임(fair game)이라 한다.

33) 세인트 피터스버그의 역설(St. Petersberg's paradox)이 대표적인 예이다.

처럼 우상향하는 직선이 된다. 이것은 위험중립적인 경우에는 기대효용곡선과 소득효용곡선이 동일하다는 것을 의미한다. 따라서 위험중립적인 소비자는 현금을 선택하든 추첨권 L을 선택하든 무차별한 결과를 나타낸다는 것을 알 수 있다.

5. 보험료의 산정

복권을 구매하는 소비자는 위험선호자에 해당하고 보험상품을 구매하는 소비자는 위험기피자라 할 수 있다. <그림 4-31>의 위험기피자의 소득효용곡선과 기대효용을 이용하여 적정보험료를 산정할 수 있다. 사고를 내는 확률 p=1이면 <그림 4-33>의 a점과 같다. a점에서는 소비자의 소득효용과 기대효용이 동일하고 소득은 사고로 인하여 최초의 소득 I_1에서 I_2로 격감하였다. 사고를 내지 않는 확률 p=0이라면 <그림 4-33>에서 b점과 같다. 역시 소비자의 소득효용과 기대효용이 동일하고 소득은 최초의 소득 I_1이 그대로 유지된다. 그러나 현실적으로는 사고를 내지 않을 확률이 $0<p<1$ 영역에 속한다. 따라서 위험기피적 태도를 가지는 사람들은 보험에 가입하려 할 것이다. 만약 사고가 날 확률이 π이고 기대소득은 I_e라 하자. 그런데 위험기피자의 기대효용은 I_u에서 등가되므로 확실대등액은 I_u이다. 기대소득 I_e와 보험회사가 지급하는 보험지급금(현금)은 I_u에서 같아진다는 의미이다.(I_e=I_u) 따라서 위험기피자에 대한 적정보험료는 I_1-I_e(d-e)이고 부담할 여지가 있는 최대보험료는 I_1-I_u(c-e)에 해당한다. I_U-I_E(c-d)를 위험프리미엄(risk primeum)이라고 한다. 위험기피자인 소비자는 적정보험료 I_1-I_e(d-e) + 위험프리미엄 I_U-I_E(c-d)의 보험료의 범위내에서 보험에 가입하게 될 것이다. 보험회사가 I_1-I_u(c-e)이상의 보험료를 설계한다면 위험기피적인 소비자는 보험에 가입하지 않을 것이다.

〈그림 3-33〉 보험료의 산정

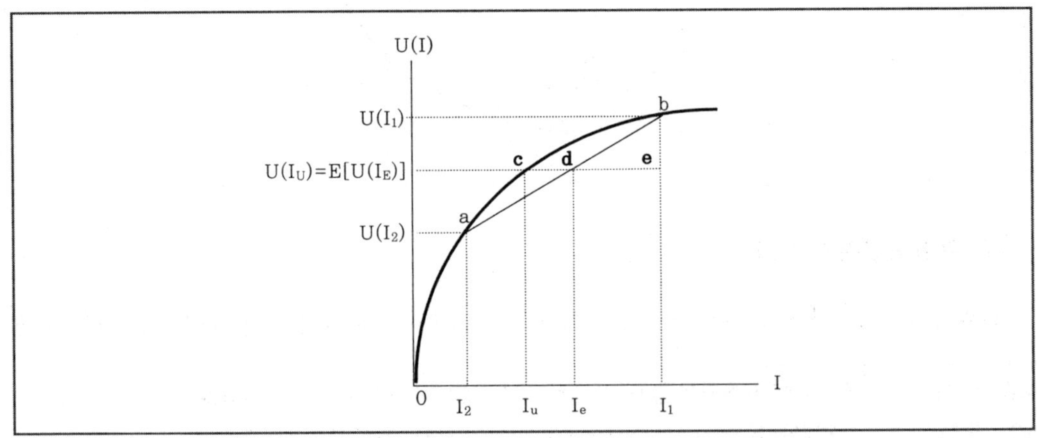

마당 5 생산자이론

경제는 생산과 소비가 핵심이다. 소비하지 않고 생존할 수 없으며 생산하지 않은 것을 소비할 수는 없는 일이다. 에덴동산에서 아담은 금기인 사과를 따 먹었다. 이런 행위도 경제학적으로는 생산과 소비행위일 뿐이다. 생산이란 생산요소를 조합한 결과물이다. 주어진 생산요소들을 최적으로 조합하는 선택과정이 생산에 관한 의사결정이다. 아담은 자연(토지=사과나무)과 노동을 조합하여 사과를 생산하였고 소비할 수 있게 되었다. 에덴동산에 사과나무가 있고 사과가 열려있더라도 아담의 노동이 가미되지 않는다면 아담은 사과를 소비할 수 없다. 가장 원초적인 생산과정이라 할 수 있다. 현대경제에서는 생산의 주체가 기업이다. 기업은 생산요소를 조합하여 생산하고 그 생산물을 판매하여 이윤을 극대화한다. 이런 과정을 우리는 생산자행동으로 이해할 수 있고 이를 설명하기 위한 모형으로 생산자 이론을 개념화 했다. 시장경제에서 수요와 공급은 생산활동과 소비활동을 축약해 개념화한 것이다. 수요는 소비자의 시나리오이고 공급은 생산자의 시나리오이다. 따라서 소비자이론과 생산자이론에 대한 정확한 이해는 경제학 전반을 체계적으로 이해하는 첫걸음과 같다. 공급의 주체인 기업은 생산기술상의 제약과 시장구조에 의해서 생산량과 가격을 결정하는데 제약을 받게 된다. 생산기술상의 제약은 생산함수에 함축돼 있고 생산함수는 비용함수와 쌍대관계를 형성한다. 생산자이론 마당에서는 ① 생산이론, ② 비용이론, ③ 기업의 이윤극대화이론에 대해 학습해 보자. 그리고 난후 다음 마당에서 시장제약, 즉, 시장구조에 대해 학습하기로 한다.

1 마디 생산자이론 들어가기

1. 생산자이론 엿보기

생산의 주체는 기업이다. 기업은 개인회사, 합명회사 또는 합자회사, 주식회사[1]가 있다. 기업은 주어진 제약조건하에서 생산요소를 최적배분하여 이윤을 극대화하고자 한다. 그런데 기업은 이를 위해 첫째 **기술적 제약(생산함수)**, 둘째 **비용제약(비용함수)**, 셋째 **이윤극대화조건(이윤함수)**의 범주 안에서 최적의 선택을 하게 된다. 따라서 생산자이론에서는 생산함수, 비용함수, 그리고 이윤함수에 대해 학습하게 될 것이다. 이와 같은 생산자이론을 이해함으로써 어떤 시장구조 하에서 어떤 형태의 공급곡선이 왜 그런 모양으로 도출되는지를 이해할 수 있는 기초를 다지게 된다.

2. 생산주체와 생산요소

경제는 생산과 소비의 연속적 순환과정이다. 생산은 소비를 창출하고 소비에 대한 욕구와 필요는 생산을 더욱 증대시킨다. 생산의 주체는 기업이고, 기업은 생산요소를 결합시키는 역할을 수행한다. 한편, 오늘날과 같은 첨단의 생산능력과 고도의 소비단계가 성립되는 과정에는 인류의 보편적 생산양식이 그 기반을 제공하였다. 교환문화를 바탕으로 분업이 발달할 수 있고, 분업의 발달은 특화와 전문화를 가속화했다. 그로 인한 생산성의 증대는 자본축적을 가속화했을 뿐만 아니라 투자증대로 인한 기술의 발달을 더욱 증진시켰다.

① 생산과 생산요소

생산이란 인간의 효용을 증대시키는 모든 행위를 말한다. 첫째, 기존의 재화를 교환하는 행위는 생산이다. 둘째, 기존의 재화를 운반하는 행위도 생산이다. 셋째, 어떤 재화를 저장하는 행위도 생산이다. 넷째, 어떤 재화를 가공, 변형, 개조하여 새로운 재화를 만드는 행위도 생산이다. 다섯째, 각종 용역을 창출하는 행위도 생산이다. 한

---

1) 개인회사는 한사람에 의해 소유, 소유주는 모든 이윤, 부채, 손실에 대해 책임, 개인소득세가 부과되는 기업을 말하며, 합명이나 합자회사는 여러 명에 의해 소유, 이윤, 부채, 손실에 대해 공동 무한책임, 개인소득세가 부과되는 기업을 말한다. 주식회사는 모든 이윤, 부채, 손실은 주식회사가 책임을 지며, 주주는 투자한 한도 내에서 책임을 지고 이윤에 대해서는 법인세가 부과된다.

편 생산물을 산출하기 위해서는 생산요소를 투입하여야 한다. 인간의 노동과 자연의 생산력은 가장 기본이 되는 생산요소이다. 이를 **본원적 생산요소**라고도 한다. 또한 **자본[2])은 인간에 의해서 재창출된 생산요소**이다. 생산력의 향상에 의한 잉여와 인간의 두뇌 그리고 손에 의해서 만들어진 생산요소이다. 이를 **파생적 생산요소**라고도 한다. 이외에도 경영과 기술이 생산요소로 존재한다. 특히나 현대사회에서의 생산성 향상은 기술진보가 주도하는 것으로 검증되고 있다.

보탬 1 부자가 존경받는 이유

생산이란 인간의 효용을 증대시키는 모든 행위라 정의된다. 자신을 포함하여 다른 사람들을 행복하게 하는 것은 생산행위에 포함된다. 다른 사람이 필요로 하는 것들을 충족시키는 행위라면 생산적인 행위이다. 반대로 자신을 포함하여 다른 사람들을 괴롭히는 행위는 비생산적인 행위에 해당한다. 우리는 전통사회에서 흥부와 같은 가난한 자(淸貧)를 동정해 왔다. 가난은 죄가 아니다. 황금보기를 돌같이 하라. 깨끗한 가난이 존경의 대상이었다. 그런데 1960년대 이후 우리나라의 경우에도 산업화와 시장경제가 발달하면서 가난보다는 부를 추구하는 물질중심의 사회풍조가 만연하게 된다. 권력과 유착하여 또는 불법적인 투기까지 일삼으며 “나도 한번 잘살아보겠다”고 흥부처럼 대박의 꿈을 추구해 왔다. 우리가 여기서 주목해야 할 점은 다른 사람은 쪽박을 차도 나만 대박나면 그만이라는 잘못된 부에 대한 관념이다. 경제학에서는 이런 경제행위를 지대추구행위(rent seeking activity)라 한다. 쉽게 설명하면 Zero-Sum Game을 의미하는 것이다. 마치 도박처럼 내가 1억을 땄다는 것은 상대방은 1억을 잃었다는 것을 의미한다. 누군가의 희생 없이는 자신의 이익이 발생할 수 없는 게임을 말한다. 투기와 같은 것이다. 그런데 생산행위란 Zero-Sum 게임이 아닌 Plus-Sum 게임에 해당한다. 전체(sum)가 증가하기 때문에 어느 누군가의 희생이 전혀 없는데도 불구하고 우리는 모두 행복해 질 수 있다는 논리이다. 누이 좋고 매부 좋은 그런 상황이 바로 Plus-Sum 게임이고 생산이란 개념에 해당한다. 멋진 자동차를 생산하여 부자가 되었다면 그 만큼 어느 누군가에게 멋진 자동차를 소유할 수 있게 하여 그의 부도 증대되었음을 알 수 있다. 또한 그는 멋진 드라이브를 즐기며 행복해 한다. 박지성은 발길질로 부자가 될 수 있었다. 왜냐하면 박지성의 발길질은 우리에게 고통을 주는 것이 아니라 그 만큼 행복을 주기 때문이다. 따라서 박지성은 생산적인 사람이다. 고 정주영 씨가 죽어서

2) 인적자본(human capital)과 물적자본(physical capital)으로 구분된다. 또한 물적자본은 자본(capital)과 자본재(capital goods) 그리고 화폐자본(money capital)의 구분이 있다.

존경받는 이유는 그는 생산적인 사람이었고, 깨끗한 부를 추구한 사람이었다. 그래서 그의 부는 존경의 원천이고 그만큼 다른 사람들의 부를 키우는 촉진제였다. 대체로 기업인이 존경받는 사회는 풍요로운 사회다. 다만 기업인은 생산적인 사람이고 깨끗한 부를 추구하는 청부(淸富)의 상징이어야 한다. 깨끗한 부는 다른 사람들조차 부자로 만들 수 있는 마이더스의 손과 같은 마력을 지녔기 때문이다.

② 기업과 기업의 목표

현대 경제학에서 일반적으로 소비행위의 주체는 가계를, 그리고 생산행위의 주체는 기업으로 정의하고 있다. 생산자는 생산활동을 하는 개별적인 사람을 지칭하겠지만, 기업은 경제행위를 하는 하나의 단위로써 취급된다. 기업은 **분업과 전문화를 체계화**하여 여러 가지 생산요소를 결합하는 조직체이며, 생산활동과 관련한 **기술창조와 경영혁신**을 끊임없이 추구하는 유기체이다. 또한 기업이란 자신의 행위와 관련하여 분명한 목표를 가지고 있으며, 주어진 제약조건하에서 생산활동에 관한 의사를 결정하는 경제행위의 주체단위이다. 기업이 행하는 의사결정(decision making)에는 첫째, 무엇을 얼마나 생산할 것인가와 관련한 의사결정 둘째, 어떤 생산기술을 사용할 것인가와 관련한 의사결정 셋째, 투입되는 생산요소의 량을 결정하고, 생산요소의 반대급부와 관련한 의사결정이다[3]. 그런데 기업은 무엇을 위해서 기업활동에 관한 복잡한 의사결정에 직면해 있는 가? 이런 질문에 대하여 전통 경제학은 이윤극대화를 위해서라고 답하여왔다. 하지만 현대 기업의 특징은 경영과 소유가 분리되고 있으며, 기업의 경영자가 소유자의 목적만을 추종하지 않을 수도 있다는 여지를 남기고 있다. 따라서 현대기업의 행동목적은 이윤극대화가 아니라는 가설도 성립되고 있으며 이런 문제들에 답하기 위해 기존의 이윤극대화가설이 아닌 다양한 대체가설들이 새롭게 등장하고 있다.

3. 생산함수와 생산이론

① 생산함수의 개념

생산이란 개념은 일정기간 동안에 여러 가지 **생산요소의 결합**과 그 결합으로부터 얻을 수 있는 **최대산출량**과의 **기술적 관계**를 포함하고 있다. 따라서 일정기간 동안 투입한 투입물과 그로인한 산출물간의 기술적 관계를 함수로 표현할 수 있으며, 이를

3) 경제학이 다루는 범위로 한정한다.

생산함수(production function)라 한다. 또한 기간의 구분에 따라 단기생산함수와 장기생산함수로 구분된다. 생산이론에서 기간은 크게 단기와 장기로 분류된다. 생산요소 중 하나가 고정요소이고 나머지 하나가 가변요소이면 단기이고, 두 생산요소가 모두 가변요소이면 장기이다. 따라서 생산함수도 독립변수가 하나이면 단기생산함수이고, 독립변수가 둘이상이면 장기생산함수이다[4]. 생산함수의 일반형은 $Q = f(L, K)$로 표현된다. 단기생산함수는 $Q = f(L, \overline{K})$로 표현된다. $\overline{K}$는 고정투입요소를 의미한다.

② 총생산과 한계·평균생산

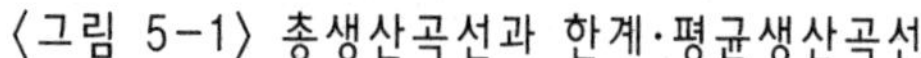
〈그림 5-1〉 총생산곡선과 한계·평균생산곡선

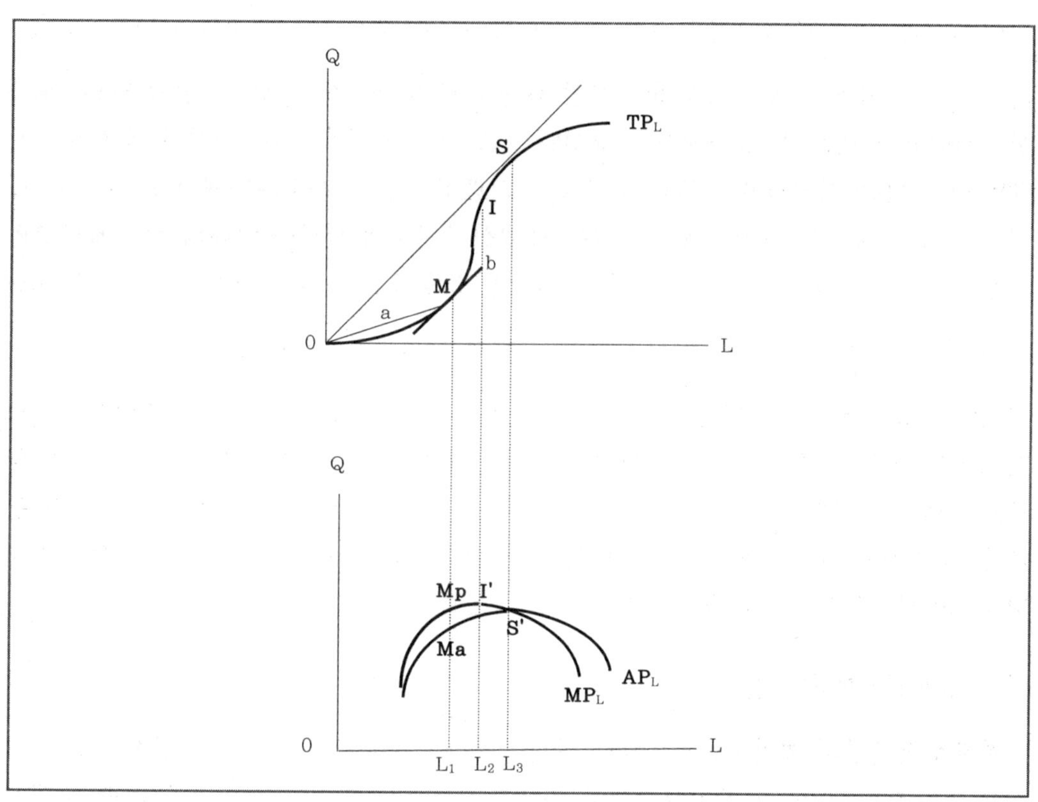

<그림 5-1>에 나타난 생산곡선은 단기생산함수에 의해 그려진 것이다. 여기서는 단기생산함수에 관한 내용들을 학습하기로 한다. 장기생산함수에 관한 내용들은 등량곡선에서 학습하게 될 것이다. <그림 5-1>에서는 단기생산함수 $Q = f(L, \overline{K})$에

4) 일반적으로 평면좌표를 사용하기 위하여 생산요소는 노동과 자본으로 하고 있다. 노동만을 독립변수로 하면 단기 생산함수이고, 노동과 자본을 독립변수로 하면 장기생산함수이다.

의해 도출된 단기총생산곡선(TP_L), 평균생산곡선(AP_L), 그리고 한계생산곡선(MP_L)을 나타내고 있다.

단기총생산곡선은 대부분 S자형의 형태를 보일 수 있다. TP_L곡선은 <그림 5-1>에서 보는 바와 같이 **I점을 변곡점**(inflection point)으로 하는 휘어지는 곡선의 특징을 가진다. **원점에서 I점까지는 볼록성**을 가지며 **I점 이상의 구간에서는 오목성**을 가지고 있다. 이 같은 현상은 노동투입이 증대해감에 따라 I'점(L_2)까지는 총생산의 증가비율(MP_L)이 상승하면서 총생산(TP_L)이 증대하고 있으며, L_2를 초과하는 노동투입의 증대는 총생산량의 증가비율(MP_L=I')이 감소하면서 총생산(TP_L)이 증대한다는 것을 의미한다[5]. I'점은 MP_L의 극대화점이다. 한계생산곡선(MP_L)은 총생산곡선에 접선을 그어 도출한 것이고 총생산함수를 미분한 값이다[6]. 수식으로 표현하면 MPL= $\frac{\Delta Q}{\Delta L}$과 같다. <그림 5-1>에서 접선 b의 접점 M를 아래의 좌표에서 MP_L곡선의 Mp로 도출한 것이다. 다음으로 평균생산곡선(AP_L)은 원점에서 출발하는 직선과 총생산곡선(TP_L)이 만나는 접점들을 연결하여 도출한 그래프이다. <그림 5-1>에서 보는 바와 같이 원점에서 출발하는 직선 a와 만나는 총생산곡선상의 M점을 아래의 좌표에서 AP_L곡선의 Ma로 도출한 것이고 이것은 총생산을 노동으로 나눈 값이다. 수식으로 표현하면 $AP_L = \frac{Q}{L}$과 같다. <그림 5-1>에서 원점을 출발하는 접선a와 접선 b가 총생산곡선(TP_L)상의 S점에서 만난다는 것은 MP_L과 AP_L의 값이 같다는 것을 의미한다. 또한 S점을 아래의 좌표로 옮겨 그리면 S'점이 되고, S'점은 MP_L곡선이 AP_L곡선의 극대점에서 교차한다는 것을 알 수 있다. 따라서 평균생산 AP_L과 한계생산 MP_L의 관계를 정리하면 $MP_L>AP_L$일 때 AP_L은 증가한다. $MP_L<AP_L$일 때 AP_L은 감소하며, $MP_L=AP_L$일 때 AP_L은 극대가 된다.

③ 한계생산체감의 법칙

한계생산체감의 법칙(law of diminisning marginal products)은 다른 생산요소들은 고정투입 요소로 하고 한 생산요소만을 가변투입요소로 하여 요소투입을 계속 증대시켜 가면 처음에는 한계생산이 증가하다가 총생산곡선의 변곡점을 지나면 한계생산이 감소해 가는 경험적 법칙을 말한다. 이를 수확체감의 법칙(law of diminishing returns)이라고도 한다[7]. <그림 5-1>의 아래 그래프에서 한계생산력(MP_L)은 노동투입

5) 생산의 제 3단계에서는 총생산은 감소한다.

6) 이는 노동의 변화율이 0에 가까울 경우 미분값으로 표현된다.

7) 가변비례의 법칙(law of variable propotions)이라고도 한다. 가변비례의 법칙은 가변투입요소의 투입량을 비례적으로 증가시키는 경우 생산량의 증가가 요소투입증가비율에 미치지 못함을 말한다.

만을 증가시킬 때 L_2까지는 증가해 가다가 노동투입이 L_2수준을 초과해 가면 한계생산력(MP_L)이 감소한다는 것을 알 수 있다. 총생산곡선(TP_L)에서는 I 변곡점까지는 MP_L이 증가해 가다가 I점 이상에서는 MP_L이 감소해간다는 것을 알 수 있다. 이와 같은 현상을 한계생산체감의 법칙이라 한다.

보탬 2 평균값과 한계값의 관계

평균값과 한계값의 관계를 수식이나 그래프로 설명하면 학생들은 대체로 어려워한다. 보다 수월한 이해를 위해 예를 들어 보자. 지금 강의실에 있는 학생들의 평균키는 180cm라 하자. 그렇다면 평균값이 180cm인 것이다. 그런데 지각한 학생이 한명 더 강의실에 들어왔다 하자. 참고로 지각한 학생은 변화량이기 때문에 한계값에 해당한다. 그렇다면 강의실 학생들의 평균키는 얼마일까? 이 같은 질문의 답은 바로 한계값의 크기가 결정한다. 이미 기존의 평균값은 180cm로 주어져있다. 그런데 한계값이 180cm라면 평균값과 한계값이 동일하기 때문에 평균값은 여전히 180cm를 유지하게 된다. 만약 한계값(지각한 학생의 키가)이 180cm보다 작은 경우에는 평균값은 180cm보다 작아질 것이고 180보다 큰 경우에는 평균값은 180cm보다 더 커질 것이다. 따라서 정리하면 한계곡선이 평균곡선보다 위에 위치하면 평균곡선은 상향하고 한계곡선이 평균곡선보다 아래에 위치하면 평균곡선은 하향하게 된다. 또한 평균곡선이 정점(극대점이거나 극소점)인 경우에는 한계곡선은 반드시 평균곡선을 교차하여야 한다. 정점이라는 것은 평균값이 변하지 않는 점, 즉 평균이 180cm그대로 유지되는 점을 나타내기 때문이다.

4. 등량곡선

① 등량곡선의 개념

장기생산함수란 두 생산요소 노동과 자본이 모두 변하는 생산함수를 말한다. 이것을 수식으로 나타내면 **Q=(L, K)**와 같다. 장기생산함수를 그래프로 그리려면 삼차원 공간이 필요하다. 변수가 3개이기 때문이다. 이를 삼차원좌표에 그림으로 나타내면 생산곡면(production surface)이 도출될 것이다. 하지만 우리는 평면인 2차원 공간에 그래프를 그려야 하기 때문에 생산곡면에서 등생산량점들을 평면좌표에 옮겨 나타내면 **등량곡선**(isoquant curve)을 도출할 수 있다. **등량곡선(isoquant)이란 일정한 산출량을 생산해 낼 수 있는 서로 다른 생산요소의 모든 조합들을 연결한 선**을 의미한다[8].

② 등량곡선의 특성

소비자이론에서의 무차별곡선과 생산자이론에서의 등량곡선은 유사한 성질을 가지고 있다. 무차별곡선은 소비자의 선호체계에 의한 효용함수에 의해 그려진 그래프이며, 소비자의 주관적 만족도에 대한 서수적 표현이다. **등량곡선이란 생산기술상의 특성을 반영한 생산함수에 의해 그려진 그래프이며, 투입요소의 조합에 대한 구체적인 산출량을 기수적으로 나타**낸다. 첫째, 등량곡선은 원점에서 멀어질수록 보다 많은 산출량을 나타낸다. 둘째, 등량곡선은 교차할 수 없다. 만약 등량곡선이 교차한다면 이행성이 무너지게 된다. 셋째, 등량곡선은 우하향한다. 기울기가 음(-)의 값을 가진다. 이것은 생산요소간의 대체가 가능하다는 것과 한계생산(MP)이 양(+)의 값을 가진다는 것을 의미한다. 만약 **등량곡선이 수평선(노동)이거나 수직선(자본)이라면 어느 한 생산요소의 한계생산은 0**이라는 의미이고, 우상향한다면 생산요소의 한계생산은 음(-)의 값을 가진다. 넷째, 등량곡선은 원점에 대하여 볼록하다. 이는 **한계기술대체율**(marginal rate of technical substitution)이 체감한다는 것을 의미한다[9]. 덧붙이면 노동과 자본의 관계가 서로 독립적이고 노동과 자본에 대한 한계생산체감의 법칙이 성립한다면 **한계기술대체율체감의 법칙**(law of diminising marginal rate of technical substiyutiion)이 성립된다. 이것은 두 생산요소의 완전한 대체가 불가능함을 의미하기도 한다.

③ 한계기술대체율과 분계선

한계기술대체율(marginal rate of technical substitution)은 동일한 생산수준을 유지하면서 노동을 한 단위 더 고용할 경우 포기해야 하는 자본량을 나타낸다. 다시 말하면 자본을 한 단위 포기할 때 동일한 생산수준을 유지하기 위해서 더 고용해야 하는 노동량을 의미한다. 수식으로 나타내면 $MRTS_{L,K} = -\frac{\Delta K}{\Delta L}$과 같다. 한계기술대체율(marginal rate of technical substitution)이란 <그림 5-2>의 등량곡선의 기울기를 의미한다. <그림 5-2>에서 A점과 B점을 지나는 접선의 기울기가 한계기술대체율이다. 여기서 무차별곡선상의 점의 이동은 생산요소의 투입비율이 변하지만 산출량수준은 일정하다는 것을 의미하므로 수식으로 표현하면 $MP_L \cdot \Delta L + MP_K \cdot \Delta K = 0$ 이 성립한다.

---

8) 등생산곡선(iso-product curve)이라고도 한다.

9) 생산함수가 정규강준오목함수(regular strictly quasi-concave function)라는 것을 가정한 것이다

〈그림 5-2〉 한계기술대체율의 체감

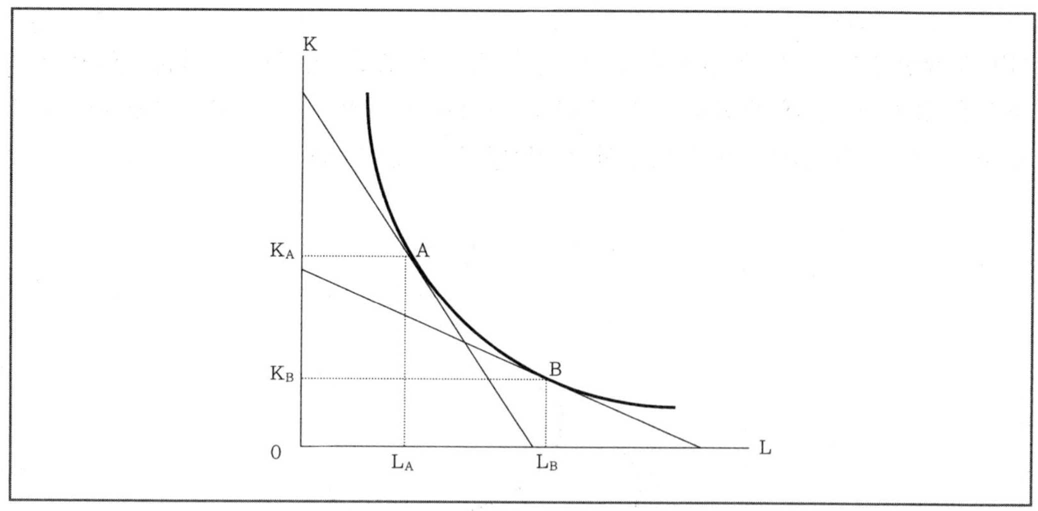

수식을 정리하면 $MRTS_{L,K} = -\frac{\Delta K}{\Delta L} = \frac{MP_L}{MP_K}$ 로 나타난다[10]. 여기서 $MP_L = \frac{\Delta Q}{\Delta L}$ 이고 $MP_K = \frac{\Delta Q}{\Delta K}$ 을 의미하므로 **한계기술대체율은 한계생산력의 역수임**을 알 수 있다. 한계기술대체율이 작아진다는 것은 자본의 한계생산이 커진다는 것을 의미한다. 어떤 한 투입요소를 증가시키면 그 투입요소의 한계생산이 감소한다는 것을 의미한다. <그림 5-2>를 보면 등량곡선 A점의 기울기보다 B점의 기울기가 작아진다는 것을 알 수 있다. 이것은 **노동투입을 증대시킬 때 자본으로 나타낸 노동의 생산력**($\frac{\Delta K}{\Delta L}$)이 **체감한다**는 것을 의미하며[11], **이를 한계기술대체율체감의 법칙**(law of diminising marginal rate of technical substiyutiion)이라고 한다. 등량곡선이 원점을 향해 볼록성을 가질 때 나타난다. 한편, 등량곡선의 일부분이 우상향하는 기울기를 가지는 곡선의 형태를 취할 수 있다. 등량곡선이 우상향한다는 것은 한계기술대체율이 체증하는 경우이며, 두 생산요소 중 어느 하나의 한계생산이 음의 값을 가진다는 것을 말한다[12]. <그림 5-3>에 나타난 바와 같이 등량곡선이 수평선과 접하는 A점, B점 ,C점들은 $MP_L = 0$이며 이하의 등량곡선이 우상향하는 부분은 $MP_L < 0$이다. 또한 등량곡선이 수직선과 접하는 D점, E점, F점들은 $MP_K = 0$이며 이하의 등량곡선이 우

---

10) 이는 생산함수 Q=f(L, K)를 전미분하여 도출할 수 있다.

11) 등량곡선의 네 번째 특성인 볼록성이 충족될 때 달성된다.

12) 생산의 제 3 단계라고도 한다.

상향하는 부분은 $MP_k < 0$이다. 따라서 현실적으로 고려되는 영역은 두 생산요소의 한계생산이 양(+)의 값을 가지는 영역[13]이며, 이를 구분하는 선을 <그림 5-3>에서 **GH 분계선**이라 한다. **한계생산이 0이거나 음(-)의 값을 가진다는 것은 생산요소의 투입을 증가 시킬 때 생산량이 그 수준을 그대로 유지하거나 오히려 생산량이 감소한다**는 것을 의미한다. 이것을 **생산의 제3영역**이라고도 한다.

〈그림 5-3〉 분계선

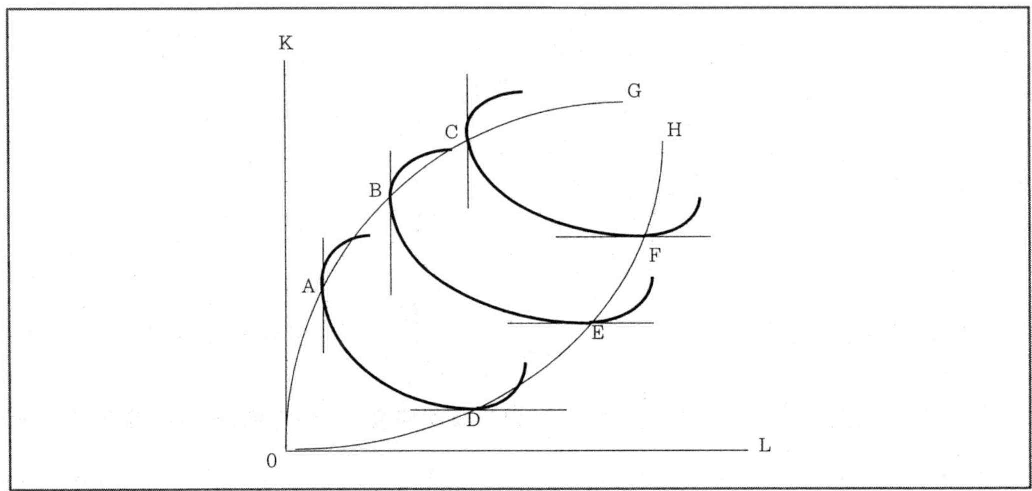

5. 특이한 생산함수

① 생산요소간 대체탄력성

등량곡선상의 한 점의 이동은 $MRTS_{LK} = \frac{\Delta K}{\Delta L}$의 값을 변화시킨다. 즉, 한계기술대체율이 변하게 된다. 그런데 여기서 주목해야 할 점은 한계기술대체율이 변하게 되면 투입되는 요소의 투입비율도 변하게 된다는 점이다. 한계기술재체율이 변할 때 투입요소의 투입비율이 변하는 비율을 요소간대체탄력성(elasticity of substitution)이라 하고 수식으로 나타내면 **요소간대체탄력성**은

$$\sigma = \frac{\Delta(\frac{K}{L})/(\frac{K}{L})}{\Delta MRTS/MRTS} = \frac{\Delta(\frac{K}{L})/(\frac{K}{L})}{\Delta(\frac{r}{w})/(\frac{r}{w})}$$ 와 같다.

수식에 나타난 바와 같이 요소간대체탄력성(elasticity of substitution)이란 **한계기술**

13) 생산의 제 1, 2단계라고도 한다.

대체율이 변할 때 요소간투입비율의 변화율을 말하거나[14], 또는 **요소의 가격비율이 변할 때 요소 간 투입비율의 변화율**을 의미한다. 만약 등량곡선이 직선이라면 요소간대체탄력성은 등량곡선의 모든 구간에서 ∞ 이며, 등량곡선이 L자형인 경우에는 요소간대체탄력성은 등량곡선의 모든 구간에서 0이 되고, 등량곡선이 직각쌍곡선인 경우에는 요소간대체탄력성은 등량곡선의 모든 구간에서 1이 된다[15]. CES생산함수의 일반형을 수식으로 나타내면 $Q = A[\alpha L^{-\rho} + (1-\alpha)K^{-\rho}]$ (단, A>1, 0 < α < 1, ρ < -1)가 되고 요소간대체탄력성은 $\sigma = \dfrac{1}{1+\rho}$ 로 표현된다. 요소간대체탄력성에 대한 이해를 바탕으로 특이한 생산함수들에 대해 학습해 보자.

② 콥-더글라스 생산함수

콥-더글라스(Cobb-Douglas)생산함수는 통계학자와 경제학자의 실증분석에 의해 도출된 생산함수이고, 가장 널리 알려져 있는 생산함수이다. 이를 수식으로 나타내면 $Q = AL^{\alpha}K^{1-\alpha}$ 단, $A > 0, 0 < \alpha < 1$ 와 같다[16].

〈그림 5-4〉 콥-더글라스 생산함수

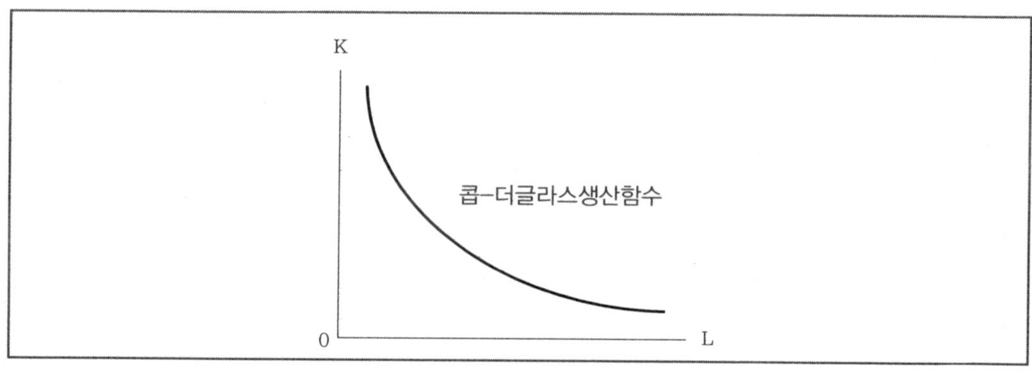

콥-더글라스생산함수는 다음과 같은 특성을 가진다. 첫째, $\alpha + \beta = 1$이며, 이것은 일차동차생산함수임을 의미한다. 따라서 콥-더글라스 생산함수의 규모에 대한 보수는 수확불변이며, CRS생산함수이다[17]. 둘째, α는 생산의 노동탄력성 또는 노동분배

14) 등량곡선이 원점에 대하여 강하게 볼록하면 요소간 대체탄력성은 작고, 등량곡선이 원점에 대하여 약하게 볼록하면 요소간 대체탄력성은 크다.

15) 이와 같이 등량곡선의 모든 구간에서 일정한 요소간 대체탄력성을 가지는 생산함수를 CES생산함수라 한다.

16) 구체적인 함수는 $q=1.01\ L^{3/4}\ K^{1/4}$ 로 계산된 바 있다.

율을 나타낸다. 셋째, β는 생산의 자본탄력성 또는 자본분배율을 나타낸다. 넷째, 요소간 대체탄력성이 1인 CES생산함수이다. 콥-더글라스(Cobb-Douglas)생산함수는 <그림 5-4>에서 보는 바와 같이 **직각쌍곡선 형태의 등량곡선**으로 나타난다.

③ 레온티에프 생산함수와 선형생산함수

레온티에프생산함수(Leontief production function)는 **고정투입비율생산함수**(fixed-propotions production function)라고도 한다. 이를 수식으로 나타내면 $Q=\min(aL, bK)$와 같다. 레온티에프생산함수는 다음과 같은 특성을 가진다. 첫째, 일차동차생산함수이며, CRS생산함수이다. 둘째, 고정투입비률의 생산함수이다. 셋째, 요소간대체탄력성이 0인 CES생산함수이다. 요소간대체탄력성이 0이라는 것은 생산요소간의 관계가 완전한 보완관계라는 것을 뜻한다. 따라서 생산량의 변동은 두 생산요소 중 요소투입량이 작은 생산요소가 결정한다는 것을 의미한다. 레온티에프생산함수(Leontief production function)는 <그림 5-5>에서 보는 바와 같이 **L자형의 등량곡선**으로 나타난다.

〈그림 5-5〉 레온티에프 생산함수

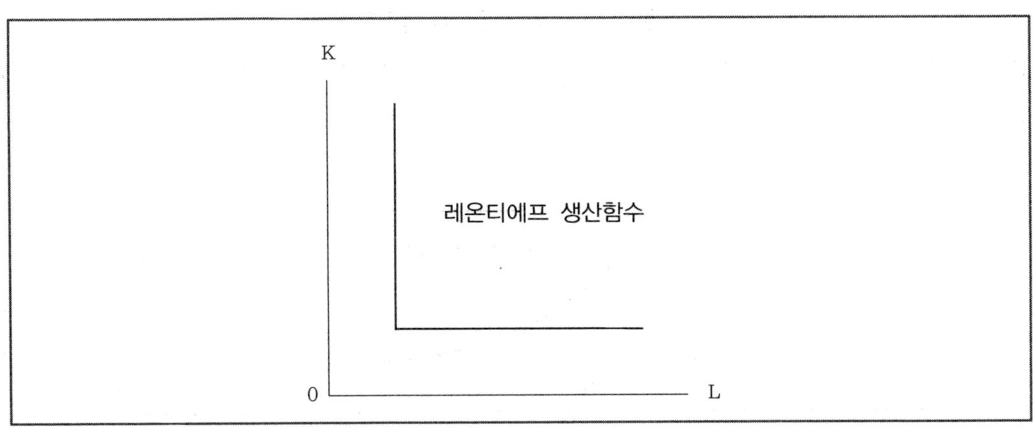

다음은 **선형생산함수**(Liner production function)이다. 레온티에프생산함수처럼 요소간 대체탄력성이 극단적인 값을 가지는 생산함수이다[18]. 이를 수식으로 나타내면 **Q = aL + bK**와 같다. 이것은 요소간 대체탄력성이 ∞ 인 CES생산함수를 의미하며 두 생산요소가 서로 완전대체재라는 것을 뜻한다. 선형생산함수(Liner production function) 는 <그림 5-6>에서 보는 바와 같이 직선인 무차별곡선으로 나타난다.

17) 규모에 대한 보수가 불변인 생산함수를 CRS생산함수라 한다.
18) 1차 함수를 말한다.

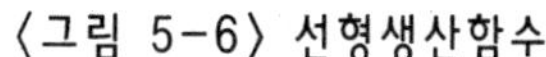
〈그림 5-6〉 선형생산함수

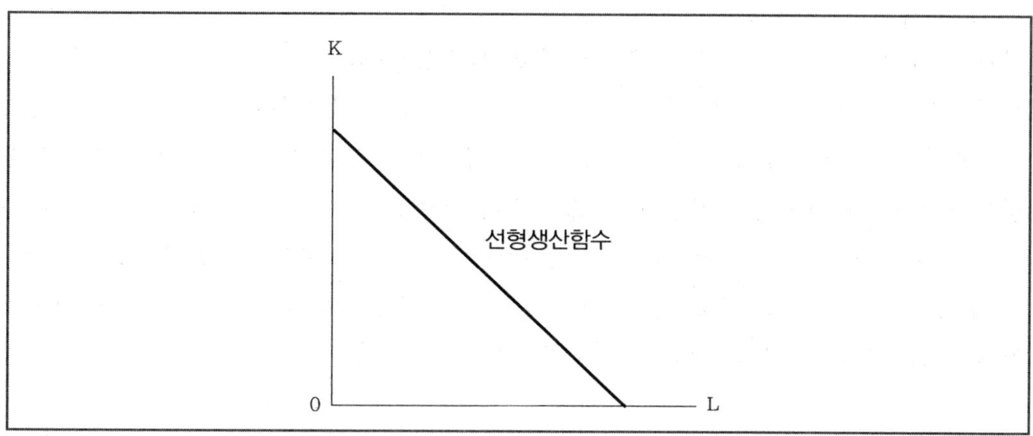

④ 동차생산함수와 오일러정리

동차함수생산함수란 생산요소의 투입량변화에 따른 생산량변화와의 일정한 관계를 차수로 정의한 개념이다. 동차생산함수의 일반형은 $t^iQ = t^if(L, K)$ 로 표현된다. 만약 노동과 자본의 투입량을 t^i배 증가시켰을 때 산출량이 t^i배 증가되었다면, 이를 i차 동차생산함수라 한다. 만약 $i = 1$이라면 이는 1차 동차생산함수가 되고, $i = 0$이라면 이는 영차동차생산함수가 된다. 덧붙여서 생산함수가 1차 동차생산함수인 경우에는 **오일러(Eule)정리**가 성립된다[19]. 오일러정리란 1차 동차함수는 모든 편도함수에 각각의 독립변수를 곱하여서 더한 것은 본래의 함수와 같다는 정리이다. 이것을 수식으로 나타내면 $Q = \frac{f_L}{\delta L}L + \frac{f_K}{\delta K}K = MP_L \cdot L + MP_K \cdot K$ 와 같다. 이 수식을 경제학적으로 해석한다면 생산함수가 일차동차생산함수인 경우 **각 생산요소에 대한 보수가 그 생산요소의 한계생산에 의해 결정된다면 총생산은 생산요소의 보수로 완전분배된다는 것을** 의미한다[20].

6. 규모에 대한 보수와 기술진보

① 규모에 대한 보수

규모에 대한 보수[21]란 두 생산요소의 투입량이 증가할 때 요소투입량의 증가비율

19) 오일러정리는 수학적인 정리이며, 일차동차함수에만 적용되는 것은 아니다.
20) 오일러 정리가 적용된다면 잉여가치나 노동착취는 성립될 수 없다.
21) 두 생산요소의 투입증가를 전제하므로 장기적 개념이다.

에 대비한 산출량의 증가비율의 크기에 관한 유형화된 개념이다. 규모에 대한 보수는 첫째 규모에 대한 보수의 불변, 둘째, 규모에 대한 보수의 증가, 셋째, 규모에 대한 보수의 감소로 유형화된다. **규모에 대한 보수불변**(constant returns to scale)은 모든 생산요소의 투입을 동일비율로 증가시킬 때 생산량의 증가비율이 생산요소의 증가비율과 동일한 유형을 말한다. 일차동차생산함수의 경우에는 규모에 대한 보수가 불변인 특징을 가진다. 생산함수가 $r^iQ = f(rL, rK)$에서 $i = 1$인 경우에 규모에 대한 보수불변현상이 나타난다. 이것을 등량곡선으로 나타내면 <그림 5-7-1>과 같다. <그림 5-7-1>에서 보는 바와 같이 생산요소의 투입증가비율이 2배, 3배로 증대됨에 따라 산출량수준도 2배, 3배로 증가되는 것을 알 수 있다.

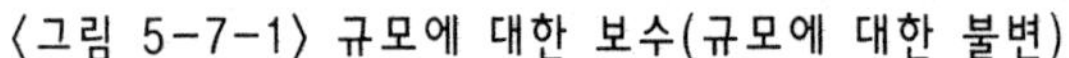
〈그림 5-7-1〉 규모에 대한 보수(규모에 대한 불변)

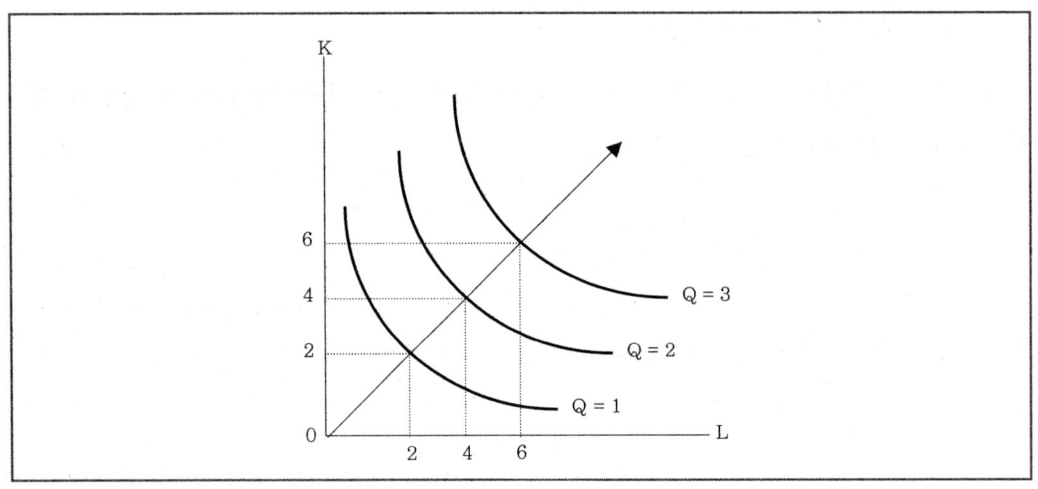

규모에 대한 보수증가(increasing returns to scale)란 모든 생산요소의 투입비율을 동일비율로 증가시킬 때 생산량의 증가비율이 생산요소의 증가비율보다 더욱 높은 비율로 증가하는 유형을 말한다. 생산함수가 $r^iQ = f(rL, rK)$에서 $i > 1$인 경우에 규모에 대한 보수증대현상이 나타난다. 이것을 등량곡선으로 나타내면 <그림 5-7-2>와 같다. <그림 5-7-2>에서 보는 바와 같이 산출량수준[22]은 2배, 3배로 증가하고 있는데 반하여 투입요소의 증가비율은 1.5배, 1.75배로 증가비율이 감소해감을 알 수 있다. 이와 같은 규모에 대한 보수증가현상은 기술진보에 의해 나타날 수 있을 것이다. **규모에 대한 보수감소**(decreasing returns to scale)란 모든 생산요소의 투입비율을 동일비율로 증가시킬 때 생산량의 증가비율이 생산요소의 증가비율보다 낮은 비율

22) 등량곡선의 간격이 산출량의 차이를 반영하지 않는다.

로 증가하는 유형을 말한다. 생산함수가 $r^{i}Q = f(rL, rK)$에서 $i < 1$인 경우에 규모에 대한 보수감소현상이 나타난다. 이것을 등량곡선으로 나타내면 <그림 5-7-3>과 같다. <그림 5-7-3>에서 보는 바와 같이 산출량수준은 2배, 3배로 증가하고 있는데 반하여 생산요소의 투입은 3배, 12배로 증가비율이 산출량수준의 증가비율보다 더 높다는 것을 알 수 있다.

〈그림 5-7-2〉 규모에 대한 보수(규모에 대한 보수증가)

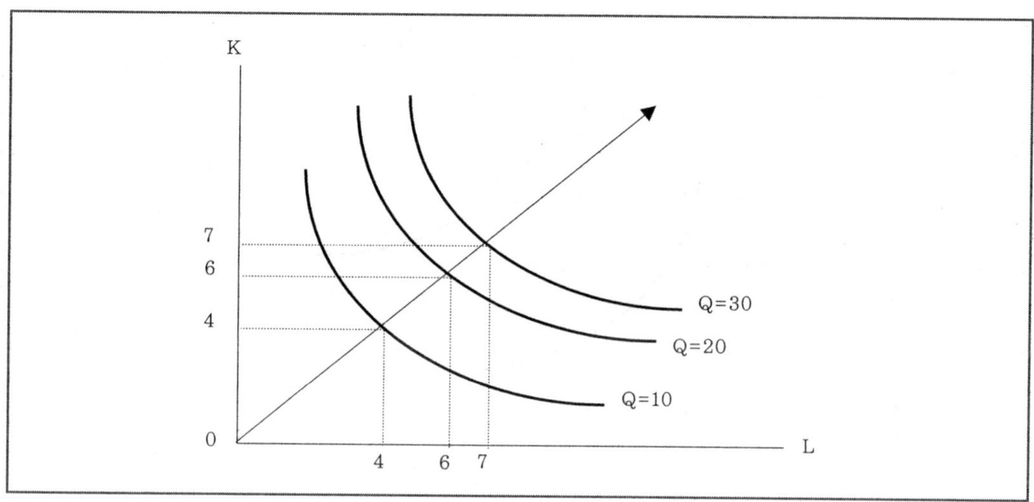

〈그림 5-7-3〉 규모에 대한 보수(규모에 대한 보수감소)

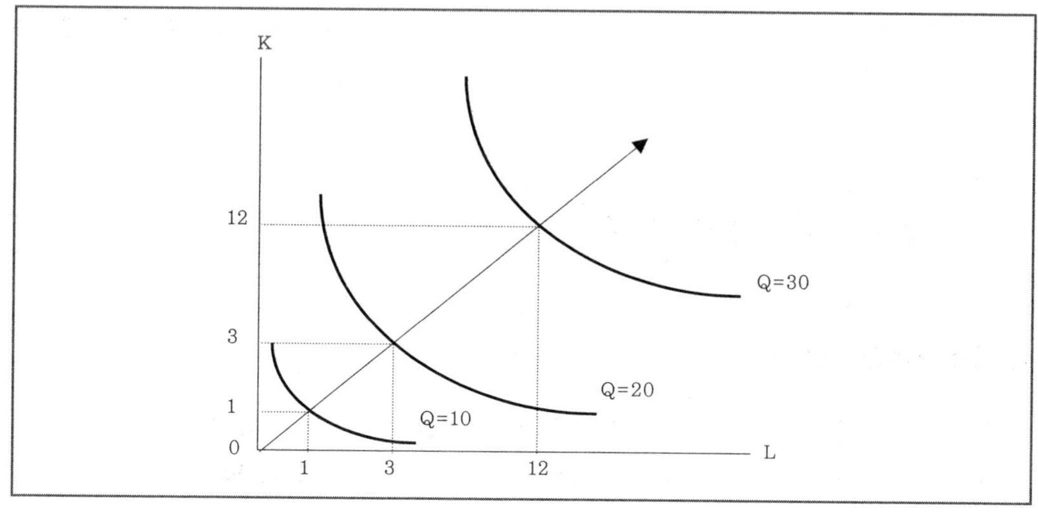

② 기술진보

기술진보(technological process)는 최장기의 개념에서 생산요소로 다루어진다. 기술진보를 포함한 생산함수를 수식으로 나타내면 $Q = A(t)f(L, K)$와 같다. 기술진보를 <그림 5-8>에 나타난 등량곡선으로 표현할 수 있다.

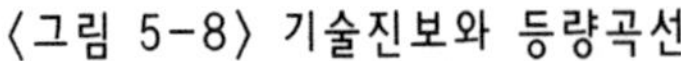

〈그림 5-8〉 기술진보와 등량곡선

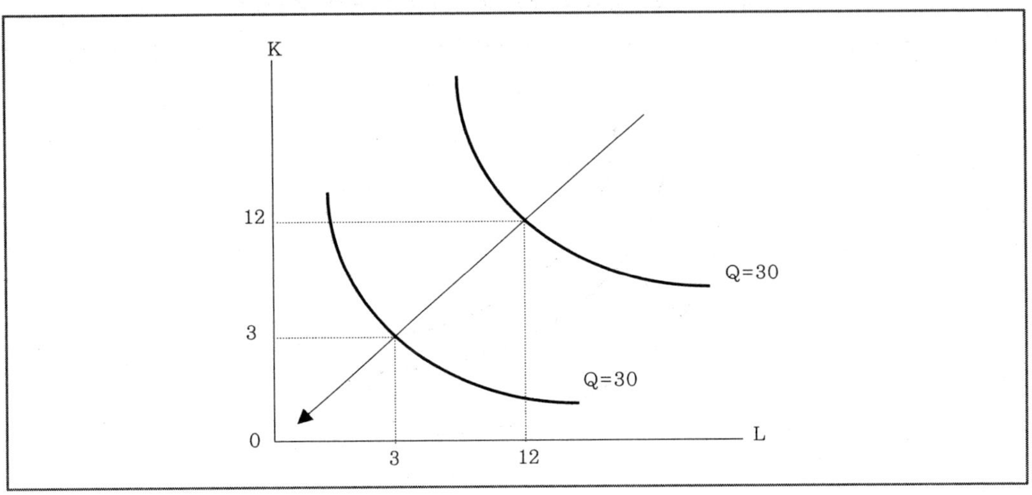

<그림 5-8>에서 보는 바와 같이 기술진보 이전에는 L=12, K=12의 생산요소를 투입하여 Q=30 수준의 산출량을 얻고 있다. 그런데 기술진보이후에는 동일한 Q=30 수준의 산출량을 얻기 위해서 L=3, K=3만큼의 생산요소를 투입하고 있다는 것을 알 수 있다.

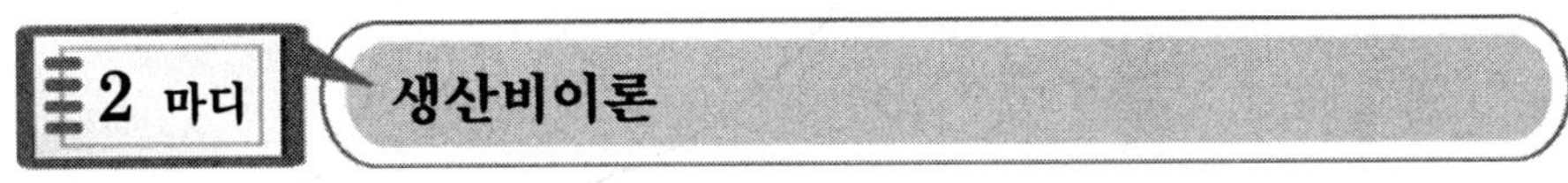

2 마디 생산비이론

1. 생산비이론이란?

현실경제에서는 씨앗을 뿌리지 않았는데 곡식을 수확할 수 없다. 무엇인가 투입(input)되어야 만이 무언가가 산출(output)될 수 있는 **투입-산출의 법칙**이 지배하고 있는 것이다. 어떤 생산품이 나오기 위해서는 반드시 어떤 생산요소를 투입하여야 한다. 생산자에게는 생산요소의 투입에 대한 선택의 문제가 가장 중요한 이유이다. 앞

마당에서 우리는 생산함수와 등량곡선에 대해 학습한 바 있다. 생산함수와 등량곡선의 개념들은 **투입요소와 산출량간의 기술적 관계**, 비용제약을 전혀 고려하지 않은 생산요소의 생산성만을 고려한 생산요소의 최적조합에 관한 모형이었다. 이제 생산비이론에서 비용제약을 고려한 생산요소의 최적선택문제를 학습해야할 차례이다. 모든 생산은 비용을 발생시킨다. 투입되는 생산요소에는 기회비용이 있고 그로인해 생산요소를 투입한 만큼 대가를 지불해야 한다. 이런 상황을 생산자가 직면하는 비용제약이라 정의한다. 주어진 비용의 범위 내에서 가장 최적한 투입요소의 배합을 선택해야만 하는 것이다. 따라서 생산자는 **기술적 측면과 경제적(비용적 측면)측면**을 **동시에 고려한 최적선택**에 대해 의사결정을 해야 한다. 가장 적은 비용으로 가장 많은 생산의 균형점을 찾아야 한다. 따라서 생산과 비용은 동전의 양면과 같은 성격을 가진다. 이와 같은 특징을 **생산함수와 비용함수의 쌍대관계**라 한다. 또한 **등량곡선과 등비용선은 기술적 제약과 경제적 제약을 함수화한 개념**이다. 그리고 **등량곡선과 등비용선이 접하는 점에서 생산자균형조건(최소비용생산조건)**이 성립됨을 알 수 있다.

2. 비용의 개념

생산함수와 비용함수는 쌍대관계로써 생산자이론의 핵심을 이룬다. 기회비용에서 이미 언급한 바 있지만 투입요소에 대한 여러 가지 비용함수들은 최적선택을 위한 잣대로써 유용하다. 총비용함수에서 평균비용(TC)과 한계비용(MC)을 유도할 수 있고 생산자의 최적선택조건을 구하는데 유용하게 활용된다. 생산함수와 비용함수는 쌍대관계에 있기 때문에 총생산곡선과 총비용곡선 또한 쌍대관계를 이룬다. 비용함수에 대해서는 단기생산함수에 대응하는 단기비용함수와 장기생산함수에 대응하는 장기비용함수에 대해 학습하게 될 것이다.

① 경제적 비용과 회계학적 비용

비용을 계산하는 기준은 매우 중요하다. 경제학에서는 비용의 기본개념은 기회비용에서 출발한다. 따라서 장부상의 비용과 경제적 비용은 다른 개념이다. **회계학적 비용을 명시적 비용**(explicit cost)이라 한다. 화폐로 지출되어 기업회계에 산정되는 모든 화폐비용을 말한다. 이에 반하여 **경제적 비용은 암묵적 비용**(implicit cost)개념을 포함한다. **암묵적 비용**은 **귀속비용**(imputation cost)과 **정상이윤**(normal profit)으로 구성된다. 명시적 비용에 암묵적 비용을 합한 개념이 경제적 비용이다. 회계학적 비용과 경제적 비용의 또 하나의 차이점은 자본재비용을 감가상각으로 계산하는 것과 **매몰비용**(sunk cost)으로 간주하는데 있다.

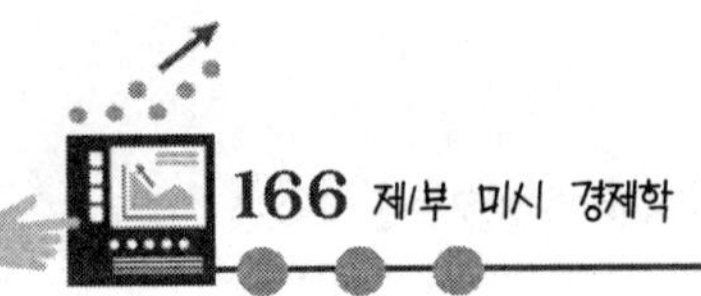

② **사적비용과 사회적 비용**

사적비용(private cost)이란 기업의 생산활동과 관련해 발생한 비용으로써 시장을 통하여 청산되는 비용을 말한다. 수요·공급에 의한 시장균형가격의 경우에도 사적비용의 개념이 적용되어 그 크기가 결정되어진다. 그런데 기업의 생산활동과 관련해 발생한 비용으로써 **시장을 통하여 계상되지 않는 비용**(시장가격에 반영되지 못한)이 나타나고 있다. 이런 비용은 사적비용에 계상되지 않았기 때문에 **사회적 비용**에 반영하여 계상된다. 따라서 기업이 시장을 통하여 계상하는 비용을 **사적비용**(private cost)이라 하고, 시장을 통하여 계상되지 않은 비용까지 포함한 비용을 **사회적 비용**(social cost)이라 한다. 사적비용과 사회적 비용의 크기는 같을 수도 있고 서로 다를 수도 있다. 만약 사적비용과 사회적 비용이 서로 다르게 나타난다면 시장은 실패하게 될 것이다. 시장경제에서 경제주체의 선택에 대한 기준을 제시해주는 시장가격이 비용을 제대로 반영하지 못했기 때문이다. 시장실패에서 자세히 설명하게 되겠지만 이런 경우를 외부성이라 정의한다. 사회적 비용이 사적비용에 비해 크거나 작게 나타나면 외부성이 발생하고 시장은 실패하게 된다.

③ **비용의 분류**

비용(cost)의 개념은 여러 가지 기준에 의해 분류되고 있다. 이 같은 개념들에 대한 이해가 비용함수와 비용곡선을 학습하는 데 도움이 된다. 첫째, **단기비용**과 **장기비용**의 분류이다. 생산요소로써 노동과 자본만이 존재하는 단순경제라고 가정한다면 단기비용은 고정비용(자본)이 존재하는 기간을 고려한 비용이고, 장기비용은 가변비용(노동과 자본 모두)만을 고려하는 기간이다. 둘째 **고정비용**과 **가변비용**의 분류이다. 고정비용은 생산수준과 관계없이 일정수준에서 변하지 않는 비용이고, 가변비용은 생산수준이 변함에 따라 변하는 비용을 말한다. 셋째 **총비용**(TC)과 **평균비용**(AC) 그리고 **한계비용**(MC)의 분류이다. 총비용(TC)은 일정한 생산량을 산출하는데 투입된 모든 비용의 합, 즉 총고정비용(TFC)과 총가변비용(TVC)을 합한 개념이다. 평균비용(AC)은 한 단위의 산출량당 투입된 비용을 말하는데, 평균고정비용(AFC)과 평균가변비용(AVC)을 합한 개념이다. 한계비용(MC)이란 한단위의 산출량을 추가로 생산하기 위해 추가로 투입된 비용의 개념이다. 이와 같은 비용의 개념들을 수식으로 표현하면 다음과 같다.

TC(총비용) = TFC(총고정비용) + TVC(총가변비용)

$$AC(평균비용) = \frac{TC}{Q} = AFC(평균고정비용) + AVC(평균가변비용)$$

$$AFC(평균고정비용) = \frac{TFC}{Q},\ AVC(평균가변비용) = \frac{TVC}{Q}$$

$$MC(한계비용) = \frac{\Delta TC}{\Delta Q}$$

3. 등비용선과 비용극소화

① 등비용선

등량곡선이 소비자이론의 **무차별곡선**과 대비된다면 **등비용선**은 소비자이론의 **예산선**과 대비된다. **등비용선(isocost)이란 일정하게 주어진 총비용으로 구입 가능한 생산요소들의 모든 조합을 연결한 선**이다. 이것을 수식으로 나타내면 $TC = wL + rK$로 표현된다. 이 수식을 정리하면 $K = \frac{w}{r}L + \frac{1}{r}TC$가 되고 이것을 그래프로 나타내면 <그림 5-9>와 같다.

〈그림 5-9〉 등비용선

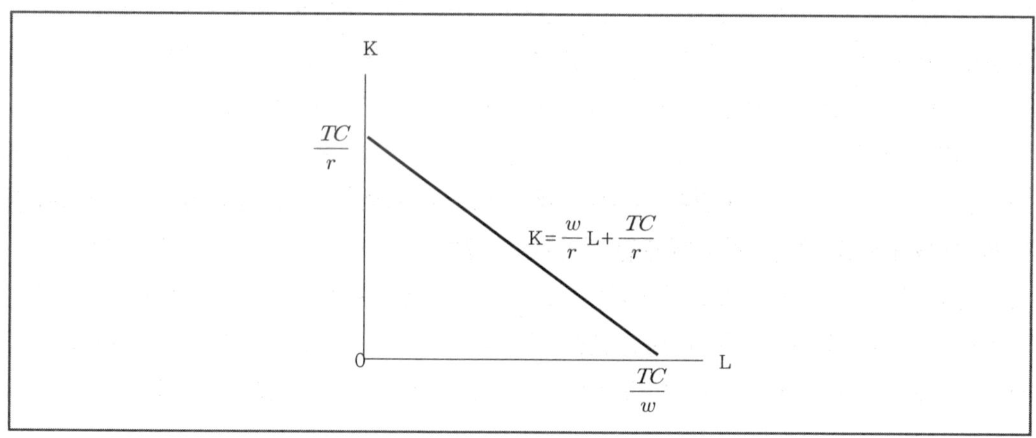

등비용선은 주어진 총비용으로 구입가능한 생산요소의 모든 조합을 포함한다. 등비용선이 포괄하는 삼각형(TC/r 0 TC/w)안의 모든 점들은 주어진 총비용으로 선택가능한 모든 생산요소의 조합을 의미한다. 등비용곡선상의 모든 점들은 총비용을 모두 사용하여 선택할 수 있는 모든 생산요소조합을 의미한다. 등비용선은 이동하거나 기울기가 변할 수 있다. **등비용선의 이동은 실질총비용의 증감에 의해 좌우된다. 등비**

용선의 기울기가 변하는 것은 두 생산요소(노동과 자본)의 상대가격이 변하는 경우이다. 실질총비용이 증가하면 등비용선은 우측평행이동하고 실질총비용이 감소하면 등비용선은 좌측평행이동한다. 생산요소의 상대가격($\frac{w}{r}$)의 변화는 등비용선의 기울기를 변화시킨다. 노동의 가격(w)이 상대적으로 커지게 되면 등비용선의 기울기는 커지게 되고 자본의 가격(r)이 상대적으로 커지게 되면 등비용선의 기울기는 작아지게 된다.

② **비용최소화조건**

총비용(TC), 생산함수 $Q=f(L,K)$, 생산요소의 가격 $P_L=w$, $P_K=r$이 주어진 조건이라 하자. 이런 상황에서 어떤 기업이 최소비용으로 최대생산을 달성하려 한다고 하자. 현실적으로 **제약된 총비용의 범위 안에서 최대생산과 최소비용을 달성할 수 있는 생산요소의 최적조합**을 찾아야 한다. <그림 5-10>은 생산요소의 최적배합점(생산자균형점)을 나타내고 있다. <그림 5-10>에서 A점과 E점은 주어진 총비용을 모두 사용하여 생산할 수 있는 요소배합점이다. 그런데 A점과 E점을 비교하면 E점을 지나는 등량곡선(Q=20)은 A점을 지나는 등량곡선(Q=10)보다 우측에 있다. 등량곡선이므로 A와 F점의 생산수준은 모두 Q=10이다. 이것은 E점의 요소결합이 A점의 요소결합보다 더욱 생산적이라는 사실을 보여준다. 즉 E점과 A점은 모두 등비용선상에 있는 점들이므로 총비용은 동일하다는 것을 의미한다. 동일한 비용으로 E점(Q=20)은 A점(Q=10)보다 더 많은 생산물을 얻을 수 있는 요소배합점이다. B점과 E점을 비교하면 B점(Q=30)은 E점(Q=20)보다 더 많은 생산물을 산출할 수 있다.

하지만 B점은 주어진 총비용의 제약을 벗어난 점이다. 현실적으로 생산불가능영역에 있는 것이다. 따라서 **E점은 주어진 총비용으로 최대생산을 실현하는 요소조합점이며 최대생산을 위한 최소비용점[23]이기도 하다**. <그림 5-10>에서 보는 바와 같이 생산자균형점 또는 초적요소조합점은 등량곡선과 등비용선이 접하는 점(E점)이 되는 것이다. 여기서 우리는 생산균형조건을 산출할 수 있으며 그것은 등량곡선과 등비용선의 기울기가 같아지는 조건임을 알 수 있다. 이것을 수식으로 나타내면 등량곡선에서 도출된 $MRTS_{L,K}=-\frac{\Delta K}{\Delta L}$에 등비용선의 기울기인 $\frac{w}{r}$를 대입하면 된다. 따라서 생산자균형조건은 $\frac{\Delta K}{\Delta L}=\frac{w}{r}$로 표현된다. 또한 등량곡선상에서의 점의 이동은 동일 생산수준을 의미하므로 $MP_L \cdot \Delta L + MP_K \cdot \Delta K = 0$로 나타낼 수 있고, 이

23) 생산의 쌍대성(duality in production)이라 한다.

를 정리하면 $\frac{\Delta K}{\Delta L}=\frac{MP_K}{MP_L}$가 된다. 따라서 비용극소화를 위한 생산자의 최적선택 조건은 $\frac{MP_L}{MP_K}=\frac{w}{r}$로 표현되고, 양변을 $\frac{w}{MP_K}$로 나누어 정리하면 $\frac{MP_L}{w}=\frac{MP_K}{r}$가 된다.

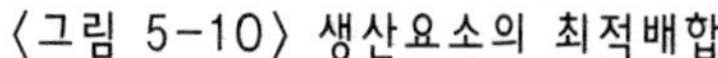

〈그림 5-10〉 생산요소의 최적배합

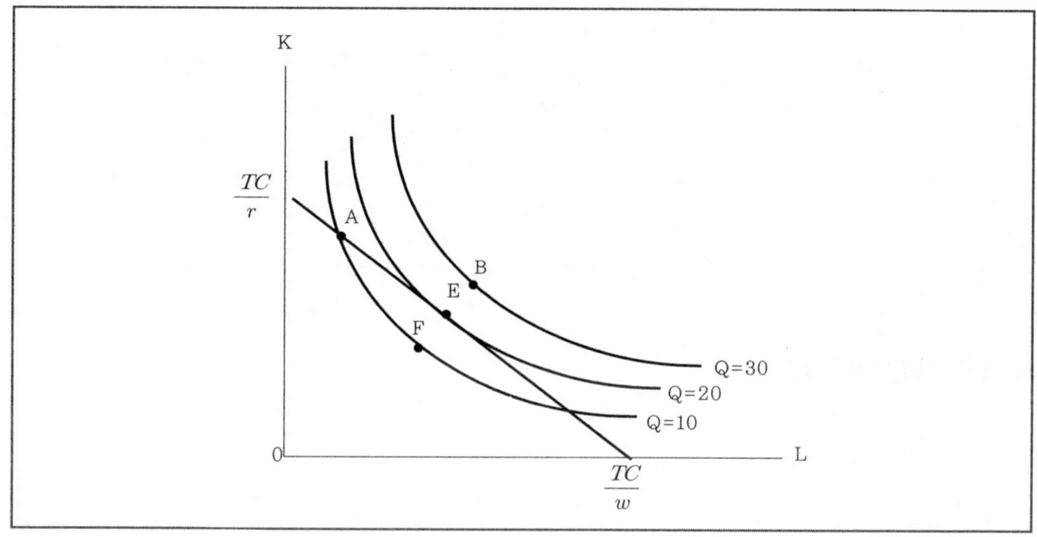

③ 확장선

<그림 5-10>의 비용극소화를 달성하는 E점을 생산자균형점이라 하자. 두 생산요소의 가격은 일정하고 총비용이 증대해 가는 경우 생산자균형점은 이동하게 된다.[24)] 이런 경우에는 기업의 생산규모를 확장해 가는 예에 해당하며 그래프로 나타내면 <그림 5-11>과 같다. <그림 5-11>에서 등비용선은 우측으로 수평이동하고 있다. 왜냐하면 노동의 가격(w)과 자본의 가격(r)은 일정하고 총비용(TC)만이 증대하는 것으로 가정했기 때문이다. 따라서 **생산자균형점은 E_1, E_2, E_3로 이동하게 되며, 이들을 연결하여 확장선(expansion path)**을 도출 할 수 있다[25)].

24) 생산요소의 가격비가 변동하는 경우에도 생산자균형점은 변할 수 있다. 하지만 생산요소의 수요는 파생수요(derived demand)이기 때문에 생산자균형점의 이동을 직접분석하기 어렵다.

25) 생산함수가 동조적(homothetic)이라면 확장선은 원점에서 출발하는 방사선이 된다. 동차함수는 동조함수의 특수형이다.

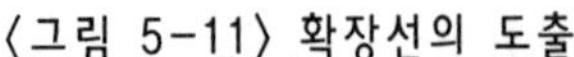
〈그림 5-11〉 확장선의 도출

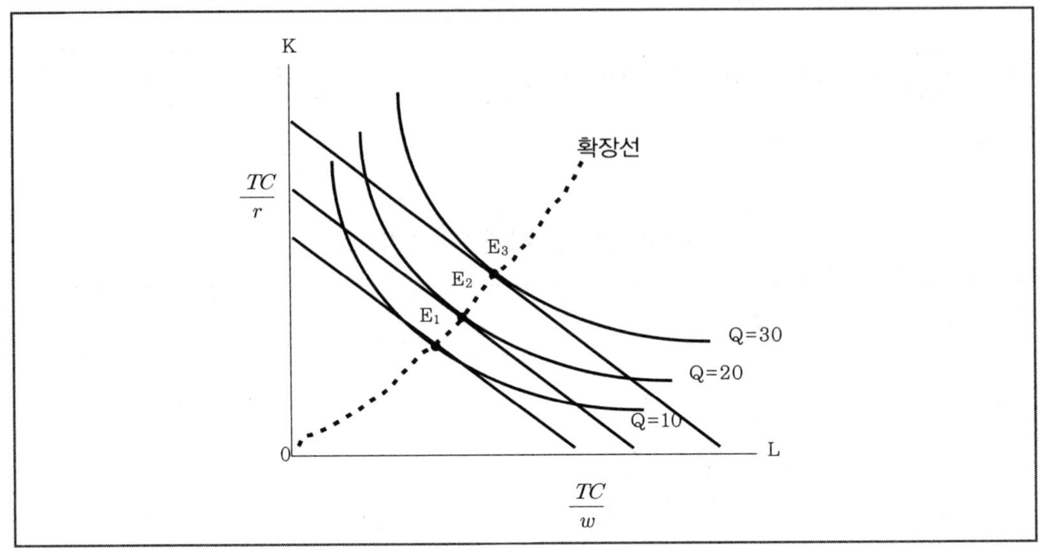

4. 단기생산비용곡선

① 단기생산비용이란 ?

앞에서 이미 살펴본 바와 같이 생산이론에서 고정비용이 존재하면 단기의 경우이고 가변비용만 존재하면 장기의 경우라고 학습한 바 있다. 생산함수이든 비용함수이든 우리는 설명의 편의를 위해 생산요소는 노동과 자본, 즉 두 가지 생산요소만 투입되는 것으로 가정하고 있다. 이와 같은 가정 하에서 자본은 노동보다 공급기간이 더욱 소요되는 생산요소로 취급된다. 따라서 자본을 고정요소로 노동을 가변요소로 간주하고 생산비용곡선에 대해 학습해 보기로 하자. 단기총생산비용함수는 일정한 기간 동안 일정한 산출량을 생산하는 데 소요되는 최소한의 총지출을 말한다. 두 생산요소의 가격은 주어진 것으로 가정하면 총생산함수는 $TC = TC(Q)$로 나타난다. 노동투입(L)을 증가시키면 생산량(Q)이 증가[26]하고, 노동투입증가에 따른 생산비용[27]도 함께 증가하게 된다. 총생산곡선의 기울기는 한계노동생산(MP_L)을 의미하고 총비용곡선의 기울기는 한계비용(MC)을 의미한다. 따라서 총생산곡선과 총비용곡선의 쌍대관계를 이해 할 수 있다. 한계노동생산(MP_L)이 체증하면 한계비용(MC)은 체감하며 반대로 한계노동생산(MP_L)이 체감하면 한계비용(MC)은 체증한다는 것을 알

26) 이 관계를 함수로 표현하면 생산함수가 된다.
27) 이 관계를 함수로 표현하면 비용함수가 된다.

수 있다. 이 같은 쌍대관계에 의해서 <그림 5-12>의 a) 단기총생산곡선과 <그림 5-12>의 b) 단기총비용곡선을 설명할 수 있게 된다.

〈그림 5-12〉 단기총생산곡선과 단기총비용곡선

a) 단기총생산곡선

Q, TP_L, Q_1, I, 0, L_1, L

b) 단기총비용곡선

TC, TC, TC_1, I', 0, Q_1, Q

<그림 5-12>의 a) 생산총곡선을 보면 원점에서 I점 까지는 한계생산이 증가하고 I점 이후로는 한계생산이 감소하고 있다. 접선을 그려보면 알 수 있다. 접선의 기울기가 노동의 한계생산을 나타내기 때문이다. <그림 5-12>의 b) 총비용곡선을 보면 원점에서 I점 까지는 한계비용이 감소하고 I점 이후로는 한계비용이 증가하고 있다. 역시 접선을 그려보면 알 수 있다. 접선의 기울기가 한계비용이기 때문이다. 여기서 총비용은 고정비용(TFC) + 노동투입량(L) × 임금(w)이다. 고정비용은 매몰비용(sunk cost)이여서 산출량수준과 관계없이 일정하고, 임금도 일정하다고 가정하고 있다. 따라서 총비용곡선의 기울기는 노동투입량의 변화율이 결정하게 된다.

② 고정비용곡선과 가변비용곡선

단기총생산비용을 수식으로 나타내면 $TC = TFC + TVC$이고 평균비용은 $AC = \frac{TC}{Q}$이고 평균비용은 $AFC = \frac{TFC}{Q}$, $AVC = \frac{TVC}{Q}$의 합으로 나타낼 수 있다. 총비용=총고정비용+총가변비용을 그래프로 나타내면 <그림 5-13>과 같다.

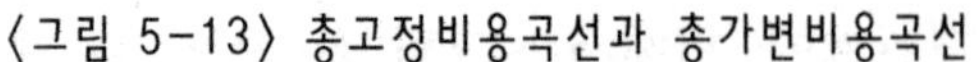
〈그림 5-13〉 총고정비용곡선과 총가변비용곡선

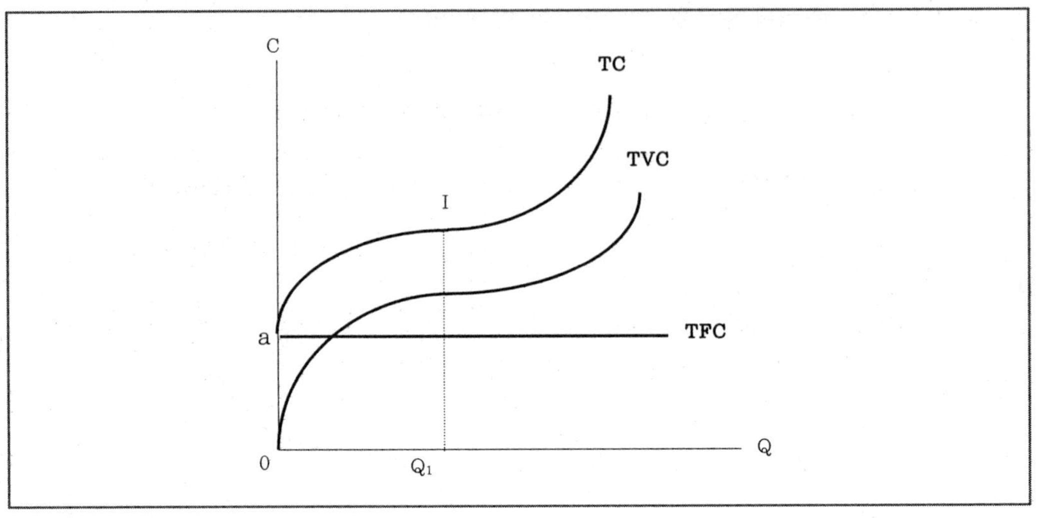

<그림 5-13>에서 보는 바와 같이 총고정비용은 산출량수준과 관계없이 일정하므로 a를 절편으로 하는 수평선으로 나타나게 된다. 따라서 총비용곡선은 총고정비용곡선과 총가변비용곡선을 수직으로 합하여 도출하게 된다. <그림 5-13>에 나타난 바와 같이 총비용곡선의 기울기는 총가변비용곡선의 기울기와 동일하게 나타난다. 평균고정비용과 평균가변비용 그리고 총평균비용의 관계를 그래프로 나타내면 <그림 5-14>와 같다.

③ 평균비용곡선과 한계비용곡선

평균비용을 수식으로 나타내면 $AC = AFC + AVC$로 표현된다. 또한 평균고정비용과 평균가변비용을 수식으로 나타내면 $AFC = \frac{TFC}{Q}, AVC = \frac{TVC}{Q}$가 된다. 평균비용[28]은 평균고정비용곡선과 평균가변비용곡선을 수직으로 합하여 도출할 수 있다. 따라서 평균고정비용곡선(AFC)은 수평축을 향하여 무한히 접근해 가고, 평균가변비용곡선(AVC)은 평균비용곡선(AC)을 향하여 평균고정비용곡선이 수평축을 향해 접근해 가는 만큼 무한히 상승해 간다. <그림 5-15>에서는 총비용곡선과 한계비용곡선 그리고 평균비용곡선과의 관계를 그래프로 나타내고 있다.

---

28) 이하에서 총평균비용을 편의상 평균비용이라 하자.

〈그림 5-14〉 평균비용곡선

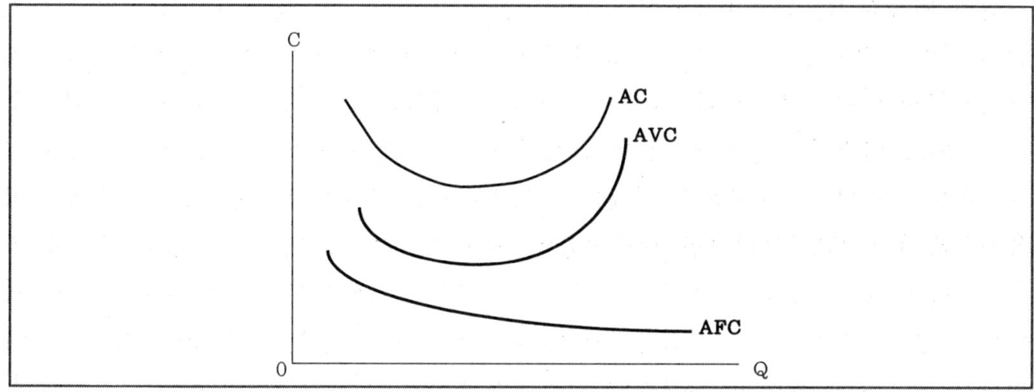

〈그림 5-15〉 한계비용과 평균비용

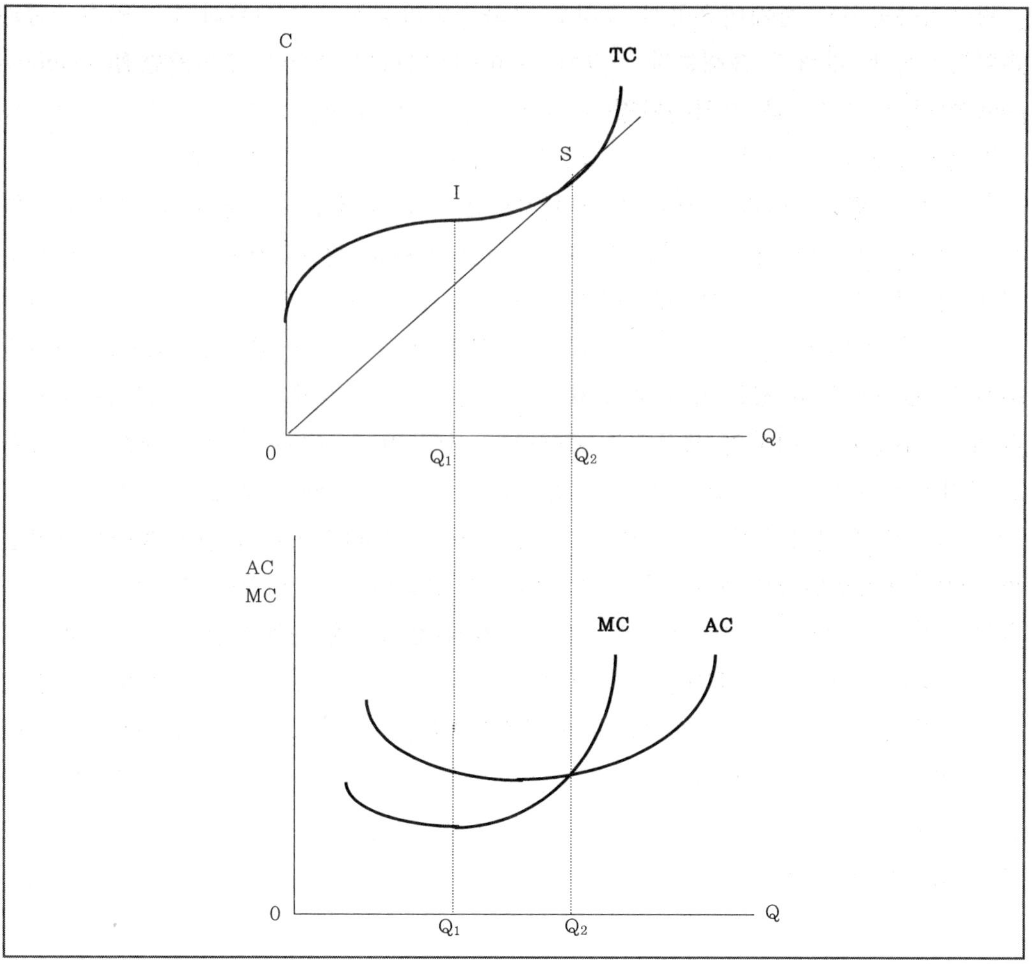

<그림 5-15>에서 한계비용곡선은 총비용곡선의 접선에 의하여 도출되었다. 총비용곡선의 변곡점 I는 한계비용곡선의 최저점을 의미한다. 총비용곡선의 접선의 기울기는 원점에서 변곡점인 I점까지 감소해 가다가 I점 이후부터는 증가해 가고 있다. 평균비용곡선은 총비용곡선과 원점을 출발하는 직선과의 교점에 의해서 도출되었다. <그림 5-15>의 S점은 총비용곡선의 접점이면서 원점을 출발하는 직선과도 접하고 있다. 따라서 S점은 한계비용과 평균비용이 일치되는 점이다. 한계비용곡선과 평균비용곡선과의 관계를 살펴보면 평균비용이 한계비용보다 크면 평균비용은 감소하고, 평균비용이 한계비용보다 작으면 평균비용은 증가하게 된다. 또한 한계비용곡선은 반드시 평균비용곡선의 최저점을 통과해야만 한다. 평균비용곡선의 최저점은 평균이 변하지 않는 점을 말하며, 평균값이 일정하려면 한계값과 평균값이 동일하여야 한다.

④ 손익분기점과 조업중단점

평균비용곡선과 한계비용곡선 그리고 평균가변비용곡선을 이용하여 조업중단점과 손익분기점에 대해 학습해보자. <그림 5-16>에 나타난 B점을 **조업중단점**(shutdown point)이라 하고 A점을 **손익분기점**(break-even point)이라 한다. 기업은 한계비용이 평균가변비용 보다 작거나 동일하면 생산을 중단하여야 한다. 한계비용은 곧 가격[29]이므로 가**격이 평균가변비용 보다 작다면 기업은 생산을 중단하는 것이 손실을 최소화**하는 방책이다. 가격이 평균비용보다는 낮지만 적어도 평균가변비용보다 높다면 기업은 생산을 지속해야 한다. 왜냐하면 가격으로 평균가변비용을 차감하고 남는 여분으로 평균고정비용 일부를 차감할 수 있기 때문이다. 따라서 **손실을 보고는 있지만 손실규모를 줄일 수 있는 합리적 선택**이라 할 수 있다. 만약 가격이 평균가변비용보다 낮은 수준(B점 이하의 생산수준)이라면 생산에 따른 추가비용(평균가변비용)조차도 상쇄시키지 못하기 때문에 오히려 평균고정비용+평균가변비용에서 가격으로 차감한 나머지로 손실이 증대하게 된다. <그림 5-16>의 **A점(손익분기점)은 평균비용곡선과 한계비용곡선이 교차**하는 점이다. 총비용은 평균비용 × 생산량($AC \times Q$)이고 총수입은 가격 × 생산량($P \times Q$)이다. 그런데 **가격=한계비용**(완전경쟁시장의 균형)이라면 총비용(TC)과 총수입(TR)은 같아지게 된다. 따라서 A점은 손익분기점이다. A점을 지나서 생산이 증가하면 한계비용이 평균비용보다 높아지므로 초과이윤이 발생한다는 것을 알 수 있다. 손익분기점을 수식으로 나타내면 $TR = MC(=P) \times Q$ 이고, 기업의 총비용은 $TC = AC \times Q$ 이다. 따라서 손익분기점(breakeven point)은 A점이고 기업은 Q_A이상의 생산규모를 유지할 때 초과이윤을 얻을 수 있다는 것을 알 수 있다.

29) 완전경쟁시장을 전제한다.

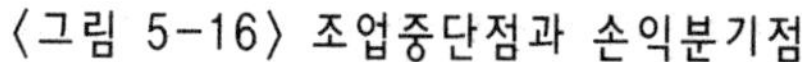

〈그림 5-16〉 조업중단점과 손익분기점

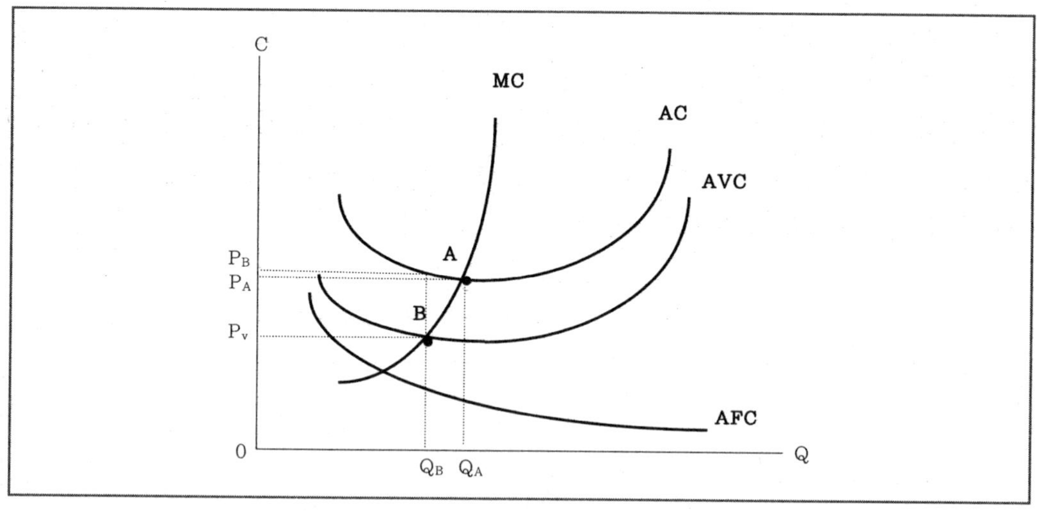

기업은 조업중단점 이상에서 생산하고 한계비용곡선(MC)을 따라 생산을 증대시키게 된다. 시장이론에서 자세히 학습하게 되겠지만 P=MC조건은 이윤극대화조건을 충족하는 것이다. 따라서 완전경쟁시장에서 **기업의 단기공급곡선은 AVC=MC점 이상의 MC곡선**이 된다. 즉 수요·공급이론에서의 공급곡선은 한계비용곡선을 의미하게 되는 것이다.

5. 장기생산비용곡선

① 장기생산비용곡선이란?

장기생산함수에서는 노동과 자본 모두가 가변투입요소로써 다루어된다. 단기생산함수의 경우에는 노동은 가변투입요소이고 자본은 고정투입요소로 제약되었던 점이 달라진다. 따라서 기업은 비용의 최소화를 위하여 생산량을 조절할 뿐만 아니라 **생산규모**, 즉 **생산설비**를 조절할 수 있다. 생산규모(생산설비)를 조절한다는 것은 자본의 투입을 조절한다는 것을 의미한다. 장기생산함수와 쌍대관계에 있는 장기비용함수도 규모의 증감에 의해 영향을 받게 된다. 또한 기업이 생산규모를 조절하는 경우 **규모의 경제**(economies of scale)나 **규모의 불경제**(diseconomies of scale)**현상**이 나타날 수 있으며 **장기비용곡선의 형태**를 결정한다.

② 장기 평균비용곡선과 장기 한계비용곡선

장기에서는 시설규모의 변동에 따라 비용의 크기가 영향을 받는다. 장기적인 개념에서 최소비용으로 생산가능한 생산규모의 최적수준이 중요하다. 생산규모의 최적수준을 판단하고 최적규모의 조건을 이해하기 위해 장기 평균비용곡선과 장기한계비용곡선에 대해 학습해야 한다. <그림 5-17>에서는 단기평균비용곡선에 의한 장기평균비용곡선의 도출을 보여주고 있다.

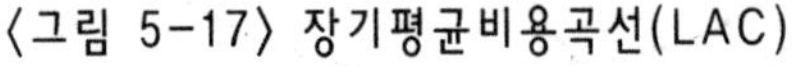
〈그림 5-17〉 장기평균비용곡선(LAC)

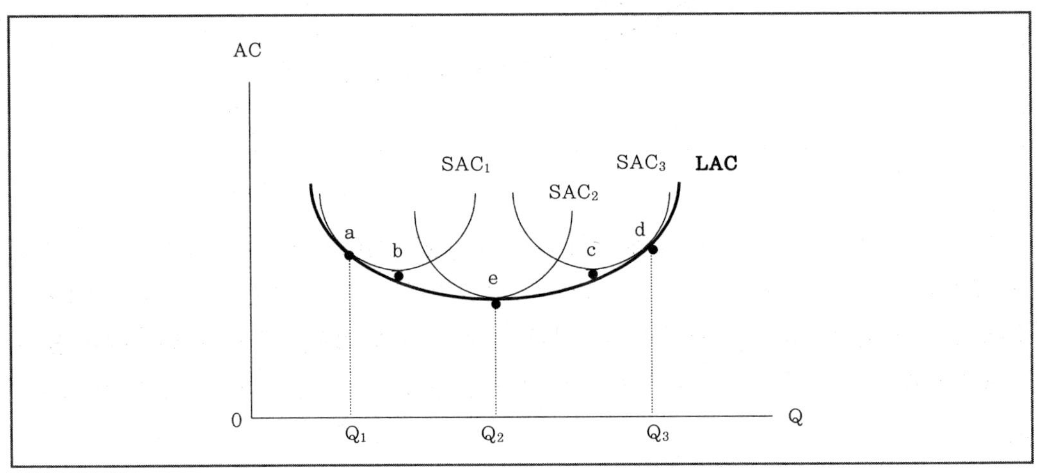

장기평균비용곡선은 단기평균비용곡선들에 대한 포락선(envelop curve)이다. **단기평균비용곡선이 U자형인 이유는 낮은 산출량수준에서는 평균고정비용이 급속히 줄어드는 경향이 있고, 높은 산출량 수준에서는 평균가변비용이 급속히 증가하는 경향**이 있기 때문이다. <그림 5-14>에서 평균가변비용곡선과 평균고정비용곡선의 기울기의 변화를 살펴보면 이해에 도움이 된다. 단기평균비용곡선 SAC_1에 직면하고 있는 기업의 경우에는 b점 생산규모의 설비투자를 하여 a점에서 가동하는 것이 효율적이다. 이유는 장기평균비용이 감소하고 있기 때문이며, 즉 규모의 수익이 체증하는 경우에는 <그림 5-19-2)에서 a점이 c점 보다 낮은 수준에 있게 된다. 단기평균비용곡선 SAC_3에 직면하고 있는 기업의 경우에는 c점 생산규모의 설비투자를 하여 d점에서 가동하는 것이 효율적이다. 이유는 장기평균비용이 증가하고 있기 때문이며, 즉 규모의 수익이 체감하는 경우에는 <그림 5-19-3)에서 e점이 d점 보다 낮은 수준에 있게 된다. 단기평균비용곡선 SAC_2에 직면하고 있는 기업의 경우에는 최저점인 e점과 장기평균비용곡선의 최저점이 일치하고 있다는 것을 알 수 있다. 이것은 규모를 늘리

거나 줄이더라도 장기평균비용은 최저수준에서 변하지 않는 점이다. 따라서 생산규모를 늘리거나 줄여야할 이유가 없게 되므로 e점의 생산규모의 설비투자를 하여 e점에서 가동하는 것이 효율적이다.

〈그림 5-18〉 장기한계비용곡선과 생산의 최적규모

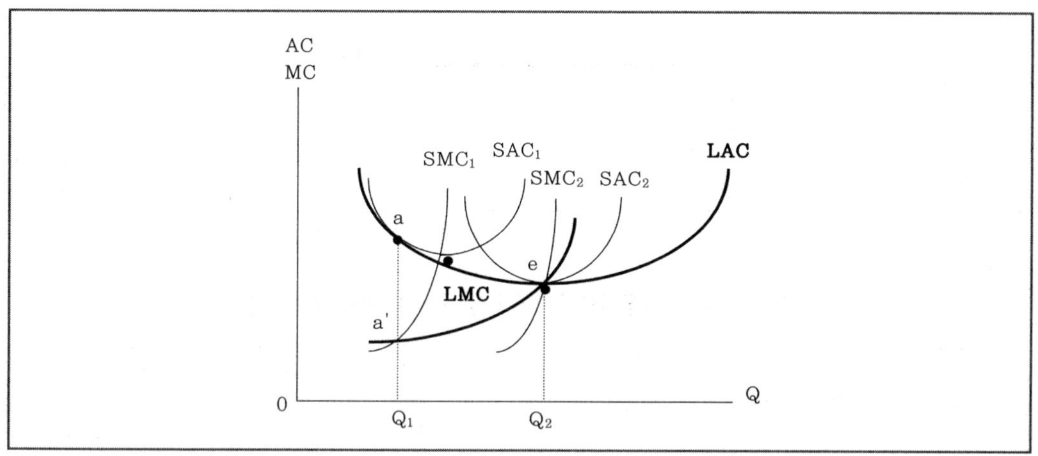

<그림 5-18>에서는 단기평균비용곡선(SAC)과 장기평균비용곡선(LAC), 그리고 장기한계비용곡선(LMC)간의 관계를 그래프로 나타내고 있다. LAC곡선과 LMC곡선이 교차하는 e점에서는 적정시설규모와 적정가동수준이 일치하고 있으며 단기평균비용과 장기평균비용 모두가 최저점에 있다. 따라서 **e점을 생산의 최적규모**(optimum scale of plant) **또는 장기최적생산수준**이라고 할 수 있다. e점을 수식으로 표현하면 $LAC = LMC = SAC_2 = SMC_2$로 나타나고 이런 조건하에서 **최적생산규모** 또는 **장기최적생산수준**이 성립될 수 있다.

③ 규모에 대한 보수와 장기비용곡선

규모에 대한 보수가 불변인가, 체감하는가, 체증하는가에 따라 장기평균비용곡선은 그 형태가 달라진다. 생산과 비용은 쌍대관계이므로 규모에 대한 보수불변은 규모에 대한 비용불변, 규모에 대한 보수체증은 규모에 대한 비용체감, 규모에 대한 보수체감은 규모에 대한 비용체증과 동일한 개념이다. 첫째, 규모에 대한 보수가 불변(비용불변)인 경우 장기평균비용곡선(LAC)은 <그림 5-19-1>과 같이 수평선으로 나타난다. 생산요소가격이 일정할 경우 규모에 대한 보수가 불변이라면 산출량과 총생산비용은 정비례의 관계에 있다. 따라서 장기평균비용은 일정한 수준에서 불변이다.

〈그림 5-19-1〉 장기평균비용곡선(규모에 대한 보수불변)

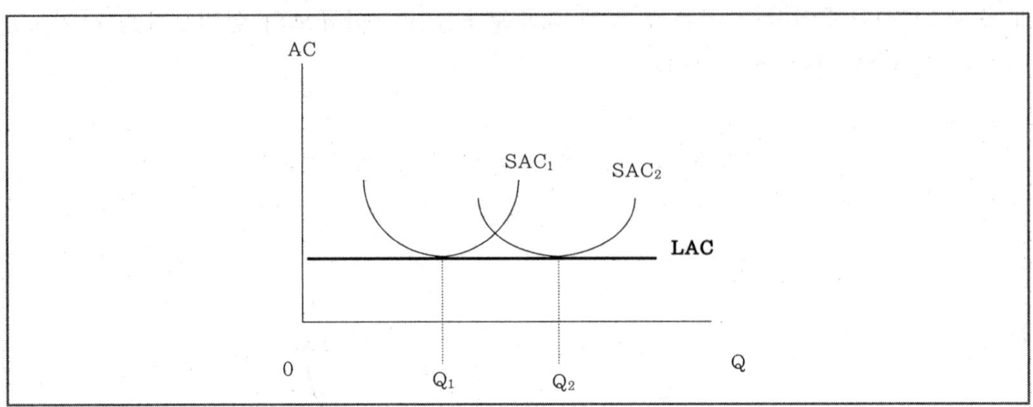

〈그림 5-19-2〉장기평균비용곡선(규모에 대한 보수체증)

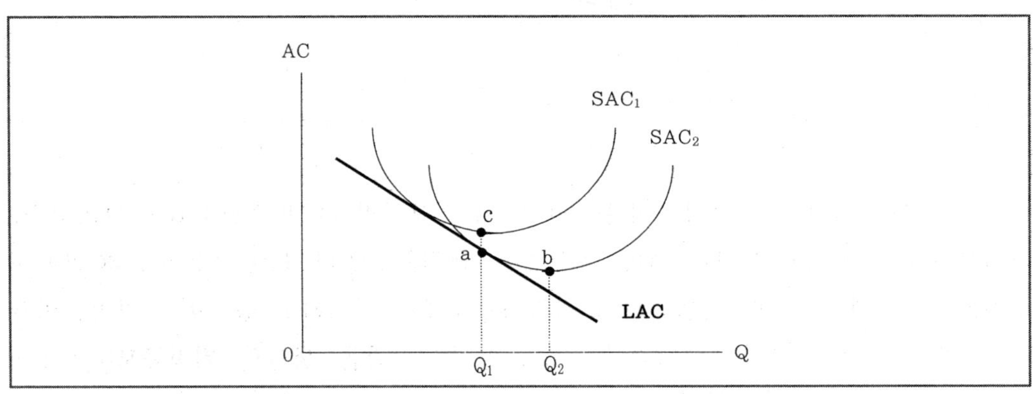

〈그림 5-19-3〉 장기평균비용곡선(규모에 대한 보수체감)

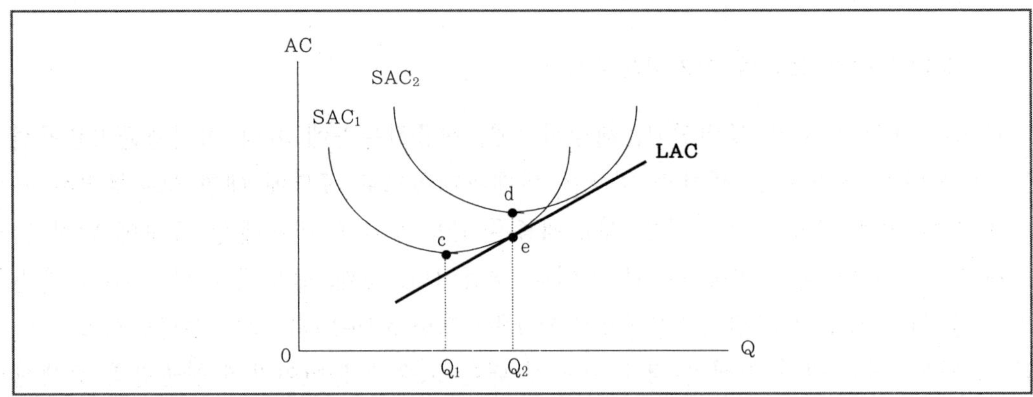

둘째, 규모에 대한 보수체증(비용체감)의 경우 장기평균비용곡선(LAC)은 <그림 5-19-2>와 같이 우하향하는 형태로 나타난다. 규모에 대한 보수가 체증한다는 것은 생산규모를 확대할 때 생산비의 증가속도가 산출량의 증가속도보다 상대적으로 느리게 증가한다는 것을 의미한다. 따라서 장기평균비용은 감소하게 되고 장기평균비용곡선은 우하향하는 형태를 가지게 된다. <그림 5-19-2>에서 보는 바와 같이 기업은 Q_1의 산출목표를 가질 때 Q_2의 시설규모를 선택하여 Q_1수준에서 가동하는 것이 보다 효율적임을 알 수 있다. 만약 Q_1수준의 시설규모를 가지고 가동한다면 평균비용이 최저수준이더라도 c점에 해당한다. 그런데 Q_2의 시설규모를 선택하여 Q_1수준에서 가동하는 경우 평균비용은 a점 수준이므로 보다 효율적인 생산규모임을 알 수 있다.

셋째, 규모에 대한 보수체감(비용체증)의 경우 장기평균비용곡선(LAC)은 <그림 5-19-3>과 같이 우상향하는 형태로 나타난다. 규모에 대한 보수가 체감한다는 것은 생산규모가 확대될 때 생산비의 증가속도가 산출량의 증가속도 보다 상대적으로 빠르게 증가한다는 것을 의미한다. 따라서 장기평균비용은 증가하게 되고 장기평균비용곡선은 우상향하게 된다. <그림 5-19-4>에서 보는 바와 같이 기업은 Q_2의 산출목표를 가질 때 Q_1의 시설규모를 선택하여 Q_2수준에서 가동하는 것이 보다 효율적임을 알 수 있다. 만약 Q_2수준의 시설규모를 가지고 가동한다면 평균비용이 최저수준이더라도 d점 수준임을 알 수 있다. 만약 Q_1수준의 시설규모를 가지고 가동한다면 평균비용이 최저수준이더라도 c점에 해당한다. 그런데 Q_1의 시설규모를 선택하여 Q_2수준에서 가동하는 경우 평균비용은 e수준이므로 보다 효율적인 생산수준규모임을 알 수 있다. 한편, 지금까지 장기평균비용(LAC)곡선에 대한 많은 실증연구들이 이루어져왔다. 그런데 **장기평균비용(LAC)곡선의 형태에 대한 실증연구들은 U자 형태가 아닌 완만한 L자 형태임을** 논증하고 있다. **완만한 L자 형태의 장기평균비용곡선은 산출량이 낮은 수준의 경우에는 생산에 대한 규모의 경제효과가 크게 나타나지만 산출량이 높은 수준에 이르게 되면 생산에 대한 규모의 경제효과가 미약해지다가 사라져 버리게 된다는 것을 의미한다.**

3 마디 기업의 이윤극대화

1. 기업의 이윤극대화 조건

생산자이론에서 지금까지 우리는 효율적 생산을 위한 생산자의 합리적 선택이 무엇인지에 관해 학습해 왔다. 최대생산이나 최소비용의 원칙에 따라 어떤 생산요소의 조합을 선택하는 것이 효율적인 최적생산조건인지를 학습하였다. 하지만 생산자의 최종적인 생산의 목적은 이윤극대화에 있다. 최대생산이나 최소비용의 원칙에 따른 효율적 생산의 달성이 기업의 이윤극대화를 보장해 주는 것은 아니다. 기업의 이윤극대화가 달성되기 위해서는 생산과 비용측면 뿐만이 아니라 **기업의 수입측면**이 고려되어야 하기 때문이다. 따라서 **기업의 이윤극대화**는 **최대수입**과 **최소비용의 관점**에서 다루어져야 한다. 기업의 최대수입과 최소비용을 달성시키는 최적산출량수준과 최적 가격수준을 밝혀야 한다. 여기서는 기업의 이윤극대화조건에 대해 학습해 보자.

총비용과 산출량과의 관계를 $TC = TC(Q)$라 하고, 총수입과 산출량과의 관계를 $TR = TR(Q)$라 하자. 이윤과 산출량과의 관계를 수식으로 표현하면 $\pi(Q) = TR(Q) - TC(Q)$가 된다. 이것이 **이윤함수**이다. 그리고 이윤함수가 극대값을 갖는 조건을 충족하면 이윤은 극대화되는 것이다. 이윤이 극대값을 갖기 위해서는 수학적으로 도함수의 제1계조건과 제2계조건을 충족하여야 한다.

첫째, **기업의 이윤이 극대화되기 위해서는 한계수입과 한계비용이 같아야 된다**. (도함수의 제1계조건)

$$\pi'(Q) = TR'(Q) - TC'(Q) = 0$$

$TR'(Q) = MR,\ TC'(Q) = MC$ 이므로

$$MR - MC = 0$$

따라서 $MR = MC$**의 조건이 성립되어야** 한다.

둘째, **기업의 이윤이 극대화되기 위해서는 한계비용곡선의 기울기가 한계수입곡선의 기울기보다 커야한다**(도함수 제2계조건).

$$\frac{d^2\pi}{dQ^2} = TR''(Q) - TC''(Q) < 0$$

$TR''(Q) = MR',\ TC''(Q) = MC'$ 이다.

$$MR' - MC' < 0$$

따라서 $MR' < MC'$ **의 조건을 충족하여야** 한다.

<그림 5-20>에서 기업의 이윤극대화 제1계 조건인 한계수입(MR)과 한계비용(MC)이 일치하는 산출량수준은 Q_1과 Q_2가 된다. 하지만 산출량 Q_1수준에서는 이윤극대화의 필요조건(제1계조건)은 충족하고 있지만 충분조건(제2계조건)은 위배되고 있다. 한계수입곡선의 기울기가 한계비용곡선의 기울기보다 큰 값을 가지고 있기 때문이

다. 따라서 산출량 Q_1수준에서는 이윤극대화가 달성되지 않는다. 두 번째 그래프의 이윤곡선을 보면 알 수 있다.

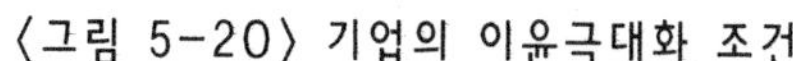

〈그림 5-20〉 기업의 이윤극대화 조건

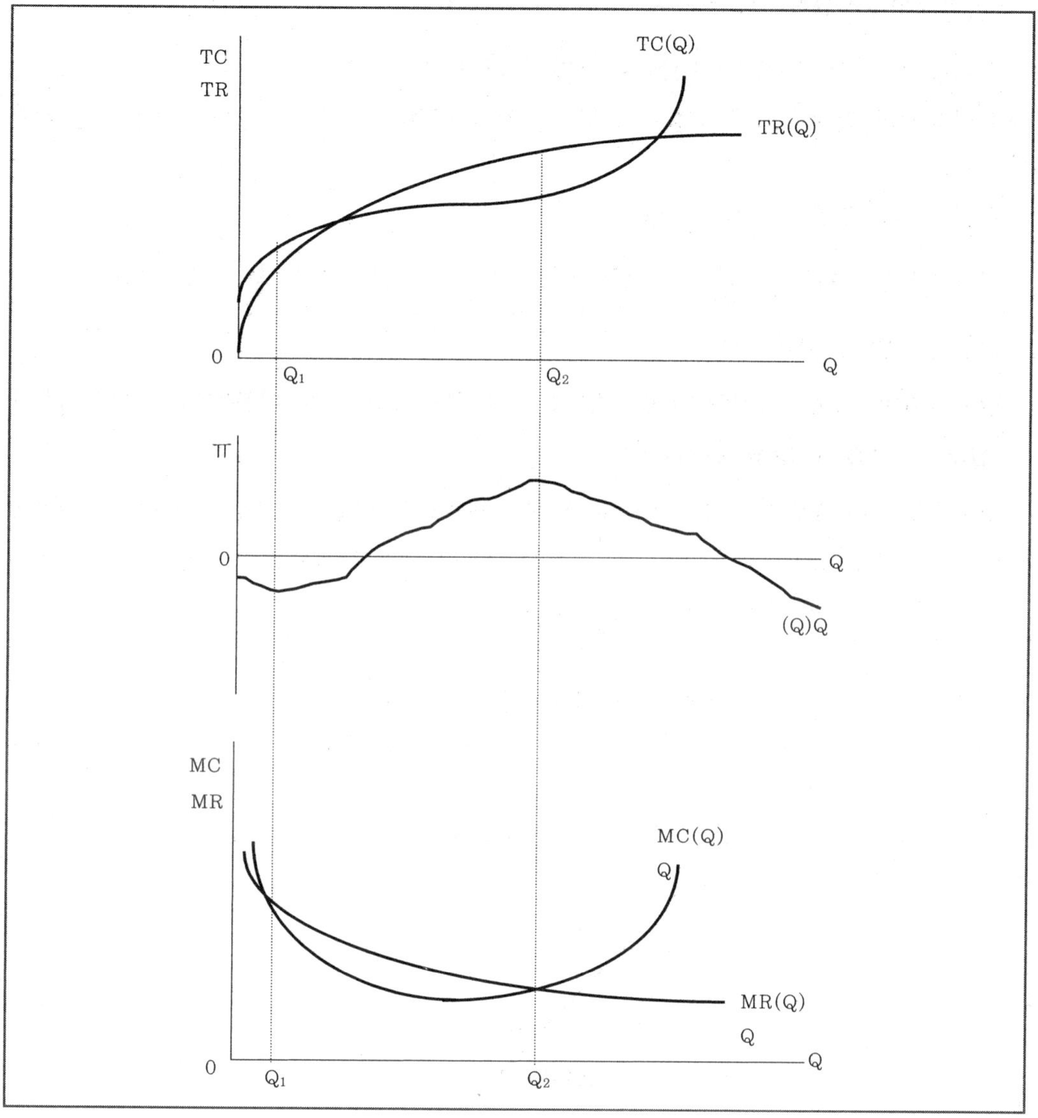

한편, 산출량 Q_2수준에서는 기업의 이윤극대화의 **필요조건(제1계조건)**인 **한계수입(MR)과 한계비용(MC)이 일치 하는 조건을 충족하고** 있다. 또한 기업의 기윤극대화의 **충분조건(제2계조건)인 한계비용곡선의 기울기가 한계수입곡선의 기울기보다 커야한다는 조건도 충족하고** 있다. 충분조건을 그래프로 나타내면 한계비용곡선이 한계수입곡선을 아래에서 위로 교차해야 한다. 따라서 산출량 Q_2수준에서 기업은 이윤극대화조건을 충족하고 있다는 것을 <그림 5-20>에서 보는 바와 같이 알 수 있다. 두 번째 그래프인 이윤곡선이 극대점에 있다는 것을 알 수 있다.

② **한계수입곡선과 이윤극대화**

수요함수가 $P=-2Q+10$로 주어졌다 하자. 이 수요함수를 이용하여 우리는 평균수입곡선과 한계수입곡선을 도출할 수 있다. 도출과정을 수식으로 정리하면 다음과 같다.

기업의 총수입은 $TR=P\cdot Q$

평균수입은 $AR=\dfrac{TR}{Q}=\dfrac{P.Q}{Q}=P$ 이므로 평균수입은 곧 수요함수

$AR=-2Q+10$와 같다.

한편 $TR=-2Q^2+10Q$ 의 총수입 함수가 정리되고 이를 미분하면 한계수입함수

$MR=-4Q\ +10$로 나타난다.

평균수입곡선 $AR=-2Q+10$ 과 한계수입곡선을 $MR=-4Q\ +10$을 그래프로 나타내면 <그림 5-21>과 같다. <그림 5-21>에 나타난 한계수입곡선은 평균수입곡선보다 기울기가 2배 가파른 곡선으로 도출된다.

〈그림 5-21〉 평균수입곡선과 한계수입곡선

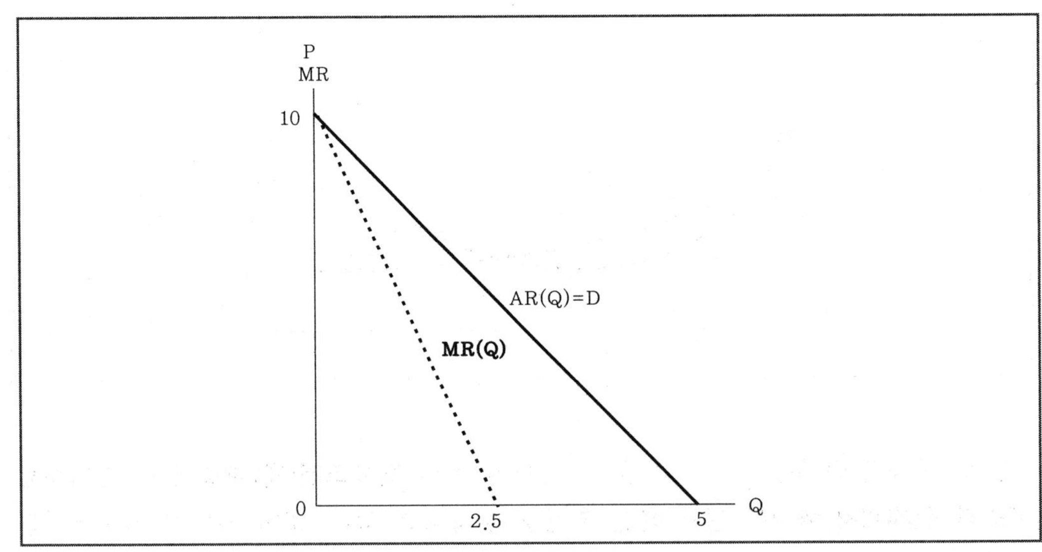

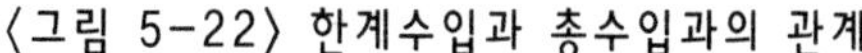

〈그림 5-22〉 한계수입과 총수입과의 관계

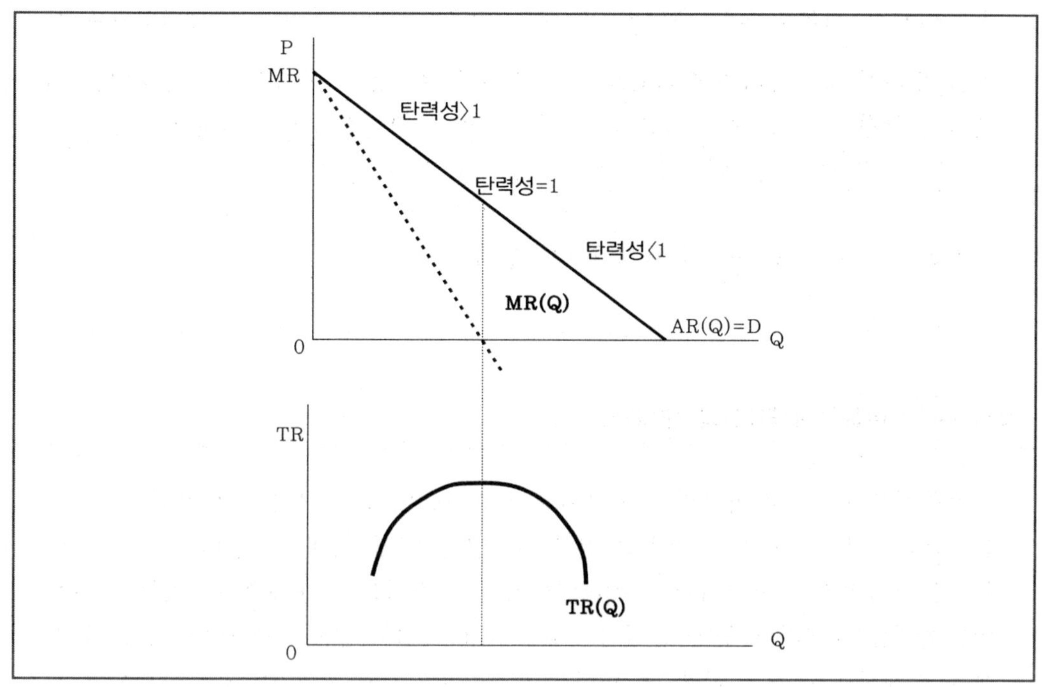

<그림 5-22>에서는 한계수입과 총수입 그리고 수요의 가격탄력성과 한계수입과의 관계를 학습하기 위해 <그림 5-21>에 도출된 AR곡선과 MR곡선 위에 기업의 총수입 곡선을 연계한 그래프를 나타내고 있다. <그림 5-22>에서 한계수입이 0일 때 기업의 총수입은 극대가 됨을 알 수 있다. 또한 수요의 가격탄력성이 1일 때 한계수입은 0이며, 기업의 총수입은 극대가 된다[30]. 이러한 수요곡선에 직면하는 기업의 한계비용이 0이라면 수요의 가격탄력성이 1인점은 바로 기업의 이윤극대화점을 의미한다. 또한 수요의 가격탄력성이 1보다 크면 한계수입은 양의 값으로 나타나고 기업의 총수입은 증가하게 되며, 수요의 가격탄력성이 1보다 작으면 한계수입은 음의 값으로 나타나고 기업의 총수입은 감소하게 된다는 것을 알 수 있다.

보탬 3 아모로소-로빈슨(Amoroso-Robinson)공식

한계수입과 총수입과의 관계는 아모로소-로빈슨(Amoroso-Robinson) 공식

30) 이 점을 꾸르노점(Cournot point)이라 한다.

$MR = P\left(1 - \frac{1}{\epsilon_p}\right)$으로 모두 설명할 수 있다. 한계수입과 수요의 가격탄력성과의 관계를 수리적으로 정리하면 다음의 수식을 구할 수 있다. 한계수입은 총수입을 미분하여 구할 수 있으므로 다음과 같은 수식의 전개과정이 가능해진다.

$\frac{dTR}{dQ} = \frac{d(P \cdot Q)}{dQ} = P + Q\frac{dP}{dQ} = P\left(1 + \frac{Q}{P}\frac{dP}{dQ}\right) = P\left(1 - \frac{1}{\epsilon_P}\right)$가 된다.

따라서 $MR = P\left(1 - \frac{1}{\epsilon_p}\right)$의 관계가 성립된다.

보탬 4 이윤극대화가설과 대체가설

전통적으로 생산자이론의 기본전제로써 받아들여져 온 기업의 이윤극대화가설은 여러 가지 측면에서 비판받고 있다. 따라서 새로운 대체가설들이 등장하고 있는 건 사실이지만 아직까지 이윤극대화가설을 전적으로 대체할 수 있는 새로운 이론체계는 정립되지 못하고 있다. 이윤극대화가설의 문제점과 대체가설들의 개요를 소개하면 다음과 같다. ① 이윤극대화가설에 대한 비판에 대해 살펴보면 첫째, 이윤극대화가설은 기업의 목적을 지나치게 단순화시켰다는 점을 비판한다. 주식회사의 경우 경영진의 입장에서는 기업의 이윤극대화 보다는 오히려 기업의 규모에 따르는 경영진의 위신이나 사회적 지명도를 기업의 목표로 삼을 수도 있으며, 기업의 안정이나 성장에 목적을 둘 수도 있고, 시장점유율의 극대화를 목적으로 행동할 수도 있다는 점이다. 둘째, 이윤극대화가설에 대한 현실설명능력이나 현실적용능력에 대해서도 비판을 가하고 있다. 다양한 목표를 가지고 행동하는 기업들을 이윤극대화라는 획일적인 이론체계로는 적절하게 설명하는데 한계가 있을 것이며, 실제 경영인들이 기업을 경영함에 있어 이윤극대화가설을 적용하는 사례가 드문 것으로 조사되고 있을 뿐만 아니라, 또한 한계비용과 한계수입을 정확하게 계산하는데 필요한 충분한 정보를 확보하는 것도 어려운 것으로 알려지고 있다. 하지만 아직도 대부분의 경제학자들은 이윤극대화가설을 보편적으로 인정하고 있으며, 이윤극대화가설의 타당성을 주장하기도 한다[31]. ② 이윤극대화가설에 대한 대체가설들에 대해 살펴보면 첫째 장기이윤극대화가설이 있다. 이 가설에 의하면 단기적으로 기업의 입장에서 손실에 해당하는 행위일지라도 장기적인 전략하에서 보면 이윤을 발생시킬 수 있다는 개연성을 주장하고 있다. 둘째 제약된 이윤극대화가설이 있다. 이 가설에 의하면 기업은 이윤을 극대화함에 있어 무제한적으로 행동하는 것이 아니라 기업이 설정해 놓은 일정한 범위 안에서 이윤을 극대

화하기 위해 행동한다는 점을 부각시킨다. 셋째 만족이윤가설이 있다. 이 가설은 복잡하고 급변하는 현대의 환경 속에서 기업들은 불확실성에 직면하고 있다. 따라서 이윤극대화를 위한 최적선택은 정보부족으로 인하여 무의미하게 될 수 있다는 것이다. 따라서 이윤의 극대화보다는 적절한 만족을 기업의 목표로 보는 것이 오히려 현실적이라는 주장이다[32]. 넷째, 수입극대화가설 또는 매상고극대화가설이다[33]. 이 가설은 경영자들이 최저이윤[34]만 확보된다면 이윤극대화보다는 수입극대화를 추구할 가능성이 높다고 주장한다.

31) 프리드만(M. Friedman)과 매클럽(F. Machlup)의 변론이 있다.

32) 이 가설은 사이몬(H. Simon)의 업적이며, 그는 전통이론에서 가정하고 있는 합리적 인간을 비판하고 인간은 제한적 합리성(bounded rationality)을 가질 수 있다고 주장한다.

33) 이 가설은 보몰(W.J. Baumol)의 업적이다.

34) 주주들이 불만을 가지지 않을 정도의 배당금을 지불할 수 있고, 기업의 자금조달에 지장을 주지 않을 정도의 이윤을 말한다.

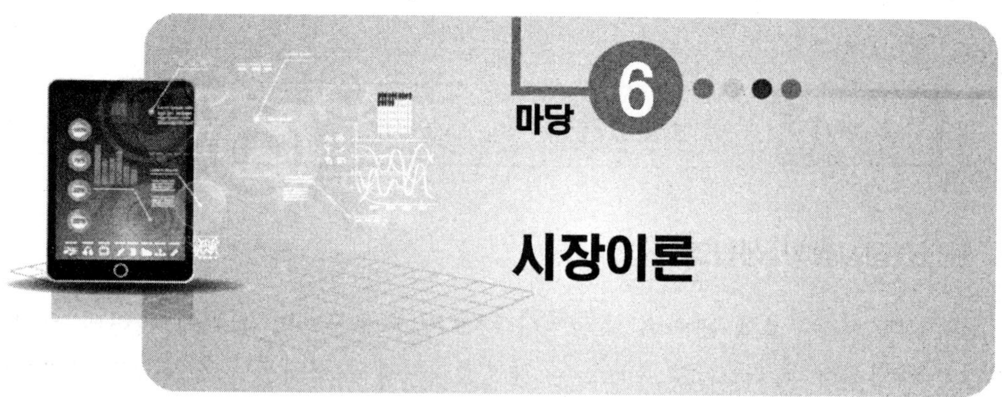

시장경제를 두 주연배우, 즉 생산자와 소비자가 시장이라는 무대 위에서 경제활동(시나리오연출)을 펼치는 장면에 비유한 바 있다. 시장경제에서 시장은 크게 생산물시장(output market)과 생산요소시장(input market)이라는 순환하는 두 경제영역으로 나눌 수 있다. 생산물시장에서의 주연배우들의 역할은 가계는 수요자 분을 기업은 공급자분을 연출하는 것이지만 생산요소시장에서는 두 주연배우의 역할이 서로 바뀌게 된다. 가계는 생산요소의 공급자 분을 기업은 생산요소의 수요자분을 연출하게 된다. 생산요소시장이라는 무대에 대해서는 다음 마당에서 자세히 학습하게 될 것이다. 여기서는 생산물시장이라는 무대에 대해 자세히 이해할 수 있도록 학습해야 한다. 시장이론에서는 기업을 주연배우로 삼아 이윤극대화조건하에서 최적의 시장가격수준과 산출량수준을 결정하는 시장균형에 대해 초점을 맞추게 된다. 기업의 경제활동 목표가 이윤극대화라면 기업은 시장의 구조에 따라 생산물에 대한 가격과 산출량을 다르게 결정하려 한다. 왜냐하면 시장구조에 따라 기업의 이윤극대화조건을 충족하는 산출물의 가격과 산출량 수준이 달라지기 때문이다. 우리는 생산이론에서 이미 기업의 생산극대화와 비용극소화조건에 대해 학습한 바 있다. 하지만 기업이 생산극대화와 비용극소화를 달성했다고 해서 이윤극대화가 자동으로 성립되지 않는 경우가 발생한다. 이윤극대화란 생산의 극대화뿐만 아니라 기업의 수입이 극대화되고 비용이 극소화될 때 달성되기 때문이다. 따라서 시장이론에서는 기업의 수입극대화(P X Q)와 관련한 중요한 두 변수 가격(P)과 산출량(Q)결정에 관한 이론을 다루고 있다. 여기서 학습하게 될 시장구조는 크게 완전경쟁시장과 불완전경쟁시장으로 구분할 수 있다. 그리고 불완전경쟁시장의 구조를 가진 시장으로는 독점시장, 독점적 경쟁시장, 과점시장(복점시장) 등으로 분류할 수 있다. 여섯째 마당에서는 ① 완전경쟁시장, ② 독점시장, ③ 과점시장, ④ 독점적 경쟁시장, ⑤ 게임이론에 대해 학습해 보자.

1 마디 완전경쟁시장

1. 완전경쟁시장의 성립조건

경쟁이란 시장구조에 관련된 특성이나 수요자나 공급자의 행위에 관련된 특성을 반영한 개념이다. 클라크(J.M. Clark)는 완전경쟁시장의 성립은 현실적으로 불가능다고 주장하면서 대체 개념으로 유효경쟁(workable competition, effective competition)을 주장한 바 있다. **완전경쟁시장이란 가장 이상적인 시장구조**에 가깝다. 완전경쟁시장의 성립조건을 모두 충족하는 실제시장은 거의 존재하지 않는다. 그럼에도 불구하고 이론적으로는 완전경쟁시장을 가장 많이 전재하고 있다. 완전경쟁시장은 이론의 체계성을 확보하는데 여러 가지 편리한 점을 가지기 있기 때문이다. 완전경쟁시장(perfect competition market)이 성립되기 위해서는 첫째, **각 경제주체는 가격수용자 (price taker)이여야 한다**. 개별적인 경제주체가 가격설정에 영향을 미칠 수 없을 정도로 참여자의 수가 많아야 한다. 둘째, **이 시장에 공급되는 모든 동종의 상품은 동질**적이어야 하고, 수요자 입장에서 어느 공급자든 무차별하여야 한다. 셋째, 모든 경제적 자원들이 **자유롭게 시장에 진입하고 이탈**할 수 있어야 한다. 또한 모든 경제주체들의 진입과 이탈이 자유로워야 한다. 넷째, 모든 **경제주체들이 완전한 정보**를 가지고 있어야 한다. 상품의 생산, 가격, 시장 등 상품과 관련된 모든 정보를 인지하고 있어 정보의 비대칭적[1]인 현상을 일으키지 않아야 한다는 것을 의미한다[2]. 소비자의 정보탐색행위는 소비자의 구매량이 커질수록, 탐색된 정보의 유효기간이 길어질수록 활발해지며, 소비자의 정보탐색비용은 소비자의 시간당 급여가 작을수록 소비자의 교육수준이 높을수록 작아진다는 연구결과가 있다[3]. **이와 같은 조건들을 충족하는 현실적인 시장은 농산물시장이나 증권시장** 정도에 지나지 않으며, 장기적으로 충족

1) 다음 마당 시장의 실패에서 상세히 다룬다.
2) 가격수용자의 조건과 진입이탈의 자유에 관한 조건을 충족하고 있다고 가정된 시장형태를 순수경쟁시장(pure competition market)이라 한다.
3) H. Marvel, "The Economics of Information and Retail Gasoline Price Behaviour: An Empirical Analysis," Journal of Political Economy, October 1976.

될 수 있는 가능성이 높다.

2. 완전경쟁시장의 단기균형

① 시장이론에서의 기간

생산이론에서 기간을 단기와 장기로 구분하였다. 단기는 생산설비는 고정되어 있고, 노동투입량을 조절하여 생산량을 변동시킬 수 있는 정도의 기간으로, 장기는 노동뿐만 아니라 생산설비까지 조절하여 생산규모를 변동시킬 수 있을 정도의 기간의 개념으로 설정하였다. 시장이론에서는 **단기(short-run)란 기업의 진입이나 이탈이 불가능한 상태에서 기존기업의 산출량조절에 의해 공급량이 결정되는 정도의 기간**을 의미하고, **장기(long-run)란 기업의 진입과 이탈이 자유로워 생산규모까지 증감시킬 수 있을 정도의 기간의 개념**을 설정하고 있다[4].

② 기업의 단기균형

우리는 다섯 번째 마당에서 기업의 이윤극대화 조건에 대하여 이미 학습한 바 있다. 완전경쟁시장에서 기업이 이윤극대화 조건을 따라 산출량을 결정하는 경우 <그림 6-1>에 나타난 바와 같이 세 가지의 단기 시장균형이 나타날 수 있다. <그림 6-1>에서 개별기업이 직면하는 수요곡선은 수평선으로 나타나 있다. 이것은 완전경쟁시장에 참여하는 모든 기업들이 **가격수용자(price taker)**라는 것을 의미한다. **수평인 수요곡선(D=P)은 P=AR을** 성립시키므로 수요곡선은 곧 평균수입곡선(AR)을 의미한다. 평균수입곡선(AR)이 수평이면 평균수입이 불변이므로 평균수입(AR)과 한계수입(MR)은 같다는 것을 의미하게 된다. 따라서 **수식으로 정리하면 P=AR=MR=D**가 성립한다. 또한 개별기업의 수요곡선[5]이 수평이라는 것은 주어진 가격으로 그 기업의 산출량이 모두 판매될 수 있다는 것을 의미하고, 기업이 산출량을 조절하여 가격설정에 영향을 미칠 수 없음을 의미하기도 한다. 완전경쟁시장에서의 세 가지 단기균형에 대해 살펴보자. 하나, 개별기업이 직면하고 있는 D_2 수요곡선(D_2=P)이 SAC(단기평균비용)곡선의 최저점을 접하는 경우이다. <그림 6-1>에서 보는 바와 같이 균형산출량 수준은 Q_2에서 결정되며, 균형가격수준은 B점인 P_2에서 결정된다. B점에서는 MR=MC가 성립되고 MC곡선이 MR곡선을 아래에서 위로 교차하고 있으므로 이윤극대화 조건을 충족하고 있다는 것을 알 수 있다. 또한 B점에서는 P_2=AC가 성립하므로 기업의 총수입 TR(P X Q)과 기업의 총비용 TC(AC X Q)은 일치하고 있다는 것을

4) 결과적으로 생산이론에서의 장·단기와 시장이론에서의 장·단기가 거의 동일하다.

5) 기업의 시장수요곡선은 우하향하며, 수요자의 수요곡선도 우하향한다.

알 수 있다. **완전경쟁시장의 균형점(이윤극대화점) B점에서는 초과이윤이나 손실이 발생하지 않는 것이다**. 둘, 개별기업의 D_3 수요곡선(D_3=P)이 SAC(단기평균비용)곡선보다 높은 곳에 위치하는 경우이다. <그림 6-1>에서 보는 바와 같이 균형산출량 수준은 Q_3에서 결정되며, 균형가격수준은 C점인 P_3에서 결정된다. C점 역시 MR=MC의 이윤극대화 조건을 충족하고 있으며 가격이 평균비용보다 높다는 것(P_1>AC)을 알 수 있다. 따라서 **C점에서는 TR>TC이 성립하고 직사각형 P_3P_2CC'만큼의 초과이윤이 발생한다는 것을 알 수 있다**. 셋, 개별기업의 D_1 수요곡선(D_3=P)이 SAC(단기평균비용)곡선보다 낮은 곳에 위치하는 경우이다. <그림 6-1>에서 보는 바와 같이 균형산출량 수준은 Q_1에서 결정되며, 균형가격수준은 A점인 P_1에서 결정된다. A점 역시 MR=MC의 이윤극대화 조건을 충족하고 있으며 가격이 평균비용보다 낮다는 것(P_1<AC)을 알 수 있다. 따라서 **A점에서는 TR<TC이 성립하고 직사각형 P_1P_2AA'만큼의 손실이 발생한다는 것을 알 수 있다**.

〈그림 6-1〉 완전경쟁시장에서의 단기균형

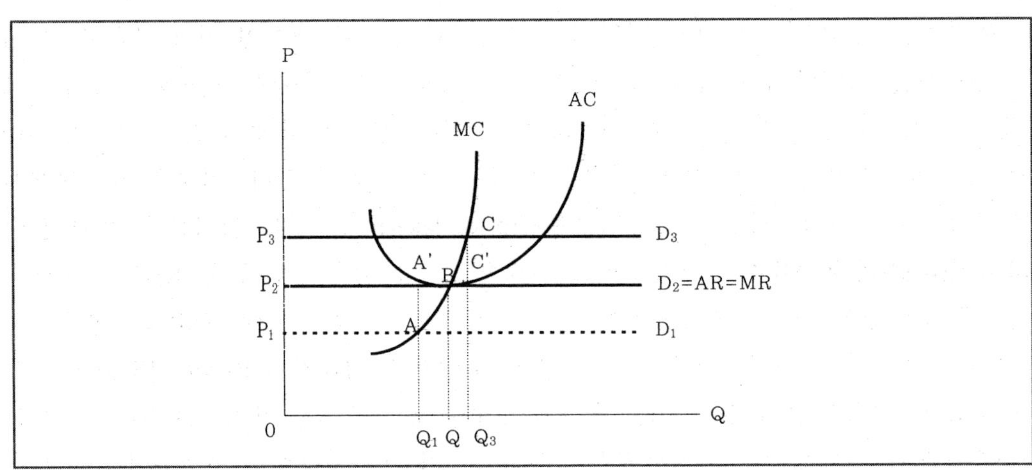

③ 기업의 단기공급곡선

비용이론에서 이미 조업중단점과 손익분기점을 학습한 바 있다. 조업중단점 A는 AVC=MC 이므로 AVC=P 이고 산출량 Q_A수준에서 TR=TVC이다. 기업은 산출량 Q_A에서 조업을 하는 경우와 하지 않는 경우 모두 동일한 손실(총고정비용)이 발생한다. 산출량 Q_A수준이하에서는 TR<TVC이므로 기업의 공급곡선은 수직축과 동일하다. 산출량 Q_A에서 Q_B수준까지는 TR>TVC이지만 TR<TC이어서 손실은 발생하지만 생산은 이루어진다. 산출량수준 Q_B점에서는 MC=AC이므로 P=AC 이고 TR=TC가 되어 손익

분기점이 된다. 산출량 Q_C에서는 MC>AC이므로 P>AC이고 TR>TC가 되어 초과이윤이 발생한다. 따라서 **기업의 단기공급곡선**은 **<그림 6-2>의 A점 이상의 A, B, C점을 연결하는 MC곡선과 동일하다**.

〈그림 6-2〉 기업의 단기공급곡선

C
MC
AC
AVC
P_C
P_B
P_A
A
B
C
0
Q_A
Q_B Q_C
Q

④ 산업의 단기공급곡선

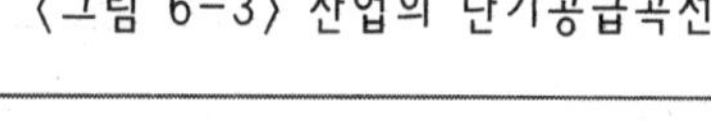
〈그림 6-3〉 산업의 단기공급곡선

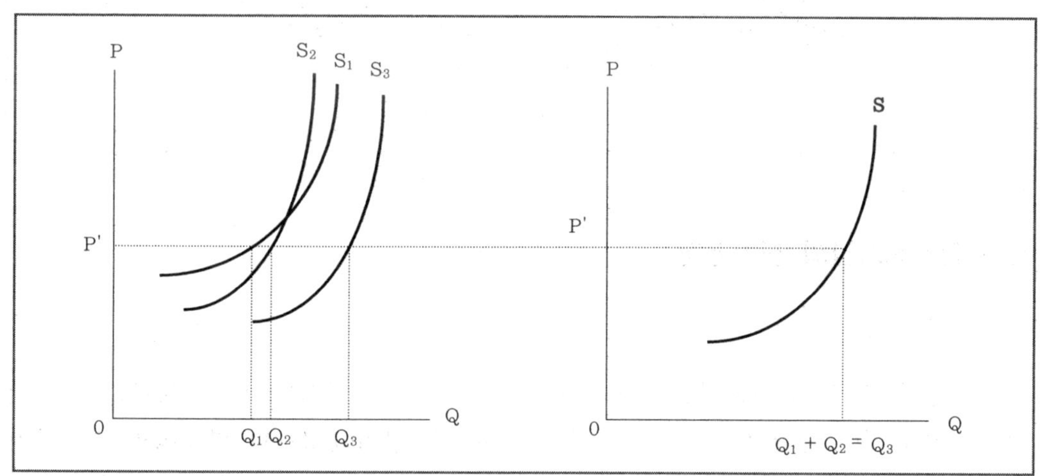

산업이란 동종의 상품을 생산하는 기업집단을 말한다. 따라서 산업의 단기공급곡선은 기업의 단기공급곡선을 수평으로 합한 것과 같고 시장공급곡선과 같다. 이를 그림으로 나타내면 <그림 6-3>의 우측 그림의 S와 같고, 단 한 산업의 모든 기업들이

동시에 산출량을 증대시킨다 해도 생산요소의 가격이 불변하여야 한다. 한 산업의 모든 기업들의 산출량 수준의 증대로 인하여 생산요소의 가격이 상승한다면 산업의 단기공급곡선은 <그림 6-3>의 공급곡선 S보다 기울기가 급한 공급곡선이 될 것이다.

⑤ 산업의 단기균형

<그림 6-3>에서 도출되는 산업의 단기공급곡선 즉 시장공급곡선과 수요이론에서 도출되었던 시장수요곡선이 시장균형을 통하여 <그림 6-4>의 E점인 균형가격 P_E를 결정하게 된다. **완전경쟁시장에서의 개별기업은 시장균형가격을 받아들이므로 가격수준 PE에서 D=AR=MR이 성립하고, 이것은 개별기업이 직면하는 수요곡선이 된다**. 따라서 F점에서 MR=MC의 이윤극대화조건을 충족하며, 산출량수준 Q_F가 결정된다. 여기서 결정된 산출량수준 Q_F는 시장공급곡선에 다시 반영되게 된다.

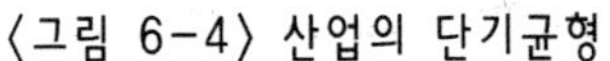
〈그림 6-4〉 산업의 단기균형

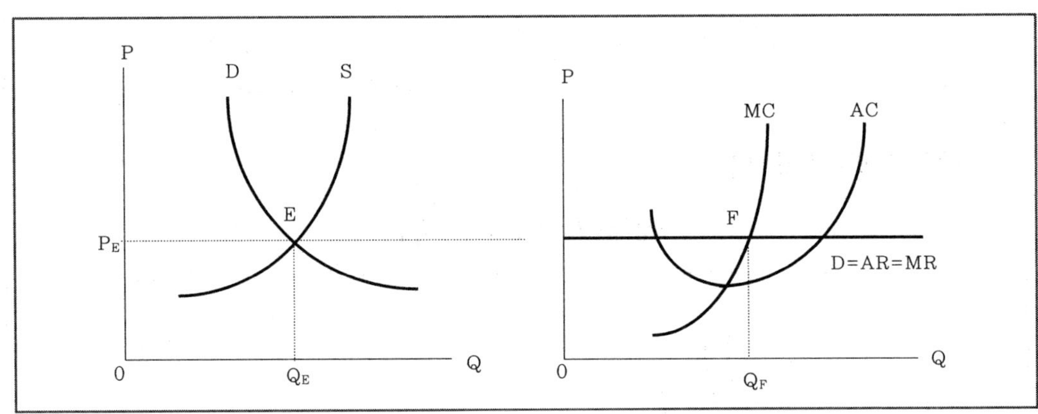

3. 완전경쟁시장의 장기균형

① 장기균형

완전경쟁시장의 장기균형은 생산규모의 선택이 가능하거나 또는 새로운 기업의 진입과 탈퇴가 가능하므로 적정생산규모의 선택은 **단기균형보다 역동적인 조정과정**(long-run adjustment)을 거친다. 현재의 생산규모가 초과이윤을 발생시키고 있다면 기존의 기업들이 생산규모를 확장하거나 새로운 기업들이 진입하게 될 것이다. 그런데 생산규모가 지나치게 확대되어 손실이 발생하는 상황이 되면 기존의 기업들이 생산규모를 축소시키거나, 기존의 기업들 중에서 다른 산업으로 이전하는 기업들이 나타

나게 될 것이다. 이러한 조정과정을 반복하여 결국 **초과이윤이나 손실은 사라지고 정상이윤만이 존재하는 장기균형**에 이르게 된다. <그림 6-5>의 F점은 완전경쟁시장의 장기균형점이다. F점은 P=LMC, 즉 MR=MC과 MC곡선이 MR곡선을 아래에서 위로 교차하는 이윤극대화조건을 모두 충족하고 있다. 또한 F점은 P=LAC이므로 AR=AC이고 기업의 총수입과 총비용이 같게(TR=TC)되어 초과이윤이나 손실이 발생하지 않는 점이라는 것도 알 수 있다. 따라서 **F점은 완전경쟁시장의 장기균형점**이고 이것을 성립시키는 조건을 수식으로 정리하면 **P=SAC=SMC=LAC=LMC**가 된다.

〈그림 6-5〉 완전경쟁시장의 장기균형

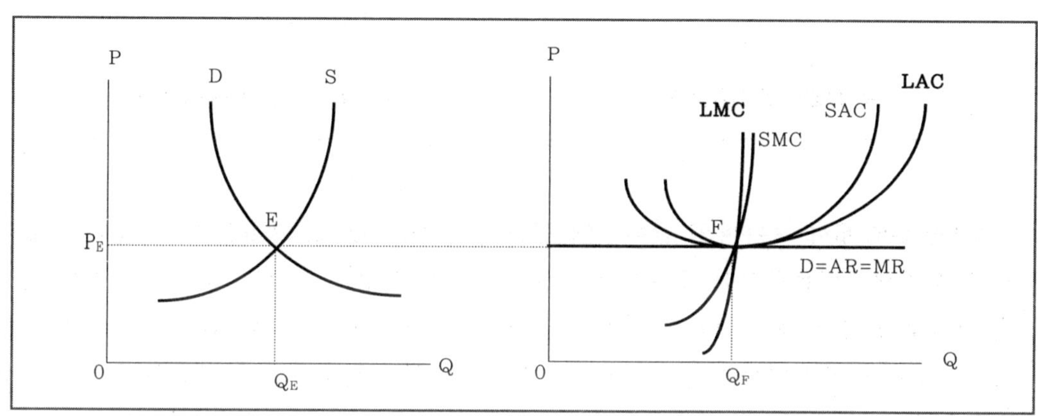

② 장기공급곡선

완전경쟁시장에서의 장기공급곡선은 단기공급곡선의 결정요인 즉 가격변화에 따른 개별기업의 산출량 수준의 변동과 초과이윤이나 손실에 따른 기업의 진퇴로 발생하는 생산규모의 변동까지 포함하게 된다. 장기공급곡선은 산업전체의 산출량을 증가시킬 때 비용은 어떤 방향으로 변화하는가, 즉 산출량과 비용변화와의 관련성에 의해서 도출하게 된다. 완전경쟁시장에서의 장기공급곡선은 세 가지 형태로 나타나게 되는데 생산규모를 증가시킬 때 비용이 변하지 않는 산업, 비용이 체증하는 산업 그리고 비용이 체감하는 산업으로 분류할 수 있다. 하나, 생산규모를 증대시킬 때 비용이 변하지 않는 산업의 장기공급곡선은 <그림 6-6>의 a)와 같다.

〈그림 6-6〉 비용불변과 장기공급곡선

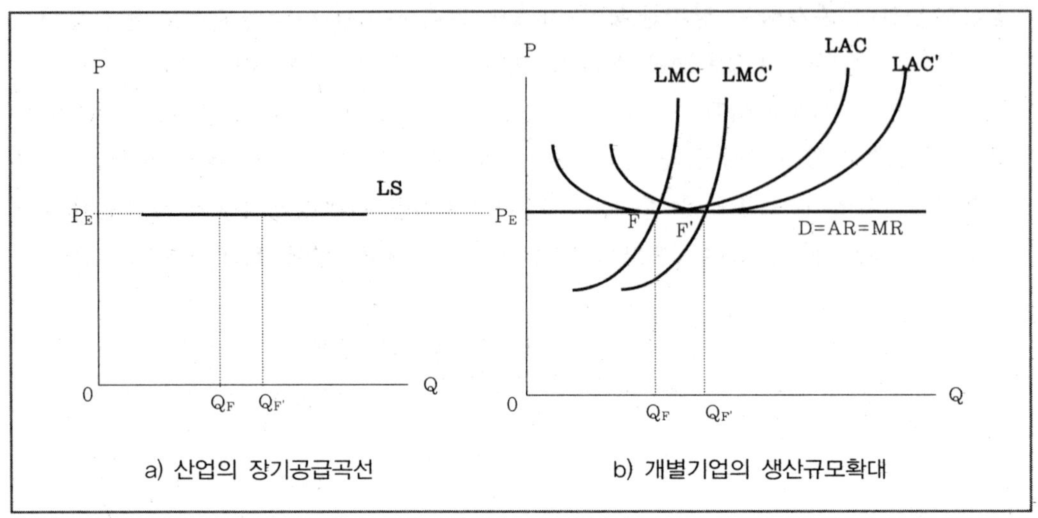

a) 산업의 장기공급곡선 b) 개별기업의 생산규모확대

<그림 6-6>에서 보는바와 같이 생산규모가 Q_F에서 $Q_{F'}$로 확대될 때 비용이 불변이므로 장기평균비용곡선이 우측으로 수평이동하여 LAC'가 된다. 따라서 기업의 새로운 균형점 F'점이 성립된다. F'점은 이윤극대화조건(P=LMC, MR=MC)을 충족하고 있다. 따라서 비용불변산업에서는 F점과 F'점을 잇는 개별기업의 공급곡선과 이들을 수평으로 합한 <그림 6-6>의 a)와 같은 수평선 형태의 장기공급곡선을 도출할 수 있다. 둘, 생산규모가 증대될 때 비용이 체증하는 산업의 장기공급곡선은 <그림 6-7>의 a)와 같다.

〈그림 6-7〉 비용체증과 장기공급곡선

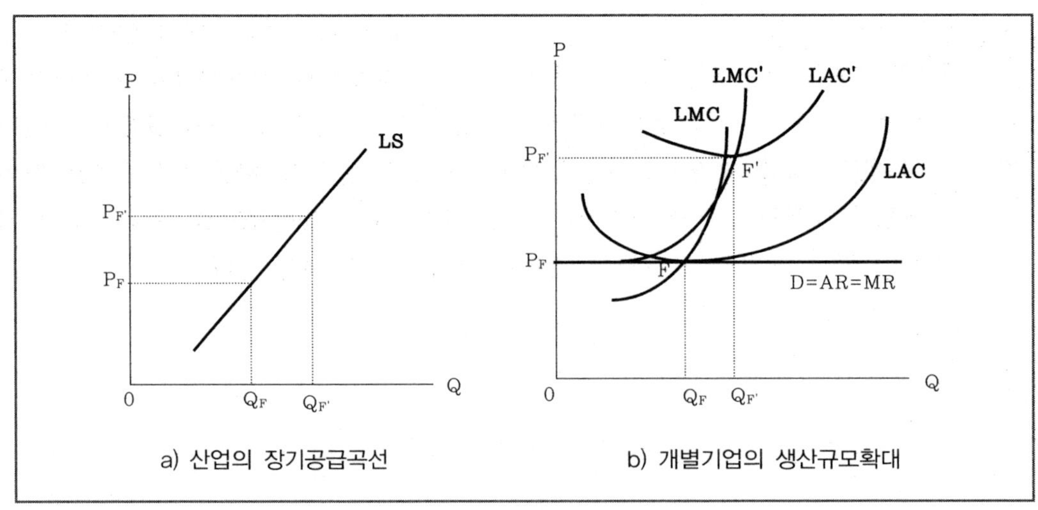

a) 산업의 장기공급곡선 b) 개별기업의 생산규모확대

<그림 6-7>에서 생산규모가 Q_F에서 $Q_{F'}$로 확대될 때 비용이 체증하므로 장기평균비용곡선은 위로 이동하여 LAC'가 된다. 따라서 기업의 새로운 균형점 F'점이 성립된다. F'점은 이윤극대화조건(P=LMC, MR=MC)을 충족하고 있다. 따라서 비용체증산업에서는 F점과 F'점을 잇는 개별기업의 공급곡선과 이들을 수평으로 합한 <그림 6-7>의 a)와 같은 우상향하는 장기공급곡선을 도출할 수 있다. 셋, 생산규모를 증대시킬 때 비용이 체감하는 산업의 장기공급곡선은 <그림 6-8>의 a)와 같다. <그림 6-8>에서 생산규모가 Q_F에서 $Q_{F'}$로 확대될 때 비용이 체감하므로 장기평균비용곡선이 아래로 이동하여 LAC'가 된다. 따라서 기업의 새로운 균형점 F'점이 성립한다. F'점은 이윤극대화조건(P=LMC, MR=MC)을 충족하고 있다. 따라서 비용체감산업에서는 F점과 F'점을 잇는 개별기업의 공급곡선과 이들을 수평으로 합한 <그림 6-8>의 a)와 같은 우하향하는 장기공급곡선을 도출할 수 있다.

〈그림 6-8〉 비용체감과 장기공급곡선

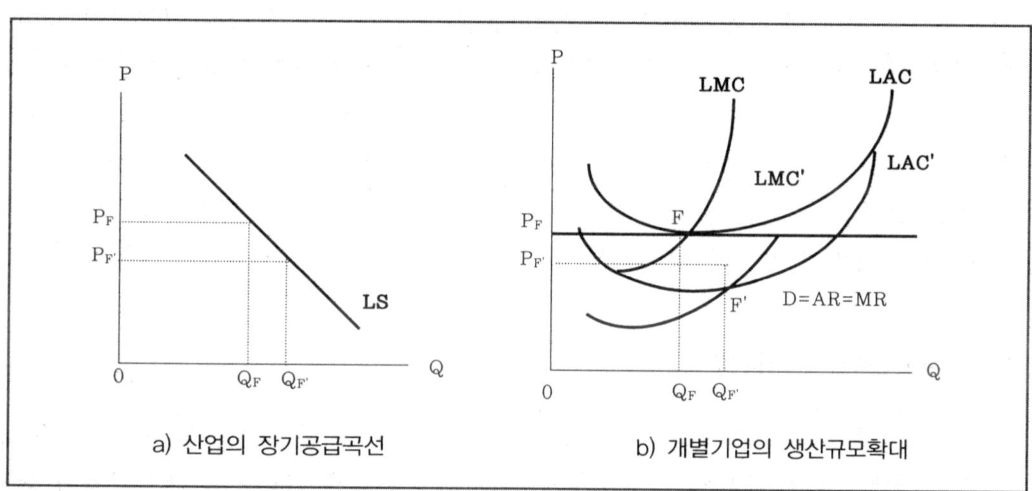

a) 산업의 장기공급곡선 b) 개별기업의 생산규모확대

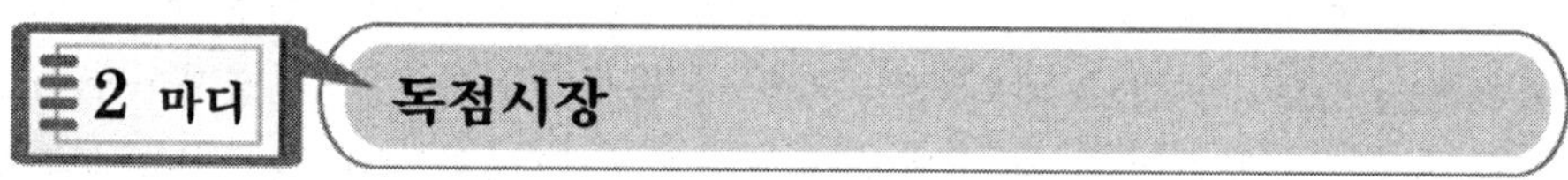

1. 독점시장의 특성

독점시장이란 어느 한 상품에 대한 시장전체의 총 공급을 하나의 판매자가 담당하는 시장형태를 말한다. 독점자는 **가격설정자**(price maker)이고 **대체재가 존재하지 않**

으며 진입장벽(entry barrier)이 완벽하여야 한다. 이와 같은 조건들을 모두 충족하고 있는 독점시장을 순수독점시장이라 한다. 독점기업은 이윤극대화를 충족하는 가격수준을 결정하기 위해 산출량수준을 조정함으로써 결정적인 힘을 행사할 수 있다. 이를 **독점력**(monopoly power)이라 한다. 독점력은 주로 **진입장벽의 존재**에 의해서 발생하며, 진입장벽의 발생 원인들은 다음과 같다. 첫째, 정부가 직·간접으로 민간경제에 개입함으로써 독점을 발생시킬 수 있다. 정부가 관장하는 허가나 특허제도에 의해서 독점력이 발생할 수 있으며, 정부가 전매권을 행사하거나 특정기업에게 전매권을 부여하여 독점력을 발생시킬 수도 있다. 허가나 특허 그리고 전매권의 행사는 바로 진입장벽을 만드는 중요한 요인이 된다. 둘째, 규모의 경제가 발생하는 비용체감산업의 경우에는 자연적으로 독점이 발생할 수 있다[6]. 대규모의 고정자본을 필요로 하는 산업의 경우 하나의 기업만이 본 산업에 참여한다 할지라도 최소효율규모(minimum efficient scale)의 생산수준에 이르지 못할 수 있게 된다. 따라서 비용체감산업의 경우에는 자연히 한 기업만이 참여하게 되고, 참여기업에게는 대규모의 고정자본투자가 필요조건이 된다. 초기에 대규모의 고정자본을 투자할 여력이 있는 기업만이 참여할 수 있으므로 이 같은 요건이 비용체감산업의 경우에는 시장진입의 장벽 역할을 하게 되는 것이다. 셋째, 생산요소의 독점은 산출물시장의 독점을 가능케 한다. 생산요소에 대한 독점이 다른 기업의 진입을 차단하여 결국 산출물시장에서 독점력을 행사할 수 있는 상황을 만들게 된다. 넷째, 기업의 합병이나 통합 그리고 새로운 생산기술의 개발 등에 의해 단기적인 독점력을 행사할 수 있는 경우도 발생하게 된다.

2. 독점시장의 단기균형

독점시장이란 한 기업에 의해서 시장전체의 공급이 이루어지는 특성을 가지고 있으므로 **개별기업이 직면하는 수요곡선이 곧 시장수요곡선이 되고 개별기업이 산출하는 공급곡선이 곧 시장공급곡선이 된다**. 또한 개별기업이 직면하는 수요곡선의 경우에도 완전경쟁시장에서는 수평선이었던 것과는 달리 우하향하는 곡선[7]이 된다. 이것은 독점시장에서 개별기업이 자신의 산출량수준을 조절하여 시장가격설정에 영향력을 행사할 수 있다는 것을 의미한다. 따라서 독점기업을 가격설정자(price maker)라 정의할 수 있다. 독점기업은 자신의 이윤극대화를 달성할 수 있는 가격수준과 산출량수준을 결정할 수 있다.

---

6) 이를 자연독점(natural monopoly)이라 한다. 시장실패의 원인이 되기도 하며 상세한 내용은 뒷장에서 설명하게 된다.

7) 독점력이 존재하는 시장에서는 개별기업이 직면하는 수요곡선이 모두 우하향하는 형태를 가진다. 또한 독점력이 클수록 기울기는 급하다. 독점력은 수요의 가격탄력성과 역의 관계에 있기 때문이다.

① 독점시장의 단기균형

독점시장에서 기업이 단기적으로 반드시 초과이윤을 획득하는 것은 아니지만 대체로 초과이윤을 획득할 수 있다. 독점시장의 단기균형에서 나타나는 특징들을 정리하면 다음과 같다. 첫째, 독점시장에서의 가격은 한계비용보다 높은 수준에서 결정된다. 완전경쟁시장에서는 수요곡선이 수평이므로 P=MR이고 기업의 이윤극대화조건을 충족하면 MR=MC가 성립되어 결국 가격과 한계비용은 같은 수준에서 결정된다(P=MC). 하지만 독점시장에서는 수요곡선(AR)이 우하향하는 형태이므로 한계수입곡선은 <그림 6-9>에서 보는 바와 같이 수요곡선보다 기울기가 두 배 급하며 수요곡선의 아래에 위치하고 있다. 따라서 **E점이 G점보다 높은 가격수준을 나타내며 가격은 한계비용보다 높게 나타난다**(P>MC). 둘째, 독점시장의 경우에는 공급곡선이 존재하지 않는다. 공급곡선이란 일정가격에서 일정량의 공급의도가 반영된 곡선이다. 즉 공급곡선은 수요와는 독립적이며, 가격에 의해서만 영향을 받는 곡선이다. 그런데 독점기업의 경우 <그림 6-9>에서 보는 바와 같이 수요곡선에 의해서 도출되는 한계수입과 한계비용이 일치하는 산출량을 결정할 뿐 가격변동에 따른 산출의도가 나타나지 않고 있다.

〈그림 6-9〉 독점시장의 단기균형

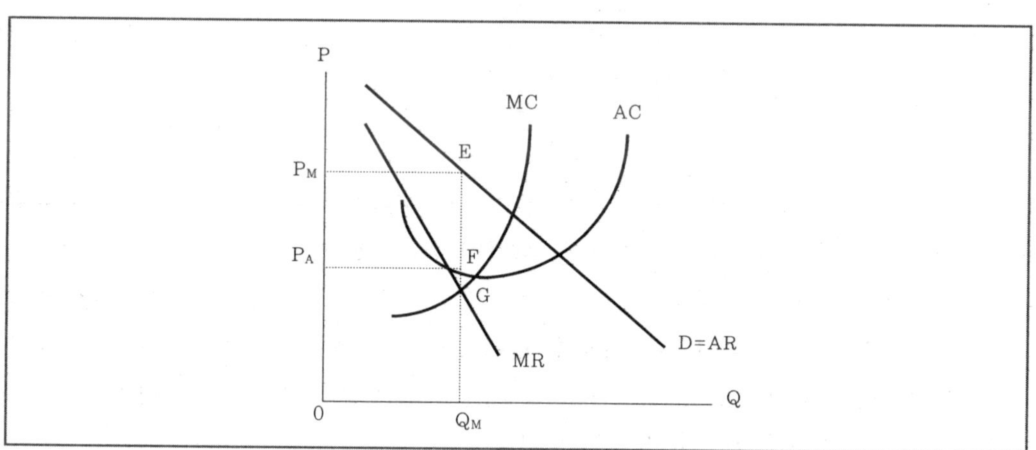

<그림 6-9>에서 독점기업은 주어진 수요조건에서 이윤극대화를 위한 산출량을 결정하여 가격을 설정할 수 있다. **이윤극대화조건은 G점에서 MR=MC를 충족하고 있으므로 이윤극대화를 위한 산출량수준은 Q_M이 된다**. Q_M의 산출량은 P_M의 가격수준을 결정하고 독점시장의 단기균형점 F점은 AC=P_A이므로 P_M에서 P_A만큼의 초과이윤

가격이 성립된다는 것을 알 수 있다. 따라서 **독점기업의 경우 <그림 6-9>에 나타난 사각형 P_AP_MEF만큼의 독점이윤 내지는 초과이윤을 얻게 된다는 것을 알 수 있다.**

3. 독점시장의 장기균형

독점시장의 장기균형은 독점기업이 장기적으로 생산규모를 선택할 수 있게 되어 단기균형 보다 더욱 많은 독점이윤을 얻을 수 있다.

〈그림 6-10〉 독점시장의 장기균형

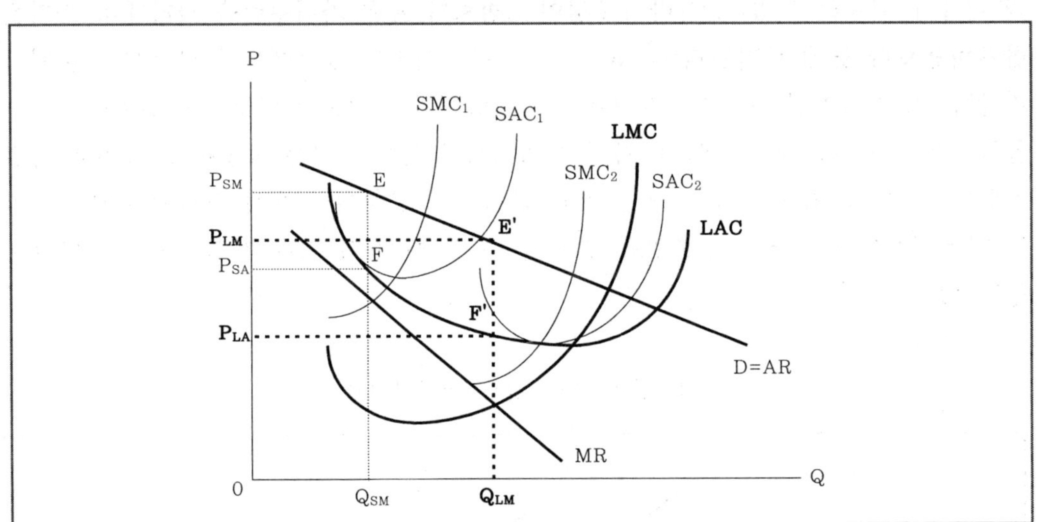

<그림 6-10>에 보는 바와 같이 독점시장의 단기균형에서는 이윤극대화산출량수준 Q_{SM}이고 독점가격 P_{SM}이며 **독점이윤은 사각형 $P_{SM}P_{SA}$EF**으로 나타나있다. 독점기업은 생산규모의 변경을 거쳐 장기조정을 한 결과 이윤극대화 산출량수준은 Q_{LM}이고 독점가격은 P_{LM}이며 **독점이윤은 사각형 $P_{LM}P_{LA}$E'F'**으로 변하게 된다. 따라서 독점기업의 장기균형은 독점기업이 생산규모에 대한 장기조정을 거친 결과 단기균형보다 더욱 많은 독점이윤을 확보할 수 있게 된다.

4. 가격차별

독점시장에서 독점기업이 이윤극대화를 달성하기 위해 하나의 상품에 여러 가지 가격을 설정하는 것을 **가격차별**(price discrimination)이라 한다. 이것은 독점기업이 소비자의 가격에 대한 성향을 고려하여 하나의 상품에 차별화된 여러 가격을 설정하

고, 이를 통하여 소비자잉여를 독점이윤으로 전환하려는 행위에 해당한다. 가격차별에는 가격차별화의 강도에 따라 제1급 가격차별, 제2급 가격차별, 제3급 가격차별 등으로 구분할 수 있다[8].

① 가격차별의 성립조건

가격차별화를 위한 성립조건과 가격차별화로 인한 독점기업의 수입이 증대가 실효성을 거두기 위해서는 다음과 같은 조건들이 충족되어야 한다. 첫째, 가격차별화를 목표로 하는 행위자가 가격을 설정할 수 있는 가격설정력을 가지고 있어야 한다. 만약 가격수용자가 가격을 차별화하려 한다면 이는 불가능한 일이 된다. 둘째, 시장의 분리가 가능하고, **분리된 시장의 소비자들은 서로 다른 수요의 가격탄력성을 가지고** 있어야 한다. 가격탄력성이 동일하다면 가격차별로 인한 이윤의 확대가 불가능하게 될 것이다. 셋째, 서로 분리된 시장에서는 전매가 불가능하여야 한다. 서로 전매할 수 있다면 두 시장은 결국 동일가격수준을 회귀하게 될 것이다. 넷째, 시장을 분리하는 비용보다 가격차별화로 발생하는 이윤이 더욱 커야 한다.

② 제1급 가격차별

제1급 가격차별(first-degree price discrimination)이란 독점적 생산자가 소비자에 대한 상품의 각단위에 대한 한계효용의 크기를 완벽하게 파악하고 각 단위마다 한계효용의 크기만큼씩 가격을 설정하는 것을 말한다[9]. 따라서 **독점기업은 각 단위마다 다른 가격을 설정할 수 있고 모든 소비자잉여는 결국 독점이윤으로 흡수당하는 결과가 나타나게** 된다.

〈그림 6-11〉 제1급 가격차별

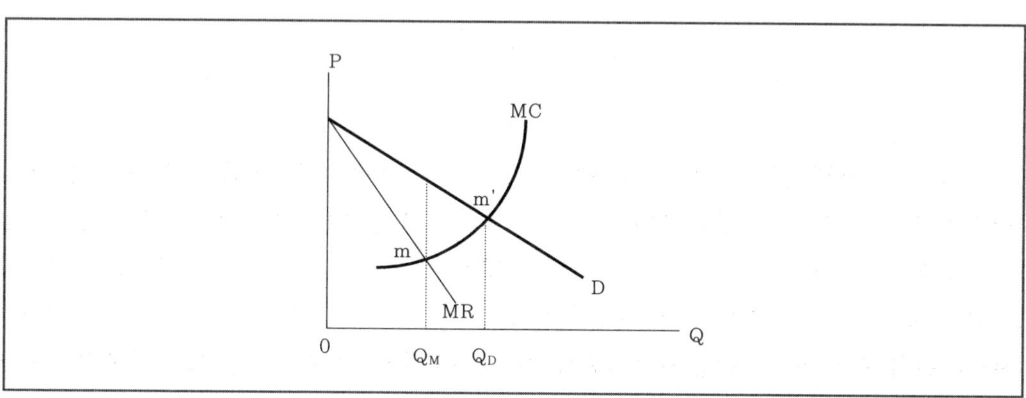

8) 피구(A.C. Pigou)의 구분이다.

9) 이를 완전가격차별(perfect price discrimination)이라고도 한다.

<그림 6-11>에서 가격을 제1급 차별화하면 **수요곡선 D가 곧 한계수입곡선(MR)이 된다**. 가격차별화이전에는 m점에서 이윤극대화 조건이 충족되므로 Q_M산출량 수준이 결정되고, 가격차별화 이후에는 m'점에서 이윤극대화 조건이 충족되므로 Q_D산출량 수준이 결정된다. 따라서 **제1급 가격차별에서는 결과적으로 완전경쟁시장의 균형에서와 동일한 산출량수준으로 산출량을 증가**시키게 되어 **자원배분측면에서는 효율성**을 증가시킨다. 다만 **소비자잉여가 모두 생산자잉여로 전환되었기** 때문에 **소득분배측면에서 부정적인 효과를 증대**시키게 된다.

③ 제2급 가격차별

제2급 가격차별(second-degree price discrimination)이란 상품의 단위마다 가격을 차별화하는 것이 아니라 상품을 구매단위의 크기로 묶어 분리하고 각 구매단위의 묶음에 따라 가격을 다르게 설정하는 것을 말한다[10].

〈그림 6-12〉 제2급 가격차별

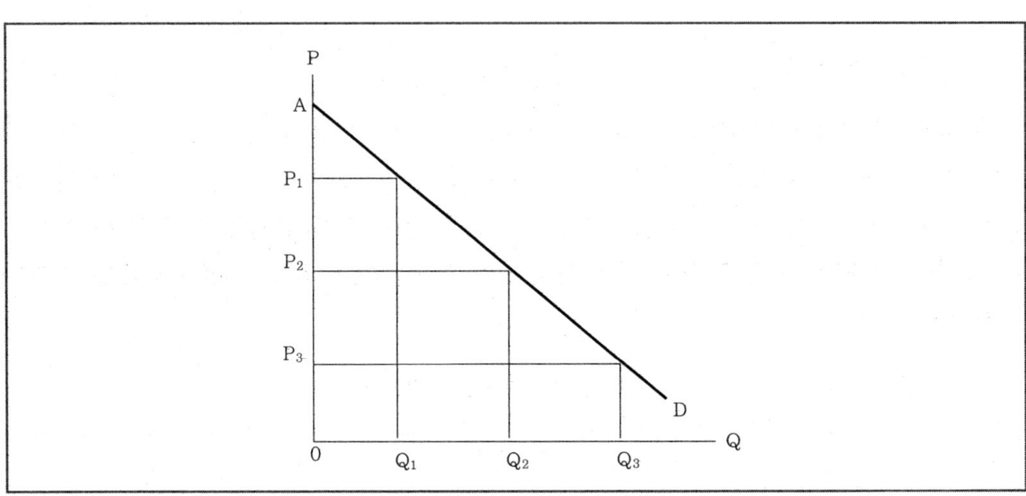

제2급 가격차별이란 <그림 6-12>에 나타난 바와 같이 Q_1의 상품단위묶음에는 P_1의 가격을 설정하고 Q_2의 상품단위묶음에는 P_2의 가격을 설정하며, Q_3의 상품단위묶음에는 P_3의 가격을 설정하는 방식의 가격차별화를 의미한다. 제2급 가격차별화의 경우에는 제1급 가격차별화의 경우보다 강도가 낮은 가격차별전략에 해당한다. 제2급 **가격차별화의 효과는 소비자잉여의 일부만을 생산자잉여로 전환하고 산출량측면에서는 독점시장의 경우보다 높은 수준을 유지**하는 것으로 나타난다.

10) 정보의 비대칭성이 존재하는 경우 제2급의 가격차별이 발생할 수 있다.

③ 제3급 가격차별

제3급 가격차별이란 독점자가 소비자를 소비자의 가격탄력성에 따라 구분한 다음 구분된 소비자그룹의 가격을 서로 다르게 차별화하는 것을 말한다. 제3급 가격차별은 제1급 가격차별과 소비자의 개인별 차별이 아닌 소비자의 그룹별 차별이라는 점에서 다르고, 제2급 가격차별과는 동일그룹에 속하는 소비자는 구매하는 상품의 단위에 관계없이 모두 동일한 가격을 지불한다는 점에서 다르다. 독점적 기업이 제3급 가격차별화를 통하여 이윤을 극대화시키는 조건은 다음과 같다. **시장은 A시장과 B시장으로 분리되었고 두 시장은 수요의 가격탄력성이 서로 다른 것으로 가정하자**. 기업의 이윤극대화조건을 대입하여 정리하면 다음과 같다.

$MR_A = MR_B = MC$ 가 된다. 또한 $MR_A = MR_B$에 아모로소 로빈슨공식을 대입하면

$P_A\left(1-\frac{1}{\epsilon_{PA}}\right)=P_B\left(1-\frac{1}{\epsilon_{PB}}\right)$가 성립된다.

따라서 **수요의 가격탄력성이 작은 시장에는 높은 가격을, 수요의 가격탄력성이 큰 시장에는 낮은 가격으로 가격을 차별화하여**야 한다는 것을 알 수 있다[11]. 제3급 가격차별을 그래프로 나타내면 <그림 6-13>과 같다. 시장은 1시장과 2시장으로 분리되었고, 1시장의 수요곡선은 D_1, 2시장의 수요곡선은 D_2로 나타나 있다. 또한 MR곡선은 수요곡선에 의해 각각 MR_1 MR_2로 유도되었으며 MC곡선은 AB로 주어졌다 하자. 1시장에서의 이윤극대화(MR_1=MC)점은 A점이라는 것을 알 수 있으며, 1시장에서의 공급량은 Q_{1E}가 되고 가격은 P_1수준에서 결정된다. 한편 2시장에서의 이윤극대화(MR_2=MC)점은 B점이라는 것을 알 수 있으며, 2시장에서의 공급량은 Q_{2E}가 되고 가격은 P_2수준에서 결정된다. 따라서 1시장과 2시장은 이윤극대화조건(MR_1=MR_2=MC)을 모두 충족하게 되고 이를 위해서는 가격탄력성이 큰 1시장에 낮은 가격을, 가격탄력성이 작은 2시장에 높은 가격을 설정하여야 한다는 것을 알 수 있다.

가격차별로 인해 발생하는 장·단점을 정리하면 다음과 같다. 가격차별로 나타나는 장점의 경우에는 첫째, 독점적 기업이 가격을 차별화하지 않았을 경우 보다 산출량수준을 결정함에 있어 동일하거나 더욱 많은 산출량을 결정하게 한다는 점이다. 이에 따라 **가격차별은 산출량수준을 증대시키고 산출량수준의 증대에 따른 고용증대효과와 국민소득의 증대효과**를 기대할 수 있다. 둘째, 가격차별은 차별이윤의 극대화를 위해서 수요의 가격탄력성이 높은 계층에는 낮은 가격을 설정하고 수요의 가격탄력성이 낮은 계층에는 높은 가격을 설정하게 한다. 이와 같은 이윤극대화조건이 충

11) 러너(A. Lerner)의 독점도(degree of monopoly)는 "P-MC/P=1/수요의 가격탄력성"으로 표현된다.

족될 때 만약 소득수준이 낮은 계층들의 수요의 가격탄력성이 소득수준이 높은 계층들의 수요의 가격탄력성보다 높게 나타난다면 소득수준이 낮은 계층에게 낮은 가격의 혜택을 누리게 하는 결과를 도출할 수 있게 될 것이다. 따라서 이런 경우에는 **가격차별이 소득재분배에 긍정적인 효과를 유발**할 수 있다는 점이다. 가격차별로 나타나는 단점의 경우에는 첫째, 동일한 상품에 대한 **소비자들의 차별대우 가능성**이 문제가 될 수 있다. 이것은 소비자의 주권을 침해하는 일이며, **차별대우로 인한 사회적 후생의 손실**을 야기할 수도 있다는 점이다. 둘째, 가격차별은 독점적 기업에 의해서 **소비자잉여가 착취당하는 결과**를 가져올 수 있다. 가격차별화에 의한 차별이윤의 획득은 소비자잉여의 생산자잉여로의 전환[12]에 의해서 달성되기 때문이다. 셋째, 시장이 국내시장과 국외시장으로 분리되고 독점적 기업이 국외시장에 덤핑과 같은 가격차별을 실시할 경우 **국내소비자들의 희생을 강제**하게 될 가능성이 높다는 점이다.

〈그림 6-13〉 제3급 가격차별

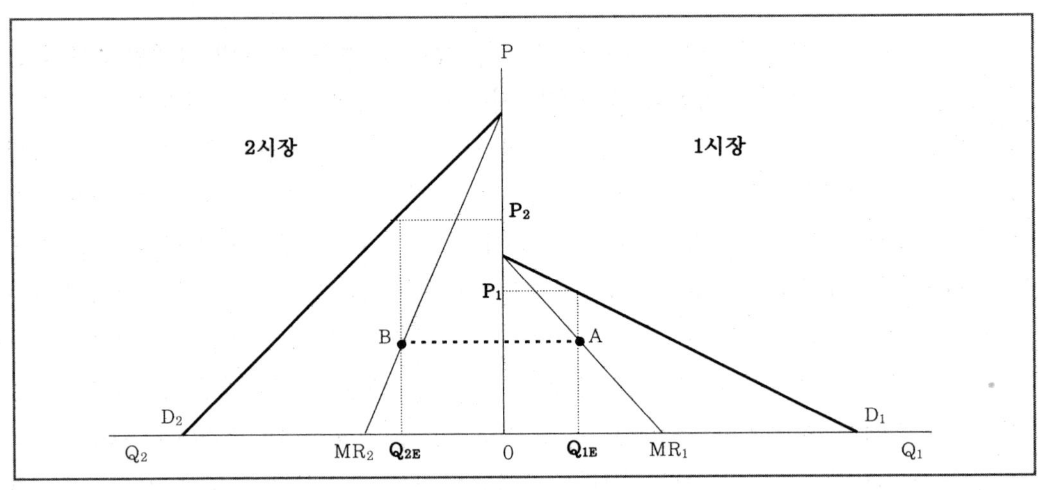

5. 완전경쟁시장과 독점시장

완전경쟁시장의 균형과 독점시장의 균형을 비교하면 후생경제학적 측면에서 여러 가지 다른 의미를 발견할 수 있다. 또한 독점시장에 대한 후생경제학적 의미에 대해서도 여러 가지 논의가 이루어지고 있으며 독점규제에 대한 정책적 측면에서도 여러 가지 대안들이 나타나고 있다.

---

12) 소비자잉여의 생산자잉여로의 전환은 독점적 기업의 이부가격(two-part tariff)설정에 의해서도 가능하다.

① 완전경쟁시장과 독점시장의 비교

완전경쟁시장과 독점시장의 차이점을 정리하면 다음과 같다. 첫째, 시장성립요건에서 완전경쟁시장의 경우에는 경쟁자가 무수히 많다는 점과 독점시장의 경우에는 없다는 점 그리고 완전경쟁시장의 경우에는 진입의 장벽이 없다는 점과 독점시장의 경우에는 진입의 장벽이 존재한다는 점에서 완전경쟁시장과 독점시장은 서로 다르다. 이 같은 차이점을 하나로 함축하면 **완전경쟁시장에는 경쟁압력이 존재하고 독점시장에는 경쟁압력이 전혀 존재하지 않는다**고 말할 수 있다. 따라서 완전경쟁시장의 기업들은 효율적인 생산을 하여야만 기업의 존립이 가능하게 된다. 한편 독점기업은 경쟁압력이 존재하지 않으므로 효율적인 생산방법을 찾기 보다는 진입장벽을 확고히 하여 경쟁압력을 계속 차단하려는데 더욱 관심을 가지는 경향이 있다. 둘째, **단기균형에서 완전경쟁시장은 P[13]=MC이고, 독점시장은 P>MC가 성립**된다. 이것은 독점시장에서는 사회적후생의 극대화가 달성되지 않는다는 것을 의미한다. 또한 완전경쟁의 단기균형은 사회적 후생을 극대화시킬 수 있는 산출량수준을 결정하는데 반해 독점시장은 이보다 과소산출량수준을 결정하게 된다. 셋째, **장기균형에서 완전경쟁시장의 최적산출량규모는 장기평균생산비용의 최저점에서 결정되고, 독점시장의 산출규모는 장기비용의 최저점이전**에서 결정된다. 따라서 완전경쟁시장의 장기균형은 최저비용에 최적규모의 생산이 이루어지고 있으나 독점시장의 경우에는 최저비용과 최적규모의 생산이 실현되기 어렵다.

〈그림 6-14〉 완전경쟁시장과 독점시장의 차이

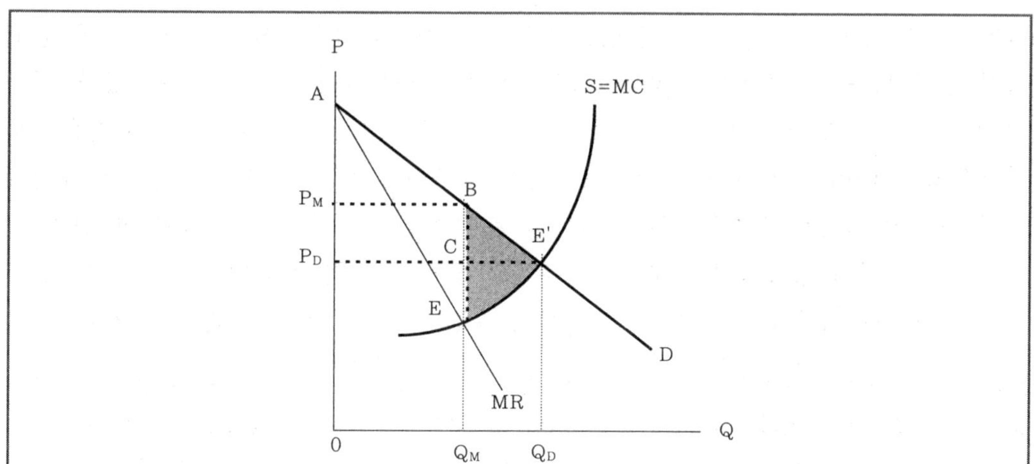

13) 가격은 한계수입, 한계효용, 한계편익으로 이해할 수 있다.

완전경쟁시장과 독점시장의 차이점을 그래프로 나타내면 <그림 6-14>와 같다. 첫째 완전경쟁시장의 가격은 P_D=MC이고 독점시장의 가격은 P_M>MC임을 알 수 있다. 이것은 독점시장의 가격수준이 완전경쟁시장의 가격수준보다 높게 결정된다는 것을 보여준다. 둘째, 산출량수준에서 완전경쟁시장은 Q_D수준을 결정하고 독점시장은 Q_M수준을 결정하고 있다. 물론 완전경쟁시장도 개별기업의 이윤극대화조건이 충족[14)]되는 산출량수준이고 독점시장도 E점(MR=MC)에서 이윤극대화조건이 충족되는 산출량수준이다. 독점시장에서는 완전경쟁시장에서보다 과소생산이 이루어지고 있다는 것을 알 수 있다. 셋째, 완전경쟁시장의 소비자잉여는 삼각형 APDE'이고, 독점시장의 소비자잉여는 사다리꼴 ABCPD이다. 완전경쟁시장의 소비자잉여가 독점시장의 소비자잉여 보다 사각형 P_MP_DBE'만큼 크다. 여기서 직사각형 P_MP_DBC 만큼의 소비자잉여는 생산자잉여로 전환되었으며, 삼각형 BCE'만큼의 소비자잉여는 다 사라져 버렸다는 것을 알 수 있다. **독점으로 인해 사라져버린 사회적 후생에 대한 손실을 자중적 손실**(deadweight loss)[15)]이라 한다. 넷째, 독점시장은 완전경쟁시장보다 삼각형 CEE'만큼의 생산자잉여가 자중손실되었다. **독점시장에서 발생하는 총자중손실은 삼각형 BEE'**가 된다.

② 독점시장의 후생경제학적 의미

독점시장은 완전경쟁시장에 비해 자원배분 측면에서 비효율적이며, 소득분배 측면에서 불공평한가? 먼저 독점시장의 자원배분의 비효율성측면에 대한 논의를 정리하면 첫째, 독점시장에서 발생하는 자중손실의 크기가 차지하는 비중에 관한 내용이다. 자중손실의 비중이 크다면 독점시장은 비효율적으로 자원을 배분한다고 말할 수 있다[16)]. 둘째, 독점기업은 효율적인 생산방법의 선택이나 기술혁신을 통하여 이윤을 획득하려 하기보다는 진입의 장벽을 확고히 하여 독점이윤을 지키려 할 수 있다. 따라서 이런 이유로 인한 자원배분이 비효율성이 나타날 수 있다. 셋째, 독점기업에는 X-**비효율성**(X-inefficiency)이[17)] 존재할 수 있다. 독점기업에는 경쟁의 압력이 존재하지 않기 때문에 배분적 비효율성뿐만 아니라 X-비효율성도 존재할 수 있다[18)]. 한편 독점시장이 오히려 효율적일 수 있다는 주장도 있는데 이를 정리하면 첫째, 시장규모가 협소하거나 경제개발의 초기단계에서는 독점시장의 유지는 오히려 필요할 수 있

14) 완전경쟁시장에서 개별기업이 직면하는 수요곡선은 수평이므로 E'점은 MR=MC를 충족하고 있다.
15) 이는 후생삼각형(welfare triangle) 또는 하버거의 삼각형(Harberger's triangle)이라고도 한다.
16) 실증적 연구들은 미국의 경우 자중손실이 GNP에서 차지하는 비중을 대체로 0.5%-2%정도로 추정하고 있다.
17) 라이벤스타인(H. Leibenstein)이 초과적인 효율성이란 의미에서 명명하였다.
18) 실증연구에 의하면 미국의 경우 X-비효율성은 총생산비의 약 5%내외를 추산하고 있다.

다는 주장이다. 둘째, 독점이윤으로 인하여 기업들의 기술혁신이 자극될 수 있고, 독점이윤의 축적이 기술개발의 자원으로 투자될 수 있다는 주장이다. 셋째, 규모의 경제가 발생하는 산업의 경우에는 독점시장이 오히려 비용을 최소화할 수 있다는 주장이다. 독점시장은 소득분배면에서 소득분배를 악화시킬 수 있다. 생산자의 소득계층이 고소득계층이라면 소비자잉여의 생산자잉여로의 전환은 소득분배를 악화시킨다. 또한 **세계적인 부호들이 소유하고 있는 재산에 관한 연구에서 상당한 부분들이 독점이윤과 관련이 있다는 결론**이 나오기도 한다. 하지만 가격차별에서 언급했던 바와 같이 저소득계층의 수요의 가격탄력성이 고소득계층보다 높은 경우에는 독점적 기업이 소득재분배을 개선시킬 수도 있다.

6. 독점규제

정부는 독점의 장점을 활용하면서 독점의 약점을 보완하기 위하여 여러 가지 규제를 가할 수 있다. 정부가 독점을 규제하는 수단을 크게 나누면 간접규제와 직접규제로 나눌 수 있다. 직접규제의 대표적인 방식에는 가격규제가 있고 간접규제의 대표적인 방식에는 조세를 이용한 규제가 있다. 가격규제방식은 주로 독점시장이 과소생산에 의한 가격상승의 문제점, 즉 독점이윤을 제한하고 산출량수준을 최적산출량수준에 근접시키려는 목적을 두는 방식이며, 조세를 통한 규제방식은 독점이윤이 독점자에게 귀속되지 못하도록 조세를 통하여 독점이윤을 정부가 환수하는 방식이다. **현실적으로 가격규제방식이 주로 사용되고 있다. 왜냐하면 조세를 통한 규제방식은 가격상승과 과소생산을 더욱 악화시킬 수도 있기** 때문이다.

① 가격규제

가격규제방식은 정부가 독점가격보다 낮은 공정가격을 설정하여 이 가격수준을 상한선으로 규제하는 방식이다. 공정가격의 설정은 첫째, 한계비용과 동일하도록 설정하는 방식, 둘째, 평균비용과 동일하도록 설정방식, 셋째, 이중가격을 설정하는 방식으로 나눌 수 있다. 하나, 한계비용가격설정(marginal cost pricing)방식은 정부가 공정가격을 한계비용과 일치시켜 한계비용가격수준을 상한선으로 규제하는 방식이다. <그림 6-15>에서 공정가격을 P=MC를 충족하는 E점에다 설정하고 이를 상한가격으로 설정하여 독점을 규제하는 경우 독점기업은 이윤극대화조건을 충족하는 E점 $MC=MR_R$를 선택하여 가격은 PR이 되고 산출량은 Q_R이 된다. 가격수준은 독점가격 P_M에서 P_R수준으로 낮아졌으며, 산출량수준은 독점산출량수준 Q_M에서 Q_R수준으로 증가하게 된다.

〈그림 6-15〉 한계비용가격설정에 의한 독점규제

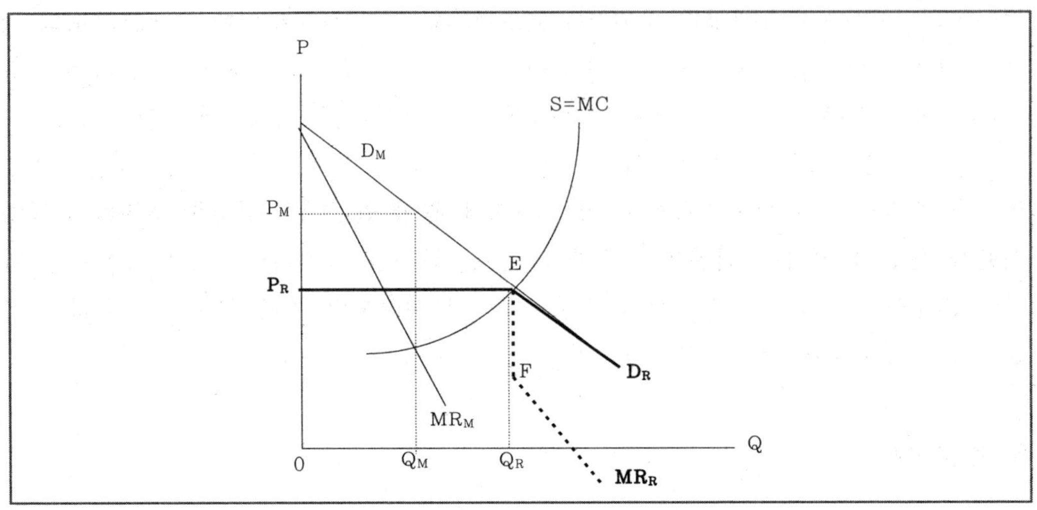

따라서 한계비용가격설정에 의한 독점규제는 <그림 6-15>에 나타난 바와 같이 MC=S곡선과 D_M곡선이 만나는 완전경쟁시장의 균형점인 E점에서 가격과 산출량을 결정하게 됨을 알 수 있다. 한편 비용체감산업 즉 규모의 경제가 발생하는 자연독점(natural monopoly)의 경우에는 한계비용가격설정에 의한 규제는 생산의 중단을 가져올 수도 있다. 왜냐하면 비용체감산업의 경우 한계비용과 동일한 가격이 평균비용보다 낮은 수준($P=MC < AC$)에 있어 기업은 손실을 보게 되기 때문이다. 비용체감산업의 독점규제에 있어 한계비용가격설정 방식은 위와 같은 문제점을 안고 있으므로 평균비용가격설정(average cost pricing)방식이나 이중가격설정(two-tier pricing)방식을 이용할 수 있다.

② **조세를 통한 규제**

정부는 독점을 규제함에 있어 조세수단을 이용하는 간접규제방식을 사용할 수 있다. 조세를 통한 규제방식에는 독점기업의 산출물에 **소비세를 부과하는 방식과 정액세를 부과하는 방식**이 있다. 독점기업의 산출물에 **소비세를 부과하면 마치 가변비용이 증가한 것과 같은 효과**가 나타나고, 독점기업에 **정액세를 부과하면 마치 고정비용이 증가한 것과 같은 효과**가 나타나게 된다.

<그림 6-16>에서는 독점기업의 산출물에 소비세를 부과하는 방식의 독점규제효과를 나타내고 있다. 소비세부과전의 독점기업은 MC곡선과 MR곡선이 만나는 E점에서 산출량수준 Q_M을 선택하여 독점가격은 P_M에서 판매하고 있다. 이때 정부가 소비

세를 부과하면 가변비용이 증가하는 것과 동일하므로 AC곡선과 MC곡선이 쌍방이동하여 AC_R곡선과 MC_R곡선이 된다. 새로운 MC_R곡선과 MR곡선이 만나는 F점에서 새로운 산출량 수준 Q_R이 결정되고, 새로운 가격 P_R이 설정된다는 것을 알 수 있다. 따라서 **소비세에 의한 독점규제는 가격을 상승시키고 산출량을 더욱 감소시키는 결과**를 가져온다. 다만 독점이윤의 일부분 즉 평균비용상승분 × Q_R만큼을 정부수입으로 환수하는 효과가 나타난다. <그림 6-17>에서는 정부가 독점기업에 정액세를 부과하는 방식의 독점규제효과를 나타내고 있다. 정액세를 부과하면 기업의 입장에서는 마치 고정비용이 증가한 것과 부담효과가 발생한다. 왜냐하면 산출량수준과 관계없이 일정한 액의 조세가 부과되기 때문이다.

〈그림 6-16〉 소비세를 이용한 독점규제

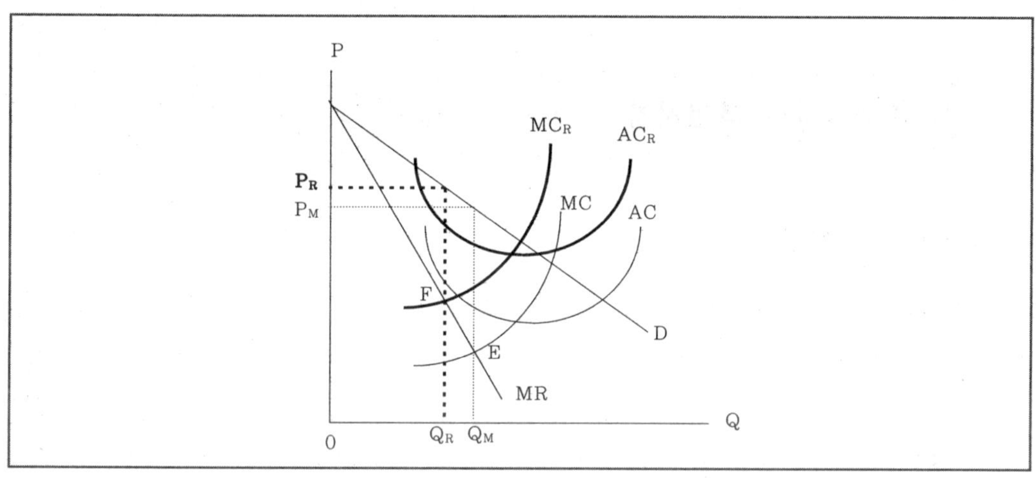

<그림 6-17>에서 보는 바와 같이 정액세를 부과하면 독점기업의 평균비용곡선 AC는 쌍방이동하여 AC_R이 된다. 이런 경우 정액세를 부과하기전과 정액세를 부과한 이후, 독점기업의 산출량수준과 가격수준은 동일하다는 것을 알 수 있다[19]. 따라서 **정액세부과는 산출량과 가격수준에는 아무런 영향을 미치지 않으며, 다만 사각형 abcd만큼의 독점이윤을 정부수입으로 환수**하게 된다는 것을 알 수 있다.

19) 정액세가 소비자에게 전가되지 않는 것을 전제한다.

〈그림 6-17〉 정액세를 이용한 독점규제

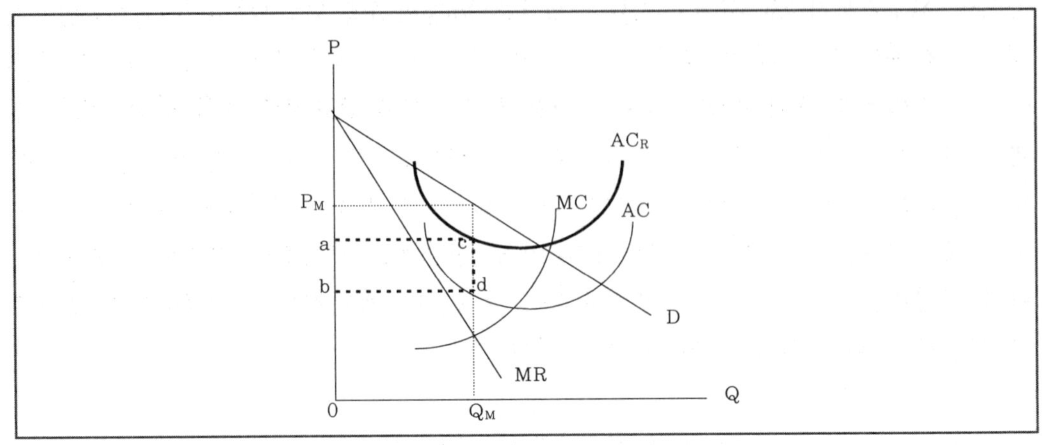

3 마디 과점시장

1. 과점시장의 특성

경쟁관계에 있는 공급자의 수가 소수인 시장을 과점시장(oligopolistic market)이라 한다. 동일 시장에 참여하는 경쟁자의 수가 둘 이상이지만 경쟁의 상대가 누구인지 서로 분명하게 인식할 수 있을 만큼의 경쟁자 수로 구성되어 있는 시장구조를 말한다[20]. 과점시장은 규모의 경제가 나타나는 산업이거나 진입의 장벽이 존재하는 시장 구조에서 성립될 수 있다. 과점시장은 순수과점시장과 차별화된 과점시장으로 구분하기도 한다. 과점시장에 동질적인 상품이 공급되는 경우를 순수과점시장이라 하고 약간의 차별화된 상품이 공급되는 경우를 차별화된 과점시장이라 한다.[21] 과점시장의 특징을 정리하면 다음과 같다. 하나, **과점기업은 상대기업들의 반응(reaction)을 고려하여 자신의 산출량수준과 가격수준** 그리고 **상품의 차별화** 등을 결정하게 된다. 이와 같은 상황을 **전략적 상황**(strategic situation)이라한다. 둘, 과점시장에 참여하는 **기업들 사이에는 강한 상호의존성**(interdependence)이 나타나게 된다. 따라서 과점시장에 참여하는 기업들의 경우 **카르텔을 형성하거나 담합**(collusion), 또는 **묵계에 의한 가격선도제** 같은 행동을 하려는 경향을 쉽게 볼 수 있다. 셋, 과점시장에서는 **가**

20) 생산자가 단 둘인 시장을 복점시장(duopoly market)이라 한다.

21) 현실적으로 과점시장의 기업들은 상품을 차별화하려는 경향이 있다. 이론적인 단순화를 위하여 여기서는 순수과점시장만을 다룬다.

격이 비교적 경직적이며, 비가격경쟁(non-price competition)이 심화되는 경향이 있다. 따라서 상품에 대한 약간의 차별화, 광고, 그리고 애프터서비스 등과 관련된 수단을 동원하여 경쟁하는 경우가 많다. 넷, **과점시장은 현실적으로 가장 많이 존재하는 시장의 형태이면서도 과점시장의 특성으로 인하여 일반이론이 존재하기 어렵다**.

2. 과점시장이론

① 굴절수요곡선의 모형

과점시장의 가격은 비교적 경직성을 갖는다. 과점시장의 가격이 경직성, 즉 안전성을 가지는 이유에 대하여 과점기업들의 담합행위가 원인행위라는 주장과 과점기업들이 인식하는 굴절된 수요곡선이 원인이라는 주장이 있다. 스위지(P. Sweezy)는 과점시장 내에서 담합이나 협조행위가 없음에도 불구하고 가격의 안전성은 나타날 수 있으며, **과점가격의 경직성은 과점기업들이 인식하고 있는 수요곡선의 굴절에서** 비롯된다고 주장하였다. 수요곡선이 굴절되는 원인으로는 **가격의 추측된 변화**[22]가 **비대칭성(asymmetry)**을 가지는 것으로 설명한다. 가격의 추측된 변화는 수식으로 $CV_p = \frac{\Delta P_i}{\Delta P_0}$ 가 된다. 즉 과점시장에서 **어떤 기업이 상품의 가격을 하락시키는 경우 경쟁기업들은 고객을 잃지 않기 위하여 가격하락에 반응을 보일 것으로 기대되지만, 어떤 기업이 상품의 가격을 인상시키는 경우에는 경쟁기업들은 더 많은 고객의 확보를 위해 가격을 인상시키지 않을 것이라는 기대를 갖게 된다**. 이 같은 현상을 **가격의 추측된 변화에 대한 비대칭성이라** 한다. 따라서 현재의 가격에서 가격이 상승하는 경우 기업이 직면하는 수요곡선은 가격하락의 경우보다 탄력적으로 나타난다. 경쟁기업들이 가격을 인상시키지 않을 것으로 기대되므로 어떤 기업의 가격인상은 큰 폭의 수요량을 감소시키게 된다. 현재의 가격에서 가격을 하락시키는 경우에는 기업이 직면하는 수요곡선은 가격을 인상시키는 경우보다 비탄력적으로 나타날 것이다. 경쟁기업들이 가격을 인하시킬 것으로 기대되기 때문에 어떤 기업의 가격인하로 인한 수요량 증가효과가 작아지게 될 것이다.

<그림 6-18>에서 과점기업이 A점의 수요에 직면하여 P_0의 가격에서 Q_0의 산출량을 생산하고 있다 하자. **과점기업은 상품의 가격을 인상하는 경우 경쟁기업의 추측된 가격의 변화는 0**[23]**으로 생각하여 자신의 수요곡선은 A'A와 같이 탄력적인 수요곡선으로** 받아들인다. 한편 **과점기업이 상품의 가격을 인하하는 경우 경쟁기업의 추**

22) 어떤 기업이 가격을 변화시켰을 경우 경쟁기업들의 반응하는 가격변화에 대한 기대

23) 과점기업이 가격을 인상하는 경우 경쟁기업은 가격을 인상하지 않는다는 것을 의미한다.

측된 가격의 변화는 1로 생각하여 자신의 수요곡선은 AD_2와 같이 비탄력적인 수요곡선으로 받아들인다. 이것이 가격의 추측된 변화에 대한 비대칭성의 결과이다. 따라서 과점기업의 수요곡선은 <그림 6-18>에서 보는 바와 같이 A점을 중심으로 굴절하게 된다는 것을 알 수 있다. 다음으로 굴절된 수요곡선(kinked demand curve)이 갖는 경제적 의미를 요약하면 다음과 같다. 하나, **굴절된 수요곡선에 직면하는 과점기업은 약간의 생산비용변화를 가격변동이나 산출량 수준의 변동에 반영시키지 않을 가능성이 높다**. <그림 6-18>에서는 MC_1이 MC_2로 상승하는 경우 가격은 여전히 P_0 수준에 있으며 산출량수준도 Q_0 수준에 그대로 있다는 것을 보여준다. 둘, **굴절된 수요곡선에 직면하는 과점기업은 약간의 수요변화를 가격변동이나 산출량수준의 변동에 반영시키지 않는다**. <그림 6-18>에서 MC_1을 그대로 두고 수요곡선만을 약간씩 좌우로 이동시킨다 해도 가격은 여전히 P_0 수준에 있으며 산출량수준도 Q_0 수준에 그대로 있게 된다는 것을 알 수 있다. 셋, 과점시장에서의 가격에 대한 안정성은 경쟁기업과의 담합이나 협조에 의해 발생하는 것이 아니라 **과점기업들이 인식하는 굴절된 수요곡선**으로 설명할 수 있다. 하지만 과점시장이론에서 굴절수요곡선모형은 한 동안 과점시장을 설명하는 대표적인 이론으로 인식되어 왔으나 다음과 같은 한계점을 지니고 있다. 하나, 이론적인 측면에서 가격이 경직적인 것은 설명하고 있으나 과점가격의 결정원리와 결정과정을 충분히 설명하지 못하고 있다. 둘, 실증적인 측면에서 과점기업의 굴절된 수요곡선과 경직가격에 관한 실증연구는 과점기업이 직면하는 수요곡선이 굴절하는 형태임을 증명하기 어렵고[24], 과점시장의 가격이 다른 시장의 가격보다 더욱 안정적이라고 검증하기 어렵다는 주장들이 제기되고 있다.

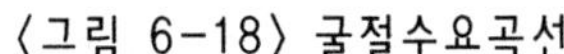
〈그림 6-18〉 굴절수요곡선

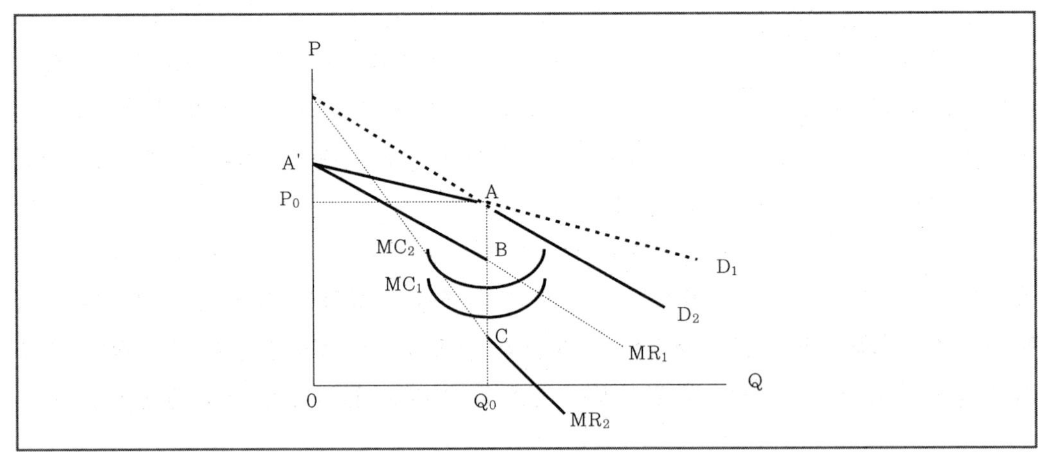

24) G. J. Stigler, "The Kinky Oligopoly Demand Curve and Rigid Prices", The Journal of Political Economy, 1947.

② **꾸르노모형**

꾸르노모형은 최초의 복점모형이며 수량중심분석모형이다[25]. 복점기업은 상대경쟁기업의 공급량은 일정한 것으로 추측하고 자신의 공급량을 조절하여 이윤극대화를 추구한다고 가정한다. 이것은 산출량의 추측된 변화가 0임을 가정하는 것이고 $CV_q = \frac{\Delta Q_i}{\Delta Q_0} = o$으로 표현된다. 또한 꾸르노모형은 한계비용이 0임을 가정하고 있다. <그림 6-19>에서는 쿠르노균형을 설명하기 위한 반응곡선(reaction curve)을 도출하고 있다. 1기업과 2기업이 복점관계에 있다 하고, 1기업의 반응곡선을 도출해 보자. 복점시장 전체의 수요곡선이 D_A로 주어져 있고 2기업의 산출량수준이 0이라면 1기업은 시장전체의 수요곡선 D_A를 자신의 수요곡선으로 간주하게 되어 독점기업처럼 행동할 것이다. 한계비용이 0이므로 MR_A와 수평축의 교차점이 이윤극대화점이 된다. 따라서 2기업이 0산출량 수준일 때, 1 기업은 Q1의 산출량을 결정하는 반응을 보인다. 즉 (Q_1, 0)의 반응곡선점이 도출되는 것이다. 2기업이 전체 수요량을 모두 생산하는 경우에는 1기업은 0의 산출량을 결정하는 반응을 보인다. 즉 (0, Q_F)의 반응곡선을 도출할 수 있다. 이제 만약 2기업이 Q_2의 산출량 수준을 결정했다면 1기업의 최초의 수요곡선 D_A는 Q_2=cd 만큼 좌측으로 수평이동하여 D_B가 된다. 따라서 1기업은 MR_B와 수평축이 교차하는 점이 이윤극대화를 충족하게 되므로 2기업이 Q_2의 산출량 수준일 때 1기업은 Q_3의 산출량수준을 결정하는 반응을 보이게 될 것이다. 즉 (Q_3, Q_2)의 반응곡선이 도출되는 것이다. 이와 같은 방법으로 1기업의 산출량수준결정에 따른 2기업의 산출량수준결정반응을 도식화하면 2기업의 반응곡선은 1기업의 반응곡선과 대칭성을 가지게 된다는 것을 알 수 있다. 따라서 쿠르노모형에서의 과점기업은 1기업의 반응곡선과 2기업의 반응곡선이 교차하는 <그림 6-19>의 E점이라는 것을 알 수 있다. **이윤극대화 균형조건에서 1기업은 Q3의 산출량수준을 결정하고 2기업은 Q2의 산출량수준을 결정하게 된다**. 또한 **Q2의 절대적 크기와 Q3의 절대적 크기가 동일한 수준이 된다는 사실도 발견하게** 된다.

<그림 6-19>에서 수요곡선 D_A는 P= 120-2Q로 주어졌다 하자. 이때 완전경쟁시장과 독점시장 그리고 꾸르노복점시장에서의 산출량수준결정에 대한 수리적 해를 구해 보면 다음과 같다. 하나, 꾸르노 모형에서 MC=0이고 완전경쟁시장의 이윤극대화조건은 P(P=MR)=MC가 된다. 완전경쟁시장의 이윤극대화 산출량수준은 0=120-2Q가 되어 이 수식에서 60이라는 산출량수준을 구할 수 있다. 둘, 독점시장의 경우에는 꾸르노 모형에서 MC=0이고 MR=MC의 이윤극대화조건이 충족되어야 하므로 MR= 120-4Q가 성

25) 꾸르노(A. Cournot)의 업적이다.

립한다. 독점시장에서의 이윤극대화 산출량수준은 0=120-4Q가 되어 이 수식에서 30이라는 산출량수준을 구할 수 있다. 셋, 꾸르노 복점시장의 경우에는 Q_1점은 1기업이 독점기업처럼 행동한 것과 동일하므로 30을 나타낸다. Q_F점은 P=MC가 성립하게 되는 점이며 이것은 완전경쟁시장의 이윤극대화조건을 충족하므로 60을 타나낸다. 이것을 그래프로 나타내면 <그림 6-19>의 E점을 의미하고 이점은 1기업의 산출량이 20이고 2기업의 산출량도 20임을 알 수 있다. 따라서 **꾸르노 복점시장의 총산출량은 독점시장의 균형보다는 높은 수준에서 결정되지만 완전경쟁시장의 균형보다는 낮은 2/3수준에서 결정된다는 것을 알 수 있다**. 수식을 정리하면 $Q=Q_2=\frac{a-m}{3b}$이다. 수요함수는 $P=a-bQ$이고, m: 한계비용이다.

〈그림 6-19〉 꾸르노모형에서의 반응곡선도출

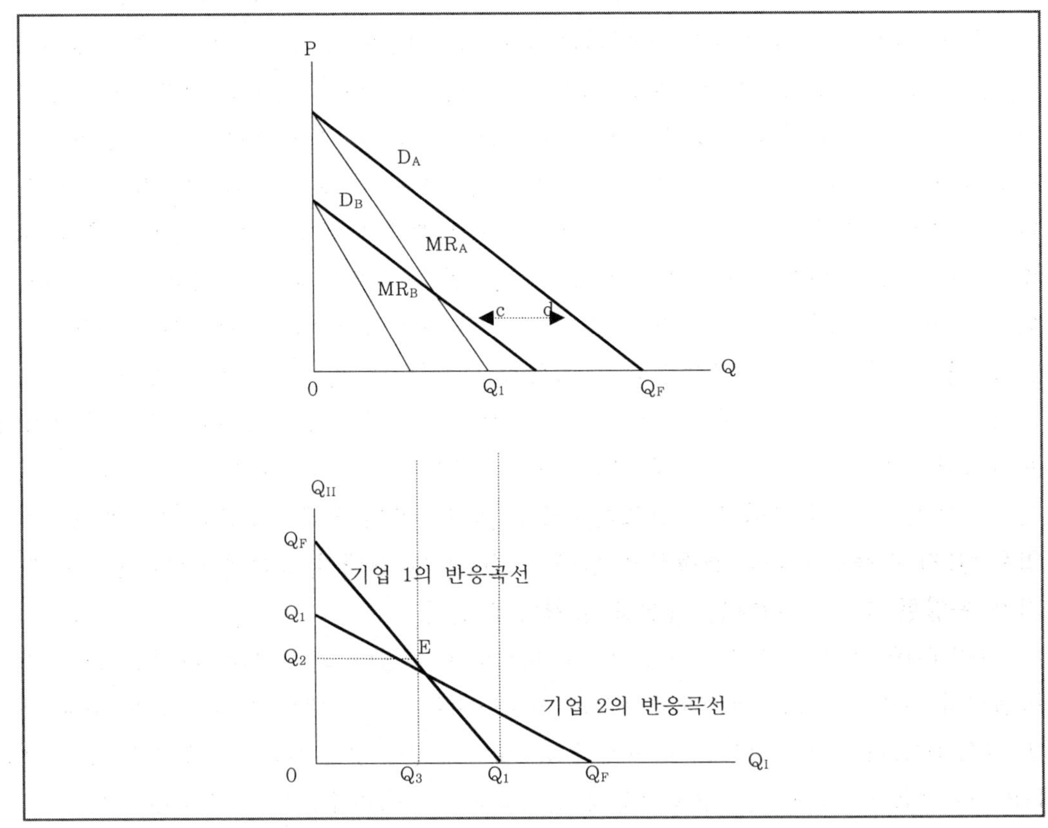

③ 과점시장을 설명하는 기타모형들

베르뜨랑모형은 현실의 기업들은 산출량중심의 경쟁이 아닌 가격중심의 경쟁을

벌일 가능성이 높다는 점에 주목하여, 꾸르노모형의 산출량중심의 가정을 비판하고 가격중심분석모형을 설정하였다[26]. 복점기업은 상대경쟁기업의 가격을 일정한 것으로 추측하고 자신의 가격을 조절하여 이윤극대화를 달성하려한다고 가정한다. 따라서 과점기업은 자신이 받고 있는 가격수준이 한계비용보다 (P>MC)높은 수준에 머무는 한 상대경쟁기업의 가격은 일정하므로 자신의 가격을 낮추어 고객을 더욱 확보하려 노력하게 된다. 이와 같은 상황이 경쟁기업에게도 주어지므로 **복점기업들은 가격과 산출량수준에서 완전경쟁시장과 거의 동일한 수준**을 유지하게 된다는 것이다. 베르뜨랑은 쿠르노모형이 과점시장의 가격의 안정성을 굴절수요곡선에서 찾고 있는데 반하여 **과점시장의 가격이 안정성 보다는 불안정성**을 가진다는 것이며, 이는 **생산비의 변화에 의해서가 아니라 반응가격의 변동**에 의해서 비롯된다는 점이다. 복점기업의 가격은 P=AC=MC로 수렴해 가며, 생산량수준은 완전경쟁시장과 동일하고 두 기업은 각각 1/2씩 생산하게 된다는 것이다. 이와 같은 베르뜨랑모형의 문제점을 비판하고 개선된 모형으로 에지워스(F.Y. Edgeworth)모형과 챔버린(E.H. Chamberlin)모형 등이 있다. 또한 지금까지 살펴본 과점이론들은 기업의 상호경쟁관계에서 추종자(follower)의 역할을 가정하고 있지만, 한 기업이나 두 기업 모두가 선도자(leader)의 역할을 하는 것으로 가정할 수도 있다. 과점기업들의 연관관계를 선도자의 관계로 확장한 이론에는 슈타켈버그(H.V.Stackelberg)모형이 있다.

3. 담합모형과 카르텔모형

지금까지 살펴본 과점이론들은 과점시장의 기업들이 경쟁기업에 대응하여 경쟁기업의 가격이나 산출량에 대한 반응을 추측하고, 이를 바탕으로 자신의 이윤극대화 달성을 위한 가격과 산출량수준을 결정한다는 이론들이었다. 그런데 과점시장에서 기업마다 독자적으로 경쟁기업과 대응하여 치열하게 경쟁한다는 가정은 제한적 성격을 가진다. 왜냐하면 현실경제에서 과점기업들은 치열한 경쟁 대신 상호 협조체제를 구축하여 공동이익을 추구하려는 경향이 매우 높을 것으로 추정되기 때문이다. 과점기업들의 협조체제는 크게 두 가지 방식으로 나눌 수 있는 데 첫째, **비공식적이고 불완전한 형태의 담합(collusion)방식**과 둘째, **공식적이며 완전한 형태의 카르텔(cartel)방식**으로 구분할 수 있다.

① 가격선도의 모형

가격선도모형은 비공식적이고 불완전한 형태의 담합모형 중의 하나이다. 가격선도

---

26) 베르뜨랑(J. Bertrand)의 업적이다.

모형에서는 어떤 기업이 가격을 선도하는 역할을 수행하는데, 가격선도의 역할은 시장지배율이 높은 기업이거나 효율성이 높은 기업이 그 역할을 수행한다. 가격을 선도하는 기업을 지배적 기업(dominant firm)이라고 한다. 이제 지배적 기업이 가격을 선도하는 모형에서 가격과 산출량을 어떻게 결정하는지 살펴보자. 지배적 기업은 시장수요에서 군소기업들의 판매량의 합을 제외한 나머지 수요에 대해 이윤극대화를 달성하고자 한다.

〈그림 6-20〉 지배적 기업에 의한 가격선도모형

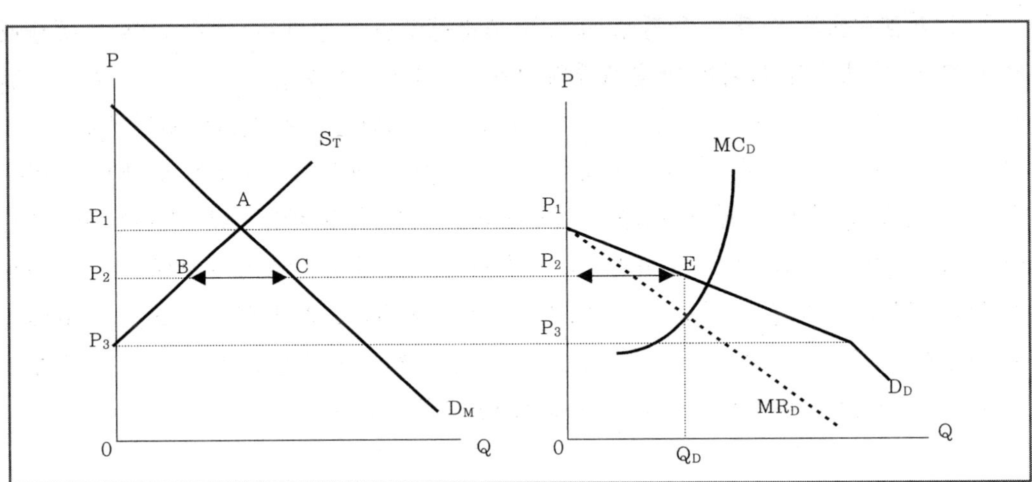

<그림 6-20>에서 시장수요곡선은 D_M이고 S_T는 군소과점기업의 공급곡선을 수평으로 합한 총공급곡선이다. 따라서 군소기업들은 P_1가격에서 자신들의 공급량을 결정하고 있다. 지배적 기업의 수요는 P_1가격에서는 0이고, P_3이하 가격에서는 시장수요 전체가 지배적 기업의 수요이다. 이를 그림으로 나타내면 D_D곡선이 된다. 지배적 기업의 수요곡선 D_D에 의해서 한계수입곡선 MR_D가 도출된다. 지배적 기업의 이윤극대화 조건을 만족하는 수요곡선상의 E점에서 지배적 기업은 가격 P_2수준을 결정하고 산출량 Q_D수준을 결정하게 된다. 따라서 P_2가격수준에서 군소기업들은 P_2B만큼을 공급하게 되고 나머지 수요 $BC=P_2E$는 지배적 기업이 공급하게 된다.

② **카르텔모형**

카르텔은 과점기업들이 **가격전쟁을 회피하고 공동으로 가격설정력을 확보하며, 다른 기업들의 진입을 막으려는 전략적 협조체제**이다. 카르텔하에 있는 기업들은 마치 독점기업과 같은 시장에서의 독점력을 행사할 수 있게 된다. 카르텔에는 완전카르텔

과 시장분할카르텔이 있으며, 카르텔이 효력을 발휘하기 위해서는 가맹기업들이 합의된 가격과 산출량을 엄격하게 준수하여야 한다. 그런데 현실적으로 가맹된 기업들이 합의된 가격보다 낮은 가격으로 판매한다든지 합의된 산출량 수준보다 초과생산을 감행한다든지 자신만의 이익을 추구하는 행위를 완벽하게 배제할 수 없어 카르텔은 불안정한 성격을 내포하고 있다.

〈그림 6-21〉 카르텔모형의 이윤극대화

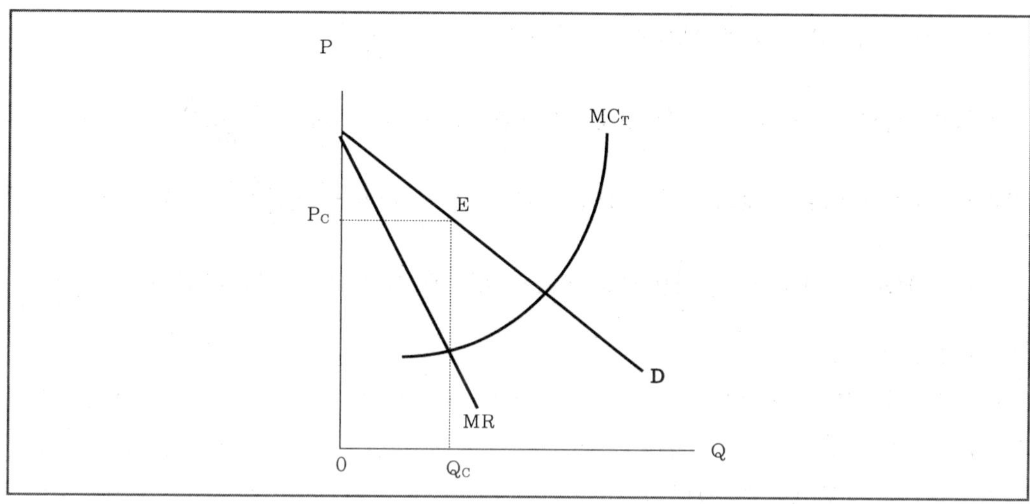

<그림 6-21>에서 시장수요곡선 D에 의해 한계수입곡선 MR은 도출되었다. 카르텔 가맹기업전체의 한계비용곡선은 MC_T로 나타나 있다[27]. 따라서 카르텔하에서는 기업의 이윤극대화조건을 충족하는 수요곡선상의 E점에서 가격수준 P_c를 설정하고 산출량 Q_C를 결정한다는 것을 알 수 있다. 그리고 이 같은 **균형점 E의 경제적 의미는 독점시장에서의 균형과 가격수준과 산출량 수준이 동일하다**는 것을 의미한다.

4. 비용할증가격설정의 원리

과점시장에서 과점기업의 가격설정에 관한 실증연구들은 과점기업들이 이윤극대화조건을 충족하는 가격설정의 원리를 따르지 않고 있다는 것을 밝히고 있다. 과점기업들은 기업의 이윤극대화조건 MR=MC를 충족하는 가격을 설정하는 것이 아니라 **평균비용에다 일정율의 마진율을 합하여 과점가격**을 결정하는 경향이 있다는 것이

27) 카르텔 가맹 기업들의 생산증대에 의한 생산요소가격이 일정하다면 가맹기업들의 한계비용곡선을 수평으로 합하여 MC_T를 도출할 수 있다.

다. 이와 같은 과점기업의 가격설정원리를 **비용할증가격설정**(full-cost pricing)이라 한다[28]. 이것을 수식으로 표현하면 $P = AC(1+m)$으로 나타난다. 그런데 이와 같은 가격설정원리는 이윤극대화를 달성할 수 없는 무지한 방식이며, 수요측면의 요인들을 고려하지 않은 비합리적인 방식이라는 비판이 있어왔다. 하지만 이와 같은 가격설정원리가 이윤극대화에 근접한 결과를 가져다주고 수요측면의 요인들까지 고려한 의미를 가지고 있다는 주장도 제기된다. 이와 같은 주장의 근거를 수식으로 정리하면 다음과 같다.

$P = AC(1+m)$를 m에 대하여 정리하면 $m = \frac{P-AC}{AC}$가 된다.

기업의 최적산출규모는 $AC = MC$ 조건을 충족하므로 $m = \frac{P-MC}{MC}$가 성립한다.

여기서 기업의 이윤극대화조건은 $MR = MC$이므로 $m = \frac{P-MR}{MR}$의 관계가 성립한다. 또한 $MR = P\left(1 - \frac{1}{\varepsilon_p}\right)$이므로 이를 MR에 대입하여 정리하면 $m = \frac{1}{\varepsilon_{p-1}}$의 관계가 성립한다.

따라서 이윤을 극대화할 수 있는 마진율을 계산할 수 있으며, 수요의 가격탄력성과 마진율을 결정함에 있어 수요의 가격탄력성이 마진율을 결정하는 중요한 결정인자가 된다는 것도 알 수 있다.

4 마디 독점적 경쟁시장

1. 독점적 경쟁시장의 특성

독점적 경쟁시장은 **시장에 참여하는 기업들의 수는 완전경쟁시장에 가깝고, 시장에 공급되는 상품들의 차별화는 독점시장에 가깝다는 특징**을 가진다. 이것을 설명하는 이론으로는 로빈슨(J. Robinson)의 불완전경쟁(imperfect competition)이론과 챔버린(E. H. Chamberlin)의 독점적 경쟁(monopolistic copetition)이론이 있다. 여기서는 주로 챔버린의 독점적 경쟁이론을 중심으로 학습하기로 하자. 독점적 경쟁시장의 특징을 정리하면 다음과 같다. 하나, 독점적 경쟁시장의 기업들은 **차별화된 상품**(differentiated products)을 통하여 약간의 독점력을 행사할 수 있다는 특징을 가진다. 독점적 경쟁시

28) mark-up pricing이라고도 한다.

장에 참여하는 기업의 수로 보면 독점적 경쟁기업들이 가격설정력을 전혀 가질 수 없으나, **상품의 차별화를 통하여 가격설정력**을 가지게 된다. 따라서 상품의 차별화를 위한 비용지출이 많아질 수 있으며 그로인한 비효율이 발생할 수 있다[29]. 둘, 독점적 경쟁시장에서는 유휴시설이 존재할 수 있으며, 독점시장의 경우처럼 가격이 한계비용보다 높은 수준에서 결정된다. **독점적 경쟁시장의 균형에서 유휴시설이 존재하거나 가격수준이 한계비용 수준보다 높게 나타난다는 것은 자원배분의 비효율성이 내포**되어 있음을 의미한다. 셋, 독점적 경쟁시장에서의 경쟁방식은 **가격경쟁이 아닌 비가격경쟁**일 가능성이 높은 성격을 가진다. 상품의 차별화를 통해 독점력을 확보한다는 것은 상품의 질적 차이, 애프터서비스의 차이 등과 같은 비가격전략을 필요로 한다.

2. 독점적 경쟁시장의 성립조건

독점적 경쟁시장의 성립조건을 정리하면 다음과 같다. 특히 독점적 경쟁시장의 성립조건 중에서 두 번째 성립조건이 무엇보다도 독점적 경쟁시장의 특징을 잘 반영하고 있다. 하나, 시장에 참여하는 판매자와 구매자의 수가 다수이여야 한다. 이점에서는 완전경쟁시장과 흡사하다. 둘, 시장에 공급되는 상품은 약간의 질적 차별화가 이루어져야 한다. 하지만 상품과 상품과의 관계는 밀접한 대체성을 유지하여야 한다. 상품의 차별화는 독점시장의 요건에 가깝고 상품간의 대체성은 완전경쟁시장의 요건과 가깝다. 셋, 새로운 기업들의 진입과 비효율적인 기업의 탈퇴가 자유로워야 한다. 이점에서는 완전경쟁시장과 흡사하다. 넷, 참여하는 모든 기업들은 동일한 수요조건과 비용조건을 가진다.

3. 독점적 경쟁시장의 단기균형

완전경쟁시장, 독점시장 그리고 독점적 경쟁시장에서 개별기업이 직면하는 수요곡선의 형태는 서로 다르다. 완전경쟁시장은 수평선의 형태이고 독점시장은 우하향하는 형태로 나타난다. 그 이유에 대해서는 이미 앞에서 학습한 바와 같이 수요곡선의 기울기는 독점력과 밀접한 관계를 가진다. 기울기가 커질수록 독점력도 커진다는 것을 알 수 있다. 독점도를 계산하는 러너의 공식의 경우에도 독점력은 수요의 가격탄력성에 대한 역수임을 밝히고 있다. <그림 6-22>에는 독점적 경쟁기업이 개별적으로 직면하는 수요곡선 Dn을 나타내고 있다. **Dn은 우향하고 있어 독점기업의 형태와 유사하다. 단지 독점기업의 수요곡선보다 기울기가 작은 것이 특징이다**. 개별기업이 직

29) 상품의 차별화가 소비자의 다양한 기호를 만족시키는데 기여한다면 차별화비용은 효율적일 수 있다.

면하는 수요곡선이 우하향하므로 독점적 경쟁기업의 경우에도 독점기업처럼 산출량을 조절하여 가격을 설정할 수 있다. 즉 독점력을 행사할 수 있다는 것을 의미한다.

러너의 독점도 $= \dfrac{P-MC}{P} = \dfrac{P-MR}{P} = \dfrac{P-P(1-\frac{1}{\epsilon_P})}{P} = \dfrac{1}{\epsilon_P}$ 이다. **독점력은 수요의 가격탄력성과 역의 관계에 있다**. 따라서 독점적 경쟁기업은 완전경쟁기업 보다는 비탄력적이고 독점기업보다는 탄력적인 수요곡선을 가지게 된다. <그림 6-22>에서 수요곡선 Dn에 의해 한계수입곡선 MRn은 도출되었고 이윤극대화조건(MR=MC)을 충족하는 점은 F점(수요곡선상의 E점)이라는 것을 알 수 있다. Q_m의 산출량은 P_m의 가격수준을 결정하고 **독점적 경쟁시장의 단기균형점 E점은 AC<P_m이므로 G-P_m만큼의 초과이윤**이 발생하고 있다. 따라서 독점적 경쟁기업은 <그림 6-22>에 나타난 **사각형 P_mGFE만큼의 독점이윤 내지는 초과이윤**을 얻게 된다는 것을 알 수 있다.

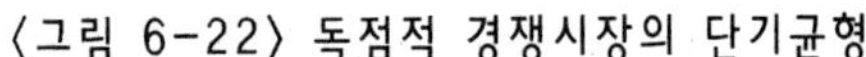
〈그림 6-22〉 독점적 경쟁시장의 단기균형

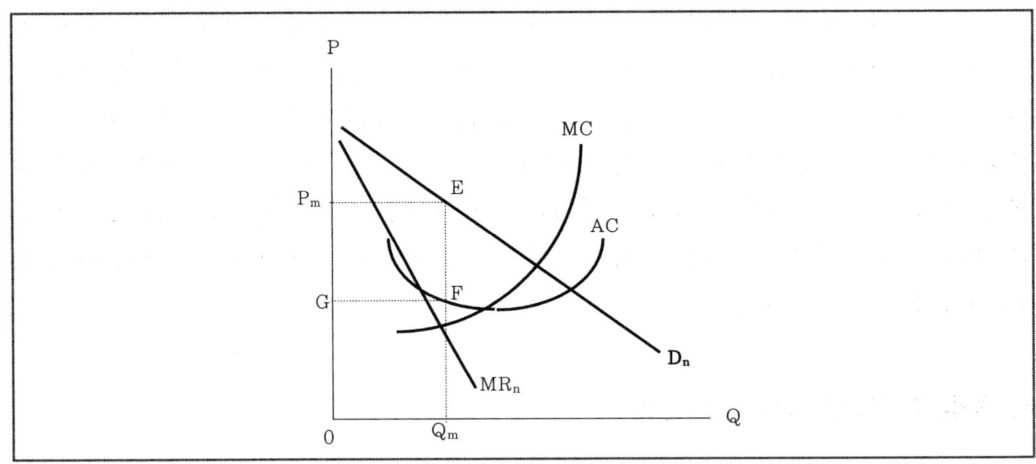

4. 독점적 경쟁시장의 장기균형

장기적으로 독점적 경쟁시장에서는 단기균형에서 초과이윤이 발생하면 새로운 기업들이 진입해 오고, 손실이 발생하면 기존의 기업들이 빠져나가게 된다. 따라서 **독점적 경쟁시장의 장기균형에서는 초과이윤이나 손실이 존재하지 않는다.** 또한 **생산수준의 경우에는 완전경쟁시장보다 약간의 과소생산이 이루어지고 가격수준의 경우에는 완전경쟁시장보다는 다소 높은 수준(P>MC)의 가격이 설정된다.** <그림 6-23>에서 완전경쟁시장의 장기균형점은 E_p이고 가격은 P_p수준에서 공급량은 Q_p수준에서 결

정됨을 알 수 있다. 독점적 경쟁시장의 장기균형점은 E점이고 가격수준은 P_m이며 산출량은 Q_m이라는 것을 알 수 있다.

〈그림 6-23〉 독점적 경쟁시장의 장기균형

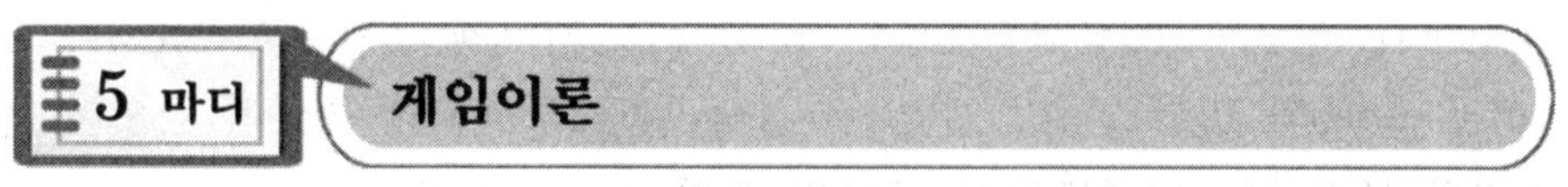

5 마디 게임이론

과점기업의 가격결정행위는 고스톱, 포커, 축구, 야구와 같은 전략게임들에서 나타나는 특성을 보인다. 과점시장은 경쟁상대가 누구인지 분명한 상황에서 경쟁상대와의 전략적 게임으로 보수가 결정되는 **전략적 상황**을 반영한다. 과점기업들은 경쟁기업들의 가격이나 산출량 수준뿐만 아니라 광고나 마케팅 전략에 이르기 까지 상대적인 상황에 민첩하게 대응해야 한다. **자신과 상대의 전략에 따라 보수**가 달라지기 때문이다. 자신과 상대의 전략은 일종의 조합(set)으로 나타나고 선택될 조합, 즉 어떤 기업이 **어떤 전략을 선택할 것인지는 불확실한 상황**에서 이루어진다. 과점시장은 이러한 특징들을 가지고 있기 때문에 게임이론은 유용하다. 게임이론을 학습함으로써 전략과 보수의 관계를 분석할 수 있고 선택될 전략조합에 대한 예측가능성을 활용할 수 있을 것이다.

1. 게임이론이란?

경쟁적 관계에 있는 사람이나 조직의 경우 자신들의 목표달성을 위해 어떤 전략적 행위를 선택하게 될 것이다. 선택된 전략적 행위들은 목표와 관련된 결과들을 서로 다르게 산출하게 된다. 따라서 경쟁관계에서 전략의 선택과 그에 따른 결과의 산출과의 규칙적인 관계를 밝히려는 모형이 게임이론인 셈이다. 정리하면 경쟁관계에서의 목표와 전략 그리고 결과에 관한 분석틀을 제공하는 이론체계를 게임이론이라 한다. 과점시장의 경우 경쟁대상자가 분명하고 상호의존성이 높다는 특성을 가지고 있기 때문에 기업들은 서로 전략적 상황에 직면하게 된다. 따라서 과점기업들은 자신의 이윤극대화를 위한 자신의 전략적 행위들을 선택하여야 하고, 이에 따른 경쟁기업들의 전략적 행동을 예측해야 한다. 이러한 전략적 상황을 체계적으로 분석하고 예측하는데 게임이론은 유용한 틀을 제공해 줄 수 있을 것이다. 게임은 **경기자**(player), **전략**(strategy), **게임의 보수**(payoff) 등으로 구성되며, 게임구성요소들의 조합에 의해서 게임의 특성이 결정된다. 첫째, 게임은 의사결정단위의 수에 의하여 n-경기자 게임으로 구분할 수 있다. 둘째, 게임의 결과는 경기자가 어떠한 전략을 선택하는가에 따라 다르게 나타나며, 전략의 수는 유한한 것으로 전제한다. 셋째, 게임의 결과는 구체적으로 보수에 의해서 표현되며, 이를 위해서 보수행렬을 사용한다. 보수행렬은 서수적인 효용의 개념이나 화폐단위로 표현된다. 따라서 게임은 경기자의 수, 경기자들이 사용할 수 있는 전략의 종류와 수, 게임이 진행되는 방법들에 의해서 구분될 수 있다. 또한 경제현상과 관련하여 경제주체들이 구성하는 게임에 있어서는 협조적인 게임(cooperative game)과 비협조적인 게임(non-cooperative game)의 구분이 있으며, **경제현상과 관련한 분석에는 비협조적인 게임의 모형**이 유용하다.

2. 게임의 균형

게임에 참여하는 모든 경기자가 어떤 전략들을 선택하고 그에 따른 결과에 대하여 모두 만족하여 더 이상 전략을 변동시킬 의도가 없는 상태를 게임의 균형이라 한다. 게임의 균형은 경기자가 선택하는 전략의 성격에 따라 우월전략균형(dominant strategy equilibrium)과 내쉬균형(Nash equilibrium) 그리고 혼합전략균형(mixed strategy equilibrium)으로 구분되며, 내쉬균형은 우월전략균형에 속한다. 먼저 우월전략균형에 대하여 살펴보자. 게임에 참여하는 경기자들이 상대방의 전략을 고려하지 않고 자신의 보수만을 극대화하는 전략을 우월전략이라 하고, **경기자들 모두가 선택하는 우월전략의 짝을 우월전략균형**이라 한다. 경기자는 1, 2로 구성되는 2-경기자 게임에 대한 보수행렬(payoff matrix)을 예로 들어 게임이론을 학습해보자.

<표 6-1>에서 경기자 1은 전략 A_2가 우월전략이 되고, 경기자 2는 전략 B_2가 우월전략이 된다. 따라서 경기자 1, 2가 모두 만족하는 우월전략은 A_2전략과 B_2전략의 조

합을 이루며 보수는 (3, 3)이 됨을 알 수 있다. 이를 우월전략균형이라 한다.

〈표 6-1〉 우월전략균형과 보수행렬

경기자 1 \ 경기자 2	전략 B_1	전략 B_2
전략 A_1	(5, 5)	(1, 10)
전략 A_2	(1, 10)	(3, 3)

〈표 6-2〉 내쉬균형과 보수행렬

경기자 1 \ 경기자 2	전략 B_1	전략 B_2
전략 A_1	(20, 10)	(5, 5)
전략 A_2	(5, 5)	(10, 20)

다음으로 내쉬균형에 대해 학습해보자. <표 6-1>에서 살펴 본 우월전략균형은 모든 경기자가 경쟁상대의 모든 전략에 대해 우월전략을 가진다는 가정을 전제한 결과이다. 이와 같은 가정은 현실에 적용하기에 너무 강한 것으로 판단하여 **주어진 상대방의 전략에 대해서만 최적한 전략을 가질 수 있다고 가정을 완화하여 만들어진 균형을 내쉬균형**이라 한다. 내쉬균형은 게임에 참여하는 경기자들이 각각 상대방의 전략을 주어진 것으로 인식하고 경기자 모두가 자신에게 최적인 전략을 선택하는 최적전략의 짝을 내쉬균형이라 한다. <표 6-2>에 나타나 있는 보수행렬은 우월전략이 존재하지 않는다. <표 6-2>에서 경기자 1의 전략이 A_1으로 주어진다면 경기자 2의 최적전략선택은 B_1이 되고 이에 따른 보수는 (20, 10)이 된다. 경기자 2의 전략이 B_2로 주어진다면 경기자 1의 최적전략선택은 A_2가 되고 이에 따른 보수는 (10, 20)이 된다. 따라서 상**대 경기자의 전략에 대응하여 내쉬균형은 달라질 수 있다. 상대방의 전략에 따라 변화하는 내쉬균형의 특징을 반영하고 있는 모형이 과점시장의 꾸르노** 모형이라 할 수 있다. 또한 내쉬균형은 유일하지 않으며 파레토효율을 충족하지 못한다. <표 6-1>에서의 내쉬균형은 반드시 가장 효율적인 선택이 되지 못할 수도 있다. 우월전략균형은 내쉬균형을 포함하고 있으므로 우월전략균형은 내쉬균형이기도 하다. 한데 <표 6-1>에서의 내쉬균형은 경기자 1, 2의 전략이 각각 A_2와 B_2를 선택케 하고 이에 따른 보수는 (3, 3)으로 주어지고 있으나, 만약 경기자 1, 2가 각각 A_1, B_1 전략을 선택한다면 보수는 (5, 5)가 주어지므로 경기자 1, 2의 보수의 수준을 더욱 높

일 수 있음을 알 수 있다. 따라서 <표 6-1>의 내쉬균형은 파레토효율을 충족하지 못한다는 것을 알 수 있다.

3. 최소극대화전략과 정합게임

① 최소극대화전략

최소극대화전략(maximin strategy)이란 게임에 참여하는 경기자들이 합리적이지 못하여 의외의 전략을 선택할 가능성이 있는 경우 **최악의 결과를 피할 수 있는 소극적인 전략선택게임**을 말한다. 게임의 한 참가자가 비합리적이고, 열악한 정보상태에서 자신의 이익과는 전혀 관련되지 않는 의외의 전략을 선택할 가능성이 있다고 판단되는 경우 경기상대자는 내쉬균형전략을 사용할 수 없을 것이다. 이런 경우 합리적인 경기상대자는 비합리적인 경기자의 의외의 행동으로부터 발생할 수 있는 손실을 최소화하는 전략을 선택하여야 할 것이다. <표 6-3>과 같은 보수행렬이 주어졌다 하자. 이 게임에서 경기자 1, 2가 모두 합리적인 경기자라면 경기자 1, 2는 각각 전략 A_2, B_2를 선택하게 되고 이에 따른 (10, 20)의 보수를 얻게 되는 내쉬균형에 도달한다는 것을 알 수 있다. 그런데 만약 경기자 1이 경기자 2는 비합리적인 상황에 있어 의외의 전략을 사용할 수 있는 가능성이 있는 것으로 판단되는 경우 경기자 2가 어떠한 전략을 선택하더라도 경기자 1은 자신의 손실이 최소화되는 전략을 모색하려 할 것이다.

〈표 6-3〉 최소극대화전략과 보수행렬

경기자 1 \ 경기자 2	전략 B_1	전략 B_2
전략 A_1	(2, 10)	(5, 15)
전략 A_2	(−500, 5)	(10, 20)

따라서 경기자 1은 경기자 2가 의외의 전략 B_1을 선택하게 될 경우 위험을 최소화하기 위해 우월전략인 A_2를 버리고 A_1 전략을 선택하게 될 것이다. 만약 경기자 2가 전략 B_1을 선택하고 경기자 1이 전략 A_2를 선택하게 된다면 경기자 1은 500의 손실을 부담해야 하기 때문이다. 이와 같이 위험을 최소화하기 위한 전략의 선택을 최소극대화전략이라 한다.

② 정합게임

경기자의 전략적 선택과는 관계없이 **보수의 합이 항상 일정한 값을 가지는 게임의 유형을 정합게임**(constant sum game)이라 한다. 정합게임은 영합게임(zero sum game)과 양합게임(positive sum game) 그리고 음합게임(negative sum game)의 형태가 있다[30]. <표 6-4>는 경기자 1, 2가 각각 10만원의 돈을 가지고 벌이는 포커게임의 보수행렬이라 하자. 경기자 1, 2가 어떤 전략을 선택하든 경기자 1, 2에게 주어지는 보수의 합은 항상 0이 된다. 따라서 포커게임은 영합게임의 좋은 예라 할 수 있다.

〈표 6-4〉 정합게임과 안장점

경기자 2 / 경기자 1	전략 B_1	전략 B_2
전략 A_1	(−4, 4)	(−3, 3)
전략 A_2	(0, 0)	(−1, 1)

<표 6-4>의 보수행렬에서 경기자 1의 최소극대화전략은 A_2가 되고, 경기자 2의 최소극대화전략은 B_2가 된다. 이 같은 **전략의 짝을 안장점**(saddle point)이라한다. 왜냐하면 보수행렬(-1, 1)은 경기자 1이 A_2전략을 선택했을 때 경기자 2가 경기자 1의 보수를 극소화시키는 전략은 B_2전략이 되며, 경기자 2가 B_2전략을 선택했을 때 경기자 1의 보수를 극대화시키는 전략은 A_2가 되는데 이 모양이 말 안장과 흡사하기 때문이다. 또한 위와 같은 안장점은 내쉬균형이기도 하다.

4. Prisoner's Dilemma

두 명의 공범용의자가 추가공동범죄행위에 대해 검사의 취조를 받고 있다하자. 검사의 입장에서는 범죄행위를 입증할만한 물증을 확보하지 못하였다 하자. 자백만이 범죄행위에 대한 증거자료가 되는 셈이다. 검사는 용의자로부터 자백을 얻어내기 위해 용의자 1, 2에게 다음과 같은 조건을 제시한 후 분리심문을 하고 있다 하자. 범죄행위를 두 사람 모두 자백하는 경우 모두에게 4년을 구형하고, 한사람은 자백하고 다른 한사람은 자백하지 않는 경우 자백한자에게는 정상을 참작하여 1년을 구형하고 자백하지 않은 자에게는 10년을 구형하겠다는 조건을 제시하였다 하자. 이 조건을 근거로 용의자 1, 2에 대한 보수행렬을 만들면 <표 6-5>와 같다[31].

30) 경제현실은 정합게임보다는 비정합게임의 성격이 강하다고 볼 수 있다.

〈표 6-5〉 용의자의 보수행렬

경기자 1 \ 경기자 2	不자백	자백
不자백	(2, 2)	(10, 1)
자백	(1, 10)	(4, 4)

심문에 임하는 용의자 1,2는 모두 자백을 하지 않는 경우 동시에 석방될 수 있으므로 자백하지 않을 것을 약속한 상태라 하자. <표 6-5>의 보수행렬에서 보는 바와 같이 용의자 1, 2는 모두 자백을 선택하는 것이 우월전략에 해당한다. 이 게임의 균형은 내쉬균형의 성격을 갖게 되는데 용의자 1, 2에게 최선의 결과를 가져다주지 못한다는 것을 알 수 있다. 이와 같은 **게임의 균형은 용의자의 딜레마**(Prisoner's Dilemma)를 잘 나타내주고 있다. 용의자 각각의 입자에서 **우월전략균형(내쉬균형)이 두 사람 모두에게 최선의 결과를 보장하지 않을 수 있다는 것을 보여주고** 있다. 또한 용의자가 모두 서로 신뢰하고 약속을 지킬 수 있게 된다면 모두에게 최선의 결과가 보장되는 현상도 발견할 수 있다. 법을 지키지 않는 자가 개인적으로는 이익을 얻을 수 있지만 사회 전체적으로는 손실을 입는 현상도 설명할 수 있을 것이다. 용의자의 딜레마는 과점시장의 카르텔에 적용할 수 있으며, 카르텔이 불안전성을 가지게 되는 이유를 설명하는데 도움이 된다. 카르텔은 여러 기업이 약속으로 하나가 되는 성격을 가진다. 그런데 약속을 어기는 기업은 이익을 얻을 수 있다. 카르텔은 안전성에 위협을 받을 수 있다. 하지만 이 같은 게임이 지속적으로 반복된다면 결과는 달라질 여지를 가진다. 약속을 어긴 상대방을 강하게 보복할 수 있다면 아마도 카르텔은 다시 안정성을 되찾을 수 있을 것이다.

31) 여기서의 보수는 형량이므로 작은 값이 더욱 높은 보수를 의미한다.

마당 7

생산요소시장이론

시장경제란 가계와 기업이라는 두 경제주체가 생산물시장(output market)과 생산요소시장(input market)으로 나누어진 두 경제영역에서 순환하는 경제행위를 수요와 공급의 형식으로 담아낸 것과 같다. 생산물시장에서의 주연배우들의 역할은 가계는 수요자 분을 기업은 공급자분을 연출하는 것이지만 생산요소시장에서는 두 주연배우의 역할이 서로 바뀌게 된다. 가계는 생산요소의 공급자 분을 기업은 생산요소의 수요자분을 연출하게 된다. 앞마당에서는 생산물시장이론에 대해 학습한 바 있다. 여기 일곱 번째 마당에서는 생산요소시장에 대해 자세하게 학습할 차례이다. 먼저 생산요소시장에서 수요·공급에 의한 생산요소의 균형가격과 균형수·급량 결정에 관한 이론에 대해 학습하게 될 것이다. 생산요소시장에서는 기업이 생산요소에 대한 수요자이다. 기업은 시장구조에 따라 이윤극대화를 위한 생산량을 결정하고 그에 따라 생산요소에 대한 수요를 결정하게 된다. 따라서 생산요소에 대한 수요를 파생적 수요라 한다. 생산요소시장의 형태[1]에 따라 기업의 이윤극대화를 위한 생산요소의 가격수준과 생산요소의 수요량은 다른 수준에서 결정되게 된다. 여기서는 주로 생산요소시장의 형태에 따른 생산요소의 가격과 수요량수준의 결정에 대해 학습하게 될 것이다. 한편, 생산요소의 가격결정이론은 소득분배이론에 해당한다. 왜냐하면 소득수준의 결정은 생산요소의 가격과 생산요소의 수요량에 의해 결정되기 때문이다. 한편, 분배이론에는 첫째 기능적 분배론(functional distribution), 둘째 인적분배론(personal distribution), 셋째 거시적 분배론[2]이 있다. 여기서는 기능적분배론과 인적분배론을 다룬다. 기능적

1) 생산요소의 특성에 따른 공급의 차별성이나 경쟁정도에 따른 시장구조의 차이를 말한다.

분배론은 토지, 노동, 자본 등의 생산요소의 가격결정을 다루게 되고, 인적 분배론은 계층별 소득분배의 공평성을 다룬다.

1 마디 생산요소시장

생산요소시장에서 생산요소의 가격과 균형수·급량은 생산요소의 수요와 공급에 의해서 결정된다. 생산요소시장에서는 생산물시장과는 정반대로 **가계는 생산요소의 공급**을 결정하고 **기업은 생산요소에 대한 수요**를 결정한다. 가계는 효용극대화의 원칙에 따라 생산요소를 공급할 것이고, 기업은 이윤극대화의 원칙에 따라 생산요소의 수요를 결정할 것이다. 이와 같이 생산요소시장에서의 생산요소의 가격과 수·급량의 결정은 첫째, **생산요소에 대한 자원배분을 의미**하고 둘째, **생산요소의 공급자인 가계에 대한 1차적인 소득분배**를 의미한다.

1. 생산요소의 수요

생산요소의 수요에 대한 주체는 기업이다. 기업은 생산물의 생산수준을 결정하고 그에 따른 생산요소의 수요를 결정하게 된다. 생산요소에 대한 기업의 수요는 생산물에 대한 수요에 의해 **파생되는 수요**(derived demand)이다. 기업은 생산물시장과 생산요소시장을 모두 고려하여 자신의 이윤극대화조건을 충족시킬 수 있는 생산요소의 수요를 결정하게 되는 것이다.

① 이윤극대화조건

이윤극대화조건은 생산자균형에서 도출된 $\frac{MP_L}{MP_K} = \frac{w}{r}$ 비용극소화조건식 양변에 $\frac{MP_K}{w}$를 곱하면 $\frac{MP_L}{w} = \frac{MP_K}{r}$가 유도된다.

따라서 n 개의 생산요소가 투입되는 경우의 비용극소화조건은

$\frac{MP_1}{P_{F1}} = \frac{MP_2}{P_{F2}} = \cdot\cdot\cdot = \frac{MP_n}{P_{Fn}}$로 나타낼 수 있다.

이 식의 모든 분자와 분모를 바꾸어 놓으면

2) 이는 거시경제학에서 다룬다.

$\frac{P_{F1}}{MP_1} = \frac{P_{F2}}{MP_2} = \frac{P_{Fn}}{MP_n} = MC$가 된다. $\frac{W}{\Delta Q \times L} = \frac{W \times L}{\Delta Q}$=MC로 정리 할 수 있다.

또한 위 식을 정리하면 $P_F = MP_F \times MC$임을 알 수다. 이것을 MFC(한계요소비용)라고 한다. 한편 기업의 이윤극대화는 MR=MC에서 달성되므로

위의 수식에 대입하면 $\frac{P_{F1}}{MP_1} = \frac{P_{F2}}{MP_2} = \cdot\cdot\cdot\cdot = \frac{P_{Fn}}{MP_n} = MR$이 되고,

이를 정리하면 $P_F = MP_F \times MR$가 된다.

여기서 $MP_F \times MR = MRP$ **(한계수입생산)**이라고도 한다. 따라서 생산요소의 수요를 결정하는데 있어 이윤극대화조건은 $P_F = MP_F \times MR$ 또는 MFC(한계요소비용)$=$ MRP(한계수입생산물)로 정리된다.

② 생산요소에 대한 수요곡선의 도출(생산요소가 하나인 경우)

가변적인 생산요소가 노동만이 존재한다고 가정하자. 이때 노동에 대한 수요곡선은 <그림 7-1> 과 같다. 위의 기업의 이윤극대화조건식 $P_F = MP_F \times MR$은 $w = MP_L \times MR$이 되고 완전경쟁시장에서는 $P = MR$ 이므로 $w = MP_L \times P$로 나타낼 수 있다. 따라서 $w = MP_L \times MR(MRP) = MP_L \times P(VMP)$가 성립한다. VMP는 **한계생산물가치**(value of marginal product)라 한다. <그림 7-1> **노동에 대한 수요곡선은 기업의 이윤극대화조건을 충족시켜주는** VMP_L 곡선이 된다. VMP_L **곡선이 우하향하는 이유는 노동의 한계생산체감의 법칙이 작동**하기 때문이다.

〈그림 7-1〉 노동에 대한 수요곡선(가변요소가 하나인 경우)

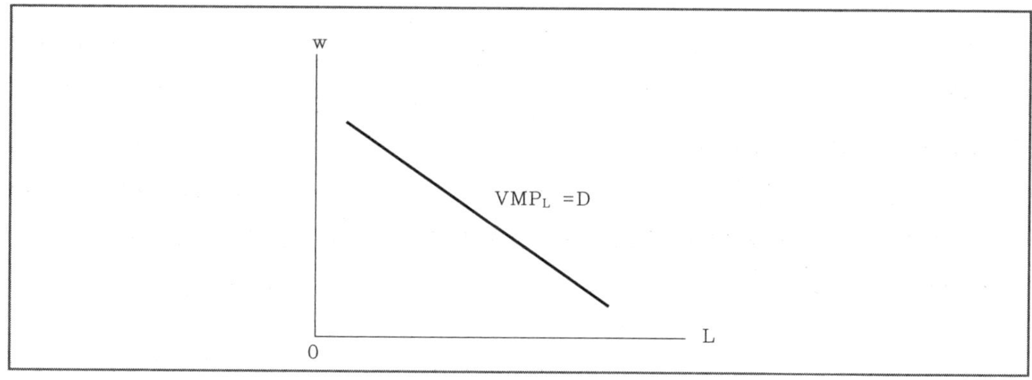

③ 생산요소에 대한 수요곡선의 도출(가변요소가 둘 이상인 경우)

현실경제에서는 생산과정에서 여러 가지 생산요소가 투입되고 있다. 따라서 가변요소가 둘 이상인 경우를 가정하여 수요곡선을 도출하여 보자. 여기서는 노동과 자본이 모두 가변요소인 경우를 생각해 보자. 가변요소가 노동하나인 경우에는 노동에 대한 수요는 노동의 한계생산물가치곡선(VMP_L)을 따라 변동한다. 임금이 하락하면 노동의 한계생산물가치곡선을 따라 노동에 대한 수요는 증가한다는 것을 의미한다. 가변요소가 노동과 자본인 경우에는 임금이 하락할 때 노동의 한계생산물가치곡선(VMP_L)은 우측으로 이동하게 되고 이에 따라 노동에 대한 수요는 증가하게 된다[3]. **임금이 하락하면 대체효과와 산출효과가 발생하고, 이에 따라 노동과 자본에 대한 수요가 증가한다**[4].

〈그림 7-2〉 임금의 하락에 의한 대체효과와 산출효과

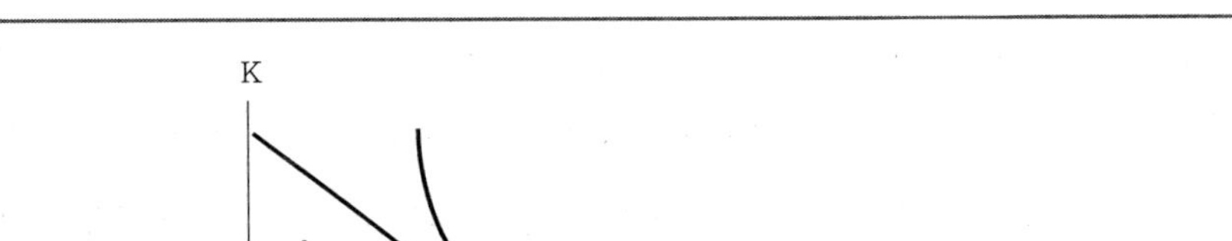

<그림 7-2>에서 보는 바와 같이 임금이 하락하면 **노동에 대한 대체수요가 L_1에서 L_2로 증가**하게 된다. 이것은 노동과 자본에 대한 상대가격이 낮아짐으로써 나타나는 **대체효과(substitution effect)에 의한 수요의 증가**이다. 또한 임금이 하락하면 한계비용이 감소하게 되어 산출량수준은 Q_1에서 Q_2로 증가하게 된다. 이에 따라 **노동에 대한 수요는 L_2에서 L_3로 증가하게 되고 이를 산출효과**(output effect)라 한다. 한편 임금이 하락하면 산출효과에 의해 자본의 투입량도 K_1에서 K_2로 증대하게 되고, <그림 7-3>

3) 노동의 한계생산물가치곡선이 우측으로 이동하게 되는 이유는 임금이 하락하면 한계비용이 감소하고 이에 따라 산출량은 증대하게 된다. 산출량의 증대는 노동과 자본의 투입을 증대시키게 되는데 자본투입의 증대는 노동의 한계생산물가치곡선을 우측으로 이동시킨다.

4) 노동은 정상투입요소로 가정된다.

과 같이 VMP_{L1} 곡선은 우측으로 이동하여 VMP_{L2} 곡선이 된다. 임금이 w_1에서 w_2로 하락하면 자본이 K_1수준일 경우 VMP_{L1} 곡선을 따라 노동에 대한 수요는 L_1에서 L_2로 증대한다. 노동투입의 증대는 자본의 한계생산을 증대시키므로 자본투입은 K_1에서 K_2로 증대하게 되고 자본장비율의 증대로 노동의 한계생산은 증대하게 된다. 따라서 VMP_{L1}은 우측으로 이동하여 VMP_{L2}가 되고 이에 따라 노동에 대한 수요는 L_2에서 L_3로 증대하게 된다. **노동에 대한 수요곡선은 최초의 임금수준에서의 수요점인 E점과 하락한 임금수준에서의 수요점 G점을 연결하는 E-G점선으로 가변요소가 하나인 경우 보다 완만한 수요곡선이 된다**는 것을 알 수 있다.

〈그림 7-3〉 노동에 대한 수요곡선(가변요소가 둘인 경우)

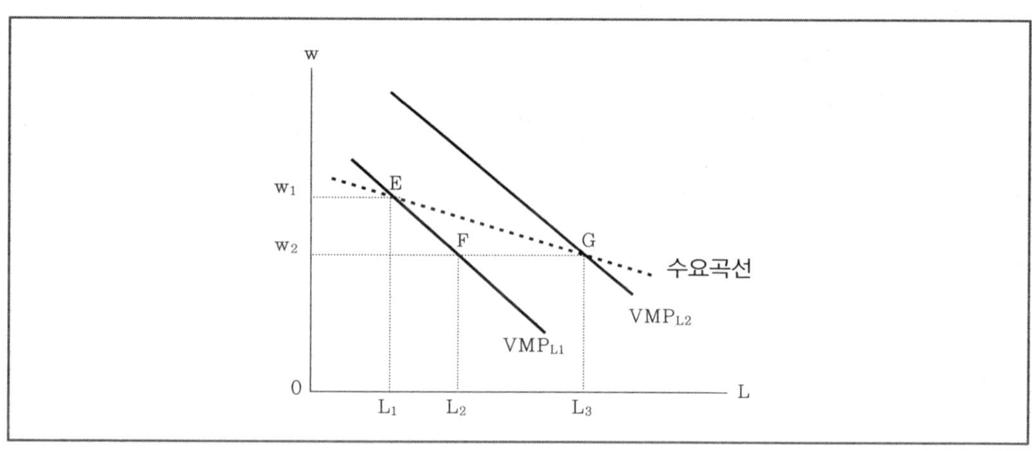

④ 생산요소에 대한 시장수요곡선

생산요소에 대한 시장수요곡선은 개별기업의 생산요소에 대한 수요곡선을 수평으로 합하여 구할 수 없다. 왜냐하면 생산요소의 가격변동이 생산물의 가격변동에 영향을 미쳐 한계생산물가치곡선을 이동시키기 때문이다. 한 생산요소의 가격이 하락하는 경우 시장 전체적으로 보면 각 기업은 산출량을 증대시켜 공급이 증대하게 되고 이에 따라 생산물의 가격을 하락시키게 된다. 따라서 한계생산물가치곡선은 좌측으로 이동하게 된다.

<그림 7-4>에서 임금이 w_1에서 w_2로 하락하는 경우 생산물의 가격이 하락하게 되어 VMP_{L1} 곡선은 좌측으로 이동하여 VMP_{L1}'곡선이 된다. 따라서 **시장수요곡선은 E점과 F점을 연결하는 E-F곡선이 된다**. 생산요소에 대한 시장수요곡선은 수요의 가격탄력성에 따라 기울기가 달라진다. 생산요소에 대한 수요의 가격탄력성은 다음과

같은 요소에 의해서 결정된다. 하나, 다른 생산요소와 대체가능한 생산요소에 대한 수요의 가격탄력성은 크고 그렇지 못하다면 탄력성은 작다. 둘, 어느 생산요소에 의해서 생산되는 생산품에 대한 수요의 가격탄력성이 크면 그 생산요소에 대한 수요의 탄력성도 크고 그 반대의 경우에는 탄력성이 작다. 셋, 대체가능한 생산요소의 공급의 가격탄력성이 크면 생산요소에 대한 수요의 가격탄력성은 크고, 그 반대의 경우에는 탄력성이 작다. 넷, 탄력성을 측정하는 기간이 길면 탄력성이 크고 짧으면 탄력성은 작다. 다섯째, 생산요소비용이 총비용 중에서 차지하는 비중이 높으면 크고, 낮으면 작다.

〈그림 7-4〉 노동에 대한 시장수요곡선

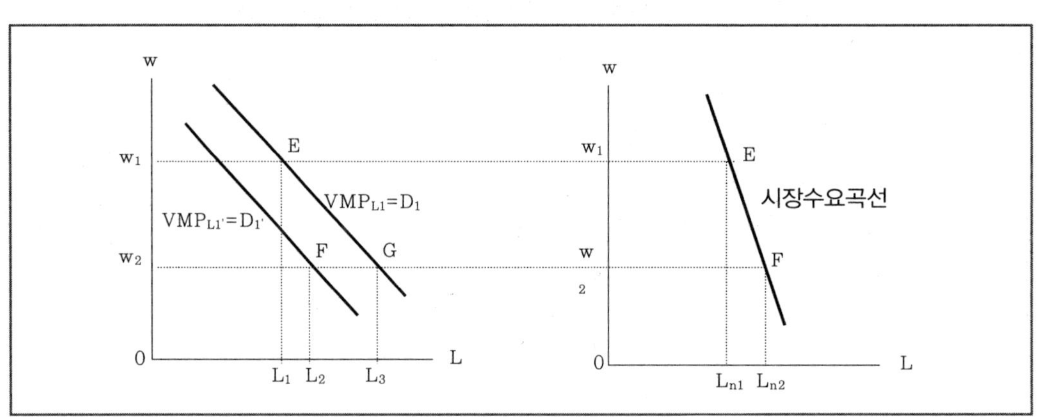

2. 생산요소의 시장가격과 고용량의 결정

① 완전경쟁시장

생산물시장과 생산요소시장이 모두 완전경쟁시장인 경우에는 생산요소의 시장공급곡선과 시장수요곡선이 교차하는 점에서 시장가격과 고용량이 결정된다. 생산요소의 공급곡선은 각 생산요소의 특성에 따라 형태가 달라질 수 있으나[5] 공급곡선의 형태가 분석내용에 크게 영향을 미치지는 않는다. <그림 7-5>에서는 생산요소의 공급곡선의 형태를 우상향하는 일반형으로 가정하고 시장균형을 분석하고 있다.

5) 토지의 공급곡선은 대체로 수직선의 형태가 되며, 노동의 공급곡선은 후방굴절의 형태가 된다.

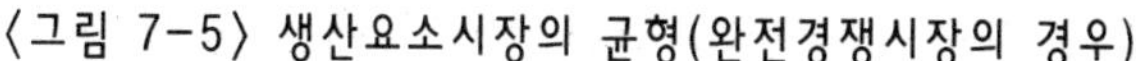

〈그림 7-5〉 생산요소시장의 균형(완전경쟁시장의 경우)

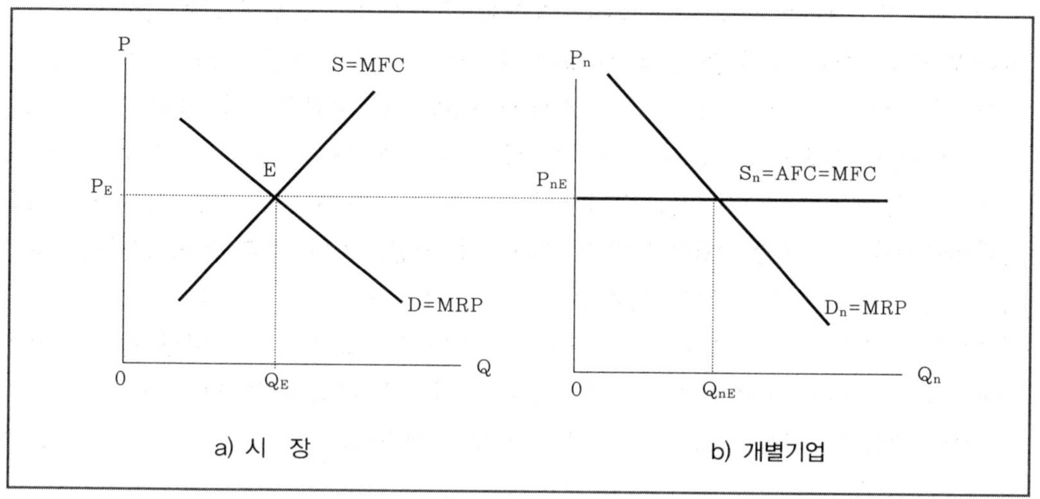

완전경쟁시장에서 개별기업이 직면하는 생산요소의 공급곡선은 <그림 7-5>의 b)와 같이 수평선이 된다. 이것은 개별기업이 생산요소를 주어진 시장가격하에서 충분히 공급받는다는 것을 의미하고, 평균요소비용(AFC)이 일정하므로 한계요소비용(MFC)과 평균요소비용(AFC)의 크기가 같다는 것을 알 수 있다. 또한 수요곡선은 한계수입생산물곡선(MRP)이고 완전경쟁시장 하에서는 MR=P이므로 수요곡선은 한계생산물가치곡선(VMP)이기도 하다. 따라서 **요소에 대한 수요와 공급이 일치되는 E점에서는 기업의 이윤극대화조건(MFC=MRP)을 충족하면서 시장균형가격 P_E와 시장균형고용량 Q_E가 결정**된다.

② 불완전경쟁시장

불완전경쟁시장의 경우에는 첫째, 생산물시장은 독점인데 생산요소시장은 완전경쟁인 경우 둘째, 생산요소시장의 수요측면이 독점이면서 생산물시장도 독점인[6] 경우 셋째, 생산요소의 시장의 수요측면은 완전경쟁이고 공급측면은 독점인 경우 넷째, 생산요소시장의 수요와 공급이 모두 독점인 경우로 분류해 볼 수 있다. <그림 7-6>에서의 **A점은 생산물시장과 생산요소시장이 완전경쟁**인 경우, **B점은 생산물시장은 독점이고 생산요소의 수요는 완전경쟁**인 경우, **C점은 생산요소시장의 수요와 공급이 모두 독점인 경우**를 나타내고 있다. 하나, 생산물시장과 생산요소시장이 모두 완전경쟁인 경우에는 VMP=AFC 즉 수요곡선과 공급곡선이 만나는 A점에서 균형을 이루며 생산요소의 가격 P_A와 고용량 Q_A가 결정된다. 둘, 생산물시장은 독점이고 생산요소

6) 어느 기업이 생산요소시장을 독점하게 되면, 대부분 생산물시장의 독점까지도 이루어진다.

의 수요는 완전경쟁인 경우에는 **MRP=AFC인 B점에서 균형**을 이루며 생산요소의 가격 P_B와 고용량 Q_B가 결정된다. **생산물시장이 독과점이면 경쟁시장에 비하여 과소생산하게 되고 생산요소를 역시 과소수요**하게 된다. 따라서 생산요소의 가격을 한계생산물가치보다 낮게 설정하게 되어 **P_A에서 P_B만큼의 공급독점적 착취**(monopolistic exploitation)가 발생한다. 이 같은 현상은 생산물시장에 대한 기업의 시장지배력에 의해 발생하는 것이다. 셋, 생산요소시장의 수요와 공급이 모두 독점인 경우에는 **이윤극대화조건을 충족하는 MRP=MFC인 C점에서 생산요소의 가격 P_C와 고용량 Q_C**가 결정된다. 생산요소의 가격은 한계수입생산 보다도 더 낮은 평균요소비용수준에서 결정된다는 것을 알 수 있다. 따라서 **P_B에서 P_C만큼의 요소수요에 대한 독점적 착취**(monopsonic exploitation)가 발생한다. 이 같은 현상은 기업의 생산물시장에 대한 지배력[7]과 생산요소시장에 대한 지배력에 의해 발생한다.

〈그림 7-6〉 불완전경쟁시장의 균형(1)

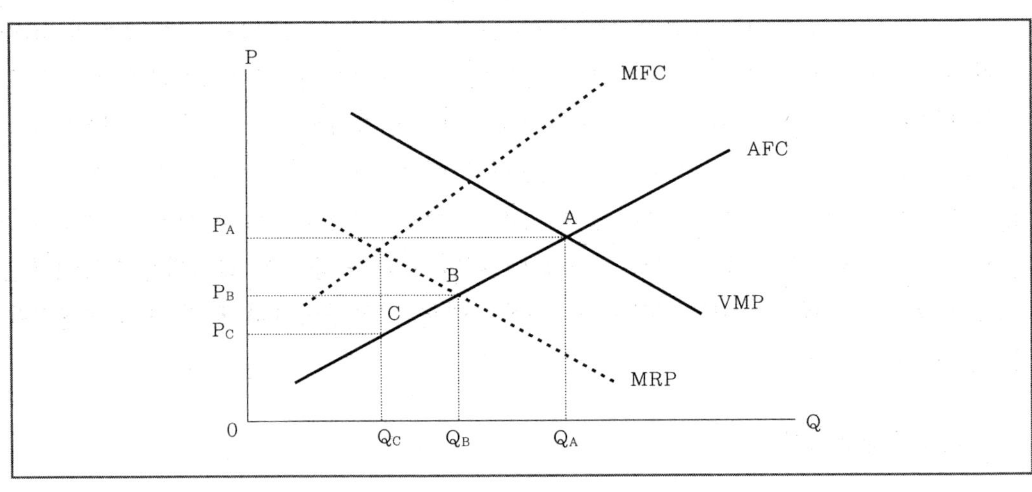

3. 생산요소가격이론(지대, 임금, 이자, 이윤)

① 지대론

지대란 토지라는 생산요소가 제공하는 서비스에 대한 가격[8]으로 정의할 수 있다. 본래 경제학에서는 지대를 상대적으로 공급이 제한되어 있는 생산요소에 대하여 지

7) 이는 생산물의 공급도 독점하게 되기 때문이다.

8) 지대와 토지의 가격은 다르다. 지대는 임대료의 의미이고, 지가는 토지의 자본화가치(capitalized value of land)를 의미한다.

불하는 비용의 개념으로 정의하고 있다. 또한 지대에 대한 개념으로는 **경제적 지대**(economic rent), 그리고 **준지대**(quasi-rent)가 있다. 전통적인 지대의 개념은 생산요소의 공급이 가격에 대하여 완전히 비탄력적인 경우에 적용되는 개념, 즉 **공급이 완전히 제한된 생산요소에 적용되는 개념**이다. 일반적으로 적용되는 경제적 지대란 일시적으로 공급이 제한된 생산요소에 적용되는 개념이다. <그림 7-9>는 경제적 지대와 전용수입에 대하여 나타내고 있다. **전용수입(transfer earnings)이란 생산요소가 현재 투입되고 있는 용도에서 다른 용도로 전용되지 않도록 하기 위한 최소한의 보수**를 말한다. 이것은 **생산요소의 기회비용**을 의미하며, 생산요소의 공급이 비탄력적일수록 커진다. <그림 7-9>의 a)에서 요소의 공급이 비탄력적일 경우 **AEP'의 경제적 지대**가 발생한다. 이때의 **전용수입은 0AEQ'**가 된다. <그림 7-9>의 b)에서 요소의 공급이 완전비탄력적인 경우 0P'EQ'의 경제적 지대가 발생하고 전용수입은 0이 된다. 만약 생산요소의 공급이 무한히 탄력적인 경우라면 요소의 공급곡선은 수평선의 형태가 된다. 따라서 생산요소의 가격은 모두 전용수입으로 구성되며 경제적 지대는 0이 된다. **공급이 탄력적인 직종과 공급이 비탄력적인 직종의 보수의 차이는 대체로 경제적 지대의 차이에 의해서 결정**되는 셈이다.

〈그림 7-9〉 경제적 지대와 전용수입

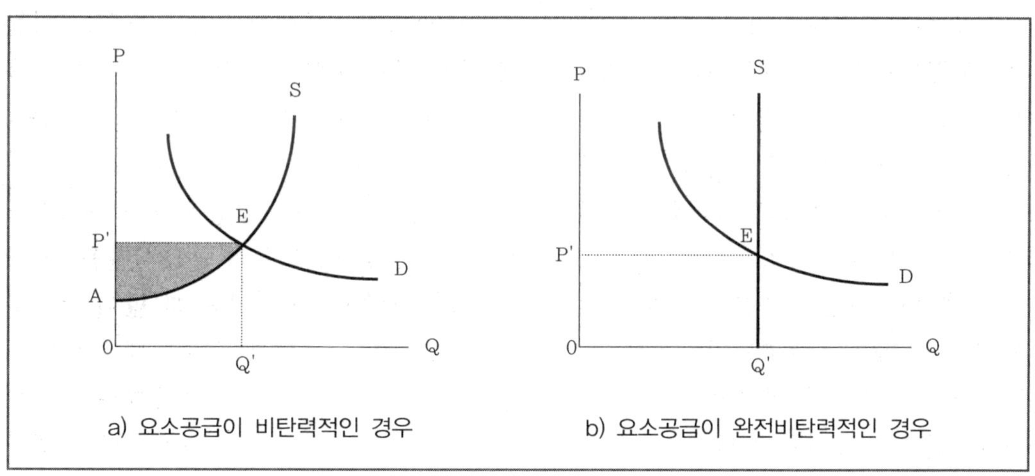

단기적으로 생산요소의 공급이 제한되는 경우에는 **준지대**(quasi-rent)가 발생한다. <그림 7-10>에서 기업의 총수입 0P'EQ'에서 총가변비용 $0P_vVQ'$를 제외한 **$P'P_vVE$가 준지대**이다. 준지대 개념은 자본설비처럼 한계생산 개념이 적용될 수 없는 경우에 준지대로 보수를 산정하는 데 활용된다.

〈그림 7-10〉 기업의 총수입과 준지대

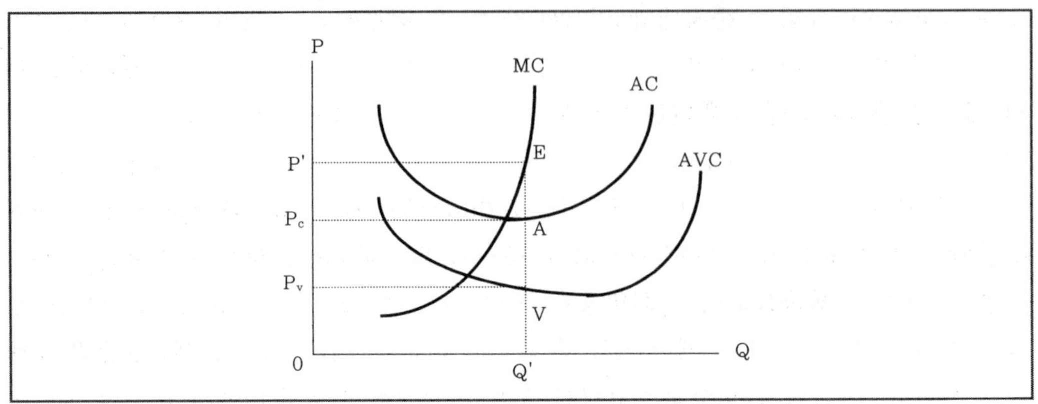

② 임금론

임금이란 노동이라는 생산요소가 제공하는 서비스에 대한 가격으로 노동의 수요와 공급이 일치되는 수준에서 결정된다. 또한 불완전경쟁시장에서의 임금결정은 앞에서 살펴본 생산요소시장이론을 적용할 수 있다. 여기서는 생산요소 공급에 있어 노동공급이 지니는 특성에 따라 나타나는 **노동의 후방굴절공급곡선**(backward bending supply curve)에 대해 학습해 보자. 노동의 공급자는 대체로 가계이다. 따라서 노동공급자는 노동공급을 결정함에 있어 효용극대화를 추구하게 된다. **주어진 임금과 시간**이라는 **제약조건하에서 노동(labor)과 여가(leisure)에 대한 최적 조합**을 선택하여 자신의 효용을 극대화하고자 할 것이다. <그림 7-11>은 노동공급자가 효용을 극대화하는 노동과 여가의 조합을 선택하는 경우 노동의 공급곡선을 나타낸 것이다.

노동공급자는 효용의 극대화를 위하여 임금이 상승하면 노동공급시간을 증가시키거나 여가 시간을 증가시키려 할 것이다. **임금이 상승할 때 노동의 공급시간을 더 많이 선택하게 되는 효과를 대체효과**라 하고, **임금이 상승할 때 여가를 더 많이 선택하게 되는 효과를 소득효과**라 한다[9]. <그림 7-11>에서 임금률 W'까지는 대체효과가 소득효과를 초과하여 임금상승에 따른 노동공급의 증가를 나타내는 우상향하는 노동공급곡선으로 그려지게 된다. 그런데 임금률이 W'를 상회하게 되는 경우 소득효과가 대체효과를 초과하여 임금상승에 따른 노동공급의 감소를 나타내는 우하향하는 노동공급곡선으로 그려진다. 따라서 노동의 공급곡선은 임금률 W'수준에서 노동시간 LH'를 최대공급하고 임금률 W'이상 수준에서는 여가시간을 늘리는 대신 노동시간을 줄여나가는 후방으로 굴절하는 형태를 보이게 된다.

9) 〈그림 7-2〉에 자세히 나타나 있다.

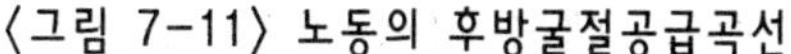

〈그림 7-11〉 노동의 후방굴절공급곡선

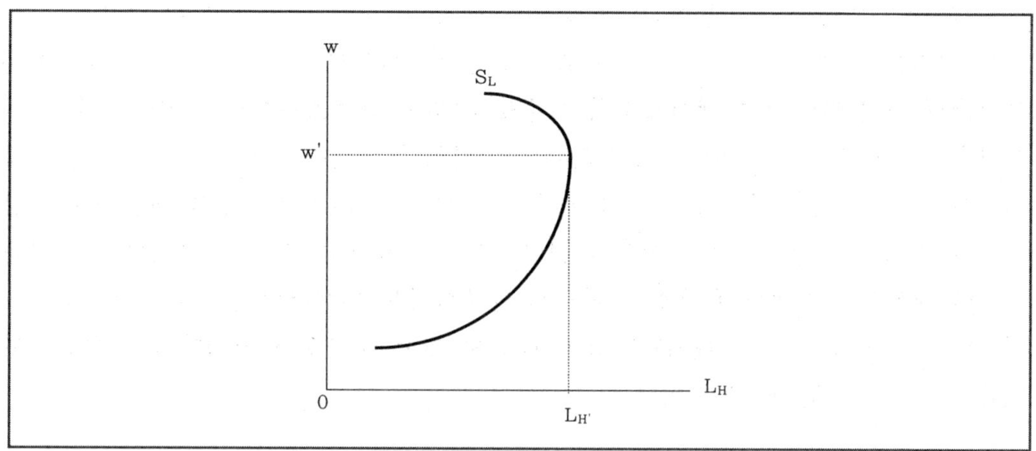

③ 이자론

자본은 인간이 만든 생산요소이다. 이자란 자본재라는 생산요소가 제공하는 서비스에 대한 가격이다. 즉 자본재의 사용에 대한 임대료이다. 한편, **이자율이란 이자의 자본재가격에 대한 비율이고, 명목이자율과 실질이자율로 구분**된다. 또한 이자율결정에 관한 이론들을 정리하면 다음과 같다. 하나, 이자율은 자본서비스의 수요와 공급에 의해서 결정될 수 있다. 자본서비스의 수요[10]는 **기업이 자본으로부터 얻는 한계생산물가치와 자본서비스의 가격이 일치하는 조건**에 의해서 구해된다. 자본서비스의 공급은 미래소비와 현재소비의 가치가 일치하는 조건에 의해서 구해된다. 둘, 생산물시장에서 수요와 공급이 일치할 때 이자율이 결정된다. 즉 **투자와 저축이 일치하는 생산물시장의 균형 하에서 이자율**이 결정된다는 것이다. 이것은 고전학파의 이자율결정이론에 해당한다. 셋, 화폐시장의 수요와 공급이 일치할 때 이자율이 결정된다. **화폐의 공급은 정책당국에 의해서 결정되며, 화폐의 수요는 화폐에 대한 유동성선호**에 의해 결정된다. 이것은 **케인즈의 유동성선호설**(theory of liquidity preference)에 의해 설명된다. 넷, 거시적 일반균형이론이 있다. **생산물시장과 화폐시장이 동시적으로 균형에 도달할 때 이자율**이 결정된다. 이것은 힉스의 IS-LM모형에 의해 설명된다.

④ 이윤론

이윤이란 기업가의 기업활동에 대한 보수를 말한다. 즉 기업의 총수입에서 생산에 참여한 다른 생산요소들의 비용을 제외하고 남는 잔여소득을 말한다. 이윤의 결정은

10) 새로운 자본재의 수요는 투자에 의해서 결정된다. 또한 투자는 현재가치법(present value criterion)과 내부수익율법(internal rate of return criterion)에 의해서 결정된다.

앞에서의 생산요소시장이론에 의해서 설명될 수 있으나, 이윤의 결정은 경기변동이나 기타 경제외적인 요인들에 의해 영향을 크게 받을 수 있기 때문에 수요·공급에 의한 설명은 한계가 있다. 이윤에 관한 이론들을 정리하면 다음과 같다. 하나, **이윤은 생산물가치에서 다른 생산요소의 보수를 제외한 잔여소득**이라는 잔여설이 있다. 이것은 리카르도의 이론이다. 둘, 이윤은 잉여가치가 존재하기 때문에 발생한다는 착취설이 있다. 이것은 칼 마르크스의 이론이다. 셋, 이윤은 완전경쟁을 제한하는 진입장벽에 의해서 발생한다는 마찰설이 있다. 이것은 뵘바베르크의 이론이다. 넷, **이윤은 기업경영의 위험부담에 대한 대가로써 발생한다는 위험부담설**이 있다. 이것은 나이트의 이론이다. 다섯, **이윤은 기업의 혁신에 대한 대가로써 발생한다는 혁신설**이 있다. 이것은 슘페터의 이론이다.

2 마디 소득분배이론과 불평등지수

1. 소득분배이론

미시적 소득분배이론은 **기능별 소득분배이론**(functional distribution of income)과 **계층별 소득분배이론**(size distribution of income)으로 구분된다. 지금까지 보아온 생산요소시장에서의 생산요소의 가격결정은 곧 각각의 생산요소를 제공하는 경제주체들의 소득을 결정하는 이론에 해당한다. 이것은 각 경제주체가 합리적이며, 자신의 효용을 또는 이윤을 극대화하는 최적화과정에서 도출된다. 각각의 생산요소에 대한 보수가 최적화과정에서 결정된다는 것은 결국 **각각의 생산요소에 대한 보수의 크기가 각각의 한계생산력의 크기에 의해서 결정**된다는 것을 의미한다[11]. 이와 같은 관점에서의 분배이론을 기능별 소득분배이론[12]이라 한다. 계층별 소득분배이론이란 소득계층의 분배상태가 얼마나 균등성을 확보하고 있는가를 판별하는 이론체계이다. **불평등지수를 계측함으로써 소득분배의 계층별 공평성을 판단할 수 있는 기준**을 제시해 준다. 공평성계층별 소득분배이론에는 단층적인 계층별 소득분배이론과 포괄적인 계층별

11) 이와 같은 이론체계를 우리는 신고전파 분배이론 또는 주류경제학의 분배이론이라 한다. 신고전파 분배이론에는 한계생산력설분배이론과 요소간 대체탄력성에 의한 분배이론이 있다.

12) 신고전학파 분배이론이외에도 칼도(N. Kaldor)의 분배이론, 파시네티(L, L, Pasinetti)의 분배이론, 칼레키(M. Kalecki)의 분배이론 등이 있다. 또한 신고전학파의 분배이론에 대한 유명한 논쟁으로는 케임브리지 대 케임브리지 논쟁(cambridge-cambridge controversy)과 합계논쟁(adding-up controversy)이 있다.

소득분배이론이 있다. 단층적인 계층별 소득분배이론이란 계층별 소득분배를 단층적으로 분리하여 접근하는 분석방식이다. 포괄적인 계층별 소득분배이론이란 소득분배의 중요요인들을 하나의 연관관계로 설정하고 종합적으로 접근하는 방식이다.

2. 소득분배의 불평등지수

소득계층별 소득분배의 공평성을 측정할 수 있는 소득분배의 불평등지수에 대해 학습해 보자. 하나, 서수적 불평등지수로써 로렌쯔곡선, 둘, 기수적 계측 지수로써 지니계수, 십분위분배율, 앳킨슨지수 등에 대해 학습해 보자.

① 로렌쯔곡선

로렌쯔곡선(Lorenz curve)은 <그림 7-12>에 나타난 바와 같이 수평축은 소득계층의 사람비율을 나타내고 수직축은 전체소득에서 소득이 차지하는 비율을 나타내고 있는 좌표 상에 그려진 소득불평등곡선을 말한다.

〈그림 7-12〉 로렌쯔곡선과 소득분배의 불평등도

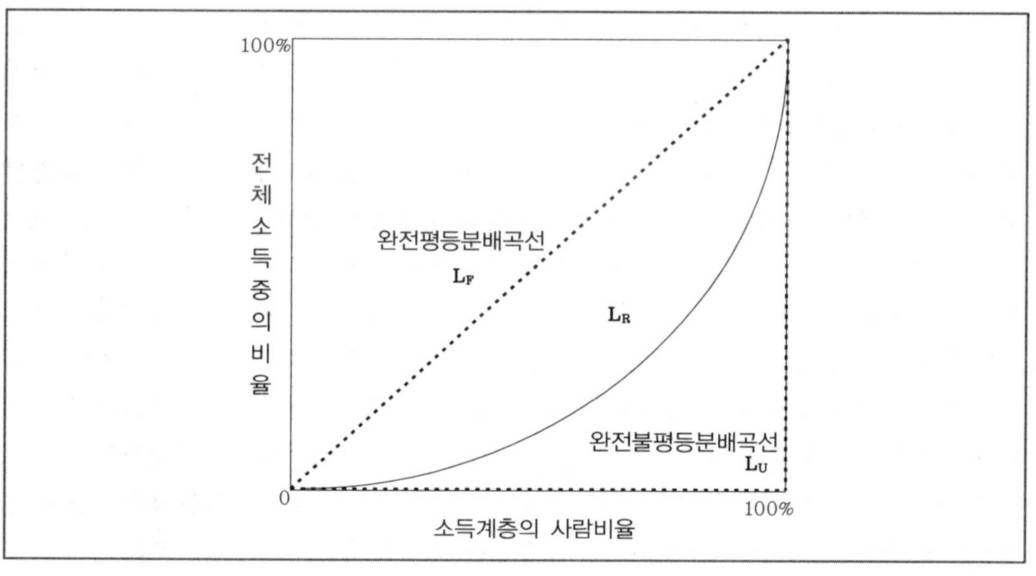

<그림 7-12>에서 소득분배가 완전히 평등하게 분배된 상태라면 로렌쯔곡선은 대각선인 L_F형태로 나타난다. 소득분배가 완전히 불평등하게 분배된 상태라면 로렌쯔곡선은 L자형인 L_U형태로 나타난다. 따라서 로렌쯔곡선 L_F와 L_U가 형성하는 점선의

삼각형 면적은 불평등도를 나타내는 계수가 된다. 현실적인 로렌쯔곡선이 L_R이라면 대각선에서 멀어질수록 소득분배의 불평등지수가 커지는 것을 의미하고 대각선에 근접해 오면 불평등지수가 작아지는 것을 의미한다. 이와 같이 로렌쯔곡선은 우리에게 소득분배에 대한 불평등정도를 나타내주는 그래프이지만 몇 가지 단점을 지니고 있다. 로렌쯔곡선이 지니고 있는 단점을 요약하면 다음과 같다. 하나, 로렌쯔곡선을 이용하여 소득분배에 대한 불평등의 정도를 어느 정도 판별할 수는 있지만 얼마만큼의 불평등이 존재하는지를 정확하게 계측하기 어렵다. 즉 불평등도를 서수적으로는 평가할 수 있지만 기수적으로는 계측할 수 없다. 둘, 로렌쯔곡선이 교차하는 경우에는 서수적인 불평등도의 비교도 불가능해진다. 실제로 도출된 로렌쯔곡선의 경우 교차하는 곡선이 많은 것으로 나타나 있다. 셋, 로렌츠곡선에는 소득분배에 대한 개개인의 가치기준을 반영할 수 없다.

② 지니계수와 십분위분배율

지니계수(Gini coefficient)는 소득의 불평등도를 기수적으로 평가하는 지수이다. 이것은 전체구성원의 평균적인 소득의 격차를 0에서 1까지 기수적으로 평가하는 방식이다. 소득의 분배가 완전히 평등한 경우의 지니계수는 0이며, 완전히 불평등한 경우의 지니계수는 1이다. 지니계수는 로렌쯔곡선과 밀접한 관련성을 가지고 있다. 지니계수의 크기는 로렌쯔곡선의 불평등면적의 크기로 나타낼 수 있다. <그림 7-12>에서 로렌쯔곡선이 L_R인 경우의 지니계수는 대각선과 L_R의 면적을 완전불평등면적 점선의 삼각형의 면적으로 나누어 구할 수 있다. 따라서 **지니계수는 작을수록 소득분배의 평등한 상태를 나타내고 클수록 소득분배의 불평등한 상태**를 나타낸다. 지니계수는 소득분배의 불평등도를 측정함에 있어 로렌쯔곡선이 가지고 있는 서수적 측정의 문제점을 극복하고 기수적인 측정의 방식을 도입한 개념이다. 하지만 지니계수 역시 소득분배에 있어 개개인의 가치판단의 문제를 반영하지 못한다는 한계를 지니고 있다. 십분위분배율(deciles distribution ratio)은 소득의 계층을 10분위로 구분하여 최하위 40%계층이 차지하는 전체소득에서의 소득비율을 최상위 20%로 차지하는 전체소득에서의 소득비율로 나누어 구하는 지수이다. 따라서 **십분위분배율지수가 클수록 평등한 소득분배**를 **지수가 작을수록 불평등한 소득분배**를 나타내고 있다.

③ 앳킨슨지수

앳킨슨지수(Atkinson index)는 소득분배의 불평등도를 측정함에 있어 가치판단의 문제를 도입한 소득불평등지수이다. 이것은 **균등분배대등소득**(equally distributed equivalent income)이라는 개념을 이용하여 소득분배의 불평등정도를 측정하고 있다. 소득의 분

배가 완전히 균등하여 평균소득과 균등분배대등소득이 동일하면 앳킨슨지수는 0이 되고, 소득의 분배가 불균등하여 균등분배대등소득이 0에 가까워지면 앳킨슨지수는 1에 가까운 값을 가진다. 평균소득이 균등분배대등소득보다 큰 경우에는 앳킨슨지수는 1보다는 작고 0보다는 크다. 앳킨스지수를 수식으로 나타내면 $A = 1 - \frac{I_e}{I_m}$ 이다. 평균소득이 균등분배대등소득보다 작은 경우에는 앳킨슨지수는 음의 값을 가진다.

여기서 균등분배대등소득(equally distributed equivalent income)이란 1인당 평균소득 I_m인 사회에서 소득이 어떤 형태로 사람들 사이에 분배된 결과 sw의 사회후생수준이 달성되었다 하자. 그런데 모든 사람에게 I_e씩의 소득을 균등분배하여 sw의 사회후생수준을 달성할 수 있다면 I_e 소득수준이 바로 균등분배대등소득에 해당한다.

마당 8

일반균형이론과 후생경제학

지금까지 우리는 시장경제라는 한편의 드라마를 본 것과 같다. 두 주인공 가계(소비자)와 기업(생산자)이 두 개의 분리된 시장(생산물시장과 생산요소시장)에서 효용극대화와 이윤극대화라는 내용의 시나리오를 어떻게 연출하고 그 결과는 무엇으로 귀결되는지에 대해 학습해 왔다. 합리적인 경제주체라면 시장에서 효용극대화와 이윤극대화를 충족하는 경제행위를 연출할 것이고 그 결과는 시장균형이라는 최적조건으로 귀결된다는 내용을 담은 ① 수요·공급이론, ② 소비자이론, ③ 생산자이론, ④ 시장이론, ⑤ 생산요소시장이론에 이르기까지 주제별로 학습해 왔다. 이와 같은 학습방식을 부분균형분석이라 한다. 부분균형분석이란 시장과 시장의 연관관계를 모두 무시하고 독립적인 하나의 시장으로서의 시장균형에만 관심을 갖는 방식이다. 이제 우리는 시장과 시장이 연관성을 가지며 시장의 균형이 사회전체적인 측면에서 어떤 의미를 가지는 것인지, 시장균형은 사회적으로 바람직한 것인지, 분배측면에서의 공평성문제는 어떻게 다루어져야 하는지 등등에 관해 학습할 차례이다. 지금까지 우리는 부분균형분석(partial equilibrium analysis)과 실증적 차원의 경제이론을 주로 학습해 왔다. 하지만 이제 일반균형분석과 규범적 차원의 경제이론들을 학습할 차례이다. 먼저 일반균형이론이란 서로 다른 시장들과의 연관관계를 모두 고려하여 모든 시장이 동시적으로 균형에 도달하는 상태를 분석하는 학습방법이다. 규범적 차원의 학습방법은 후생경제학(welfare economics)이라 할 수 있는데, 이것은 시장이 자원을 배분을 하는 과정에서 어떠한 상태가 바람직하고 어떠한 상태가 바람직하지 않은가를 판별해 주는 기준에 관한 이론체계이다. 현실의 시장경제는 여러 가지 장애요인에 의해 효율적인 자원배분에 종종 실패하게 된다. 따라서 시장실패를 해결하기 위해 정부가 나타나는데 이것을 공공경제(정부의 경제)라 한다. 여덟 번째 마당에서는 ① 일반균형이론, ② 후생경제학, ③ 시장실패, ④ 공공경제에 대해 학습하게 될 것이다.

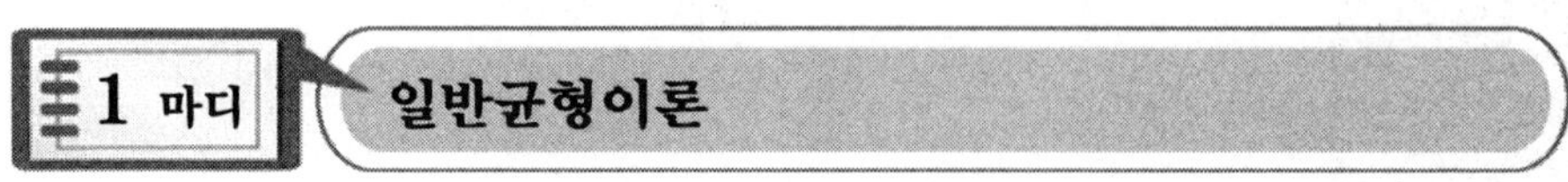

1. 일반균형

자동차 시장에서 생산이 증가하면 자동차 생산에 투입되는 모든 부품시장에 영향을 미친다. 뿐만 아니라 자동차를 생산하는 근로자들의 소득이 증가하면 맥주나 소주를 비롯한 모든 소비재 시장들에도 영향을 미치게 된다. 시장은 서로 연관성을 가지고 있으며 서로 영향을 주고받는 셈이다. 따라서 **일반균형(general equilibrium)이론이란 연관된 모든 시장이 동시적으로 균형에 도달하는 조건에서 경제를 분석하고 설명하는 모형**이라 할 수 있다. 일반균형이 성립할 수 있는 조건들을 요약하면 다음과 같다. 하나, 모든 소비자는 주어진 예선제약 하에서 자신의 효용을 극대화하는 상품묶음을 수요하고 있다. 둘, 모든 소비자는 원하는 만큼의 생산요소를 공급하고 있다. 셋, 모든 기업은 주어진 여건 하에서 이윤을 극대화하고 있다. 넷, 모든 상품시장과 생산요소시장은 주어진 가격체계 하에서 균형을 이루고 있다. 일반균형이론을 설명하기 위하여 교환만이 이루어지는 순수교환경제를 상정해 보자. 소비자는 A와 B, 단 2명만명이 존재하고, 교환되는 상품은 X재와 Y재, 단 2개의 재화만이 거래되고 있다 하자.

<그림 8-1>은 A는 X재 20개와 Y재 5개를, B는 X재 10개와 Y재 15개를 가지고 있는 순수교환경제를 **에지워스상자**(Edgeworth box)로 나타낸 그림이다. 이와 같은 순수교환경제에서 X재의 총량은 30개이며, Y재의 총량은 20개라는 것을 알 수 있다. 따라서 에지워스상자의 가로길이는 30이 되고, 세로길이는 20이 된다. 또한 0_A는 A의 원점으로 0_B는 B의 원점으로 나타나있다.

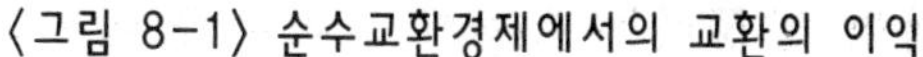

〈그림 8-1〉 순수교환경제에서의 교환의 이익

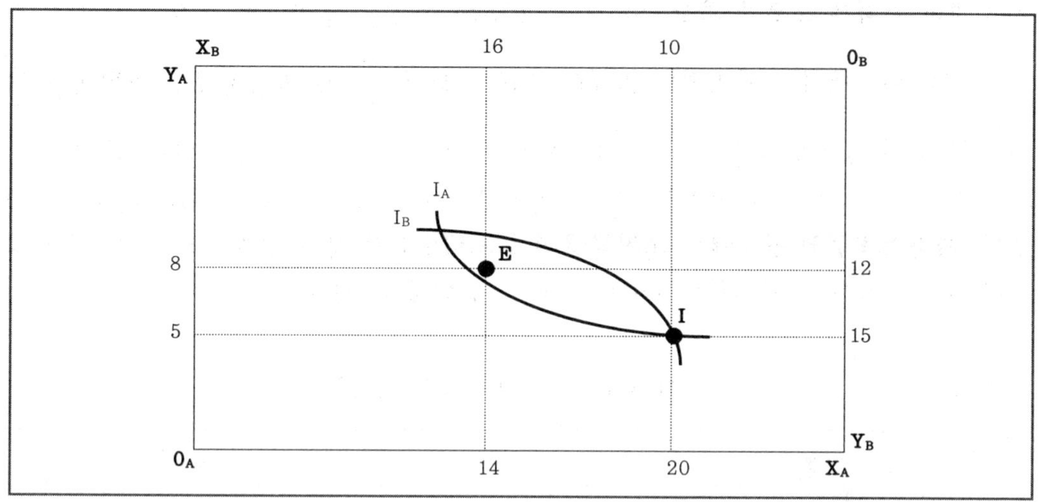

<그림 8-1>의 에지워스상자에서 **I점은 초기부존자원점**(initial endowment point)이라 한다. 이 점은 A와 B가 최초에 가지고 있는 X재와 Y재의 배합점이고 A와 B가 교환행위를 하지 않은 원초적 상태를 나타낸 점이다. 여기에 A와 B의 선호체계인 무차별곡선 I_A와 I_B를 도입하여 보자. I의 초기부존자원점에서 E점으로의 이동은 A와 B사이에서 교환이 이루어졌음을 의미한다. 최초의 I점은 A와 B가 각각 X재와 Y재를 (20, 5), (10, 15) 소비할 수 있었다. 그런데 A와 B가 교환한 이후 E점에서는 A와 B가 각각 X재와 Y재를 (14, 8), (16, 12) 소비할 수 있게 되었다. 이는 A는 X재 6개를 주고 Y재 3개를 받았으며, B는 Y재 3개를 주고 X재 6개를 받았다는 것을 의미한다. 따라서 A와 B사이에서 교환행위가 이루어졌으며, 이에 따라 A와 B 모두의 효용이 증대하고 있음을 알 수 있다. **E점은 A의 무차별곡선 I_A보다 우측에 있으며, 또한 B의 무차별곡선 I_B보다 우측**에 있기 때문이다. 교환에 의해서 I점이 무차별곡선이 교차하여 만들어진 호안으로 이동한다면 이것은 **교환에 의해서 A와 B 모두에게 교환이익**이 발생한다는 것을 의미한다.

<그림 8-2>에서 초기부존자원점 I에서 A와 B는 교환에 의한 효용의 증대를 위하여 새로운 상품묶음을 선택하게 된다. A는 Q_A점에서 X재와 Y재를 (16, 15) 선택하였고, B는 Q_B점에서 X재와 Y재를 (12, 10) 선택하였다. 이와 같은 선택은 I점에서 보다 A와 B의 무차별곡선이 각각 우측으로 이동하고 있으므로 교환에 의한 이익이 발생하는 선택이라는 것을 알 수 있다. 하지만 Q_A와 Q_B점에서는 일반경쟁균형이 성립될 수 없다. 왜냐하면 **X재의 경우에는 2개의 초과공급**(X재의 총량은 30)이 발생하고 있으며, **Y재의 경우에는 5개의 초과수요**(Y재의 총량은 20)가 발생하고 있기 때문이다.

따라서 **시장은 초과공급이 발생하는 X재의 가격은 떨어뜨리고, 초과수요가 발생하는 Y재의 가격은 오르게 한다**. 이 같은 가격조정과정을 왈라스적 조정과정[1]이라 하고, <그림 8-2>에서는 **가격선이 P_1에서 P_2로 기울기 $\frac{P_X}{P_y}$가 완만하게 조정되어** 나타난다. 따라서 X재에 대한 수요는 증가하고 Y재에 대한 수요는 감소하게 될 것이다. 시장가격의 조정은 A와 B에게 새로운 상품묶음을 선택하게 하는 E점으로 귀결되게 한다. **따라서 E점의 경우에는 초과공급이나 초과수요를 모두 상쇄시키는 균형점으로 조정되는 것이다**. 이와 같은 균형을 우리는 **일반경쟁균형**이라 한다[2].

〈그림 8-2〉 모색과정과 일반경쟁균형

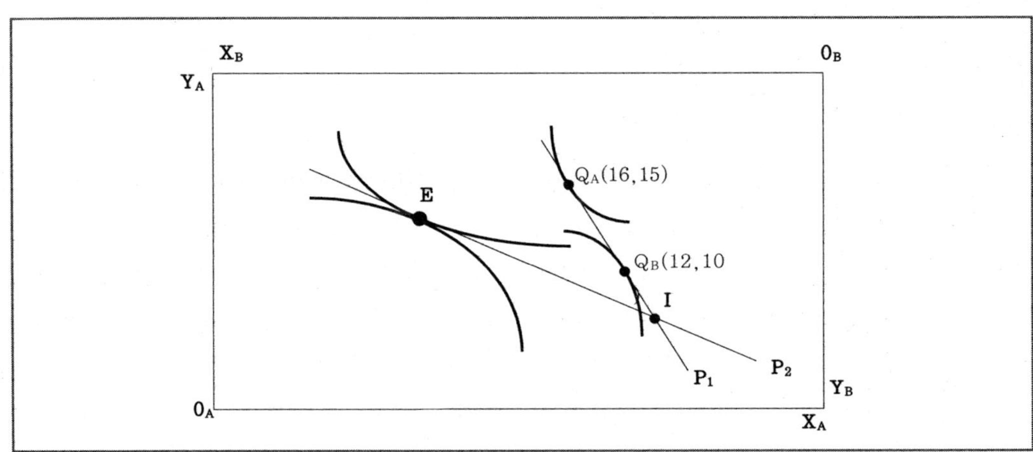

2. 파레토효율과 계약곡선

<그림 8-1>에서의 E점과 <그림 8-2>에서의 E점은 경제적 의미가 서로 다르다. 두 E점의 경우 모두 I점에서 보다는 A와 B의 효용수준이 높게 나타난 점들이다. <그림 8-1>에서의 E점은 파레토효율점이 아닌 경우이지만 <그림 8-2>에서의 E점은 파레토효율을 달성한 점이다. **파레토효율성(Pareto efficiency)이란 모든 자원이 가장 효율적으로 배분된 상태에 대한 조건**을 의미한다. 즉 더 이상 개선의 여지[3]가 전혀 없는 현재의 상태가 최선인 자원의 배분상태를 의미한다. 따라서 파레토효율성을 충족한 자원배분이란 어떤 사람의 효용을 감소시키지 않고서는 어떤 사람의 효용을 증대시킬

1) 이것을 모색과정(tatonnement process)이라고도 한다.
2) 이것을 왈라스균형(Walrasian equilibrium)이라고도 한다.
3) 이것을 파레토개선(Pareto improvement)이라 한다.

수 없는 최적의 자원배분상태를 말하는 것이다. **<그림 8-2>의 E점은 A와 B의 무차별 곡선이 서로 등을 맞대고 있는 상태여서 A의 효용을 증대시키기 위해서는 반드시 B의 효용을 감소시켜야 하고 B의 효용을 증대시키기 위해서는 반드시 A의 효용을 감소시켜야 하는 상태**를 나타내고 있다. 따라서 <그림 8-2>의 E점은 파레토효율조건을 달성하고 있는 점이다.

〈그림 8-3〉 파레토효율성과 계약곡선

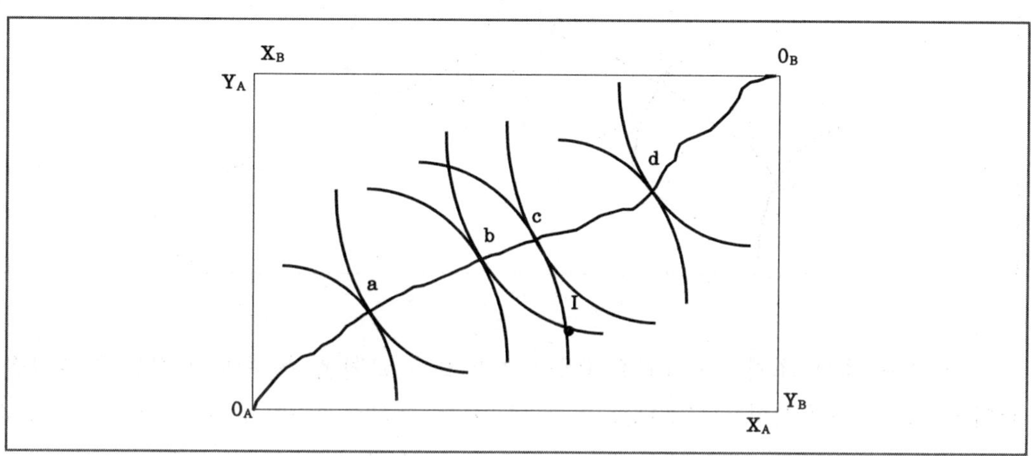

<그림 8-3>에서는 이와 같이 순수교환경제에서 파레토효율을 달성하고 있는 점들을 **연결한 궤적(a-b-c-d)을 점선**으로 나타내고 있다. 이 점선을 **계약곡선**(contract curve)이라 한다. <그림 8-3>에서 점선으로 나타나 있는 계약곡선은 A와 B의 무차별곡선이 모두 등을 맞대고 있는 점들을 연결한 선이다. A와 B의 무차별곡선들이 등을 서로 맞대고 있다는 것은 **파레토효율**(Pareto optimum)이 달성되었다는 것을 의미한다.

2 마디 후생경제학

1. 교환의 효율성과 효용가능곡선

<그림 8-2>에서 순수교환경제 모형을 통하여 일반균형의 성립과 교환에 의한 파레토효율의 달성을 그림으로 살펴보았다. <그림 8-4>에서는 교환을 통한 파레토효율의 달성조건을 살펴보고 <그림 8-5>에서는 교환의 파레토효율성을 충족하는 효용가능곡선을 그래프로 나타내고 있다.

〈그림 8-4〉 교환의 효율성

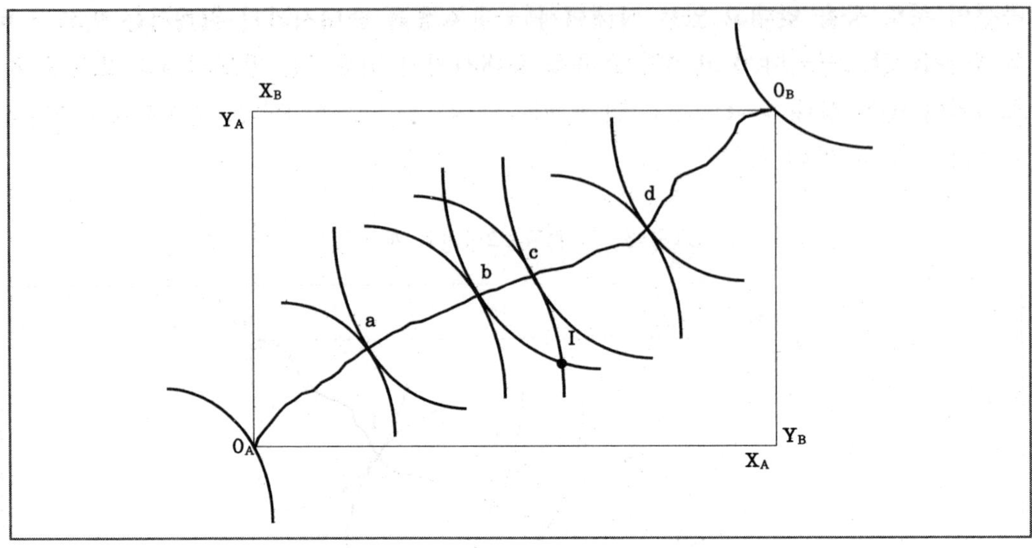

<그림 8-4>에서 초기부존자원점 I에서 A와 B는 교환을 통하여 자신들의 효용을 극대화하는 계약곡선상의 점 0_A, a, b, c, d, 0_B를 선택하게 될 것이다. 계약곡선상의 점(a, b, c, d)들은 A와 B의 무차별곡선이 서로 등을 맞대고 있다는 것을 알 수 있고 그러므로 파레토효율성이 달성되었다는 것도 알 수 있으며 소비자 A와 B의 무차별 곡선의 기울기가 서로 동일하다는 것도 알 수 있다. 따라서 **교환의 효율성이 충족되기 위해서는 A의 한계대체율(MRS_{XY})과 B의 한계대체율(MRS_{XY})이 같아야 한다**. 이것을 수식으로 나타내면 다음과 같다.

$MRS^{A}_{X,Y} = MRS^{B}_{X,Y}$ 이것이 교환의 효율성 조건이 된다.

〈그림 8-5〉 효용가능곡선의 도출

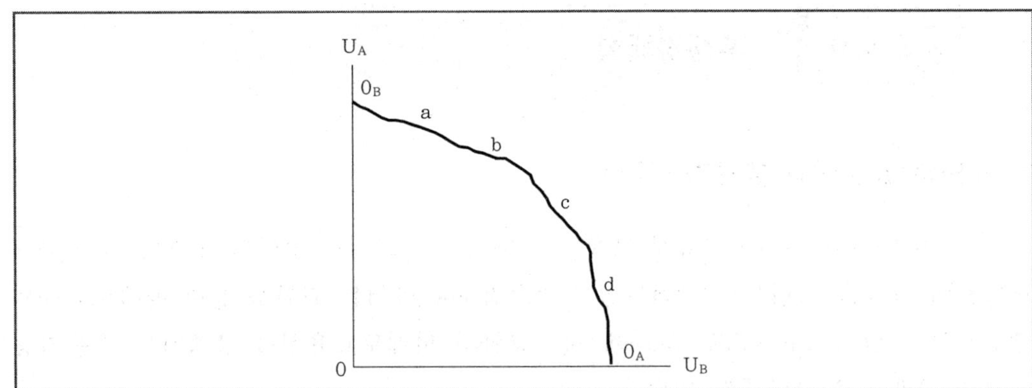

이와 같은 **교환의 효율성 조건을 충족하는 점(a, b, c, d)들을 연결한 X, Y좌표의 계약곡선을 A와 B의 효용수준을 나타내는 U_A, U_B좌표에 옮겨 나타내면** <그림 8-5>와 같은 **효용가능곡선(utility possibility curve)**이 된다. 효용가능곡선은 현재 생산된 재화 X재와 Y재를 A와 B에게 배분하여 소비하는 과정에서 가장 효용수준이 높은 최적배분이 달성된 점들을 의미하는 것이다. 효용가능곡선 상의 점들보다 더 높은 효용수준은 현실적으로 존재할 수 없는 최선의 상태를 의미하는 것이다. 따라서 **교환의 효율성이란 소비의 최적성을 의미한다**고 할 수 있다.

2. 생산의 효율성과 생산가능곡선

생산의 효율성과 파레토효율성을 쉽게 학습하기 위해 다음과 같은 단순경제를 가정한다. 하나, 경제주체는 A와 B 두 사람만이 존재하고, 표준적인 선호체계를 가진다. 둘, 생산되는 생산물은 X재와 Y재 두 가지 상품만이 존재하고, 생산함수는 표준적인 성격을 가진다. 셋, 생산요소는 노동(L)과 자본(K) 두 가지 생산요소만이 존재한다. 노동의 부존량은 에지워스상자의 가로변의 길이로 나타내고, 자본의 부존량은 에지워스상자의 세로변의 길이로 나타낸다.

〈그림 8-6〉 생산의 효율성

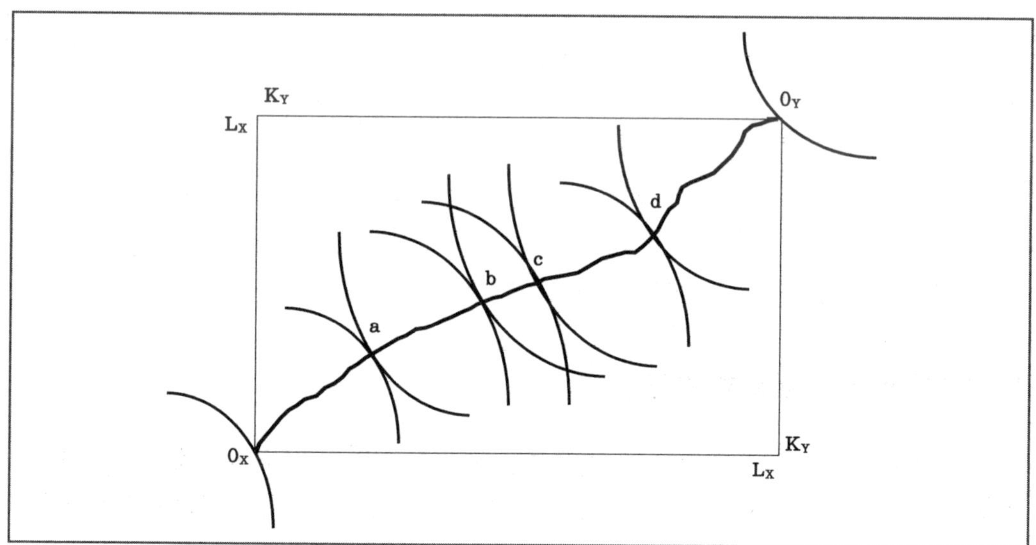

<그림 8-6>에서 생산자가 X재와 Y재를 생산함에 있어 가장 효율적인 생산요소의 최적배합은 계약곡선상의 점들이 될 것이다. 왜냐하면 계약곡선상의 0_X, a, b, c, d, 0_Y

점들은 등량곡선이 서로 등을 맞대고 있어 생산의 파레토효율성을 충족하고 있기 때문이다. 이 점들은 등량곡선의 기울기, 즉 $MRTS_{LK}$가 서로 같다는 것을 의미한다. 따라서 생산의 효율성이 충족되기 위해서는 **X재 생산에서의 한계기술대체율**($MRTS_{LK}$)과 **Y재 생산에서의 한계기술대체율**($MRTS_{LK}$)이 같아야 한다. 이것을 수식으로 나타내면 다음과 같다.

$$MRTS^{X}_{L,K} = MRTS^{Y}_{L,K}$$

이와 같은 **생산의 효율성조건을 충족하는 점(a, b, c, d)들을 연결한 L, K좌표(input공간)의 계약곡선을 X, Y좌표(output공간)로 옮겨 나타내면 <그림 8-7>과 같은 생산가능곡선(production possibility curve)**[4]이 된다. 생산가능곡선상의 모든 점들은 주어진 생산요소 L과 K를 X재와 Y재 생산에 조합으로 투입하여 생산하는 과정에서 가장 생산성이 높은 생산요소의 최적배합점들을 의미하는 것이다. 생산가능곡선상의 점들보다 더 높은 생산수준은 존재할 수 없는 최선의 상태를 의미하는 것이다.

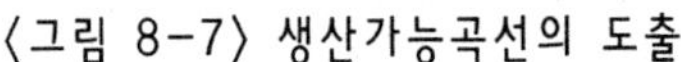
〈그림 8-7〉 생산가능곡선의 도출

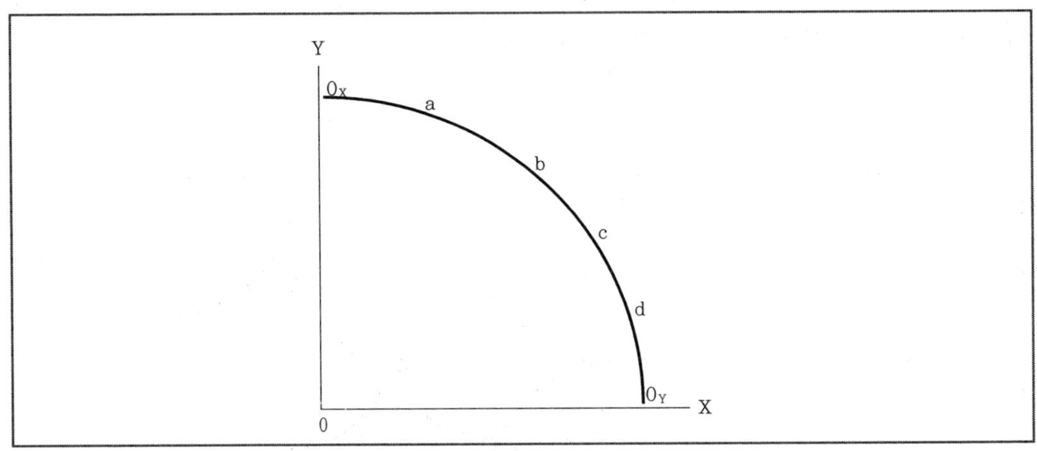

3. 교환과 생산의 동시적 효율성

<그림 8-8>에서는 교환과 생산의 동시적 효율성을 나타내기 위해 생산가능곡선상의 파레토 효율점 E와 교환의 계약곡선상의 파레토 효율점 e를 같은 좌표에 그려놓았다. 생산가능곡선상의 E점은 생산의 효율성조건 $MRTS^{X}_{L,K} = MRTS^{Y}_{L,K}$을 충족하는 점이며, 교환의 계약곡선상의 e점 역시 교환의 효률성조건 $MRS^{A}_{X,Y} = MRS^{B}_{X,Y}$

4) 이것을 생산변환곡선(product transformation curve)이라고도 한다.

을 충족하는 점이다. 또한 E점을 지나는 접선의 기울기와 e점을 지나는 가격선의 기울기가 동일하므로 동일가격비하에서 교환과 생산의 효율성이 동시에 달성된다는 것도 알 수 있다. **E점을 지나는 가격선의 기울기는 생산가능곡선의 접선이므로 한계변환율**(marginal rate of transformation)이라 한다. 따라서 **교환과 생산의 동시적 효율성은 교환에서의 한계대체율과 생산에서의 한계변환율(MRT_{XY})이 같아지는 조건에서 충족된다**는 것도 알 수 있다.

〈그림 8-8〉 교환과 생산의 동시적 효율성

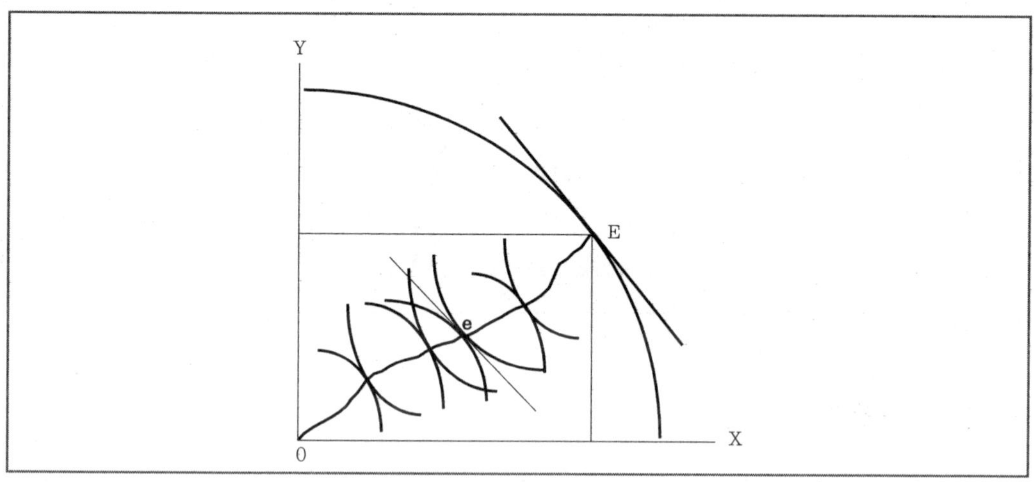

이와 같은 **교환과 생산의 동시적 효율성은** $MRS_{X,Y} = MRT_{X,Y}$**조건에서 성립**된다. 소비의 효율성과 생산의 효율성이 동시에 달성되는 생산물조합의 최적성이 달성되었다는 것을 의미한다. 생산과 소비가 더 이상 높은 효용이나 생산수준을 달성할 수 없는 현실적으로 가장 최선인 생산물의 최적조합을 의미하는 것이다.

4. 효용가능경계

<그림 8-8>의 E점은 생산과 교환의 동시적 효율성을 충족하는 점이다. E점에서 X재와 Y재의 생산의 효율성이 달성된 상태로 X재와 Y재가 생산되어진 <그림 8-7>의 c점이라 하고 <그림 8-5>의 c점에서 소비자 A와 B에 의해 효율적으로 소비되는 상태를 의미한다. E점은 X재와 Y재가 가장 효율적으로 생산되고 가장 효율적으로 소비되도록 A와 B에게 배분된 상태를 의미한다. 따라서 효율성 측면에서 가장 효율적인 자원배분점이 바로 E점에 해당한다. E점을 수식으로 나타내면 ① $MRTS^{X}_{L,K} = MRTS^{Y}_{L,K}$,

② $MRS^{A}_{X,Y} = MRS^{B}_{X,Y}$, ③ $MRS_{X,Y} = MRT_{X,Y}$ 수식의 조건을 모두 충족하는 점이다. <그림 8-5>와 <그림 8-7>의 a, b, c, d와 같은 점들에 대응하는 E점과 같이 생산과 교환의 효율성을 동시에 충족하는 점들을 모아 그래프로 나타내면 <그림 8-9>와 같은 효용가능경계가 도출된다.

〈그림 8-9〉 효용가능경계

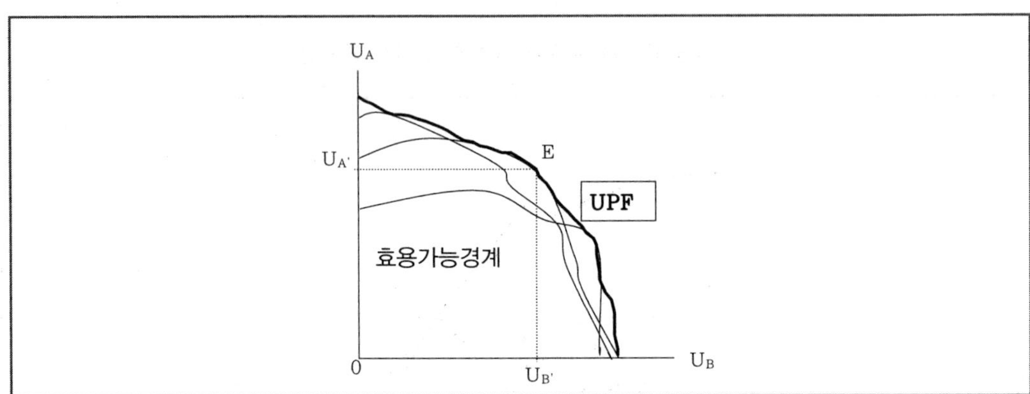

5. 사회후생함수

<그림 8-9>의 효용가능경계상의 모든 점은 어떤 경제에 주어진 모든 자원을 가장 효율적으로 배분하여 얻을 수 있는 A와 B, 두 사람의 최대한의 효용수준을 나타내고 있다. 그런데 효용가능경계상의 모든 점들은 효율성 측면에서는 최선이지만 공평성 측면에서는 어떤 상태에 있는 지 알 수 없는 점들의 궤적이다. 따라서 자원배분의 최적조건의 두 가지 잣대, 효율성과 공평성을 모두 충족하는 기준이 무엇이며 그 조건들을 충족하는 점은 어떤 점인지에 대해 학습할 차례이다. 다시 말하면 효용가능경계상의 모든 점들이 공평성 조건까지 충족한다면 그런 상태의 경제는 최선의 경제를 의미하겠지만 효용가능경계상의 모든 점들이 공평성조건까지 충족할 가능성은 매우 희박하다. 왜냐하면 공평성은 가치판단의 문제이고 가치판단은 모든 사람들의 가치기준(개똥철학)에 따라 달라지기 때문이다. 따라서 가치판단을 포함한 바람직한 자원배분을 수식으로 표현한 개념이 바로 사회후생함수이다. 사회후생함수(social welfare function)란 가치판단이 개입될 때 바람직한 자원배분상태가 무엇인가를 밝혀주는 개념이다. 즉 자원의 효율적 이용뿐만 아니라 자원의 사회적 후생을 극대화하는 배분을 밝히려는 개념에 해당한다. 소비자이론에서 효용함수를 그래프로 나타내면 무차별곡선이 도출된다는 것을 이미 학습한 바 있다. 같은 원리를 적용하여 여기서 사회

후생함수를 그래프로 나타내면 사회무차별곡선(social indifference curve)이 도출된다. 사회후생함수를 수식으로 나타내면 다음과 같다. SW= f(U_A, U_B) <그림 8-10>은 효용가능경계와 사회무차별곡선을 나타내고 있다. 그리고 효율성과 공평성 조건을 모두 충족한 최선의 자원배분점은 바로 E점이 되는 것이다.

〈그림 8-10〉 사회후생함수와 효용가능경계

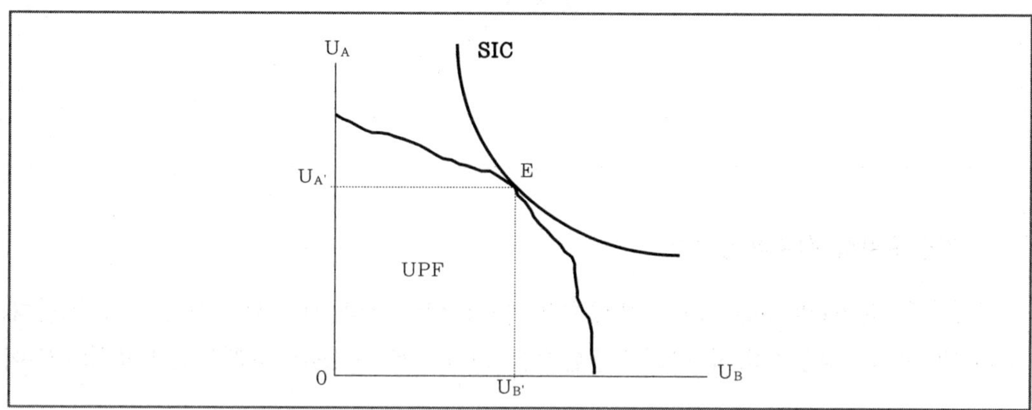

사회무차별곡선의 형태는 사회후생함수가 내포하고 있는 가치판단의 성격을 반영하고 있다. 사회후생함수에는 ① 공리주의적 사회후생함수, ② 평등주의적 사회후생함수, ③ 롤즈적 사회후생함수가 있다.

① 공리주의적 사회후생함수

공리주의적(utilitarian) 사회후생함수는 사회적 후생을 개인적 후생의 단순 합으로 판단한다. 공리주의적 사회후생함수를 수식으로 나타내면 SW= U_A + U_B와 같다. <그림 8-11>의 사회무차별곡선은 공리주의적 사회후생함수를 그래프로 나타낸 것이다. 사회적 무차별곡선(SIC)이 우하향하며 모든 점에서의 기울기가 일정하다는 것을 알 수 있다. SIC의 기울기가 일정하다는 것은 A의 효용수준이 B의 효용수준보다 많아져도 A의 1단위의 효용과 B의 1단위의 효용은 동일하다는 것을 의미한다.

사회무차별곡선의 기울기가 -1이라고 하면 A나 B가 모든 효용을 극단적으로 소유하여도 A와 B의 1단위당 효용의 가치는 1:1이라는 것을 의미한다. 덧붙이면 A와 B 사이에 자원이 극단적으로 배분되었다하더라도 사회후생에는 영향을 미치지 않는다는 것을 의미한다. 개인간의 효용의 배분은 무시되고 사회전체의 효용만이 중시된다는 것을 의미한다.

〈그림 8-11〉 공리주의적 사회후생함수

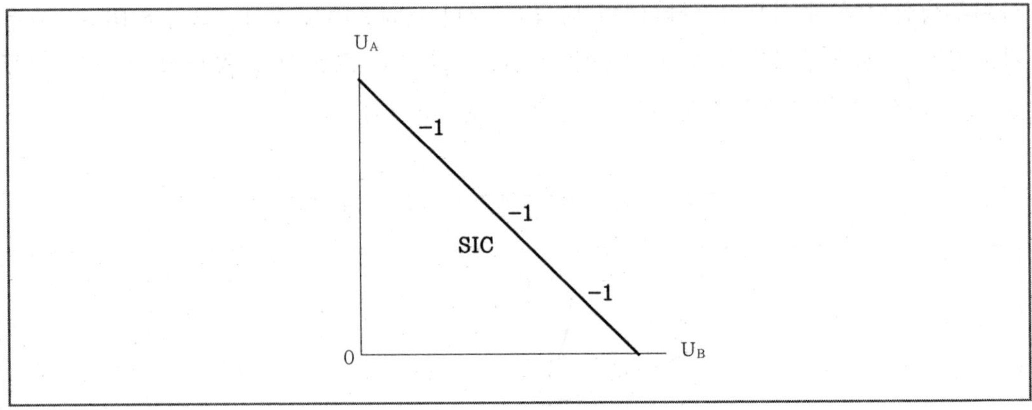

② **평등주의적 사회후생함수**

평등주의적(egalitarian) 사회후생함수를 수식으로 나타내면 SW=f(U_A, U_B)와 같다. <그림 8-12>는 평등주의적 사회후생함수를 그래프로 도출한 사회무차별곡선(SIC)이다. SIC는 우하향하고 원점을 향해 볼록하다. SIC의 기울기의 절대값이 -4, -1, $-\frac{1}{4}$로 작아지고 있다는 것을 알 수 있다. $\frac{\Delta UA}{\Delta UB}$가 체감하고 있다는 것을 의미한다. 높은 효용수준을 누리고 있는 자의 1단위당 효용의 가치는 체감하고, 낮은 효용수준을 누리고 있는 자의 1단위당 효용의 가치는 체증한다는 가치판단을 내포하고 있는 것이다. 다시 말하면 B의 효용수준이 높아질수록 B의 1단위당 효용의 가치는 체감하게 되는 것을 의미한다.

〈그림 8-12〉 평등주의적 사회후생함수

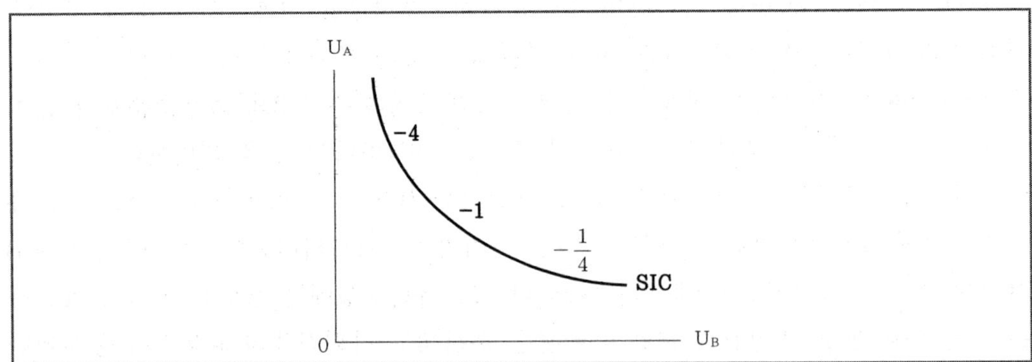

③ 롤즈적 사회후생함수

<그림 8-13>은 롤즈적 사회후생함수를 그래프로 도출한 사회무차별곡선(SIC)이다. SIC는 L자형의 극단적인 형태를 갖는다. 롤즈적(Rawls) 사회후생함수를 수식으로 나타내면 SW= min(U_A, U_B)와 같다. 롤즈적 사회후생함수는 사회적 후생의 증대는 후생을 가장 적게 누리는 자의 후생의 증대에 의해서만 이루어질 수 있다는 가치판단을 내포하고 있다[5]. <그림 8-13>에서 보는 바와 같이 L자형의 SIC는 가장 작은 값 E점이 화살표 방향으로 증대하기 위해서는 두 값, U_A와 U_B중 작은 값이 커져야 만 가능하다는 것을 알 수 있다. 최소값 극대화 원리가 작동하고 있는 것이다. 가장 가난한 자들의 소득이 증가할 때만이 사회후생이 증가할 수 있다는 논리를 반영한다. 잘사는 자들의 소득은 아무리 증대해도 사회후생을 증대시킬 수 없다는 것이다. 이와 같은 현상을 쇠사슬의 원리라고도 한다.

〈그림 8-13〉 롤즈적 사회후생함수

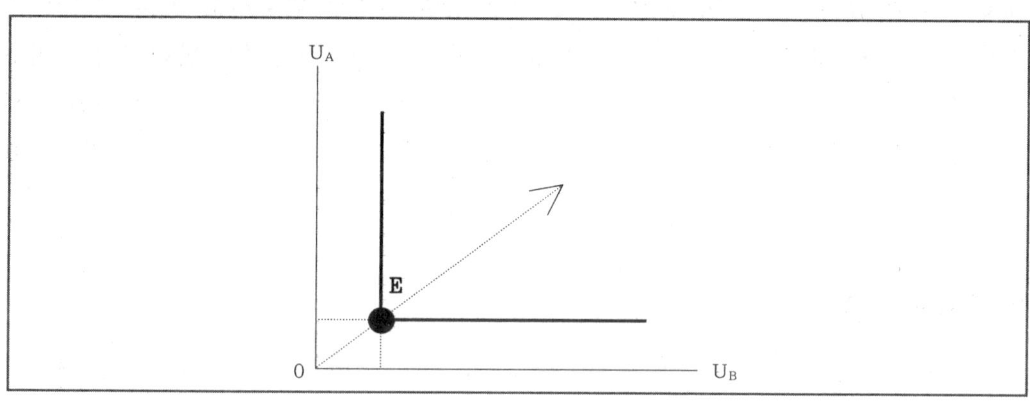

④ 불가능성정리

이미 학습한 바와 같이 효용가능경계와 바람직한 사회후생함수를 찾아낼 수 있다면 최선의 경제상태를 찾을 수 있고 그 조건이 무엇인지 밝힐 수 있다. 그런데 현실경제에서 사회후생함수는 가치판단의 문제가 개입되고 있기 때문에 사회 구성원 모두가 동의하는 바람직한 사회후생함수가 무엇인지 찾아내기란 매우 어려운 문제이다. 애로우(K. Arrow)는 바람직한 사회후생함수가 존재하지 않는다는 것을 논증한 바 있다. 그리고 우리는 이 정리를 불가능성정리(impossibility theorem)라 한다. 애로우에 의하면 바람직한 사회후생함수가 존재하기 위해서는 바람직한 사회적 선호체계가 존재하여야 한다. 또한 바람직한 사회적 선호체계가 존재하기 위해서는 다음과 같은

5) 이것을 최소극대화의 원칙(maximin)이라고도 한다.

네 개의 공리가 충족되어야 한다고 논증한다. 첫째 공리는 완비성(completeness)과 이행성(transitivity)이다. 모든 사회적 상태들이 평가되고 비교될 수 있어야 하며, 선호관계가 일관성이 있어야 한다. 둘째 공리는 파레토원칙(Pareto principle)이다. 한 사회의 모든 구성원이 A를 B보다 더욱 선호한다면 사회도 A를 B보다 더욱 선호하여야 한다. 셋째 공리는 비독재성(non-dictatorship)이다. 사회를 구성하는 구성원 중 어느 한 구성원의 선호가 전체사회의 선호를 좌우해서는 안 된다. 넷째 공리는 제 3의 선택 가능성으로부터의 독립(independence of irrelevant alternatives)이다. 어떤 사회적 상태의 선호관계가 A와 B로 주어져 있고, A와 B대신 선택할 수 있는 제3의 사회적 상태인 C가 주어졌다하자. 이때 C에 의해서 A와 B의 선호관계가 영향을 받지 않아야 한다. 그런데 애로우는 첫째, 둘째, 넷째 공리를 충족하는 사회적 선호체계는 반드시 셋째 공리를 위배하게 된다는 것을 수학적으로 증명한 바 있다. 경제학 분야에서 불가능성정리의 의미는 사회적 후생을 평가·비교하려 할 때 합리적이고 민주적인 조건을 완벽하게 충족하는 평가 척도를 도출할 수 없다는 것이다. 하지만 경제학자들은 대체로 이와 같은 공리들이 현실적으로 너무 강한 기준을 함축하고 있는 것으로 평가하고 있는 것 같다. 또한 비교적 가벼운 공리를 제외시키는 경우 합리적이고 민주적인 사회후생함수를 도출할 수 있는 가능성에 기대를 걸고 있다. 따라서 현실 경제에서 합리적이고 민주적인 사회적 선택에 대한 가능성도 열려 있다고 평가할 수 있을 것이다.

6. 차선의 이론

우리는 자원배분의 효율성과 공평성에 대한 여러 가지 조건들에 대해 학습한 바 있다. 특히 효율성 측면에서 가장 최선의 경제상태를 위한 효율성 조건들에 대해 자세하게 학습한 바 있다. 여기서는 현실적인 제약으로 인해 최선의 경제상태에 도달할 수 없는 경우에 차선의 선택은 무엇인지에 대해 학습해 보자. 차선의 이론(theory of the second best)이란 현실적인 어떤 제약에 의해서 사회전체의 어느 부문이 최선의 선택을 할 수 없는 경우에는 오히려 모든 부분에서 차선의 선택을 하는 것이 효율성을 증진시킬 수 있다는 이론이다[6]. 최선의 선택을 위한 여러 개의 조건 중에서 사회적으로 주어진 특정한 제약으로 인해 대부분의 선택은 최적의 선택이 가능하고 소수의 조건만이 충족되기 어려운 상황에 처했다 하자. 이런 경우 차선의 이론에 의하면 사회적 후생의 극대화를 위해서는 오히려 대부분의 최적선택의 조건들을 포기해야 한다는 논리이다. <그림 8-14>에서는 차선의 이론을 설명하기 위해 교환과 생

6) 이는 립시-랭카스터(R. Lipsey, K. Lancaster)의 업적이다.

산의 효율성 조건을 그래프로 나타내고 있다. E점의 경우 교환과 생산의 최적조건을 모두 충족하고 있다. 왜냐하면 생산가능곡선과 무차별곡선이 접하고 있기 때문이다. G점의 경우에는 생산의 최적조건은 충족하고 있으면서 교환의 최적조건은 충족하지 못하고 있다. 왜냐하면 생산가능곡선상에 위치하면서 무차별곡선과는 교차하기 때문이다. F점의 경우에는 교환과 생산부문 모두에서 최적조건을 충족하지 못하고 있다. 효율성 조건들을 가장 많이 충족시키지 못하는 점이다. 그럼에도 불구하고 <그림 8-14>에서 무차별곡선 I_2는 무차별곡선 I_3보다 원점에서 우측에 있다는 것을 알 수 있다. 원점에서 멀어질수록(X재와 Y재를 더 많이 소비하면 할수록) 효용수준이 높아진다는 원리에 적용하여 F점의 사회적 후생수준이 G점의 사회적 후생수준보다 높다는 것을 알 수 있다.

〈그림 8-14〉 교환과 생산의 효율성으로 본 차선의 이론

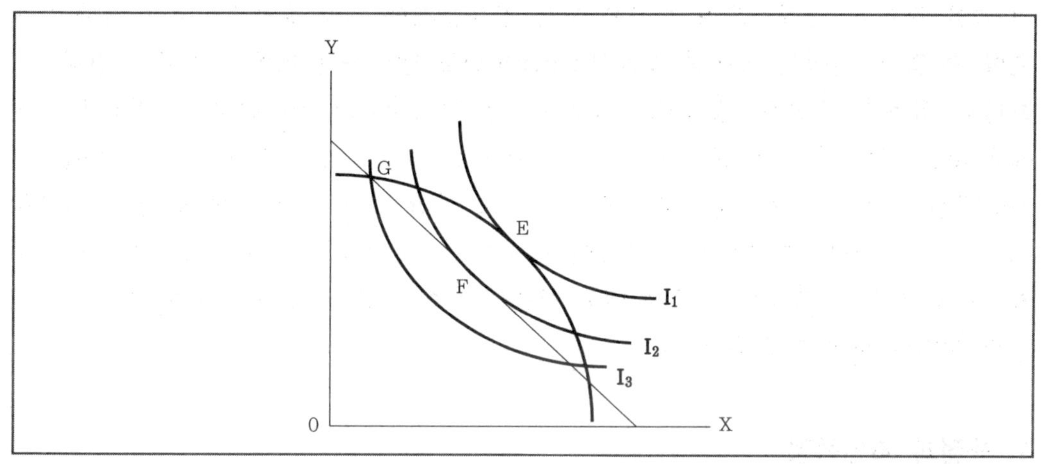

3 마디 시장의 실패

경제는 생산과 소비의 역사이다. **가장 효율적이고 공평한 경제를 어떻게 만들 것인가?, 비효율과 불공평한 경제가 발생한다면 누가 어떻게 해결할 것인가?에 관한 문제는 시장과 정부의 역사**에 해당한다. 시장과 정부의 역사적 경합은 어느 쪽에서도 완벽한 승리를 거머쥐지 못했다. 시장과 정부가 서로 장점은 수렴하고 단점은 서로 보완하는 **혼합경제질서의 승리**이다. 시장경제와 정부경제가 혼합된 경제질서의

테두리 안에서 생산과 소비가 연속적으로 작동하고 있는 것이다. 경제문제는 부족함에서 발생함으로 최선의 경제는 ① **효율적인 경제**(efficiency), ② **공평한 경제**(equity), ③ **안정된 경제**(stability), ④ **성장하는 경제**(growth), ⑤ **삶의 질**(quality of life)을 개선하는 경제를 달성하여 한다. 지금까지 학습한 시장경제질서는 이와 같은 최선의 경제상태를 달성하는데 실패하고 있다. 역사적으로는 세계대공황을 비롯한 공황과 인플레이션, 심각한 소득불평등과 스태그플레이션에 이르기 까지 많은 경제문제들을 양산하고 있다. 경제학은 그동안 이와 같은 경제문제들을 누가 어떻게 해결할 것인가에 골몰해왔다. 시장과 정부에 대한 역할과 규모의 적합성에 대해 논쟁을 지속해 왔다. **시장과 정부의 필요성에 대해서는 대체로 합치된 견해**를 보이고 있다. 하지만 **정부의 역할이나 정부의 규모에 대해서는 아직도 첨예한 논쟁이 지속되는 상황**이라 할 수 있다. 따라서 우리는 시장의 성공과 실패 그리고 정부의 성공과 실패에 대해 학습하여야 한다. 만약 시장이 실패하지 않는다면 공공경제(정부영역)는 존재할 필요가 없을 것이다. 현실적으로 시장은 모든 경제문제를 가장 효율적이고 공평하게 해결할 수 없다. 시장은 경제의 효율성(efficiency)을 달성하는 데에는 어떠한 경제기구보다도 유용한 것으로 평가되고 있으나, 공평(equity)한 소득분배와 경제의 안정(stability)을 달성하는 데에는 여러 가지 한계를 드러내고 있다. 또한 시장은 효율적인 자원배분의 기능을 수행하는 과정에서 조차도 여러 가지 장애요인들로 인해 실패하고 있다. 여기서는 미시적인 시장실패의 원인 ① 독점과 자연독점, ② 공공재의 문제, ③ 외부성, ④ 정보의 부족에 대해 학습하고 이 같은 문제들을 해결하기 위한 정부의 개입에 대해 학습해 보자.

1. 독점과 자연독점

시장은 완전경쟁상태 하에서 효율적인 자원배분을 달성할 수 있다. 시장이 인위적인 요인이나 자연적인 요인에 의하여 완전경쟁상태를 유지할 수 없는 경우 시장은 실패하게 된다. 여기서 독점(monopoly)이란 인위적인 요인 즉 전매, 특허 등의 제도적 요인에 의해 나타나는 현상이며, **자연독점**(natural monopoly)이란 자연적요인 즉 **기술적인 비용체감현상에 의해 나타나는 현상**이다. 독점시장의 비효율성에 대해서는 이미 여섯 번째 마당에서 학습한 바 있다. 독점시장은 완전경쟁시장에 비해 비효율적이다. 가격이 한계비용보다 높은 수준(P>MC)에 있고 완전경쟁시장보다 과소생산이 이루어지며 자중적 손실(deadweighted loss)이 발생하고 있다. 이제 자연독점현상이 어떻게 시장 실패에 작용하는지에 대해 학습해 보자. <그림 8-14>는 비용체감산업(decreasing cost industry)[7]의 평균비용곡선과 한계비용곡선을 나타내고 있다. <그림

8-14>에서 AC곡선의 우하향하는 구간이 비용체감산업의 평균비용곡선에 해당한다. 만약 비용체감산업에서 어떤 기업이 Q_E에서 산출량을 결정한다 하자. 효율적인 시장가격은 MC=P_E수준에서 결정되어야 한다. 그런데 **P_E는 P_F=AC보다 낮은 수준이므로 이 기업은 직사각형 P_EP_FEF만큼의 손실**이 발생하게 된다. 기업의 손익분기점(TR=TC)은 P=AC점이기 때문이다. 따라서 비용체감산업의 경우 가격이 P=MC수준에서 결정된다면 지속적인 생산은 어려워질 것이다.

〈그림 8-14〉 비용체감산업과 시장의 실패

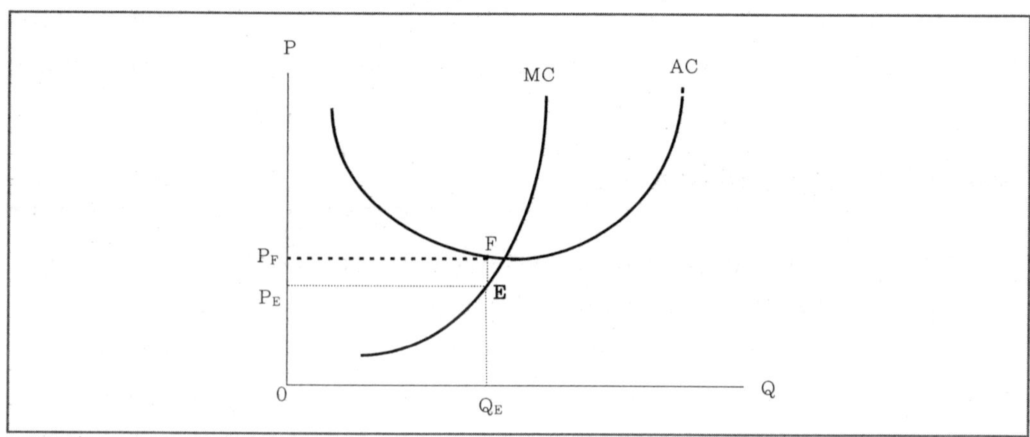

이 같은 시장실패를 해결하기 위해 정부는 다음과 같은 방법으로 개입할 수 있다. 하나, 정부가 비용체감산업을 직접 경영할 수 있다. 둘, 정부가 P_F수준으로 가격을 관리할 수 있다. 셋, 이부가격제(two part tariff)나 최대부하가격제(peak load princing)를 이용할 수 있다. 넷, 정부가 보조금(subsidy)으로 손실을 보전할 수 있다.

2. 공공재

공공재(public goods)는 그 재화가 지니고 있는 특성상 사회가 필요로 하는 만큼 시장에서 충분히 공급받을 수 없는 문제가 발생한다. 왜냐하면 **공공재는 비배제성(non-excludability)과 비경합성(non-rivalry)**을 갖고 있기 때문이다. 첫째, 공공재는 대가를 지불하지 않은 자로부터 이용을 배제시킬 수 없는 비배제성을 가진다. 따라서 **공공재에 대한 무임승차자(Free rider)문제**가 발생할 수 있다. 국방, 치안, 소방 같은 공공서비스의 경우 대가를 지불하지 않은 사람들을 이용하지 못하도록 배제시키는

7) 이것은 규모의 경제(economy to scale)라고도 한다.

일은 거의 불가능에 가깝다. 둘째, **공공재는 추가생산을 하지 않아도 추가소비가 가능한 비경합성**을 가진다. 방송이나 도로와 같은 경우에는 다른 사람들이 추가로 이용한다고 해서 컵라면처럼 사라지지 않는다. 또는 다른 사람들이 이용하기 위해 추가생산을 하지 않아도 된다. 이와 같은 **공공재의 특성에 의해 공공재에서는 결합소비(joint consumption)가 가능**해진다. 따라서 **공공재의 한계비용은 0**이 된다. 시장이 자원을 최적배분하기 위해서는 가격은 한계비용과 동일해야 한다. 공공재의 최적가격은 0원이 되는 셈이다. 또한 공공재의 경우에는 사적재와는 달리 수요자가 공공재에 대한 수요를 정확히 나타내지 않는 **의사수요(pseudo-demand)문제**도 발생할 수 있다. 이와 같은 이유들로 인해 시장에서는 공공재가 최적수준으로 공급되는데 어려움을 겪는다. 따라서 정부는 부족한 공공재를 직접 공급하여 이 문제를 해결하려 한다[8].

보탬 1 비경합성과 컵라면의 비극

컵라면은 사적재이고 음악은 공공재의 성격을 갖는다. 컵라면은 어느 누군가가 그 컵라면을 먹고 있다면 그 컵라면은 그가 먹은 양 만큼 사라져간다. 또 다른 사람이 컵라면을 먹으려한다면 그 컵라면은 반드시 추가생산이 이루어져야 한다. 그런데 음악의 경우에는 어느 누군가가 그 음악을 듣는다 해서 그 음악은 그가 들은 만큼 사라지지 않는다. 또 다른 사람이 그 음악을 듣기 위해 그 음악을 추가 생산할 필요가 없다는 것이다. 공공재란 음악처럼 추가생산이 필요 없는 비경합적 성격을 갖고 있다. 한번 생산되면 아무리 많은 사람들이 사용한다할지라도 사라지거나 또는 추가 생산해야 할 필요가 없는 것이다. 따라서 공공재의 경우 추가생산비용인 한계비용은 0이 되는 것이다. 어릴 적 재미있는 추억을 하나 소개하려 한다. 어떤 친구가 컵라면을 먹으려 하는데 다른 친구가 함께 먹을 요량으로 젓가락을 들이대려 하였다. 그때 그 컵라면은 곤욕을 치르게 된다. 컵라면을 먹으려고 컵라면을 들고 있던 친구가 그 컵라면에 침을 뱉는 흉내를 내고 있었다. 그러자 다른 친구도 그 컵라면을 결코 포기할 수 없다는 듯이 함께 침을 뱉고 말았다. 두 친구는 침으로 범벅된 컵라면을 함께 먹고 있었다. 이런 상황을 컵라면의 비극이라 한다. 컵라면이 공공재였다면 컵라면의 비극은 발생하지 않았을 것이다. 청결한 컵라면을 친구와 함께 나누는 공유자원의 희극(comedy of commons), 즉 똑같은 양의 컵라면을 추가비용 없이 함께 즐기는 결합소비(joint consumption)가 가능했을 것이다.

8) 공공재에도 순수공공재를 비롯한 여러 가지 구분이 있다.

3. 외부성

완전경쟁시장에서조차도 **외부성(externalities)**이 발생하는 경우 **시장은 효율적인 자원배분에 실패**하게 된다. **외부성[9])이란 어떤 경제행위자의 행동이 제3자에게 의도하지 않은 이익이나 손실을 발생시키고 그 손실이나 이익에 대한 대가를 시장을 통하여 지불하거나 지불받지 못하는 현상**을 말한다[10]). 외부성은 외부경제(external economy)와 외부불경제(external diseconomy)로 나누어진다. 외부성은 생산과정이나 소비과정에서 발생한 편익이나 비용이 시장가격에 반영되지 않기 때문에 발생하는 시장실패이다. 과잉생산이나 과소생산이 일어나기 때문이다.

① 외부경제

외부경제(external economy)는 **사적비용(private cost)이 사회적 비용(social cost)보다 크게 나타나는 현상**을 말한다. 사회가 부담해야 할 비용을 개인이 부담하는 셈이다. 따라서 **과소생산이 발생하여 시장은 실패**하게 된다.

〈그림 8-15〉 외부경제와 과소생산

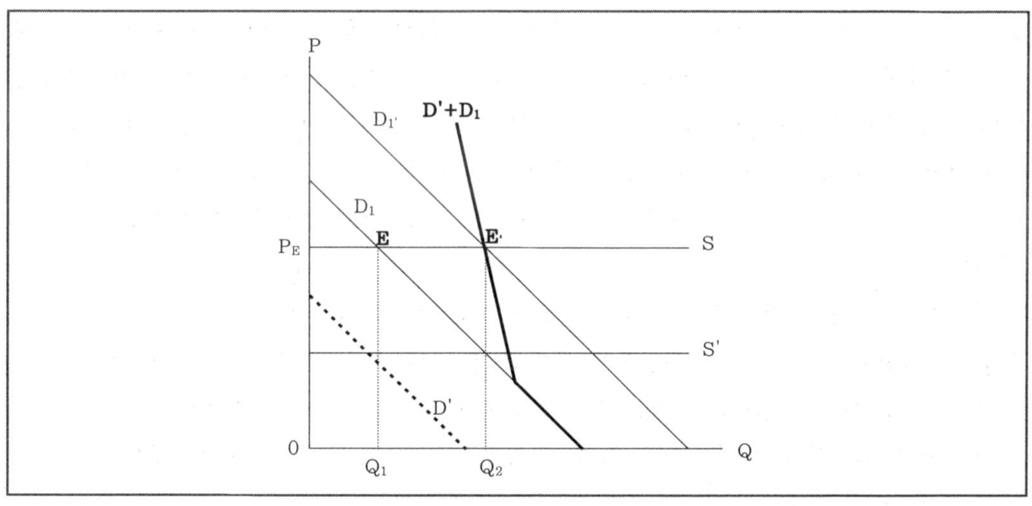

<그림 8-15>에서 외부경제가 발생했을 경우 시장균형은 E점에서 이루어진다. **외부경제를 반영한 최적균형점은 E'점**이다. 따라서 **Q_2-Q_1만큼의 과소생산**이 이루어지고

9) 외부성의 예를 든다면 소비자의 경우에는 영화관람, 축구관람, 맥주마시기 등이 있으며, 생산자의 경우에는 예방주사, 공해문제 등이 있다.

10) 이익이 발생하는 경우 외부경제(external economy)라 하고, 손실이 발생하는 경우 외부불경제(external diseconomy)라 한다.

있다는 것을 알 수 있다. D'는 외부경제에 의한 외부편익을 나타낸 그림이다. D_1은 시장에서의 수요곡선 또는 편익곡선이다. 외부경제를 계산하지 않은 시장가격은 P_E 수준에서 결정되고, 산출량은 Q_1수준에서 결정된다. 외부편익을 계산하는 경우 수요곡선은 $D'+D_1$이 되고 사회적으로 최적한 산출량수준은 Q_2가 된다. 따라서 Q_1에서 Q_2만큼의 과소생산이 이루어진다. 정부가 개입하여 과소생산을 최적생산수준으로 증대시킬 수 있다. 하나, 정부가 수요보조금을 지급하는 정책이다. 수요곡선을 $D_{1'}$로 이동시켜 최적수준 E'에서 생산이 이루어지도록 조정할 수 있다. 둘, 정부가 공급보조금을 지급하는 정책이다. 공급곡선을 S'로 이동시켜 최적수준 E'에서 생산이 이루어지도록 조정할 수 있다.

② 외부불경제

외부불경제(external diseconomy)는 **사적비용(private cost)이 사회적 비용(social cost)보다 작게 나타나는 현상**을 말한다. **개인이 부담해야할 비용을 사회가 부담하고** 있는 셈이다. 따라서 **과대생산이 발생하여 시장은 실패**하게 된다. <그림 8-16>에서 외부불경제가 발생했을 경우 시장균형은 E점에서 이루어진다. **외부불경제를 반영한 최적균형점은 E'점이다. 따라서 Q_2-Q_1만큼의 과대생산**이 이루어지고 있다는 것을 알 수 있다. <그림 8-16>에서 S'는 외부불경제에 의한 외부비용을 나타낸다. S_1은 외부비용이 반영되지 않은 시장에서의 공급곡선이다. 외부비용을 계산하지 않은 가격수준은 P_E에서 결정되고, 산출량은 Q_1에서 결정된다. 외부비용을 반영한 공급곡선은 $S'+S_1$이 되고 최적한 균형점은 E'가 된다는 것을 알 수 있다. 따라서 사회적으로 최적한 산출량수준은 Q_2가 되고 외부불경제로 인한 산출량은 Q_1에서 Q_2만큼의 과대생산이 이루어진다.

정부가 개입하여 과대생산을 최적생산규모로 축소시킬 수 있다. 외부불경제가 공해(pollution)라 하자. 하나, 치명적인 공해라면 법률에 의해 직접 규제할 수 있을 것이다. 둘, 배출부과금(effluent fee)이나 공해세(Pigouvian tax)를 부과하는 간접규제방식을 사용할 수 있을 것이다. 셋, 환경에 소유권을 부여하는 외부성을 내부화하는 방식을 활용할 수 있을 것이다[11].

11) 이것을 코우즈정리(coase theorm)라 한다.

〈그림 8-16〉 외부불경제와 과대생산

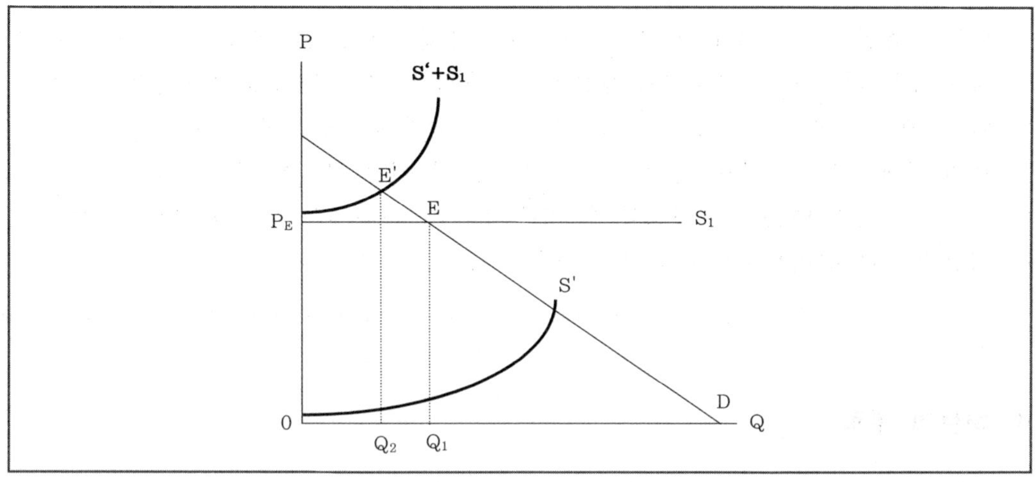

보탬 2 공유자원과 코끼리의 비극

물이나 공기는 우리가 살아가는데 매우 중요하다. 그런데 물과 공기는 소중하게 관리되지 못하고 마구잡이로 오염되고 있다. 다른 자연자원들도 마찬가지로 훼손되고 있다. 이 같은 현상이 환경문제인 것이다. 자연자원들은 대체로 사적 소유가 아닌 공유자원의 성격을 갖고 있다. 물이나 공기는 대체로 사적소유의 대상이 아니고 모두가 공동소비하는 공유자원에 해당한다. 깨끗한 물과 깨끗한 공기가 부족해지다보니 사유권을 인정하게 되고 물과 공기도 사유재처럼 시장에서 거래되기도 한다. 물과 공기를 돈을 주고 사 먹어야 한다는 것을 의미한다. 돈이 없는 자에게는 물과 공기를 마실 권리나 자유가 제한된다는 문제를 야기시킨다. 공기와 물을 사유화하는 것은 인권에 대한 비극이다. 하지만 환경오염을 해결할 수 있는 하나의 대안으로 공유자원에 대한 사유재산권을 활용하자는 주장이 코우즈정리이다. 코끼리는 아프리카에서 밀집지역에 널려있는 공유자원에 해당하였고 아무나 사냥하고 판매할 수 있었다. 그런데 미국에서 당구가 유행하자 당구공의 원료인 상아의 수요가 증가하고 코끼리 상아가격이 비싸지기 시작했다. 공유자원이었던 코끼리들에게는 비극의 시대가 열린 것이다. 코끼리는 남벌되었고 코끼리는 급기야 멸종위기에 까지 몰리게 되었다. 이런 현상을 공유자원의 비극(tragedy of commons)이라 한다. 아프리카의 국가들은 코끼리 멸종을 막기 위해 두 가지 정책을 펴게 되는데 서로 다른 결과에 주목하게 된다. 사유재산권을 인정하지 않고 코끼리에 대한 직접규제(사냥금지, 상아거래금지)정책을 편 케냐의 경우에는 오히려 코끼리의 개체수가 감소하였고 코끼리에 대한 사유재산권을 인정하고 상업적 거래를 허용한 짐바브웨의 경우에는 코끼리의 개체수가 증가하였다. 공유자원의 비극을 해결하는 대안으로서 사유재산권을 활용할 수 있는 가능성을 보여주는 사례이다. 예를 들어 한우가격이 치솟으면 한우가 멸종위기에 처하는 것이 아니라 한우의 개체수가 증가하게 될 것이다. 이런 현상은 바로 한우에 대한 사유재산권이 힘을 발휘하기 때문으로 이해할 수 있을 것이다. 사유재산권은 자신의 소유물을 최선을 다해 관리하도록 유인하는 마술적 능력을 발휘한다.

4. 정보의 부족

완전경쟁시장은 모든 경제주체가 완전한 정보(perfect information)하에서 경제적 선택을 하는 것으로 가정하고 있다. 또한 정보비용이나 정보의 불균형문제도 발생하지 않는 것을 가정하고 있는 것이다. 하지만 **현실경제에서는 정보부족에 따른 불확실성과 위험(uncertainty and risk)이 상존**하고 있고 **정보의 불균형으로 인한 비효율의 문제**도 발생하고 있다. 덧붙여서 부족한 정보로부터 발생하는 문제들을 보완할 수 있는 완전한 조건부상품시장(perfect contingency market)도 현실적으로 존재하기 어렵다. 따라서 **시장에는 정보의 비대칭성**(asymmetric information)[12]이 존재하게 되고 이에 따른 **도덕적 해이**(moral hazard)나 **역선택**(adverse selection)문제가 발생하게 된다[13]. **도덕적 해이란 정보가 비대칭인 경우 정보가 충분한 경제주체가 정보가 부족한 경제주체에게 바람직하지 않은 행동(숨겨진 행동)을 행하는 경향**을 의미한다. 대리인이 본인을 위해 최선을 다하는지에 대한 정보가 비대칭적이어서 발생하는 본인-대리인의 문제(principal-agent problem)가 있다. **역선택이란 정보가 비대칭인 경우 부족한 정보로 인해 불리한 상대방(숨겨진 특성)과 거래할 가능성이 높아지는 현상**을 말한다. 중고차시장에서 질이 나쁜 자동차만 거래될 가능성이 높다거나 자동차보험시장에서 사고의 위험이 높은 운전자가 보험에 가입할 가능성이 높아지는 현상에 해당한다. 이 같은 현상을 **개살구시장**(lemon market)이라 한다. 따라서 도덕적 해이나 역선택이 나타나는 경우 시장은 효율적인 자원배분에 실패하게 된다. 시장에서는 **선별**(screening)과 **신호보내기**(signalling)로 부족한 정보의 비대칭성문제를 해결하려 한다. 상대적으로 정보가 부족한 경제주체의 입장에서는 간접적인 방법을 사용해서라도 상대에 대

12) 정보경제학의 본인-대리인의 문제(principal-agent problem)에서 다루어지며, 이와 관련하여 개살구시장(market for lemon)모형의 예도 있다.

13) 최고가격입찰제 방식의 경매에서 승자의 불행(winner's curse)이라는 현상도 발생한다.

한 정보를 얻으려 노력할 것이다. 이 같은 행위를 선별이라 한다. 상대적으로 정보가 충분한 경제주체의 입장에서도 자신의 이익을 극대화할 수 있다면 품질보증이나 광고 같은 방법으로 정보를 전달하려 노력할 것이다. 이 같은 행위를 신호보내기라 한다. 이외에도 계약, 평판, 유인구조의 설계에 의해 정보의 비대칭의 문제를 해결할 수 있을 것이다. 정부가 개입하여 정보의 부족에 따른 불확실성문제를 해결하는 방법으로는 하나, 완전한 조건부상품시장을 갖추어 불확실성을 제거하는 방법이 있을 수 있고 둘, 정부가 정보비용을 제공하거나 완전한 정보를 제공하여 불확실성을 제거하는 방법이 있을 수 있다.

보탬 3 중고차시장과 개살구시장

소비자가 차를 구매하는 경우 중고차시장에서는 정보의 비대칭문제에 직면하게 된다. 새 차의 경우에는 품질과 가격에 대한 정보가 판매자와 구매자사이에서 대칭적으로 공유되고 있다. 중고차시장에서는 판매자가 구매자보다 더 많은 정보를 가지고 유리해질 가능성이 높다. 구매자의 경우에는 부족한 정보로 인해 자신에게 불리한 중고차를 선택할 가능성이 높아질 수 있다. 이런 현상을 역선택이라 하고 이런 환경을 개살구 시장이라 한다. 예를 들어보자. 겉은 번지르르한데 사고로 인해 질이 좋지 않은 중고차와 겉은 별로지만 무사고로 질 좋은 중고차가 있다 하자. 중고차에 대한 충분한 정보를 판매자는 갖고 있지만 구매자는 부족한 상황이 일반적이라 할 수 있다. 판매자의 경우 질이 좋은 차의 판매기대가격은 높고 질이 나쁜 차의 판매기대가격은 낮을 것이다. 그런데 구매자의 경우에는 정 반대의 현상이 나타날 가능성이 높다는 데에서 문제가 발생한다. 구매자의 경우에는 중고차에 대한 정보가 부족하므로 차의 겉모양에 의존해서 구매기대가격을 설정하게 될 것이다. 따라서 구매자는 질이 좋은 차에 대한 구매기대가격은 낮게 제시하고 질이 나쁜 차에 대한 구매기대가격은 높게 제시하게 된다. 질이 좋은 차는 겉모양이 별로여서 500만원의 구매가능 최대가격을 질이 나쁜 차는 겉모양이 맘에 들어서 1,000만원의 구매가능 최대가격을 설정하고 있다하자. 판매자의 경우에는 질이 좋은 차는 판매최소가격을 1,000만원을 질이 나쁜 차는 판매최소가격을 500만원으로 설정하고 있다하자. 이와 같은 상황에서 겉모양은 별로지만 무사고로 질이 좋은 중고차는 거래될 수 없다는 것을 알 수 있다. 사고로 질은 별로지만 겉모양이 잘 관리된 중고차만이 거래가 활발해질 것이다. 정보의 비대칭성으로 인해 역선택의 문제가 발생한 것이다. 중고차시장은 개살구시장일 가능성이 높다는 것을 알 수 있다. 중고차 시장의 비효율의 문제를 해결하기 위해서는 선별과 신호보내기가 모두 필요하게 된다. 구매자입장에서는 겉모양보다는 질을 선별할 수 있는 간접정보를 수집해야 하고 판매자입장에서는 품질보증과 질에 대한 신뢰정보를 구매자에게 전달하려는 노력이 필요하다.

4 마디 공공경제

지금까지 우리는 주로 시장경제에 관한 이론체계를 학습해왔다. 시장경제에서의 주인공은 가계와 기업이고 이들의 경제행위를 이해하기 위한 이론들 ① 수요·공급이론, ② 소비자이론, ③ 생산자이론, ④ 시장이론, ⑤ 생산요소시장이론을 학습해왔다. 그런데 우리가 경제행위를 연출하는 경제무대는 시장과 정부이다. **시장을 사적영역**(private sector)이라 하고 **정부를 공적영역**(public sector)이라 한다. 혼합경제체제인 것이다. 이제 공적영역의 무대, 즉 정부경제 또는 공공경제에 대해 학습할 차례이다. **공공경제에서는 주인공이 정부**이다. 그리고 **정부가 경제행위를 하는 목표는 사회적 후생의 극대화**라 할 수 있다. 정부경제라는 무대에서 사회적 후생의 극대화라는 시나리오를 연출하는 **주인공은 정치인**(politician), **관료**(bureaucrats), **특수이익집단**(special inerest group)이라 할 수 있다. 시장경제에서는 가계와 기업이라는 경제주체들이 자유로운 개별적 의사결정에 의해 경제행위들이 수요와 공급으로 귀결되게 된다. 공공경제의 경우에는 **정부라는 집단적 경제주체들이 집단적 의사결정**(직접민주제+간접민주제)으로 **강제적인 경제행위를 통해 재정수입과 재정지출로 귀결되는 특징**을 가진다. 따라서 공공경제 마디에서는 ① 정부란 무엇인가?, ② 정부의 역할과 기능, ③ 공공선택이론(집단적 의사결정) ④ 정부의 규제에 대해 학습하게 될 것이다.

1. 정부란 무엇인가?

정부란 시장과 대비되는 국민경제를 형성하는 또 하나의 무대(경제행위의 장)라 할 수 있다. 시장의 경우에는 주인공이 가계와 기업, 즉 개별적인 경제주체였다면 **정부란 정치적 과정이라는 의사결정체계를 거쳐 나타나는 집단적 경제주체**라 할 수 있다. 시장에서는 가계와 기업에 의한 경제활동이 수요와 공급으로 귀결되지만 정부의 경우에는 정치인, 관료, 특수이익집단에 의한 경제활동이 재정수입과 정부지출로 나

타나게 된다. 또한 시장에서는 경제주체들이 자유로운 개별적 의사결정으로 경제적 선택을 이루어내지만 정부의 경우에는 집단적인 의사결정으로 강제적인 경제적 선택들이 이루진다는 특징을 가진다. 공적부문(정부)과 민간부문(시장)의 차이점을 정리한다면 하나, **정부는 국민이 직접 선출한 사람(정치인)이나 선출된 사람에 의해 임명된 사람들(관료)에 의해 운영되는 집단적 성격**을 가진다. 둘, **국민들(시장)에 대해 강제성을 가진다**. 납세의 의무로부터 아무도 자유로울 수 없다. 셋, **정부에 의해 생산된 재화나 서비스는 주로 비시장배분(non-market rationing)방식**에 의해 **국민들에게 배분되는 특징**을 가진다. 국방, 경찰, 소방서비스는 대가를 지불하지 않아도 이용할 수 있다. 시장배분방식이란 대가를 지불하는 자에게 재화나 서비스를 이용할 수 있게 하는 자원배분방식을 말한다. 정부를 이해하는 데에는 크게 두 가지 관점이 존재한다. 하나, 사회전체를 하나의 유기체로 인식하고 **정부는 그 유기체의 심장부**로 이해하는 관점이다. 정부(공적영역)가 개인(사적영역)보다 우월한 존재라는 인식에 해당한다. 개인의 자유나 권리를 보장하기 위해 정부가 존재한다는 인식이 지배한다. 적극적인 정부의 개입주의(큰 정부)내지는 전체주의에 대한 근거이다. 둘, 사회전체를 하나의 기계적인 존재로 인식하고 **정부는 개인의 목표달성을 돕기 위해 고안된 기계적 존재**에 불과하다는 관점이다. 정부는 개인의 자유를 최대한 보장할 수 있도록 최소한의 정부로 국한되어야 한다는 인식에 해당한다. 자유주의 내지는 무정부주의에 대한 근거이다.

2. 정부의 역할과 기능

혼합경제에서 정부와 시장은 서로 보완적인 기능과 역할을 수행한다. 정부는 시장경제가 원활하게 작동하도록 규칙을 만들기도 하고 자신이 직접 경기자의 역할을 수행하기도 한다. 또한 공정한 게임을 위한 심판자의 역할을 수행할 뿐만 아니라 직접규제라는 방식을 활용해서 시장경제의 방향을 통제하거나 조정하기도 한다. 정리하면 **정부는 시장에서 벌어지는 경쟁이라는 게임을 위한 경기규칙(재산권의 확립 등)을 마련하고, 규칙에 대한 준수여부를 감시하거나 분쟁을 해소하는 심판자역할을 수행하며, 정부도 경기자로서 직접 참여하는 역할을 수행**한다. 국방과 경찰 그리고 사회간접자본(SOC)같은 공공재를 직접 생산 공급한다. 정부의 기능을 요약정리하면 다음과 같다. 하나, **자원배분(allocation)측면에서 시장이 실패하는 부분을 보완하거나 조정**해야 한다. 공공재를 공급한다거나 독과점을 규제한다거나 환경세를 부과하여 과대생산을 조정할 수 있는 정부의 역할과 기능에 주목해야 한다. 둘, 소득분배(distribution)측면에서 소득분배의 불균등을 해소하여야 한다. 누진적인 조세제도나 사회보장을 강화하는 정부지출정책을 도모하여 소득재분배가 공평성을 개선하는 방향으로 작동하도록 노력해야 한다. 셋, **경제안정화(stabilization)측면에서 초과수요(shortage)나 초과공급(surplus)이 발생하지 않도록 총수요나 총공급을 관리해야 한다**. 완전고용, 물가안정, 그리고 국제수지의 균형을 위해 재정정책이나 통화정책을 적절히 활용해야 한다. 넷, **경제성장(growth)측면에서 지속적인 성장동력을 관리**해야 한다. 투자와 기술개발, 새로운 일자리의 창출 및 새로운 성장동력을 전략적으로 촉진시켜야 한다. 다섯, **경제의 성장과 발달이 삶의 질 향상에 기여하도록 유인하고 조정**해야 한다. 자원개발, 쾌적한 환경, 범죄 없는 안전한 사회, 행복지수가 높은 경제사회를 위해 사회적 자본을 축적시켜야 한다. **미래의 정부는 세계화와 인터넷의 확산에 직면하고 있다. 조세의 징수가 어려워지고 정부의 역할과 기능은 축소될** 것이다. 국경 없는 경제에서는 인구나 자본의 해외유출을 방지하기 위해 정부 간 소득세율과 법인세율에 대한 인하경쟁이 치열해 질 것이다. 다국적 기업들은 보다 더 많은 이윤을 확보하기 위해 이런 상황을 활용하게 될 것이다. 보다 조세부담이 낮은 나라로 본사나 생산공장을 이전하게 될 것이다. 또한 인터넷을 기반으로 한 전자상거래의 발달과 전자화폐의 출현은 정부가 세원을 확보하고 조세를 징수하는데 보다 많은 어려움을 갖게 할 것이다. 가상상품(virtual goods)과 개인의 컴퓨터상에서 이루어지는 거래에 대해 과세하고 세금을 징수해야한다는 것은 미래정부에 대한 위기이며 미래의 정부가 해결해야 할 중요한 과제가 될 것이다.

3. 정부의 실패

혼합경제(mixed economy)에서는 시장과 정부는 서로 보완적 기능을 수행한다. 시장이 모든 경제문제를 완전하게 해결한다면 정부의 개입은 필요치 않다. 반대로 정부가 모든 경제문제를 완전하게 해결한다면 시장은 퇴출될 것이다. 하지만 **시장도 실패하고 정부도 실패하기 때문에 시장과 정부는 공존하고** 있는 것이다. 시장의 실패를 해결하기 위해 정부가 개입하지만 정부의 개입으로 인해 새로운 경제문제가 발생할 수 있다. 이런 현상을 정부의 실패라 한다. 정부가 실패하는 요인을 정리하면 다음과 같다. 하나, **제약된 정보로 인해 정부는 실패**할 수 있다. 정책을 설계하고 실행하는 과정에서 필요한 모든 정보를 정치가나 관료가 인지할 수는 없다. 따라서 어떤 정책의 실행결과를 정확하게 예측할 수 없게 된다. 불완전한 정보, 불완전한 예측, 불완전한 정책이 성립되는 것이다. 둘, **정부의 정책에 대해 민간부문이 어떻게 반응할 것인가를 정확하게 예측하는 것도 불가능하지만 엉뚱한 반응을 보였을 때 그것을 통제하는 것도 불가능**하다. 따라서 정책에 대한 민간부문의 통제가 불가능할 때 정부는 실패하게 된다. 셋, **정치적 과정에서의 이해관계가 상충하여 정부가 실패**

할 수 있다. 정책결정은 정치적 과정이다. 그런데 어떤 정책이든 그 정책으로 인해 이익을 얻는 집단이 있고 손실을 보는 집단이 발생한다. 이해관계가 상충하는 이익집단의 로비능력에 의해 정책은 왜곡될 수 있다. 넷, **관료조직에 대한 통제가 불가능하여 정부가 실패**할 수 있다. 모든 정책의 결정은 정치인들이 수행한다. 하지만 그 정책을 실행하는 것은 관료조직이다. 관료조직은 주인인 국민을 위해 일해야 하지만 그들의 이익을 위해 일할 여지는 항상 남아있다. 관료가 국민을 위해 일하지 않는 경우 정치인이 관료조직을 완벽하게 통제할 수 없다는데 문제가 있다. 관료들의 도덕적 해이가 나타난다면 정부의 정책은 왜곡될 수 있다. 이와 같은 정부의 실패를 해결하려는 방안들을 정리하면 다음과 같다. 하나, 제도개혁을 통해 정부의 실패를 해결할 수 있다. 관료조직은 기업처럼 역할과 성과에 대한 평가가 명료하지 못하다. 기업의 경우에는 비용과 이윤이 분명히 화폐액으로 평가되어 개인이나 조직의 성과가 명료하게 나타나는데 반해 관료조직은 사회후생이라는 척도로 평가해야 하므로 평가자체가 불명확하다. 따라서 제도를 개혁하여 개인이나 조직에 대한 성과를 분명히 평가하고 보상이나 인사 및 예산에 반영해야 한다. 둘, 적절한 유인기구를 설계해야 한다. 예산의 규모에 의해 조직이나 개인의 역량을 평가하지 말고 효율적인 업무추진능력을 평가하여 적절하게 보상하는 유인기구를 개발해야 한다. 셋, 관료조직에 경쟁압력을 유입시켜야 한다. 기업처럼 치열한 대내외적인 경쟁에 의해 개인과 조직의 역량이 평가되도록 경쟁구도를 도입해야 한다. 경쟁압력이 상승하면 독점적 구도에서 나태해진 관료조직이 효율성을 극대화하는 역동적인 조직으로 변화될 수 있다.

4. 공공선택이론

정부의 경제행위는 집단적 의사결정이며 정치적 과정이다. 시장에서의 경제행위는 개별적 의사결정이며 자유로운 선택이다. 따라서 공공경제를 이해하는데 무엇보다도 집단적 의사결정(정치적 과정)이 무엇이며 그 집단적 의사결정의 결과가 무엇이고 그것이 함축하는 경제적 의미는 무엇인지에 대해 학습해야 한다. **공공선택이론(public choice)이란 정부의 선택이 무엇이고 어떻게 이루어지며 그 결과에 대한 경제적 의미가 무엇인지를 밝히는 이론체계**이다. 공공선택이란 집단적 의사결정이고 정치적 과정에 해당한다. 정치적 과정에는 직접민주제와 대의민주제가 있다. 직접민주제란 정부의 모든 의사결정에 국민이 직접 참여하는 정치제도를 말하고 대의민주제란 정부의 대부분의 의사결정에 국민의 대리인을 참여시키는 정치제도를 말한다. 현대정치에서 대부분의 국가들은 대의민주제를 채택하고 있다.

① 직접민주제하의 공공선택

직접민주제하에서의 의사결정방식은 소규모의 자치단체나 민간기업의 주주총회에서 채택할 수 있다. 집단적 의사결정을 위해 표의 배분을 결정해야 한다. 1인당 몇 표인지, 학력이나 소득수준에 따라 배분기준을 어떻게 할 것인지를 결정해야 한다. 다음으로 의결기준을 결정해야 한다. 전원합의로 할 것인지, 과반수(1/2, 2/3, 3/4)로 할 것인지를 결정해야 한다. 직접민주제에서 사용되는 집단의사결정방식에는 전원합의제, 과반수제, 점수투표제 등이 있다. 하나, **전원합의제(unanimity rule)는 어떤 의결사항에 구성원 모두가 합의하는 의사결정방식**이다. 가장 이상적인 방식에 해당한다. 하지만 **모두가 동의하는 과정에서 시간과 비용을 감수**해야 한다. 또한 **어느 한 구성원이 전략적으로 의사결정을 방해**할 수 있다. 둘, 과반수제(majority rule)는 어떤 의결사항에 구성원의 과반수이상이 합의하는 의사결정방식이다. 의사결정과정에서 시간과 비용을 절감할 수 있다. 하지만 이 같은 의결방식은 **다수의 횡포(tyranny majority)와 소수의 비극(tragedy minority)**의 결과를 가져올 수 있다. 100명이 의사결정에 참여하는 경우 51명 찬성과 49명 반대로 의사결정될 수 있다. 1명의 표차이로 49명이 패배자가 될 수 있는 약점을 가진다. 또한 의안을 표결에 붙이는 순서를 달리함에 따라 표결결과가 달라지는 우를 범할 수 있다. 이 같은 현상을 **투표의 역설**(voting paradox)이라 한다. 최적다수결제가 보다 진전된 다수결제도이긴 한데 현실에 적용하기에는 너무 추상적이다. **의사결정비용**과 의사결정에서 소외된 사람들의 불만비용을 **외부효과**로 계산해야 한다는 어려움이 따른다. 셋, 점수투표제(point voting rule)는 1인 1표제가 갖고 있는 문제점을 개선한 의사결정방식이다. 1인 1표제는 어떤 사람이나 안건에 투표하면 다른 사람이나 안건에는 선호를 표시할 수 없는 단점을 갖고 있다. **점수투표제는 일정한 점수를 여러 사람이나 안건에 자신의 선호만큼 배분해서 투표**할 수 있다. 하지만 점수를 한곳에 몰아주는 경우 **전략적 행위**가 가능해진다. 의도적으로 어떤 한사람이나 안건에 몰아서 투표한다면 한 투표자에 의해 무려 100점이라는 표차를 발생시킬 수 있는 것이다.

② 대의민주제하의 공공선택

대의민주제하에서 **정부의 의사결정은 대부분 대리인**에 의해 이루어진다. 정부를 움직이는 **대리인**은 **정치인**, **관료**, **특수이익집단**으로 분류할 수 있다. 따라서 정부의 의사결정을 이해하기 위해서는 이들에 대한 성격과 행동 그리고 의사결정결과에 대한 경제적 의미에 대해 학습해야 한다. 하나, **정치가에 대한 모형**이 있다. **득표극대화모형과 중위투표자이론**(median voter theorem)을 통해서 정치가에 대한 성격과 행동

을 이해해보자. 정치가들은 주인인 국민을 위해 최선을 다하는가에 대한 질문에 득표극대화모형은 답을 제시해 준다. 정치가도 시장이론에서 경제주체인 소비자와 생산자처럼 자신의 이익을 위해 최선을 다한다는 가정에서 출발하여 정치가는 권력을 장악하는 것이 자신의 목표이고 이것을 달성하기 위해서는 자신에 대한 지지표를 극대화하려 한다는 것이다. 한편 중위투표자이론은 정치가 자신의 지지표를 극대화하기 위해서는 중산층을 위한 정치를 행해야 한다는 것을 암시하는 모형이다. 양극단의 정치적 성향이나 예산규모를 크기순서로 나열하고 과반수를 적용하여 표결하면 중도적인 성향의 사람이나 중간정도의 예산규모가 의사결정 된다는 원리이다. 따라서 민주주의 정치질서가 확립된 상황에서 대의민주제는 중산층을 위한 정치가 발전할 수 있다는 가능성을 보여준다. 둘, **관료제에 대한 모형**이 있다. **니스카넨**(W. Niskanen)의 **관료제 모형에서 관료조직의 비효율성은 관료들의 역량부족에서 비롯된 것이 아니라 관료제의 유인구조**에서 비롯되었다는 것을 보여준다. 관료들과 정치가와 마찬가지로 주인인 국민을 위해 최선을 다하지 않는다. 그들의 경우에도 자신들이 추구하는 목표, 즉 그들이 행사하는 특권이나 권한을 결정하는 예산규모를 극대화하기 위해 행동한다는 모형이다. 따라서 **관료들은 사회적 순편익이 극대화되는 규모에서 예산규모를 결정하는 것이 아니라 총비용과 총편익이 같아지는 수준에서 예산규모를 결정**한다는 것이다. 과잉예산이 편성되고 집행되며 예산의 낭비가 초래되는 이유를 설명하고 있다. 셋, **정치가와 관료만큼이나 대의민주제의 의사결정에 영향력을 행사하는 집단이 특수이익집단**이다. 동일한 이해관계를 가진 사람들이 자신들의 이익을 보호하기 위해 집단적으로 행동하는 조직을 말한다. 전경련, 한국노총, 대한의사협회, 대한 변호사협회 등이 특수이익집단에 해당한다. 이들은 로비를 통해 자신들의 이익을 지키려 한다. 정부의 의사결정에 로비력을 동원하여 영향력을 행사하는 것이다. **정치인, 관료, 특수이익집단을 철의 삼각지**(iron triangle)라고도 한다. 이 세 집단이 정부의 의사결정에 가장 막강한 영향력을 행사한다고 볼 수 있는 것이다.

보탬 4 소규모 집단이 대규모 집단에 승리할 수 있는 이유

정부의 집단적 의사결정에 적극적으로 참여하는 세 가지 집단에 대해 학습하였다. 정치인, 관료, 그리고 특수이익집단의 행동 모형에 대해 학습하였다. 그런데 이익집단들이 자신들의 이익을 위해 집단행동을 하는 경우 대규모 집단보다 소규모 집단이 정치적으로 승리할 가능성이 높다는 점은 매우 흥미롭다. 이런 현상을 집단행동의 문제라 한다. 대규모 집단들은 소규모집단에 비해 조직을 결성하고 행동하기 더 어려운 현상에서 비롯되는 결과이다. 왜냐하면 대규모집단일수록 동일한 총편익에 대해 집단 내 구성원에게 나눠지는 개인별 편익은 작아지고 조직을 형성하고 하나로 움직이는데 필요한 총비용은 상대적으로 커지기 때문이다. 예를 들어 뇌염환자를 무료로 치료해주는 프로그램이 있다하자. 총비용은 1년에 5억이 든다하자. 이 프로그램에 직접혜택을 받는 사람은 1년에 5명이라 하자. 그런데 납세자수는 5,000만 명이라 하자. 이런 경우 납세자 5,000만 명이 부담하는 조세부담액은 1인당 10원인 셈이다. 겨우 5명의 복지를 위해 정부가 5억을 지출해야 되나, 부당함을 주장하고 해당 프로그램을 없애기 위해 집단행동을 가정해 보자. 조직을 만들고 단체행동을 하는 과정에서 여러 가지 비용들이 발생하게 될 것이다. 5,000만 명의 대규모 조직의 구성원 입장에서는 10원의 세금을 절약하기 위해 단체행동에서 발생하는 여러 가지 비용들을 기꺼이 지불하려 하겠는가? 이런 현상을 **합리적 무시**(rational ignorance)라고 한다. **편익은 집중되고 비용은 분산**되기 때문이다. 편익은 5명에게 집중되고 비용은 5,000만 명에게 분산되는 현상이 나타나는 것이다. 이와 같은 편익집중(concentrated benefits)과 비용분산(diffuse costs)현상으로 인해 소규모집단이 대규모집단에 정치적으로 승리할 수 있는 것이다. 특수이익집단(special interest group)에 의한 정치적 승리도 편익집중과 비용분산의 원리가 적용되고 있는 것이다.

5. 정부의 규제

혼합경제하에서 정부의 역할은 다양하다. 정부는 공공재의 공급에서부터 산업정책, 환경정책, 조세정책, 금융정책, 무역정책, 법제도에 관한 정책 등 여러 가지 분야에 개입하고 있다. 각각의 이론에 해당하는 영역에서 정책에 대한 개요를 학습해 왔다. 여기서는 정부가 민간기업활동에 개입하는 정부의 규제에 대해 학습해 보자. **정부가 민간기업활동에 개입하여 규제하는 방식에는 ①독점규제, ②산업규제, ③사회규제**가 있다.

① 독점규제

정부가 시장에 개입하여 독점을 규제하려는 목적은 **자원배분의 효율성을 달성하기 위해 경쟁을 촉진**시키려는 데 있다. 정부는 경쟁을 촉진하기 위한 수단으로 자연독점을 통제하기 위한 공적규제기관을 설립하거나 독점의 성장을 저지하거나 억제하기 위한 반독점법을 법제화하고 실행하는데 노력해왔다. 미국의 경우에는 셔먼 법

(1890년), 클레이튼 법(1914년), 공정거래위원회법(1914년), 셀러-키포버 법(1950년)으로 독점구조와 독점행위를 규제하고 있다. 우리나라의 경우에는 독점규제 및 공정거래에 관한 법률이 1980년 제정되고 1986년 개정되어 **사업자의 시장 지배적 지위의 남용과 과도한 경제력 집중의 방지, 부당한 공동행위 및 불공정거래 행위의 규제, 대규모기업집단에 대한 상호출자의 금지 등을 규제**하고 있다. 독점규제에 대한 정책적 효과에 대해 두 가지 견해가 대립하고 있다. 독점에 대한 **구조주의적 견해와 행동주의적 견해**이다. 구조주의적 견해에 따르면 시장점유율이 높은 기업들은 독점기업처럼 행동한다. **시장점유율이 높은 기업들을 구조적으로 분할시킴으로서 기업들의 행동과 성과를 개선시킬 수 있다**는 주장이다. 반면에 **행동주의적 견해에 따르면 시장의 구조와 기업의 행동 및 시장의 성과와는 상관관계가 미약하거나 불분명하다**고 주장한다. 시장점유율이 높게 나타나는 이유는 기술수준의 우월성, 상품의 우수성, 규모의 경제에서 비롯되고 있다고 주장한다. 효율적인 경영과 우월한 기술이 상품의 질을 개선시키고 합리적 가격을 형성시켜서 사회적으로 기여한다면 단지 시장점유율이 높다는 이유만으로 규제한다는 것은 옳지 않다는 주장이다. 현재의 **독점은 시간이 흐름에 따라 새로운 기술에 의해 잠식되고 파괴되고 만다는 창조적 파괴의 진행과정이라 주장한다**. 시장의 지배권을 얻기 위해 투쟁, 성공, 독점화, 창조적 파괴의 과정을 거치는 장기적 경쟁과정을 적극적 개입보다는 관망해야 된다는 주장이다. **대부분의 경제학자들은 독점규제는 현실적으로 약탈적이거나 남용적인 독점력 행사를 규제하는 경우에는 유효한 제도인 것으로 평가**하고 있다. 주로 가격담합(가격담합, 입찰조작, 시장분할 등의 합의)이나 반경쟁적 기업결합(주로 수평결합)을 규제함으로써 시장의 경쟁과 효율성을 증대시키는 것으로 받아들여지고 있다.

② 산업규제

자연독점현상은 규모의 경제가 나타나는 장기평균비용곡선이 우하향하는 산업의 경우 발생한다. 이것을 비용체감산업(decreasing cost industry)이라고도 한다. 초기고정비용이 대규모로 투입되는 산업의 경우(전력, 상수도, 천연가스 등) 여러 경쟁기업에 의한 생산·공급보다 단일 기업에 의한 생산·공급이 평균총비용을 절감할 수 있다. 따라서 **자연독점이 발생하는 대부분의 공익사업의 경우에는 경쟁이 오히려 효율을 떨어뜨린다**. 따라서 **이 같은 산업의 경우에는 정부가 오히려 독점을 허용하거나 장려해야 한다. 하지만 자연독점의 성과를 개선시키고 그 성과를 사회적으로 공유하기 위해서는 정부가 가격을 규제해야 한다는 공익기반규제이론**이 있다. 이것은 자연독점기업이 독점가격을 부과하지 못하도록 정부가 가격을 규제함으로서 소비자와 사회가 자연독점의 성과를 향유할 수 있도록 유도해야 한다는 이론이다. 자연독점에 대한 **정부의 개입방식은 공적 소유방식**과 **공적 규제방식**이 있다. 공적 규제방식이 산업규제에 해당한다. 정부는 자연독점의 성과, 즉 평균비용의 감소에서 발생하는 이익의 일부를 소비자나 사회가 나누어 향유할 수 있도록 가격을 규제하는 것을 산업규제라 한다. 전기요금, 가스요금, 전화요금 같은 경우에 규제기관이 생산비용을 충당하고 적정한 수익을 얻을 수 있는 수준에서 가격을 설정하게 된다. 그러나 정부의 독점규제에 의해 오히려 X-비효율이 발생할 수 있다는 주장이 있다. 자연독점기업의 입장에서 생산비용을 줄이는 합리적 경영을 달성하더라도 가격규제에 의해 기업의 이윤은 증가할 수 없다는 점과 근로자의 임금을 인상하고 경영진의 근무여건을 개선하는 등 비용을 증대시키더라도 이윤은 감소하지 않기 때문에 유인기능이 작동할 수 없는 구조적 비효율을 만든다는 것이다. **산업규제의 문제점으로는 새로운 기술의 등장으로 더 이상 자연독점의 요건이 사라졌음에도 불구하고 독점규제가 지속되는 독점의 고착화현상과 경쟁의 잠재력이 있는 산업임에도 불구하고 정치인과 자연독점기업의 이익이 일치되어 독점규제를 합법화**하는 현상들이 제기되고 있다. 따라서 1970년대와 1980년대에는 항공산업, 트럭운송, 은행, 철도, 천연가스, 통신, 전기산업에 이르기까지 광범위하게 탈규제가 이루어지고 있다. 탈규제는 인터넷, 팩스, 휴대폰, 광케이블, 마이크로파 통신 등등의 기술개발과 신상품의 출현을 촉진시켰다.

보탬 5 규제의 두 얼굴

정부는 규제를 통해 시장을 효율화시키고 시장의 단점을 보완하며 사회적 목적을 달성하려고 한다. 경제법칙에 공짜점심은 없는 것처럼 규제는 여러 가지 측면에서 비용을 발생시킨다. 그런데 최근에 각국 정부는 시장에 비해 공공부문이 확대되면서 비효율과 재정적자 등에 관한 심각성이 대두되자 예산규모의 확대가 아닌 다양한 규제수단을 활용하여 정부의 활동영역을 넓히려 하고 있다. 규제는 정부가 예산을 편성·집행하지 않으면서도 정책목표를 달성할 수 있는 수단으로 이용될 수 있다. 최저임금제도 같은 경우 정부가 저소득 근로자들에게 소득보조를 해 주는 대신 기업에게 소득보조에 대한 부담을 전가시키는 결과를 초래할 수 있다. 정부의 예산규모는 그대로 이지만 실제로는 예산규모를 확대시킨 결과를 가져온다. 정부가 공공정책을 수행할 때 지출해야 할 비용이 규제비용으로 전환되고 그 규제비용은 개인이나 기업에게 전가될 수 있는 것이다. 예를 들면 정부가 환경기준이나 안전성 기준을 강화하면 기업의 입장에서는 공기나 물에 대한 정화시설비용이나 안전디자인비용 등이 추가로 발생하는 대신 정부의 입장에서는 환경정

책이나 사회정책에 대한 지출을 줄일 수 있다는 논리이다. 한편 각종 직업면허제도와 같은 경우에도 편익보다 규제의 비용이 더 높다는 주장이 있다. 의사협회나 변호사협회는 국민들을 무면허 돌팔이나 허풍쟁이들로부터 보호해야 한다는 명분을 내세우지만 실상은 까다로운 면허제도를 통해 합법적인 카르텔을 형성할 수 있고 독점이윤을 향유할 수 있다는 논리이다. 각종 면허자격시험을 어렵게 하고 합격정원을 줄일수록 그들의 독점적 지위는 더욱 강화될 수 있는 까닭에 그들은 까다롭고 제한된 면허제도를 활용하여 시장진입에 대한 장벽을 높게 쌓으려고 노력하는 것이다.

③ 사회규제

산업규제가 가격수준, 비용, 이윤 등에 초점을 맞춘 정부의 개입이라면 사회규제는 생산여건, 생산이 사회에 미치는 영향, 재화자체의 물리적 성질 등을 관리하고 통제하는데 초점을 맞추고 있다. 사회규제는 **제품의 안전성, 환경오염기준, 생산현장의 안전성, 경제적 기회의 균등을 보장하고 개선하여 시장경제의 모순을 극복하고 시장경제에 대한 정치적 지지를 확보하는데 목적**이 있다. 사회적 규제에 대한 실례를 정리하면 다음과 같다. 하나, 식품, 화장품, 의약품과 같은 제품들의 유통과 광고에 대한 안정성과 유효성에 관한 기준과 규제, 둘, 인종, 성, 나이, 종교 등에 따른 근로자의 고용, 승진, 그리고 해고와 관련한 차별의 금지, 셋, 생산현장에서의 안전과 보건위생의 확보를 위한 기준과 규제, 넷, 제품의 생산과 소비과정에서 발생하는 대기 및 수질오염 그리고 소음공해에 대한 기준과 규제, 다섯, 장난감을 비롯한 각종 소비제품의 안정성보장을 위한 기준과 규제 등으로 분류할 수 있다. **경제학자들은 대체로 사회규제의 필요성에 대해서는 의견을 함께 한다. 하지만 사회규제의 최적수준에 관해서는 찬반논쟁이 뜨겁다**. 사회규제의 찬성론자들은 사회규제로부터 발생하는 편익의 크기가 비용의 크기보다 훨씬 크다고 주장한다. 사회규제로부터 보장되는 안전한 식품, 깨끗한 대기, 안전한 작업장, 안전한 자동차등에 대한 편익이 과소평가된다고 주장한다. 사회규제 반대론자들은 많은 사회규제 법률들이 부족한 정보를 바탕으로 입안되어 규제의 목적과 기준이 명료하지 못할 뿐만 아니라 시장경제에 적대적이고 규제의 효과를 과신하는 경향이 있다고 주장한다. 또한 지나친 사회규제가 소비자가격을 상승시키고 오히려 기술혁신을 방해하며 경쟁을 위축시키는 결과를 초래할 수 있다고 주장한다. 규제비용이 가격인상으로 소비자에게 전가될 수 있으며, 시설기준이나 안전성기준에 대한 두려움으로 새로운 기술투자가 위축될 수 있을 뿐만 아니라 사회규제로 인한 고정비용의 증가가 중소기업들을 시장에서 퇴출시키는 결과를 초래할 수 있다고 주장한다. 하지만 사회규제는 시장경제의 남용을 억제하고 시장경제의 단점을 극복하기 위한 하나의 수단으로써 활용될 수 있다. 그러기 위해서는 사회규제가 시장경제의 기술개발이나 경영혁신의 동기를 무디게 하고 소득창출이나 경제의 효율성에 대한 강력한 동력을 빼앗는 부작용을 최소화해야 한다. 비용-편익 분석이라는 경제적 분석을 활용하여 사회규제의 최적수준에 이르는 사회적 합의를 도출해야 한다.

법경제이론

오늘날 대부분의 경제주체들은 법적제도의 기본적 틀 안에서 자신의 경제적 선택을 한다. 주어진 법과 제도하에서 경제행위, 즉 경제적 선택이 이루어지고 있는 것이다. 재산에 관한 권리와 계약에 관한 권리 및 의무관계가 법적으로 보장받지 못한다면 질서 있는 경제행위는 여러 가지 난관에 부딪쳤을 것이다. 오늘날과 같은 자유로운 거래를 바탕으로 한 활력 넘치는 시장경제의 성장도 어려웠을 것이다. 한편, 불법행위나 범죄와 형벌과의 관계에 대한 경제학적 분석은 법의 존재이유나 법의 경제적 효과에 관한 새로운 지평을 열어가고 있다. 경제학은 선택에 관한 과학이기 때문에 입법에 관한 선택문제, 집행과정에서의 선택문제, 결과에 대한 분석과 법제도의 개혁에 관한 많은 시사점을 제공하고 있는 것이다. 법과 제도가 경제의 기본행위에 대한 질서를 부여한다면 법경제학은 법과 정책에 대한 효율적인 분석틀을 제공한다. 법과 제도가 경제현상에 막강한 영향력을 행사하고 있는 것과 마찬가지로 법경제학은 법과 제도의 발전에 크게 기여하고 있는 것이다. 법학과 경제학은 서로 보완적 관계를 형성한다. 법학자는 경제학적 분석방법을 학습해야하고 경제학자는 법과 제도에 대해 학습해야 한다. 따라서 아홉 번째 마당에서는 법경제학(law & economics)에서 다루어지는 기본개념들, ① 재산권법의 문제, ② 계약법의 문제, ③ 불법행위법의 문제, ④ 범죄와 형벌의 문제들에 대해 학습하려고 한다.

1 마디 재산권법의 문제

1. 재산권법이란?

재산권(property rights)이란 어떤 희소한 경제적 자원에 대한 배타적 사용권리(구상권+처분권을 포함)를 말하며 재산권을 정의하고 법률적으로 제도화한 장치를 재산권법(property law)이라 한다. 재산권은 시장에서 효율적인 자원배분이 이루어지도록 기본적인 질서를 형성해 준다. **하나, 사적 재산권의 확립은 공유자원의 비극을 막을 수 있다**. 자신의 소유이므로 최선을 다해 자신의 재산가치가 증식되도록 투자하고 관리하게 한다. 둘, **재산권은 사유재산의 보호를 통해 개인의 재산을 지키는데 투입되는 비용을 최소화**하는데 기여한다. 만약 사적 재산권이 법률에 의해 보호받지 못한다면 개인의 입장에서는 자기의 재산을 지키기 위해 많은 사적비용을 투입해야 할 것이다. 따라서 재산권이 보장되지 않는 경우에는 분쟁이나 다른 사람들의 침범을 막기 위해 사회적 자원이 낭비될 수 있다. 셋, **재산권의 확립과 재산권의 양도가능성은 자원을 보다 효율적인 사람에게 재배분하는 기능**을 수행할 수 있다. 보다 높은 효용을 얻을 수 있는 경제주체에게 자원이 양도됨으로써 동일 자원이더라도 사회적으로 더 많은 가치를 창출할 수 있다. 넷, 자유로운 교환이 인간으로서의 권리, 즉 인권과 상충하는 경우에는 사적 재산권이라 하더라도 적절하게 통제되어야 한다. 인신매매, 마약, 혈액, 신체의 일부, 매춘 등등과 같이 비가치재(demerit goods)이거나 인간의 권리를 훼손하는 거래가 여기에 해당한다[1].

2. 지적재산권의 문제

지적재산권(intellectural property)이란 **인간의 지적 노력을 통해 창출된 지적 생산물에 대한 배타적 사용권리**를 말한다. 특허권, 저작권, 상표권, 영업에 관한 비밀 등의 권리가 여기에 속한다. 새로운 아이디어를 창출하고 창조적 경제활동을 촉진하기 위해서는 지적 재산권이 무엇보다도 중요한 역할을 수행한다. 지적재산권은 연구·개발 투자에도 유인을 제공한다. 그런데 지적재산권에 대한 정부의 보장이 오히려 비효율

1) 양도내지는 교환자체를 금지시키는 것을 불가양의 원칙이라 한다. 도덕주의에 바탕한 노예, 신체, 도박과 관련한 거래금지와 온정주의에 바탕한 미성년의 법률행위의 최소, 강박, 만취상태에서의 거래 금지 등이 여기에 해당한다.

을 야기할 수 있다. 지적 재산의 경우 공공재의 성격을 내재하고 있다. 비배제성과 비경합성을 동시에 갖고 있는 것이다. 이미 시장실패에서 학습한 바와 같이 공공재는 이와 같은 두 가지 속성으로 인해 시장에서 공급하는 경우 문제가 발생하게 된다. 음악을 예로 든다면 누구든지 무료로 복제하여 감상할 수 있고 보다 많은 사람들이 즐긴다 해도 추가생산비용은 지불하지 않아도 된다는 특성, **비배제성과 비경합성**을 동시에 가지고 있다[2]. 그런데 음악에 대한 지적 재산권은 보다 많은 사람들이 무료로 음악을 즐기면서 행복해 할 수 있는 폭 넓은 기회를 박탈하는 비효율적 결과를 초래할 수 있다. 그렇다면 지적재산권을 없애버린다면 문제는 해결될 수 있는가? 만약 지적 재산권을 없애버린다면 어떤 사람들이 멋진 음악을 만들기 위해 자원을 투자하려 하겠는가? 그렇다면 정부가 직접생산하거나 보조금을 지급하여 생산을 유인할 수 있지 않겠는가? 이와 같은 문제들이 지적 재산권의 딜레마이고 비효율성에 대한 과제라 할 수 있다.

3. 최적특허기간

특허권(patent)은 재산권 중에서 지적재산권의 주류를 형성한다. 특허권을 통해 발명으로 인한 사회적 편익을 증대시킬 수 있다. 하지만 위에서 살펴본 바와 같이 **특허권은 생산주체에게 독점권을 부여하는데서 발생하는 비효율과 생산주체들의 중복투자에 의한 비효율을 야기할 수 있는** 경우가 발생한다. 소비자의 입장에서는 생산자에게 독점권이 부여되는 경우 높은 가격을 지불해야 한다. 또한 생산자의 입장에서 경쟁적으로 특허권을 확보하기 위해 지나친 과잉투자나 중복투자가 일어날 수 있다. 약품을 예로 들어보자. 암치료제인 신약이 개발되는 데에는 수천억 원에 달하는 돈과 10년에서 15년에 걸친 연구개발 기간이 소요된다. 만약 특허권이 부여되지 않는다면 수많은 전 세계의 암환자들이 낮은 비용으로 치료효과를 얻을 수 있을 것이다. 하지만 어떤 투자자가 많은 돈과 기나긴 시간을 독점이윤을 확보 받지 못하는 상황에서 투자하려 하겠는가? 그런데 특허권에 의해 암 치료제에 대한 독점권이 보장되는 경우, 신약에 의해 치료효과를 수혜할 수 있는 대상은 비싼 약값을 부담할 수 있는 소수자로 줄어들게 된다. 여기서 특허권에 대한 최적기간에 대한 문제가 대두된다. **특허권의 기간을 길게 설정하면 소비자들이 희생당하게 되고 너무 짧게 설정하면 생산자들이 희생당하게 된다**. 결국 사회적 후생을 극대화하는 자원배분에 실패하게 되는 것이다. 이 같은 문제를 해결하기 위해서는 최적한 특허기간을 찾아내고 설

2) 지적 재산의 경우 배제성이 약하다는 특징을 가지는데 이를 정보의 비전유성(non-appropriability)이라 한다.

정하는 일이다. <그림 9-1>에서는 신약에 대한 최적특허기간을 그래프로 나타내고 있다. 수평축은 특허기간을 나타내고 수직축은 신약개발에 따른 편익과 비용을 나타낸다. 특허기간이 길어질수록 신약개발로 인한 편익과 비용이 모두 증가한다는 것을 알 수 있다. **특허기간이 길어질수록 사회적 편익이 증대하는 것은 신약개발에 대한 유인이 강하게 작동하기 때문**이다. 새로운 신약기술이 많이 나타나게 된다는 것을 의미한다. **특허기간이 길어질수록 사회적 비용이 증가한다는 것은 중복투자와 소비자의 희생으로 인한 비효율**이 커지기 때문이다. 따라서 사회적 순편익이 극대화되는 총편익과 총비용의 차가 가장 커지는 tE에서 특허기간이 설정되어야 한다. <그림 9-1>의 tE점에서와 같은 최적특허기간을 설정하여 특허권으로 인한 비효율을 최소화할 수 있을 것이다.

〈그림 9-1〉 신약에 대한 최적특허기간

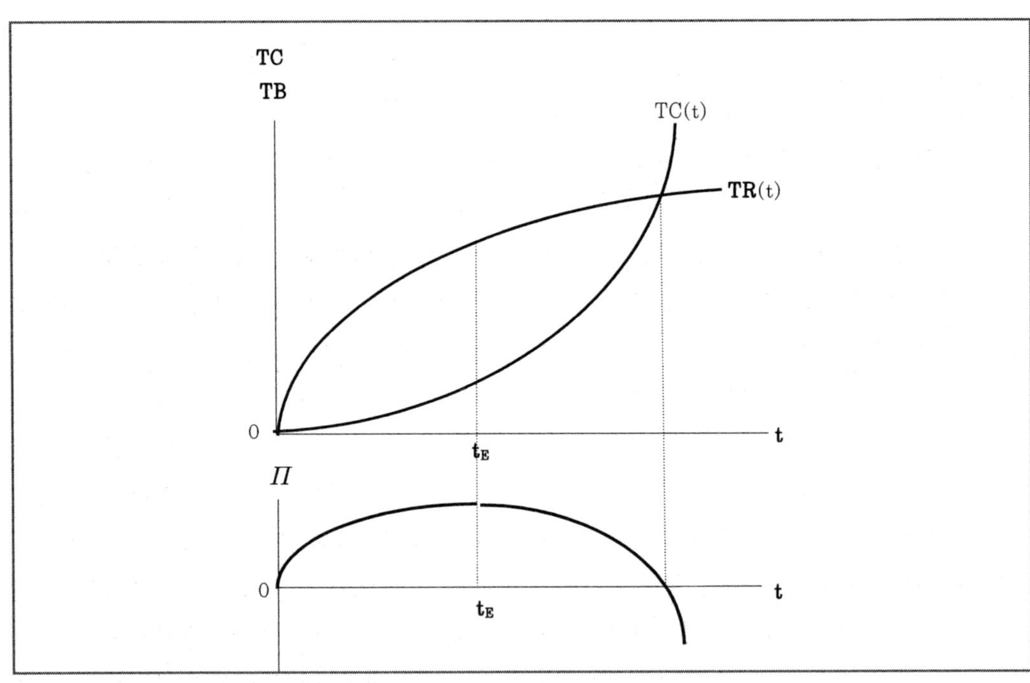

신약에 대한 특허권과 관련하여 국제적인 분쟁의 예가 있다. 인도, 브라질, 남아프리카 공화국 같은 국가들이 자국의 제약회사들이 특허권을 무시하고 신약을 생산할 수 있다고 주장한다. 이에 반하여 세계적인 제약회사들은 특허권의 침해는 위법이며 이 같은 행위가 용인된다면 연구개발투자를 중단하겠다고 위협한다. 저개발국가의 경우, 높은 약값을 감당할 수 없어 많은 환자들이 죽어갈 수 있다. 이런 경우 특허권

을 가진 제약회사들은 가격차별전략을 활용하여 이 문제를 해결할 가능성이 있다. 대부분의 수입이 저개발국가가 아닌 지역에서 발생하는 신약이라면 오히려 가격차별화를 통해 이윤을 극대화할 수 있다. 수요의 가격탄력성이 낮은 지역에서는 높은 가격을 설정하고 수요의 가격탄력성이 높은 저소득국가의 환자들에게는 낮은 가격을 설정하면 된다. 하지만 저개발국가에서 주로 발병하는 질병에 대한 신약개발의 경우 특허권이 보장되지 않는다면 아예 신약개발이 이루어지지 않을 수 있다. 특허권으로 인한 높은 가격을 보장받지 못하는 경우 제약회사의 입장에서는 투자원금조차도 회수하기 어려운 상황에 직면할 수 있기 때문이다. 막대한 손실이 예상되는 신약개발을 추진할 수 없게 될 것이다. 이 같은 상황에서는 특허권을 보장해야 하는지, 아니면 특허권을 무시해야 하는지, 딜레마에 빠지게 된다.

4. 코우즈정리

재산권의 초기배분은 그 재산의 사용방식에 영향을 미치지 못한다는 재산권 배분에 관한 효율성 정리이다. **재산권이 완벽하게 보장되고 거래의 자유가 보장되며 거래비용(transaction cost)이 0에 가깝다면 재산권의 초기배분은 자원의 효율적 배분에 전혀 영향을 미치지 않는다는 원리**이다. 재산권의 보장과 자유로운 거래 그리고 협상비용이 저렴한 상황에서는 자원에 대한 기대가치가 높은 곳으로 자원이 원활하게 배분될 수 있어 가장 높은 가치를 부여하는 경제주체에게 재산권이 배분될 수 있기 때문이다. 예를 들어 살펴보자. 울타리가 없는 토지에 농장과 목장이 맞붙어 있다 하자. 그런데 목장의 소들이 매년 농장의 채소를 짓밟아 100만원의 피해를 입힌다. 농장을 둘러치는 울타리에 대한 비용은 매년 50만원, 목장을 둘러치는 울타리에 대한 비용은 매년 75만원이라 하자. 재산권에 대한 법적 권리는 농장주에게 있다하자. 법적으로는 목장주가 울타리를 쳐야할 의무가 있는 경우이다. 자유로운 거래가 가능하고 거래비용이 0수준이라면 결과는 어떻게 될까? 결과는 농장을 둘러치는 울타리가 완성될 것이다. 왜냐하면 목장에 울타리를 치는 경우보다 25만원을 절약할 수 있기 때문이다. 따라서 목장주는 농장주와 협상할 것이다. 62만 5천원을 지불하겠소. 농장에 울타리를 쳐주시오. 이렇게 되면 본인이 부담하여 울타리를 치는 경우보다 농장주도 12만 5천원의 이득이 발생하고 목장주도 12만 5천원의 이득이 발생하게 된다. 울타리를 치는데 드는 비용은 50만원이 된다. 그런데 법적으로 농장주가 울타리를 쳐야 할 의무가 있는 경우이다. 역시 울타리를 치는데 드는 비용은 50만원이다. 따라서 법적으로 재산권의 초기 배분이 농장주이든 목장주이든 관계없이 결과는 동일하게 된다. 울타리를 치는데 드는 최소비용이 100만원을 상회한다면 결과적으로 아무도 울타리를 치려하지 않을 것이다. 또한 거래비용이 높은 경우에도 결과는 달라질 것이다. 거래비용(transaction cost)은 탐색비용(search cost), 교섭비용(bargaining cost), 집행비용(enforcement cost) 등으로 구성되어 있다.

2 마디 계약법의 문제

계약이란 미래의 어떤 시점에서 어떤 행위에 관한 당사자 간의 약속을 말한다. **계약법은 서로 당사자 간에 체결된 계약에 대해 약속이 유지됨으로써 거래의 안전성을 높일 수 있다. 계약이 너무 쉽게 깨어지게 된다면 불확실성의 증대로 인한 비효율의 문제가 발생할 수 있다**. 한편 계약법은 계약 당사자 간에 부득이한 상황이 발생하여 계약을 이행할 수 없는 경우에는 계약을 위반할 수 있도록 신축성을 부여해야 한다. **계약을 지키는 것보다 계약을 위반하는 것이 사회적 관점에서 효율적인 경우가 발생할 수 있기 때문**이다. 이런 경우를 **효율적 계약불이행**이라고 한다.

계약법의 경우 계약이 지켜짐으로써 발생하는 효율성과 계약이 불이행됨으로써 발생하는 효율성이 충돌하고 있다. 계약이 유지되는 것이 보다 효율적이라면 계약이 유지되도록 계약불이행자에 대한 보상의 책임을 키워야하고 반면에 계약을 불이행하는 것이 보다 효율적이라면 계약이 용이하게 파기되도록 계약불이행자에 대한 보상책임이 작아져야 할 것이다. 그렇다면 계약의 준수와 불이행여부에 관한 효율적 의사결정을 유발하는 보상의무수준에 대해 학습해 보자.

1. 기대손실의 원칙

기대손실의 원칙이란 계약불이행자가 상대방에 대해 계약이 준수되는 경우에 해당하는 보상의무수준을 부담하여야 한다는 원칙이다. **신뢰손실의 원칙은 계약이 체결되기 이전의 상황을 기준으로 판단하는 원칙이라면 기대손실의 원칙은 계약이 이행되는 상황을 기준으로 보상의무수준을 판단하는 원칙**이라는 점이 다르다. 예를 들어 살펴보자. 만약 A가 B에게 고구마 10가마를 단위당 1만원에 일정시점에 공급하기로 계약했다하자. 그런데 C가 나타나 A에게 단위당 1만 5천원에 구매하겠다고 제의했다하자. B는 군고구마를 팔아 총 3만원의 이윤을 얻을 수 있다. 이런 경우에는 고구마는 C에게 공급되는 것이 사회적 효율이 높다고 할 수 있다. 만약 C가 1만 2천원의 가격을 제시했다면 계약대로 B에게 고구마가 공급되어야 한다. 이런 경우 기대

손실의 원칙이 적용된다면 보상의무수준은 3만원이 될 것이다. 이 보상원칙이 적용되면 1만 3천원 이상의 가격이 제시될 경우에만 계약은 불이행될 것이다. 그래야만 보상의무액 3만원을 지급하고 이윤을 얻을 수 있기 때문이다. 이와 같은 기대손실의 원칙은 효율적인 의사결정을 유인하는 효과를 기대할 수 있다. 만약 기대손실에 의한 보상의무수준이 3만원을 초과한다면 계약을 위반하는 것이 효율적일지라도 계약을 준수하는 비율이 높아 질 것이다. 기대손실 보상의무수준이 3만원보다 작아진다면 계약불이행의 비율이 증가할 것이다.

2. 신뢰손실의 원칙

신뢰손실의 원칙이란 계약불이행자가 상대방에 대해 계약을 맺지 않았을 경우에 해당하는 보상의무수준을 부담하여야 한다는 원칙이다. 기대손실의 원칙은 계약이 이행되는 상황을 기준으로 보상의무수준을 판단하는 원칙이라면 신뢰손실의 원칙은 계약이 체결되기 이전의 상황을 기준으로 보상의무수준을 판단하는 원칙이라는 점이 다르다. 위의 사례에서 계약이전에 B가 계약을 위해 지불한 비용이 총 1만원 발생했다하자. 이런 경우에는 신뢰손실의 원칙에 의한 보상의무수준은 1만원이 된다. 따라서 C가 1만 1천원 이상만 가격을 제시하면 계약은 불이행될 것이다. 따라서 대체로 신뢰손실의 원칙하에서는 계약에 대한 불이행이 과다하게 발생할 가능성이 높아진다는 것을 알 수 있다.

3 마디 불법행위법의 문제

불법행위법(tort law)이란 불법행위로 인해 발생한 피해에 대해 그 책임을 물어 피해자에게 배상을 요구하는 법을 말한다. **불법행위법은 사고로 인한 피해의 보상에 초점을 맞추기보다는 사고를 예방하기 위한 사고방지기능에 초점을 맞추고 있다**[3]. 불법행위가 고의적으로 이루어진 경우에는 당연하게 불법행위에 대한 배상책임을 지울 수 있겠으나 과실로 인해 발생한 불법행위의 경우에는 ① 무책임의 원칙, ② 엄격책임원칙, ③ 과실책임원칙 등으로 그 판단기준이 다를 수 있다. 먼저 과실에 대한 배상책임의 원칙을 이해하기 위해 과실을 예방하기 위한 노력과 사고가 발생했을 경우 확률적으로 나타나는 기대손실간의 함수관계를 이해해야 한다. 예방을 위한 노력

3) 보상기능은 보험제도에 의해 보다 효율적으로 수행될 수 있기 때문이다.

수준을 x라 하고 사고로 인한 기대손실을 L(x), 그리고 예방을 위해 지출한 노력비용을 C(x)라 하자. 사고예방을 위한 노력수준이 커지는 경우 L(x)의 값은 작아질 것이고, 반면에 C(x)의 값은 커질 것이다. 여기서 우리는 사회적 관점에서 예방노력이 어느 정도 수준에서 이루어지는 것이 가장 효율적인 것인지를 판단하는 최적기준을 설정 할 수 있다. 따라서 **효율적인 불법행위법률을 제정하기 위해서는 L(x) + C(x)의 값이 최소화되는 예방노력수준을 유인하는 배상책임의 원칙**이 적용되어야 한다는 것을 알 수 있다. 무엇이 과실인가에 대한 판단여부는 일반인, 보통인의 주의정도를 다하였는가 아닌가를 기준으로 하고 있다. 한 마디로 개개인의 평상시의 주의정도를 기준으로 하는 구체적 과실이 아니라 평균인·표준인의 주의정도를 기준으로 하는 추상적 과실을 기준으로 삼는다. 물론 이 때의 평균인이란 당사자의 직업, 지위, 당해 사건의 환경 등을 고려한 평균개념을 의미한다. 또한 과실은 구체적·상대적으로 생각하여야 한다. 과연 어느 정도까지 주의의무가 적용되어야 하는가에 대하여는 건전한 상식 내지 양식을 기준으로 판단하게 될 것이다.

1. 무책임원칙

무책임의 원칙이란 사고를 일으킨 자가 사고피해에 대해 아무런 책임을 지지 않아도 된다는 원칙을 말한다. 무책임의 원칙이 적용되는 경우에는 사고예방을 위해 지출한 노력비용을 C(x)만을 최소화하게 할 것이다. 따라서 최소한의 예방노력을 선택할 것이고 예방노력수준은 최적한 수준에 이를 수 없다.

2. 엄격책임원칙

엄격책임의 원칙이란 사고를 일으킨 자가 사고피해에 대해 모든 배상책임을 진다는 원칙을 말한다. 엄격책임의 원칙이 적용되는 경우 사고를 일으킨 자의 개인적 비용은 L(x) + C(x)가 된다. L(x)= 사고가 일어날 확률(p) × 사고가 발생했을 때의 피해액 (D)을 의미한다. 따라서 모든 사람들은 개인적 비용 L(x) + C(x)을 최소화하기 위해 노력하게 될 것이고 결과적으로 사회적 비용도 최소화될 것이다. 따라서 사고예방을 위한 최적노력수준을 선택하도록 유인하는 기능을 수행하게 된다.

3. 과실책임원칙

과실책임의 원칙이란 사고를 일으킨 자가 사고피해에 대해 평균적이고 상식적인 수준의 주의의무를 다하지 못한 경우 그 부분에 대해서만 배상책임을 진다는 원칙을

말한다. 과실책임원칙이 적용되는 경우 개인적 비용은 L(x) + C(x)가 된다. 따라서 모든 사람들은 개인적 비용 L(x) + C(x)을 최소화하기 위해 노력하게 될 것이고 결과적으로 사회적 비용도 최소화될 것이다. 따라서 사고예방을 위한 최적노력수준을 선택하도록 유인하는 기능을 수행하게 된다. 엄격책임원칙과 다른 점은 피해자의 입장에서 엄격책임원칙이 적용되는 경우에는 피해액 전액을 보상받을 수 있는 반면, 과실책임원칙이 적용되는 경우에는 피해액 중 주의의무를 게을리 한 부분에 대해서만 보상을 받을 수 있다는 점이 다르다.

4. 최적주의수준과 핸드판사의 공식

과실책임원칙에 따르면 사고가 발생하는 경우, 사고를 일으킨 자가 얼마나 사고예방을 위한 비용, C(x)를 지불했는가를 기준으로 책임배상의 문제를 논의했다고 볼 수 있다. 그런데 사고를 당한 자의 관점에서도 사고를 당하지 않기 위해 사고예방을 위한 비용, 즉 사고회피비용 A(x), 사고회피노력을 충실하게 수행했는지도 고려되어야 한다. 사회적 관점에서 보면 사고가 발생했을 때 피해자가 입는 피해비용(1류형)과 사고예방을 위해 지불한 비용(2류형)을 모두 합한 것이 사고로 인한 사회적 총비용(TC)의 개념이 된다. 이를 수식으로 나타내면 TC(총비용)=f(x)·D(기대손실) + A(x)(예방을 위한 비용)와 같다. f(x): 사고가 일어날 확률이고 D사고가 일어났을 때 피해액이다. **총비용을 최소화하기 위해서 f(x)·D(기대손실) + A(x)(예방을 위한 비용)를 최소화할 수 있는 불법행위법에 대한 입법정책이 수립돼야 한다**. 사회적 총비용이 최소화되기 위해서는 기대손실, f(x)·D와 사고예방을 위한 비용, A(x)를 최소화시켜야 한다. 최적주의수준은 사회적 총비용이 최소화되는 조건을 충족하는 경우 성립된다. 따라서 <그림 9-2>의 x_E에서 사회적 총비용이 최소화되므로 최적주의수준은 x_E점에서 결정된다.

과실책임기준에 관한 법학적 관점은 평균적이고 상식적인 주의수준을 기준으로 과실여부를 판단해야 한다고 주장한다. 하지만 법경제학적 관점은 최적주의수준을 기준으로 과실여부를 판단해야 한다고 객관적이고 명료한 효율성기준을 제시하고 있다. 덧붙여서 과실의 의미를 핸드 판사의 공식(Hand formula)을 사용하여 판단해 보자. 핸드판사공식은 f(x)·D(기대손실)과 A(x)(예방을 위한 비용)로 구성되고 사고가 날 확률을 p로 표시하여 pD>A라는 수식으로 표현하고 있다. **사고예방을 위한 비용이 사고로 인한 기대손실보다 작은 경우 과실이 인정되고 배상책임을 물을 수 있다는 원리**를 제공한다. 요약하면 사고의 방지비용이 사고의 기대손실(사고확률×사고비용)보다 작은 데에도 불구하고 사고에 대한 방지노력을 하지 아니한 경우에는 과실이 성립하고, 반대로 사고의 방지비용이 사고기대손실보다 크게 나타나는 경우에는 오히려 사고방지노력을 하지 아니해도 과실이 성립되지 않는 다는 기준을 제시하고 있다. 따라서 과실판단의 기준이 되는 주의의무는 사고방지비용이 사고기대손실보다 작은 경우에만 성립한다고 볼 수 있다. 한편, 핸드 판사 공식에 대한 문제점으로 지적될 수 있는 것은 기본적으로 비용-편익분석(cost benefit analysis)을 근간으로 삼고 있지만, 그가 사용하고 있는 기본개념은 사실상 총비용과 총편익이라는 총계개념을 벗어나지 못하고 있다는데 있다. 따라서 그는 총비용이 총편익보다 크게 나타나는 경우에만 과실이 성립할 수 있다는 논리가 반영되고 있는 것이다. <그림 9-2>의 왼쪽 그림에서 과실을 판단하는 주의수준이 x_1에서 결정될 가능성이 높다는 것을 알 수 있다. 그러나 비용-편익분석에서는 본래 한계비용(marginal cost)이나 한계편익(marginal benefit)과 같은 한계개념을 사용하는 것이 합리적이다. 그리고 실제적으로도 주의의무를 하느냐 하지 않느냐에 대한 선택기준이 양자택일의 관계라기보다는 어느 정도 기울여야 하느냐의 수준에 대한 선택문제이기 때문이다. 즉 예방에 대한 주의를 한 단위 더 투입할 때 소요되는 비용(한계비용)과 그로 인해 사고기대손실을 얼마나 줄일 수 있는가(한계이익)를 비교하여 과실유무를 판단하는 것이 보다 합리적이다. <그림 9-2>의 오른쪽 그림에 나타난 바와 같이 한계개념을 활용하면 항상 x_E 수준에서 최적조건이 성립한다는 것을 알 수 있다. 따라서 핸드 판사의 공식에 한계개념을 도입하면 사고총비용을 최소화하는 주의의무수준은 불법행위법의 효율목적에 합치되는 최적주의수준과 동일해 지는 것이고 이것은 또한 일반인·보통인·평균인·표준인들의 주의의무수준과도 일치할 수 있는 가능성이 열리게 된다.

〈그림 9-2〉 최적주의수준

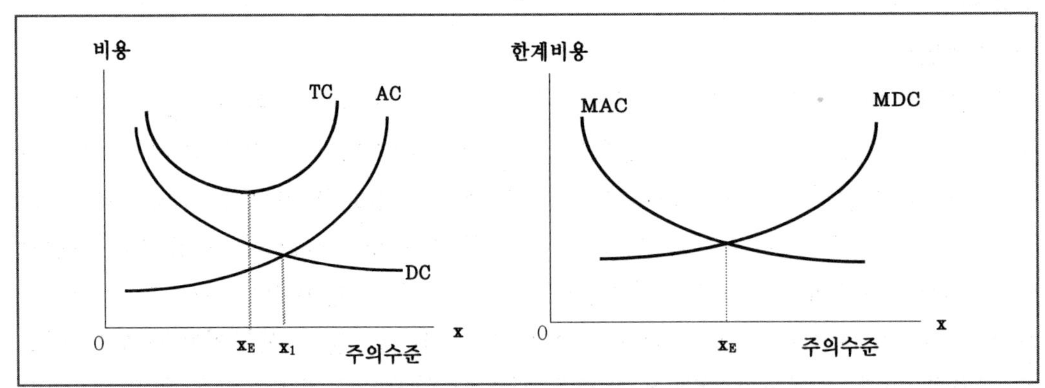

4 마디 범죄와 형벌의 문제

1. 범죄와 형벌의 문제

법경제학에 의해 범죄와 형벌의 문제가 다루어지기 이전에는 범죄행위에 대한 분석수단 자체가 범죄자들에 대한 정신병리학적 접근을 벗어나지 못했다는 특징을 가진다. 스티글러(G. Stigler)나 베커(G. Becker)와 같은 법경제학자들은 범죄행위조차도 일반적인 경제행위처럼 효용극대화원리가 작동한다는 것을 이론적으로 적용하고 있다. 경제학적 최적선택의 원리를 범죄행위의 분석에도 활용할 수 있는 이론적 틀을 제공하고 있는 것이다. **범죄인들도 일반 사람들과 동일하게 상과 벌에 반응하는 합리적인 인간이라는 합리성 개념을 바탕으로 형벌의 강도를 조율함으로써 범죄수준을 효율적으로 관리할 수 있는 모형**을 제시한다. 이상적으로는 범죄가 전혀 없는 사회를 추구하겠지만 현실적으로는 최적범죄억제노력으로 최적한 범죄수준에서 범죄가 관리되는 사회가 합리적이고 효율적인 사회라 할 수 있다. 공해문제처럼 공해가 전혀 없는 사회는 오히려 비효율적인 사회가 되는 것과 같은 원리가 적용된다. 만약 공해가 0인 사회를 원한다면 아마도 원시수준의 사회로 회귀하게 될 것이다. 해법은 공해가 최적수준에서 관리되는 사회를 선택해야 된다는 것이다. 이와 같이 범죄의 경우에도 범죄를 완전히 소탕하기 보다는 최적수준에서 관리하는 것이 오히려 합리적이라는 개념이다. 만약 범죄를 0수준으로 억제하려 한다면 체포, 기소, 수감, 및 교화, 변호 등등에 관련한 비용들은 엄청나게 증가하게 될 것이다. 뿐만 아니라 범죄자에 대한 형벌의 강도를 공포수준으로 강화해야 할 것이다. 그런데 형벌강도를 높이게 되면 인권침해에 대한 위험비용이 추가로 발생하게 된다. 따라서 0수준의 범죄를 선택한다면 사회적으로 편익보다 비용이 더 높게 발생하게 된다. 따라서 범죄를 0수준으로 억제하는 정책보다는 범죄를 최적수준으로 유지하고 관리하는 정책이 더 합리적이라는 것을 알 수 있다.

2. 최적범죄수준

범죄와 형벌의 관계는 범죄를 선택하는 개인적 차원에서 선택에 영향을 미친다. 형벌의 강도가 높아지면 범죄에 대한 비용은 높아지고 편익은 그대로인 상황에서 범죄에 대한 선택은 줄어들게 된다. 사회적인 차원에서 보면 형벌의 강도를 높이고 범죄를 줄이기 위해 치안을 강화하는 등, 일련의 범죄억제노력을 증대시키면 사회적 비용이 증가한다. 한편 범죄억제노력을 증가시켜 범죄가 줄어들면 사회적 편익은 증가한다. 따라서 **범죄억제로부터 발생한 사회적 편익이 범죄를 억제하기 위해 투입된 비용보다 낮은 수준이라면 범죄를 억제하지 않는 것이 합리적인 선택이라 할 수 있다**. 이와 같은 비용-편익의 분석원리를 적용하여 순편익이 극대화될 수 있는 최적범죄수준을 찾아야 하고 범죄억제정책의 수립과 시행에 반영해야 한다. 이와 같은 법경제학적 분석을 활용하여 범죄억제정책이 선택된다면 효율적인 범죄억제노력으로 사회적 편익은 극대화될 수 있다. <그림 9-3>에 나타낸 총비용곡선은 순피해비용(ND)과 범죄억제비용(RC)를 합해서 도출된 그래프이다. 순피해비용은 z범죄수준에서 발생하는 피해비용(D)에서 범죄행위로부터 범죄자가 얻은 편익(B)을 뺀 값이다. 그런데 편익은 불변이라 가정했으므로 범죄수준이 증가하면 피해비용은 증가한다. 따라서 ND곡선은 우상향한다. 피해비용(D)은 범죄행위로 인해 발생한 사회적 비용을 나타낸다. 범죄억제비용(RC)은 범죄를 억제하기 위해 투입된 모든 비용을 합한 개념이다. 범죄억제비용이 감소하면 범죄수준은 증가한다. 따라서 RC곡선은 우하향한다. 이런 개념들을 함수화하여 TC(총비용곡선), ND(순피해비용곡선), 그리고 RC(범죄억제비용곡선)가 도출된 것이다. <그림 9-3>에서 보는 바와 같이 ZE범죄수준에서 총비용곡선이 최저점이라는 것을 알 수 있다. Z_E점은 바로 최적범죄수준을 나타내고 있는 것이다. 따라서 Z_E는 최적범죄수준이고 Rc는 최적범죄억제노력수준을 위한 최적비용수준이라 할 수 있다.

〈그림 9-3〉 최적범죄수준

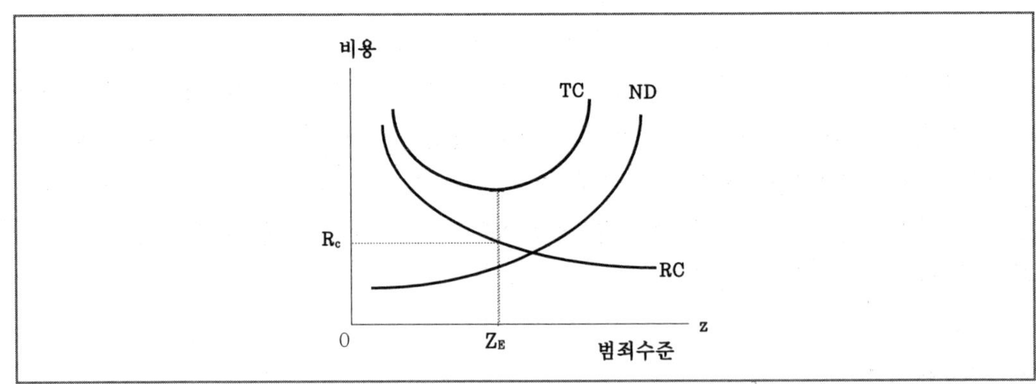

제 2 부

거시경제학

Macroeconomics

ECONOMICS

마당 10

국민소득의 개념

경제의 최종목적은 소비에 있다. 로빈슨 역시 '먹고 살자니' 소비해야 하는 숙명을 거역하지 못한다. 소비하고자 조개를 캐거나 곡식을 심어야 한다. 생산하지 않고서 소비하지 않을 수 없고, 소비하지 않고서 생산에 나설 만큼 체력[노동]을 유지하지 못한다. 소비는 생산에 기여하고 생산은 소비에 기여한다. 생산→소비→생산이 되풀이[순환] 되는 것이다. 거듭 생산하고 소비하는 과정이 그의 삶이다. 우리의 삶이기도 하다. 생산과 소비가 하나의 굴렁쇠와 같다. 다만 크루소에게는 시장이 없다. 물건[재화]을 교환할 상대가 없다. 혼자서 줍거나 만들고,[생산] 혼자서 차지[소득]하고 처분한다. 생산자와 소비자가 한 몸인 셈이다. 교환이 없는 자급자족경제에 해당한다. 그래도 **로빈슨**의 생산활동을 기업이라 하고, 소비활동을 가계라 하자. 경제주체로서 가계와 기업이 엄연히 다를 테지만, 농가나 구멍가게와 같은 경우 하나의 경제주체가 소비자이자 생산자의 얼굴을 갖고 있다. 그러므로 교환을 바탕으로 삼는 시장경제의 입장에서는 **크루소**기업과 **크루소**가계가 주고받는 것처럼 나누어 보아야 한다. 일부러라도 구분하는 편이 이해하기 수월하기 때문이다.

1 마디 국민소득의 순환

"열려라 참깨!" 알리바바의 동굴에서는 쓸모 있는 것들이 거저 쏟아진다. 하지만 현실경제에서는 그처럼 후하지 않다. 공짜 점심은 존재할 수 없다. 생산에 쓰이는 노동, 자본, 토지, 경영 등을 생산요소라 하는데, 이를 구하자면 대가를 지불해야 한다. 임금, 이자, 지대[임대료], 이윤[배당금]등이 그것이다. 이들은 생산요소를 구입하는데 지출한 것이므로, 경제학에서는 이를 요소비용이라 한다.

회계학은 수입에서 모든 비용을 털어낸 나머지를 이윤이라 정의할지 모르나, 경제학에서의 이윤은 생산에 기여한 경영에 대한 대가라는 점에서 분명 요소비용으로 취급한다. 따라서 기업수입의 모두가 여러 요소비용으로 지출되는 과정을 분배라 한다. 가계의 입장에서 보면, 생산에 기여하고 차지한 것은 소득이 된다. 따라서 기업의 요소비용과 가계의 소득은 언제나 일치한다[1]. 즉 **기업수입 ⇒ 요소비용 ⇒ 국민소득**의 관계가 성립하는 것이다.

1. 이부문 모델(model)의 소득순환

잠시 정부와 해외부문을 밀쳐 두고 보자. 이제 기업과 가계만 남으니, 이렇게 꾸며진 모델을 이부문의 경제라 부른다. 세금을 내야 할 의무나 수입품을 사는데 돈 쓸 필요가 없겠다. 덧붙여 기업이 소비재만 생산하고 가계는 저축하지 않는다고 가정해 보자. <그림 10-1>에서는 보는 바와 같이 ① 가계가 상품을 구매하기 위해서 지불한 돈은 기업의 수입이 된다. ② 기업이 수입을 요소비용의 형태로 분배한 금액은 가계 소득이 되거니와, 거시경제학의 가계는 '모든 가계'를 뜻하므로, 곧 국민소득이다. 가계가 먼저 구매지출을 시작했는지, 기업이 앞서 요소비용을 지불하여 가계의 주머니를 채웠는지 따질 필요가 없다. 그저 돌고 돌 따름이다. 이것이 화폐의 순환이라면, 실물의 흐름은 어떠한가.

---

1) 기업의 수입액보다 가계의 소득이 실제로 작게 보이는 두 가지 사연이 있다. ① 분배되기 이전에 법인세 등을 납부하게 되는데, 조세는 정부가 제공한 치안이나 국방 등의 생산요소에 대한 대가이다. 그러므로 국민경제의 입장에서는 분명한 요소비용이고 소득이다. ② 기업이윤을 자본이라는 생산요소를 공급한 가계에 분배하지 않고 유보해 두는 경우가 많다. 그렇다고 영구히 분배하지 않겠다는 것은 아니고, 이번에 분배할 것을 다음으로 미루어 두는데 불과하다.

〈그림 10-1〉 국민소득의 순환

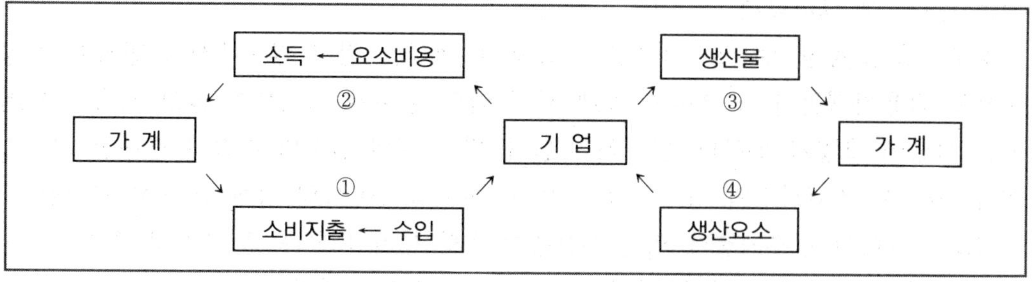

③ 가계는 생산요소를 판매하여 얻은 소득으로 기업이 공급하는 생산물을 구매하고, ④ 기업은 생산물을 판매하여 얻은 수입으로 가계가 제공하는 생산요소를 구매한다. 가계의 생산물 구입과 기업의 생산요소 구입 중 어느 것이 앞섰는지도 다툴 거리가 못된다. 그저 순환한다는 사실만 확인해 두자. 가계의 독특한 작용이 생산물을 써서 생산요소를 가꾸고, 기업의 생산과정에 의해 생산요소가 생산물로 모습을 바꾸면서 돌고 돈다. 거듭되는 이러한 흐름을 국민소득의 순환이라 부른다.

2. 누출과 주입

지금껏 가계가 저축하지 않고, 기업이 소비재만 생산한다고 했다. 그런 경우 가계의 소득이 모두 수요로 작용하여 기업의 수입으로 들어가고, 기업수입이 모두 요소비용으로 가계에 되돌려져 소득흐름이 돌고 돈다. 그러나 가계수입의 일부가 장롱 속에 처 박혀 얼굴을 내밀지 않는다면, 어찌 될까.

저축 ⇒ 소비수요감소 ⇒ 기업수입축소 ⇒ 요소비용축소 ⇒ 가계소득감소의 과정을 유발하므로, 소득흐름의 일부가 저축으로 빠져 나간다. 이처럼 수요가 줄어 결국 소득을 감소시키는 애물거리를 누출이라 부른다.

이와 대조적으로 투자는 투자재수요로 작용하여 기업수입을 늘리고, 따라서 가계수입을 확대한다. 이처럼 새로운 수요로 작용하여 소득흐름을 부풀리는 현상을 주입이라 부른다.

① 정부의 참가[개입]

정부가 참가하는 3부문 모델에서 조세징수는 **가계소득감소 ⇒ 소비수요감소 ⇒ 기업수입축소 ⇒ 요소비용축소 ⇒ 가계소득감소**의 과정을 유발하므로, 소득을 누출시킨다. 이와 대조적으로 정부지출은 그만큼 수요증가를 부가하여 소득을 증가시키므로 끼어넣기, 곧 주입이다. 다만 조세징수와 정부지출이 국민소득에 미치는 힘이 같지는 않다. 왜 그러할까.

정부지출은 몽땅 수요로 작용한다. 그러나 세금을 걷지 않는대서 그만큼이 몽땅 수요로 작용하겠는가. 납부하지 않게 된 금액의 일부가 소비되지 않고 저축으로 빠지는 까닭에 그렇지 못하다. 납부하지 않게 된 금액의 일부만 수요로 작용한다는 말이다. 따라서 조세징수와 정부지출을 같게 하는 균형예산의 경우, 조세에 기인한 수요감소[누출]보다는 정부지출에 의한 수요증가[주입]의 크기가 크다. 곧 소득을 증가시키는 효과가 있다. 이것을 균형예산승수라 하고 1의 값을 가진다.

② 해외의 역할

누출인 저축이 투자재원으로 바뀐다면, 당연히 투자재수요를 일으키는 주입으로 작용한다. 조세가 누출로서 소득을 감소시키지만, 그로써 집행된 정부지출이 소득을 증가시킨다. 누출이 모습을 바꾸어 주입으로 작용하는 한 소득흐름이 움츠러들 걱정은 없다. 그러나 해외부문을 포함하는 4부문 모델에서는 염려스런 바가 있다.

수출은 해외소득이 국내소득에 끼어드는 것이므로 반가운 주입이다.

따라서 **수입>수출**이면 국내에서의 생산규모를 축소시키고, **수입<수출이면** 국내에서의 경제규모를 확대시킨다[2]. 이와 반대로 수입은 해외상품을 원하는 수요다. 지불된 수입대금은 해외기업의 소득이며, 그로써 해외기업이 분배한 요소비용은 외국가계의 소득이다. 따라서 수입은 국내경제에 주입되는 요소소득이 해외로 빠져나가는 누출에 해당한다.

③ 경제의 성장[주입과 누출]

국산품에 대한 수요증가[투자,정부지출,수출]는 소득순환에 대한 주입이다. **수요증가 ⇒ 생산증가 ⇒ 요소비용증가 ⇒ 소득증가**에 의해 소득흐름이 부푸는 까닭이다. 이처럼 주입에 의해 경제의 덩치가 커질 때, 확대재생산 혹은 경제가 "성장한다"고 손뼉을 친다. 반대로 소득이 국산품에 대한 수요가 되지 못하고 다른 용도[저축,조세,수입]로 빠질 때, 축소재생산이 예상되고 경제가 "쇠락한다"고 탄식할게다. 끼어들기[주입]와 빠지기[누출]가 모두 없거나 서로 같다면, 경제는 어정쩡한 상태에 머문다. 이 같은 현상을 단순재생산이라 한다.

2) 수출에 의한 국민소득의 증가가 그만큼 수입수요를 일으킨다면, 누출이 주입효과를 상쇄한다. 그러나 국민소득의 증가분이 몽땅 수입수요로 바꾸지 않으므로(한계수입성향〈1), 소득증가를 기대한다. 또 수출에 의한 주입효과와 소득증가에 의한 수입의 누출효과 간에는 시차가 존재할 것이다.

④ 균형의 조건

누출은 소득이 수요가 아닌 다른 용도로 빠지는 것이므로, 매기가 움츠러든다. 따라서 생산이 재빨리 축소되지 않는 한, 초과공급 사태가 재고를 쌓아 올린다. 반면에 주입은 새로운 수요로 작용하므로, 기존의 생산량으로는 감당하기 어려운 초과수요를 맞이한다.

이제 2부문 모델에서 소비, 저축, 투자를 각각 C, S, I로 표시해 보자. <표 10-1>의 수식 C+S=C+1에서 양변의 C를 제외하고 보면, S=1이 되고 만다. 곧 누출과 주입의 크기가 서로 같으므로, 초과수요나 초과공급이 없는 상태, 균형을 이룬다는 뜻이다. S>I은 누출이 더 많다는 뜻이므로 초과공급을, S<I는 주입이 더 많다는 뜻이므로 초과수요를 의미한다. 정부가 개입하는 3부분모델이나 개방경제의 특성인 4부문 모델에 대해서도 한가지로 생각하면, 그만이다. 정부는 있되 해외가 없다는 3부문 모델에서는 조세(T)와 정부지출(G)이 개입하여, S+T=I+G가 균형조건이다. 대외거래를 인정하는 4부문 모델에서는 수출입을 반영하여 S+T+M=I+G+X의 모습을 취하겠다. 어떤 경우든 누출과 주입이 같아야 국민경제의 생산과 수요가 같아진다는 설명은 한결같다[3].

〈표 10-1〉 누출과 주입

모델	누출 (재고증가)	주입 (재고감소)	균형조건
2 부문	저축	투자	C+S=C+1 ⇒ Y=C+I
3 부문	저축, 조세	투자, 정부지출	C+S+T=C+I+G ⇒ Y=C+I+G
4 부문	저축, 조세, 수출	투자, 정부지출, 수입	C+S+T+M=C+I+G+X ⇒ Y=C+I+G+(X−M)

C=소비, I=투자, T=조세, G=정부지출, X=수출, M=수입

3) 2 부문 모델에서 은행이 없다면(가계저축이 없다면), 생산된 것(Y)은 모두 소비(C)된다. 그러므로 Y=C이겠으나, 저축이 있는 경우에는 가계소득이 C+S이므로, Y=C+S이고 균형하자면, C+S=C+I여야 하므로 균형조건을 Y=C+I로 표현할 수 있다.

2 마디 국민소득의 면모

1. 중간재와 부가가치

중간재란 다시 생산과정에 투입되어 성질이나 형태를 바꾼달지, 장소를 옮겨 되팔려 나갈 것들이다. 일테면 밀은 밀가루 생산을 위한 중간재이며, 밀가루는 제빵산업의 중간재이다. 그렇다고 모든 빵이 최종생산물인가. 한 알의 완두콩도 밥그릇에 오르면 그러하나, 땅에 묻히는 콩 씨앗은 생산을 위해 사용된 중간재로 판정받는다. 물론 자본재와 원재료는 중간재이다. 다른 말로, 산업용은 모두 중간재이고, 민간의 소비용은 한결같이 최종재이다. 이에 반하여,

최종생산물은 최종생산 단계를 마친 것으로, 쓸모^효용^를 다할 때까지 그대로 소비되는 것을 말한다. 다른 것을 생산하는데 중간재로 다시 사용되거나, 되 팔리지 않고 그냥 그대로 소비될 운명의 것들이다[4]. 산업용으로 사용되어 쓸모를 증가시키는데 기여하지 못할 것들이다.

부가가치란 중간재에 **덧붙인 가치**를 뜻한다. 십만 원짜리 나무 밑둥을 깎아서 백만 원짜리 목각품을 만든 경우의 부가가치는 그 차액인 **90**만원이다. 이때 중간재는 소재로 사용한 나무 밑둥이다.

부가가치 = 산출액 − 중간재 투입액 = 목각 판매가 − 밑둥 구입가

2. 국민소득의 3측면

① 생산국민소득(Y)^Gross National Products^

효용을 창출하거나 기왕에 존재하는 가치에 새로운 효용을 부가하는 모든 행위를 생산이라 부른다. 생산이 가치부가행위이므로 각 기업의 생산액은 판매액으로부터 중간재비용을 차감하여 파악한다. 이것을 총합산하여 국민총생산을 추계하게 된다. 하지만 이 같은 계산방법은 매우 번거로운 일이고, 그만큼 많은 비용이 소요되므로 실제에 적용하기에는 어려움이 따른다.

그러므로 중간재 생산부문을 모두 묵살하고, 최종재 생산부문의 매출액만을 몽땅

4) 여기서 '생산'은 재화의 가치를 늘리는 모든 행위를 뜻하여, 상업 또한 생산행위에 속한다. 상인이 내놓는 재화는 되 팔릴 것이므로 최종생산물이 아니고 중간재이다.

합하면 어떻겠는가. 구입한 중간재의 가격에는 앞 단계의 생산에서 발생한 부가가치가 붙어 있으므로, 최종재의 가격 속에 앞서 거쳐 온 여러 생산단계에서 발생한 부가가치가 모두 누적된다. 따라서 최총재의 매출액을 파악함으로써 모든 생산단계에서 발생한 부가가치를 총합하는 것과 동일한 결과를 얻게 된다. 실제로 이처럼 국민소득을 추계하거니와, 생산측면에서 파악했다는 뜻에서, 생산국민소득이라 부른다.

생산국민소득(Y) = 총부가가치 ⇐ 최종재 판매액

② **분배국민소득(GNI⇐ Gross National Income)**

생산요소의 기여에 대해 대가를 지불하고, 받는 입장에서 몫을 차지하는 행위를 분배라 칭한다. 기업의 생산액부가가치가 모두 요소비용으로 분배되는 즉, 생산국민소득과 분배국민소득은 같다.

분배받은 가계측의 입장에서는 소득을 즉, 이를 분배국민소득(GNI)이라고도 부른다. 그리고 2부문 모델에서 가계의 소득은 소비 또는 저축된다. 3부문이나 4부문이라면 어떻게 되겠는가.

생산국민소득(Y) = 분배국민소득(GNI) = 총요소비용 = 소비 + 저축

③ **지출국민소득(GNE⇐ Gross National Expenditure)**

소득을 용도에 따라 처분하는 행위를 지출이라 부른다. 분배에 의해 얻어진 모든 소득이 무슨 용도에든 사용되자면, 그만큼 구매행위를 수반할 것이므로 기업측에서 보건데, 총수요에 해당한다.

거시경제학은 소득의 지출대상을 흔히 소비, 총투자, 순수출로 나누어 본다. 다만 총투자 속에 뜻하지 않았던 재고증가분을 포함한다는 점에 주의해 주기 바란다. 재고증가를 투자로 간주해서 수요처럼 여겨야 총공급=총수요의 관계를 장담하는 까닭이다. 그리고 지출국민소득을 기업측에서 보건데, 총수요 아닌가.

분배국민소득 = 지출국민소득(GNE)

⇒ 소비 + 총투자(Ig) + (수출 − 수입)⇒총수요

④ **삼면등가의 원칙**

재고증가를 투자로 간주해서 지출국민소득[총수요]에 포함시켜 버리면, 국민소득은 생산, 분배, 지출의 어느 쪽에서 측정하든, 크기가 같아야 마땅하다. 따라서 생산[GNP] = 분배[GNI] = 지출[GNE]의 관계를 **삼면등가의 원칙**이라 한다[5].

국민총생산(GNP)	최종재의 시장가치(부가가치+감가상각)
국민총소득(GNI)	요소소득(임금+이자+지대+이윤+ · · · ·)
국민총지출(GNE)	소비+총투자+정부지출+순수출(X-M)

다만 현실의 지출국민소득에 뜻하지 않았던 재고증가가 끼어든다는 점을 거듭 유념해 두기 바란다. 기말재고가 기초재고보다 엄청나게 증가했다 하자. 재고증가는 소비되지 않는 총공급의 증가이며 초과공급에 해당한다. 총생산액과 재고증가의 관계를 수식으로 나타내면 다음과 같다.

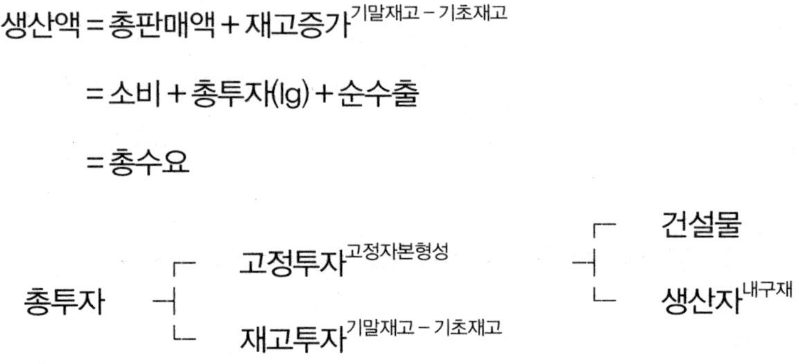

1. 국민총생산; GNP[Gross National Product]

국민총생산이란 "일정기간 동안 국민에 의해 생산된 모든 최종생산물의 시장가치"를 말한다.

일정기간 동안은 국민소득의 발생과 흐름을 유량[flow]개념으로 측정함을 뜻한다. 유량이란 어느 순간에 쌓여있는 량[저량]이 아니라 일정 기간 동안의 발생량을 뜻한다. 일테면, 국민소득이 그렇고 소비, 투자, 저축, 물가상승율, 경제성장 등이 그러하다[6].

---

5) 생산, 분배 및 지출은 시차를 두고 이루어지는 까닭에, 기간내에 모두 마무리되지 않는다. 게다가 추정과정에서도 오차가 발생한다.

대개 연간이나 분기별로 따지는데, 당해기간 이전에 생산된 골동품, 주택, 중고차 등의 거래나 옛 외상값을 이번에 건네받은 것은 포함하지 못한다. 과거의 국민소득에 이미 포함되었던 것이므로 이번 기간에 국민소득으로 친다면, 거듭 계산하는 착오에 빠진다.

'**국민에 의해**'는 소득흐름을 국토[속지주의]가 아니라 국민을 위주로[속인주의] 파악하겠다는 뜻이다. 국민이 소유한 생산요소를 사용하여 얻어진, 따라서 국민이 차지할 부가가치라면, 해외에서 생산되더라도 전혀 개의치 않는다. 오직 소득을 차지하는 분의 국적만을 따지는 즉, 국민이 해외에서 벌어들인 것은 당연히 포함한다. 반대로 생산장소가 국내일지라도 외국인의 생산요소가 빼가는 소득은 끼워주지 못한다.

생산된 은 생산과 무관한 거래항목을 제외해야 마땅하다는 표현이다. 아래에 예시된 이전거래는 자산이 주인을 옮기는 것에 불과할 뿐 국민경제의 입장에서는 전혀 소득을 발생시키지 않는다. 한편에서의 소득이 증가하자면, 다른 편의 소득감소가 있어야 하는 까닭이다. 자산재평가 역시 가격의 변동만을 반영할 뿐 실제 생산활동의 결과가 아니므로 제외시킨다.

이전거래: 상속, 증여, 기부, 복권, 주식거래, 장학금, 실업수당, 국공채이자

불법거래: 도박, 밀수

자산재평가 이익: 주식가격상승, 건물가격 상승

최종생산물 속에는 생산의 최종단계에 앞서 발생한 부가가치가 모두 누적되어 있으므로, 이것만을 계상해도 생산의 여러 단계에서 발생한 부가가치를 모두 누계하는 셈이다. 따라서 중간재의 가격까지 마구잡이로 합하는 총계개념이 아니라 부가가치만을 셈하는 순계개념에 따르는 것이다. 다만 주의해야 할 것은 재화뿐 아니라 형태가 없는 의료, 수송, 오락 등의 용역을[service] 포함시켜야한다는 점이다.

시장가치로 평가하는 것은 서로 다른 생산물을 물량에 기준하여 합산할 수 없는 까닭이다. 일테면 개밥과 도토리의 생산량을 한 덩어리로 집계할 수 없거니와, 형태조차 없는 용역을 어찌 물량으로 따지겠는가. 그러므로 시장의 거래가격으로 평가하여 그 금액을 합산할 밖에 도리 없다. 다만 시장에서 거래되지 않아 가격을 알 수 없는 것들, 특히 가사노동의 값진 용역을 생산에 포함하지 못함은 안타까운 일이다[7].

6) 일정 기간 동안의 유입량이나 유출량은 유량일테고, 저수지에 잠겨 있는 물은 저량일테다. 국부, 통화량, 국제대차, 외환보유고 등은 저량이다.

7) 농가가 자가소비하는 농산물도 그 시장가치를 평가하여 농업생산액에 산입한다. 이 방법을 귀속계산이라 하며, 주택의 소유도 임대료를 지불한 것처럼 평가하여 GNP에 귀속계산한다. 농산물의 판매가격과 주택의 임대료를 파악할 수 있는 까닭이다.

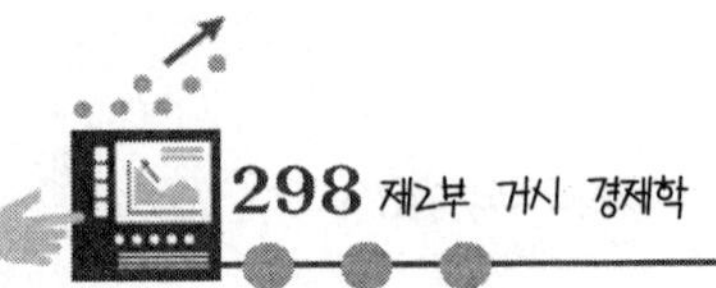

2. 실제GNP와 잠재GNP

잠재란 있으나 보이지 않게 숨어 있다는 뜻일 것이다. 하지만 숨어 있다고 나타나지 말라는 법은 없다. 잠재GNP란 국민경제가 실제로 달성한 국민소득이 아니라, 모든 생산요소를 정상적으로[8] 고용해서 달성 가능한 경제규모를 뜻한다. 따라서 잠재GNP는 가능성을 점치고 완벽함을 겨냥하는 셈인데, 현실은 어떠할까.

실업문제가 심각하다거나, 파업이 발생했다거나, 부품조달이 늦어졌다 던지 이러저러한 이유로 생산요소가 이용되지 못하는 경우가 늘비하다. 따라서 실제GNP는 바람직한 잠재GNP에 미달하기 쉽다. 실제 거둔 데로 계산한 것을 실제GNP라 하고, GNP갭을 다음처럼 정의한다[9].

GNP gap≡잠재GNP－실제GNP.

3. 명목GNP와 실질GNP

국민소득은 시장가치로 평가한다고 했다. 명목GNP는 경상가격[10] GNP라고도 불리는 바, 그것은 생산물을 당해년도의 시장가격[경상가격]으로 평가하는 까닭이다. 이는 각각의 산업이 어떤 역할을 하는지, 곧 산업구조의 파악에 적절하다. 허나 이로써 GNP 크기의 변화를 보기에는 마땅치 않다.

왜냐면 실제 생산물의 증가가 없는데도, 물가변동이 GNP가 변한 것처럼 만드는 까닭이다. 따라서 국민소득의 변동, 일테면 국민소득의 성장률을 보자면, 물가변동의 눈속임을 없애야 한다. 이를 위해 기준년도의 물가로 평가한 것을 실질GNP, 또는 변하지 않은 가격으로 평가한대서 불변가격GNP라 부른다.

가격을 P_i라 하고 각각의 생산량을 X_i라 할 때, GNP의 산식은

$$GNP = P_1X_1 + P_2X_2 + \cdots + P_nXn\cdot = \sum_{i=0}^{n} P_iX_i$$

---

8) 미국은 4%, 기타 선진국은 5~6%를 자연실업율이라고 보고, 이 상황을 완전고용이라 여기며, 이때의 국민소득을 잠재GNP로 간주한다. 자연실업율은 경제구조와 국민성에 따라 높낮이를 달리 한다. 일터 옮기기를 즐기는 국민들의 마찰적 실업율이 높을테고, 농업국가의 계절적 실업율이 높지 않겠는가.
덧붙여 GNP Gap에 관해 오쿤(R.M.Okun)은 다음과 같은 법칙을 주장했다.
GNP Gap＝α(U× －Un)
위 식에서 α는 조정계수이고, U*이 실제실업율, Un이 자연실업율을 표시한다. 따라서 GNP gap이 실제실업율과 자연실업율의 차이에 비례한다는 주장이다.

9) GNP gap은 불완전고용에 의한 손실이겠다. 생산요소가 정상수준을 벗어나 난폭하게 운영되는 경우 GNP갭이 0보다 작을 수 있을 터이다. 경기침체는 GNP갭을 키우고, 호황은 GNP갭을 축소한다.

10) current price를 번역한 말인데, current는 '흐르는', '사용중인', '통용되는' 등의 뜻이다.

P_i가 당해년도의 물가라면, 명목GNP를 계산한다. 대조적으로 P_i가 기준년도의 물가라면, 불변가격을 썼으므로, 실질GNP를 얻는다.

현실적으로 모든 생산물의 기준년도 가격을 보관하고, 상품마다 이를 곱하여 셈한다는 것은 번잡한 일이다. 해서 명목GNP로부터 손쉽게 실질GNP를 얻고자 소비자물가지수 비슷한 것[11)]을 사용하는데, 이를 **GNP디플레이터**라 부른다.

$$GNP\ \text{def}\,lator = \frac{\text{명목}\,GNP}{\text{실질}\,GNP}, \qquad \text{실질}\,GNP = \frac{\text{명목}\,GNP}{deflator}$$

4. 기타의 국민소득지표

① 국내총생산; GDP[Gross Domestic Product]

국토는 국경 안에 있는 모든 공간을 일컬음이다. 비교하건데, 통치영역은 국제법상 국가권력이 통하는 지역에 그친다. 국내총생산은 국토가 아니라 통치영역내에서 거둔 모든 생산물의 시장가치를 뜻한다. 따라서 국내에 있을지라도, 외국공관이나 외국군부대 영역 같은 치외법권지역은 제외된다.

GDP＝GNP－해외수취 요소소득＋해외지불 요소소득
＝GNP－해외순수취 요소소득
＝GNP＋해외순지불 요소소득

완벽한 패쇄경제는 전혀 대외거래가 없으므로, 주고받을 것이 없다. 따라서 분명 GNP＝GDP일 것이다.

우리가 해외에 생산요소를 제공하고 벌어들인 소득은 우리의 몫이므로 GNP에 산입되나 이 땅의 몫인 GDP에 들지 못한다. 반대로 외국인이 국내에서 벌어가는 소득은 우리 몫이 아니므로 GNP에 속하지 못하나, 이 땅의 몫은 GDP에 끼어든다[12)].

우리가 벌어들이는 돈이 외국인이 벌어가는 돈보다 많으면, GNP가 GDP를 웃돈다. 해외투자가 많은 부자나라의 사정이겠다. 우리나라의 GDP가 제법 잘 자라고 있으나, GNP<GDP의 부등식을 아직 깨트리지 못했다. 월남에서 김상사가, 중동에서 박씨가, 북양에서 최선장이 본국에 한사코 송급했는 데도 그랬다. 보잘 것 없는 노임이 들어오고 큰 이윤이 나간 까닭이다.

그렇다고 우리 산업이, 특히 제조업이 해외로 엑소더스[Exodus]를 펼쳐야 마땅한가. 목표가 기업이윤의 증가를 기대하겠지. 그러나 일터가 해외로 빠져나가 대부분 현지인

11) 최종재의 가격지수여야 할 터이다.

12) 해외투자가 많은 나라의 GNP는 GDP보다 큰 반면, 해외자본을 많이 유치한 나라의 GNP는 GDP보다 작은 것이 일반적이다.

을 고용할 것이다. 국내에서는 일터가 없어진 만큼 GDP를 감소시키지 않겠는가. 부가가치의 상당량이 현지인의 호주머니에 들어가 GNP까지 움츠러들게 마련이다.

그러므로 GNP만 기준하여 국내경제의 규모나 변동을 보기에는 어색하다. 과거처럼 GNP에 매달리기 보다는 GDP를 더불어 보아야 한다. 아예 터줏대감 자리를 넘겨주는 게 어떨까 싶다.

② 순국민소득; NNP Net National Product

자본재는 과거의 생산에 의해 얻어진 것이며, 이번 기간에 사용한 만큼 가치가 감소한다. 생산되던 당시의 국민소득에 계상되었을 테고, 이번에 사용한 자본의 가치감소분은 과거의 생산에 힘입은 것이다. 따라서 이번 생산의 알맹이를 파악하자면, 자본재의 가치감소분을 공제, 이른바 감가상각을 해야 한다. NNP는 GNP로부터 감가상각분을 차감하여 얻는다.

NNP＝부가가치의 총합

＝GNP－감가상각depreciation ⇒ GNP＝-NNP＋감가상각

＝C+In+G+(X-M)

위식에서 In은 순투자를 뜻하며, 총투자 대신 이를 쓰는 것은 순투자가 총투자로부터 감가상각을 공제한 순계개념인 까닭이다.

GNP, GDP, NNP의 비교

GNP ☞	순 수 취 요소소득	국내 순생산	자본소모
GDP ☞		국내 순생산	자본소모
NNP ☞	순 수 취 요소소득	국내 순생산	

③ 국민소득; NI Naional Income

맥주 한 병의 공장도가격이 100원이라면, 여기에 주세가 150원, 교육세가 45원 붙어 295원이 되고, 이 액수의 10%인 부가가치세 29.5원이 붙어 결국 324.5원이 된다. 이때 100원을 제외한 나머지, 세금은 고객이 직접 내는 것이 아니라 기업이 맥주값에 붙여 받아 '간접적으로' 납부하는 간접세다.

공장도가격에 간접세를 덧붙여 판매되므로, 시장가격으로 평가하는 GNP나 NNP는

간접세만큼 과대 계산되기 마련이다. 반대로 정부의 보조금을 받는 산업은 제품가격을 그만큼 낮추어 시장에 내므로 국민소득을 과소평가한다. 따라서 좁은 뜻의 국민소득을 계산하기 위해서는 NNP로부터 간접세를 차감하고 보조금을 가산해야 한다[13].

NI = NNP − 간접세 + 보조금

④ **개인소득; PI**Personal Income

국민소득이 생산요소를 제공한 가계에 그대로 모두 분배되지는 않는다. 기업은 먼저 법인세를 납부한 다음 임금과 이윤을 지불한다. 또 임금은 연금, 의료보험 등의 사회부담공제금을 공제당하고, 이윤배당은 유보되어 다음 해로 넘겨지기 일쑤다. 그런 다음 나머지가 분배되어 가계의 호주머니에 들어가 개인소득이 되겠다. 다만 실제 생산에 참여하지 않았으나, 실업수당, 사회보장비 등의 이전소득[14]은 개인 입장에서는 호주머니에 들어오는 소득이므로 가산한다.

PI = NI − 법인세 − 사내유보이윤 − 사회보장부담금 + 이전소득

GNP, NI, PI의 비교

GNP ☞ | 국민소득 | 간접세− 보조

t

NI ☞ | 법인세 | 법인저축 | 사회부담 | 임금 등

PI ☞ | | 이전소득

⑤ **가처분소득; DI**Disposable Income

소득세법이 모든 개인소득의 처분을 가로막는다. 탈세하지 않고 개인이 처분가능한 소득은 개인소득세를 납부한 잔여분이다.

DI = PI − 개인소득세 = 민간소비 + 개인저축(법인저축 제외)

---

13) 나라마다 간접세의 체제나 크기가 다르므로 NI로써 국제비교함이 진솔하다. 요즘 GNP를 쓰지만...

14) 국가의 입장에서는 지출이므로, 이전지출이라 불러 마땅하다. 그러나 넉넉한 사람에게서 걷은 조세를 재원으로 삼는 생계보조, 실업수당, 원호금, 국채이자, 체육연금 등은 기왕의 소득이 임자를 바꿀 뿐이다. 받는 쪽의 입장에서는 분명 소득이므로, 이전소득이라고 불리는 소치가 된다. 그러나 국민경제의 입장에서는 소득이 이전한 것에 불과하므로, GNP나 NNP에 넣을 수 없다.

생산국민소득, 지출국민소득, 가처분소득의 비교

국민총생산(Y)			
민간소비	정부지출	투자	순수출

가처분소득	조세 - 보조금
민간소비	개인저축

4 마디 GNP의 한계

GNP는 경제의 규모와 생활수준을 나타내고, 시간적인 변동을 보이며, 국제간 비교를 가능하게 한다. 하지만 GNP가 경제활동 또는 경제적 성과만을 보일 뿐, 그 품위를 드러내지 못한다. 참된 복지수준을 나타내기에는 미흡한 점이 제법 있다는 뜻이다.

① 외부불경제, 일테면 공해, 혼잡, 재난, 죄악 등은 사회적 비효용이므로 마땅히 공제해야 사회복지지표로서 제 구실을 할게다. 현실은 그렇지 못하다. 즉, GNP는 외부비경제만큼 과다계상된다.

② 여가를 제외시켜 버린다. 최근처럼 보수의 증가보다는 여가의 넉넉함을 택하는 선호를 묵살하여, 사회복지를 과소계상한다.

③ 측정기법이 밀수, 사채, 투기 등의 지하경제를 포착하지 못하는 것은 GNP의 쓸모에 흠집을 낸다. 더구나 우리나라처럼 지하경제의 규모가 큰 나라에서는 GNP가 실제의 경제규모를 정확하게 반영하기 어렵다.

④ 포괄대상의 일관성이 없다. 일테면, 가사노동은 그 값을 평가할 수 없는 이유로 제외하고, 파출부의 그것은 포함한다. 따라서 파출부와 결혼하는 어떤 총각의 경우는 본의 아니게 GNP를 축내는 결과와 마주친다. 또 농가가 스스로 소비하는 농산물은 포함하면서, 취미로 길러 소비하는 채소는 제외한다. 주택소유는 같은 규모의 주택을 임대할 만큼 소득을 올린 것으로 계산하나, 사회간접자본인 도로, 항만, 댐 등의 이용은 그처럼 대접하지 않는다.

5 마디 새로운 후생지표

① MEW와 NEW

J. Tobin과 W. Nordhaus는 GNP의 한계를 극복하려 했다. 경제후생지표로 GNP에 여가와 가사노동을 포함하고 공해비용을 차감한 경제후생지표(MEW=Measure of Economic Welfare)를 제안했으나, 계량화가 어려워 채택되지 못하고 있다. Samuelson은 MEW에 대신하여 순경제복지(NEW=Economic Welfare)라는 용어를 사용한다.

② green GNP

UN은 1995년 1월 국민계정체계(SNA)를 개정하면서 GNP계정에 환경계정을 부속표로 작성하도록 권고했다. 환경계정은 자원의 고갈 및 환경훼손을 원상 복구할 만큼 비용을 계산하는 것으로, green GNP는 현재의 환경유지가 경제의 지속적 성장에 불가결하다는 인식에 바탕한다.

마당 11 고전학파의 국민소득 결정

1 마디 고전학파의 배경

중금주의Mercantilism란 돈 많은 사람이 행세하듯, 금이나 은과 같은 귀금속이야말로 국가의 경제력과 군사력을 강화시켜 부국강병을 이룰 수 있는 첩경이라는 믿음이나 풍조를 말한다. 황금을 화폐로 사용하던 당시로는 해외에서 약탈하는 금이 막강한 군대를 육성하는 기초요, 막강한 군대는 만만한 미개지와 약소국의 황금을 빼앗는 갈퀴였다. "짐이 곧 국가"라고 외치는 국왕들이 뒷돈을 대고, 골목을 주름잡던 불량배들이 부국강병의 기치를 휘날리는 무장선박에 올라탔다[1]. 여왕이 외국의 황금을 가로챈 해적에게 내준 훈장이 금을 중하게 여기는 중금주의의 모습이다[2].

---

1) 잉카제국의 수도는 안데스 산맥의 쿠스코로서 배꼽이란 뜻이다. 태양신을 모신 그들은 황금의 빛을 '태양의 땀'으로 여겼다. 그래서 신전의 벽을 꾸민 2-6kg의 황금판 500장은 그들을 위해 열심히 일하는 태양신의 모습이다. 그로써 느긋했던 그들은 스페인의 피사로가 모집한 300여 병사들, 개중에 스물일곱 명이 '처음 보는' 짐승, 말을 껑충 타고 나타나자 질겁했다. 게다가 태양신의 은총을 중계하던 황제, 아타왈파가 속임수에 속아 사로잡히자 암담했다. 몸값으로 감방을 채울 만큼 황금을 지불했으나, 황제를 돌려받지 못했다. 자신의 신전은 물론 어느 곳에든 눈에 띄는 모든 금을 빼앗긴 태양신은 더 이상 잉카인을 위해 땀 흘리지 않았다.

2) 홉스가 리바이어던 Leviathan을 써서 충동질했다. 오직 투쟁만이 인간의 자연스런 모습이다. 사람끼리의 치열한 투쟁을 확대하면, 국가 간의 노골적인 전투이다. 그래서 강력한 국왕이 철통같은 성곽철옹성을 쌓는 한편 외국을 가차 없이 깨 부셔야 마땅하다.

중상주의는 군화로 짓밟기에 힘겨운 이웃나라에 싸움꾼이 아닌 장사꾼을 보내 그쪽 나라의 금을 거덜 내자는 전략이다. 비열한 웃음을 흘리면서 두 손을 비벼서라도 경쟁국의 금을 끌어들이는 수출은 애국이오, 외국에 금을 내주는 수입은 매국이다. 왜 그런가. 온 세상의 재산은 일정하므로, 말하자면 하나의 떡이므로, 인접국을 배고프게 할수록 이쪽이 부자나라가 된다는 설명이다. 제로섬[zero-sum game]의 원리요 인국궁핍화법칙에 해당한다.

보호주의는 해외상품이 국내시장을 넘보지 못하게 축조한 옹벽이다. 시중에 질펀한 금화는 이자율을 낮추어 공업화를 위한 투자를 손쉽게 할 것이다. 그로써 어린애 같은 유치산업도 힘센 청년이 되고, 기우는 햇살처럼 쇄약해진 사양산업도 다시 기운을 챙길 수 있다. 외국의 야심이 국내시장을 침범한다면, 결국 참패한 국내산업이 외국산을 구걸하는 파탄에 이른다. 그렇기 때문에 결단코 대외장벽을 높혀 국내산업을 보호할 일이다.

전체주의는 부국강병의 기치가 해외시장의 공격과 국내시장을 사수하고자 총궐기하자는 구호다. 걸핏하면 전쟁이 벌어지는 마당에 군사력이 약한 나라는 무너지고, 백성은 살아남을 길이 없다. 마찬가지로 쇠약한 경제가 짓밟혀도 나라 안의 금이 바닥나 굶주리기 마련이다. 온 누리에 황금의 산더미가 쌓여야 백성들이 넉넉하게 살 것이므로 개인적 희생은 애국충정이요 엄청난 왕권은 막강한 지도력이다.

그렇다면 이른바 무적함대를 지휘하여 엄청난 금을 끌어들인 스페인은 부자나라가 되었던가. 오히려 물가가 천정이 어딘 줄 모르게 치솟아 특히 빈곤층의 살림살이가 더욱 옹색해졌다. 생산이 늘어나지 않은 채로 화폐만 급증한 까닭이 아니겠는가. 마침 절대왕권이 쇄약해진 까닭인지 모른다. 대포 **3,165**문을 자랑하는 무적함대가 작고 날렵한 영국전함에게 어이없이 당했다[1588년]. 스페인의 침몰은 황금이 그동안 여러모로 허세를 부린 까닭이다. 이제 중상주의를 공격하는 고전학파의 주장을 들어보자.

2 마디 고전학파의 철학

아담 스미스의 신은 사람들이 저 세상을 염원하지 말고, 이 세상에서 행복하기를 바랬다. 그리고 황공스럽게도 인간에게 이기심을 주어 이승에 낙원을 세우도록 했다. 누가 스스로 잘 살기를 마다하겠는가. 이기심을 타고난 까닭에 부지런히 일하고 절약하게 마련이다[3]. 근검절약할수록 부유해지지 않겠는가. 스미스가 말하기를, **"매일**

먹을 수 있는 것은 빵집이나 정육점 주인의 자비심 때문이 아니라, 그들의 이기심 덕분이다." 이기심이 바로 자신뿐 아니라 이웃의 살림살이도 넉넉하게 하는 오묘한 마술이며, 이것이 바로 행복의 충분조건이다.

신이 점지한 행복에 기여하는 것이야말로 윤리적 선이고, 행복을 가로막는 것은 모두 악이다. 개인적 이익의 합계가 국익이다. 즉, 국가는 '절대다수의 최대행복'을 추구하라. 정부의 성가신 간섭은 개인의 자율성과 창의성을 옥죄어 효율을 낮추는 폐해를 조장하므로 나서지 말라. 각자가 이기심을 발휘하도록 냅싸 두라. 자유방임[4]의 질서를 유지하는 것이 정부의 역할이므로 정부가 커야할 필요는 조금치도 없다.

누구든 이익을 추구하는 동기가 유인하므로 가격의 등락에 따라 생산량을 조절하고 구입량을 가감할 것이다. 그로써 수요와 공급이 맞아 떨어질 것이니, 모자라거나 넘치지 않는다. 세상살이^사회경제^도 매끄럽게 움직일 텐데, 무슨 걱정인가. '보이지 않는 손'^invisible hand^이 예정된 조화를 이루어 낼 테니 염려하지 말지어다.

3 마디 고전학파의 기본가정

자유방임은 이기심과 경쟁심으로 무장한 경제인(Homo Oeconomicus)을 앞세운다. 어떤 경제주체든 영악스럽게 제 몫을 챙기기 마련이라는 뜻이다. 그러므로 시장은 서로 이익을 챙기려고 경쟁하는 격전장이다. 소비자는 효용극대화를 노리고, 생산자는 이윤극대화를 겨냥한다. 기업 간의 경쟁이 보다 낮은 가격을 매기고, 소비자들 간의 경쟁이 돈주머니를 흔든다. 경쟁 끝에 서로 좋은 거래를 하게 된다는 믿음이 고전학파 경제학의 패러다임이다.

① 경제행위자들은 수시로 변하는 시장동향과 경제상황을 철저하게 파악하여 행동한다. 그렇게 함으로써 소비자는 효용을, 기업은 이윤을 극대화하기에 이른다. 소비자의 요구와 기업의 그것이 대립할지 모르나, 시장의 경쟁이 결국 양편을 조화시킨다.

② 상품시장은 물론이고 노동 및 자금시장도 완전경쟁적이다. 다른 말로는 물건값

---

3) 근면, 신중, 절약, 조심(industry, prudence, parsimony, vigilance)을 이기심의 구체적 행동으로 보았다. 그는 이타심의 존재도 인정했다. "자기의 행복에 대한 배려는 심려의 덕을, 타인에 대한 배려는 정의와 인애의 덕을 길러 준다. 정의의 덕은 차인의 행복을 침해하는 일이 없도록 하고, 인애의 덕은 타인의 행복을 증진시키려고 하는 것이다"

4) Laissex faire(레세 페르), laissez aller(레제자레), appres nous le deluge(아프레 누 르 델루지)은 루이 14세가 남긴 말로 알려져 있다. 백성들의 생활고는 "어찌되건 내 알 바 아니다"는 입장이다.

이 수요와 공급을 조절하듯, 임금[노동가격]이 노동시장의 수급을, 이자[자금가격]가 자금시장에서 고무줄처럼[신축적] 움직여 수요와 공급을 조절한다.

4 마디 노동의 완전고용

고전파에게 임금(wage)은 백성을 돌보는 임금님[왕]이다. 제왕은 '보이지 않는 손'을 써서 완전고용을 달성하는 재간을 부린다. 왜 그러할까. 임금은 노동의 가격이다. 임금이 높을수록 노동공급이 증가하는 반면5), 노동수요는 감소한다6). 증가함수와 감소함수의 곡선은 결국 마주치게 마련이고, 그림의 교차점 E에서 수요와 공급은 같다.

여차 저차한 이유로, 일테면 정부가 W_2의 저임정책을 강행하면, 어찌될까. 헐값에 반한 고용주가 일손을 마구 모집하겠으나, 쥐꼬리에 실망한 일꾼들이 일터를 떠난다.

〈그림 11-1〉 고전학파의 완전고용

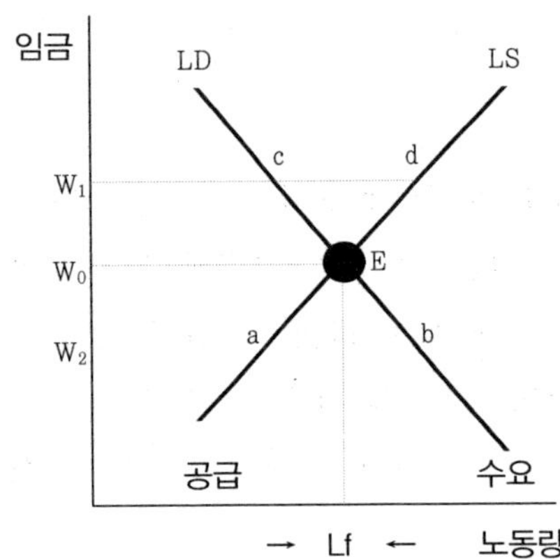

일손이 $\overline{ab}$만큼 모자라 애타는 주인은 멈춰버린 기계를 어쩔 것인가. 그러므로 괜스레 저임정책을 들먹여 경영난국을 안겨주지 말라. 이제라도 냅싸[내버려]두는 편이 바라는 바다. 애타는 고용주들은 보다 높은 임금을 내걸고 일손을 끌어들인다. 임금은 결국 W_0에 복귀하고 일꾼들이 돌아와 총고용을 L_f로 되돌린다.

노동조합이 똘똘 뭉쳐 W_1의 임금을 고집하면 어찌될까. 높은 임금에 홀딱 반한 노동공급은 총궐기한 듯 대폭 늘어난다. 하지만 질겁한 기업측은 수요를 대폭 줄인다. 결국 $\overline{cd}$만큼의 초과공급이 실업자를 양산하고, 급기

5) 실질임금의 인상은 살림을 넉넉하게 해서 여가를 즐기려는 소득효과를 발생시킨다. 또한 그만큼 여가의 기회비용이 커지므로 노동을 공급하려는 대체효과 또한 발생한다. 대체효과>소득효과면 노동의 공급이 늘어나고, 반대의 경우에는 감소한다. 따라서 개인의 노동공급곡선은 굴절하나, 시장의 공급곡선은 우상향한다.

6) 생산함수가 Q = Q(L, K)이고 W가 임금, i가 이자율, R이 수입, P가 가격이라면, R = P·Q(L,K)이고 C=W·L−iK이다. 따라서 이윤 π=P·Q(L, K)−W·L−iK이다. 이윤극대화의 1차조건은 이윤함수의 1차 도함수가 0이므로

$$\frac{\delta \pi}{\delta L} = P\frac{\delta Q}{\delta L} - W = P \cdot MP_L - W = 0$$

여기서 MPL은 노동의 한계생산물이며, 가격을 곱하면 한계생산액 VMPL이다. 따라서 이윤극대화를 노리는 기업주는 VMPL<W인 경우, VMPL=W가 될 때까지 고용을 감소한다.

야 조합을 비난하지 않겠는가. 그래서 노동조합도 임금문제에 개입하지 말라.

결국 임금 W_0를 마다않는 노동자는 모두 일자리를 얻는다. 빈둥거리는 자들은 땀 내기를 마다하는 녀석, 불한당(不汗黨)일 뿐이다. 곧 임금이 노동시장을 조정하여 얻게 되는 총고용 L_f는 균형고용인 동시에 완전고용이다.

5 마디 완전고용 국민소득

〈그림 11-2〉 고전학파 완전고용국민소득의 결정

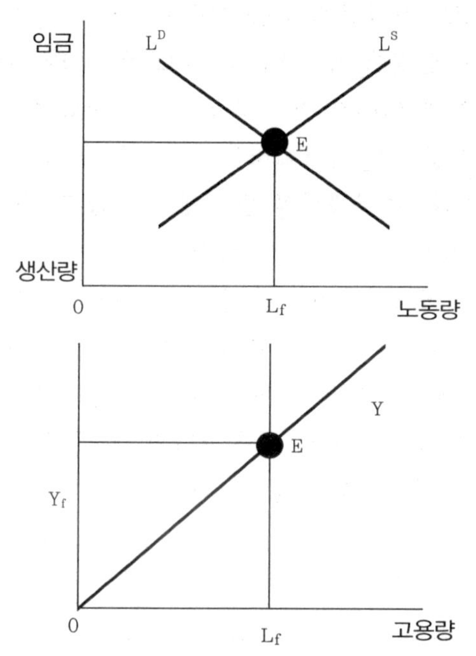

흔히 생산함수는 노동과 자본의 투입량이 생산량을 결정한다는 $Q=f(L, K)$의 모습이다. 하지만 단기적으로는 자본의 증감이 불가능하므로, $Q=f(L,\overline{K})$의 형태로 변한다. 자본이 변수 아닌 상수로 취급당하고 변화가능한^가변^요소는 오직 고용량뿐이라는 뜻이다.

따라서 생산규모^국민소득^를 키우는 방책은 오직 노동투입의 증가뿐이다. 그런데 노동시장에서 임금이 정하는 노동수급량은 완전고용 수준 L_f를 넘지 못한다. 기껏 그리고 한껏 고용한 L_f를 투입하여 거두는 총생산^국민소득^은 Y_f로 귀결된다.

고전학파의 생각으로는, 임금의 섭리가 완전고용을 달성할 뿐더러, 그로써 얻는 국민소득은 의당 완전고용 국민소득이다. 게다가 완전고용 생산량 Y_f는 물가에 영향을 받지 않는다. 물가가 오르면, 실질임금이 하락하고, 그에 따라 노동의 초과수요가 발생한다. 노동자를 구하는 고용주는 임금을 높힐 것이므로, 실질임금이 오른다. 노동이 완전고용수준인 L_f에 복귀할 것이므로, 국민소득은 역시 Y_f에서 결정된다. 말하자면 고전학파의 물가는 총공급에 대해 중립적이다.

6 마디 세이의 법칙Say's Law

프랑스의 세이J.B. Say는 고전학파에 속한다. 그가 언명하기를 **"공급은 스스로 수요를 창조한다"**는 말은 총생산과 총수요가 일치한다는 주장이다. 왜 그러한가.

모든 생산물공급은 화폐의 중개로 결국 다른 생산물과 교환된다. 화폐의 역할을 제거하고 보자니, 생산물을 주고 다른 생산물을 구매하는 셈인데 생산행위는 그만한 액수의 구매력을 만들어낸다고 본다.

시장에서는 서로 다른 생산물을 교환하므로, 개별상품의 불균형이 나타날 수 있다. 세이의 법칙도 개별상품의 단기적 불균형을 인정했다. 다만 총체적으로 초과공급과 초과수요가 상쇄되며, 가격의 신축적 움직임에 의해서 개별상품도 장기적으로는 균형상태를 되찾는다고 보았다. 세이의 법칙이 통하는 시장에서는 모두 팔리므로, 생산국민소득공급과 지출국민소득수요은 언제나 같다. 과잉생산과 판매애로가 없고 따라서 재고누적이란 없다. 3면등가의 원칙이 어김없이 들어맞는 것이다.

하지만 말사스Malthus는 물었다[7]. "농사꾼이 제조업자의 사치품을 소비하려 하고 제조업자가 농사꾼이 생산한 것을 소비하려 하는 한 만사는 순조롭게 진행될 것이다. 그러나 어느 한쪽이 살림을 늘리고자 많이 저축한다면 사태는 극히 달라지게 된다. 농부가 사치품에 탐닉하는 것을 멈추고 간단한 의복으로 만족한다면,..나는 묻고 싶다. 만약 빵과 물을 제외한 일체의 소비가 이후 반년간 정지된다면...?"

보탬 1 대부자금설

공급과 수요가 일치하려면, 저축누출이 아예 없거나, 투자주입가 수요부족을 벌충해야 한다. 저축 없는 경제를 상정할 수 없다면, 문제는 저축과 투자가 일치할 것이냐?로 좁혀진다.

고전학파의 판단은 대부자금도 상품처럼 절로 수급의 균형을 이룬다고 본다. 대부자금시장에서 투자수요는 이자율이 오름에 따라 감소하는 한편, 저축공급은 이자율이 오르면 증가한다. 이자율이 i_0라면, 투자와 저축은 F_0에서 일치한다. i_0보다 높은 이자는 초과공급을 발생시켜 자금가격이자율을 하락시킨다. 반대로 이자율이

7) 산업혁명으로 생산이 급증하자 초과공급가능성을 염려했다. Principles of Political Economy, 1820

〈그림 11-3〉 고전학파의 대부자금설

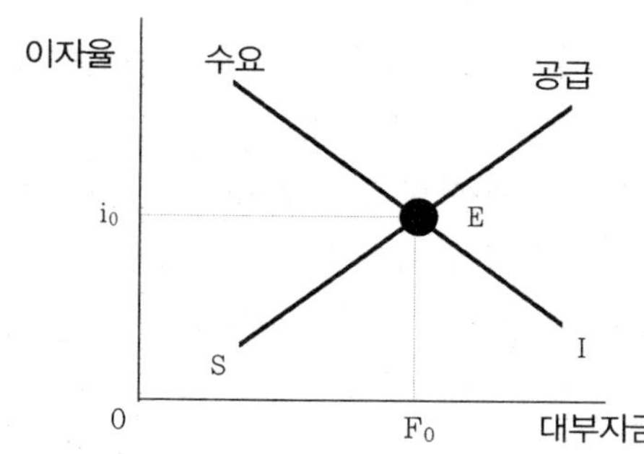

i_0보다 낮으면 초과수요가 이자율을 i_0로 복귀시켜 수급은 F_0에서 자동적으로 일치한다. 이 같은 이론을 흔히 대부자금설 혹은 실물처럼 설명한대서 실물이자이론이라 한다.

보탬 2 화폐수량설Quantity Theory of Money

사람들은 통화량이 증가할 때, 물가가 따라 오르지 않을까 걱정한다. 상품이 화폐와 교환되는 것이라면, 화폐가 흔한 때는 많은 돈을 내야 상품을 구하고, 화폐가 귀하다면 적은 돈으로도 상품과 교환할 수 있다는 생각이다. 이 같은 생각을 제시하는 고전학파의 이론으로 피셔I. Fisher의 거래또는 교환방정식과 캠브리지Cambridge 학파의 현금잔고방정식이 있다.

1) 피셔의 거래방정식은

$$MV = PT \fallingdotseq PY$$

M = 통화량　　　　P = 가격

V = 화폐의 유통속도　　　　T = 거래량

Y = 총생산량 또는 총국민소득

으로 표현된다. 일정기간동안의 거래액수PT는 통화량과 유통속도의 곱MV과 것과 같다는 것이다. 또는 가격과 거래량의 곱을 지불액으로 보고 통화량과 화폐의 유통속도의 곱을 수취액으로 보면, 거래를 매개한 화폐의 지불액과 수취액은 같다. 연간 100원어치 사과를 거래하는데, 같은 기간에 화폐를 두 번 회전시킬 수 있다면 통화량은 50원만 있으면, 된다는 단순한 계산이다. 따라서 거래방정식은 화폐시장의 균형을 설명한다.

거래량과 총생산량은 다를 것이나[8], 거의 같다고 보고 거래량 대신에 국민총생산량을 대입해 보자.

$$P = M \times \frac{V}{Y}, \qquad M = P \times \frac{Y}{V}$$

이 경우 고전학파가 가정한대로 유통속도가 거래습관, 금융제도, 교통·통신수단에 의해 고정되어 있다 치자. 또 국민소득이 완전고용상태에 있다[실현GNP=잠재GNP]하자. 그러면 (V/Y) 또는 (Y/V)가 상수이므로, 물가와 통화량의 변화율은 서로 같아진다. 즉 통화량과 물가는 비례하나, 실물부문에 영향을 미치지 못한다. 통화량을 두 배로 늘릴 경우 물가 역시 두 배로 인상되어 경상GNP 또한 두 배로 늘어날 것이나, 실질GNP는 증가하지 않는다. 임금도 두 배로 오르겠으나 물가가 두 배 올랐으므로 실질임금에는 가감이 있을 수 없다. 대부자금 시장에서도 명목이자가 두 배로 치솟겠으나, 실질이자율에는 변화가 일어나지 않는다. 이처럼 화폐가 실질변수의 움직임에 개입하지 않으므로, 중립적이라고 일컬어진다.

자본이나 기술이 변하지 않는 한, 물가는 총공급에 영향을 미치지 못한다. 따라서 총공급곡선은 수직적이다. 살림살이[경제]에 필요한 물건이 없는 세상에서 금송아지를 자랑하는 자들은 황금을 먹고 마셔야 하는 미다스왕의 고충 속에 빠지리라. 그러므로 번쩍거리는 황금에 현혹되지 말자. 그것은 단순한 매개수단일 뿐이고, 실물의 생산력이 곧 나라 재산이다.

2) 캐임브리지[Cambridge]학파의 현금잔고방정식

마샬, 피구 등은 사람들이 화폐를 보유하게 되는 동기가 예상되는 거래액에 따른다고 여겼다. 따라서 명목화폐수요는 무엇보다 거래액이나 명목소득에 의해 결정되는 것으로 보았다. 미래의 거래를 위해 남겨두는 화폐보유 역시 이자율에 반응할 것이다. 이자율이 높다면 거래에 대한 화폐보유를 줄이고 저축을 늘리지 않겠는가. 캠브리지 학파는 이자율 변화가 화폐수요에 미치는 영향을 인정하면서도, 그 크기를 거의 묵살할 만큼 작다고 여겼다. 따라서 캐임브리지 학파는 거래액과 화폐수요간에 다음의 관계를 설정했다.

$$MD = kPY$$

MD = 화폐수요　P = 물가,　Y = 실질소득,
k = 총명목소득 중 화폐보유비율(마샬의 k라고 불림)

이는 화폐의 수요함수로서 P 와 Y는 중요한 두 개의 독립변수이며, k는 기타의 모든 요인을 포함하는 것으로 여겨진다. 이제 균형상태에서 일치하게 마련인 화폐의 수급을 M이라면,

8) 거래량에는 중간재의 거래액이 포함되게 마련이다.

$$M\frac{1}{k} = MV_y = PY$$
$$M = \frac{Y}{V_y}P$$

여기에서 마샬 k의 역수인 Vy는 흔히 소득유통속도Income velocity라 불리는 것으로 단기에 있어 일정하다고 보았다. 또 Y가 완전고용수준과 항상 일치한다면, 화폐공급의 변동은 같은 비율로 물가를 변동시킨다. 따라서 피셔의 거래방정식과 캠브리지 학파의 현금잔고수량설은 다 같이 통화량과 물가의 비례관계를 설명한다[9].

9) 두 학설에 차이가 없지 않다. ① 거래수량설은 지출되는 측면을 강조하면서 화폐를 단순한 교환수단으로 취급하나, 현금잔고설은 언젠가 사용될 구매력의 보존수단, 자산의 일부로 취급한다. ② 거래설은 국민경제의 통화량과 총체적 거래량을 다루는 거시적 방법을, 현금잔고설은 각자가 보유한 잠재구매력을 설명하고 이를 합산하여 총수요를 정하는 미시적 방법을 택했다. ③ 거래수량설은 화폐수요가 주로 거래습관 등 제도적 요인에 의해 정해진다고 본 반면, 현금잔고설은 자산의 일부로서 화폐가 제공하는 효용, 말하자면 화폐의 경제적 가치에 따라 화폐수요가 결정된다고 보았다.

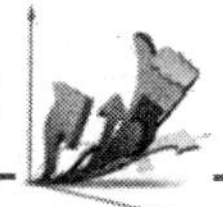

마당 12

케인즈의 유효수요이론

대량수요가 대량생산을 요구한 때가 '해가 지지 않는 제국' 팩스 브리태니카의 18세기다. 식민지를 넘나드는 제품이 날개 도친 듯 팔리니, "공급이 수요를 창출한다"는 세이의 주장은 법칙으로 보였다. 나라 안의 모든 물레를 밤낮 돌려도 늘어나는 실의 수요를 감당할 수 없기에 상황은 다급했다. 난국을 해결하려고 발명한 증기기관이, **칼 마르크스**가 표현하듯, '불가능을 무너뜨리고 기적'을 일으켰다.

하지만 기적은 자비로운 신의 은총이 아니다. 그것은 '공명정대한 경쟁'이라는 이름하에 치러진 혈전의 결과일 뿐이다. 패배자가 볼 맨 소리를 한다는 것은 가당치 않다. 오히려 칠칠맞은 꼴을 자백하는 셈이다. 게임game의 기본질서를 비판하는 자들이 체제전복을 노리는 자로 몰리기 십상이다. 재력을 움켜쥔 사람들은, **카알라일이** 비아냥대듯, **노다지**No Touch를[1] 외쳐댔다.

여기에 손대지 마라.
너희들 노동자, 게으른 자들아
너희들 중 한 사람이라도 이것에 손댈 수 없다.
너희들 중 한 사람이라도 넘보아서는 아니 된다.

가난한 어미의 자궁은 허기진 아이를 빈곤 속에 내던졌다. 저고리 섶을 적시는 어미의 젖통은 공장으로 나갔고, 구석방에 버려진 아이는 수면제에 취해 오줌을 흘렸

---

1) 미국인들이 한반도의 금을 캐던 시절, 누런 금맥이 나올 때, 외친 'No touch'가 우리의 귀에는 '노다지'로 들렸다고...

다. 1840년 멘체스터 통계는 아이의 57%가 세 살을 넘지 못하고, 그중 ⅔는 젖먹이 때 죽는다고 개탄했다. 용케도 살았으나 먹거리가 옹색한 아이들은 무엇을 기다렸는가. 빵을 주겠다는 공장주의 은총과 호된 감독의 채찍이다. 그로써 주눅 든 어린 것들은 15시간을 넘겨 일하는 산업역군으로 편입됐다. 개중에도 양순한 계집애들은 옷감이 얼룩질까봐 울지 못했다. 그들은 하루 스무 시간쯤 졸았다.

일하라, 일하라. 눈알이 빠질 때까지
태두리, 섶, 밴드, 단추 위에서 나는 존다.
....

이처럼 졸리운 판에 공장주나 감독은 여공들에게 별도의 서비스를 원했다. 아무리 소름 끼쳐도, "해고시키겠다"는 공갈 앞에서 치마를 움켜쥐고 발악하기는 쉽지 않다. 이미 1830년 **엥겔스**는 공장을 '창녀굴의 문깐'이라 부르면서 '여공의 반절이 임신'했다고 썼다.

그렇다고 공장을 벗어나 어디로 갈 것인가. 먹거리가 아쉽기 그지없거니와, 40명에 기껏 하나 꼴인 공동변소의 통통을 차지하기도 쉽지 않다. 넘치는 똥 틈에 엉거주춤 앉기 위해서도 기다려야 하니, 먹고 싸기가 다 같이 고약하다.

빈부격차, 도시문제, 계층갈등은 사회에 불길한 전조다. 이기심을 발동하여 치열한 경쟁을 벌이도록 내버려 두자는 방임주의가 야만적이라는 비판을 받기에 이르렀다. 독일에서 국민주의 또는 역사주의자라 불리는 분들이 사회이익과 공평분배를 요구했다. 독일에서 쫓겨난 마르크스는 자본주의가 자체의 모순을 극복하지 못하고 괴멸될 것이라고 장담했다. 그가 세계의 노동자들에게 혁명을 일으켜 가난뱅이[프로레타리아] 독재를 이룩하자고 부르짖었다.

1 마디 유효수요 이론의 배경

정부의 수수방관이 비난받는 터에 1930년을 전후한 대공황이 들이닥쳤다. 상품은 창고와 시장에 산더미처럼 쌓여 먼지를 뒤집어썼다. 가격을 엄청 낮추어도 팔리지 않고 재고는 더욱 쌓여갔다. 「공급이 수요를 창출한다」는 구호는 망상임이 분명하다. 기업주는 생산을 축소하고 고용을 감축한다. 예를 든다면 1929년 3%에 불과하던 미국의 실업률은 3년 후에 물경 26%에 육박했다. 일자리에서 밀려난 일꾼들은 눈으로

요기했다. 그리고 눈요기는 배부르지 않다. 호주머니 사정이 먹거리를 사들이지 못한 까닭이다. 이 처지에 '보이지 않는 손'에 매달려야 하는가.

존 메이나드 케인즈[John Maynard Keynes]는 그의 「일반이론[2)]」에서 고전학파, 특히 '법칙'처럼 대우받는 **세이**의 견해를 박살내려 들었다. 총수요[소비+투자+정부지출]의 부족을 경제공황의 원흉으로 지목하고, 실업병의 치료를 위해 총수요의 확장을 처방했다. <그림 12-1>에서의 검은 화살은 악순환이 축소재생산을 거듭하여 파국에 이르는 방향이다. 따라서 정부가 조세를 감축하고 지출을 증대시켜 소득흐름에 수요를 주입해야 한다고 주장했다.

〈그림 12-1〉 케인즈의 불황의 원인과 처방

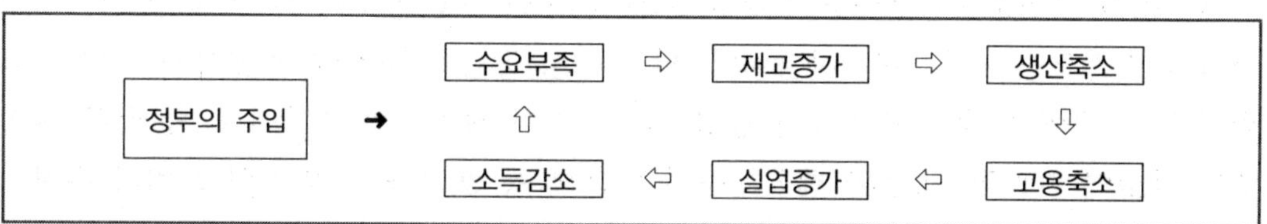

2 마디 기본적 가정

사무엘슨은 경제학을 모형제조산업[Model-building Industry]이라고 꼬집은 바 있다. 그만큼 경제학 이론이 모델 만들기를 즐긴다는 뜻이다. 모형은 원래의 형태를 그대로 축소한 것이 아니다. 혹 자동차를 그대로 축소했다면, 소형차이지 모형자동차가 아니다. 그렇다고 모형이 멍청이라는 뜻은 아니다. 비행기의 모형이라면, 아무리 고무줄을 감았기로, 붕 떠올라야 한다. 우리가 관심을 두는 부분만을 발췌하여, 이 기능만을 간단히 수행토록 만든 것이 모형이다.

실제의 경제에는 수많은 변량들이 상호 복잡하게 얽혀 있겠다. 여기에서 중요한 몇 가지만 뽑아 특정의 작용을 보이도록 간편하게 꾸민 것이 경제모형이다. 대체로 경제모형들은 변수와 변수의 관계, 즉 인과관계를 나타내는 함수로 표현되거나 이것을 바탕으로 도출된 그래프로 나타낼 수 있다.

케인즈가 분석을 위해 다음처럼 모형을 꾸몄거니와, 지극히 단순하기에, 남들이

2) 흔히 '일반이론'이라 불리는 책의 이름은 "General Theory of Employment, Interest and Money"다. 1936년에 편찬된 이 책에 일반(General)이란 용어를 붙인 것은 고전학파 경제학이 특수한 경우만을 설명하는데 비하여, 케인즈는 어느 경우든 일반적으로 해명하겠다는 장담을 은근히 내비친다.

'단순모형'이라 부른다.

① 경제의 모습은 민간봉쇄경제이다. 곧 정부와 해외부문은 존재하지 않는다.
② 감가상각과 기업저축은 없다[3].
③ 소비는 소득의 증가함수이다.
④ 투자는 독립투자 뿐이다[4].

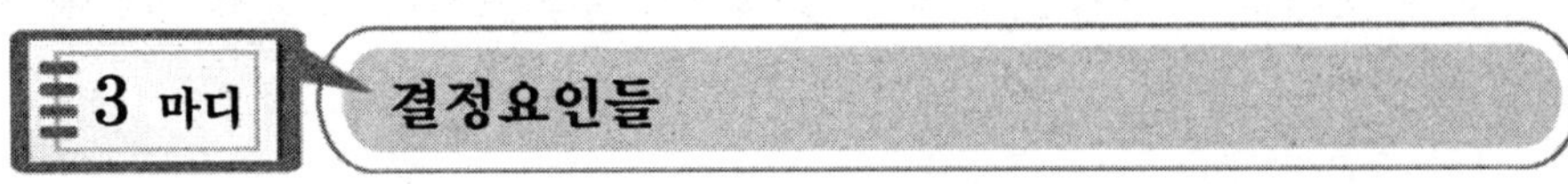
3 마디 결정요인들

케인즈의 국민소득결정이론이 유효수요이론이라 불리는 까닭은 '유효수요가 국민소득의 결정요인'이라 보는 까닭이다. 말하자면, 공급측 사정에 의해서가 아니라 효력 있는 수요에 의해 국민소득이 결정된다는 것이 케인즈의 주장이다. 앞서 든 케인즈의 가정에 따르면, 정부와 해외부문이 없으므로, 총 수요는 민간의 소비와 투자이며, 이로써 국민소득규모가 결판난다.

1. 소비함수

소비는 누구에게나 숙명이다. 더할 나위없는 가난뱅이라도 주먹밥 하나는 기초소비다. 절박한 주먹밥을 구걸이 해결할 수 있을지 모른다. 하지만 냉혹한 시장에서는 과거저축을 인출하거나 차입하여 살아남아야 한다. 거렁뱅이가 아닌 보통사람은 소득의 일부분을 소비한다. 그러므로 소비함수는 소득과 무관한 주먹밥(a)과 소득의 일부(bY)를 합한 것이다. 따라서 소비함수는 다음과 같다.

$$C = a + bY \quad (a > 0,\ 0 < b < 1)$$

a는 기초소비인 까닭에 0보다 커야 옳다. b값은 소득증가$^{\triangle Y}$에 대한 소비증가$^{\triangle C}$의 비율(△C/△Y)로서, 한계소비성향(MPC)이라 불린다[5]. 소득을 한 푼도 소비하지 않는

3) 여기까지의 가정 때문에, GNP=NNP=NI=PI=DI의 관계가 성립한다. 왜 그럴까.

4) 국민소득이나 이자율이 투자에 영향을 미치지 않는다고 가정되었으므로, 케인즈의 국민소득론은 화폐시장을 도외시한다.

5) 경제학이 언급하는 한계값은 어떤 함수든 설명변수에 관한 1차 도함수로 정의한다. 예컨데 Q=f(L,K)의 편도함수인 δQ/δL은 L의 한계Q라 불리고, δQ/δK는 K의 한계Q라 정의한다. 위 함수가 생산함수이며, L과 K가 노동과 자본을 뜻한다면, δQ/δL은 노동의 한계생산, δQ/δK는 자본의 한계생산을 의미한다. 다만 설명변수가 하나뿐인 경우, 이를테면 소비함수 C=f(Y)같은 경우는, dC/dY를 언급할 제, "Y의" 부분을 생략하고 그냥 한계소비라 부른다.

〈그림 12-2〉 소비함수와 저축함수의 관계

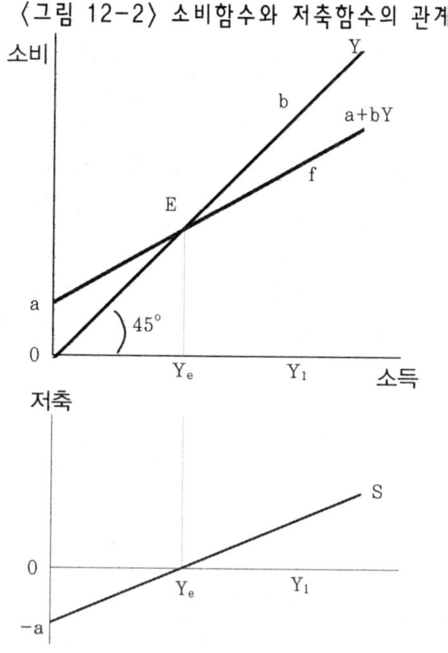

다거나(b=0), 소득을 몽땅 소비한다는(b=1) 것은 아무래도 어색하다. 더구나 나라 안에 사는 모든 사람을 합해서 설명하는 거시적 소비함수의 경우에는 더욱 그렇다. 따라서 한계소비성향은 0<MPC<1 범위 안에 있다.

한계소비성향은 곧 소비함수의 기울기가 아닌가. 따라서 **기울기<1**인 소비함수는 기울기가 1인 45°선과 교차할 운명이다. 교차점분기점, E에서 **밑변=높이이므로, 소득=소비**이고 **저축=0**이다. 곧 국민소득 Y_e의 좌측에서는 **소비>소득**이고 **저축<0**이므로 차입이나 저축의 인출이 불가피하다. 따라서 소비액을 소득액으로 나누어 계산하는 평균소비성향(C/Y)이 Y_e의 좌측에서 1보다 크고 오른쪽에서 1보다 작다. 달리 말하자면 소득이 많아질수록 평균소비성향이 작아진다는 말이다.

2. 저축함수

기업이 지불한 요소비용은 가계의 소득이고, 가계의 주머니에 들어온 소득은 소비와 저축으로 나눠어 쓰인다. 따라서 소비와 저축은 서로 소득을 더 차지하고자 경쟁한다. 그들의 경합은 영합게임이며, 누이 좋고 매부 좋기 애초에 글렀다. 그런데 저축을 마다할 수 있으나, 소비는 외면할 수 없다. 그래서 소비가 저축에 앞서고, 국민소득이론에서 저축은 천덕꾸러기다. 소득 중에서 소비한 나머지를 저축으로 정의하기에 하는 말이다. 정의하건데, 저축함수 S≡Y−C이므로 소비함수로부터 곧장 얻어진다. 즉 소비함수가

$$C = a + bY \text{ 라면,}$$

$$S = Y - (a + bY) = -a + (1 - b)Y$$

소비함수에서 ⊕값인 a가 저축함수에서 ⊖부호를 얻는 것은 왜일까. 소득이 없는 경우에는 소비만큼 차입하거나 과거저축을 감소시켜야 하는 까닭이다. 앞면의 그림에서 **소득=소비**인 Y_1의 좌측에서 **저축<0**이고, Y_1으로 부터 소득이 증가함에 따라 저축 또한 증가한다. 살림살이에 여유가 그리 할 터이다. b값이 한계소비성향[MPC]이듯 (1−b)는 한계저축성향[MPS]인데, **0<MPC<1**이므로, 꼼짝없이 **0<MPS<1**이다.

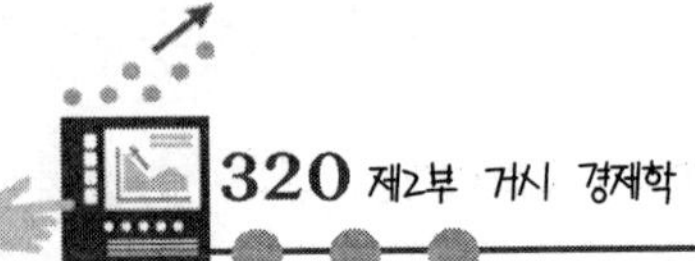

3. 소비와 저축의 관계

$$Y = C + S$$

① 위식의 양변을 Y로 나누면

$$\frac{Y}{Y} = \frac{C}{Y} + \frac{S}{Y} = 1$$

즉 $APC^{\text{평균소비성향}} + APS^{\text{평균저축성향}} = 1$

② 추가소득 = 추가소비 + 추가저축이므로,

$\triangle Y = \triangle C + \triangle Y \Rightarrow dY = dC + dS$

위식을 미분 dY로 나누면

$$\frac{dY}{dY} = \frac{dC}{dY} + \frac{dS}{dY}$$

즉 $MPC^{\text{한계소비성향}} + MPS^{\text{한계저축성향}} = 1$

③ 소득 < 소비 $\Rightarrow S<0 \Rightarrow APS<0 \Rightarrow APC>1$

소득 = 소비 $\Rightarrow S=0 \Rightarrow APS=0 \Rightarrow APC=1$

소득 > 소비 $\Rightarrow S>0 \Rightarrow APS>0 \Rightarrow APC<1$

4. 투자함수

장기계획에 따른 투자, 신상품개발이나 신기술개발투자, 도로·항만·철도 등 사회간접자본 확충을 위한 투자는 국민소득이나 이자율에 따르지 않으므로, 독립투자라 일컬어진다. 반대로 국민소득의 증가가 수요증가로 이어져 전망이 좋을 때 이루어지는 투자는 국민소득이 끌어냈다고 하여 유발투자라고 불린다. 그러므로 투자는 흔히 독립투자와 유발투자의 합으로 설명된다.

〈그림 12-3〉 독립투자와 유발투자

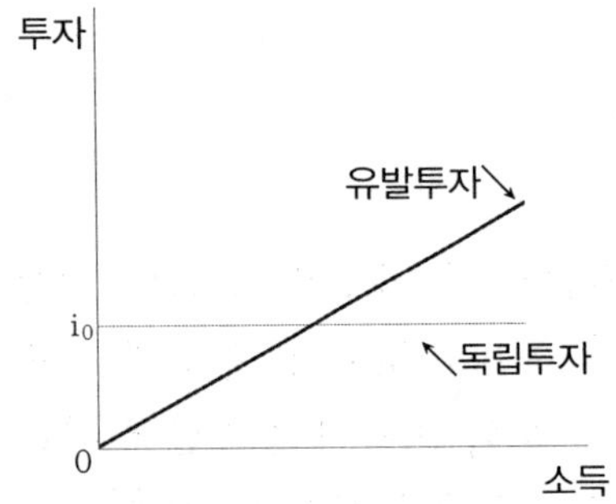

<그림 12-3>에서 독립투자는 소득과 무관하므로 수평^{상수함수}이고, 유발투자는 소득이 증가하면서 상승한다. 하지만 케인즈는 독립투자만을 가정했으므로, 투자수요는 $I^D = I_0$로 나타난다. 등식에 표현했듯, 케인즈는 독립투자수요만 안중에 두고, 사후에 억지로 투자에 산입하는 뜻밖의 재고증가를 총수요에서 제외시켰다. 그에게 팔리지 않는 재고가 문제거리요 골칫거리였던 까닭이다.

4 마디 균형국민소득의 결정

총생산(Y^S)은 총공급^{AD}이며, 분배된 후에 소비와 저축으로 처분된다. 그리고 소비와 투자수요의 합은 총수요(Y^D)로서 소득을 창출하는 역할을 담당한다[6].

$Y^S = C + S$ (처분방정식) ····· ①

$Y^D = C + I^D$ (창출방정식)·······②

그러므로 균형조건은 총공급=총수요($Y^S = C + I^D$) 또는 저축=투자수요($S = I^D$)으로 나타난다.

1. 총공급 = 총수요 접근법

공급은 완전고용 GNP의 한계를 벗어나지 못한다. 그림의 Y_f가 완전고용에서 얻을 만한 잠재국민소득이라 하자. 이제 현실의 국민소득은 어떻게 정해질까. 45°선의 어떤 점에서도 밑면=높이이고, 총공급과 총수요는 같다. 수요곡선의 E점은 동시에 45° 선상에 있는 즉, 총공급(Y^s)과 총수요($C+I^D$)는 같다. 곧$\overline{EY_e} = \overline{0Y_e}$로서 상품이 넘치거나 모자라지 않는다. 오직 Y_e의 생산 공급이 유효수요에 걸맞다는 뜻이다. 만약 생산량이 Y1이라면 $\overline{ab}$만큼의 초과수요가 발생하고, 생산^{공급}이 Y_2면 $\overline{df}$만큼이 팔지지 않는 딱한 처지다. 이처럼 수급이 일치하지 않는 불균형국민소득은 유지될 수 없다. 초과수요가 생산을 확대하고 초과공급이 생산을 축소하는 까닭이다.

〈그림 12-4〉 총수요=총공급에 의한 균형국민소득의 결정

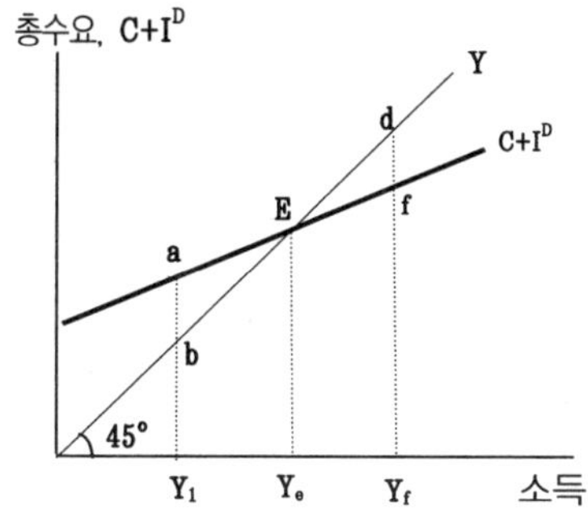

결국 국민소득은 Y_e에 이르러 수급이 균형을 이르게 되니, 이것을 균형국민소득이라 한다. 다만 현재의 수요가 부족한 까닭에, 완전고용(Y_f)을 달성하지 못한다는 점이 애석하다. 수요부족 때문에 Y_e-Y_f만큼 생산에 참여할 생산요소가 유휴상태에 남고 만다. 그런 까닭에 케인즈의 완전고용을 위한 처방은 d점을 지나도록 수요곡선을 끌어올리라는 것이다.

---

6) 케인즈는 정부와 해외부문이 없는 단순모델을 꾸몄으므로, 정부지출과 수출이 수요로 작용하지 않는다.

2. 저축 = 투자수요 접근법

〈그림 12-5〉 저축=투자수요에 의한 균형국민소득결정

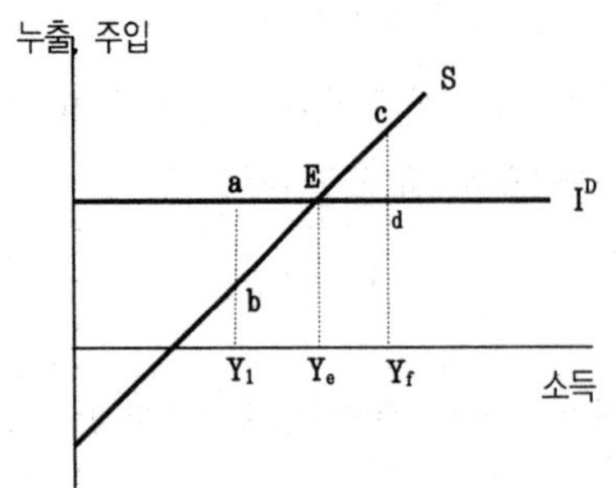

국민소득에서 소비를 제외하면 저축이 남고, 수요측에서 소비수요를 빼내면, 투자수요만 남는다[7]. 따라서 저축과 투자수요가 일치하면, 그로써 균형은 성립된다.

<그림 12-5>의 투자수요함수와 저축함수는 점 E에서 교차한다. 곧 국민소득이 Y_e일 때 **투자수요=저축**인 까닭에, 다른 말로 주입과 누출이 같은 까닭에, 국민소득은 균형한다. 그 밖의 점에서는 $I^D \neq S$인 까닭에 초과수요나 초과공급에 직면한다. 일테면 국민소득이 Y_f면 $\overline{cd}$만큼 누출이 주입을 초과하여, 초과공급을 빚고 생산을 Y_e까지 감축하도록 요구하기 마련이다. 반면에 국민소득이 Y_1이면, 주입이 누출보다 많으므로, 초과수요가 생산을 Y_e가지 확대하도록 이끌어 간다.

3. 균형국민소득의 수학적 해법

가계와 기업만 있는 2부문 모델에서

$Y^S = C + S$ ← 공급 (처분방정식)

$Y^D = C + I^D$ ← 수요(창출방정식)

$C = a + bY$ ← 소비함수

$I^D = I_0$ ← 독립투자함수

균형할 때의 국민소득(총공급=총수요)을 Y라 하면,

$Y_e = Y^S = Y^D$일 것이므로

① 총수요=총공급에 따른 균형조건은

$Y_e = a + bY_e + I_0$

$(1-b)Y_e = a + I_0$

② 저축=투자수요에 따른 균형조건은

$S = Y_e - C = Y_e - (a + bY_e) = (1-b)Y_e - a$ 이므로

$(1-b)Y_e - a = I_0$

$(1-b)Y_e = a + I_0$

어느 방법으로 셈하든, 균형국민소득은

7) 케인즈의 단순모델이 가계와 기업만을 가정한 때문이다.

$$Y_e = \frac{a+I_0}{1-b,} \quad \text{즉} \quad 균형국민소득 = \frac{독립소비+독립투자}{한계저축성향} = \frac{수요주입}{소득누출율}$$

애초에 균형국민소득은 수요가 클수록 활개치고, 한계저축성향[MPS]이 클수록 움츠러들게 마련이다. 저축은 국민소득 흐름의 누출이거니와, MPS란 소득이 수요로 작용하지 않고 빠져나가는 성질을 뜻하지 않던가. 행여라도 MPS=1이면, 소득이 한 푼도 수요로 작용하지 않고 모두 누출된다는 뜻이다. 이 경우 균형국민소득은 소득에 의 의존하지 않는 (독립소비+독립투자)만큼에 불과하기 마련이다.

현실적으로 한계저축성향<1이므로, 그렇게 될 염려는 없다. 다만 MPS가 작아질수록[소비성향이 커질수록] 균형소득은 늘어난다.

5 마디 케인즈의 재정정책

1. 수요의 과부족

수요증가는 균형국민소득을 증가시킨다. 하지만 국민소득의 증가는 노동을 포함하여 사용가능한 생산요소가 제약되어 있는 까닭에 한계가 있다. 부존된 생산요소를 모두 동원하여 성취 가능한 국민소득을 완전고용 국민소득(Y_f), 또는 잠재국민소득이라 부르는데, 그림의 Y_f가 그 한계라 하자. 총수요곡선 AD_2는 총공급곡선과 E_2에서 교차하여 균형을 이룰 듯 보인다. 허나 수요가 요구하는 총공급 Y_2는 완전고용수준을 벗어나 실현불가능하다. $\overline{aE_0}$만큼의 초과수요가 발생하므로 균형하지 못한다. 케인즈이론에서 불균형국민소득은 오직 수요가 완전고용 국민소득[잠재국민소득]의 한계를 벗어날 때만 발생한다. 총수요곡선 ADf는 총공급곡선과 E0에서 만나, AD = AS[총수요=총공급]의 조건을 만족시키는 동시에 완전고용을 달성한다. 상황은 실업이나 유휴생산 시설이 없을 뿐더러 초과수요나 초과공급도 없는 바람직한 국면이다. 총수요곡선이 AD_f보다 아래쪽에 있을 때, 곧 총수요가 완전고용 국민소득 Y_f보다 적을 때는 언제나 균형한다. 일테면, 총수요곡선 AD_1은 총공급선과 E_1에서 균형한다. 다만 생산량

〈그림 12-6〉 인플레이션 갭과 디플레이션 갭

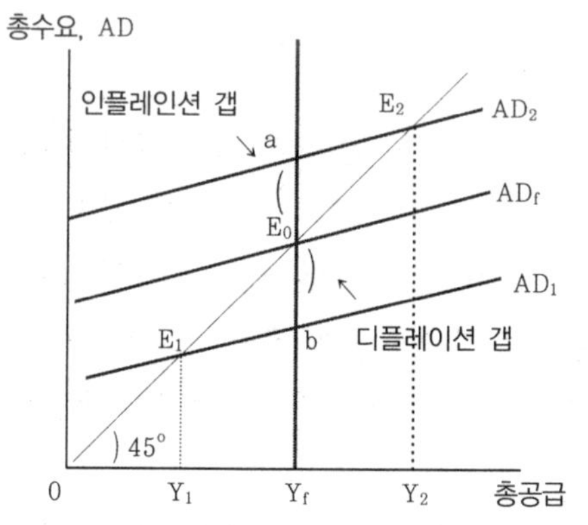

Y_1은 완전고용 국민소득 Y_f를 밑돌아 일부 생산요소가 고용되지 못하므로 한심한 처지이다. 케인즈가 본 현실경제는 이러한 상황에 있었다. Y_f만큼의 공급능력이 있으나, 수요가 부족하여 공급측은 생산을 Y_1까지 축소해야 한다. 가동율을 낮추고 공장을 쉬게 하여 균형 하겠으나, 그것은 과소고용균형이다.

2. 인플레이션 갭과 디플레이션 갭

완전고용은 실업을 방지할 뿐더러 생산량을 극대화하므로, 국민경제가 목표하는 바이다. 다만 유효수요와 어울리지 않고서는 난처한 상황을 맞이할 수 있다. 공급측이 완전고용 생산량 Y_f를 고집한다 하자. 수요가 AD_f라면 더할 나위 없다. 하지만 수요곡선이 AD_2인 경우의 총수수요는 공급량 a-E_0 만큼 크다. a-E_0만큼의 차이gap는 초과수요인데, 총생산이 이미 완전고용수준을 벗어난 까닭에 충족될 수 없다.

이 같은 초과수요는 생산을 자극하지 못하고 오로지 물가인상의 압력으로 작용한다. 이를 인플레이션 갭Inflationary Gap이라 부르거니와, 케인즈는 이 같은 상황을 진짜진성 인플레이션이라 했다.

이와 비교해서 수요곡선이 AD_1인 경우의 총수요는 E0보다 b-E_0만큼 작다. b-E_0만큼의 격차gap는 초과공급이며, 물가를 떨어뜨리는 압력으로 작용한다. 이것을 디플레이션 갭Deflationary Gap이라 한다. 유효수요가 부족하므로 재고가 쌓이고 실업이 발생한다. 유효수요부족에 당면한 기업주들은 제품생산을 축소하고, 따라서 거리에는 실업자들이 배회한다. 정부의 미세조정fine turning이 필요해진다.

3. 절약의 역설Paradox of Thrift

부유한 국가, 자본은 넉넉하나 마땅한 투자사업 찾기가 힘겨운 나라에서 저축은 불행의 씨앗이다. 저축은 소비를 그만큼 줄이는 까닭으로 너도나도 죽자 살자 저축한다면, 유효수요부족은 뻔하다. 헤어나기 어려운 침체국면에 빠져들어 기업주는 생산을 감축하고 노동자는 일자리를 잃는다. 그림에서 저축곡선이 S_0이고, 투자가 I_0에 머문다면 어떠할까. 물론 저축과 투자가 같으므로, 균형 하거니와, 완전고용국민소득을 달성한다.

이제 국민들의 저축의욕이 갑자기 높아져서 저축곡선이 S_1으로 이동하면 어찌 되겠는가. 투자와 저축은 이제 B점에서 같아지는데 국민소득이 Y_1까지 움츠러든다. 곧 개인들의 저축증가가 국민경제를 후퇴시키는 사태가 벌어진다.

수요부족에 당황하는 선진국의 입장에서 개인적 미덕인 저축이 사회적 악덕이라

〈그림 12-7〉 저축증가에 의한 소득의 감소

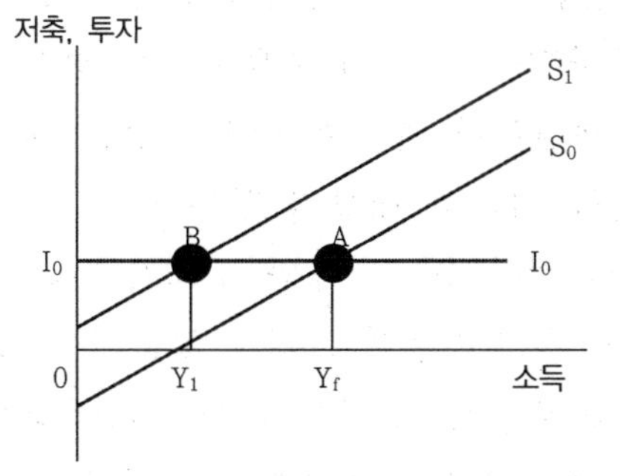

는 역설이 성립한다.

그러나 자금이 부족하여 숱한 투자기회를 활용하지 못하는 개도국에서는 절약이 악덕일 수 없다. 저축이 곧바로 투자에 연결되는 까닭이다. <그림 12-7>에서 저축이 늘어난 만큼 투자곡선이 위로 움직일 수 있다면, 국민소득의 감소를 염려할 필요는 없다. 한 나라의 총저축은 국민소득의 증가함수이다. S=f(Y) 따라서 개인의 저축률이 상승하면, 한계저축성향(MPS)이 커지면 그 나라의 국민소득은 감소한다.($\Delta Y = \frac{1}{MPS}\Delta I$) 국민소득이 감소하면 그 나라의 총저축도 감소하게 된다. 개인의 저축증대는 누출이므로 디플레이션 갭을 크게 만든다. 반면에 인플레이션 갭은 작게 만든다. 따라서 절약의 역설은 경제가 호황이 아닌 불황에 빠졌을 때 나타나는 특성을 가지고 있다.

4. 권고한 재정정책

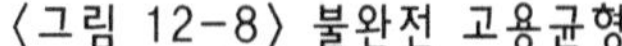

〈그림 12-8〉 불완전 고용균형

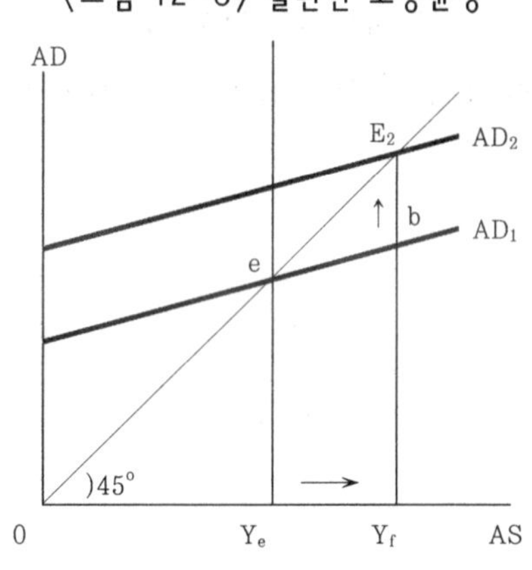

고전학파는 '보이지 않는 손'이 손써서 완전고용을 이루고, 그로써 얻은 생산량이 세이의 법칙에 따라 모두 수요된다고 설명했다. 곧 완전고용 국민소득이 절로 달성되는 불멸의 섭리가 있다는 것이다. 하지만 케인즈가 설명하는 균형국민소득은 생산요소의 완전고용을 보장하지 않는다. 오히려 완전고용을 달성하는 균형국민소득은 유별난 경우이다. 일반적으로는 수요부족에 직면하여 완전고용에 미달한다는 설명이다.

<그림 12-8>에서 AD_1의 경우에는 e점에서 45o선과 교차하여 국민소득은 Y_e로 균형 한다. 하지만 이 규모가 완전고용소득 Y_f보다는 미흡하며, 그 까닭은 수요곡선이 AD_2까지 치솟지 못한 까닭이다. 과소생산이 과소소비와 잘 어울린다면 큰 문제가 없을까. 가동률을 낮추고 심지어 공장을 쉬게 하여 경영악화가 도산을 몰고 온 들 기업주들만의 문제인가. 기업이 무너지기 앞서 생산이 축소되면서 고용축소와 실업은 어찌 하랴. 이렇게 발생한 실업은 민생고에 다름 아니다.

고전파가 득세하던 시절의 재정은 '작은 정부가 아름답다'는 말에 억눌려 권한을 다하지 못했다. 그러나 케인즈는 자유방임을 무책임한 소치라고 단죄하고, 정부가 앞장서고 '알아서 펼치는', 즉 재량적 재정정책을 촉구했다. 재량적 수요조절은 경제에 활력을 넣기 위해서 정부가 마땅히 걸머져야 할 책임이다. 수요부족이 엄청난 재고를 쌓아올린 다음 생산규모를 축소하고 근로자들을 거리로 내몰지 않는가.

케인즈는 대량실업의 난치병을 치료하기 위해서 정부지출 확대와 조세감축을 여의봉처럼 휘두르라 했다. 노임살포 효과는 빈곤층을 무마하는데 그치지 않는다. 살포된 노임이 유효수요를 확장하여 부유층에게 이익을 제공하며, 침체에 빠진 나라경제를 건져낸다. 케인즈는 경제침체를 벗어나기 위한 수요진작에 집중했으나, 오늘날에는 지나친 유효수요의 억제까지도 재량적 재정정책의 범주에 넣는다.

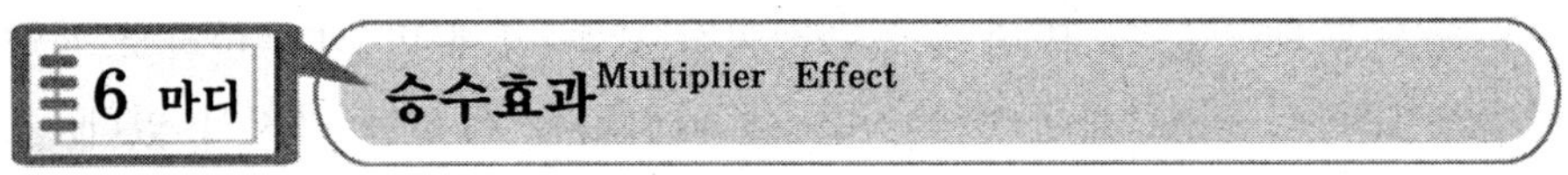

6 마디 승수효과 Multiplier Effect

정부지출, 독립투자, 독립소비는 국민소득과 무관한(독립변수)것 들이다. 이같은 독립지출이 수요를 형성하여 최초의 소득증가를 낳는다. 다음으로 증가된 소득이 소비함수에 의해서 소비를 증가시키고, 소비증가가 유효수요의 원리에 의해 소득을 증가시킨다. 이 과정이 누적 반복됨으로써 균형국민소득의 증가가 최초의 총수요증가보다 크게 된다.

최초의 주입행위

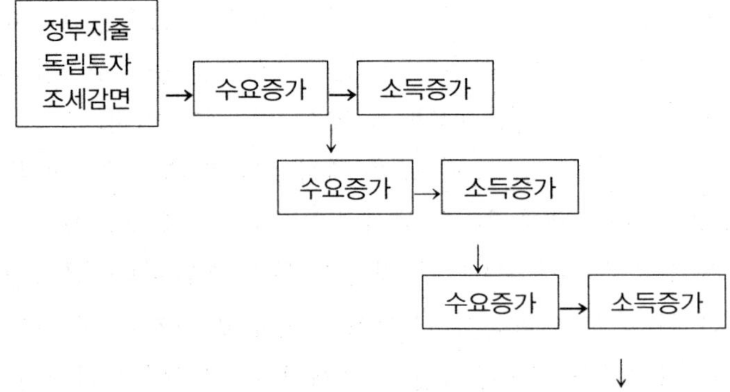

이때 최초의 누적된 균형국민소득의 증가분을 최초의 독립지출로 나누어 얻는 배수를 승수라 부른다. 왜 그처럼 부르는 것일까. 이를테면, 독립투자증가($\triangle I_0$)가 k곱

만큼 균형국민소득을 증가시킨다면,

$$k = \frac{\triangle Y}{\triangle I_0}$$

$$\triangle Y = k \cdot \triangle I_0$$

이때의 k가 $\triangle I_0$에 곱해주는 수치라는 뜻에서 승수라 불린다.

1. 단순승수: 유발투자가 없는 경우

$$Y = C + I + G$$

$$C = a + b(Y\text{-}T)$$

$$T(\text{조세}) = T_0, \quad I(\text{투자}) = I_0, \quad G(\text{정부지출}) = G_0$$

$$Y = a + b(Y - T_0) + I_0 + G_0$$

$$(1 - b)Y = a - bT_0 + I0 + G_0$$

$$Y = \frac{1}{1-b}(a - bT_0 + I_0 + G_0)$$

각 승수를 구하기 위해서는 위의 소득창출함수를 독립변수[설명변수](투자, 조세, 정부지출 등)에 관하여 편미분하면 얻어진다.

① $\text{투자승수} = \frac{\delta Y}{\delta I_0} = \frac{1}{1-b} = \frac{1}{1-MPC} = \frac{1}{MPS}$

② $\text{조세승수} = \frac{\delta Y}{\delta T_0} = \frac{-b}{1-b} = \frac{-b}{1-MPC} = \frac{-b}{MPS}$

③ $\text{정부지출승수} = \frac{\delta Y}{\delta G_0} = \frac{1}{1-b} = \frac{1}{1-MPC} = \frac{1}{MPS}$

④ 균형예산승수: 조세와 정부지출이 같은 경우, 즉 $G_0 = T_0$를 균형예산이라 부른다. 따라서 균형예산승수는 조세승수와 정부지출승수의 합으로 나타난다. 조세의 국민소득 누출효과와 정부지출의 주입효과가 서로 다르다 했다. 정부지출을 조세액만큼으로 정하는 균형예산이 국민소득을 증가시키는 까닭이 여기에 있다.

$$\text{균형예산승수} = \frac{1}{1-b} + \frac{-b}{1-b} = \frac{1-b}{1-b} = 1$$

2. 해외부문 추가

$$Y = C + I + G + (X - M)$$
$$M = mY,$$
$$X = 수출, \quad M = 수입, \quad m = 한계수입성향$$
$$Y = a + b(Y - T_0) + I_0 + G_0 + X_0 - mY$$
$$Y = \frac{1}{1-b+m}(a - bT_0 + I_0 + G_0 + X_0)$$

이제 승수들의 분모가 모두 (1-b+m)이 되는바, m>0이므로, 수입이 없는 경우보다 작아진다. 이는 국내수요의 일부분이 수입품을 대상으로 하는 까닭에 그만큼 국내소득창출에 기여하지 못하는 까닭이다. 또 균형예산승수 역시 분모가 커지므로 1보다 작아진다.

$$균형예산승수 = \frac{\delta Y}{\delta T_o} + \frac{\delta Y}{\delta G_0} = \frac{1}{1-b+m} + \frac{-b}{1-b+m} = \frac{1-b}{1-b+m} < 1$$

7 마디 케인즈이론의 한계

무엇보다 자본부족에 허덕이는 후진국에서 유효수요를 확대하면, 물가가 오르고 실업자의 문제는 오히려 악화된다. 케인즈의 「일반이론」이 개발도상국의 경우를 설명하지 못하므로 역시 '일반적'이지 못하다.

공급능력이 국민경제에 주어진 생산요소의 한계 내에서만 검토되고 있다. 일테면 고용과 총생산국민소득이 정비례한다는 것은 기술발전이나 생산성 향상을 감안하지 않는 단기적 분석이다. 따라서 경제의 성장과 발전을 분석하고 설명하는 데는 유용하지 못하다.

통화와 금융현상에 대해서는 암시하는 선에서 그치고, 명시적인 변수로 취급하지 못했다. 따라서 실업보다 더욱 난감한 60년대의 인플레이션과 70년대 경기침체를 동반하는 물가상승, 스태그플레이션을 설명하지 못한다.

보탬 1 고전학파와 케인즈 모형의 비교

	고전학파 모델	케인즈 단순모델
기본골격	총공급이 총수요 창출: Say의 법칙	유효수요가 총공급 창출
균형소득결정	완전고용 국민소득: 노동시장에서 노동량이 완전 고용되고, 생산함수에 투입되어 총생산량이 결정되고, 이는 모두 판매되므로 항상 균형함	불완전고용 국민소득: 완전고용 소득의 범위내에서 총수요 = 총공급 또는 투자수요 = 저축일 경우 균형함. 유효수요 = 균형소득이나 유효수요 〈 완전고용생산량
관련함수	소비는 이자율의 감소함수 투자는 이자율의 감소함수	소비는 소득의 증가함수 투자는 이자나 소득과 무관함 (I = I0)
조정방법	물가가 상품수급을, 임금이 노동수급을, 이자가 자금수급을 조정함. 즉 가격이 물량을 조절하여 균형함	자율적인 조절기능이 없음
정책권고	저축은 개인 · 사회적 미덕 공급능력제고 위한 시장경쟁 (자유방임, 작은 정부) * 면역과 자연치유력에 맡기는 셈	저축은 개인적 미덕이나 사회적 악덕 유효수요 주입을 위한 국가개입 (조세감축, 정부지출증가) * 국가가 수요를 주사하여 소생시키는 셈
		소득증가는 APC 높히고 APS 낮춘다 APC+APS=1 S〈0이면 APS〈0이고 APC〉1 S〉0이면 APS〉0이고 APC〈1 APC〉MPC MPC+MPS=1 MPC〉0, MPS〉0 승수는 MPC가 클수록 커진다. 수입은 승수를 축소한다. 유발투자는 승수를 확대한다.

화폐시장의 균형

국민경제의 순환에서 실물경제와 화폐경제가 서로 순환하면서 상호작용하는 것을 보았다. 또 앞 마당에서 잠재국민소득의 범위 내에서 실물의 수급이 어떻게 균형 하는지 살폈다. 다음 마당에서 실물시장과 화폐시장의 동시균형을 보고자 하는데, 그에 앞서 화폐시장의 균형을 먼저 살펴보고자 한다.

화폐시장에서 결정된 이자율이 투자를 건드려 실물경제에 영향을 미치게 마련이다. 화폐시장을 실물부문과 무관하게 따로 다루자면, 화폐가 실물경제에 영향을 미치지 않는다는 고전파의 테두리를 벗어나기 어렵다. 따라서 이자율에 주목해야 하는데 이자율은 화폐시장에서 화폐의 수요와 공급이 균형을 이룰 때 결정된다. 화폐의 수요와 공급을 이해하고 이자율이 어떻게 결정되는지를 이해해야한다. 그런 다음 화폐시장과 실물시장의 동시적 균형을 학습할 수 있다.

1 마디 화폐와 통화

화폐[money]는 생김새를 말하고 통화[currency]는 기능을 뜻한다. 박물관에 들어앉아 세상 출입을 마다하는 고화폐, 중앙은행에서 잠자는 화폐, 잉크는 말랐으나 조폐국을 벗어나지 못한 새것, 북한의 붉은 화폐는 통화가 아니다. 통화는 통용되는 화폐, 곧 제 구실을 하면서 돌고 도는 돈이다. 지불수단으로 구매력을 발휘하고, 가치저장수단으로

쌈지 속에 들어갈 자격이 있을 때야 통화다[1].

무엇까지 통화의 울타리에 넣어야 하는지에 관해서 논란이 없지 않다. 흔히 말하는 **'통화'는 현금과 요구불예금의 합계로 M_1**이라 표시한다. 저축예금에 묶인 돈은 현재 통용되지 않으므로, 통화에서 제외하자는 의견이 있다. 하지만 이자를 포기하고서는 꺼낼 수 있으므로, 넓은 뜻의 통화에 끼워주자는 주장이 먹힌다. **저축성 예금을 포함하는 통화개념을 '총통화'라 부르는데, M_2**라 표시한다. 통화팽창이 인플레이션의 주범이므로, 통화당국이 저축예금까지 관리한다[2].

1. 통화공급제도

금으로 화폐를 만들어 통화로 쓰던 시절이 있었다. 그러다 보니 경제규모의 확대가 거래규모를 늘리는 터에, 금생산은 거의 제자리걸음이다. 거래를 중개하기에 필요한 만큼 금화를 제공하기에 역부족이다.

종이에 금액을 써서 통용시키되, 금으로 바꿔주겠다는 태환지폐가 생겨났다. 약속이 그런 만큼, 명목화폐의 발행액만큼 금을 준비해야 마땅하다. 하지만 지폐발행액과 채금량 간 격차가 점차 벌어졌다. 식민지를 싹 쓸어도 약탈할만한 금은 바닥이 났다. 결과적으로 교환준비용 금보유량이 턱없이 모자라게 됐다.

금과 바꾸겠다고 한꺼번에 몰려드는 날에는 파탄이 뻔하다. 차라리 배짱을 내미는 편이 어떨까. 금과 태환하겠다는 약속을 종이돈 위에 아예 쓰지 않겠고, 이미 쓰여진 지폐도 바꿔주지 못하겠노라고 선언했다. 이미 발행된 지폐의 실질가치를 박살내는 폭력이다. 그러나 오랜 동안 금과 바꾸지 않고서도 곧잘 통하던 믿음 때문일까. 태환을 정지당한 지폐는 제 기능을 유지했다[3].

하지만 금과 지폐의 고리를 제거했으므로, 함부로 통화를 남발할 가능성이 커졌다. 또 물가동향에 따라 통화량을 조절할 현실적 필요를 절감했다. 난국을 예방하고 최

1) 가치척도로서 회계단위의 기능을 하지만, 이 기능이 화폐수요와 무관하므로, 거시경제학에서는 관심을 두지 않는다.

2) 통화주의자, 밀튼 프리드만(M. Friedman)이 주장한 바이다. 우리나라는 1979년부터 총통화를 규제대상으로 삼았는데, 결과적으로 그의 권고에 따른 셈이다.

3) 브레튼우즈체제가 무너지고 스미소니언체제로 전환하지만 이 또한 킹스턴체제에 의해 대체된다. IMF의 SDR을 기축통화로 삼고 변동환율제를 통하여 국제금융질서를 안정화한다.

선의 상태를 도모하자고 통화량을 관리하는 제도가 통화관리제도다.

이제 통화당국, 중앙은행이 통화를 부풀리는 방법은 크게 두 가지다. 하나는 정부의 차용증서나 시중은행의 어음을 받고 대부하는 것이요, 다른 하나는 유가증권이나 외화 등을 사들여 통화를 방출하는 방법이다. 이들 통로를 조절함으로써 중앙은행에서 곧장 시중에 풀리는 본원적[원래의]통화량을 결정한다.

재할인율조작: 정부차입은 재정자금수요에 따르지만, 시중은행의 차입은 중간 마진[margin]의 크기에 따른다. 시중은행은 할인해 주고받은 기업어음을 중앙은행에 재할인하여 차액을 챙긴다. 그러므로 재할인율과 할인율의 차이가 클수록 시중은행들이 부지런히 중앙은행에 모여들고, 그만큼 화폐발행이 많아진다. 할인율 차이가 작아질수록 시중은행의 발길이 뜸해질 것이므로, 화폐발행이 그만큼 줄어든다.

공개시장조작: 외화를 팔고 사들여도 통화가 흡수되고 방출된다. 하지만 그 액수가 크지 않으므로, 일반적으로는 공개시장[증권시장]에서 공채, 국채 및 기타 증권을 사들여 통화를 방출한다. 반대로 매각은 통화를 중앙은행으로 끌어들여 시중의 통화량을 축소한다.

지불비율조작: 예금주의 인출요구에 대비하기 위해서 시중은행은 지불준비금을 마련해야 마땅하다. 그런데 대출이자를 따내려는 은행은 지불준비금을 한껏 줄이려 할 테고, 그만큼 예금의 안전함은 침해받는다. 그러므로 예금의 일정비율을 지불준비금으로 남겨서 중앙은행에 맡김은 법적 의무다.

원래 예금주를 보호하려던 지불준비제도가 도대체 어떤 까닭으로 통화공급을 관리하는 강력수단이 되었는가. 첫째로 지불준비액을 중앙은행에 예치토록 강요하므로, 우선 지불준비율의 높낮이가 그만큼 통화량을 줄이고 늘인다. 둘째로, 본원적[원래의]통화가 새끼 치는 속도를 조절하는 기능이 더욱 막강하다. 예금을 몽땅 은행금고에 가두면, 예금이 새끼 칠 수 없다. 그러나 지불준비금을 빼낸 대출되고, 대출금의 일부가 예금으로 회귀하고, 지불준비금을 뺀 일부가 나머지가 다시 대출된다. 규모는 점차 줄겠으나, 대출되고 일부가 예금으로 되돌아오기를 거듭하여 총예금이 원래의 예금보다 커진다. 이로써 증가된 예금은 본원통화로부터 새끼치기에 의해 파생된 예금이다. 이 메카니즘을 예금창조 혹은 신용창조라 부르거니와, 바로 시중은행이 통화를 증가시키는 통로다.

지불준비율을 높히면, 대출액과 되돌아오는 예금액이 거듭 감소하여, 통화의 새끼치기가 억제된다. 반대로 지불준비율 인하는 시중은행의 배를 불리면서 통화량을 늘린다. 신용창조가 통화증가의 여의봉이라면, 지불준비율의 조절권한이 통화남발을 때려잡는 철퇴다.

2. 신용승수와 통화승수

중앙은행에서 풀려나간 통화를 본원통화라 부른다. '본원'이란 '애초의 샘'이란 뜻인데, 왜 그처럼 부를까. 시중은행이 **본원통화를 새끼 쳐 파생통화**예금통화를 만들어내는 까닭이다. 시중은행이 공급한 통화가 '다음의' 것이고 중앙은행이 공급한 통화가 '애초의' 것이란 뜻이다. 같은 맥락에서 본원통화를 기초통화Reserve Base또는, 세력이 막강하다는 뜻에서, 고마력High-powere통화라고 부르기도 한다.

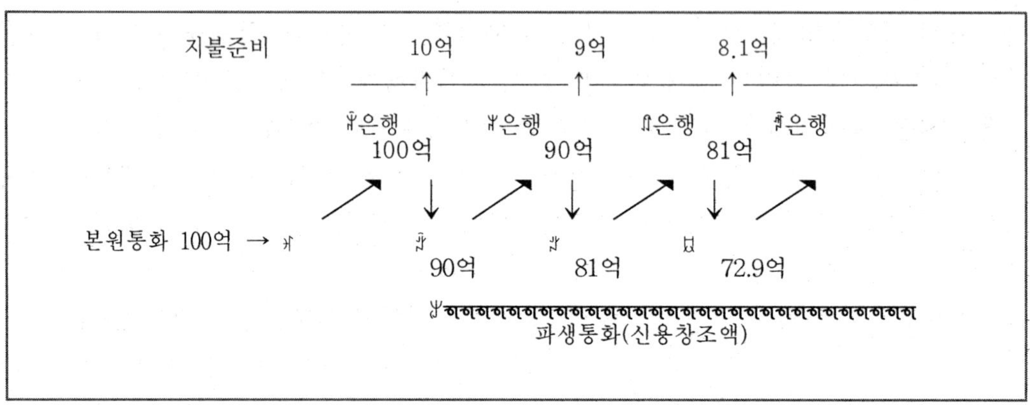

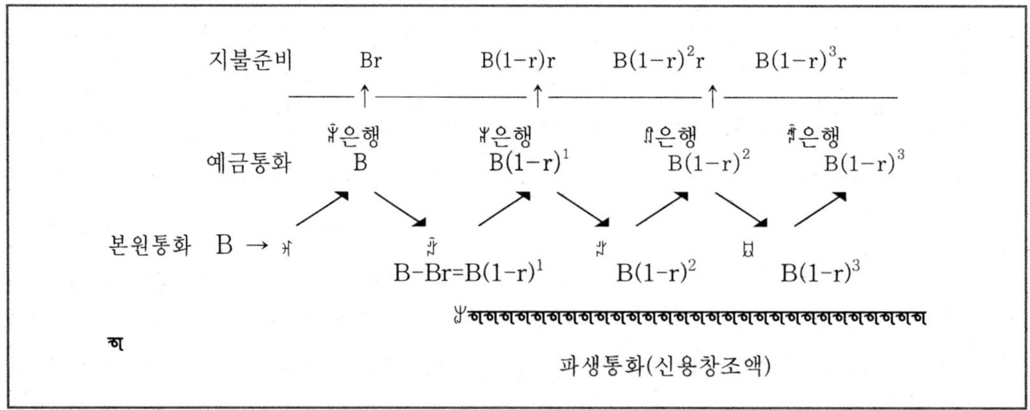

우선 국고가 바닥난 정부가 한국은행으로부터 100억 원을 빌려 씨에게 지불했다 치자. 국가재정을 통해서 100억 원의 본원통화가 공급된 셈인데, 씨는 이를 사과상자에 담아 두지 않고 은행에 맡겼다. 은행권에 처음 들리는 예금이므로 '애초의' 것이란 뜻에서 본원예금이라 부른다.

법정법정지불준비율 10%만을 가정하면, '애초의' 예금 중에서 10억 원을 남겨두고,

나머지 90억 원을 을씨에게 대출한다. 통화량의 입장에서 보건데, 갑씨의 요구불예금 100억 원은 물론 을씨에게 대출된 90억 원 또한 통화이므로 통화가 190억 원으로 늘어났다. 곧 애초의 본원예금 100억 원이 90억 원의 통화를 새끼 친 것이다. 본원예금을 B라 하고, 지불준비율을 r이라면, (1-r)B만큼 새끼통화가 태어난 셈이다.

이제 대출받은 을께서 90억 원을 장롱 속에 잠재우지 않고 '몽땅' 은행에 맡긴다면, 어찌될까. 지불준비금을 제외한 대출액, 81억 원은 다시 파생된 통화가 아닌가. 이는 새끼통화가 다시 새끼 친 것이므로 (1-r)(1-r)B만큼이다. 크기는 점차 감소하겠지만, 이 같은 과정이 한동안 거듭될 게다.

은행의 입장은 대출을 여신이라 하고 예금을 수신이라 부른다. 곧 업무가 신용을 주고받음인데, 그 때마다 돈이 따라 붙지 않던가. 따라서 위의 과정을 은행의 '신용창출'이라 부르지만, 쉽게는 '돈 만들기' 또는 '돈 새끼치기'의 뜻이다.

이런 과정을 수학적으로 계산하면 공비가 (1-r)인 **등비수열에 해당한다. 등비수열의 공식은** $\frac{1}{1-\text{공비}}=\frac{1}{1-(1-r)}=\frac{1}{r}$**이 된다**. 위의 예를 이 공식으로 계산하면 100억(본원통화)×$\frac{1}{r}$이 되는데 여기서 r=0.1이므로 총예금창조액은 1,000억원이고 순예금창조액은 900억원이 된다. 따라서 **신용승수**credit multiplier는 $\frac{1}{\text{법정지불준비율}}=\frac{1}{r}$이 된다.

통화승수money multiplier**란 통화량이 본원통화의 몇배인가를 나타내는 배수**를 말한다. 이를 수식으로 나타내면 $M=mB$ 또는 $m=\frac{M}{B}$이다(M: 통화량, B: 본원통화, m: **통화승수**).

통화량(M)=현금통화(C)+예금통화(D)으로 나타내고 본원통화(B)=현금통화(C)+지급준비금(R)로 나타낼 수 있다. 그런데 통화승수는 $m=\frac{M}{B}$이므로 $\frac{M}{B}=\frac{C+D}{C+R}$ 분자와 분모를 모두 D로 나누면 $\frac{M}{B}=\frac{C/D+1}{C/D+R/D}$이 된다. 여기서 $\frac{C}{D}=c$라 하고, $\frac{R}{D}=r$이라 하자. c: 예금통화에 대한 현금통화의 비율, r: 예금에 대한 지급준비금의 비율(법정지급준비율+초과지급준비율)이다. $\frac{M}{B}=\frac{C/D+1}{C/D+R/D}$식을 $\frac{C}{D}=c$, $\frac{R}{D}=r$로 정리하면 $m=\frac{M}{B}=\frac{c+1}{c+r}$이 된다. 따라서 **화폐공급함수** $M^S=mB=\frac{c+1}{c+r}B$가 도출된다.

3. 화폐의 공급

통화당국으로서 중앙은행은 통화승수를 고려하면서 본원통화를 공급한다. 시중은행이 신용창조에 의한 파생적 통화를 제공하지만, 중앙은행이 정하는 지불준비율을 벗어나지 못한다.

중앙은행의 전권을 제약하는 것은 오직 국민경제의 발전과 물가안정 뿐이다. 이자율의 높낮이에 개의치 않고 총통화량을 결정하므로, 이자율과 통화공급량의 관계는 그림처럼 곧추 선 모습으로 그려진다.

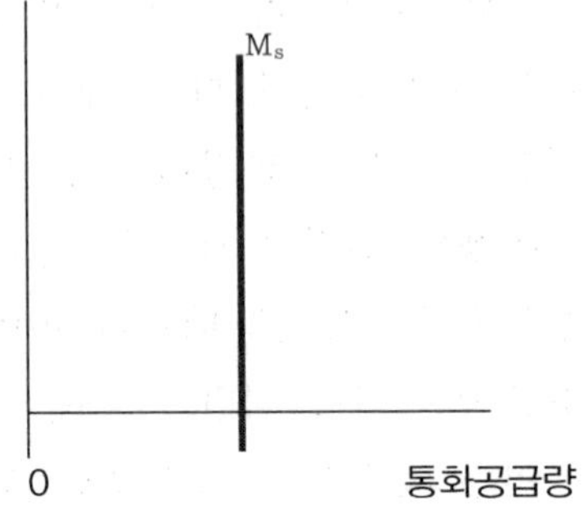

화폐공급함수 $M^S = \dfrac{c+1}{c+r}B$이므로 이자율과는 상관관계가 성립하지 않는다.

3 마디 화폐의 수요이론

1. 고전학파의 화폐수요이론

고전학파가 깃발을 휘날리던 시절의 화폐와 금은 서로 같다. 화폐=금의 관계에서 판매자의 입장을 보자. 화폐가 흔해 그 값이 낮은 때 많은 화폐를 받고, 화폐값이 높은 때는 적게 받아도 된다. 상품을 내주고 받는 화폐량이 무엇인가. 바로 상품의 가격 아닌가. 화폐가격과 상품가격이 오르내림을 같이 하기 때문에 화폐가 많든 적든 염려할 소지가 없다. 따라서 고전학파의 화폐수요는 수동적이다. 시장의 가격기능에 힘입어 화폐수요가 공급에 순응할 수 있는 까닭이다. '보이지 않는 손'이 '절로' 형통하리라는 생각이다. 이 같은 생각을 바탕으로 태어난 이론이 화폐수량설Quantity Theory이다. 화폐수량설에는 피셔I. Fisher의 거래방정식과 캠브리지Cambridge학파의 현금잔고방정식이 있다.

1) 피셔의 거래또는 교환방정식

지불액과 수취액은 마땅히 같다. 국민경제 전체로 보건데, 일정기간동안 총지불액은 거래량에 물가수준을 곱한 만큼이다. 한편 수취액은 통화량에 화폐가 거래에 사용되는 빈도를 뜻하는 유통속도를 곱해서 셈한다. 일테면, 일정기간동안 100원짜리

10개의 사과를 사는 분이 100원×10개 = 1000원을 지불하고, 판매자가 500원 어치씩 두 차례에 걸쳐 판 경우에 500원×2회 = 1000원을 수취한다. 화폐의 모든 거래를 중개한다면, 국민경제의 총지불액과 총수취액은 항등식을 이룬다.

$$MV_t = PT$$

M = 통화량　　　　　　　　　p = 단위당 가격

Vt = 화폐의 유통속도　　　　T = 거래량

총거래에 중간재의 거래가 포괄되므로, 총거래액은 국민소득보다 크다. 국민소득에 기초하려면, 총거래액 T에서 최종재의 거래액만을 때어내면 된다. 최종재가 차지하는 비율(α)을 사용하여 $Y = \alpha T$이고, $V = \alpha V_t$로 조정하면

$$MV = PY$$

위에서 **V는 화폐의 유통속도(Vt)가 소득의 유통속도로 변형된 것**이다. 이는 속도가 다를 뿐 본질상 서로 같다. 즉, 거래제도나 관습을 배경으로 형성되므로, 단기적으로 **변하지 않는 상수**로 취급된다. 또 고전학파의 국민소득모형에 따라 완전고용이 당연하므로, **국민소득 역시 상수로** 간주된다. 그렇다면, **통화량과 가격이 비례한다**는 결론을 얻는다[4].

$$M\overline{V} = P\overline{Y^F}$$

피셔는 통화량과 물가의 관계를 설명했을 뿐, 화폐수요에 대하여 명시적으로 언급하지 않았다. 그러나 후배학자들이 교환방정식에 깃든 함의를 끌어냈다. 교환방정식을 화폐수요이론으로 바꾸기 위하여 변형하면,

$$M = \frac{1}{V} PY^F$$

고전학파가 당연하게 보는 실물시장의 균형이 의당 화폐시장도 균형 시키므로, 위식을 화폐시장의 균형조건을 설명한다. 위식의 좌변은 통화량이고, 우변은 화폐수요로 판단된다. 위식을 물가 P로 나누어 실질화폐수요를 꺼낸다.

$$\frac{M^D}{P} = \frac{1}{V} Y_F$$

이 함수를 얻기 위해 화폐의 매개기능을 기초로 삼는 교환방정식으로부터 출발했다. 따라서 **거래를 위한 화폐수요만을 반영하고, 가치저장수단으로서 화폐의 수요를 살피지 못한다**.

---

4) 그러므로 화폐공급이 물가를 움직일 뿐 국민소득에 영향을 미치지 못한다는 점을 설득하려는 화폐이론이다. 이른바 화폐의 중립성을 입증하려는 이론이다.

2) 캠브리지학파의 현금잔고cash balance방정식

마샬과 피구A. C. Pigou등 캠브리지학파는 드러내놓고 화폐수요를 언급했다. 화폐가 거래의 편의와 안정성을 제공하므로, 누구든 되도록 많이 보유하려 들겠다. 다만 화폐보유액은 소유한 총자산을 벗어나지 못한다. 자산증식이 보유화폐의 증가를 수반할 것이므로, 일정한 비례관계에 있다.

① 국민경제의 실질화폐수요도 총자산의 일정비율만큼이 된다. 이자율이 화폐수요에 영향을 미치겠지만, 별거 아니니 묵살해 두자. 총자산을 A라면,

$$\frac{M^D}{P} = k_a A$$

② 소득이 자산을 증가시키므로, 국민소득과 총자산 사이에 일정한 비례관계가 있으므로,

$$\frac{M^D}{P} = kY$$

$$\text{단} \quad Y = \beta A, \quad K_a = \beta K, \quad 0 < \beta < 1$$

위 식에서 이른바 **마샬의 k는 총소득에 대한 보유현금의 비율, 곧 현금잔고의 비율**이다. 이는 경제제도와 관습의 영향을 받아 단기적으로 불변이므로, **상수로** 간주된다. **실질화폐수요는 국민소득 규모에 의해 결정된다**는 결론으로 피셔의 교환방정식으로부터 도출된 바와 크게 다르지 않다5).

2. 케인즈의 유동성선호이론

케인즈는 유효수요의 원리에 기초한 승수이론을 펼쳐서 실물시장을 설명했다. 화폐시장의 경우에는 유동성선호이론으로 화폐의 수요를 설명한다.

유동성(liquidity)이란 물처럼 흘러 움직이는 성질을 뜻한다. 돈도 이익을 찾아서 흘러 다닌다. 반면에 부동산은 말 그대로 움직이지 못한다. **경제학에서 '유동성'은 어떤 자산이 가치의 손실 없이 교환의 매개수단으로 활용될 수 있는 정도를 뜻한다**. 금이나 은은 현금으로 교환하여 사용하는데 편리한 반면 부동산은 현금으로 교환하는데 시간과 비용이 든다. 부동산은 그 가치가 아무리 높다하더라도 현금처럼 사용하는데 금과 은에 비해서 용이하지 못하다. 케인즈는 유동성이 가장 큰 화폐를 아예 유

---

5) 화폐공급M은 외생적이고, 실물시장의 완전고용 국민소득(Y_F)을 전제로 화폐공급이 물가를 결정하는 화폐수량설이 도출된다.

$$\frac{M}{P} = kY_F, \qquad P = \frac{1}{kY_F}M$$

동성이라 부른다. 따라서 유동성선호는 다른 재산보다 화폐형태로 갖기를 선호함, 곧 화폐수요를 뜻한다. 화폐수요를 야기하는 동기로서 거래, 예비, 투기의 세 가지를 들었다. 그리고 투기적 동기에 의한 수요를 가장 중요시했다. 이것이 실물경제와 밀접하게 연관되기 때문이다.

1) 거래적 수요와 예비적 수요

누구든 거래를 위하여 얼마간 통화를 소지하는 바, 이를 거래적 동기의 화폐수요라 부른다. 돌발사태에 대비하기 위한 것을 예비적 동기의 화폐수요라 했는데, 앞으로 거래적 수요에 포함해 설명하겠다.

마샬이 자산으로서 화폐의 쓸모[효용]를 강조한데 비하여, 케인즈는 우선 피셔처럼 화폐의 교환매개기능에 주목하여 거래적 수요를 설명했다. 다만 거래적 수요가 소득의 일정비율을 유지한다는 마샬의 견해를 도외시하고, 피셔처럼 곧장 소득수준의 함수로 보았다. 소득이 증가할수록 거래적 수요와 예비적 수요가 다 같이 커질 것이기 때문이다. 예비적 수요를 포함한 거래적 수요를 M_t라 하면,

$$M_t = M_t(Y), \qquad \frac{dM_t}{dY} > 0$$

함수가 선형[1차]함수라면, $M_t = tY$와 같은 모습이므로 현금잔고방정식의 그것과 유사하다. <그림 13-1>의 좌측 그림에서 국민소득이 Y_0라면, tY의 함수를 따라 거래적 화폐수요는 tY_0로 결정난다. 이때의 수요를 오른쪽에 그려보면, 거래적 화폐수요가 이자율과 무관하므로, tY_0에서 곧추 선 수직선으로 그려진다. 수요동기를 들먹였지만, 고전학파의 거래용 화폐수요를 수용한 꼴이다. 하지만 투기수요를 설명함에 있어서는 고전학파의 분석틀을 벗어났다.

2) 투기적[speculative]수요

〈그림 13-1〉 케인즈의 거래적 화폐수요곡선

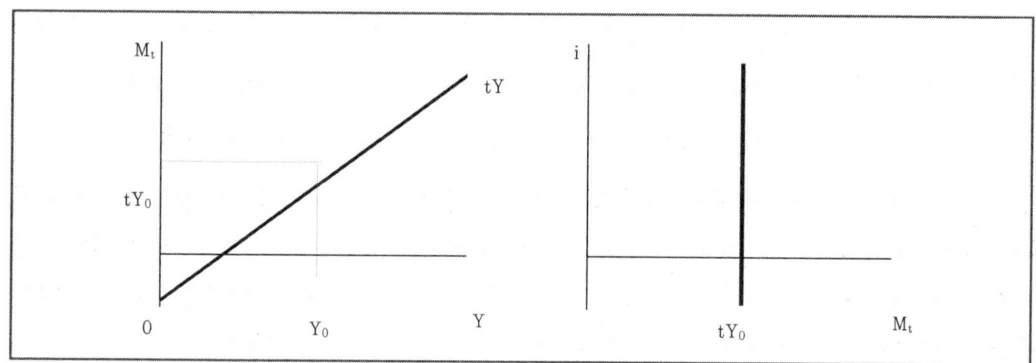

〈그림 13-2〉 케인즈의 투기적 화폐수요곡선

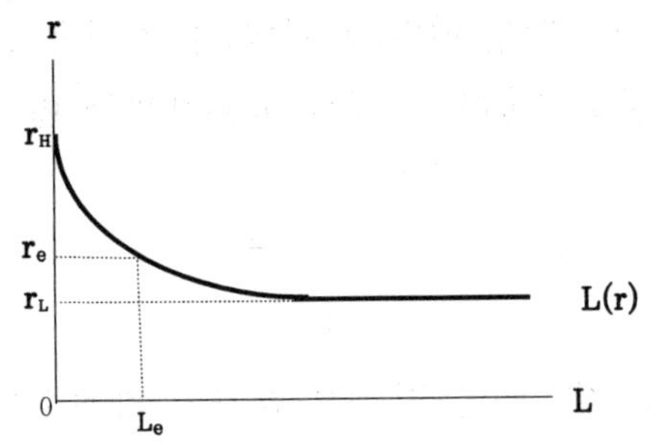

케인즈는 사람들이 화폐를 보유하려는 이유는 유동성을 선호하기 때문이며 유동성을 선호하는 데에는 3가지 동기가 작동한다고 설명한다. 그것이 거래적 동기, 예비적 동기 그리고 투기적 동기에 의한 화폐수요이다. 거래적 동기와 예비적 동기에 의한 화폐수요는 앞에서 살펴본 바와 같이 이자율과 관계가 없는 소득의 증가함수이다. 그런데 **투기적 화폐수요의 경우에는 이자율과 역함수관계에 있다**. 수식으로 는 M_d= f(r)이고 그래프로 나타내면 <그림 13-2>와 같다.

종축에는 이자율(r)을 표시하고 횡축에는 투기적 화폐수요(L)를 표시하였다. r_H는 사람들이 더 이상 오르지 않을 것으로 예상하는 이자율 수준이고 rL는 사람들이 더 이상 떨어지지 않을 것으로 예상하는 이자율수준이다. 이자율이 r_e수준에서는 Le만큼의 화폐를 투기적 동기에 의해 수요한다는 것을 나타내고 **이자율이 r_H일 때는 사람들은 유휴잔고를 모두 사용하여 채권을 매입하고 이자율이 r_L일 때는 유휴잔고를 모두 투기적 화폐로 수요한다는 것을 의미**한다. 투기적 화폐수요란 유휴잔고를 이용하여 자본이득을 얻을 목적으로 채권가격이 낮아지기를 기다리며 가지고 있는 화폐를 말한다. 이것은 이자율과 역함수 관계에 있다. **채권가격과 이자율은 역함수 관계에 있기 때문이다**. 화폐를 이용하여 자본이득을 얻기 위해서는 채권가격이 낮을 때(이자율이 r_H) 채권을 매입하여 채권가격이 높을 때(이자율이 r_L) 채권을 매각해야 한다. 국채나 회사채와 같은 채권의 경우에는 확정된 이자를 미래에 지급하는 증권이다. 이런 확정이자부증권의 경우에는 이자율이 올라가면 가격이 떨어지고 이자율이 내려가면 가격이 상승하는 특징을 가진다. **이자율이 올라가면 미래이자수익에 대한 현재가치가 작아지고 이자율이 내려가면 미래이자수익에 대한 현재가치가 증가하기 때문이다**. 예를 들어 채권을 구매하여 1년 후에 받게 될 이자수익이 100원이라 하자. 연이자율이 10%로 한다면 1년 후에 100원에 대한 현재가치는 PV=$\frac{100}{1+0.1}$= 약 90.9원이고 만약 이자율이 20%로 오르는 경우 1년 후의 이자수익 100의 현재가치는 PV=$\frac{100}{1+0.2}$= 약 83.3원이 된다. 채권시장에서 거래되는 채권의 가격은 이자율을 반영하여 결정된다. **채권의 현재가치와 이자율은 역함수관계라는 것을 알 수 있다. 채권의 현재가치가 채권의 시장가격보다 높다면 채권에 대한 수요가 증가하고 채권가격은 상승하게 된다**. 반대로 **채권의 현재가치가 채권의 시장가치보다 낮으면 채권에 대한 수요가 감소하고 채권가격은 하락하게 된다**. 결국 채권가격은 채권의 현재가치와 채

권의 시장가치가 같아지는 곳에서 결정될 것이다. 그런데 현재 이자율이 r_H수준에 있다면 채권가격은 가장 낮은 수준이라는 것을 의미한다. 따라서 화폐를 이용하여 자산수익을 얻으려는 사람들은 유휴잔고(투기적 동기에 의해 가지고 있는 화폐)를 모두 동원하여 채권을 매입할 것이다. 반대로 현재의 이자율이 r_L수준이라면 채권가격은 가장 높은 수준이라는 것을 의미한다. 따라서 사람들은 가지고 있는 모든 채권을 매각하여 채권가격이 가장 낮아지기를(이자율이 가장 높은 수준 r_H)기다리며 현금을 수요하려 한다. 케인즈의 유동선호이론에 의한 화폐수요함수는 $MD=M_1(Y)+M_2(r)$로 정리할 수 있다. 이를 그래프로 나타내면 <그림 13-3>과 같다.

〈그림 13-3〉 케인즈의 화폐시장균형

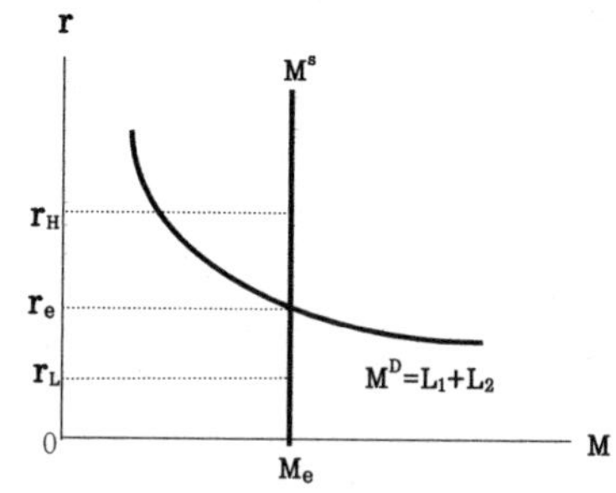

<그림 13-3>에서 r_e점은 화폐의 수요와 공급의 균형에 의해 결정된 균형이자율이다. 만약 **이자율이 r_H수준이라면 화폐에 대한 초과공급이 발생하고 이자율은 하락하게 될 것이다. 이자율이 하락하면 투기적 화폐수요는 증가하고 화폐시장은 다시 균형을 이룬다. 반대로 이자율이 r_L수주이라면 화폐에 대한 초과수요가 발생하여 이자율은 상승하게 될 것이다. 이자율이 상승하면 투기적 화폐수요는 감소하고 화폐시장은 다시 균형을 회복하게 된다**. 케인즈의 유동선호이론은 이자율결정을 고전파경제학자들과는 달리 화폐시장에서 화폐의 수·급에 의해 결정되는 화폐적 현상으로 설명하고 있다.

마당 14 IS-LM 分析

거시경제이론은 총수요와 총공급이론으로 귀결된다. 거시경제학의 경우 네 개의 시장 즉, 실물시장과 화폐시장, 노동시장과 자본시장으로 나뉘어 진다. 실물(상품)시장과 화폐시장에서는 총수요가 결정되고 노동시장과 자본시장에서는 총공급이 결정된다. **실물시장에 관한 유효수요이론**과 **화폐시장에 관한 유동성선호설**은 케인즈의 업적을 대변한다. 그러나 그가 두 개의 시장을 하나로 엮어내지 못했음은 아쉬운 일이다. 힉스[J.R.Hicks]와 한센[A.Hansen]은 수요를 중시하는 케인즈의 가르침을 이어 받았다. 다만 ① 화폐시장에서 결정된 이자율이 투자변동을 통해 실물시장에 미치고[IS분석] ② 실물시장의 국민소득변화가 화폐수요를 변동시켜 이자율에 영향을 미친다는 점에서[LM분석] 힌트를 얻었다. 그로써 이자율을 연결고리로 삼아 실물시장과 화폐시장의 동시적 균형을 도출하고 균형점들을 모아 총수요곡선을 도출할 수 있다.

1 마디 IS[Investment-Saving]곡선의 誘導

IS곡선은 Investment와 Saving의 첫 글자들을 모은 것으로, 케인즈의 전통을 이어받아 실물시장의 균형을 다루겠다는 뜻이다. 따라서 IS분석이 균형에 접근하는 길은 총생산 = 총수요 또는 저축 = 투자의 두 갈래이다. 어느 쪽을 택하든 이자율의 변화를 실마리로 삼아야 한다는 점에서 서로 같고, 동일한 결론에 도달해야 마땅하다.

〈그림 14-1〉 저축=투자에 의한 IS곡선 도출

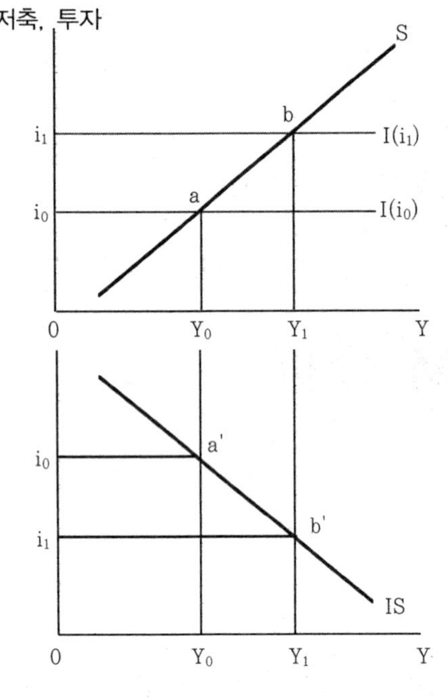

$Y^S = C + S$

$Y^D = C + I^D$

위식에서 실물시장의 총공급과 총수요를 균형($Y^S = Y^D$)시키는 조건은 $S = I^D$로써 족하다. <그림 14-1>은 이 같은 접근법을 택하고자 그려둔 투자[1]와 저축함수들이다. 이자율이 I_0일 때, 투자수요는 의당 $I(i_0)$였고, 저축함수와 a점에서 교차했다. 곧 Y_0가 균형국민소득이다. 이제 이자율이 i_1으로 하락한다면, 투자수요곡선이 $I(i_1)$로 뛰어오르고 실물시장의 균형점은 b로 옮겨진다.

이들 이자율과 균형국민소득의 관계를 그림의 아래쪽에 표시하면, 점 a'와 b'를 얻는다. 이처럼 수많은 점을 구하여 IS곡선을 그려내지 않겠는가. 이를 IS곡선이라 부르는 것은 실물시장의 균형조건인 투자[Investment]와 저축[Saving]의 일치시키는 금융시장의 이자율 i와 국민소득 Y의 조합을 도출하는 까닭이다. 어떤 방법으로 구하든 **IS곡선이 실물시장을 균형 시키는 이자율과 국민소득의 조합[순서쌍]들임에는 틀림없다**.

2 마디 IS곡선의 기울기

IS곡선은 우하향하도록 그려졌는데, 수학적으로 검토해 보자. 간편하게 정부와 해외부문을 제외한 경우의 가정은,

$$C = a + bY, \quad (a > 0,\ 0 < b < 1)$$
$$S = Y - C = Y - (a + bY)$$
$$= -a + (1-b)Y$$
$$I^D = I_0 + ci, \qquad \left(I_0 > 0, \quad c \equiv \frac{\delta I^D}{\delta i} < 0\right)$$

① 균형조건 $S = I^D$에 따르면

1) 독립투자함수로 그려져 있다.

$$-a+(1-b)Y=I_0+ci$$

② 균형조건 Y = C+I^D에 따르면

$$= a+bY+(I_0+ci)$$
$$-a+(1-b)Y=I_0+ci$$

①이나 ②의 어느 쪽으로 접근하든 균형조건은 결국 같다. 이를 i에 관하여 정리하면, IS곡선을 Y의 함수형태로 얻게 된다.

$$IS곡선\ \ i=\left(\frac{1-b}{c}\right)Y+\left(\frac{a+I_0}{c}\right)$$

$$=\left(\frac{한계저축성향}{투자의\ \ 이자율탄력성}\right)Y+\left(\frac{독립소비+독립투자}{투자의\ \ 이자율탄력성}\right)$$

위 식에서 IS곡선의 기울기는 $\frac{1-b}{c}$이다. 따라서 가정대로 0<(1-b)<1이고 c<0이라면, 기울기는 負의 값으로 우하향하는 곡선을 그린다[2]. 경사도는 어찌될까. 기울기를 나타내는 식을 보건데, 한계저축성향이 클수록 그리고 투자의 이자율탄력성이 작을수록 IS곡선은 가파르다.

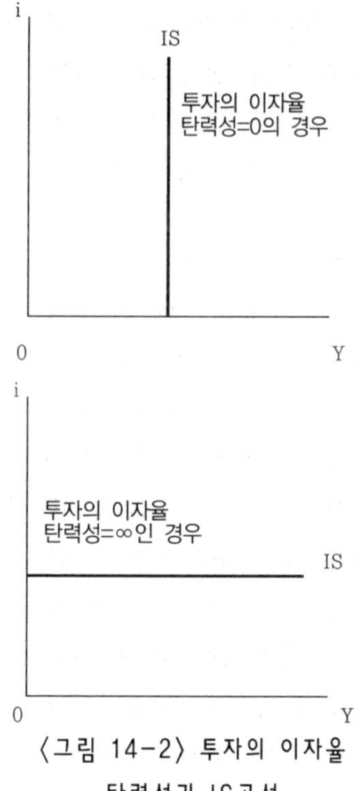

〈그림 14-2〉 투자의 이자율 탄력성과 IS곡선

한계저축성향이 IS곡선 기울기의 분자값인 까닭은 무엇일까. 투자는 국민소득 흐름에 대한 주입이고 저축은 누출이라 했다. 이자율변화가 투자수요를 자극하여 국민소득을 변화시키려 하지만, 한계저축성향이 높을수록 소득흐름을 더 누출시키는 까닭이다. 투자수요증가에 의해서 증가하려는 국민소득의 발목을 잡는 까닭이다.

투자의 이자율탄력은 IS곡선기울기의 분모값이다. 탄력성이 크다는 것은 투자수요가 이자율변동에 민감하게 작용한다는 뜻이다. 반대로 투자수요가 이자율변동에 건성이라면, 일테면 이자율이 제법 내려도 투자수요가 덤덤하다면, 이자율탄력성은 낮다고 말한다. 그러므로

2) 균형조건은 저축=투자수요이다. 곧 $S(Y)=I^D(i)$인데, 양방의 전미분을 취하면, SydY = Iidi(단 Sy ≡dS/dY이고 Ii≡dI^D/di임)이다. 곧 IS의 기울기는 한계저축성향을 투자수요의 이자율탄력성으로 나눈값으로 정의된다. 즉 $\frac{di}{dY}=\frac{Sy}{Ii}$이다.

① 케인즈의 단순모델은 이자율이 아무리 움직여도 투자수요가 꼼짝하지 않는다고 가정했다[이자율탄력성=0]. 따라서 실물시장의 균형조건인 저축=투자에서 투자가 변하지 않는 상태에서 균형국민소득이 변할 가능성은 전혀 없다. 이자율이 오르내려도 균형국민소득이 꼼짝하지 않는다는 성질을 반영하여 IS곡선은 곧추서게 마련이다. <그림 14-2>와 같다.

② 투자가 이자율의 눈치를 극단적으로 본다면, 곧 이자율탄력성이 무한대라면, 이자율이 눈꼽 만큼만 변해도 투자수요는 종잡을 수 없을 만큼 반응하여 국민소득을 무한정 변화시키지 않겠는가. 이자율이 '거의' 꼼짝하지 않아도 국민소득의 변화가 무량수에 이른다는 것을 의미하므로 IS곡선은 길게 수평선으로 드러누으리라. <그림 14-2> 와 같다. 얼핏 국민소득이 변해도 이자율은 변동하지 않는 듯 보인다.

보탬 1 투자의 이자율 탄력성

〈그림 14-3〉 투자의 이자율탄력성과 IS곡선의 기울기

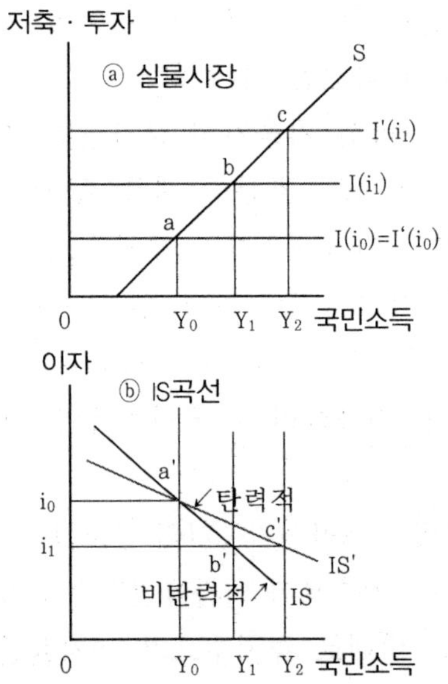

이자율이 약간만 내려도 투자수요가 대폭 증가한다면, 총수요를 크게 변동시켜, 국민소득에 큰 영향을 미치겠다. 그 같은 사태발전이 IS좌표에서는 소폭의 이자율 하락과 대폭적인 국민소득 증가와 어울려야 하므로, IS곡선이 완만해야 마땅하다.

<그림 14-3> ⓐ의 실물시장에서 서로 다른 투자함수 I와 I'가, 이자율이 i_0일 때, 서로 겹쳐 있었고, 저축함수와 a에서 마주쳐 국민소득이 Y_0였다 치자. 이제 이자율이 i_1까지 하락한다면, 이자율 탄력성이 적은 투자수요는 $I(i_1)$까지 높아져 b에서 균형 하는 즉 국민소득은 Y_1에 그친다. 대조적으로 탄력성이 큰 투자수요는 $I'(i_1)$까지 치솟아, c에서 균형 함으로써 국민소득을 Y_2까지 증가시킨다.

애초의 이자율 i_0와 국민소득 Y_0는 <그림 14-3> ⓑ의 IS좌표에서 a'로 대표되었다. 이자율이 i_1까지 하락했을 때의 그것들은 비탄력적인 투자수요의 b'와 탄력적

인 투자수요의 c'로 구별된다. 곧 투자수요의 이자율탄력성이 클수록 IS곡선의 기울기는 완만해진다. 투자수요가 이자율하락에 대하여 민감하게 반응할수록 국민소득이 많이 증가하는 까닭이다.

3 마디 LM곡선의 유도

LM의 곡선은 Liquidity와 Money의 첫 글자를 모은 것으로 L은 화폐의 수요를, M은 화폐의 공급을 나타낸다. 화폐공급은 화폐시장의 균형에서 이미 살펴본 바와 같이 통화당국이 외생적·정책적으로 결정하는 변수이므로 이자율과 무관한 아래 그림의 수직선 M_0가 된다. 국민소득이 Y_0일 때, 화폐수요곡선 $L(Y_0, i)$과 화폐공급곡선은 A점에서 만났다. 국민소득이 Y_1까지 증가했다 하자. 소득증가는 거래적·예비적 화폐수요 M_l을 증대시킨다. 화폐수요곡선을 $L(Y_1, i_1)$ 우측으로 이동시킨다. 화폐공급은 일정하므로 이자율은 i_1 수준까지 상승하고 새로운 화폐시장의 균형점 B가 성립한다. 정리하면 이자율 i_0와 i_1은 화폐시장을 균형 시키는 이자율로서 각각 국민소득 Y_0와 Y_1에 대응한다. 이러한 관계를 그래프로 나타내면 <그림 14-4>의 오른쪽 A'와 B'연결하여 LM곡선을 도출할 수 있다. 이것은 A'와 B'와 같은 점($M^D=M^S$)들을 무수히 모아 만든 곡선에 해당한다. 따라서 **LM곡선상의 모든 점들은 화폐시장의 균형을 나타내고 균형이자율과 균형국민소득의 조합^순서쌍^을 나타낸다**.

〈그림 14-4〉 화폐시장의 균형과 LM곡선의 유도

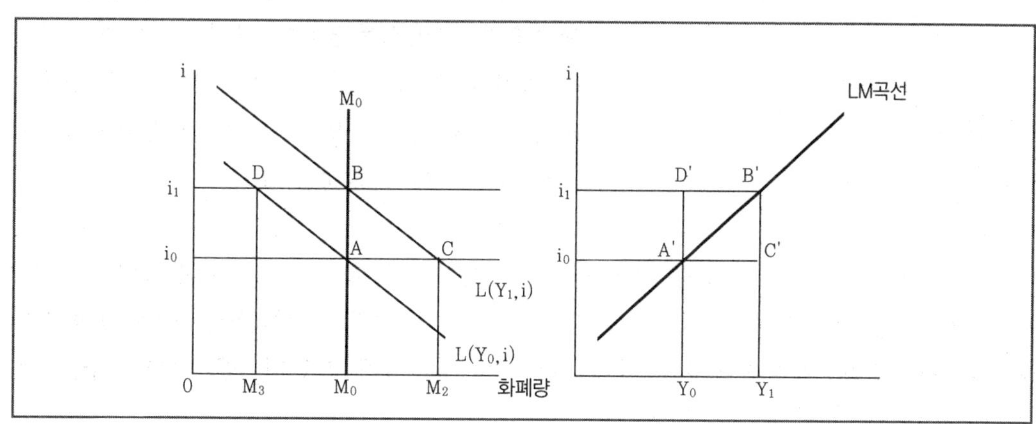

LM곡선상의 이동, 일테면 A'에서 B'를 향한 움직임은 국민소득의 변동에 의한 것이라고 부언해 두고 싶다. 이는 화폐시장 내부의 여건변화가 아니라 화폐시장 밖에서 주어진 충격에 의한 것이다. 국민소득은 실물시장에서 정해지며, 화폐시장의 입장에서는 외생변수이다.

4 마디 LM곡선의 기울기

화폐의 수요함수가 $aY+bi$라면

$$M^D = L(Y, i) = aY + bi, \qquad \left(Ly \equiv \frac{\delta L}{\delta Y} = a > 0,\ \ Ls \equiv \frac{\delta L}{\delta i} = b < 0\right)$$

$$M^S = M_0$$

균형조건은 $M^D = M^S$이므로

$$aY + bi = M_0$$

$$LM\text{곡선}\ \ i = \left(-\frac{a}{b}\right)Y + \left(\frac{M_0}{b}\right)$$

$$LM\text{곡선의 기울기} = -\frac{a}{b} = -\left(\frac{Ly}{Li}\right) = -\left(\frac{\text{국민소득탄력성}}{\text{이자율탄력성}}\right) > 0$$

〈그림 14-5〉 학파간 LM 기울기의 차이

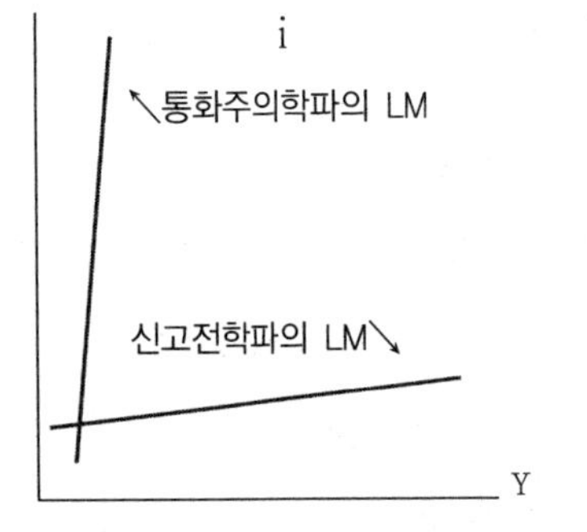

화폐수요의 국민소득탄력성 L_Y>0이고 이자율탄력성 Li<0이므로, LM의 기울기는 ⊕값으로 우상향하는 그림을 그린다. 경사도는 **화폐수요가 국민소득에 반응하는 정도[탄력성]가 클수록 급격하고, 이자율탄력성이 클수록 완만해진다. 화폐수요가 국민소득변동**에 대해 크게 반응할수록 이자율이 크게 변하지 않겠는가. 또 화폐수요가 이자율변동에 민감할수록 국민소득변동에 대해 무관심하지 않겠는가.

① 고전학파에게 화폐수요는 이자율과 무관하다. 즉 화폐수요의 이자율탄력성이 0이라 했다. 따라서 LM의 기울기는 무한대에 이르게 된다. 고전학파를 이은 **통화주의학파의 판단으로 화폐수요의 이자율탄력성은 거의 0에 가깝다. 곧 LM의 기울기는 거의 수직이다**<그림 14-5> 참조.

② **케인즈는 이자율이 일정수준 이하에서 얼마든 투기용도로 화폐를 보유하려 든다고 가정하고, 이를 유동성[화폐]함정**이라 불렀다. 국민소득이 많든 적든 무관심하고 오직 이자율이 낮다는 점에만 고착한다. 이 경우 화폐의 이자율탄력성은 무한대에 이르며, 따라서 LM곡선의 기울기는 0이다. 신케인즈학파는 화폐의 이자율탄력성이 제법 크다고 주장한다. 따라서 그들의 LM곡선은 거의 수평이다<그림 14-5> 참조.

5 마디 IS-LM곡선의 동시적 균형조건

〈그림 14-6〉 실물시장과 화폐시장의 도시균형

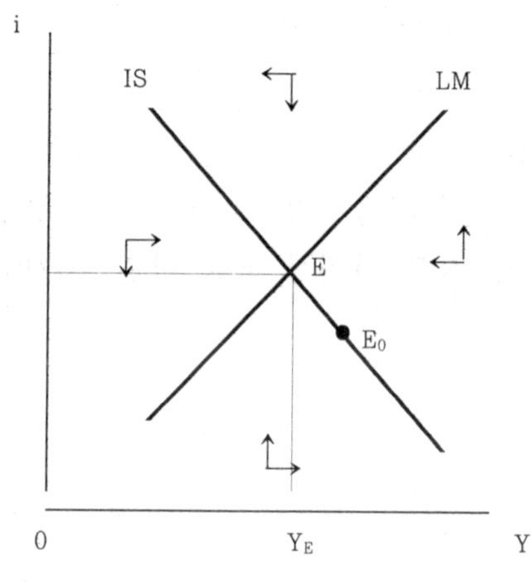

IS곡선과 LM곡선은 각각 실물시장과 화폐시장의 균형을 나타내는 점들이다. <그림 14-6>과 같이 **IS의 아래쪽은 초과수요의 영역이며, 위쪽은 초과공급의 영역이다. 그리고 LM곡선의 아래는 화폐의 초과수요를, 위쪽은 초과공급을** 나타낸다.

균형을 회복하려는 힘이 작용하는 방향을 화살표로 나타내자. 수평적으로 뻗힌 화살표는 국민소득을 변화시키는 힘들이다. 한편 수직적으로 오르내리는 화살표는 이자율의 등락을 촉구한다. 따라서 오직 IS와 LM이 교차하는 E점에서만 실물시장과 화폐시장에 변화의 힘이 작용하지 않는 균형점이다. 일테면 IS곡선상의 E_0점은 의당 실물시장의 균형을 이루고 있으나, 화폐시장은 초과수요의 영역에 있다. 따라서 ① 초과수요가 이자율을 끌어 올리고, ② 높은 이자율이 투자를 억눌러 소득을 감축시킴으로써 E의 균형점으로 움직이게 된다. 곧 실물과 화폐시장의 동시적 균형을 달성한다.

1. 재정정책의 효과

조세나 정부지출이 국민소득에 영향을 미친다는 점은 이미 밝힌 바 있다. 재정정책은 정부가 국민경제를 위해 조세나 정부지출을 조절하는 제반 수단을 뜻한다.

조세증가는 누출증가이므로 IS곡선을 좌측으로[소득감소]이동시키고, 정부지출의 증가

〈그림 14-7〉 재정정책의 효과

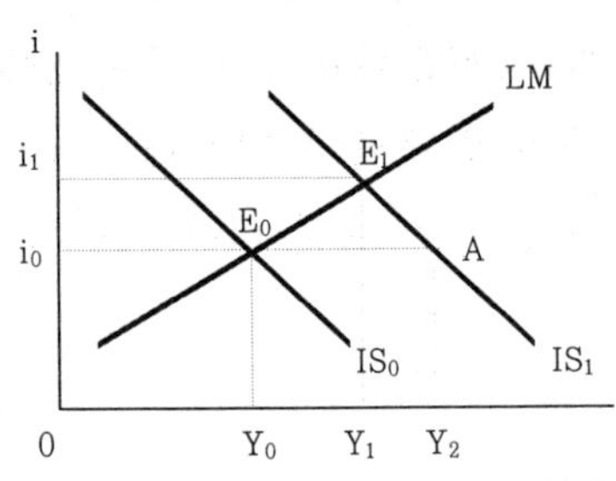

는 주입증가이므로 IS곡선을 우측으로 이동시킨다. <그림 14-7>에 나타난 바와 같이 최초의 균형이 E_0점에 있다 하자. 정부지출 증가나 조세감축은 IS곡선을 우측의 IS_1으로 이동시킨다. 따라서 국민소득을 Y_1까지 증가시키는 효과를 얻겠는데, 다만 이자율이 i_1까지 치솟는 것은 못마땅하다. 만약 이자율이 오르지 않았다면, 국민소득이 Y_2까지 확대될 수 있지 않겠는가. 무엇 때문에 이자가 오르는 것일까. 국민소득증가가 거래용 화폐수요를 자극하여 이자율을 상승시키고, 높은 이자가 투자를 감소시켜 정부지출승수의 효과를 일부 상쇄하는 까닭이다. 고약한 역효과를 기대효과를 밀어낸다는 뜻에서 구축효과crowding out effect라 하거니와, 이 때문에 국민소득의 증가가 예상에 다소 미흡한 것이다.

여기서 '다소'라는 표현은 구축효과가 LM곡선의 기울기에 따라 크거나 작게 되는 까닭에 적합하다고 믿는다. 우선 그림에서 LM곡선의 기울기가 더욱 가파른 경우를 짐작해 보자. IS곡선의 우측이동이 국민소득증가에 작은 기여를 하는 반면, 이자율을 크게 상승시키지 않겠는가.

1) LM이 수직인 경우화폐의 이자율탄력성이 0

고전학파는 통화수요가 오직 거래를 위한 것이라 했다. 그것은 국민소득을 반영할 뿐 투기용이 아니므로, 이자율을 반영하지 않는다. 그들의 주장에 따르면, 이자율의 변동이 화폐수요에 전혀 영향을 미치지 않으므로, 화폐수요의 이자율탄력성은 0이다. 따라서 LM곡선이 무한대의 기울기를 갖는 수직선이다. 따라서 정부지출증가나 조세감축에 의해 IS곡선을 상방으로 이동시키는 경우 어찌 되겠는가. 이자율만 오를 뿐 국민소득은 꼼작도 않는다<그림 14-8> 참조.

〈그림 14-8〉 화폐의 이자율 탄력성이 0인 경우

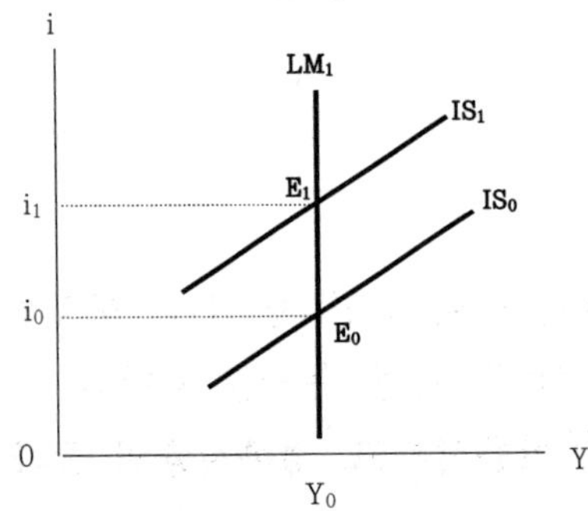

이것이 웬 일인가. 정부지출증가나 조세감축은 주입으로서 수요를 증가시키려 든다. 하지만 소득증가는 곧장 그만큼 거래용 화폐수요를 증가시켜 이자율을 상승시킨다. 이제는 투자수요가 높아진 이자율에 질겁하여 움츠러든다. 따라서 재정정책에 의한 수요증가의 효과는 투자수요의 감소에 의해서 완전하게 구축되고 만다. 정부지출이나 조

세감축의 승수효과를 전혀 기대할 수 없다는 주장이다.

2) LM이 수평인 경우 화폐의 이자율탄력성이 무한대

〈그림 14-9〉 재정정책의 효과

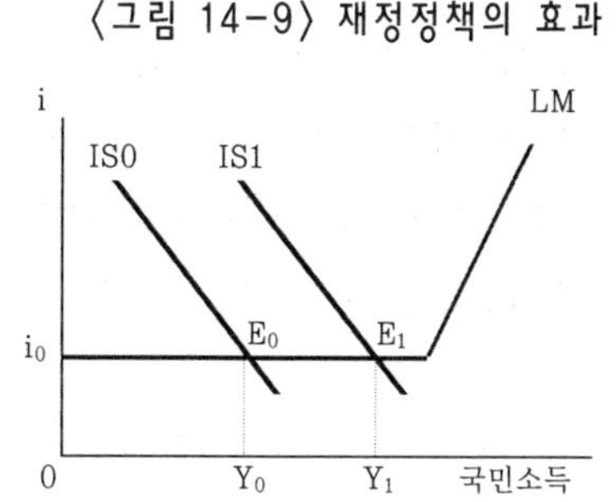

케인즈가 가정한대로 이자율이 조금만 변해도 화폐수요가 무한대로 변한다면, 화폐수요의 이자율탄력성과 역관계인 LM곡선의 기울기는 0이다. 거듭 말하거니와, 정부지출증가나 조세감축은 <그림 14-9>에 나타난 바와 같이 IS곡선을 우측으로 이동시킨다. 반갑게도 소득이 Y_1까지 늘어난다. 달갑지 못하게 물가가 올라 국민소득증가를 주춤하게 하는 구축효과는 전혀 없다. 화폐의 이자율 탄력성이 클수록 재정정책의 효과가 크게 마련이다. 이점이 케인즈학파가 재정정책의 유효성을 선전하는 구실이다.

결국 재정정책에 대한 효과에 대한 논쟁은 이자율변동에 대한 화폐수요의 반응여부에 관한 다툼이다.

2. 금융정책의 효과

중앙은행을 통하든 아니든 정부가 통화량이나 이자율을 조작하여 국민경제에 개입하는 정책을 금융정책이라 한다. <그림 14-10>에서 최초의 균형이 E_0점에 있다 하자. 앞서 말한 대로 통화의 공급증가는 LM_0곡선을 우측으로 LM_1까지 이동시킨다.

〈그림 14-10〉 금융정책의 효과

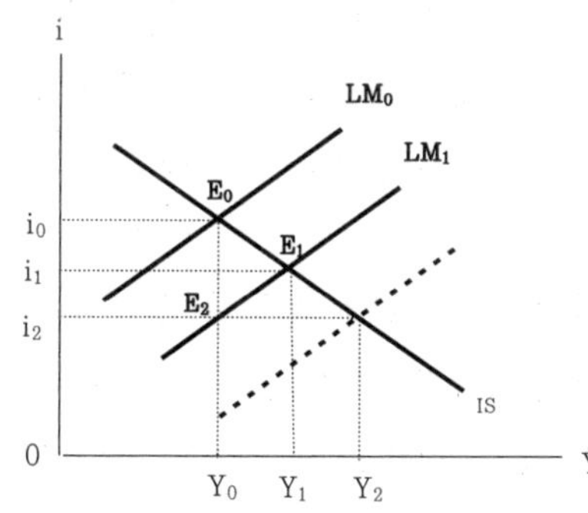

반갑게도 국민소득이 Y_1까지 증가하고, 이자율조차 더욱 낮은 i_1으로 떨어진다.

종전의 국민소득 Y_0를 고수한다면, 이자율이 i_2까지 하락할 수 있을까. 화폐시장은 이자율을 i_2까지 낮춤으로써 일단 균형 한다. 하지만 낮아진 이자율이 투자를 증가시켜 실물시장의 불균형을 초래한다. 그림에서 E_2점은 분명 IS곡선으로부터 벗어난 초과수요의 상황에 있다.

실물시장의 균형을 회복하기 위해서 생산소득이 증가하는 까닭에 거래용 화폐수요가 증가한다. 따라서 이자율은 다시 얼마간 올라 i_1에 멈추기에 이른다. 통화공급의 확대에 따라 이자율이 i_2까지 인하되었더라면, 국민소득이 Y_2까지 늘었을 것이다. 하지만 소득증가에 의한 이자율상승이 투자를 약간

억눌러 국민소득의 증가를 주춤거리게 만들었다. 이른바 구축효과가 발생한 것인데, 그 규모는 IS곡선의 기울기에 따른다.

1) IS가 수직인 경우 투자의 이자율탄력성이 0

〈그림 14-11〉 수직적 IS와 금융정책효과

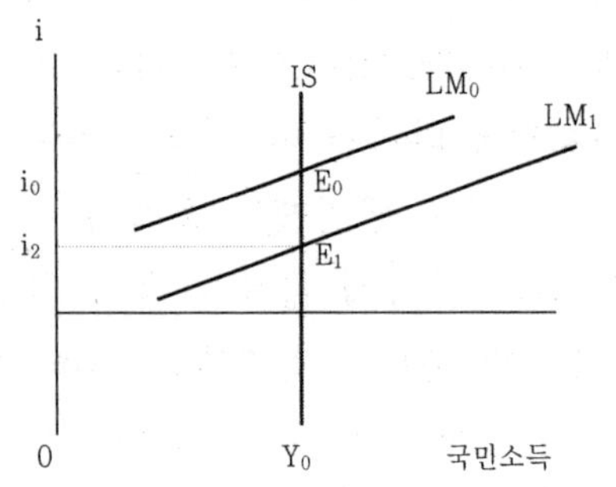

〈그림 14-12〉 수평적 IS와 금융정책효과

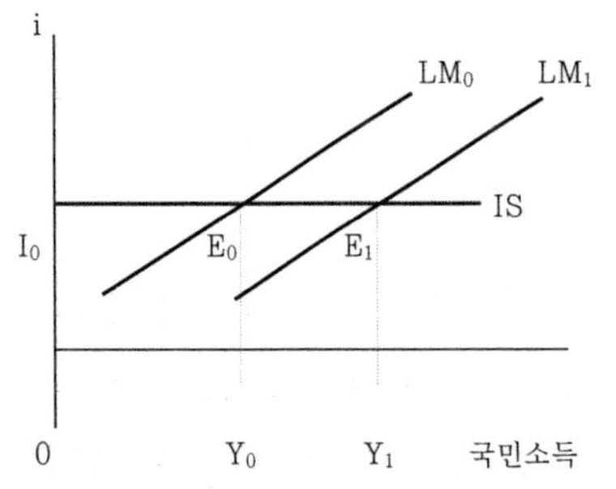

IS곡선의 기울기는 비교적 안정적인 한계저축성향을 분자로 삼고, 투자의 이자율탄력성을 분모로 했다. 따라서 투자의 이자율탄력성이 0이라면 IS곡선은 수직선으로 곧추 일어선다.

<그림 14-11>에서 통화공급이 증가되면 IS곡선은 오른쪽으로 움직여 새로운 균형점은 E_1에 자리한다. 이로써 이자율이 i_1으로 하락하지만, 투자는 이자율변동에 전혀 반응하지 않는다. 따라서 국민소득은 전혀 성장하지 못하고 제 자리에 머문다. 곧 IS곡선이 수직적인 경우 통화정책은 무력하다.

2) IS가 수평인 경우 투자의 이자율탄력성이 무한대

투자가 이자율변동에 대해 극한적으로 과민하게 반응할 때, 이자율탄력성이 무한대라 일컬어진다. 이 경우 <그림 14-12>에서 보는 것처럼 IS곡선은 완전한 수평선으로 드러눕기에 이른다. IS곡선이 수평선에 가까울 만큼 매우 완만한 경우라면, 통화공급증가의 효과가 어떨까. 이자율은 매우 적게 하락하고 국민소득은 매우 크게 증가하지 않겠는가. 따라서 완전수평적인 IS곡선에 대해 통화공급증가는 이자율에 전혀 영향을 주지 않고 국민소득을 증가시킨다. 왜 그러할까.

통화가 증가하여 이자율이 조금이라도 떨어지려하면 투자수요가 엄청나게 반응한다. 미처 이자가 내리기도 전에 증가한 투자수요가 국민소득을 증가시키고 마는 까닭이다. 말하자면 투자가 통화증가의 효과를 완벽하게 흡수하여 국민소득의 증가를 초래하는 까닭이다.

보탬 1 Hicks와 Hansen의 IS-LM분석(요약)

	IS분석(실물시장)	LM분석(화폐시장)
도출	$Y=Y^D$(실물시장 균형조건) $Y^D=C+I^D+G$ $C=a+bY(Y-T)$ $I^D=I(i)=I_0+ci$, $c<0$ $G=G_0$, $T=T_0$	$M^S=M^D$ $M^S=M_0$ $M^D=L(Y,i)$
불균형	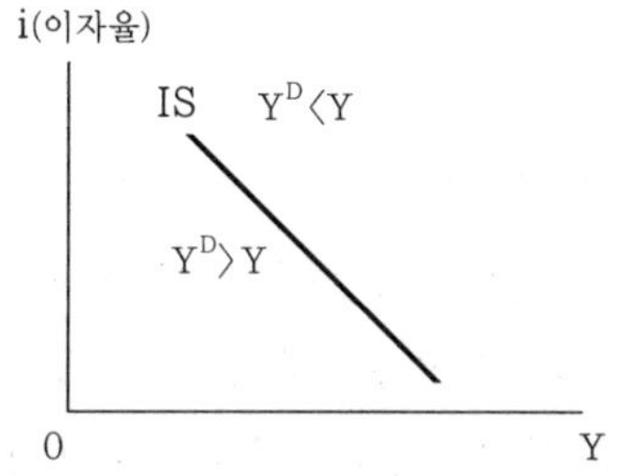 i(이자율) IS $Y^D<Y$ $Y^D>Y$ 0 Y	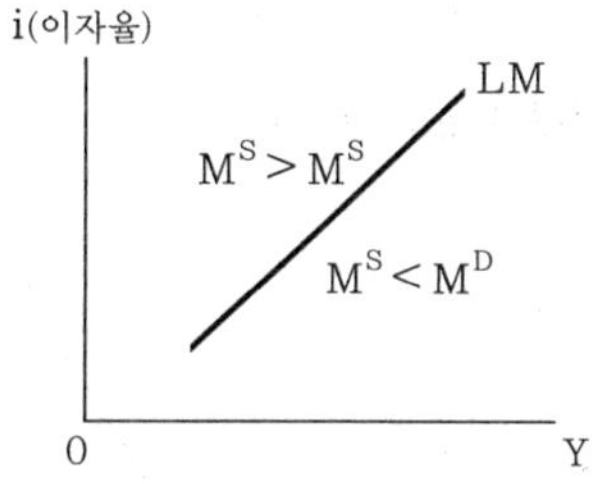 i(이자율) LM $M^S>M^S$ $M^S<M^D$ 0 Y
이동	① 이자변동에 의한 Y변동은 IS곡선상의 이동 ② 이자율과 무관한 Y^D증가(감소)는 IS을 우측(좌측)이동	① 이자변동에 의한 Y변동은 LM곡선상의 이동 ② 이자율과 무관한 M^S증가(감소)는 LM을 하방(상방) 이동
동시균형	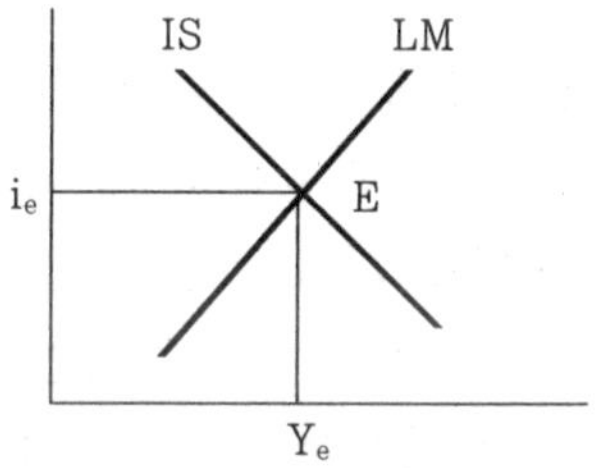 IS LM i_e E Y_e	
정책권고	① 확대재정: 경기침체경우 (G↑, T↓)⇒ IS 우측이동⇒이자율↑, 국민소득↑ ② 긴축재정: 경기과열경우 (G↓, T↑) ⇒ IS좌측이동⇒이자율↓, 국민소득↓ ③ LM이 수직인 경우 효과없음	① 확대금융: 경기침체경우 (M^S↑)⇒LM 하방이동⇒이자율↓ 국민소득↑ ② 축소금융 (M^S↓)⇒LM 상방이동⇒이자율↑ 국민소득↓ ③ IS가 수평인 경우 효과없음

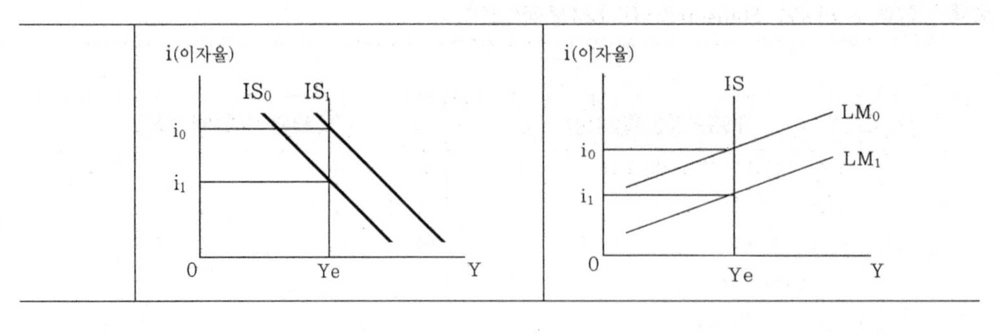

보탬 2 피구(Pigou)효과

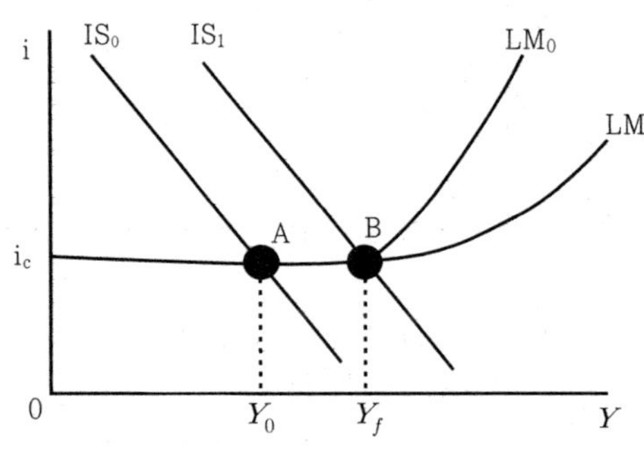

유동성함정이 존재하면 금융정책의 효과가 없는 것이 케인즈의 생각이다. 하지만 피구는 유동성함정이 존재하는 경우에도 금융정책의 효과가 있다고 주장한다. 대공황 또는 유사한 상황에서는 투자가 요지부동이기에 이자율이 매우 낮은 수준까지 추락한다. 이때 화폐수요의 이자율탄력성은 무한대로 커지고 LM곡선은 수평이다. 이제 A점에서 균형하고 있다면, 소득이 완전고용수준을 밑도는 Y_0로 Y_f - Y_0만큼의 실업이 존재한다. 피구에 의하면, 장기적인 경기침체와 실업은 물가를 하락시킨다. 물가하락이 두 가지 방향으로 작용하는데, 그 하나는 실질화폐공급(Ms/P)을 증가시킨다는 것이고, 다른 하나는 화폐의 구매력을 높인다는 것이다. 실질화폐의 공급증가는 LM곡선을 우측으로 이동시키고, 실질구매력의 증가는 IS곡선을 우측으로 이동시켜 경제는 B점(i_e, Y_f)에서 균형 한다. 실질잔고효과라고도 한다.

마당 15 총수요 · 총공급

총수요·총공급 분석은 거시경제학에서의 수요·공급분석이라 할 수 있다. 한 나라 경제의 총체적인 생산량과 물가수준을 다룬다. 미시경제학에서 학습했던 수요·공급 분석처럼 소비와 생산이 증가하거나 감소하는 이유를 총량중심으로 설명한다. 소비, 저축, 투자, 조세, 수출, 수입과 같은 경제변량들이 총수요를 결정한다. 화폐시장에서의 이자율도 영향을 미친다. 또한 노동시장과 자본시장의 균형에 의해 총공급이 결정된다. 물가수준과 국민소득(실질GDP)이 변화하는 초단기, 단기, 장기적인 분석을 포괄한다. 케인즈이론이 수요측면을 강조한 모형이라면 총수요·총공급분석은 수요와 공급측면을 균형 있게 다루는 모형이다.

IS-LM모형(실물시장과 화폐시장의 동시적 균형)으로부터 총수요함수를 구하고 노동시장과 자본시장의 균형에서 총공급함수를 도출한 다음, 이를 결합하여 얻어내는 거시균형은 커다란 '일반균형'이다. 총수요·총공급이론은 물가수준과 생산량수준의 변동을 총량적으로 분석함으로써 경기변동(인플레이션이나 실업)이나 경제발전의 원인을 설명하고 재정정책이나 통화정책의 효과를 분석하는데 유용하다.

1 마디 총수요곡선

수요를 관찰함에 있어서 미시와 거시간의 차이는 가격과 물가의 차이에서 비롯한다. 한 단위의 재화와 교환되는 화폐액이 가격임은 익숙한 개념이다. 거시는 모든 재화를 묶어 다루기 때문에, 재화들의 가격을 총체적으로 나타내기 위해서 물가의 개념을 사용한다. **물가는 모든 재화의 가중평균가격**이라고 정의된다.

총수요 역시 모든 재화에 대한 수요의 총합을 뜻하는 까닭에 미시경제학의 개별적 수요와는 다르다. **미시경제학에서는 재화의 상대가격변화에 따른 각각의 생산량의 변화를 다루지만 거시경제학에서는 모든 재화의 절대가격수준의 변화에 따른 총생산량의 변화를 화폐가치로 파악하여 다룬다**.

(1) 총수요는 실물시장의 '의도된' 총지출액을 뜻하고, 균형식의 우변으로 파악할 수 있다.

$Y = C + I + G + X_n$(민간소비수요+투자수요+정부지출수요+순수출수요)

(2) 거시적 수요곡선이 우하향하는 까닭은 미시적 수요곡선의 그것과 '사뭇' 다르다. 개별수요의 경우에는 가격이 그대로인 상품구입을 줄이는 대신 가격이 내린 상품을 더 구입하는 대체효과와 가격인하에 의해 실질소득이 증가하여 소비를 늘리는 소득효과가 함께 발생한다. 하지만 거시적 관점에서는 상대가격의 변화가 아닌 절가격의 변화를 다루기 때문에 대체효과란 있을 수 없다. 총수요곡선은 우하향하는 곡선으로 도출되는데 그 이유를 정리하면 다음과 같다. 하나, **이자율효과**: 물가하락이 화폐수요를 축소하여 실질통화공급을 증가시킨다. 그로써 발생하는 이자율하락(P↓ → M_D↓ → 채권수요증가 → 채권가격상승 → i↓)에 고무된 소비와 투자수요가 총수요를 확장한다. 둘, **부의 효과**: 물가하락가 하락하면 민간이 보유한 화폐의 실질가치는 상승한다. 즉, 보유금융자산의 구매력이 높아지는 것이다. 따라서 민간소비수요가 증대하고 총수요를 증가시킨다. 통화주의학파는 이것을 실질잔고효과($\frac{M_s}{P}$)라 부른다. 셋, **국제교역효과**: 수출가격의 하락이 해외수요측에 부의 효과를 제공하여 수출이 촉진된다. 반대로 수입가격하락은 수입을 촉진하고, 내수기반을 잠식하여 총수요를 축소시킨다.

〈그림 15-1〉 총수요곡선의 도출

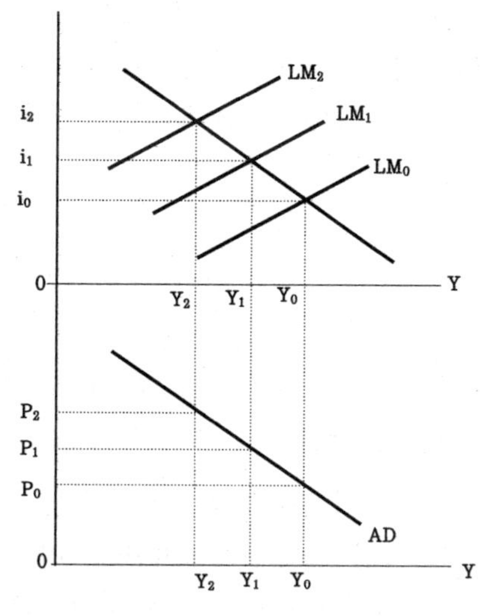

1. 총수요곡선의 도출

총수요곡선은 실물시장의 균형(I=S)과 화폐시장의 균형(L=M)에 의해 도출된 곡선이다. 물가수준이 변함에 따라 변화하는 국민소득(실질 GDP)과의 관계를 나타낸다. 물가변동은 LM곡선을 이동시키고, 그에 따라 IS-LM의 교점이 움직이면서 실물시장의 균형국민소득을 변경시킨다. 물가수준이 변화함에 따라 IS-LM의 교점이 이동하는 경로를 추적하여 총수요곡선을 찾아낸다. 물가상승은 사소한 것을 사는데도 많은 돈을 내게 한다. 지불액팽창이 명목화폐수요를 증가시키는 한편, 실질통화량을 감소시킨다. 화폐사정이 옹색하게 되므로, LM곡선이 왼쪽으로 이동하면서 이자율은 상승하게 된다. <그림 15-1>에서 나타난 바와 같이 물가상승($P_0 \rightarrow P_1 \rightarrow P_2$)이 LM을 좌측이동시킬 때, 이자율 상승(i0→i1→i2)과 국민소득의 변화($Y_0 \rightarrow Y_1 \rightarrow Y_2$)의 동반관계를 위의 그림에 나타냈다.

한편 이자율과 투자수요는 반대로 움직이므로[이자율효과] 이자율상승은 투자수요를 위축시켜 균형국민소득[총수요]을 Y_0로부터 Y_2까지 감소시킨다. 물가수준이 상승하면 소비자가 가지고 있는 화폐에 대한 구매력이 감소하여 동일한 소비수준을 유지하려면 더 많은 현금을 가져야 한다. 따라서 **채권을 매각하여 더 많은 현금을 확보하려하는데 채권매각은 채권의 가격을 떨어뜨리고 이자율을 상승시킨다. 따라서 물가수준과 국민소득은 역함수 관계를 가지게 되고 총수요곡선은 우하향한다.**

2. 총수요곡선의 이동

총수요곡선상의 점의 이동은 물가수준이 변할 때 국민소득수준이 변하는 것을 나타낸다. 다른 변수는 일정하고 물가수준만이 변한다고 가정한 상태를 말한다. 정부지출, 통화량, 조세, 독립투자, 독립소비, 순수출 등은 그림의 좌표에 소속되지 않는다. <그림 15-2>에서 보는 바와 같이 현재의 좌표(P, Y)는 이들을 외생변수로 취급하며, 이들의 변화는 총수요곡선상의 이동이 아니라, 총수요곡선 자체의 이동을 뜻한다.

〈그림 15-2〉 총수요곡선의 이동

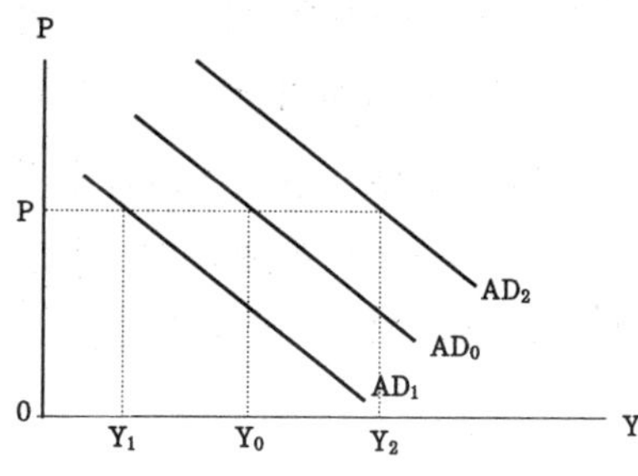

정부지출 증가나 조세감면 같은 확대재정은 국민소득 흐름에 대한 주입으로서 총수요를 증가시킨다. 물가를 고정시킨 터에 수요증가를 총수요곡선 위에 표현할 수 없으므로 총수요곡선이 오른쪽으로 자리바꿈해야 마땅하다. 요컨데, 소득흐름에 대한 주입은 총수요곡선을 오른쪽으로, 누출은 왼쪽으로 이동시킨다. 확대금융[통화량증가]은 이자율을 하락시켜 총수요곡선을 오른쪽으로 이동시킨다.

3. 유동성함정[LM이 수평]과 총수요곡선

〈그림 15-3〉 수평적 LM과 수직적 총수요곡선

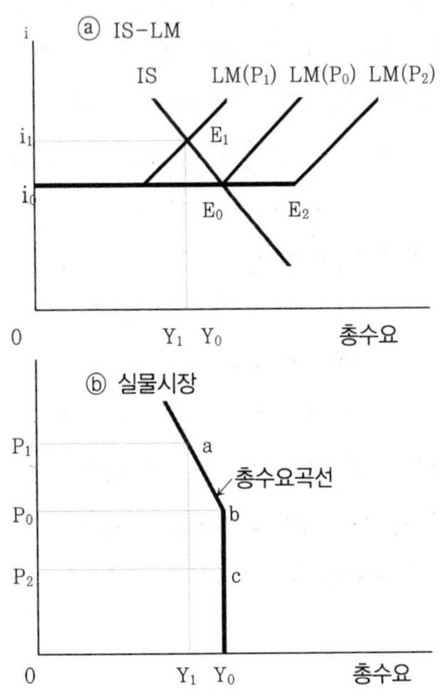

앞서 실물시장을 직접 다루었는데, 이제 화폐시장을 개입시켜 보자. 케인즈가 무엇을 유동성함정의 특징으로 들었는가. 화폐수요의 이자율탄력성이 무한대라니, 어떤 뜻일까. 이자율이 미동해도 화폐수요가 한없이 변한다. 뒤집어 보면, 무지무지 늘어나는 화폐공급이 미처 이자율을 낮추기도 전에 화폐수요가 몽땅 삼켜버리는 극단적 상황이다. 이런 경우 이자율이 움직이지 못하므로, 화폐시장의 균형을 보이는 LM곡선의 기울기가 0으로 수평이라는 뜻일게다.

<그림 15-3>의 ⓐ와 ⓑ에서 현재의 균형상태가 i_0, Y_0 그리고 P_0라 하자. 그리고 P_0로부터 P_2까지 물가가 하락한다고 가정하자. 물가인상에 의해 명목화폐수요가 감소하는 반면, 실질화폐공급량은 증가한다. 화폐시장이 넉넉해지므로, LM(P_0)가 LM(P_2)까지 이동하지 않겠는가. LM곡선의 수평부분이 이동하지 않은 듯 보이지만, 실은 수평부분을 따라 이동하는 까닭이다. 실제로 LM곡선의 굴절위치가 E_0로부터 E_2로 간다.

LM(P_2)로 이동했는데, 곧 물가가 P_2로 하락했는데, IS와의 교점이 여전히 E_0에 머물고 있다. 이는 물가가 P_2일 때도 총수요가 Y_0라는 것, 그림 ⓑ의 c점을 대변한다. 가격이 P_0보다 낮은 영역의 총수요곡선은 도리 없이 수직구간이 되는 까닭을 설명한다.

물가변화에 의한 화폐시장의 사정이 LM곡선을 움직이더라도, IS곡선이 LM곡선의 수평부분과 교차하는 상황이다. 이자율이 변하지 않으므로, 투자가 움찍하지 않고, 따라서 균형국민소득의 변화도 기대할 수 없다. 따라서 총수요곡선은 물가의 오르내림과 무관하게 수직적인 모습이다[1].

그러나 IS곡선이 LM의 수직구간이 아닌 우상향하는 구간에서 교차한 경우에는 어떠한가. 물가가 P_1으로 상승하여 실질화폐수요가 증가하고, 따라서 LM이 좌측으로 이동한 경우로. 이때의 교점은 E_1이다. 이자율이 i_1으로 상승하고 총수요가 Y_1으로 축소된다. 따라서 가격이 P_1으로 상승했을 때 총수요 Y_1은 a점으로 대표된다. 즉, 유동성함정구간을 벗어난 총수요곡선은 우하향하는 보통의 모습이다. 다른 말로, 총수요곡선은 이자율이 변하지 못할 때 수직이고, 그렇지 않을 때 우하향한다.

2 마디 총공급곡선의 도출

총공급곡선은 물가수준이 변할 때 대응하는 국민소득(실질GDP)의 변화를 나타낸다. 상대가격이 변할 때 개별재화나 서비스의 공급곡선을 나타내는 것이 아니라 물가수준이 변할 때 모든 재화나 서비스의 총공급을 나타낸다. **요소가격은 일정하고 물가수준이 상승하면 기업의 이윤은 증가하고 생산도 증가하게 된다. 따라서 총공급곡선이 우상향하는 이유를 설명할 수 있다**. 총수요곡선은 실물시장과 화폐시장의 동시적 균형에 의해 도출되고 총공급곡선은 노동시장과 자본시장의 동시적 균형에 의해 도출된다. 그런데 일차성 공준에 의해 노동시장이 균형에 이르면 자본시장도 균형에 이르게 된다. 따라서 총공급곡선은 노동시장에서 결정된 고용량을 총생산함수에 투입하여 도출할 수 있다.

1. 총공급곡선

고전학파가 노동공급을 실질임금의 증가함수로 본 반면, 케인즈는 하방경직성을 고집하는 명목임금의 함수라고 보았다. 그러나 신고전파종합은 케인즈학파의 이론체계를 계승하였음에도 불구하고, 그의 노동공급함수를 팽개쳤다. 오히려 고전학파처럼 노동공급이 실질임금에 따른다고 주장한다.

다만 고전학파가 물가의 신속한 조정기능을 신뢰한데 반하여, 근로자들의 정보시차 때문에 현재의 물가가 아니라 예상물가를 반영한다고 본다.

$$N_s = N_s(\frac{W}{P^e})$$

1) 이런 경우의 통화정책은 효력이 없다. 총수요를 확장하려면, IS곡선을 이동시키는, 직접 수요를 제공하는 재정정책이 먹혀든다. 다만 IS곡선을 옮겨도 총수요곡선이 이동할 뿐 직립성을 상실하지는 않는다.

〈그림 15-4〉 신고전학파의 총공급곡선

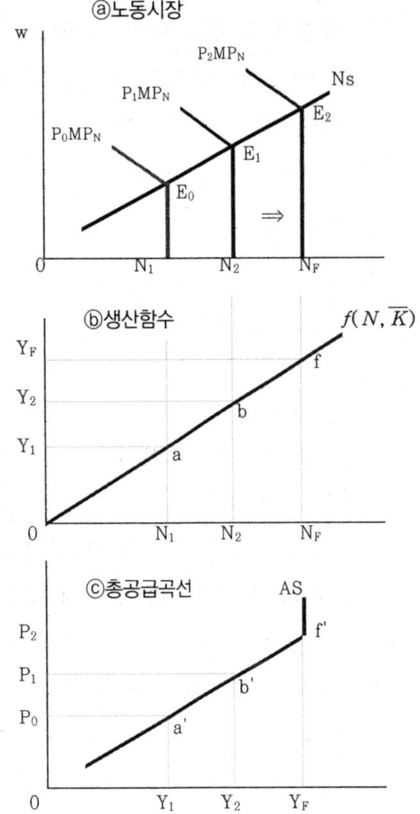

$$P^e = \sum a_i P_{t-i} \quad (i = 1, 2, \cdots, n)$$
$$a_i = \text{가중치}$$

따라서 신고전학파의 노동공급곡선은 케인즈의 것과 달리 우상향한다. 노동수요곡선은 역시 한계수입생산곡선과 같으므로 우하향한다. 이는 우상향하는 노동공급곡선과 마주치게 마련이고, 교점에서 노동시장의 균형이 이루어진다. <그림 15-4>의 ⓐ에서 물가상승($P_0 \rightarrow P_1 \rightarrow P_2$)이 노동수요곡선을 우측으로 이동시켜, 고용을 N_1에서 N_F까지 확대한다.

노동량을 <그림 15-4>의 ⓑ의 사회적 생산함수 $f(N, \overline{K})$에 투입하여 얻은 생산량이 곧 총공급이다. 노동량의 증가에 따라 총생산이 Y_1에서 Y_F까지 확대된다. 상황전개의 처음부터 <그림 15-4>의 ⓒ에 요약하건데, 물가상승이 고용량을 증가시켰고, 늘어난 노동투입이 사회적 생산, 곧 총공급을 확대하는 모습이다. 따라서 총공급곡선은 우상향하는 모습을 갖게 된다.

2. 총공급곡선의 변화

총공급곡선은 총공급이 물가변화에만 반응하는 것으로 본다. 물가를 제외한 다른 조건은 일정하다고 가정한다는 뜻이다. 그러므로 총공급곡선의 이동을 보기 위해서는 물가를 고정시키고, 무엇이 총공급량을 변화시킬지 살펴야 한다. 물가수준이 변하지 않았는데도 국민소득이 변화하는 총공급곡선의 변화요인을 정리하면 다음과 같다. 하나, 일반적으로 **생산요소비용의 가격하락은 생산비용을 감소시키므로, 총공급 증가에 기여**한다. 이를테면, 명목임금이나 자본비용의 인하는 채산성을 높히므로, 같은 물가에서도 더 많은 총공급을 가능케 한다. 다만 고전학파의 경우에는 명목임금의 인하가 연이어 실질임금의 하락, 노동의 초과수요를 초래하므로, 금새 명목임금의 인상을 부른다. 따라서 실질임금이 예전의 수준으로 되돌아가므로 총공급곡선도 변하지 않는다. 둘, **장기적으로 자본량의 증가는 노동생산성 제고에 의한 채산성을 제공하므로, 총공급곡선을 오른쪽으로 이동시킨다**. 노동수요 측면을 보건데, 생산성한계

생산제고는 노동수요곡선을 우측으로 이동시키고, 따라서 고용증대와 총공급증가를 초래한다. 기술의 진보나 혁신 또한 노동생산성을 높히므로 총공급곡선을 오른쪽으로 이동시킨다. 셋, **인구증가는 엇비슷한 비율로 경제활동참가자를 늘리고, 그로써 총공급곡선을 우측으로 이동시킨다**. 다만 총공급이 증가하기 위해서는 새롭게 경제활동에 참가하려는 구직자가 고용되어야 한다.

3. 장기총공급곡선

〈그림 15-5〉 장기총공급곡선

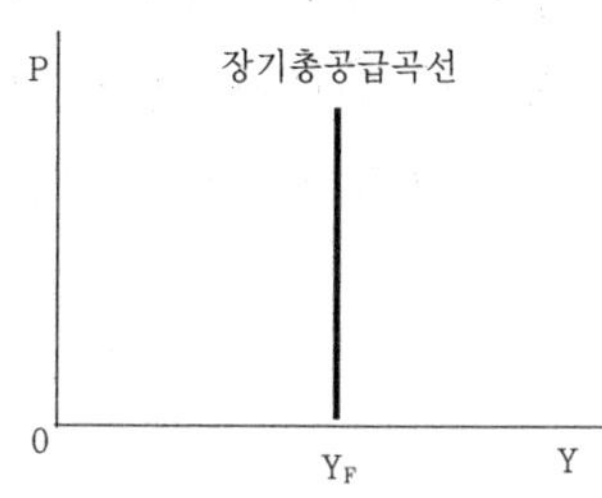

장기총공급곡선은 <그림 15-5>에서 보는 것처럼 수직선의 형태를 보인다. 장기적으로 물가수준의 상승은 국민소득(실질GDP)를 증대시키지 않는다. 단기적으로는 물가수준이 상승할 때 요소비용은 변하지 않아 기업의 이윤이 증가하고 생산을 증가시키게 된다. 하지만 장기적으로는 물가수준이 상승하면 임금을 비롯한 여타 요소비용이 모두 상승하게 되어 기업의 이윤을 상쇄되고 생산은 다시 제자리에 주저앉게 된다.

3 마디 균형과 재정정책

활기찬 호황을 누리던 시절, 고전학파의 총공급곡선이 곧추 일어섰다. 얼마든 팔리는데, 총공급이 완전고용의 한계를 벗어나지 못함이 서운할 뿐이다. 대조적으로 맥빠진 침체에 지친 케인즈 시절의 총공급곡선은 옆으로 길게 들어 누었다. 유효수요가 부족하여 생산능력을 제대로 발휘하지 못한다. 이 때문에 고전학파와 케인즈는 재정정책효과를 전혀 다르게 파악한다.

1. 효과에 관한 대립

고전학파의 노동시장은 '언제나' 완전고용을 달성하는 즉, 총공급량은 물가에 관계없이 언제나 일정하다. 총수요곡선이 교환방정식 또는 거래방정식에서 직접유도 되지만[2], 케인즈처럼 총수요를 소비, 투자, 정부지출, 순수출의 총합으로 보자. 단 완전

2) 고전학파의 총수요곡선을 유도하는 교환방정식 MV=PT에는 총수요의 구성요소는 하나도 등장하지 않는다. 곧 설명변수가 아니다. 투자는 물론 정부지출이나 조세 등 재정정책수단은 총수요에 영향을

고용국민소득은 불변이랬으니, 상수로 취급한다.

$$\overline{Y_F} = (C + I_0 + X_n) + G_0$$

← 민간수요 → ←정부지출

제한된 총공급은 민간수요와 정부수요지출로 나누어진다. 따라서 정부지출을 늘리기 위해서는 그만큼 민간수요의 감축이 불가피하다.

$$\Delta \overline{Y_F} = \Delta(C + I_0 + X_n) + \Delta G_0 = 0$$

$$\Delta G_0 = -\Delta(C + I_0 + X_n)$$

⑩정부지출증가 ⑩민간수요감소

따라서 정부지출의 확대는 민간수요의 축소에 의해서만 가능하다. **정부지출증가가 그만큼 민간수요를 감축하므로, 고전학파의 확대재정정책은 도무지 쓸모가 없다**. 완벽한 구축효과가 발생하여 물가와 소득에 변함이 없다. 아무래도 고전학파의 시장은 안정적이고 조용한 세상이 아닌가 싶다.

〈그림 15-6〉 재정정책효과의 여러 가지

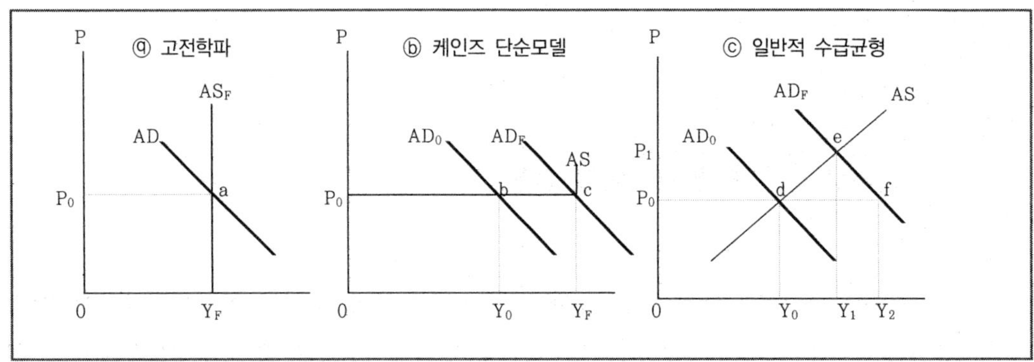

케인즈의 시장은 참으로 한심하다. 현재 경제상태가 <그림 15-6>의 ⓑ의 b점에서 균형하고 있다 하자. 총공급은 Y_0로서 완전고용수준 Y_F까지 한참 멀다. 유효수요가 부족하여 나라의 생산요소능력을 활용하지 못하는 상황이다. 정부가 적자를 무릅쓰고라도 '손수' 지출을 늘리거나, 세금을 줄여 민간으로 '하여금' 수요를 확대하도록 해야 한다. 그림의 총수요곡선을 오른쪽으로 이동시켜 AD_F까지 이동시키면, 완전고용수준의 총공급이 가능하다. 그렇다면, 정부가 '직접' Y_F-Y_0만큼의 유효수요를 실물시장에 쏟아 부어야 하는가. 그렇치는 않다. 유효수요 진작에 의해 증가한 소득의 일부가 다시 유효수요로 작용하기를 거듭하는 까닭에 약간의 확대재정이 커다란 국민소

미치지 못한다.

득의 증가를 약속하는 까닭이다[3]).

한마디로 고전학파와 케인즈는 재정정책효과를 놓고 대립한다. 왜냐면 한편의 총공급곡선을 들어 눕고 다른 편의 그것이 일어선다. 또 '자동적으로' 깨끗이 청소되는 시장과 '구조적으로' 재고가 쌓이는 시장에서 보는 까닭이다. 고전학파는 물가가 올라도 이미 완전고용수준인 공급을 증가시킬 수 없다 했고, 케인즈는 비자발적 실업자의 존재가 임금을 묶어두므로 물가인상 없이도 총공급을 증가시킬 수 있다고 했다. 도무지 물가의 역할이 보이지 않는다.

일반적으로 보자면, 물가상승이 기업의 수입을 증대시키므로 총공급을 확대한다. 오늘날에는 모두들 이 점을 인정하고 우상향하는 총공급곡선을 내놓는다. 하지만 확대재정정책에 의한 총수요곡선의 이동이 어떤 결과를 빚겠는가. 확대재정정책은 총수요곡선을 오른쪽으로 이동시킴으로써 총공급확대를 촉구한다. <그림 15-6>의 ⓒ의 총수요곡선 AD_0를 AD_F에 옮겼다 하자. 총수요가 Y_2까지 늘어났는데, 총공급이 부응하는가. 총급측으로서는 물가 P_0가 유지되는 한, 총공급을 변경시킬 이유나 의사가 없다. 따라서 총수요증가분 $\overline{df} = Y_2 - Y_0$가 모두 초과수요다. 이제 초과수요가 물가를 인상시키는데, 어찌 되는가.

물론 물가인상을 반기는 총공급과 미워하는 총수요가 타협하여 물가를 P_1까지 인상시킴으로써 e점에서 균형 한다. 초과수요의 일부인 Y_1-Y_0만큼은 채워졌는데, Y_2-Y_1만큼이 버림받은 까닭은 무엇일까. 물론 물가인상 때문이다. 그것은 두 갈래의 경로를 거쳐 Y_2-Y_1만큼의 예상효과를 구축해 버린다. 물가인상이 실질소득을 감소시켜 총수요를 얼마간 깎아 내는 한편, 물가인상→거래용 화폐수요팽창→실질통화량축소→이자율상승이 투자를 억누르는 것이다. 다만 물가인상에 수반된 구축효과를 케인즈학파는 사소하게 여기고, 고전학파를 이어받은 통화주의학파 쪽에서는 크게 염려한다. 도대체 무엇이 엇갈리는 주장의 근거인가.

---

3) 정부지출승수를 m이라 하면, $\Delta Y = m \Delta G \quad \Rightarrow \quad \Delta G = \frac{\Delta Y}{m}$

$$0 < b < 1 \quad \Rightarrow \quad m = \frac{1}{1-b} > 1 \quad \Rightarrow \quad \Delta Y > \Delta G$$

b=한계소비성향, △G=정부지출증가, △Y=국민소득증가

〈그림 15-7〉 학파별 재정정책효과의 비교

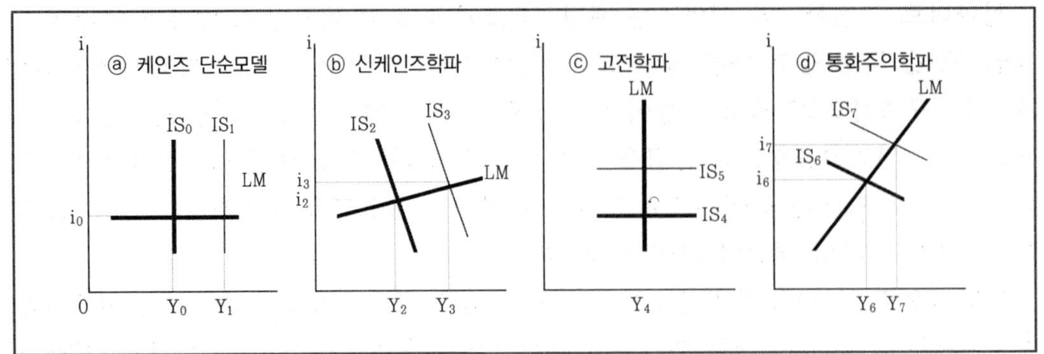

2. 학파간 의견차이

고전학파의 화폐수요는 거래용뿐이므로 당초 이자율에 반응하지 않는다. <그림 15-7>의 ⓒ에 보이듯, 완전비탄력적인 화폐수요가 LM을 수직으로 긋는 까닭에 설사 IS곡선이 이동한대도, 국민소득의 변화가 있을 수 없다. 말하자면 수요를 조절하여 침체를 벗어나려는 재정정책은 전혀 작용하지 않는다. 이미 완전고용을 달성한 터에 무슨 소용이랴.

<그림 15-7>의 ⓐ처럼 케인즈의 LM은 유동성함정을 반영하여 수평이고, 이자율변화에 전혀 반응하지 않는 투자를 반영한 IS는 수직이다. 케인즈는 1930년대 방대한 실업자와 막대한 생산설비가 유휴상태에 있어서 유효수요의 증가가 물가상승없이 생산·공급을 촉구할 것으로 보았다. 정부지출 증가나 조세 감면은 '손수' 유효수요를 부추겨, <그림 15-7>의 ⓐ의 IS곡선을 오른쪽으로 이동시킴으로써 국민소득을 Y_1까지 확장한다. 게다가 이자율변화가 전혀 없으므로, 투자감소에 의한 구축효과를 고려할 필요조차 없다. 곧 정부지출이나 조세감면의 승수효과가 알짜로 발휘되는 셈이다.

케인즈가 이자율에 대해 '완전'탄력적인 화폐수요와 '완전'비탄력적인 투자수요를 들지 않았는가. 신케인즈학파(신고전파종합neo-classical synthesis)는 대부에게서 이어받은 기본 가정에서 슬그머니 '완전'을 떼어냄으로써 극단을 피했다. 그로써 꼿꼿하던 IS가 조금 갸우뚱하고, 평퍼짐하던 LM이 조금 추스리는 모습이 되었다. <그림 15-7>의 ⓑ의 것을 ⓐ의 것과 비교해 보라. 그러므로 즉, 확대재정정책($IS_2 \rightarrow IS_3$)은 조금의 이자율상승($i_2 \rightarrow i_3$)과 그에 따른 구축효과를 인정한다. 다만 그림의 LM과 IS의 기울기가 보이는 바와 같이 재정정책의 소득증대효과는 엄청나고[4], 구축효과는 사소한 수준에 그친다. 케인즈학파는 재정정책을 막강한 여의봉쯤으로 여긴다.

4) 통화주의학파는 이 같은 변동의 원인을 이자율변동에 의한 화폐의 유통속도변화에 있다고 본다.

고전학파의 부활이라 일컬어지는 통화주의학파 역시 계보의 전통을 묵살하지 않기에, 제법 가파른 LM과 완만한 IS를 설정한다. 이제 확대재정정책이 IS_6을 IS_7로 옮기면 국민소득의 증가가 예상된다. 하지만 두 곡선의 기울기 차이 때문에, 엄청난 구축효과가 재정정책의 효과를 상쇄한다. 결국 Y_7-Y_6의 사소한 소득증가를 보기위해서 이자율이 크게 치솟는 부작용을 감당해야 하는가. 통화주의자가 보기에 재정정책은 보잘 것 없는, 부작용을 수반하는 졸속이다.

하물며 확대재정정책이 중앙은행으로부터의 차입을 재원으로 삼는다면, 그만큼 통화량을 확대한다. 따라서 통화주의학파가 보기에, 케인즈학파의 재정정책은 기실 통화정책과 다를 바 없다.

3. 재원조달과 재정정책

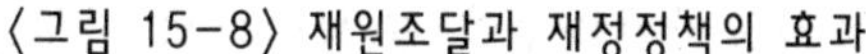
〈그림 15-8〉 재원조달과 재정정책의 효과

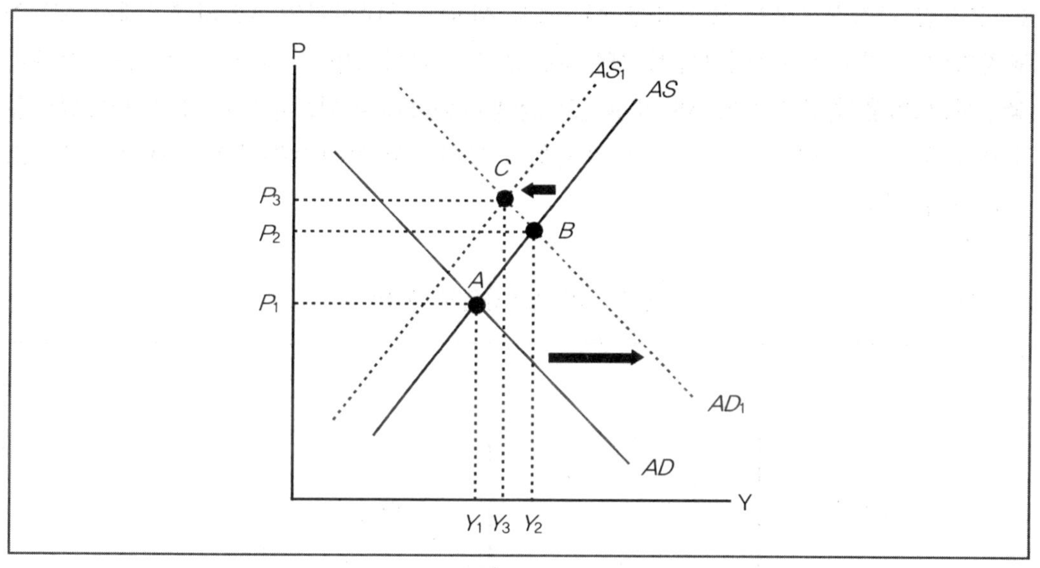

재정지출을 위한 재원의 조달방식에 따라 재정정책의 효과가 영향을 받을 수 있다. 재원조달방식에는 화폐발행으로 인한 조달, 증세를 통한 조달, 그리고 차입에 의한 조달로 나눌 수 있다. 세금으로 재원을 마련하는 경우, 총수요와 총공급을 위축시킬 수 있다. 소비자의 입장에서 조세의 증가는 가처분소득을 감소시키고 가처분소득의 감소는 총수요를 감소시킨다. 소비함수는 C=a+c(Y-T)이기 때문이다. 생산자입장에서는 근로소득에 대한 세금부과는 생산을 위축시키고 총공급곡선을 좌측으로 이동시킬 수 있다(supply-side economics). <그림 15-8>에서 AS가 AS_1로 좌측이동하게 되면 B균형점에서 C균형점으로 균형국민소득이 축소될 수 있다. 차입에 의한 재원조달의 경우에는 정부가 국채를 매각하게 되면 채권가격은 떨어지고 이자율은 상승하게 된다. 이자율이 상승하면 투자가 위축되고 국민소득수준은 줄어들게 된다. 이런 현상을 구축효과(crowding out effect)라 한다. 재정적자로 이자율이 오르게 되면 국제수지에도 영향을 미칠 수 있다. 실질이자율이 상승하면 자국의 화폐수요가 증가하고 화폐가치가 상승하게 된다. 자국의 화폐가치가 상승하면 순수출을 줄어들게 한다. 따라서 재정적자가 무역적자를 증가시키는 요인으로 작동할 수 있다. 화폐발행에 의해 재원을 조달하는 경우에는 재정정책의 효과가 통화정책의 효과와 다를 바 없다. 통화량이 증가하고 이자율이 하락하여 투자와 생산을 증대시킨다.

4. 장기균형과 재정정책

대체로 경제학자들은 장기총공급곡선은 수직선으로 간주한다. <그림 15-9>에서 보는 것처럼 단기적으로는 총수요를 AD_1에서 AD_2로 증대시키면 AS_1의 2점에서 AD_2와 교차하여 국민소득수준이 1에서 2의 수준으로 증가하지만 장기적으로는 물가수준이 상승하고 비용이 증가하여 AS_1이 AS_2로 상방이동하게 된다. 따라서 장기적으로는 총수요의 증가가 국민소득의 증대는 가져오지 못하면서 물가수준만 P_1에서 P_3수준으로 올려놓게 된다.

〈그림 15-9〉 장기균형과 재정정책

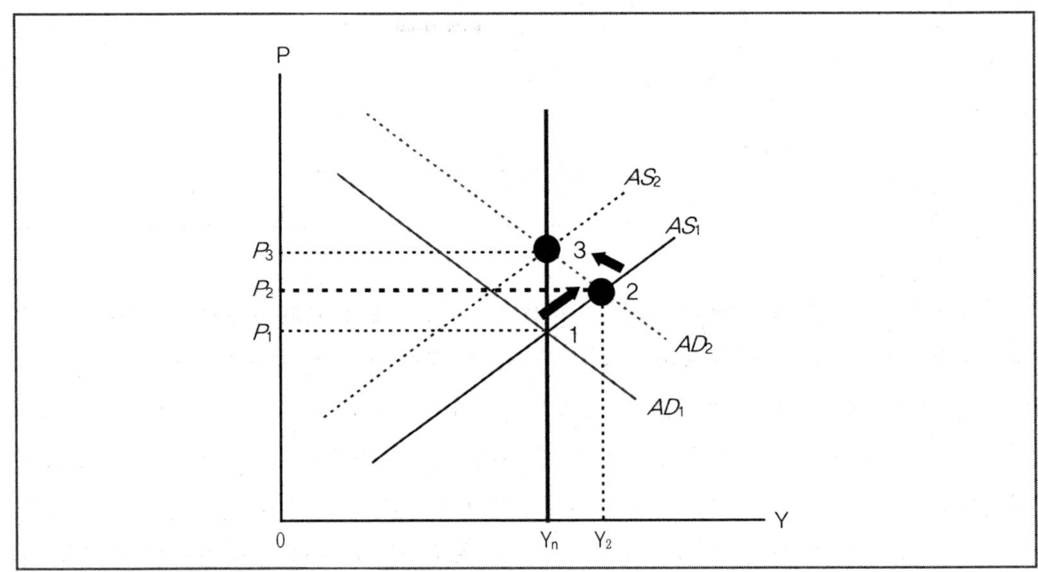

4 마디 균형과 통화정책

1. 통화정책의 효과

케인즈는 유동성함정에 이자율을 집어넣고 수평적인 LM곡선을 앞세워 통화정책을 무시했다. 그러나 화폐시장이 유동성함정을 벗어났다면, 우상향하는 LM곡선이 확대통화정책에 힘입어 소득증대를 기약한다.

<그림 15-10>에서 물가가 P_0일 때, IS-LM평면의 b점에 걸맞는 수요곡선상의 대응점은 E_0이다. 이자율이 i_0이며 국민소득이 Y_0임은 당연하다. 이제 확대통화정책을 펼치면 어떤 변동이 있을까. 넉넉해진 화폐시장이 LM곡선을 LM'_{P0}로 옮겨 이자율을 i_2까지 하락시킨다. IS-LM좌표에서 보건데, 얼핏 d에서 균형하고 국민소득이 Y_1에 이를 듯 보인다. 그러나 통화량증가에 힘입은 총수요곡선이 AD_1으로 이동함으로써 빚어낸 $\overline{Y_1 - Y_0}$만큼의 초과수요가 물가인상의 압력이다. 이제 P_1까지의 물가인상이 실질통화량을 줄여, LM곡선을 LM_{P1}까지 되물려 놓는다. 이 같은 구축효과가 있으나, 확대통화정책이 이자율을 하락시키면서 국민소득을 확대한다.

〈그림 15-10〉 통화정책의 효과

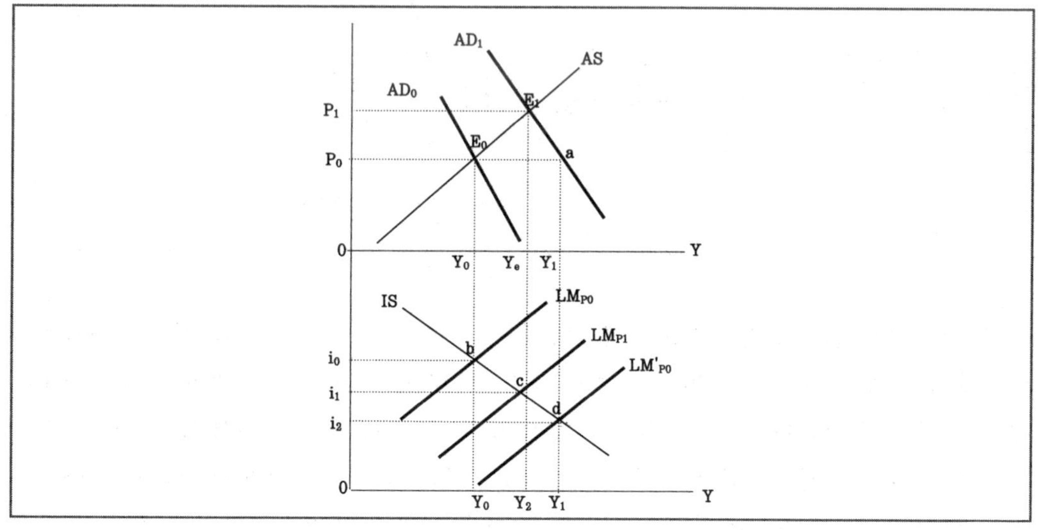

2. 학파간 의견차이

IS-LM분석은 통화정책의 효과를 분석하는 데에도 유용하다. 통화정책의 경우에도 재정정책의 경우처럼 학파간의 효과논쟁이 지속되고 있다. 고전학파(통화주의), 신고전파종합, 그리고 케인즈학파의 논점에 대해 살펴보자. <그림 15-11>에서 LM의 형태가 세 학파의 논리를 반영한다. 수평인 LM곡선의 구간을 케인즈학파의 구간이라하고, 우상향하는 LM곡선의 구간을 신고전파종합의 구간이라 하며, 수직인 LM곡선의 구간을 고전학파(통화주의학파)의 구간이라 한다. LM곡선이 수평인 구간에서 IS곡선이 우측으로 이동하면 그만큼 국민소득이 증가하는 것을 알 수 있고 확대된 통화정책을 통해 LM곡선을 우측으로 이동시켜도 국민소득은 불변임을 알 수 있다. 따라서 케인즈학파 구간에서는 재정정책은 매우 유효하고 통화정책은 무효하다는 것을 나타낸다. LM곡선이 우상향하는 구간에서는 재정정책과 통화정책이 모두 약간 유효하다는 것을 나타낸다. LM곡선이 수직인 구간에서는 재정저책은 무효하고 통화정책은 매우 유효하다는 것을 알 수 있다.

〈그림 15-11〉 학파간 통화정책의 차이

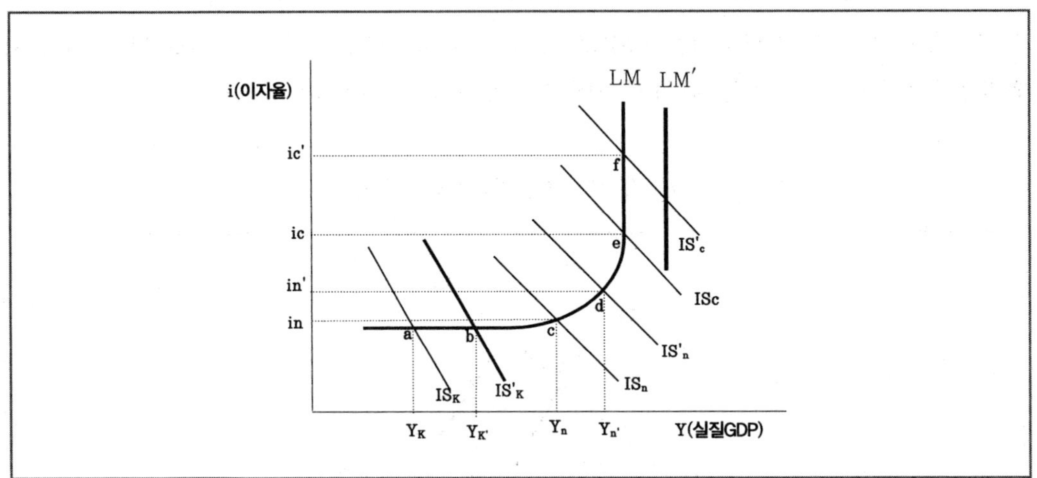

여기서 이자율과 물가수준은 같은 방향으로 변하기 때문에 AS곡선을 LM곡선에 대응하여 도출할 수 있다. 따라서 AS곡선의 형태에 따라 재정정책이나 통화정책에 대한 효과가 달라진다는 것을 알 수 있다. AS곡선이 수평인 구간에서는 AD를 우측으로 이동시켜도 물가수준이 변하지 않으므로 정책효과가 유효하다. 하지만 AS곡선이 수직인 구간에서는 AD곡선을 우측으로 이동시키면 물가수준만 상승하고 생산은 그 자리에 머문다는 것을 알 수 있다.

마당 16

인플레이션과 실업

국민경제는 효율성과 공평성 그리고 안전성을 추구한다. 국민경제는 무엇보다도 거시적 측면에서 초과수요나 초과공급이 없는 균형된 안정과 성장을 유지하려 한다. 효율성과 공평성 문제에 관해서는 미시경제학에서 학습했다면 거시경제학에서는 경제의 안정과 성장에 주된 관심을 갖는다. 국민경제가 인플레이션(초과수요 shortage)이나 실업(초과공급 surplus)상태라는 경기변동의 극한 파동을 극복하고 국민소득(실질GDP)이 지속적으로 증가하는 국민경제모형에 관심을 둔다. 대부분의 국가들은 경제의 안정과 성장을 추구한다. 또한 이 같은 목표를 달성하기 위한 실천전략으로 정권의 흥망성쇠가 결판난다. 대부분의 시민들은 무엇보다도 잘 관리된 고용과 물가수준을 원하기 때문이다. 물가상승율과 실업률을 고통지수 misery index라 한다. 정부의 거시적 경제목표는 고통지수를 최소화하는데 있다. 재정정책이나 통화정책을 동원하여 목표를 달성하려 한다. 고통지수를 어떻게 최소화할 것인지가 경제정책의 성공여부를 결정한다. 어떤 정책을 선택할 것인가에 대한 이론적 배경은 크게 두 갈래로 나뉜다. 하나는 케인즈경제학이다. 세계대공황이후 경기침체기에는 재정지출이나 통화공급을 늘려 총수요를 증가시킴으로써 경기를 진작시키고 경기가 과열되면 그 반대의 정책으로 경기를 완화시키는 미세조정 fine turning으로 경제를 안정화할 수 있다고 주장한다. 이 같은 믿음은 케인즈의 일반이론이 출간된 이후 30여 년 동안 주류경제학을 주도해 왔다. 다른 하나는 프리드만을 중심으로 한 통화주의경제학이다. 미세조정을 통한 안정화 정책에 대한 단기적 효과는 인정하면서도 장기에는 아무런 효과를 기대할 수 없다는 주장이다(자연실업율가설). 케인즈학파와 통화주의학파의 처방이 다른 이유는 기본적으로 경제를 이해하는 시각이 서로 다르기 때문이다. **통화주의학파의 경우 경제는 근본적으로 안정성을 내포하고 있으며 불균형 상황에서 균형으로 회복해 가려는 자정능력을 가지고 있는 것으로 파악한다. 반면에 케인즈학파의 경우에는 경제는 근본적으로 불안정성을 내포하고 있으며 불균형 상황에서 균형으로 회복하려는 자정능력이 없는 것으로 간주한다**. 따라서 통화주의학파는 소극적이면서 준칙에 의거한 정책을 바람직한 것으로 인식하고 있는 것이고 케인즈학파의 경우에는 적극적이며 재량적인 정책이 바람직하다고 인식하게 되는 것이다. 이번 마당에서는 케인즈학파와 통화주의학파의 이론을 중심으로 인플레이션과 실업에 대해 학습해 보자.

1 마디 인플레이션

물가가 지속적으로 상승하는 현상을 인플레이션이라 한다. 총수요와 총공급의 균형점이 높아져가는 현상을 말한다. 총수요가 증가하여 우측으로 이동하거나 총공급이 감소하여 좌측으로 이동하는 경우 새로운 균형점은 기존의 균형점 보다 높아지게 된다. 인플레이션이 발생하면 화폐를 비롯한 모든 금융자산의 가치가 하락하여 구매력을 떨어뜨린다. 또한 물가가 상승하면 임금을 비롯한 모든 요소비용도 오르게 되어 생산이 감소하게 된다. 인플레이션은 결국 소비자들의 수요를 줄어들게 하고 생산자들의 생산을 위축시킨다.

1. 인플레이션의 원인과 영향

이미 총수요·총공급이론에서 학습한 바와 같이 총수요곡선이 우측으로 이동하거나 총공급곡선이 좌측으로 이동하는 경우 인플레이션이 발생한다. 인플레이션은 발생원인에 따라 ① 수요견인인플레이션$^{\text{demand pull inflation}}$, ② 비용인상인플레이션$^{\text{cost push inflation}}$, ③ 혼합형인플레이션$^{\text{mixed inflation}}$으로 구분한다. <그림 16-1>에서 ① E점에서 E_D점으로 이동하는 것이 수요견인인플레이션이고, ② E점에서 E_S점으로 이동하는 것이 비용인상인플레이션이며, ③ E점에서 E_{D+S}점으로 이동하는 것이 혼합형인플레이션이다.

〈그림 16-1〉 인플레이션의 원인

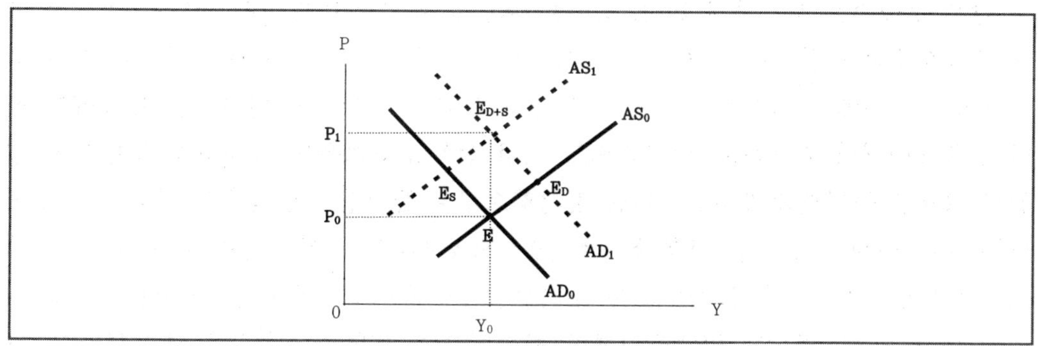

<그림 16-1>에서 AD_0에서 AD_1으로 총수요곡선이 이동하는 것을 **수요충격**demand shock이라고도 한다. 투자지출, 소비지출, 수출의 변화가 총수요를 변화시키고 경기변동을 만들어 낸다. 또한 AS_0에서 AS_1으로 총공급곡선이 이동하는 것을 **공급충격**supply shock이라고도 한다. 기술개발, 노사분쟁, 원자재가격의 변화 등이 총공급을 변화시키고 경기변동을 만들어 낸다.

수요견인인플레이션은 대체로 통화공급의 증가로 나타나는 인플레이션이다. 고전학파나 통화주의학파는 인플레이션은 근본적으로 화폐적인 현상으로 본다. 그들은 비용인상인플레이션은 단기적인 현상에 불과하고 통화량의 증가로 인한 수요견인인플레이션만을 문제 삼는다. 따라서 그들은 경제성장율에 따라 비례적으로 통화공급을 유지해야 한다는 통화준칙을 강력한 해결책으로 권고한다. 반면에 케인즈학파의 경우에는 총수요을 증가시켜 생산과 고용을 증가시키기 위해 재량적인 재정정책의 유효성을 주장하며 수요견인인플레이션을 문제 삼지 않는다. 다만 임금인상으로 인한 비용인상인플레이션을 문제로 인식하며 이를 해결하기 위해 임금과 물가를 통제하는 소득정책을 제시한다. 인플레이션은 실업과 함께 고통지수이다. 인플레이션이 발생하면 경제에 부정적인 영향을 미치게 된다. 특히 경제주체들이 예상하지 못한 인플레이션은 예상된 인플레이션보다 많은 문제를 일으킬 수 있다. 이를 정리하면 다음과 같다. 하나, **인플레이션은 생산과정을 거치지 않고 소득과 부를 재분배한다**. 생산에 기여하지 않은 누군가에게 소득과 부를 배분할 수 있다. 인플레이션은 불로소득을 발생시키는 원인이 된다. 현금, 예금, 증권 등 금융자산을 소유한 사람들과 채권자를 가난하게 만든다. 물가상승이 금융자산의 가치를 떨어뜨리기 때문이다. 채무자는 명목화폐가치나 명목이자율로 부채를 상환할 수 있고 채권자는 실질화폐가치나 실질이자율보다 낮은 금융자산으로 변제받게 된다. 또한 **정부의 화폐발행으로 예상하지 못한 인플레이션이 발생하는 경우 인플레이션조세효과**inflation tax effect가 나타

난다. 세금을 부과하지 않았지만 소비자들은 물가상승으로 인해 세금을 징세당한 것과 같은 구매력을 상실하게 된다. 정부는 세금을 부과하지 않고서 화폐를 발행한 만큼 재정정책의 재원으로 사용할 수 있게 된다. 또한 기업의 경우에는 자금에 대한 수요자이기 때문에 소비자로부터 부가 이전되는 효과를 누리게 된다. 둘, **예상하지 못한 인플레이션이 발생하고 단기적으로 임금이나 요소비용에 반영되지 않는다면 생산과 고용은 증가하게 된다. 하지만 장기적으로는 물가상승은 상품의 가격만 오르게 하는 것이 아니라 임금을 비롯한 모든 생산요소비용을 증가시키게** 된다. 따라서 장기적으로 인플레이션은 물가수준을 올려놓을 뿐 생산과 고용에는 아무런 영향을 미치지 못한다. 셋, **예상된 인플레이션이 지속된다면 경제의 효율성을 왜곡시킨다**. 경제주체들은 인플레이션으로 인한 조세효과를 피하기 위해 금융자산을 효율적인 생산부문에 투자하기 보다는 부동산이나 귀금속과 같은 실물자산에 투기하게 된다. 따라서 예상된 인플레이션이더라도 지속되는 경우 자원을 비생산적인 곳에 배분하는 비효율이 발생한다.

2. 화폐수량설과 정책적 대응

인플레이션을 이해하기 위해 화폐수량설을 살펴보아야 한다. 통화량의 공급이 실물경제에 어떻게 영향을 미치는 가에 대한 인식에 의해 인플레이션에 대한 대응논리가 결정된다. 케인즈학파와 통화주의학파간의 이론적 차별성은 화폐시장이 실물시장에 어떻게 영향을 미치는가에 대한 인식의 차이에서 비롯된다.

① 피셔(I. Fisher)의 교환방정식equation of exchange

교환방정식은 MV = PQ(M: 통화량, V: 화폐의 유통속도, P: 물가수준, Q: 생산물의 거래량)이다. 이 수식을 근거로 화폐수량설이라고도 한다.

위의 수식을 쉽게 이해하기 위해 예를 들어보자. PQ는 1년 동안 국민경제에서 이루어진 거래총액이다. 100조원이라 하자. 그런데 통화량(M)은 10조원이라면 화폐의 유통속도(V)는 10이라는 것을 알 수 있다. $V=\frac{PQ}{M}$ 그런데 V는 문화적 제도적 요소에 의해 결정되므로 단기적으로 변하지 않는다고 가정한다. 그리고 현실적으로 PQ(총거래액)를 측정하기 난해하므로 PY(명목국민소득)를 사용하기로 하자. 명목국민소득은 총거래액에서 자산이나 중간재 거래가 포함되지 않는 다는 차이점만 있을 뿐 서로 비례적인 관계를 가진다. 위의 교환방정식은 MV=PY로 나타낼 수 있다. 여기서 V일정하고 Y가 완전고용수준으로 일정하다면 M의 변화가 바로 P의 변화를 나타낸

다. 이것이 고전학파의 화폐와 실물에 관한 인식이다. 케인즈학파의 경우 V는 일정하지 않다는 주장이다. 현실경제에서 V는 이자율, 물가상승률 같은 변수들의 영향을 받아 쉽게 변한다는 인식이다. 예를 들어 이자율이 오르면 물가도 오르고 V도 커지게 된다. 이자율상승과 물가상승은 화폐소유에 대한 기회비용을 증대시킨다. 금융자산을 가지고 있으면 손실이 발생한다. 따라서 경제주체들은 화폐를 가급적 빨리 사용하려 한다. M이 커진 비율만큼 V가 커진다면 MV는 변하지 않고 따라서 PY도 변하지 않는다는 것을 알 수 있다. **통화량을 증대시켜도 실물경제에 아무런 영향을 미칠 수 없다는 논리가 형성된다. 이런 이유로 케인즈학파는 통화정책의 전달경로를 통해 화폐와 실물과의 관계를 설명하고 있다. 통화정책의 전달경로란 통화공급을 증대시키면 이자율이 떨어지고 투자가 증가하게 된다. 투자가 증가하면 국민소득(실질 GDP)도 증가한다**.

② 통화주의학파의 신화폐수량설new quantity theory of money

통화주의학자들은 V가 안정적이지 않더라도 변화를 비교적 안정적으로 예측할 수 있으므로 M의 변화에 의한 PY의 변화를 계측할 수 있다고 주장한다. 따라서 정부는 통화량(M)과 유통속도(V)를 조절하여 명목국민소득을 변화시킬 수 있다는 입장이다. 또한 단기적으로는 물가수준(P)도 안정적이므로 실질국민소득에도 영향을 미칠 수 있다고 해석할 수 있다. 따라서 **케인즈학파나 통화주의학파나 모두 단기에서는 총수요관리정책이 유효하다고 생각한다. 통화주의학파의 경우에는 정책이 수립되고 집행되어 효과가 나타나기 까지 시차time lag가 발생한다고 주장한다[1]. 또한 정책의 효과는 가변적이며 장기적인 성격을 가지기 때문에 예측하기 어렵다고 믿는다. 뿐만 아니라 통화정책의 효과가 강력하기 때문에 함부로 사용하면 부작용을 초래한다는 인식이다**.

③ 통화준칙과 EC방정식

통화주의학파는 k%준칙을 통화정책으로 제시한다. 매년 일정한 비율로 통화량을 증가시켜야 한다는 것이다. 예를 든다면 V, P, Y가 예측된다면 변수들의 비율에 비례하여 통화량(M)을 조율해야 된다는 논리이다. 현실적으로 k%를 결정하는 EC방정식이 널리 사용된다.

MV=PY에서 $\frac{\Delta M}{M}+\frac{\Delta V}{V}=\frac{\Delta P}{P}+\frac{\Delta Y}{Y}$ 으로 전환하고 $\frac{\Delta M}{M}=\frac{\Delta P}{P}+\frac{\Delta Y}{Y}-\frac{\Delta V}{V}$ 으로 정리된다.

---

1) 프리드만은 시차문제를 샤워장의 바보에 비유했다.

위 수식에서 화폐공급증가율($\frac{\Delta M}{M}$)은 P, Y, V의 변화율을 측정하면 알 수 있게 된다.

3. 해결방안

인플레이션에 대한 정책적 대응방안은 화폐시장의 변화가 실물시장에 어떻게 영향을 미치는가에 대한 기본적인 인식의 차이에서 비롯된다. 하나, 케인즈학파는 재량적인 재정정책으로 생산을 증대시킴으로써 실업을 해결하는데서 발생하는 수요견인 인플레이션은 감수해야된다고 생각한다. 다만 임금인상으로 인한 비용인상인플레이션, 즉 임금과 물가의 악순환wage-price spiral의 고리를 끊어야 한다고 주장한다. 임금가이드라인과 같은 소득정책으로 문제를 해결해야한다는 입장이다. 둘, 고전학파나 통화주의학파는 정부가 단기적으로 실업을 해소하기 위해 확장적 재정정책을 사용하면 그것이 화폐발행이든 차입이든 관계없이 모두 물가상승으로 이어지고 물가상승은 임금을 상승시키고 임금상승은 다시 물가를 상승시키는 악순환을 거듭한다고 주장한다. 어떤 재정정책도 생산과 고용을 증가시킬 수 없고 물가상승만을 부채질한다는 것이다. 따라서 국민소득의 증가에 따라 통화량을 증가시키는 통화준칙만이 인플레이션을 예방할 수 있다는 입장이다. 셋, 공급측면경제학자들은 비용인상인플레이션에 대한 해결책으로 공급측면의 생산성을 향상시키는 대안들을 제시하고 있다. 투자와 저축 그리고 노동공급을 유인할 수 있는 조세의 감면, 기술개발과 경영혁신을 유인하거나 지원하는 정책들이 유효하다는 입장이다.

넷, 새 고전파new classical 경제학자들은 정책무력성policy ineffectiveness 명제를 제시한다. 루카스를 중심으로 한 합리적 기대가설rational expectation hypothesis신봉자들은 물가는 신축적 조정을 통해 항상 시장을 균형 상태에 머물게 한다는 가정을 내세운다. 경제주체들이 합리적 기대와 정책의 변화를 예상하게 되는 경우 경제 안정화정책은 단기에서조차도 아무런 효과를 나타내지 못한다. 합리적 기대란 가능한 모든 정보를 활용하여 미래를 예측하고 대응한다는 것을 의미한다. **노동자는 총수요확대정책은 물가상승을 초래할 것으로 예측하여 미래의 임금을 결정하는데 물가상승을 반영하게 된다는 뜻이다. 따라서 총수요확대로 인한 총공급의 상승은 일어나지 않는다[2]. 따라서 합리적 기대가설은 케인즈적인 재량정책보다는 통화주의적인 준칙주의를 옹호한다**. 하지만 통화주의자들이 시차문제로 준칙주의를 내세우는 반면 합리적기대주의자들은 정책의 수립과 집행과정에서 **시간불일치time inconsistency의 문제**가 발생할 수 있어 합리적인 경제주체들의 전략적 대응과 불신의 문제를 해소하기 위해 준칙주의를 내세우고 있

2) 케인즈학파의 재량적 경제정책에 대한 비판인 셈인데 이를 루카스비판(Lucas critique)이라 한다.

다. 하지만 현실에서는 합리적기대가설에서 가정하고 있는 만큼 물가와 임금이 신축적일 수 없다는 것을 간과할 수 없다. 이 같은 논리를 정치하게 발전시키고 있는 경제학자들을 새 케인즈학파new keynesian라 한다. 새 케인즈학파에서는 시장의 불완전성을 가정하고 정부의 적극적인 개입의 이론적 근거를 제시한다. 임금과 물가는 단기적으로 경직성을 갖는 다는 것이다. 그 이유로는 ① 경제주체들에게 완전한 정보가 활용될 수 없다는 점, ② 독과점시장처럼 구조적으로 가격은 경직성을 갖는다는 점, 그리고 **메뉴비용**으로 인한 가격변화가 유연하게 이루어지지 않는 다는 점 등을 제시한다.

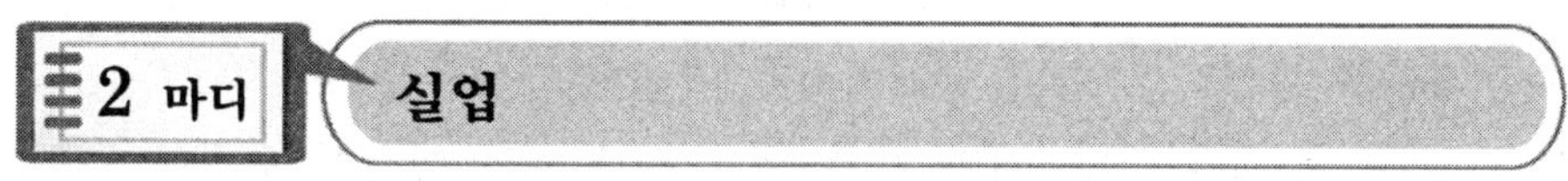

인플레이션과 실업은 국민경제의 공동의 적이다. 인플레이션과 실업은 생산과 소비를 위축시켜 궁핍한 경제를 만들기 때문이다. 따라서 인플레이션과 실업은 경제주체들의 경제적 고통을 수반하는 경제적 병폐현상에 해당한다. 역사적으로 경험한 1920-30년대의 세계경제공황great depression과 1910-20년대의 독일의 초인플레이션hyper-inflation은 우리에게 엄청난 고통과 공포심을 심어 준 대신 실업과 인플레이션에 대한 경계심과 면역력을 유발했는지도 모른다. 인플레이션과 실업은 고통지수라 하는데 실업은 인간의 생존권을 위협하는 절망의 바이러스라 할 수 있다. 미래학자 제레미 리프킨은 그의 저서「노동의 종말에서」생각하는 기계에게 모든 일자리를 빼앗겨 버린 쓸모없는 인간들의 미래에 대해 우려와 대안을 제시하고 있다.

1. 실업과 실업의 종류

1) 실업이란?

실업자란 일할 능력과 의사가 있음에도 불구하고 노동할 일자리가 없는 상태에 있는 사람을 말한다. 한 나라에서 경제활동인구를 구하고 취업자 수를 제외시키면 실업자 수가 된다. 경제활동인구수에 대한 실업자수의 비율을 실업률이라 한다. 이를 수식으로 나타내면 다음과 같다.

$$\text{실업률} = \frac{\text{실업자수}}{\text{경제활동인구}}$$

경제활동인구의 기준은 국제노동기구의 권고안이 있고 각 나라마다 약간씩 다른 기준을 적용한다. 우리나라의 경우, 15세 이상의 인구 중에서 일할 의사가 없는 인구와 일할 능력이 없는 인구를 제외한 인구를 말한다. 학생이나 주부 또는 병원에 입원한 환자 등과 같은 경제활동에 참여할 수 없는 인구를 제외시킨다. 우리나라의 실업률에 대한 추계도 국제노동기구의 권고안을 따르고는 있으나 다음과 같은 문제점을 가지고 있다. 하나, 비정규직 근로자를 취업자로 산정한다는 점이다. 1주일에 1시간이라도 유급으로 일하는 사람이라면 그가 정규직을 구하기 위해 대부분의 시간을 할애하더라도 취업자로 간주한다. 둘, 실망노동자의 경우에는 경제활동인구에서 제외시킨다는 점이다. **실망노동자**란 적극적으로 일자리를 탐색했지만 원하는 일자리를 구하지 못해 잠시 절망감으로 일자리를 구하지 않는 사람을 말한다. 우리나라의 경우, 4년제 대학을 졸업하고 소위 미스매치로 인해 구직활동을 포기한 자(NEET족)가 수십만 명이라는 통계가 있다. 이와 같은 두 가지 문제점 때문에 우리나라의 실업률 통계는 실제실업률보다 낮게 산정되는 경향이 있다.

2) 실업의 유형

실업에는 경기적 실업, 마찰적 실업, 구조적 실업의 구분이 있다. 케인즈는 **자발적 실업과 비자발적 실업**으로 구분하고 **비자발적 실업문제**에 관심을 둔다. 자발적 실업이란 일할 능력을 가지고서 현재의 임금수준에서 일할 의사가 없는 경우의 실업을 말한다. 마찰적 실업은 자발적 실업이며 탐색적 실업이라고도 한다. 마찰적 실업은 직업을 구하거나 보다 나은 새로운 직업을 탐색하는 과정에서 나타나는 실업이다. 따라서 마찰적 실업은 어떤 경제상황에서나 나타나는 현상이며 정책적 차원에서 문제가 되지 않는 실업이다. 마찰적 실업률이 자연실업률을 의미하기도 한다. 사회적·경제적으로 문제가 되는 경기변동의 영향을 많이 받는 실업은 비자발적 실업이다. 비자발적 실업에는 경기적 실업과 구조적 실업이 있다. 경기적 실업이란 총수요의 부족, 과잉생산, 즉 불황으로 인해 발생하는 실업이다. 구조적 실업이란 기술혁신으로 인해 기존의 기술에 훈련된 노동자들이 경쟁력을 상실하거나 어떤 산업이 사양산업으로 전락하여 그 산업분야의 일자리가 줄어들어 발생하는 실업을 말한다. 프리드먼은 자연실업에 관심을 두고 자연실업률가설을 전개한다. 자연실업률은 완전고용실업률, 마찰적 실업률, 장기적 실업률 등으로 불린다. 정책적으로 해결해야 할 실업은 비자발적 실업이며 정책적 해법을 제시하기 위한 경제학파간의 논쟁은 지속되고 있다.

2. 해결방안

인플레이션의 경우처럼 실업의 문제도 총수요와 총공급의 문제이다. 총공급이 완

전고용수준에서 일정하다면 인플레이션을 줄이기 위해 총수요를 억제해야 한다. 반대로 실업을 줄이기기 위해서는 오히려 총수요를 확대해야 한다. **인플레이션과 실업은 정책적으로 서로 상충관계**trade-off가 성립한다. 그리고 실업문제를 해결하기 위한 정책적 대응에서도 케인즈학파 경제학자들과 통화주의경제학자들은 서로 다른 견해로 논쟁하고 있다.

1) 케인즈학파의 견해

케인즈학파 경제학자들은 경기가 침체하면 물가수준(P)이 하락하고 실질임금($\frac{w}{p}$)은 상승한다. 상승한 실질임금은 노동자들의 노동공급은 증대시키고 기업들의 노동수요는 감소시킨다. 여기서 비자발적 실업이 발생한다. 즉, 임금이 하방경직성을 갖는다는 것을 전제로 실업을 설명한다. 따라서 확장적인 재정정책과 통화정책으로 총수요곡선을 우측으로 이동시키면 물가수준이 상승하여 실질임금($\frac{w}{p}$)은 하락한다. 노동수요는 증가하고 노동공급은 감소한다. <그림 16-2>에서 물가수준 P_0에서 P_1수준으로 상승하면 a-b만큼의 비자발적 실업이 발생한다. 정부가 확장적 안정화정책으로 AD_0를 AD_1으로 이동시키면 a-b만큼의 실업은 해소된다는 것을 알 수 있다.

〈그림 16-2〉 케인즈학파의 실업정책

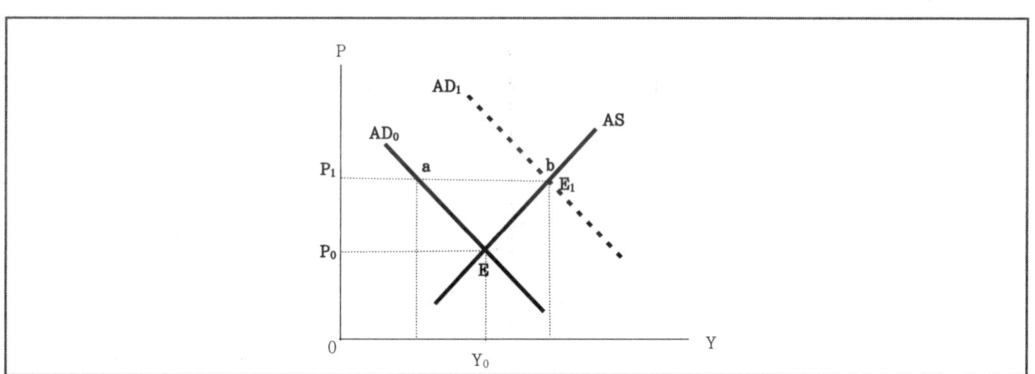

2) 통화주의학파(새고전학파)의 견해

통화주의학파 경제학자들은 구조적 실업도 탐색적 실업으로 인식하며 실업은 정도의 차이가 있을 뿐 대체로 자발적 실업으로 취급한다. 따라서 실업은 대부분 마찰적 실업, 즉 탐색적 실업으로 인식하고 자연실업률이론을 전개한다. 정부가 실업을 줄이기 위해 재량적 확대정책, 즉 안정화정책을 펴는 것에 반대한다. 왜냐하면 확대재정정책은 총수요를 증가시키므로 물가수준을 끌어올려 인플레이션을 일으킬 수 있고, 자연실업률수준은 안정화정책에 관계없이 변하지 않는 특성을 보이기 때문이다. 통화주의학파는 실업보다는 인플레이션으로 인해 사회·경제적 폐해가 크다는 인식을 갖고 있다. 인플레이션은 생산과정을 거치지 않고 소득을 재분배하는 특징과 개인의 선택과 무관하게 인플레이션 조세를 부과하여 공평성이나 효율성을 해치는 문제를 안고 있다고 믿는다. 통화주의 경제학자들은 고전학파의 완전고용개념을 현대화하여 자연실업률가설을 정립하였다. 현실경제에서 노동자가 자신이 원하는 일자리를 찾는 과정에서 구직과 이직이 반복되는 조정과정에서 발생하는 실업을 자연실업률이라는 개념으로 정의했으며, 이런 상태를 완전고용이라 보고 자연실업률가설을 모형화했다.

자연실업률을 수식으로 나타내면 Nu(자연실업률)=$\frac{u}{u+e}$로 표현된다.

u=$\frac{\text{일자리를 잃는 사람의 수}}{\text{취업자수}}$, e=$\frac{\text{일자리를 찾는 사람의 수}}{\text{실업자수}}$ 단기적으로는 u가 커질수록 e가 작아질수록 자연실업률은 커진다는 것을 알 수 있다. 장기적으로 <그림 16-3>처럼 장기총공급곡선(LAS)이 수직이라면 $\Delta U = uU - eE$에서 ΔU(실업자수의 변화)=0 이라는 것을 의미한다.

〈그림 16-3〉 통화주의학파와 실업정책

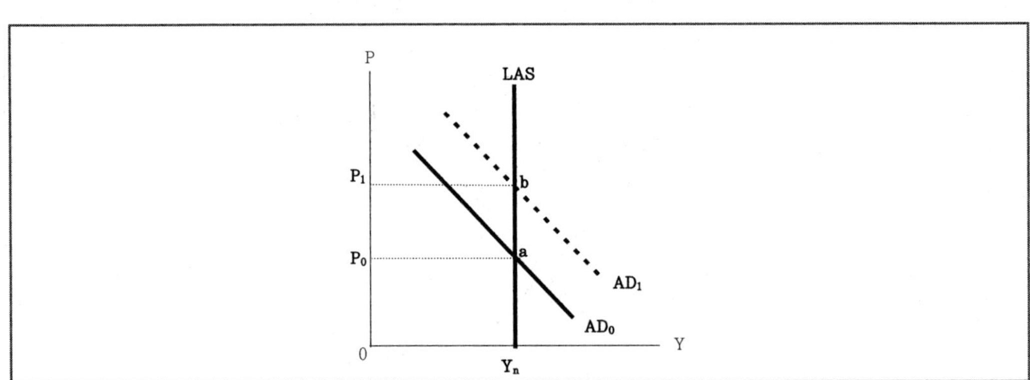

<그림 16-3>에서 Y_n은 자연실업률이다. 실업을 줄이기 위한 재량적 안정화정책으로 총수요곡선을 AD_0에서 AD_1으로 이동시켰다. 자연실업률은 변하지 않고 물가수준만 a-b로 상승하게 된다는 것을 알 수 있다.

3) 탐색의 이론과 새 케인즈학파의 견해

탐색이론은 실업을 합리적인 경제주체들의 합리적 선택의 결과로 인식한다. 따라서 일자리를 탐색하는 과정에서 발생하는 한계편익과 한계비용에 의해 실업의 최적수준이 결정된다. **탐색이론은 정책이란 경제주체의 합리적 선택에 영향을 주는 탐색비용이나 탐색편익을 변화시키는 것으로 인식**한다. 따라서 탐색이론은 케인즈학파의 재량적 정책보다는 준칙주의에 가까운 이론적 특성을 가진다. 새 케인즈학파의 실업이론은 효율임금이론을 바탕으로 한다. 통화주의학파와 케인즈학파의 실업에 대한 근본적인 견해 차이는 실질임금($\frac{w}{p}$)의 경직성에 대한 인식에서 비롯된다. 신케인즈학파는 실질임금의 경직성을 설명하기 위해 **효율임금이론과 내부자-외부자이론**을 개념화 한다. 효율성임금이란 노동자의 생산성을 유인하고 조직에 대한 충성심을 강화하기 위해 시장평균임금보다 높은 임금을 지불하려는 현상을 말한다. 노동조합이 외부자를 고려한 임금수준보다 높은 내부자만의 이익을 고려한 임금을 관철하게 된다는 이론이다. 또한 그들은 **이력현상**hysteresis을 개념화한다. 이력현상이란 어떤 경제충격이 사라진 후에도 장기적이고 지속적으로 영향을 미치는 현상을 말한다. 임금의 경직성이 효율임금이론, 내부자-외부자이론, 그리고 이력현상으로 설명된다는 입장이다. 따라서 재량적 안정화정책이 실업률을 줄이는데 효과적이라는 주장이다.

3. 필립스곡선과 스태그플레이션

필립스곡선(Phillips curve)은 19세기 중반부터 20세기 중반까지 영국의 실업율과 물가상승률 사이에 음(-)의 상관관계가 있었음을 나타내는 <그림 16-4>와 같은 우하향하는 곡선을 말한다. 물가상승률이 높아지면 실업률은 낮아지고 물가상승률이 낮아지면 실업률은 높아지는 현상이 안정적으로 나타났던 것이다. **물가상승률과 실업률 사이에는 안정적인 상충관계**trade-off가 성립한다는 것을 의미한다. 1960년대의 미국의 경우에도 필립스곡선이 우하향하게 나타난다. 1970년대부터 1990년대 초반까지 필립곡선은 안정적인 형태를 찾을 수 없다.

1) 필립스곡선과 실업정책

<그림 16-4>의 왼쪽 그림에는 우하향하는 필립스곡선을, 횡축의 실업률을 국민소득(실질GDP)으로 바꿔놓으면 오른쪽의 총공급곡선(AS)가 도출된다. 필립스곡선을 수식으로 나타내면 다음과 같다.

$P_p = -a(u-u_n)$, $a>0$, P_p:인플레이션율, u:실제실업률, u_n:자연실업률, a:반응계수(인플레

이션율이 실제실업률과 자연실업률과의 격차에 얼마나 반응하는가를 나타내는 반응계수)

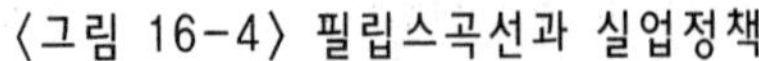
〈그림 16-4〉 필립스곡선과 실업정책

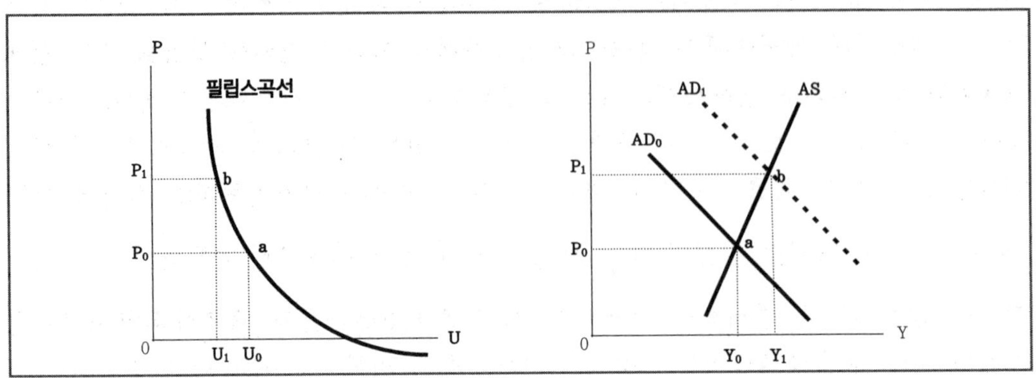

<그림 16-4>에서 보는 것처럼 필립스곡선이 우하향하는 경우 케인즈학파의 실업에 대한 재량적 안정화정책이 유효하다는 것을 알 수 있다. 총수요곡선을 AD_0에서 AD_1으로 이동시키면 국민소득은 Y_0에서 Y_1으로 증가하고 실업률은 U_0에서 U_1으로 줄어든다는 것을 알 수 있다.

2) 장기필립스곡선과 스태그플레이션^stagflation

1970년대가 되면서 자본주의 세계경제는 새로운 위기에 직면하게 된다. 높은 실업율과 높은 인플레이션이라는 합병증세가 나타나게 된다. 소위 스태그플레이션이 발생한 것이다. 스태그플레이션이란 경기침체기에 실업률이 높은 수준인데도 불구하고 높은 인플레이션까지 나타나는 현상을 말한다. 즉, **필립스곡선에서 나타난 실업율과 물가상승율간의 안정적인 음(-)의 관계가 무너진 것이다**. 안정적인 기존의 필립곡선으로는 스태그플레이션을 설명할 수 없다. 따라서 케인즈학파 경제학자들은 필립스곡선이 <그림 16-5>의 왼쪽 그림처럼 이동할 수 있다고 기존의 필립스곡선에 대한 견해를 수정하게 된다. 이것을 비용인상 인플레이션으로 설명한 것이다. 1970년대 석유파동으로 공급충격이 발생했으므로 총공급곡선이 AS_0에서 AS_1으로 좌측이동하게 되고 물가수준은 P_0에서 P_1으로 높아지고 국민소득은 Y_0에서 Y_1으로 감소하게 된다. 이것을 <그림 16-5>의 왼쪽 그림 필립스곡선으로 나타내면 점선으로 나타낸 필립스곡선처럼 위로 이동하게 된다. a점에서 b점으로 이동하게 되는 것이다. 이렇게 필립스곡선의 이동으로 고물가와 고실업 상태를 설명하려 노력했다. 이런 상황에서 인플레이션을 누그러뜨리기 위해 총수요관리정책(미세조정) 또는 안정화정책(재량적 확장)은 아무런 효과를 발휘하지 못하고 인플레이션만 악화시킬 뿐이다. 이것은 케인

즈경제학의 위기[3])이고 케인즈혁명에 대한 반혁명이 태동하는 동기가 된다.

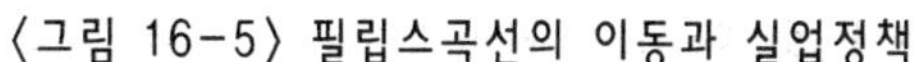

〈그림 16-5〉 필립스곡선의 이동과 실업정책

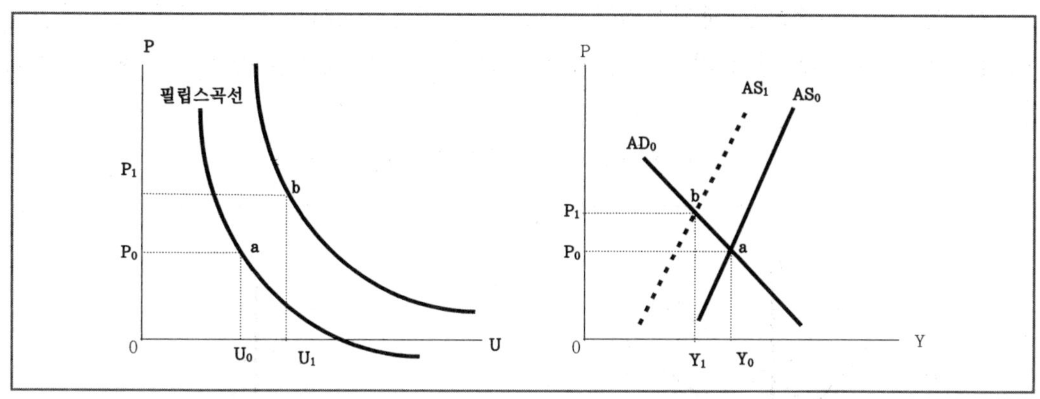

1980년대 이후에는 석유가격과 원자재가격이 안정되었음에도 불구하고 최초의 필립곡선으로 회귀하지 못하게 된다. 케인즈학파가 주장하는 비용인상인플레이션으로 필립스곡선의 변이현상을 더 이상 설명할 없게 된다. 따라서 **프리드만-펠프스 모형이 새롭게 등장하는데 스태그플레이션은 기존의 재량정책이 주도한 수요견인인플레이션에 대한 예상요인과 비용인상인플레이션이 복합적으로 작용하여 나타나는 현상**이라는 주장이다. 이를 **자연실업률가설**이라 한다.

자연실업률가설은 단기에 경제주체들의 기대인플레이션이 불변이라면 필립스곡선은 안정적으로 우하향하는 형태를 유지한다. 하지만 기대인플레이션이 상승하면 그만큼 필립스곡선도 위로 이동한다는 것이다. 자연실업률가설에 나타난 기대필립스곡선을 수식으로 나타내면 다음과 같다.

$P_p - P_p^e = -a(u-u_n)$, $a>0$, P_p^e:기대인플레이션율 P_p:인플레이션율, u:실제실업률, u_n:자연실업율, a:반응계수(인플레이션율이 실제실업률과 자연실업률과의 격차에 얼마나 반응하는가를 나타내는 반응계수)

기대필립스곡선은 예상하지 못한 인플레이션율(P_p-P_p^e)과 실업률($u-u_n$)간에 음(-a)의 상관관계가 있다는 것을 나타낸다. <그림 16-6>에 나타난 것처럼 우하향하는 단기필립스곡선은 우상향하는 단기총공급곡선(SAS)을 나타내고 수직의 장기필립스곡선은 수직의 장기총공급곡선(LAS)을 나타낸다(P_p=P_p^e가 성립). <그림 16-6>에서 총수요를 증가시키면 왼쪽 그림 AD_0에서 AD_1으로 이동하고 균형점 E_0에서 E_1으로 이동하여 국민소득 Y_0에서 Y_1으로 이동한다. 오른쪽 그림 실업률은 u_n에서 u_1으로 감소한다는

3) 영국의 경제학자 로빈슨은 이 같은 상황을 '경제학의 제2의 위기'라고 표현한 바 있다.

것을 알 수 있다. 그런데 장기에는 총공급곡선(LAS)과 기대필립스곡선(LP_p)이 수직이 된다. 장기에는 실제인플레이션율과 기대인플레이션율이 같아지기 때문이다. 따라서 왼쪽 그림 균형점은 E_2로 다시 회귀하게 되고 오른쪽 그림 E_{2n}(자연실업률: u_n)으로 회귀한다. 결론적으로 자연실업률가설은 단기에는 재량적 안정화정책으로 실업률을 감소시킬 수 있으나 장기에는 실업률을 감소시킬 수 없다는 것을 주장하고 있다.

〈그림 16-6〉 자연실업율과 장기필립스곡선

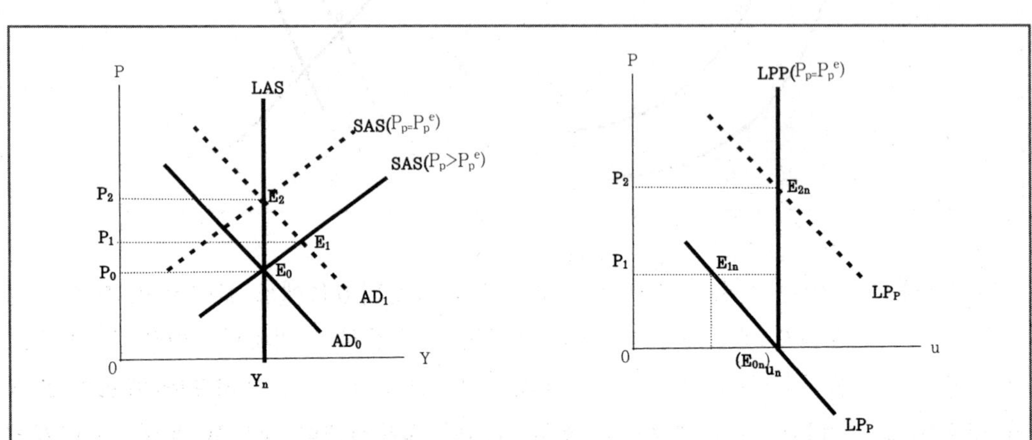

통화주의학파는 장기필립스곡선은 자연실업률 수준에서 수직이라고 주장한다. 따라서 위 그림에서처럼 재량적 안정화정책은 국민소득을 변화시킬 수 없으며 실업률을 줄일 수 없게 된다. 총수요증가가 오히려 물가수준만을 상승하게 한다는 주장이다.

마당 17

국제무역과 국제금융

세계 1, 2차대전으로 자유무역주의는 쇠퇴하고 보호무역주의가 세계질서를 규정하게 된다. 2차 세계대전이 끝나갈 무렵 주요 서방국 지도자들은 세계경제의 블록화로 세계대공황과 두 차례에 걸친 세계전쟁의 국제적 환경을 제공하였다는 반성에 공감하게 된다. 이에 1944년 주요 서방국 지도자들은 브레튼우즈에서 자유무역질서를 유지하기 위한 IMF와 IBRD를 설립하고 후속조치로 GATT체제를 출범시킨다. GATT체제는 자유무역을 위한 국제실물경제질서를 확장하고, IMF와 IBRD는 국제금융질서를 안정화하는데 중추적인 역할을 수행한다. GATT체제는 우루과이라운드를 마지막으로 1995년 WTO체제로 대체된다. 1980년대 이후 운송 및 정보통신의 발달과 인위적인 장벽제거로 인해 세계경제질서는 무역과 자본의 자유화를 더욱 가속화하는 지구촌시대를 가능하게 한다. 국가와 국간의 권역별 교역에서 범세계적인 차원의 자유무역체제로 세계화(globalization)를 실현한 것이다. 오늘날 우리의 경제생활은 세계화된 경제영역에서 생산과 소비가 이루어지고 있다. 세계 모든 국민경제가 밀접한 연관성과 의존성을 높여가고 있다. 이번 마당에서는 국가 간의 교역은 무엇 때문에 이루어지고 어떤 요인들에 의해 결정되는가에 대해 학습할 것이다.

1 마디 국제무역이론

국가 간의 교역은 교역에 참여하는 모든 국가의 경제주체들에게 이익을 발생시킬 수 있다. 소비와 생산이 증대하고 고용이 증가하며 국민소득이 증가한다. 자유무역이론에 근거하여 국가 간의 교역은 **특화와 분업**으로 인해 **생산성이 증가**하고 **규모의 경제와 학습효과**까지 **생산성에 긍정적으로 작용**하는 것으로 볼 수 있다. 경험적으로도 수입대체산업 중심의 경제모형(공산주의+종속이론)을 추구한 나라보다는 수출중심의 경제모형(자유무역)을 추구한 나라들이 경제개발에 성공하고 있다. 상대적으로 자원이 부족함에도 불구하고 고도의 경제성장을 이룬 나라들, 일본, 대만, 홍콩, 싱가포르, 한국 등의 국가들은 자유무역주의를 채택한 나라들이다. 인도를 비롯한 제3세계국가들, 공산주의 국가들, 중남미, 아프리카 대부분의 빈국들이 자급자족경제(수입대체형)체제를 지향해 왔었다. 하지만 이 같은 대부분의 국가들이 1980년대 이후 신자유주의 물결을 타고 자유무역주의로 전환하고 있으며 빠르게 성장하고 있다. 하지만 아직도 세계화에 대한 찬·반논쟁은 지속되고 있다.

1. 비교우위와 교역이익

애덤 스미스는 절대우위에 의한 자유무역을 설명하였는데 리카르도(D. Ricardo)는 비교우위의 개념으로 자유무역의 이익을 설명하고 있다. 선진국이든 후진국이든 관계없이 비교우위에 의해 특화하고 자유교역하면 두 나라 모두에게 교역이익이 발생한다는 것이다.

설명의 편의를 위해 중국과 한국의 쌀과 고기생산에 투입되는 노동시간은 <표 17-1>과 같다 하자.

〈표 17-1〉 생산에 들어가는 노동시간

	쌀(1kg)	고기(1kg)
중국	10시간	20시간
한국	8시간	1시간

<표 17-1>에서 보는 바와 같이 중국은 한국에 비해 쌀과 고기생산에서 더 많은 노동시간을 필요로 한다. 한국은 중국에 비해 쌀과 고기생산에서 모두 절대우위에 있는 셈이다. 그렇다면 중국과 한국은 교역을 할 필요가 없겠는가? 교역을 한다면 과연 교역이익은 발생할 수 있을 것인가?에 대한 명쾌한 답을 제시해 주는 이론이 비교우위론이다. 비교우위론에 근거하여 중국과 한국의 교역을 설명해 보자. 중국과 한국의 생산에 투입되는 노동시간을 절대적으로 비교한다면 한국이 쌀과 고기를 모두 생산하는 것이 효율적이라 할 수 있다. 하지만 이 같은 상황에서도 중국과 한국은 기회비용을 비교하여 자국에게 가장 유리한 상품에 특화하여 생산하고 서로 교역하면 중국과 한국에게 모두 이익이 발생한다는 것이 비교우위이론이다.

〈표 17-2〉 쌀과 고기 생산의 기회비용

	쌀	고기
중국	1/2	2
한국	8	1/8

중국과 한국의 쌀과 고기생산의 기회비용은 <표 17-2>와 같다. 중국과 한국의 쌀과 고기 생산에 대한 기회비용을 노동투입시간을 기준으로 환산한 것이다. 중국의 경우, 생산에 대한 쌀의 기회비용과 고기의 기회비용을 비교하면, 쌀 생산에 드는 기회비용은 1/2인데 비해 고기생산에 드는 기회비용은 2라는 것을 알 수 있다. 따라서 중국은 기회비용이 상대적으로 작은 쌀 생산에 특화해야 한다. 한편 한국의 경우, 쌀 생산에 드는 기회비용은 8인데 비해 고기생산에 드는 기회비용은 1/8이라는 것을 알 수 있다. 따라서 한국은 기회비용이 상대적으로 작은 고기생산에 특화해야 한다.

① 생산가능곡선의 도출

중국과 한국은 모두는 1년에 농사일과 가축을 돌보는데 400시간을 투입하고 있다고 하자. 위에서 살펴본 바와 같이 중국은 고기 1kg을 생산하는데 20시간, 쌀 1kg을 생산하는데 10시간을 투입하고 한국은 고기 1kg을 생산하는데 1시간을, 쌀 1kg을 생산하는데 8시간을 투입한다 하자. 이런 조건에서 중국과 한국의 생산가능곡선을 도출하면 <그림 17-1>과 같다. 아래 왼쪽 그림에서 A점은 교역이전의 중국의 생산·소비균형점이다. 1년 동안 400시간을 투입하여 고기 20kg와 쌀 40kg을 생산·소비하고 있다. 아래 오른쪽 그림에서 E점은 교역이전의 한국의 생산·소비균형점이다. 1년 동안 400시간을 투입하여 고기 400kg과 쌀 50kg을 생산·소비하고 있다.

〈그림 17-1〉 생산가능곡선과 교역이익

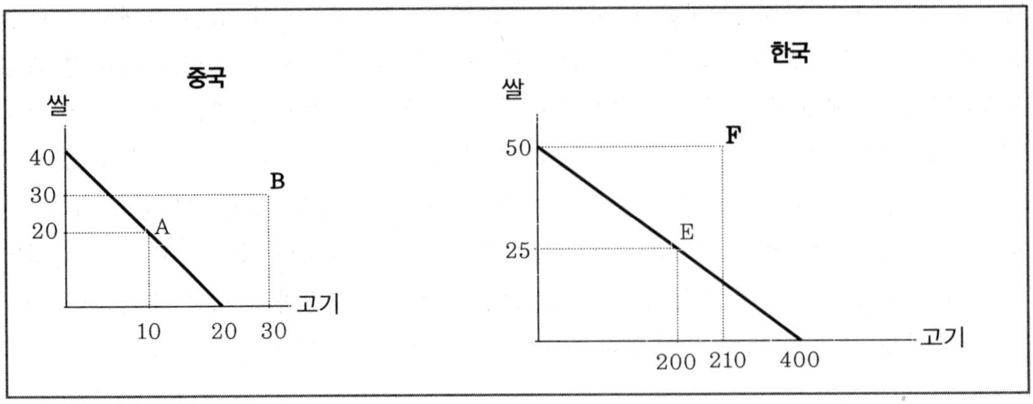

중국
쌀
40
30
20
A
B
고기
10 20 30

한국
쌀
50
25
F
E
고기
200 210 400

② **특화와 교역 후 이익**

중국은 쌀 생산에만 특화하여 1년에 40kg를 생산하고 한국은 주로 고기에 특화하여 쌀 20kg과 고기 240kg를 생산하였다 하자. 그런 다음 고기 30kg을 쌀 10kg과 교환한 다음 소비한다면 중국은 <그림 17-1>의 왼쪽 그림에서 B점 쌀 30kg과 고기 30kg을 소비할 수 있고 한국은 <그림 17-1>의 오른쪽 그림에서 F점 쌀 50kg과 210kg을 소비할 수 있게 된다. 중국의 경우에는 소비가능점이 A점에서 B점으로 우측이동 했으며 한국의 경우에도 소비가능점이 E점에서 F점으로 우측이동 했다는 것을 알 수 있다.

〈표 17-3〉 특화생산 후 거래이익

거래이전소비	쌀	고기	거래이후소비	쌀	고기
농부	20kg	10kg	농부	30kg	30kg
목축업	25kg	200kg	목축업	50kg	210kg

특화생산 후 거래이익은 <표 17-3>에 정리 된 것처럼 중국과 한국 모두에게 발생하게 된다. 중국은 특화 후 거래이전에 비해 쌀 10kg과 고기 20kg을, 한국은 쌀 25kg과 고기 10kg을 특화 후 거래이익으로 얻고 있는 것이다.

③ **교역이익의 배분**

자유무역은 비교우위에 의해 교역국가에게 이익을 발생시킨다는 것을 학습하였다. 하지만 비교우위의 개념으로 국가에 발생한 이익이 어떤 경제주체들에게 배분되는지에 대해서는 설명할 수 없다. <그림 17-2>는 소비자잉여와 생산자잉여를 이용하여

소비자와 생산자에게 교역이익이나 손실이 어떻게 배분되는 지를 보여준다.

〈그림 17-2〉 수입국의 이익과 손실

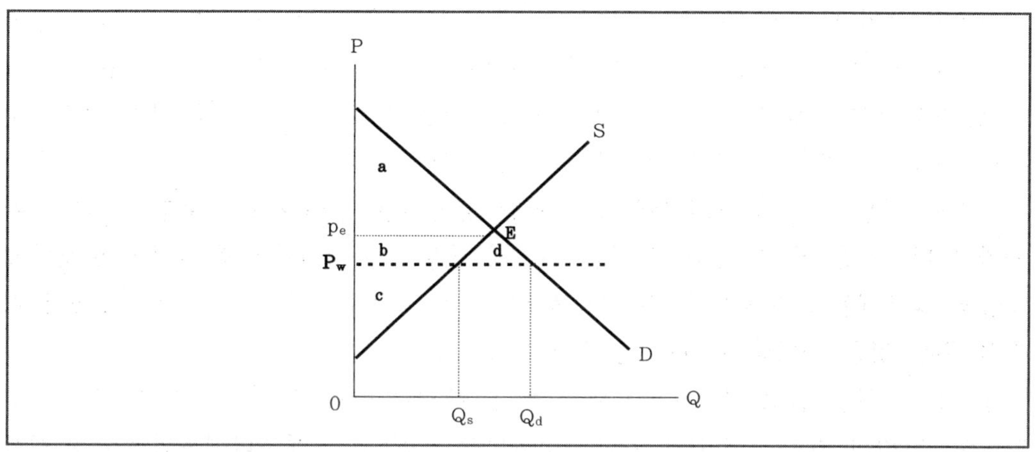

<그림 17-2>는 자유무역에 의한 수입국의 이익과 손실을 나타내고 있다. 위 그림에서 수입은 국내가격수준을 P_e에서 국제가격수준 P_w로 하락시킨다. 국내공급은 Q_s로 감소하고 국내수요는 Q_d로 증가한다. Q_s-Q_d만큼 수입이 이루어진다. 따라서 교역 후 소비자는 b+d만큼의 이익을 얻게 되고 생산자는 b만큼 손실을 입게 된다. 따라서 자유무역에 의해 어떤 상품이 수입되는 경우, 수입국의 그 상품 소비자는 이익을 얻고 수입국의 그 상품 생산자는 손실을 보게 된다. 손익을 차감하면 수입으로 인한 수입국의 후생은 d만큼 증가했다는 것을 알 수 있다.

〈그림 17-3〉 수출국의 이익과 손실

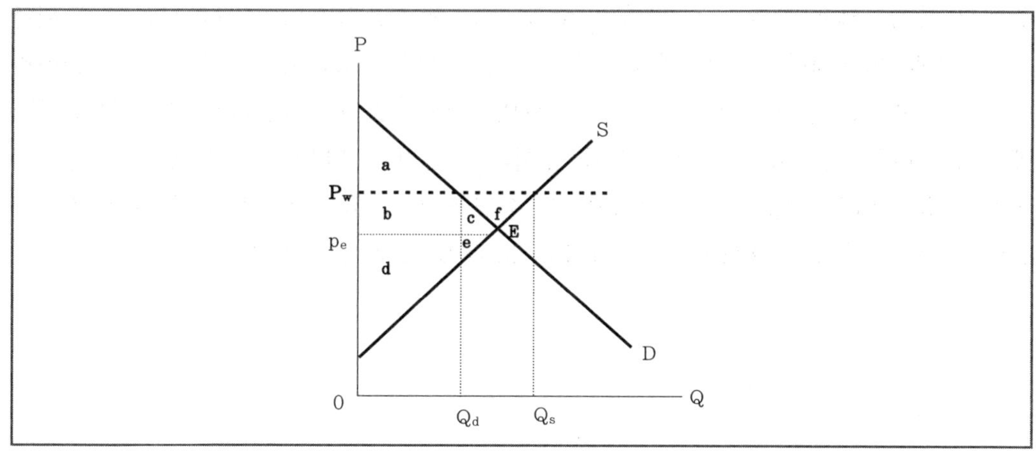

<그림 17-3>은 자유무역에 의한 수출국의 이익과 손실을 나타내고 있다. 위 그림에서 수출은 국내가격수준을 P_e에서 국제가격수준 P_w로 상승시킨다. 국내공급은 Q_s로 증가하고 국내수요는 Q_d로 감소한다. Q_s-Q_d만큼 수출이 이루어진다.

따라서 교역 후 소비자는 b+c만큼의 손실을 보고 생산자는 b+c+f만큼 이익을 얻게 된다. 따라서 자유무역에 의해 어떤 상품이 수출되는 경우, 수출국의 그 상품 소비자는 손실을 보고 수출국의 그 상품 생산자는 이익을 얻게 된다. 손익을 차감하면 수출인한 수출국의 후생은 f만큼 증가했다는 것을 알 수 있다.

따라서 결론적으로는 **자유무역으로 인한 총잉여는 수입국이나 수출국이나 모두 증가한다는 것을 알 수 있다. 하지만 수입의 경우에는 생산자에게 손실이 발생하고 수출의 경우에는 소비자에게 손실이 발생하므로 자유무역이 모든 경제주체에게 이익을 주는 것은 아니라는 것을 알 수 있다.**

④ 비교우위를 결정하는 요인으로는 하나, 헥셔-올린의 정리Heckscher-Ohlin theorem가 있다. 부존자원의 차이가 비교우위를 결정한다는 이론이다. 레온티에프역설도 존재한다. 하지만 비교우위를 결정하는 요인은 복합적이다. 둘, 생산성의 차이와 기술수준의 차이에서 비교우위가 결정된다. 셋, 학습효과에 의한 특화의 역사가 비교우위를 결정한다. 넷, 노동의 숙련도, 제품의 수명주기, 특정산업의 생산물에 대한 소비자의 선호 등이 비교우위를 결정한다.

2. 무역의 규제

여러 가지 이유에서 무역은 현실적으로 규제되고 있다. 무역을 규제하는 이유로는 하나, 국제적인 경쟁력이 없는 유치산업의 경우에는 경쟁력을 확보할 때까지 보호해야한다는 주장이다. 둘, 식량안보라든지 방위산업이라든지 경제안정이나 국가안보차원에서 특정산업은 보호해야 한다는 주장이다. 셋, 국내의 일자리를 보호하기 위해 특정산업을 보호해야 한다는 주장이다. 넷, 상대국의 보조금이라든지, 고율의 관세라든지에 대응하는 전략적 차원에서 대상 산업에 대해 보호해야한다는 주장이다. 무역에 대한 규제방법으로는 관세에 의한 규제와 비관세에 의한 규제가 있다. 비관세규제에는 ① 수입허가제, ② 수입할당제, ③ 수입과징금, ④ 수입담보금, ⑤ 수입링크제 등이 있다. 여기서는 관세에 의한 규제의 효과에 대해 살펴보자.

〈그림 17-4〉 관세의 경제적 효과

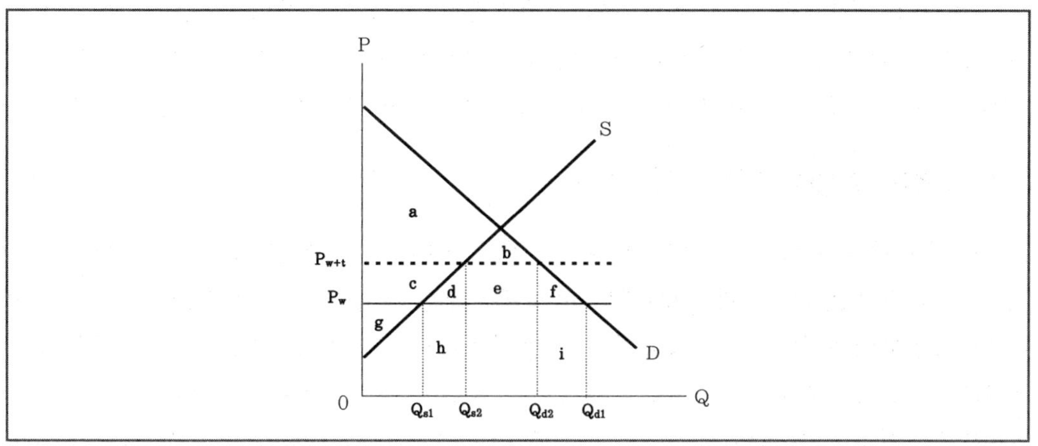

<그림 17-4>에서 세계가격은 P_w이고 여기에 관세를 부과하면 P_{w+t} 가격이 된다. 관세를 부과하면 ① 생산증가효과가 Q_{s1}-Q_{s2}만큼 나타난다. ② 소비억제효과가 Q_{d1}-Q_{d2}만큼 나타난다. ③ 재정수입효과 사각형 e만큼 나타난다. ④ 국제수지개선효과가 사각형 h+i만큼 나타난다. ⑤ 소비자잉여는 c+d+e+f만큼 감소한다. ⑥ 생산자잉여는 c만큼 증가한다. ⑦ 사회순손실은 d+f만큼 나타난다. 관세로 인한 가격상승으로 비효율이 발생한 자중적 손실이다.

3. 환율과 통화제도

물물교환의 시절이라면, 나라마다 물건을 자랑하면 그만일 뿐 화폐에 대한 교환비율로 경쟁할 필요도 없겠다. 하지만 화폐가 무역에 개입되는 한 결제수단과 환율은 늘 상 다툼거리의 단초가 된다. 19세기 중엽까지는 사고파는 당사자가 '직접' 또는 당사국이 '대신' 나서서 짜증스런 흥정과 힘겨운 협상을 벌여야 했다. 협상이 두 나라 간에 진행된 까닭에 어렵사리 맺어진 협정조차 제3국에 대해서는 통하지 못했다. 각국이 거래 상대국과 따로 따로 협상하는 절차는 피곤하고 혼란스럽다. 모든 거래 상대국에 일률적으로 적용할 '국제'통화제도가 필요하게 되었다.

1) 금본위고정환률제

최초의 것은 금본위제도[1870-1914]로서 각국의 화폐를 일정량의 금과 묶어 가치를 정하는 방법이다. 일테면, 1913년의 미국의 1불은 금 0.053온스의 가치를 갖고, 영국의 1파운드는 금 0.257의 가치로 정해두니, 1파운드=4.86달러라는 환율이 결정된다. 이처럼 금에 연계된 국제통화제도는 각국의 통화량이 금보유량에 바탕을 두어 이루어지므로 통화량변경은 금의 유출입이 자유스런 터에서 가능했다. 그런데 세계대전으로 금의 유출은 금지됐고, 전쟁을 위한 재정적자가 금보유 증가에 기초하지 않은 통화량을 대폭 늘렸다. 금본위 국제통화제도가 정치적인 사건에 의해 박살난 본보기다.

2) 브레튼우즈체제: 달러의 기축통화제

1차 세계대전이 끝나고 주요 서방국들이 금본위로 복귀하였으나, 세계경제상황이 많이 달라져 있었다. 특히 1929년의 세계대공황은 국내에서 팔리지 않는 재고를 해외에 처분하려는 목적으로 자국통화를 평가절하하는 경쟁을 유발시켰다. 환율이 갖춰야할 안정성이 무너졌으므로, 국제경제는 혼란에 빠졌다. 두 번째의 대전이 끝나갈 무렵1944년, 미국이 브레튼 우즈Bretton Woods에 연합국의 대표들을 불러 모아 새로운 국제통화제도를 제안했다. 당시 세계 금보유의 ⅔쯤을 장악한 미국이 달러를 금과 일정비율로 교환해 주겠다고 약속하는 대신, 여타국가의 통화는 달러와 일정한 교환비율을 지키라고 요구했다[4]. 그로써 어떤 나라의 화폐든 달러를 '통하여' 금과 바꿀 수 있지 않겠는가. **달러를 직접 금에 묶고 각국 화폐를 달러에 묶은 이른바 브레튼 우즈 체제를 '달러화를 기축통화key currency로 삼는 금본위 고정환율제도'**라 부를 만하다.

하지만 미국경제가 날로 승승장구하지는 못했다. 1960년대 월남전은 미국경제의 위신, 특히 국제수지에 대한 치명타였다. 미국경제의 앞날을 염려하는 나라들이 앞서서 보유한 달러화를 금으로 바꿔줄 것을 요구했다. 대폭 감소한 미국의 금보유잔고가 달러화가치의 하락을 더욱 가속화시키는 상황이 전개됐다. 급기야 달러화를 투매하는 비상사태가 발생하게 되자, 닉슨대통령이 달러화의 금태환정지를 선언했다.1971년 달러화가 두 손을 든 패배의 선언이요, 금태환보장을 일방적으로 파기하는 횡포에 다름없다. 달러화가 이처럼 무참하게 되고서도 미국이 만형의 권리를 주장하겠는가. 스미소니언체제를 가동시키지만 이마저도 얼마 되지 않아 기능을 상실하게 된다.

3) 변동환율제

국제적 믿음의 근거였던 금과 달러의 기능이 마비된 터에, 이를 대신하고자 나선 국제통화기금의IMF SDR은[5] 아직 믿기지 않았다. 그래서 1976년에 IMF가 자마이카의

---

4) 다만 각국의 국제수지개선을 위한 약간의 환율조정을 허용했다. 국제수지적자가 단기적인 경우에는 1%의 범위 내에서 자의적으로 조정토록 허용하고, 만성적이고 지속적인 불균형에 대해서는 국제통화기금IMF의 승인 하에 10%까지 조정할 수 있는 여유를 주었다.

5) 특별인출권(special drawing right)라 번역된다. IMF의 회원국이 국제유동성부족을 보충하기 위하여 청구하도록 출자금으로 마련한 유동성(통화)이다. SDR의 한 단위는 금과 등가를 유지한다지만, 금과 교환되지 않는 종이금(지금)에 불과하다. 민간거래에는 거의 사용되지 않고 각국의 통화당국간

킹스턴Kingstom에서 개최한 회의는 각국에 나름의 환율제도를 선택할 재량권을 내주어야 했다. 각국은 나름의 제도를 고안하기보다 시장에 맡겨두는 쪽을 택했다.

외환의 수요와 공급이 환율을 조정하도록 놔두되, 지나친 경우에 외환시장에 개입하여 환율을 '관리'하는 '관리변동환율제도'가 일반적인 모습이다. 이것을 킹스턴체제라 한다.

4) 우리나라의 환율제도

① **공정환률제**는 해외원조에 기대던 이승만의 시절에 정부는 특권을 만끽했다. 정부가 사용할 외화는 값싸게 구하도록 낮은 환율로 우대하고, 민간에게는 값비싼 일반환율에 사도록 홀대했기에 하는 말이다. 두 개의 서로 다른 환율이 정부와 민간에게 차별적으로 적용되었고 즉, '이중환율제', '복수환율제' 또는 '차별환율제'도 그럴듯한 이름이다.

② **단일고정환률제**는 쿠테타를 성공시킨 박정희 정권이 1964년에 그동안 이중적인 환율을 하나로 묶고, 값어치를 달러화에 고정시킨 까닭에 붙여진 이름이다. 그것이 민간과 정부에 대한 차별을 폐지했다는 점에서 칭찬할 만하다.

허나 두 차례의 석유파동이 국내물가를 치솟게 하여, 원화의 대내가치가 하락하는데도, 대외가치를 나타내는 환율이 고정되었다는 문제가 있었다. 국내물가상승이 원화의 대외평가를 사실상 인상시킨 까닭에 수출이 어렵고 수입이 손 쉬어지지 않았는가. 게다가 마지못해 감행하는 환율조정이 그동안 미뤄온 인상요인을 '한꺼번에' 반영하는 즉, 도리 없이 대폭적이다. 그로써 국내물가관리와 차관부담을 버겁게 하는 고충을 초래했다.

③ **복수통화바스켓**환율이란 1980년에 마련한 것인데, 바스켓basket은 바구리란 뜻이 아니던가. 당시 한은총재는 두 개의 바구리를 마련해 두고, SDR을 SDR바스켓에, 우리나라와 거래비중이 큰 몇 나라의 외화를 '독자바스켓'에 담았다.

SDR바구리는 IMF의 화폐, SDR에 가치를 고정하겠다는 의사를 표시한다. 하지만 독자바스켓은 우리경제와 거래가 많은 몇 나라 통화의 대미환율을 거래비중으로 가중평균하여 원화가치를 정한다. 곧 우리경제가 중요시하는 몇몇 나라의 대미환율 변동과 우리와의 거래비중에 따라 원화의 값어치가 달라지게 마련이다.

한은 총재가 SDR바구리에서 계산된 것과 독자바구리에서 계산된 것을 합하고, 여기에 국제수지, 국내외금리, 국내외물가, 외환시장전망 등의 정책변수를 감안하여 '집중기준율'을 결정 고시했다. 정책변수를 감안한다는 점이 외국에게 눈엣가시로 보

에만 결제에만 사용되어 범용성이 없다.

였기 때문인가. 정책변수를 핑계 삼아 환율을 자의적으로 조작한다는 의혹이 원화절상, 환율을 낮추라는 압력이 되어 우리에게 왔다. 또 달러와 일본 엔화가 독자바구리를 거의 다 점령하는 까닭에, 환율이 양국통화에 지나친 영향을 받는다는 국내의 비판도 묵살하기 어려웠다.

④ **시장평균환율제도**가 이를 시정하기 위해 1990년대 자본자유화와 함께 추진되었다. 시장평균은 하루 동안의 은행간 환율을 거래량으로 가중평균하여 다음날의 기준환율을 삼는다. 이제 수요와 공급이 지배하는 시장원리에 맡긴 셈인데, 당국의 관심이 깡그리 없어졌다는 뜻은 아니다. 급격한 환율변동을 피하기 위하여 매일의 은행간 거래환율의 변동폭을 기준율의 1% 범위 내에 국한한다는 점에서 아직 관리당하는 셈이다. 게다가 변동폭을 초과하는 불균형이 있는 경우에는 한국은행이 외환시장에 개입한다. 그만큼 환율의 안정을 중요하게 여기는 까닭이다.

⑤ **자유변동환율제**는 1997년 외환위기를 거치면서 급속히 진전되었다. 환율의 일일 변동제한폭을 폐지하고 상장채권에 대한 외국인투자를 허용하였다. 2014년에는 외환의 지급·수령 절차를 개선하고 외환거래의 자율성을 제고시켰으며 증권사 등 비은행금융기관의 업무범위를 확대하였고 전자금융업을 외국환업종에 포함시켰다. 해외증권투자 활성화, 기업의 해외 M&A 촉진, 해외투자활성을 도모하였다. 그러나 다른 한편으로는 과도한 외채증가를 억제하기 위해 외화대출의 용도제한을 강화하였고 원화 사용용도로 국내 발행된 외화표시채권에 대한 외국환업무취급기관의 투자를 제한하였다.

2 마디 개방경제하의 총수요와 총공급

1. 국제수지와 환율

모든 거래는 '주고받음', 즉 교환이다. 수출은 상품을 주고 화폐를 받고, 수입은 화폐를 주고 상품을 받는다. 이제 주고받은 물건을 제쳐두고, '오고 간' 화폐만을 볼 때, 수입은 받아들이는 행위인 반면, 지출은 내주는 행위이다. 그러므로 국제수지는 국제간에 이루어진 수입과 지출을 싸잡아 일컫는다.

(1) **국제수지**는 "일정기간동안 한나라의 거주자와 비거주자간에 이루어진 모든 경제거래"를 뜻한다. 거래란 주고받음, 곧 수지이므로 수입과 지출의 양측 면에서 측정되어 화폐단위로 기록한다. 단식부기를 사용하던 시절에 수입에서 지출을 빼서 남으

면 검은 잉크로 쓰고, 모자라면 붉은 잉크로 썼다던가. 국제수지에서, 수입이 지출을 초과한 만큼을 흑자라 하고. 지출의 수입초과분을 적자라 부른다.

① 일정기간동안은 일정 시점에 측정하는 저량이 아니라 유량이라는 뜻이다. 그래서 국제수지는 국민소득처럼 흔히 년 간 또는 분기별로 마감한다. 마치 투자와 감가상각이 국부에 영향을 미치듯, 국제수지의 흐름이 모인 곳에 대외채권과 채무의 잔고, 곧 국제대차가 있다.

② 거주자는 굳이 국적을 문제 삼지 않겠다는 뜻이다. 거주지를 기준으로 삼는 것은 국내화폐와 외화의 어느 쪽을 주로 사용하는가를 구별하고자 함이다. 그래서 내국화를 사용하는 본사는 거주자로 보되, 외화를 사용하는 해외의 지점이나 자회사는 비거주자로 취급한다. 마찬가지로 외국인과 해외법인일지라도 국내에 서 국내화폐를 주로 사용하므로 모두 거주자에 포함한다. 게다가 정부기관은 거처에 구애받지 않고 본국의 거주자로 취급하는 미묘한 문제가 있다. 일테면, 해외주재 외교관이나 해외파병군인은 모두 본국의 거주자에 포함된다.

③ 모든 경제거래라 했으므로 재화뿐 아니라 '눈에 보이지 않는' 서비스의 거래와 자본거래까지[6] 포함한다. 게다가 대가를 지불하지 않는 증여와 원조 등의 이전거래도 '주고받음'이므로 포함된다. 모든 성격의 거래를 쓸어 담는 즉, 이를 두고 종합수지라 일컫는 것도 무방하겠다.

하지만 모든 거래를 분석목적에 맞추어 구분하여 살펴볼 필요가 없지는 않다.

〈표 17-4〉 여러 종류의 국제수지 개념

종합수지	경상수지	기초수지	무역수지	상품의 수출입
			무역외수지	용역의 수출입(운임, 보험료, 이자, 여행비, 로열티) 해외투자소득(이자, 배당, 이윤)
			이전수지	증여, 원조
	자본수지		장기자본수지	장기자본의 유출입(차관, 직접투자)
			단기자본수지	단기자본의 유출입(외상거래, 증권매매)
금융계정(조정항목)				외환거래(부채와 자산의 증감, 자산증가를 -표시)

(2) 경상수지는 <표 17-4>에서 보듯 자본거래를 제외한 것으로, 대부분 상품과 용역의 수출입에 수반된 외화의 유입과 유출액이다. 소액에 그치게 마련인 대외원조를

6) 국가 간의 이자율, 투자수익성 등의 요인에 따라 '자발적이고 독립적으로' 발생하는 것과 국제수지 적자의 보전을 위하여 '어쩔 수 없이 의존적으로' 이루어지는 것이 있다. 일테면, 외국투자자가 자발적으로 100억불의 투자를 하거나, 정부가 국제수지 적자를 매꾸기 위해 50억의 차관을 도입할 수도 있겠다. 경제분석의 목적으로는 앞선 개념의 자본거래만 대상으로 삼으면 좋겠다.

제외하건데, 경상[current]수지 흑자는 상품과 용역의 대외경쟁력과 과거에 쌓아올린 재산소득을 대변한다. 나라살림에 여러모로 영향을 미치므로 각별한 관심을 배풀만하다. 특히 무역수지 동향에 따라 울고 웃는 까닭은 무역수지가 경상수지의 큰 몫을 차지하는 까닭이다.

① 경상수지 흑자는 그만큼의 외화를 수중에 넣었다는 뜻이다. 경상수지의 계속적 흑자는 대규모의 외화를 조성하여 대외투자와 차관을 위한 재원을 형성하고, 이로부터 들어오는 해외투자소득이 경상수지를 더욱 유리하게 한다. 반대로 경상수지 적자가 외채를 누적시켜 경제의 대외적 예속을 초래할 염려가 있다.

② 특히 무역수지 흑자는 활발한 수출을 반영하므로, 고용과 국민소득을 늘린다. 또 외환사정이 넉넉하므로 경기를 부양시킬 때, 해외수입을 크게 염려하지 않아도 무방하다.

③ 외화를 벌어들인 거주자는 이를 시중은행을 거쳐 결국 중앙은행에 넘기고 국내화폐를 요구하므로 통화량을 팽창시킨다.

④ 경상수지 흑자는 그만큼 상대국의 적자를 뜻하므로, 아무래도 외국의 눈총거리가 된다. 그런 까닭에 시장을 개방하라거나 환율을 평가절상하라는 압력이 되기 십상이다. 또는 외국의 수입규제를 초래할 수도 있다.

(3) 자본수지는 모든 종류의 장단기 자본거래를 포함하는데, 대체로 경상수지의 결과로 발생한다. 그렇다고 모든 자본수지 흑자가 자랑거리라는 뜻은 아니다. 해외에 투자하거나 차관을 제공하는 뿌듯한 입장은 자본을 내보내므로 적자요인이다. 반대로 해외투자 유치나 차관도입은 외화를 유입시키므로 흑자요인이다. 특히 투자가 아니라 경상수지 적자를 매꾸기 위한 차관은 흑자요인일지라도, 나라의 어려운 살림을 드러낸다.

(4) 국제수지표의 자본계정은 민간과 정부의 거래만을 포함하고, 통화금융기관의 자본거래는 별도로 금융계정을 두어 기록한다. 이는 민간과 공공부문의 대외거래에 부수되는 자금과부족을 금융기관이 수동적으로 매꾸는 역할에 그치는 까닭이다.

종합수지가 적자를 기록하여 외화가 부족한 경우에는 통화금융기관이 보유중인 외화를 사용하거나 외국으로부터 은행차입을 일으켜 이를 매꾼다. 반대로 흑자인 경우에는 외환보유를 늘리거나 자산증가 과거에 도입한 외채를 상환한다[부채감소]. 결국 종합수지와 금융계정의 절대규모는 동일하며, 오직 부호만 서로 다르다. 일테면, 종합수지가 적자(-)일 때 금융계정은 같은 액수의 흑자[수입초과]를 기록하여 회계상 대차를 일치시킨다.

(종합수지+금융계정=0) ⇒ (금융계정= − 종합수지)

(5) 외환은 보유중인 외화[현금]와 외화를 청구하는 유가증권[외화예금,외화표시어음,외화표시 전신

환,우편환 등을 뜻한다. 바로 외화를 담는 돈주머니와 다를 바 없다. 그러므로 외환이 부족한 나라살림이 옹색하고, 주머니가 두툼한 나라는 그만큼 넉넉하다. 다만 외환이 얼마나 힘구매력쓸지는 환율에 따라 달라진다.

⑹ 환율이란 나라마다 다른 화폐의 '교환비율'exchange rate을 줄인 말이다. 흔히[7] 외화 1단위를 기준하여 지불해야 하는 자국통화의 수량액수을 일컫는다. 환율을 e라면,

$$e = \frac{\text{자국화폐액수}}{1\$}$$

① 위식의 어느 화폐를 쓰더라도, 동일한 물건을 구매할 수 있어야 하므로, 환율은 구매력의 비율과 같다. 재화의 입장에서 보건데, 같은 재화에 대한 가격비율 또는 물가비율로 여겨도 무방하다[8]. 해외가격을 P_f라 하고 국내가격을 P라 하면, 환율이 아래 식처럼 파악될 수 있다. 환율이 800원일 때, 1달러짜리 외제품의 수입국내가격은 800원 아닌가. 국내가격은 해외가격과 환율의 곱이고, 해외가격은 국내가격을 환율로 나눈 값이다. 환율이 국내가격과 해외가격간의 관계를 맺어주는 셈이다.

$$e = \frac{P}{P_f} \quad \Rightarrow \quad P = P_f \cdot e \quad \Rightarrow \quad P_f = \frac{P}{e}$$

③ 환율을 거래당사국 화폐의 상대적 구매력으로 보건데, 환율인상은 위 식의 분자를 키우는 것으로, 자국화폐가치의 평가절하를 뜻한다. 반대로 환율인하는 자국화폐의 구매력, 곧 화폐가치의 평가절상을 뜻한다.

④ 환율의 변화는 거래 당사국의 상대적 물가비율을 변화시키므로, 수출입에 영향을 미친다. 일테면 환율을 1000원에서 1500원으로 대폭 올렸다 치자. 같은 1불짜리 물건을 수입하기 위해서 500원을 더 내야 하고, 같은 1불을 받고 예전보다 500원어치 물건을 더 보내야 하지 않겠는가. 따라서 환율인상, 곧 자국화폐의 평가절하는 수출을 촉진하는 한편 수입을 억누른다[9].

⑤ 수출은 중앙은행에서 벌어들인 외화를 국내화폐로 바꾸는 반면, 수입은 국내화폐를 지불해야 할 외화로 교환한다. 통화량의 입장에서 보건데, 수출은 중앙은행에서 본원통화를 끌어내고, 수입은 시중의 본원통화를 중앙은행으로 되돌린다.

그러므로 환율인상은 외화에 대한 국내화폐의 교환비율이 높아지는 직접효과 뿐

7) 국내화폐를 기준으로 삼아 환율을 언급하는 경우도 없지는 않다. 또 기준으로서는 달러뿐만 아니고 어떤 나라의 화폐단위라도 무방하다.

8) 관세, 운임, 보험료 등의 유통비용을 감안해야겠으나....

9) 이른바 엔고는 일본 엔화의 평가절상이다. 엔화는 예전보다 해외에서 더 쓸모가 있고, 해외화폐 일테면, 달러나 우리의 원화는 일본 내에서 쓸모가 적어진다. 따라서 일본의 수출조건이 어려워지는 반면 수입조건이 유리해진다. 우리 입장에서 보건데, 대일수출이 늘어나고 수입이 감소하게 마련이다.

만 아니라 순수출의 증가를 통한 간접효과를 미쳐 통화량을 증가시킨다. 무역에 의한 본원통화의 공급량(M_V)은 환율과 순수출(X-M)의 곱이다.

$$M_V = e(X - M)$$

환율과 본원통화량은 같은 방향으로 움직임을 뜻한다. 곧 환율인상이 통화량을 증가시키는 반면, 환율인하는 통화량을 감소시킨다.

2. 환율과 총수요 · 총공급곡선

환율의 변화는 총수요와 총공급을 변화시킨다. 총수요와 총공급의 변화는 물가수준과 국민소득(실질GDP)을 변화시키고 이 같은 변화는 다시 환율에 영향을 미치게 된다.

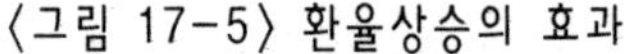
〈그림 17-5〉 환율상승의 효과

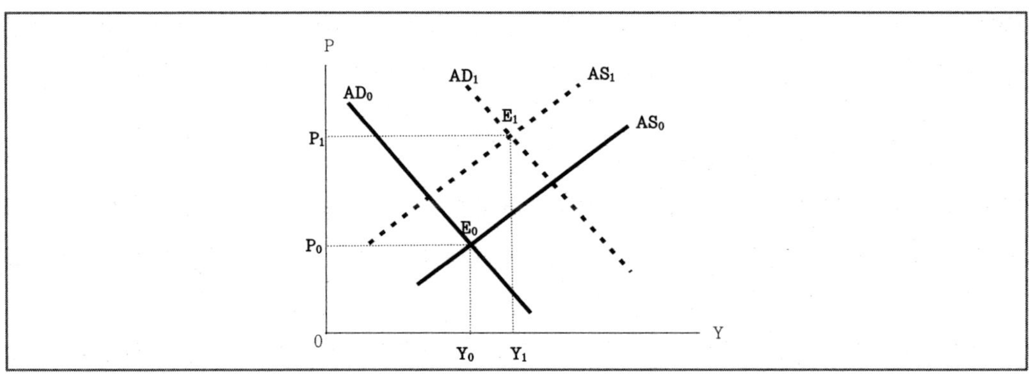

첫째, 환율의 변화는 총수요곡선과 총공급곡선은 이동시킨다. 환율의 변화는 순수출(X-M)을 통해 영향을 미치는데 국민소득수준과 수출품과 수입품의 상대가격이 순수출을 변화시킨다. 순수출(경상수지)이 양의 값을 가지면 총수요곡선은 우측으로 이동하고 음의 값을 가지면 좌측으로 이동한다. 순수출은 자국의 국민소득수준과는 역의 관계를 가지고 교역국의 국민소득과는 정의 관계를 가진다. 왜냐하면 자국의 국민소득이 증가하면 수입이 증가하고 교역국의 국민소득이 증가하면 수출이 증가하기 때문이다. 수출품과 수입품의 상대가격의 경우에는 자국의 생산품가격이 교역국의 생산품에 비해 상대적으로 낮아지면 수출이 증가하고 그 반대인 경우에는 수입이 증가한다. 상대가격이 낮아진다고 해서 반드시 순수출(P×Q)이 증가하는 것은 아니다. 수출과 수입의 가격탄력성의 합이 1보다 커야 한다[10].

<그림 17-5>에서 E_0는 환율이 변하기 전의 균형점이다. 환율이 상승하면 순수출이

10) 마샬-러너(Marshall-Lerner)조건이라 한다.

증가하여 AD_0에서 AD_1으로 총수요가 이동하게 된다. 그런데 환율상승은 총공급곡선에도 영향을 미치게 된다. 원자재나 중간재의 수입품가격이 상승하기 때문이다. 따라서 AS_0에서 AS_1으로 총공급곡선은 좌측으로 이동하게 되고 새로운 균형점 E_1이 성립하게 된다.

환율이 상승하면 위 그림에서 보는 바와 같이 물가수준은 P_0에서 P_1으로 상승한다. 그런데 국민소득수준의 경우에는 Y_0에서 Y_1으로 증가할 수 있다. 하지만 공급충격이 수요충격보다 크게 나타난다면 오히려 국민소득수준은 감소할 수 있다.

3. 환율과 재정 · 통화정책

개방경제에서의 재정정책과 통화정책의 효과에 대해 살펴보고자 한다. 위에서 환율이 변하는 경우 물가수준과 국민소득수준에 미치는 영향에 대해 학습하였다. 그런데 국민소득과 물가수준의 변화가 환율에 영향을 미치고 있다. 따라서 환율과 국민소득, 그리고 물가수준이 함께 결정되는 통합적 거시모형에서 재정정책과 통화정책의 효과를 분석해 보자.

1) 변동환율제도하에서 재정·통화정책

여기서는 이해를 쉽게 하기 위해 단기적인 효과를 분석하기로 한다. 재정·통화정책으로 인한 국내경제의 변화가 단기적으로는 이자율을 통해서 환율에 영향을 미치게 된다. 따라서 재정·통화정책은 이자율을 변화시키고, 이자율의 변화는 환율을 변화시키며, 환율의 변화는 총수요와 총공급에 영향을 미친다. 결국 물가수준과 국민소득수준을 변화시킨다.

① 변동환율제하에서 통화정책

<그림 17-6>에서 확장적 통화정책은 AD_0를 AD_1으로 이동시키고 한편으로 늘어난 통화공급은 이자율을 떨어뜨리게 된다. 이자율이 떨어지면 해외자본의 유입은 줄어 환율은 상승하게 된다. 앞의 환율상승효과에서 본 것처럼 환율이 상승하면 AD_1은 AD_2로 이동하게 된다. 또한 총공급곡선의 경우에도 환율상승으로 AS_0에서 AS_1으로 이동하게 된다. 따라서 **균형점은 E_0에서 E_1으로 다시 E_2점으로 이동하게 된다. 결론적으로 패쇄경제하에서는 확장적 통화정책은 균형점 E_0에서 E_1점으로 정책의 효과가 나타나는 것에 비해 개방경제하에서는 E_0에서 E_2점으로 정책의 효과가 커지고 있다.**

〈그림 17-6〉 변동환율제와 통화정책

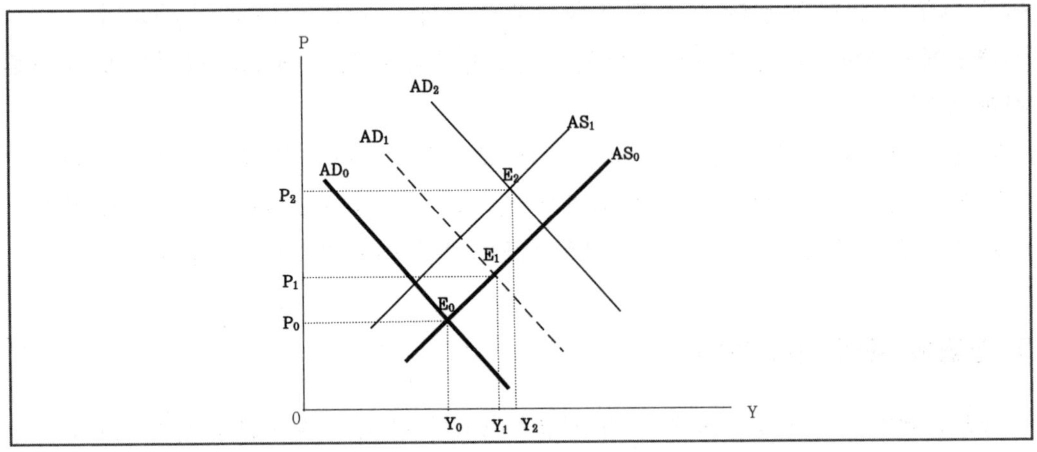

② 변동환율제하에서 재정정책

<그림 17-7>에서 확장적 재정정책은 AD_0를 AD_1으로 우측이동하게 되고 한편으로 앞에서 학습한 바와 같이 정부지출의 증가는 이자율을 오르게 한다. 이자율이 오르게 되면 해외자본의 유입이 증가하여 환율은 하락하게 된다. 환율이 하락하면 AD_1은 AD_2로 좌측이동하게 된다. 또한 총공급곡선의 경우에는 환율하락으로 AS_0에서 AS_1으로 우측이동하게 된다. 따라서 균형점은 E_0에서 E_1으로 다시 E_2점으로 이동하게 된다. 결론적으로 **폐쇄경제하에서는 확장적 통화정책은 균형점 E_0에서 E_1점으로 정책의 효과가 나타나는 것에 비해 개방경제하에서는 E_0에서 E_2점으로 정책의 효과가 작아지고 있다. 따라서 변동환율제하에서는 재정정책보다 통화정책이 효과적인 안정화정책 수단이라는 것**을 알 수 있다.

〈그림 17-7〉 변동환율제와 재정정책

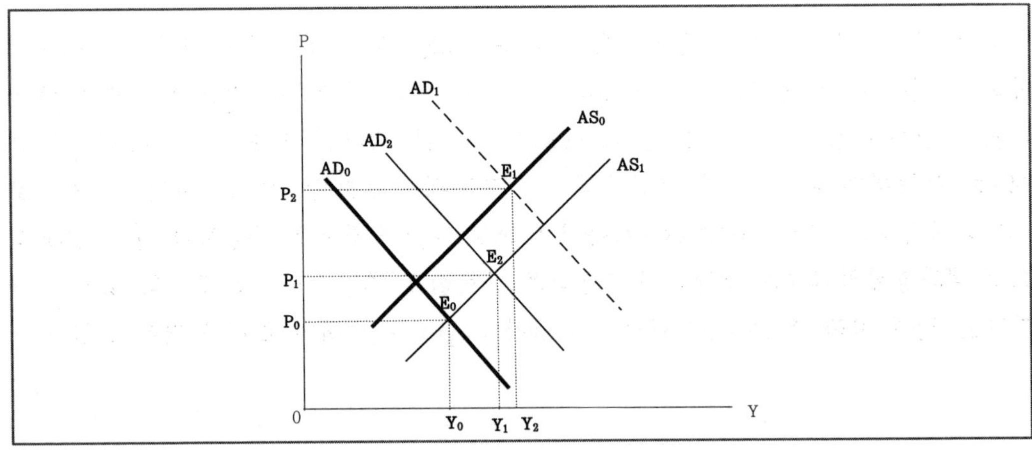

2) 고정환율제하에서 재정·통화정책

고정환율제하에서는 정부가 환율을 일정수준에 고정시켜야 한다. 따라서 정부는 재정정책이나 통화정책으로 환율이 변동할 요인이 발생하면 외환수·급을 조절하여 환율을 고정시키려 한다. 정부가 외환을 시장에서 공급하는 경우 국내의 화폐공급량은 증가하고 외환을 환수하는 경우 국내의 화폐공급량은 줄어들게 된다.

① 고정환율제와 통화정책

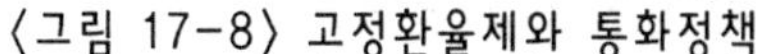
〈그림 17-8〉 고정환율제와 통화정책

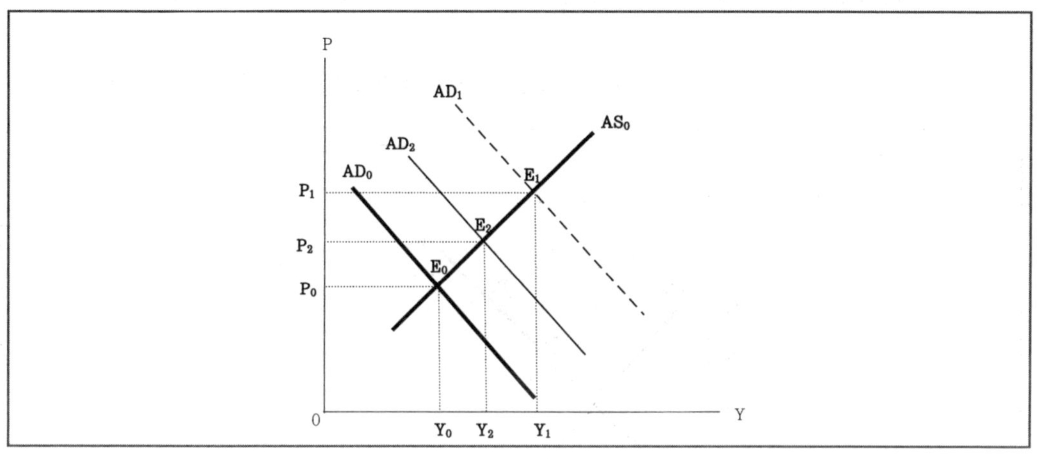

<그림 17-8>에서 정부가 확장적 통화정책으로 AD_0에서 AD_1으로 우측이동하여 균형점은 E_0에서 새로운 균형점 E_1으로 이동하게 된다. 이런 과정에서 통화량은 증가하고 이자율은 하락하게 된다. 이자율이 하락하면 환율은 하락압력(외환에 대한 초과수요)이 발생하고 정부는 이를 해소하기 위해 외환을 공급한다. 중앙은행이 외환을 공급하는 과정에서 국내의 화폐공급은 줄어들게 된다. 총수요곡선은 AD_1에서 AD_2로 좌측이동하게 되고 균형점은 E_1에서 새로운 균형점 E_2로 좌측이동하게 된다. 따라서 **통화정책에 의한 개방경제하에서의 균형점 E_2점은 폐쇄경제하에서의 균형점 E_1보다 좌측에 있게 된다. 이것은 고정환율제하에서는 개방경제가 폐쇄경제보다 통화정책의 효과가 작아진다**는 것을 의미한다.

② 고정환율제와 재정정책

<그림 17-9>에서 정부가 확장적 재정정책으로 AD_0에서 AD_1으로 우측이동하여 균형점은 E_0에서 새로운 균형점 E_1으로 이동하게 된다. 정부지출이 증가하면 이자율은

상승하고 이자율이 상승하면 환율은 상승압력(외환에 대한 초과공급)이 발생하고 정부는 이를 해소하기 위해 외환을 환수한다. 중앙은행이 외환을 환수하는 과정에서 국내의 화폐공급은 늘어나게 된다. 이제 총수요곡선은 AD_1에서 AD_2로 또 한 번 우측이동하게 되고 균형점은 E_1에서 새로운 균형점 E_2로 우측이동하게 된다. 따라서 재정정책에 의한 개방경제하에서의 균형점 E_2점은 폐쇄경제하에서의 균형점 E_1보다 우측에 있게 된다. **이것은 고정환율제하에서는 개방경제가 폐쇄경제보다 재정정책의 효과가 더 크게 나타난다는 것**을 의미한다. 결론적으로 정리하면 **변동환율제에서는 통화정책이 재정정책보다 효과적인 안정화정책**이 될 수 있고 **고정환율제에서는 재정정책이 통화정책보다 효과적인 안정화정책이 될 수 있다**는 것을 알 수 있다.

〈그림 17-9〉 고정환율제와 재정정책

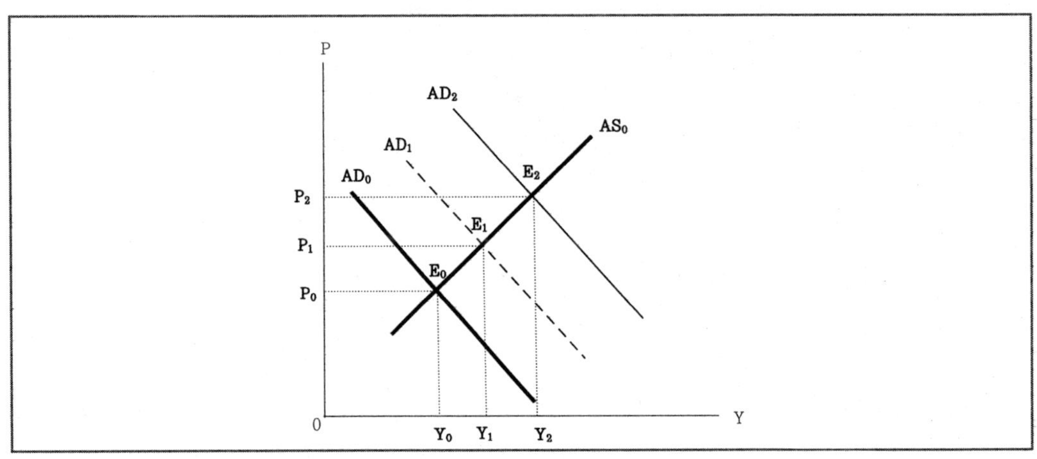

찾아보기

㉠

ⓔ

ⓟ

ⓗ

저자 소개

강남호 교수

원광대학교 경제학부교수로서, 원광대학교 기획부처장, 평생교육원장, 그리고 인력개발처장 직을 수행한 바 있다. 여성대학, 행정대학원 최고여성지도자과정 및 법학전문대학원에서 강의 한 바 있으며 특강이나 TV토론 및 신문의 칼럼 등을 통하여 국민경제교육에 노력하고 있다. 국가고시(행정고시, 7급 공무원, 9급 공무원)문제선정, 평가 및 면접위원으로 활동하였으며 전주인재육성재단 이사로 활동 중이다. 또한, 농촌진흥청 예산심의 및 정책과제심의위원, 고용노동부의 평가위원, 전라북도 지방보조금 및 지방재정계획 심의위원, 전라북도 재정사업민간평가위원, 전북농협 운영자문위원등으로 활동 중이다. 연구논문으로는 '우리나라 임대주택시장과 법적규제에 관한 연구'외에 다수의 논문이 있고 저서로는 「미시경제학」(1996), 「지방재정학(공저)」(1997), 「태마경제」(1998), 「잘사는 사회 위대한 사회」(2008), 「경제학(Boyes, Melvin, Fundamentals of Economics), 공동번역」 등을 출간한 바 있다.

경제학

초 판 1쇄 발행 —— 2016년 2월 29일
초 판 2쇄 발행 —— 2016년 8월 10일
지은이 —— 강 남 호
펴낸이 —— 전 두 표
펴낸곳 —— 도서출판 두남
서울시 강동구 성내로6길 34-16 두남빌딩
신 고: 제25100-1988-9호
TEL: 02) 478-2065, 2066, 2067, 2311
FAX: 02) 478-2068
E-mail: dunam1@unitel.co.kr
http://www.dunam.co.kr

정가 25,000원

ISBN 978-89-6414-676-7 93320